KB237215

중국 현대 소설사

1949~1989

중국 현대 소설사 · 1949~1989

펴낸날/1996년 3월 5일

지은이/김 한
옮긴이/김정호
감수자/전형준

펴낸이/김병익
펴낸곳/(주)문학과지성사
등록번호/제10-918호(1993. 12. 16)

서울 마포구 서교동 363-12호 무원빌딩(121-210)
편집: 338)7224-5 · 7266-7 FAX 323)4180
영업: 338)7222-3 · 7245 FAX 338)7221

ⓒ 문학과지성사, 1996. Printed in Seoul, Korea.
ISBN   89-320-0785-3

값 18,000원

중국 현대 소설사

1949~1989

김한(金漢) 지음
김정호 옮김
전형준 감수

나는 나의 졸작 『중국 현대 소설사』(원제: 中國當代小說史)
가 한국에서 발간되게 됨에 대하여 기쁨을 금할 수가 없다. 이
에 우선 본 저서의 소개자이자 역자이며 중한 양국 언어 문자에
정통한 김정호 선생님께 감사를 드리며, 더욱이 한국의 명망 높
으신 평론가 김병익 사장님께 감사를 드리는 바이다. 이분들의
고마운 발견과 추천으로 나의 이 저서가 한국 독자들과 대면하
게 되었다.

대륙 중국과 한국은 지척에 있건만 역사적 원인으로 말미암
아 오랫동안 장벽에 가로막혀 있었다. 그야말로 중국 고대의 말
처럼 "닭과 개의 소리 들리는 지척이건만 서로 발길이 오고 가
지 않누나"이다. 그러나 나는 과학과 문학은 응당히 국경이 없
어야 하며 세계 각국 각 민족 인민의 공동의 재부(財富)로 되
어야 한다고 생각한다. 만약 나의 이 책이 양국 인민의 문화 교
류 촉진을 위한 다리 작용을 조금이라도 하고 한국 독자들이 중
국 현대 문학을 파악하고 연구함에 조그마한 도움이라도 될 수
있다면 더없는 기쁨으로 생각하겠다.

『중국 현대 소설사』는 최근 40년(1949~1989)간 중국 현대
소설 예술 발전 변화 역사에 관한 한 권의 학술적인 저작이다.
이 책은 중국 현대 소설 창작 실정에 입각하여 국외의 문학사·
소설사 이론을 수용하여 연구한 최신 성과이다. 이는 소설사관
(小說史觀)·사법(史法)이거나 혹은 소설사 자체의 구성에서거
나 모두 중국 국내 동류 저작과 완전히 다른 새로운 학술 풍모
를 보이기에 전력하였다. 당연히 이는 필경 중국 사람이 중국
현대 소설에 관해 쓴 글로서 사회 제도·문화 환경의 부동(不

同)과 본 저서에 관련되는 일부 내용, 나아가 일부 명사·술어·개념은 중국 현대 사회의 특별한 인지가 찍히지 않을 수가 없다는 점을 감지하면서 이로 인하여 한국 독자들이 이 저서의 열독에 곤혹과 장애가 될까봐 심히 우려가 된다. 그러나 이 저서가 필경은 '소설사'이지 '사회사'가 아니고 주된 내용은 소설 예술 자신에 대한 연구와 술평(述評)이었기에 한국 독자들이 능히 접수하고 이해하리라 믿어 마지않는다.

나의 저작이 한국에 출판됨에 흥분과 기쁨의 심정으로 다시 한번 감사를 드리는 바이다.

1996년 1월
중국 산동성에서
저자 김한

서울 마포구 서교동 363의 12호. 문학과지성사. 잊을 수 없는 곳과 잊혀지지 않는 사람들. 어머니가 살고 계시던 고향땅에 나와 아내가 온 것이 엊그저께같이만 생각되건만 벌써 수개월이란 시간이 바람처럼 지나갔다. 달포 남짓한 기간내에 내가 『중국 현대 소설사』 번역을 끝마치게 됨은, 김병익 사장님과 그외의 편집 동인 여러분, 그리고 여러 직원들이 나와 아내를 한가족처럼 극진히 보살펴준 덕분이다.

이 책의 원제목은 『중국 당대 소설사(中國當代小說史)』이다. 즉 1949년부터의 중국 대륙 40년간의 소설사이다. 그러나 '중국 당대'라고 하면 적지 않은 한국 독자들이 중국 당조(唐朝) 시기로 오인할 우려가 있어 문지사의 의견을 좇아 『중국 현대 소설사』라고 제목을 달았다. 『중국 현대 소설사』는 최근(1990)에 중국에서 출판되었기에 중국 대륙의 40년간의 문학에 대한 인식과 이해가 공백이 되다시피 한 한국에 한글로 소개됨은 참으로 의의 있는 작업이 아닐 수 없다고 생각한다. 내가 알기론, 최근에 와서야 출판된 '중국 현대 소설사'는 모두 세 권이 있다. 한 권은 김한(金漢) 교수, 한 권은 왕명범(汪名凡) 교수, 다른 한 권의 저자 이름은 기억나지 않는다. 이 세 권의 '중국 현대 소설사'는 선택한 작품이나, 작품·작가에 대한 평가나 모두 대동소이하지만, 중국 40년 소설사를 무엇에 근거하여 어떻게 구분하는가에 대하여서는 상이한 점을 보였다. 왕명범 교수는 '중국 현대 소설사'를 네 단계로(1949년 10월~1957년 6월 반우파 투쟁 전까지, 1957년 7월~1966년 5월 '문화 대혁명' 전까지, 1966년 5월~1976년 10월 '문화 대혁명'까지, 1976년 10월~

1988년 11월 까지) 구분하였으나 김한 교수는 2단계로(1949년~
1976년 '문화 대혁명'이 종결되기까지, 1976년~1989년 신시기까
지) 구분하였다. 자세히 이야기드린다면 왕명범 교수는 중국 역
사 이래 4단계 큰 사회적 전변기에 근거하여 소설사의 단계를
구분하였고, 김한 교수는 자술한 바와 같이 소설 예술의 발전과
변화에 따라 소설사를 구분하였다. 이런 점에서 보면 상대적으
로 왕명범 교수의 '소설사'는 사회학적인 평가가 뚜렷하였고,
반면에 김한 교수의 '소설사'는 소설 예술 발전의 맥락을 짚기
에 노력함이 뚜렷하였다. 하여 결국 김한 교수의『중국 현대 소
설사』를 선택하게 되었다.

첨가하여 이야기할 점이라면, 체류 기간이 얼마 남지 않은 시
간으로부터 이 책의 번역을 시작하게 되어 아내 김미옥의 도움
을 받지 않으면 안 되는 경우여서, 일찍 이 작업을 맡겨주신 김
병익 사장님께 미안함이 적지 않았다. 또한 역고의 수준에 우려
가 없지 않으나, 중문에 익숙한 전형준 교수가 우리말 감수를
담당하게 되어 다행이라 안심되는 한편 그의 노고에 감사를 드
리는 바이다.『중국 현대 소설사』를 통하여 한국 독자들이 중
국 대륙 문학에 대한 이해와 인식을 어느 정도 깊이 할 수 있으
리라 생각하며 이런 기대를 건다.

먼동이 트며 장막 속의 불투명한 세계가 천천히, 그러나 끝내
는 마음으로 다가오고 있다.

1992년 1월

김 정 호

중국 현대 소설사 · 차례

소설사의 논의는
소설 예술 발전사라야 한다

이 명제는 연극사·시가사·산문사 및 여러 장르의 문학사의 집합으로 이루어지는 전체 문학사에도 적용된다.

1

지금 국내에 출판되고 있는 각종 판본의 소설(연극·시·산문)사, 문학사는 비록 예외 없이 모두 첫머리부터 이 책을 통하여 문학 예술 발전 과정과 규율을 탐구하고 제시하며 총화하겠다는 희망 혹은 저술 목적을 표방하고 있다. 그러나 이런 유의 저서는 대부분 실제적으로 그들 작자 자신이 애당초 높이 세운 목표를 그 책의 근본, 나아가서는 그 책 전체를 지배하고 관철하는 영혼으로 되게끔 하지 못하여서 작자 자신도 모르게 여전히 전통적인 소설사·문학사의 관념에 얽매이게 된다. 즉 문학의 발전 역사 및 규율을 사회 발전 역사 및 규율의 단순한 반응으로 보고 있다. 이로부터 보수적인 소설사·문학사의 서술 체제와 구성 모델이 파생되어나오고 있다. 이런 소설사·문학사 관념 및 이로부터 오는 서술 체제 모델은 사회 발전사＋문예 운동사＋문예 사상 투쟁사＋연도의 순서 혹은 공헌의 대소, 지위의 고저에 따라 배열한 작가·작품의 평가라고 간단히 표현될 수 있다.

이러한 저작을 통해 우리는 서로 다른 사회 발전 단계와 서로 다른 역사 시기의 사회·정치·경제적 변화 상황에 대한 자세한 묘사와 서술을 볼 수 있고, 이런 정치·경제적 변화에 적응하고 따르기 위하여 문예 정책·문예 사조·문학 창조에 대해 진행한 두 차례의 인위적인 외적 조정을 볼 수 있으며, 특정 시대의 작가의 작품에 대해 사상 내용으로부터 예술 특징·정치 경향·사회 작용에 이르기까지 십분 자세하고 정채롭다 할 만한 분석 비평을 볼 수가 있다. 그러나 책 전체를 다 읽고도 문학 예술의 발전 과정과 기본 규율은 도대체 어떠하였는가 하는 근본적인 문제에 관하여서는 똑똑한 해명이 잘 되지 않고 있다.

원인은 어디 있는가? 문제는 명백하다. 전통적인 소설사·문학사 관념 및 이에 상응하는 모델에서 출발하여 쓴 저작은 문학 연구와 사회학 연구를 혼동하며, 속류 사회학 경향을 뚜렷이 가지고 있기 때문이다. 그의 인식론상의 주요 오류는 물질 생산과 정신 생산, 사회 진보와 예술 진보, 작가의 정치 태도와 작품의 예술적 질 등을 완전히 동일시하는 것이다. 그리하여 후자의 전자에 대한 의탁성의 일면만 강조하고 대응물간의 존재와 발전에 있어서의 불균등성과 상대적인 독립성의 일면을 경시한다. 그 결과는 필연적으로 사회·정치·경제 등 '외부' 발전 규율이 문학 자신의 '내부' 발전 규율을 결정 혹은 대체하는 현상으로 나타난다.

사실상 문학사(소설사 및 기타 장르사 또한)는 우선적으로 문학 자신의 역사이다. 만약 문학 자신의 특징을 충분히 고려하지 않고 문학 자신의 독특한 발전 규율을 전면적으로 제시하는 데 전력하지 않으며, 문학 발전 과정 중의 내재적 구조 및 예술 변화의 내재적인 메커니즘을 밝히지 못한다면, 문학사의 연구는 대부분 사회사 연구의 부속품으로 되고 만다.

오히려 서방의 몇몇 문학 연구 학파들, 예를 들어 러시아의 '형식주의' 학파, 영·미의 '신비평' 학파, 프랑스의 '구조주의' 학파가 비교적 일찍이 문학 발전의 '내부 규율'에 대한 연구에 주목하여왔다.

그들은 이렇게 주장하였다. "문학 변혁을 사회 변혁의 반응, 혹은 사회 변혁의 부산물로 보아서는 안 된다. 문체와 풍격의 자아 생성과 자아 폐쇄의 서열적인 점차적 실현으로 보아야 한다. 그 동력은 내재적 수요이다." 그리하여 그들은 새로운 '형식주의 문학사'를 편찬할 것을 주장하였다. "이 문학사에서 새로운 형식 혹은 문체는 낡은 형식과 문체에 반항하여 나타나지만, 그것들의 대립 면이 되지 않고 문학의 영원한 요소들의 재조합·재결집이 된다." 즉 그들은 소설 예술은 주로 형식 예술이라고 생각하는 것이다. 또한 소설사는 일종의 문체사로서 주로 그 문체의 발전 역사를 써내어야 한다. 다시 말해서 하나의 순문체사여야 한다.

그러나 형식주의자와 구조주의자들은 왕왕 지나친 극단으로 흘러 문예의 '내부 규율'을 일종의 절대적 경지로까지 강조하고 문예와 객관 현실과의 관계를 완전히 끊어버리거나 거부하고 있다. 그들은 문예는 완전히 자주적인 독립 왕국이며 '자족적인 실체'이지 "우리가 다른 실체를 감지하는 데 사용되는 창문이 아니다"라고 생각한다. 이것은 다른 하나의 극단으로서 유형식론의 구렁텅이에 빠진 것이다.

우리의 관점은 속류 사회학파도 아니며, '형식주의' '구조주의' 학파에도 완전히 찬성하지는 않는다. 한편으로, 우리는 문예는 상대적으로 사회 발전 규율 외의 자신의 '내부 규율'을 갖고 있음을 긍정하며(이전에 우리는 이 점을 확실히 경시하였으며, 일정한 인식이 있었다 할지라도 소설사·문학사에서 실제적인 깊은 탐구를 하지 못하였음을 인정하여야 한다), 다른 한편으로는 문예 발전 규율 자체도 사회와 기타 요소의 영향과 제약을 받는 규율을 포함하고 있음을 인정한다. 다시 말해서, 문예 발전 변화는 '외부 규율'에 의해서도, 또 완전히 '내부 규율'에 의해서도 아닌, '내부'(문체)와 '외부'(사회 및 기타) 동력의 합동 작용의 결과이다. 이 점에서 본다면, 미국의 저명한 문학사가 **르네 웰렉**의 일부 관점(비록 학술 사상 체계로 보면, 그는 '형식주의' '구조주의' 학파의 집대성자이자 미국 '신비평파'의 대표이지만)은 비교적 진리에 가깝고 우리가 수용할 만하다. 그는 『문학의 이론』이란 책에서 다음과 같이 말하였다. "문학의 변화란 하나의 복잡한 과정이다. 그것은 장소의 변천에 따라 천변만화한다. 이런 변화는, 부분적으로는 내재적 원인인 문학의 기존 규범의 위축과 변화에 대한 갈망에서 오는 것이나, 다른 일부분은 외재적 원인인 사회적인 것과 이지적인 것 및 기타 문화의 변화에서 오는 것이다"(굵은 글씨체는 필자가 강조한 것임).

당연히 소설은 일종의 문체이다. 소설 문체의 형식 변천의 역사를 연구함은 소설사 연구의 중요한 내용의 하나이다. 그러나 우리가 연구하는 것은 일종의 문체로서의 소설의 발전사이지 소설이라는 문체의 변천사만은 아니다. 소설 예술은 소설 문체의 형식 예술일 뿐만 아니라 소설을 소설로 되게끔 해주는 모종의 영구성을 갖는 예술적 요소를 포함해야 한다. 관건은 '소설 예술'이란 개념적 함의에 대한 이해에 있는 것 같다.

그렇다면, 무엇이 소설 예술인가? 소설 예술 발전사 연구의 주요 내용은 어떤 것이어야 하는가?

'소설 예술'의 구체적인 함의, 즉 소설 작품(하나의 작품이 아니라 소설 종류 전체)을 진정한 예술품으로 되게 해주는 모든 예술적 요소를 낱낱이 밝힌다는 것은 매우 어려우며, 심지어 거의 불가능한 일이다. 그리고 그것은 '소설학' 혹은 '소설 미학'에 속하는 것이지 '소설사'의 연구 범주는 아닌 것 같다. 그러나

소설 예술의 변천 과정과 발전 역사에 대한 연구를 주요 임무로
삼는 소설사는, 소설이라는 것이 생겨난 이래 인류가 소설 예술
의 창조적 실천에서 축적한 성공적 경험을 모두 해명하지는 못
하더라도, 비교적 괜찮은, 비교적 완미한 소설사는 마땅히 아
래와 같은 몇 가지 방면의 내용을 포함하여야 한다고 나는 생각
한다.

I. 소설 제재 범위와 주제 지향의
부단한 개척·심화·초월의 변화 역사

　소위 제재 범위, 주제 지향의 개척·심화·초월이란 다음과
같은 두 방면의 내용을 포함하여야 한다. 하나는 재래(전통)의
제재와 주제에 대한 부단한 개척이고, 하나는 새로운 제재와 주
제에 대한 부단한 발견과 창조이다. 비록 문학사·소설사에 대
량적으로 존재하는 것은 전자이지 후자는 아니지만 사람들은
비교적 쉽게(혹은 즐겁게) 후자를 중시하고 전자를 경시한다.
왜냐하면 어떤 새 제재 영역의 개척 발견과 새 사상 주제의 개
괄 제련은 모두 그것이 새로운 예술 세계를 창조하여 사람들에
게 종전에 없던 새로운 내용을 제공하여줌으로써 새로운 심미
효과를 낳거나 가져오기 때문이다. 형식주의자들이 말하는 것처
럼, 모든 소설은 저마다 서로 다르다. 모든 내용의 창조는 소설
형식에 대한 '재창조'이다. 이것을 제재 혹은 주제의 '낯설게 하
기' 효과라고 말할 수 있을 것이다.

　그러나 다른 한 가지 정황은 흔히 경시되고 있다. 즉 전통적
인 제재 혹은 이전의 작품에서 이미 여러 차례 반복되었던 주제
의 개척·심화와 재창조, 그리고 그러한 작품에 대한 평가는 흔
히 그것이 '독창적'이 아니거나 완전히 '독창적'이지 않다는 이
유로 공정성을 잃고 있다. 기실 제재 혹은 주제의 '독창성' 여
하는 작품의 최종 심미 가치와 꼭 필연적 연계가 있는 것은 아
니다. 전통적 제재와 주제에서도 완전히 새로운 우수한 예술 작

품을 써낼 수 있는 것이다. 웰렉이 '독창성'을 기껏해야 "전통에 대한 배반"으로 이해하는 관점을 비판한 뒤 이어서 지적한 바와 같이 "특정한 전통내에서 창작하며 그것의 여러 가지 기교를 사용하는 것이 창작 작품의 감성 역량과 예술 가치를 방해하지 않으며" "어떠한 작가라도 그가 고대로부터 인식해온 전통적 주제와 이미지를 사용하고 개편하며 수식〔내가 사용하는 말로는 심화·개척·재창조이다 : 필자〕하였다 하여 자신을 무능하다거나 혹은 독창성이 없다고 여길 사람은 없다." 때문에 나는 제재·주제·기교·방법상 반드시 독창성을 추구하여야만 되는 것은 아니라고 생각한다. 그러나 스타일만은 반드시 독창적이어야 한다. 이 점에 대한 예는 그야말로 많다. 남녀간의 사랑·휴머니즘, 이런 전통적 제재와 주제하에 고금중외 수천 년간 사람들의 흥금을 울려주는 서로 다른 예술 작품들이 얼마나 많이 나왔던가! 중국 현대 소설사에서 『삼리만(三里灣)』『산향거변(山鄕巨變)』『창업사(創業史)』는 예술적으로 상당한 차원에 오른 것으로 공인되는 장편소설이다. 이들의 제재는 기본적으로 같았다——모두 농촌 생활에 대해 썼고 농업 합작화를 반영하였다. 주제도 완전히 일치하였다——혁명과 건설 초기 우리나라 농촌의 거대한 변혁을 노래하고 찬미하였다. 심지어 작품 중의 인물 유형마저 흡사하였다——왕금생·왕옥생·등수매·유우생·양생보·고증복·마다수·성우정·양삼 노인…… 그러나 이 세 작품은 완전히 판이하게 다른 스타일을 갖고 각자 자기가 구축한 예술 세계에서 그 당시로 말하면 최상의 예술을 창조하였다.

소설 제재에서의 부단한 개척·심화·발견·창조(외우주의 부단한 개척과 내우주의 부단한 심화), 주제 사상에서의 부단한 개척·발산·승화·초월(신화 전설에서 현세 생활에 이르기까지, 단편적 생활에서 전체적 관조에 이르기까지, 사회 주제에서 인본 주제에 이르기까지, 단일 주제에서 다의 주제에 이르기까지, 명확한 주제에서 주제의 약화와 모호화에 이르기까지)의 변화 노정을 탐구하는 것은 우리가 소설 문체의 예술 용량·공간 세계·내용 탑재 능력과 형식 확장력 등 작은 데서 큰 데로, 얕은 데서 깊은 데로 부단히 발전, 완성해가는 과정의 중요 도정이며, 우리가 소설을 빌려 사회사·문화사, 더욱이 인류 영혼 변화사를 보는 중요한 창구이다.

Ⅱ. 인물 형상·예술 전형 조형에 있어서의 변화·발전

소설사의 인물 화랑 중에서 어떠한 새 인물 형상이나 새 성격 유형의 창조도 모두 소설사에 대한 새로운 예술적 공헌이다. 중국 현대 소설사 중의 농민 형상으로 말한다면, 윤토·아Q·노통보에서 멍청이·정면호·양삼 노인, 그리고 풍마 애비·허무·진환생에 이르기까지, 조옥림·주노충에서 양생보·소장춘, 그리고 곽량·무경신에 이르기까지, 개개 인물의 형상 혹은 예술 전형의 창조는 모두 소설 예술 발전에 대한 새로운 공헌이다. 어느 의미에서 말한다면, 한 권의 소설사는 이런 하나하나의 시대적 정신으로 충만된, 선명한 개성 특징을 갖고 있는 예술 전형으로 엮어지는 것이다. 아마 이런 고려에서 출발하여 몇 년 전 국내에서 어떤 사람은 완전히 인물 형상으로 관철한 『중국 현대 소설사』를 편찬하였다. 나의 소설사관으로 본다면, 이 저작이 아직 엄격한 의미에서의 소설사로 되기에는 손색이 있지만, 이 저작의 출현은 인물 형상 변화사에 대한 연구가 하나의 소설사에 중요한 의의를 가짐을 설명하고 있다.

주의할 바이며 또 반드시 중시하여 지적해야 할 점이라면, 이전의 소설사·문학사의 인물 형상 연구는 흔히 인물 형상의 성격 분석과 전형 의의에 대한 제시, 개괄에만 치중하여 형상의 인식 가치 혹은 교육 작용을 강조하였다. 반면에 인물 형상에 대한 예술적 분석을 경시하였으며, 형상 조형에서의 수법·기교의 부단히 풍부하고 다양한 변화의 궤적에 대한 추궁과 해명을 경시하였다. 더욱이 흔히 구체 형상에 대한 정태적이고 고립적인 미시적 분석에만 주의를 돌렸고, 형상 조형을 일종의 예술 창조로, 나아가서 더욱 거시적인 예술 사조사와 인류 심미 의식 변화사의 높이에서 고찰하는 작업을 경시하였다. 예를 들어, 중국 당대 소설사의 인물 형상 계열의 변화 역사만 보더라도, 근 40년래 영웅화로부터 비영웅화로, 소위 '신화인(神化人)'으로부터 '인화인(人化人)'과 '상징인'으로의 변화를 가져왔고, 단일 성격으로부터 복잡한 성격으로, '납작한 인물'로부터 '둥근 인물'로의 변화를 가져왔고, 구체적 세부 묘사를 통해 사람을 쓰는 것을 주로 하던 데로부터 인물을 시화(詩化)하고 약화시키는 데로의 변화가 있었으며, '외향'적 묘사로부터 '내향'적 묘사에로의 변화 등등이 있었다. 더욱이 중요한 것은 소설사의 인물 화랑은 기껏해야 하나하나의 서로 다른 인물 형상의 전시에 그칠 것이 아니라, 마땅히 그리고 반드시 인물 형상 및 그 인물 형상 조형에 나타나는 바 그 시대 사람들의 사회 심미 의식과 요구의 변화를 반영하여야 한다.

Ⅲ. 소설 문체의 변화 발전 역사

이것이 바로 '형식주의자'들이 제일 관심을 갖고 있는 소설 형태 변화사의 부분이다. 만약 그것을 전체적인 소설사에서 분리시킨다면, 그것은 순수한 소설 문체사이다.

소설의 문체 변화를 연구함은 소설사 연구에 없어서는 안 될 중요 내용의 하나로 되고 있다.

주양은 「사회주의 신시기 문학에 관하여」란 글에서 다음과 같이 말하였다. "한 권의 문학사는 예술 형식의 발전사라고 말할 수 있다. 시경·초사·한부·당시·송사·원곡·명청 소설은 각종 예술 형식이 시대와 사상 내용의 변화에 적응하여 부단히 변화하고 발전한 역사이다. 예술 형식의 변화와 발전을 연구하지 않는다면 각 시대 예술과 사회 생활 관계의 변화를 탐구할 수 없으며 예술 발전의 역사 규율도 탐구해낼 수 없다." 여기서 예술 형식의 변화를 단지 "시대와 사상 내용의 변화에 적응"하기 위한 변화로만 간주하였다는 점이 '형식주의자'와 질적으로 구별되는 것 말고는 문면으로 보아 그가 형식 연구의 중요성을 부인하지 않음을 알 수 있다. 그러나 이런 전통적인 내용 형식관(즉 내용이 형식을 결정하고 형식은 내용을 위하여 복무한다는) 이 우리나라 현대 문학 비평, 문학 연구 및 문학사 연구를 내용을 중시하고 형식을 경시하는, 즉 어떤 사람이 말한 '9분 내용, 1분 형식'의 국면에 오랫동안 빠져 있게 하였다. 그리하여 예술 형식을 사상 내용에 종속하고 적응하며 복무하는 부속품으로 되게 하였다. 이는 사실상 형식의 상대적 독립이라는 품격과 내용에 대한 적극적이고 능동적인 생성 작용을 취소한 것이다. 이로써 신중국 건립 이후의 30여 년간, 문체 의식은 기본적으로 중시를 받지 못하였으며 문체 변혁의 요구와 여론도 아주 미약하였고 심지어 거의 없다시피 하였다.

오히려 중국 현대 소설사에서 한동안 문체 의식의 각성이 나타났었으며 각종 소설이 공존공영하는 국면이 조성되었다. 노신은 두말할 것 없이 이 각성의 선구자였다. 그의 소설은 모두 저마다 서로 다르다. 「복을 비는 제사」「고향」과 같은 사실소설이 있는가 하면, 「약」「아Q정전」과 같은 상징적 소설이 있었고, 「광인일기」와 같은 의식의 흐름, 심리소설이 있었는가 하면, 「이야기 신편」 같은 부조리소설이 있었다. 뿐만 아니라 모순·노사·파금과 같은 현실주의 소설이 있었고, 빙심·감여사와 같은 문제소설·신변소설(身邊小說)이 있었고, 심종문·건선애·허흠문과 같은 '향토' '풍속화' 소설이 있었고, 욱달부와 같은 낭만주의 표현파 소설이 있었으며, 심지어 유납구·시칩존·목시영과 같은 '신감각파' 소설도 있었다.

중국 현대 소설이 건국초의 30년중에 주요하게는 현실주의의 단일한 길을 걸어왔다. 비록 상당히 우수한 작품도 나왔고 심지어 서로 다른 작가 작품의 서로 다른 스타일과 유파가 나왔지만, 이것은 필경 현실주의라는 동일한 미학 범주내에서의 스타일 차이에 불과하였다. 문체적으로 논의한다면, 소설의 형태 양식은 기본적으로 같으며 서술 각도, 서술의 방식·방법도 대체적으로 같아 기본적으로 전통 화본(話本)·장회소설(章回小說)에서 탈바꿈해온 '이야기'식의 '재현'형 소설이었다. 비록 현실주의는 인류의 지적 발전이 열매 맺은 우수한 창작 방법으로서 중외 소설사에 극히 휘황찬란한 시기가 있었고 많은 위대한 작품을 산생하였으며 금후로도 미학 영역에서 위대한 작품을 산생할 수 있지만, 그러나 근 반세기 이래, 적어도 우리 중국에서는 현실주의 창작 방법 및 운용에 여러 가지 인위적인 제한과 강화 수단(다시 말하여 비판 현실주의·사회주의 현실주의·혁명 현실주의 등등 및 생활의 본질·진실을 구실로 광명만 쓰고 암흑은 쓰지 않으며, 가송만 하고 폭로를 하지 않는 등)이 부가되어 원래 왕성한 생명력과 광활한 발전 전망을 가진 현실주의를 갈수록 좁고 위축되고 폐쇄되게 만들었다. 60년대 중기 이후 정치상·문예상 극좌 사조의 창궐하에 마침내 현실주의의 생명은 압살되고 가짜 현실주의·반현실주의의 말로를 걷게 되었다. 서방 학자들은 자국의 국정에서 출발하여 문학의 변화를 논할 때 어떤 문학 규범(창작 방법 혹은 문체·스타일 등)의 '자아 생성' '자아 폐쇄,' 자신의 '위축'과 '변화의 갈망' 등등을 고려할 것이다. 기실 문학의 변화는 인위적이고 사회적인 요소가 아주 중요하다. 문화 대혁명과 문화 대혁명 전의 30년간의 중국 현대 문학을 본다면, 현실주의가 흥성에서 쇠퇴·위축·폐쇄로, 끝에 가서는 반면(反面)으로 나간 운명은 문제를 잘 설명해줄 수 있다. 한편으로 말하면, 이는 일종의 미학 규범으로서의 현실주의 자신의 필연적 귀결이 결코 아니고, 다른 한편으로 말하면, 현실주의의 우수한 전통은 중국에서 인위적으로 압살되었고 단절되었다.

신시기에 들어와서 사람들은 현실주의가 문학 창작에 없어서는 안 될 중요 의의를 재인식하게 되었다. 그리하여 현실주의의 복귀·심화와 개방적인 새로운 발전이 상흔 문학·반사(反思) 문학·개혁 문학의 많은 우수한 현실주의 문학 작품에 나타나게 되었다.

더욱이 주의하여야 할 것은, 현실주의 전통의 회복 및 발양과 동시에 많은 젊은 선봉파 작가들이 직접 서방의 모더니즘을 수용하여 우리 중국 자신의 모더니즘 작품을 창조하였다는 점이다. 그리하여 소설의 형태 양식에 종래 없던 풍부하고 다채로운 변화가 나타났다. 사실적인 것, 사의적(寫意的)인 것, 서정적인 것, 낭만적인 것, 철리적인 것, 상징적인 것, 감각적인 것, 인상적인 것, 변형적인 것, 부조리한 것, 환상적인 것……, 그야말로 각양각색이고 천태만별이었다. 모더니즘은 현실주의와 완전히 서로 다른 미학 범주로서, 처음으로 자신의 창작 실적을 가지고 중국에 자리를 잡았다.

현대주의(모더니즘)와 현실주의는 중국에서 경쟁을 하게 되었다. 그러나 양자는 상호 보완과 상호 흡수로 새로운 양상을 보였는바, 이것이 곧 서방 현대주의의 중국화·민족화였으며, 중국 전통 현실주의의 개방화·현대화였다. 이는 사실상 중국 신시기 소설의 세 갈래 창작 사조가 공존공영하는 다원화 국면을 조성하였다. 즉 현실주의, 현대주의, 현실주의와 현대주의의 통합(혹은 현대 현실주의, 혹은 개방적 현실주의라고 이름지을 수 있다)이다. 여기서 지적해야 할 점이라면, 한편으로 다원적 미학 형태가 병립하는 국면의 출현은 신시기 문학 창작의 번영을 표시하는 것이고, 다른 한편으로는 중국 문학 전통의 현실주의가 일부 사람들이 말하는 것처럼 이미 그의 역사적 사명을 완수하였기에 현대주의로 대체된 것이 아니라, 회복과 심화의 기초 위에서 현대주의 미학 요소를 흡수하여 개방적인 새로운 발전을 가져왔다는 점이다. 작품의 양과 질, 영향력 및 생명력에 이르기까지, 모두 현대주의를 넘어서고 있으며 시종 중국 문단을 지배하고 좌우하는 주류로 되고 있음은 두말할 나위도 없다.

소설 창작 방법의 다원적 변화에 따라, 소설의 형태 유형·서술 각도·서술 방식·구성 방법·언어 스타일도 모두 변화를 가져왔다. 단일한 시각에서 다원·다유(多維)의 분산적 투시로, 선조적 서술로부터 복선·방사·다두(多頭: 서두에 여러 가지 이야기가 있는 것), 망상(網狀: 그물 형태. 이야기가 서로 침투되고 엮어진 것), 괴상(塊狀: 덩어리 형태. 이야기가 한곳 한곳에 뭉쳐지고 결속되는 것) 및 입체 교차적인 서술 방식과 구성 방식에 이르기까지, 서로 다른 소설 형식이 추구하는 다원 병립은 여러 가지 소설 언어 스타일의 다채로움을 조성하였다. 예를 들어 가평요의 진한고풍(秦漢古風), 이항육의 오월운미(吳越韻味), 아성의 노장신운(老莊神韻), 장승지의 서부호정(西部豪情)…… 등등이 그러하다.

소설 문체의 변화는 실질적으로 말해 소설 '수식' 수단의 변화이다. 그 변화 과정의 종국적인 목적은 최상의 독서 효과를 접근하거나 창조하는 것이다. 때문에 소설 문체의 변화 역사를 연구함은 소설 예술의 발전 궤도를 탐구하는 중요한 내용의 하나로 되고 있다.

Ⅳ. 소설 관념과 소설 미학의 변화 발전

소위 소설 관념·소설 미학이란 실제적으로는 "소설이란 무엇인가" "소설을 어떻게 써야 하는가" 하는 문제이다. 중외 소설사가 증명하다시피, 일부 유동·변화·발전하는 개념들에 대하여 서로 다른 시대, 서로 다른 작가들은 서로 다른 인식을 갖고 있다.

국외에 비교적 오래된 전통적인 관점이 있는바, 그에 의하면 소설은 이야기를 하는 것이다. 이야기와 소설은 영어로는 모두 동일한 단어(story)로 표시할 수 있다. 프랑스 비평가 아벨 세퀴리는 소설에 대한 정의를 이렇게 내렸다. "소설은 산문으로 씌어진, 어느 정도의 길이가 있는 허구적인 이야기이다." 비교적 원만한 관점은 이러하다. 소설의 소위 3요소——줄거리·인물·환경을 구비한, 인물 형상의 조형을 중심으로 완전한 줄거리와 구체 환경에 대한 묘사를 통하여 형상적으로 사회 생활을 반영하며 시(운문), 희곡 및 산문(상대적 협의의)과 구별되는 그러한 서사성의 문학 장르를 모두 소설이라고 할 수 있다. 영국의 저명한 소설가이자 비평가인 포스터는 소설에 대해 더욱 넓은 정의를 내렸다. "5만 자를 초과하는 허구적인 산문 작품을……모두 소설이라고 할 수 있다." 실제로 그것은 이미 전통 소설의 이야기하기의 범주를 벗어난 것이다. 20세기초 서방의 어떤 사람은 공개적으로 이렇게 주장하였다. "소설은 이야기를 하지 않아도 된다. 작자 자신의 내면 생활·심리적 감수를 쓸 수 있고, 일종의 심정 혹은 정서를 쓸 수 있다." 미국 작가 존 혹스는 심지어 이렇게 말하였다. "소설의 진정한 적은 이야기 줄거리·인물·배경과 주제이다." 그리하여 어떤 이론가는 '3무' 소설을 주장하였다. 즉 무주제·무인물·무이야기이다. 이리하여 전통적인 소설의 '3요소'설은 도전을 받게 되었다.

중국에서 소설은 오랜 발전의 역사를 가지고 있다. 고대의 신화 전설에서 가담항어(街談巷語)·지괴지인(志怪志人) 및 전기 강사(傳奇講史)에 이르기까지의 맹아 상태의 소설이 송·원 시대를 거쳐 명·청 시대에 와서는 완전한 화본(話本)·장회(章回)소설로 되었다. 이때에야 비로소 중국 특유의 전통 소설이 형성되었다. 그 후 '5·4' 시기 노신의 「광인일기」 등 작품이 나와서야 진정한 현대적 의의에서의 소설이 출현된 셈이다. 소위 현대적 의의에서의 소설이란, 사상 내용으로 말하면, 소설이 현대 사회 생활과 변혁을 반영하고 현대인의 생활·사상·심리·정감·풍모 및 현대적인 심미 의식을 표현하는 것이고, 표현 형식으로 말하면, 현대인의 산문화 언어(백화문)를 사용하여 한편으로는 우리나라 고전 소설의 서술과 인물 조형에서의 장점을 계승하고, 다른 한편으로는 전통적 화본과 장회 형식에 반발하여 구성 방법과 묘사 기교에서 외국 소설의 장점을 광범하게 수용함으로써 고전 전통 소설과 다른 새로운 내용과 새로운 표현 형식의 신형 소설이 형성되었다. 모택동이 노신의 소설을 평가하며 말한 것처럼, 노신의 소설은 외국의 것도 아니며 중국 고대의 것도 아닌 중국 현대의 것이다. '5·4' 이래 현대 소설의 창작 주류를 논한다면, 그것이 견지한 것은 현실주의의 창작 방법이다. 여전히 진실한 세부 묘사를 통하여 전형 환경 속의 전형 성격을 부각시키는 데 주의하여 이야기 줄거리와 줄거리의 발전 속에서 인물을 조형하는 데 주의한다. 여기서 우리는 중국 현대 소설과 고전 소설이 일맥상통하는 점을 볼 수 있다.

20세기 80년대에 들어선 중국은 사상 해방 운동의 심화와 정치·경제·문화 정책의 개방 및 국외 각종 문예 사조의 충격으로 인하여, 일부 작가와 이론가들이 자기의 창작 실천 혹은 이론적인 논술의 방식으로 새로운 소설 관념을 제출하고 주장하였다. 그 주장이란, 소설은 반드시 인물 조형을 중심으로 할 필요가 없다 ; 인물 형상은 약화시킬 수도 있고, 심지어 인물이 없어도 된다 ; 또 소설은 반드시 시종을 관철하는 이야기 줄거리가 있어야 되는 것이 아니다 ; 이야기가 없을 수도 있다 ; 일종의 심리, 일종의 정감·정서만 쓸 수도 있고, 이러한 마음의 선율과 리듬으로도 독자의 마음을 사로잡을 수 있다는 것이다. 중국 현대 소설 관념은 80년대에 거대한 변화를 가져왔다. 이것은 근본적으로 전통 소설의 독점적 지위를 뒤흔들어놓았을 뿐만 아니라, 중국 소설의 세계적 소설 사조에의 접근과 수긍을 표시하는 것이었다.

40년래 중국 현대 소설 창작의 일체의 변화를 본질적으로 말한다면, 모두 소설 관념의 변화에 뿌리를 박지 않은 것이 없다. 또한 소설 관념의 부단한 변화와 갱신을 통해서만 소위 새로운 소설의 새로운 심미적 요소에 대한 새로운 심미적 공명과 수긍이 가능하게 될 것이며 그럼으로써 소설 미학의 새로운 발전이 있게 된다.

때문에 이미 서술한 바 있는 제재·주제의 개척사, 인물 형상의 창조사, 소설 문체의 변화사 등등을 일종의 통시적 고찰로 삼아 소설사의 시종을 관철함이 옳겠지만, 그러나 그것의 최종 목적은 모두 소설 관념과 소설 미학의 변화 발전을 설명하고 증명하기 위한 것이다. 뿐더러 한 권의 소설사의 임무는 주로 이론적으로 소설 관념·소설 미학의 변화 메커니즘에 대해 분석하고 천명하는 것이 아니라, 서로 다른 시대, 서로 다른 문학 발전 단계, 서로 다른 미학 범주와 스타일 유형 속에서 생산된 하나하나의 구체적 작품에 대한 실증 분석을 통하여, 소설 창작의 관념과 미학상에서의 변화를 체현하고 반영하는 것이다. 이로부터 아래와 같은 두 개 항목이 한 권의 소설사 실체 부분의 중요한 내용으로 됨을 알 수 있다.

Ⅴ. 서로 다른 시대, 서로 다른 문학 발전 단계,
서로 다른 미학 범주와 스타일 유형의 소설 작가,
작품에 대한 실증 분석과 평가

Ⅵ. 중요한 소설가군과 소설 예술 유파의 형성·발전·변화

의심할 바 없이, Ⅴ와 Ⅵ의 두 가지 내용은 전체 소설사의 실체 부분이다. 그것과 소설사의 관계는 벽돌과 빌딩과의 관계와 같다. 앞에 논의된 4가지 내용이 책 전체를 관철하는 몇 갈래 주요 줄기라면, Ⅴ, Ⅵ의 두 가지 내용은 주요 줄기의 고리와 접점이다. 서로 다른 시대, 서로 다른 미학 규범, 서로 다른 풍격 유형의 작가 작품을 제재·주제·인물·문체·언어 등의 방면으로 구체적인 참조 비교·분석 평가를 할 때에는, 반드시 소설 관념과 소설 미학의 변화의 궤적을 충분히 체현하여야 한다. 이렇게 보면 아래와 같은 비유가 더욱 적절할 것 같다. 한 권의 소설사를 높이 솟은 빌딩이라고 비유한다면, 구체적인 작가 작

품은 이 빌딩을 구성하는 원자재, 벽돌과 나무 등이고, 소설 관념·소설 미학은 이들을 연결·응집하는 철근 콘크리트이다.

문제의 관건은, 서로 다른 시대, 서로 다른 지역의 서로 다른 미학 추구를 갖고 있고 문학 발전에 서로 다른 공헌을 한 이 방대한 작가 대오 및 그들이 속한 서로 다른 미학 범주(스타일 유형과 유파)와 서로 다른 미학 층위의 부지기수의 작품에 대하여, 우리가 어떻게 선택·배치하며, 무슨 원칙으로 그들을 한 권의 소설사에 통일시키고 나아가서 그것들에 대해 어떠한 평가를 내릴 것인가 하는 문제이다.

텐은 그의 방법의 출발점이 "하나의 예술품은 고립된 것이 아니라는 것을 인정하며, 그 예술품이 종속된 것을 찾아내고 아울러 예술품의 총체를 해석할 수 있다"는 데 있다고 말했다. 이것은 일종의 체계론의 사상이다. 즉 겉보기에 고립된 하나의 예술품을 자각적으로 본래의 귀속에 따라 일정한 문학 시대·문학 사조와 미학 규범 체계 중에 놓고 고찰하여 예술품 자신의 가치를 확정하는 것이다. 여기에서 텐은 하나의 예술품에 대해서만이지 전체 예술사를 놓고 이야기하지 않았지만, 그러나 나는 이런 사상과 방법을 우리가 소설사·문학사를 편찬할 때 구체적 문학 작품을 분석하는 출발점으로 삼을 수 있다고 생각한다.

구조주의자들에게는 아주 핵심적인 사상이 있다. 즉 "세계는 사물이 아니라 각종 관계로 구성되었으며," "사물의 진정한 본질은 사물 자체에 있는 것이 아니라, 우리가 각종 사물들 사이에서 구조화하고 그런 뒤 그것들 사이에서 감각할 수 있는 그런 관계에 있다"라는 주장이다. 이 말은 아주 정채로운바, 우리의 소설사 구축에 그대로 적용할 수 있다. 한 권의 소설사는 완전한 하나의 세계이다. 고립적으로 하나하나의 구체적인 작품을 분석한다면 의의가 크지 못한 것이다. 반드시 그것을 작품과 작품이 구성하는 체계 관계 속에서 고찰하여야만 작품의 의의와 가치를 확정할 수 있다.

　각종 판본의 소설사·문학사 저작들을 비교하고 각종 사론적
관점을 골고루 비추어본 후, 나는 웰렉이 제출한 ‘투시주의’적
인 방법론이 아직도 비교적 과학적이기에 수용할 수 있다고 본
다. 소위 ‘투시주의’는 두 가지 함의를 포함하고 있다. 즉, 하나
는 역사를 종합하여 문학사를 파악하는 것이고, 하나는 전체적
인 변화 속에서 문학을 파악하는 것이다.

　역사를 종합하여 문학사를 파악한다는 것은 곧, “하나의 예
술품은 ‘영원한 것’(영원히 어떤 특성을 보존하는 것)이자 또한
‘역사적인 것’(궤적 있는 발전 과정을 경과하는 것)”임을 인정한
다는 것이다. 나는 ‘영원한 것’이란 말의 뜻을 하나의 예술품이
그 탄생부터 그 자체 다시 변화할 수 없음(소수 작가가 재판시
수정하는 것은 예외이지만)을 말하는 것이라고 이해한다. 그것은
그것을 낳은 그 시대의 불길이 녹여 만든 주물이며, 특정 시대
와 역사의 산물로서 영원히 마멸되지 않는 시대 특징을 갖는다.
그러나 그 역시 ‘역사적’이다. 이것은 어떤 특정 시대의 작품도
모두 일정한 문화 전통의 새 역사 조건하에서의 산물이라는 것
을 가리킴과 아울러 그것이 심미 객체로서 서로 다른 시대의 심
미 의식의 변화에 따라 부단히 자신의 심미 가치를 변화시킨다
는 것을 가리킨다. 그렇다면 소설사·문학사의 임무는 이 과정
을 묘사 서술하는 것이다. 다시 말하여, 우리는 작품이 산생된
그 시대에만 의거하여 그 작품을 평가할 수 없고, 오늘에만 의
거하여 그 작품의 가치를 결정할 수도 없는 것이다. 역대의 무
수한 독자의 예술 작품 비평의 축적 과정을 종합하여 작품이 산
생된 그 시대에서의 가치를 지적하고 그것이 후세에 남긴 가치
를 지적하여야 한다. 문학사는 동일 작품이 서로 다른 시대에
겪는 가치의 변화를 밝혀야 한다.

　소위 전체적으로 변화 속에서 문학을 파악한다는 것은, 문학
을 하나의 전체, 시대의 변화에 따라 변화하는 전체로 보아야
하며 그들간에는 “상호 비교하며 존재하는 각종 가능”이 있다

는 뜻이 된다. 그리하여 소설사·문학사가들은 "공동의 작가 유형, 스타일 유형, 언어 전통 등에 따라" 개별 작가 작품을 "크거나 작은 각종 그룹으로 나누고," 전형 의의를 가진 작가 작품에 대한 분석과 비교를 통해, 어떤 유형의 '작품 발전 과정'과 변화 궤적을 묘사 서술할 수 있고 또 해야 한다. 중국 현대 소설사를 예로 들면, 작품이 소속된 미학 범주(현실주의·현대주의·현대 현실주의), 제재 유형(농촌소설·도시소설·군사소설·지식청년소설·역사소설), 스타일 유형(사시적〔史詩的〕 서사체 소설·산문화 소설·시화·철리화 소설) 등등에 따라 작가 작품을 약간의 그룹으로 나누고, 비교에 의해 그것들의 내재적 연계와 구별을 갈라내어 동류 작품의 내재적 발전 변화를 찾아 이것으로 전반 문학의 발전 변화를 반영할 수 있다.

나는 한 권의 소설사가 만약 이 6가지 방면을 전반적으로 고려하여 그것들을 구체적인 장절의 글에 침투시키며 소설을 진정으로 하나의 예술로, 부단히 유동 변화하는 예술로 간주한다면, 비교적 완비된 소설 예술 발전사로 될 가능성이 있다고 생각한다.

2

W. C. 부스는 그의 저명한 『소설 수사학』이란 책에서 첫 구절을 이렇게 썼다. "소설 수사학을 쓸 때, 나는 주로 선전이나 교육을 위한 설교소설에 흥취를 가진 것이 아니었다. 나의 논제는 비설교소설의 기교였다. 즉 독자와 교류하는 예술이었다." 그가 예술 표준을 얼마나 강조하고 예술 분석을 얼마나 중시하였는가를 알 수 있다.

우리의 이 한 권의 소설사가 소설 예술 발전사가 되어야 한다면, 이전의 일체의 소설 창작 현상에 대한 취사 선택과 평가는 모두 예술 표준의 원칙을 견지하여 예술로부터의 분석과 비교로 시작하여야 한다.

그러나 유감스럽지 않을 수 없는 점이라면, 우리들이 과거에 '정치 표준 제1, 예술 표준 제2'의 원칙을 관철할 때, 늘 일면성이 나타났다는 것이다. 동일한 작품이 어느 한 시기, 어떤 정치 배경하에서는 하늘 높이 떠올려졌다가, 정치 기후가 변하면 아무것도 아닌 것으로 형편없이 평가되고 심지어는 철저한 부정과 비판을 받게 된다.

예를 들어, 건국 초기에 비판받은 「우리 부부지간」 「와지에서의 '전역'」, 반우파 시기에 비판받은 「조직부에 새로 온 젊은이」 「개선」 「골목 깊은 곳」 「붉은 콩」 「벼랑에서」, 반수정주의 시기에 비판받은 「영웅의 악장」 및 문화 대혁명 시기에 부정당하고 비판받고 반혁명 독초로 몰린 거의 모든 건전한 작품들, 이 작품들은 모두 일면적인 정치 표준의 희생물이 되었다. '4인방'을 물리친 후의 이듬해, 상해 문예출판사는 50년대 중기에 비판받은 작품을 한데 수집하여 『다시 핀 꽃송이』로 펴내었다. 이는 그 당시 아주 대범하고도 인심을 얻는 일이 되었다. 그러나 편집·출판자의 의도가 사회적으로 일으킨 실제적인 반응을 보면, 모두 정치적 각도에 입각하여 일종의 낙실 정책과 정치적인 명예 회복의 거동으로만 받아들였고 예술의 각도로 그 작품집에 관심을 갖고 연구한 사람은 거의 없었다. 심지어 그들이 진실한 말을 하였고 암흑면을 폭로하였기에 예술적으로도 제일 성공한 작품이라고 인정하는 관점도 있었다. 과연 "진실한 말을 하면" 반드시 예술품으로 되는가? 또 반드시 우수한 예술품으로 되는가?

심미 가치를 추구함에 있어서 예술 표준을 견지한다 하여 정치 표준을 던져버리고 작품의 사상 내용과 정치 경향을 불문하면서 정치를 멀리 할수록 좋다는 것은 아니다. 비록 한동안 '정치 혐오'와 유사한 반발 심리가 나타나기는 하였지만.

어느 의미에서 말한다면, 시종여일하게 강렬한 정치적 색채를 띠는 것은, 중국 현대 문학의 하나의 돌출한 특징이다. 이것은 중국 백여 년래 특정한 사회 생활이 결정한 것으로서 사람의 의지로써 이루어지는 것이 아니다. 그러나 어떤 사람은 이것이야말로 중국 현대 문학이 높은 차원의 예술 수준을 결여하여 세계 우수 문학에로 진출하지 못하는 주요 원인이라고 여기고 있다. 이것은 실로 일종의 오해이다. 하나의 작품이 우수한 예술품인가 아닌가 하는 문제는 그것이 정치에 관계되었거나 정치를 묘사함과 무관하다. 만약 문학은 사회 생활이 작가의 두뇌에서 반영된 산물이라는 점을(당연히 피동적 반영뿐이 아닌, 생활에 대한 작가의 예술적 재창조를 포함한다) 승인한다면, 정치 생활이라는 현대 인류 사회 생활의 극히 중요한 방면은 필연적으로 또는 응당히 문학 작품에 반영되어야 한다. 복잡 다양하고 풍운 변화가 많은 정치 투쟁·정치 생활 속에서 인간성의 소외와 소외된 인간성을 제시하고 정치 소용돌이 속의 각양각색의 생생한 영혼을 부각하며 나아가서는 정의·비정의, 인도·비인도의 묘사에서 진선미와 가악추(假惡醜)의 영혼의 교직과 결투를 잘 나타내기만 한다면, 진정한 예술품이 못 되는 것도 아니며 세계 우수 문학에로 진출할 가능성이 없는 것도 아니다.

관건적인 문제는 우리가 문학 작품 중의 '정치'에 대하여 어떤 이해를 갖는가 하는 것이다.

첫째, 그것은 광의의 정치이어야 한다. 일반적으로 말하여 어떤 문학 작품이든지 모두 일정한 사상적·정치적 경향을 갖게 된다. 그들이 인류를 촉구하고 각성시켜 어떤 아름다운 향상을 추구하게끔 한다면(정면적인 선전이든지 아니면 반면적인 경종이든지간에), 혹은 요즈음 말로 사회주의 정신 문명의 건설에 유익하기만 하다면, 모두 정치적인 긍정을 받아야 한다. 한 시기, 혹은 목전의 국부적이고 일시적인 정치 임무와 정책을 위하여 복무해야만 하는 것은 아니다. 물론 눈앞의 국부적이고 일시적인 정치 임무와 구체적인 정책을 위하여 복무하면 우수한 작품을 써낼 수 없다는 관점은 아니다. 관건은 아래의 두번째 요구를 충족시켜야 하는 것이다.

둘째, 그것은 반드시 충분한 예술적 전화를 거쳐 완전히 예술 속에 용합된 정치이어야 한다. 이 점은 첫번째 요구보다 더욱 중요하여 또한 어려움도 많다.

문학은 본질적으로 말해 문학적이다. 그것과 생활(당연히 정치 생활도 포함한다)의 관계는 일종의 심미적 관계일 수밖에 없다. 원래 비문학적인 사물·정신·이념 등등이 일단 소재로 문학 작품에 들어가게 되면 모두 반드시 비문학에서 문학에로의 전화 과정을 거쳐야 한다. 물론 모든 문학 작품이 다 문학화가 충분한 것은 아니다. 문학화가 충분한 소위 순문학은 언제나 극소수이다. 반면에 대다수 작품들은 비중이 크거나 혹은 적게 비문학적 성분이 들어 있다. 때문에 일반적인 작품은 문학적인 것과 비문학적인 것의 두 부분으로 구성되었다고 볼 수 있다. 작품의 성패득실, 고하우열은 최종에 가서는 작품 중에 비문학 성분이 얼마나 큰 정도로 문학 성분으로 전화되었는가 하는 데서 결정되며, 작품의 총체적인 심미화·문학화의 정도에 의하여 결정된다. 때문에 문제는 작품의 정치와의 연관 혹은 반영 여하에 달려 있는 것이 아니라, 이런 반영 과정중에 가급적으로 충분한 예술적 전화를 거쳐 그것을 진정한 예술품으로 되게 하였는가에 달려 있다. 예술품이 예술적 분석을 감당해낼 수 있고 사람의 마음을 감동시키는 예술적 역량을 가질 수만 있다면, 그것이 일반적인 세속 생활을 썼든지, 아니면 정치 투쟁을 썼든지, 광명을 썼든지, 암흑을 썼든지, 인류의 영원한 이익에 착안하였든지, 목전의 정치를 위해 복무하였든지간에 모두 독자와 사회의 긍정을 받을 수 있다. 중외의 문학사·예술사에 있어서 중대한 정치 사건을 제재로 하면서 강렬한 정치 색채와 선명한 정치 경향을 띤 우수한 작품들이 있다. 예를 들어 노신의 『외침』, 모순의 『한밤중』『농촌 3부곡』, 위고의 『93년』, 푸니치의 『쇠파리』, 톨스토이의 『전쟁과 평화』, 고리키의 『어머니』 등등이 모두 그러하다. 회화사로 본다면, 강렬한 정치 색채를 띤 세계 명화의 예술 진품은 더욱 많다. 다빈치·라파엘 등의 종교와 정치의 분위기로 충만한 고전파의 작품을 논외로 하고 단지 근대의 콜비츠의 「직공의 반항」「농민 전쟁」, 피카소의 「게르니카」, 리다의 「내전의 징조」 등 완전히 그 당시의 정치적 임무를 위해 복무하는 정치 선전화 식의 작품만 보더라도, 창작 소재로 된 정치 내용이 충분한 예술적 전화의 방법과 형식(이런 방법과 형식을 찾아내기만 한다면, 그 당시의 정치를 위해 복무하는 주제를 인류의 영원한 이익을 위해 복무하는 데로 승화시킬 수 있다)을 찾아냄으로써 그토록 강렬하며 사람의 마음을 감동시키는 예술적 역량을 발휘할 수 있었는데, 이것은 예술과 정치가 반드시 대립되는 것만은 아님을 잘 설명해준다.

건국 이래 사회주의 혁명과 건설을 반영한 많은 소설 창작이 엄중한 도식화·관념화의 결함을 가지며 설교적 색채가 짙은 비예술소설로 되고 진정으로 고품위의 예술소설이라 할 만한 작품은 아주 드물게 되었는데, 근본 원인은 작가가 사회 현실과 너무 밀착하고 정치와 너무 밀착한 데 있는 것이 아니라 예술 전화의 공력이 결여되었고 급급한 사회 공리, 정치 공리욕이 작가의 심미안을 저해하며 예술 창조에 있어서 창작 주체의 자유로운 발휘를 제한하였다는 데 있다.

반대로 하나의 작품이 예술적으로 기본이 서 있기만 하다면, 작품이 반영한 생활 내용, 시대 배경이 변화를 가져왔더라도 자신의 심미 가치를 완전히 상실하지 않을 수 있다. 앞에서 이미 말한 바 있지만, 예술 작품의 성패득실, 고하우열은 최종적으로 그 작품의 비문학적 성분이 어느 정도 문학 성분으로 전화되는가에 의하여 결정된다. 여기에서 한걸음 더 나아가 설명할 것은, 비문학 성분이 일단 문학 성분으로 전화되기만 한다면 그것

은 곧 문학 작품 중의 상대적으로 안정되고 불가분리한 유기적
인 구성 부분으로 된다는 것이다. 아직 작품 전체의 예술적 분
위기 속에 융합되지 못하고 밖에서만 떠돌아다니는 비문학 내
용은 바꾸거나 다른 것으로 대체할 수 있다. 예를 들어「이쌍쌍
소전」은 예술상 아주 성공적인 작품이다. 그 주요 표지는 이쌍
쌍이란 전형적 형상과 성격 조형의 성공이다. 그러나 이 작품은
‘대약진’이란 배경 위에서 건축되었으며 ‘공공 식당(公共食堂)’
을 꾸리는 것을 주선으로 이야기가 벌어진다. 때문에 사람들이
후에 ‘공공 식당’을 부정하고 ‘대약진’을 부정하게 되자 예술적
으로 성과를 거둔 이 작품에 대하여서도 회의와 부정을 갖게 되
었다. 그러나 나는 이러한 태도로 역사적으로 상당한 영향을 끼
친 예술 작품을 대함은 너무 단순하고 조포하다고 생각한다. 비
록「이쌍쌍 소전」에 나오는 시대와 사건에 대하여 사람들은 이
미 정치적으로 새로운 인식과 평가를 갖고 있지만, 그렇다고 이
작품을 예술상 철저히 부정해서는 안 된다고 생각하는 것이다.
앞에서 언급했지만,「이쌍쌍 소전」의 성공은 주로 이쌍쌍이란
예술 형상과 성격 조형의 성공이다. 또 이 이쌍쌍이란 혈육이
풍만한 사람이 지금까지 독자들의 마음속에 살아 있음은 ‘공공
식당’도 ‘대약진’ 때문도 아니다. 이것은 작가가 일상 생활에서
짙은 생활의 정취와 강렬한 시대적 숨결을 발견·포착한 결과이
며 또한 개성화의 특징과 전형화의 의의가 극히 풍부한 세부 묘
사를 통하여 최선을 다해 “작품을 예술화시키는 기교”(러시아
형식주의 학파의 대표 쉬클로프스키의 말), 즉 초상 묘사·심리 묘
사·개성화된 언어와 행위 묘사, 모순 충돌·대비 속의 인물 성
격 묘사 등을 광범하게 동원하여 마침내 성공적으로 이쌍쌍이
란 예술 형상을 조형한 결과이다. 이쌍쌍이라는 인물 형상으로
하여금 혈육이 풍만하고, 생생한 모습으로 독자 앞에 서게 한
이 모든 ‘세부’와 ‘기교,’ 즉 「이쌍쌍 소전」이라는 “특정한 작
품을 문학 작품으로 되게끔”(야콥슨의 말) 해주는 것은 모두 작

품의 문학적 내용에 속하는 것이다. 무슨 '공공 식당' '대약진'
은 외재적인, 아직 문학화가 충분치 않은 비문학적 내용이다.
예술 작품과 하나로 융합된 문학적 내용은 변동할 수 없으며 대
체할 수 없다. 일단 변동하고 대체하게 된다면 예술 형상은 질
적인 변화를 가져오게 된다. 하지만 비문학적 내용은 변동할 수
있으며 대체할 수도 있다. 일반적으로 말하여 비문학적 내용의
변동과 대체는 예술 형상의 본질적 특징에 영향을 주지 않는다.
60년대초, 「이쌍쌍소전」이 영화 「이쌍쌍」으로 각색되었을 때
는 '공공 식당'이 이미 부정된 뒤였다. 그리하여 편집과 감독은
'공공 식당'을 꾸리는 이야기를 시의에 맞는 남녀 동공동수(同
工同酬: 같이 일하고 같은 노임 대우를 받는)로 교묘히 바꾸었으
나 형상 자체의 성격 특징은 이로 인해 변화를 가져오지 않았
다. 이쌍쌍을 오늘의 농촌 배경에 놓고 땅을 다루고 전업호(專
業戶)가 되라 하여도 그 형상과 성격의 기본 특징은 영향받지
않을 것이다.

　때문에 작가와 예술가들로 말하면, 우선적으로 추구해야 할
것은 자기 작품을 예술품으로 만드는 것이고 그 다음에 다른 면
을 돌봐야 한다. 예술상의 성공은 상대적으로 영구한 것이나 기
타 방면의 성공은 일시적인 것이다.

　그렇다면 예술은 시대와 생활을 무시할 수 있고 예술가는 제
멋대로 생활을 지배할 수 있단 말인가? 아니다. 예술은 선천적
으로 생활에 의거한다. 근본적으로 말해 그것은 생활을 떠날 수
없는 것이다. 다만 생활을 개괄·처리·반영함에 있어서 예술가
와 사학자들은 아주 큰 차이점을 보이고 있다. 사학자들로 말하
면, 사회 변혁, 역사 사건과 인물은 절대 그가 마음대로 주무를
수 있는 것이 아니라 오히려 그 자신이 반드시 완전히 역사 사
실에 충실하여야 한다. 문학가나 예술가의 경우는 역사 사실·
현실 생활은 그가 새로운 예술 세계를 창조하는 데 제공된 모본

(母本)식의 근거에 불과하다. 예술품 자체의 내적 수요를 만족시키기 위하여 예술가는 소위 '진실'한 것과 '현실 생활'을 변형시킬 수 있다. 여기에는 수년래 논쟁하여온 소위 '진실성' 문제가 연계되게 된다.

다음과 같은 평을 우리는 너무나도 많이 보아왔다. 어떤 사람들은 늘 이 작품도 진실하지 못하고, 저 작품도 진실하지 못하다고 꾸짖고 있다. 이들의 유일한 비평의 근거란 생활중에 그런 일 혹은 인물이 있고 없음이다. 심지어 어떤 정치적인 수요에 의하여 그들은 작가들에게 어떤 생활 존재는 반영을 허용하나, 또 다른 어떤 생활 존재는 반영을 허용치 않고 있다. 그들의 말대로 하지 않을 경우, 툭하면 작가들에게 생활을 왜곡하고 현실을 추화(醜化)했다는 모자를 뒤집어씌운다.

우리가 예술의 현실 세계에 대한 의뢰를 승인한다고 하여 현실 생활에 무엇이 있으면 작가가 그 무엇을 써도 된다고 승인하는 것은 아니며, 작가더러 무엇을 써라, 무엇을 쓰지 말라고 강박하는 것을 승인하는 것은 더더욱 아니다. 예술 작품 중의 세계는 허구의 세계이며 상상의 세계이고 창조의 세계란 것을 알아야 한다. 비록 이 허구적인, 상상의, 창조의 세계가 현실 세계와 무관하지 않으나, 그렇다고 해서 그것이 예술가들을 제한하거나 그들에게 여러 가지 청규 계율(淸規戒律)을 제출하고 그들이 예술 자체의 수요에 근거하여 마음대로 현실에 대해 변형과 초월을 행하는 것을 금지할 이유는 되지 못한다. 예술 작품으로 말하면 진실은, 생활 속에 이미 있는 것만을 가리키는 것이 아니고 생활 속에 있을 수 있는 것을 더욱더 포괄한다. 아리스토텔레스가 말한 것처럼, 시인이 묘사하고 모방하는 것은 실제로 발생한 사건 혹은 사물이 아니라, "발생하거나 출현할 수 있는 사물이다." H.C. 브루크도 다음과 같이 말했다. "예술가가 해야 할 일은 현실 생활중의 정경을 원래 그대로 복제하는 것이 아니라, 자신의 독특한 관점으로 관찰한 현실 생활의 어떤 방면 혹은 성질을 부가하여 재현하는 것이다."

예술의 각도로 보면, 하나의 작품의 진실 여부를 판단하는 것은 오직 작품 자체의 이야기 줄거리의 발전으로부터 근거를 찾을 수밖에 없다. 그것은 작품 외적인 것으로 해결할 수 없는 것이다. 다시 말하여 진실 여부는 작품이 반영한 생활·조형한 인물이 예술 창조 규율에 부합되는가, 독자의 유사한 생활 체험을 환기시키고 그리하여 독자의 심미적 공감을 획득, 즉 공명에 도달할 수 있는가에 의하여 결정된다. '진실은 예술의 생명'이라고 할 때 여기서의 '진실'이 주로 가리키는 것은 생활의 진실이 아니라 예술의 진실이며, 생활중에 있고 없고가 아니라 생활중에 있을 수 있는가 없는가 하는 문제이다. 소설은 본질적으로 말하여 허구적인 예술이다. 소위 진실이란, 예술의 허구를 통한 것이며, 전체 작품의 예술적 분위기 속에 가득 녹아든 생활·이야기·인물·사건, 이 일체가 모두 자연스럽게, 적절하게, 화해롭게 배치되어 사람으로 하여금 진실로 믿게끔 하는, 또 진실이어서 사람들로 하여금 떨고, 감격하고, 비통해하고, 진노하고, 향상하고, 분기하게 한다.

생활은 예술의 원천이다. 그러나 예술이란 이 원천에서 흘러나온 물이 아니라 이 물로 만든 술이다.

예술 표준을 견지하고 예술 분석을 중시함에 있어서 반드시 다음과 같은 문제에 주의하여야 한다. 모든 문학 관념·창작 방법은 예술 표준 앞에서 모두 평등하다. 관념·방법은 변화가 많으나 예술의 나무는 언제나 푸르다. 더욱이 신시기 이래 문학 창작과 비평 영역의 관념은 부단히 변화되고 방법 또한 부단히 갱신되었다. 이것은 창작과 비평의 주체 의식이 부단히 증강된 필연적 결과이다. 그러나 이에 대하여 이론계에는 일종의 비정상적인 현상이 나타났다. 그들은 흔히 관념·방법으로만 성패를 논한다. 마치 새 관념, 새 방법으로 창작한 작품이면 예술적으로 모두 이전의 관념·방법으로 창작한 작품을 넘어선다고 여기는 것 같다. 이건 실제로는 예술 규율을 위반한 무식한 관념이다.

　일반적으로 말해 새 관념, 새 방법의 실험과 운용은 모두 문학 창작을 추동하고 촉진하는 동인(動因)으로 작용하고 있다. 적어도 그것은 작가들이 생활을 예술적으로 인식·파악하고 반영하기 위한 하나의 창구로, 한 갈래 새로운 길이 되고 있다. 그러나 새 관념, 새 방법과 작품의 최종적인 심미 가치간에는 필연적·절대적인 관계가 없다. 등호를 칠 수도 없고 정비례가 되는 것도 아니다. 어떤 관념(주로 문학 관념을 가리킴), 어떤 방법으로든지 모두 예술적으로 우수한 성공작을 써낼 수도 있고 또 아주 졸렬한 실패작을 써낼 수도 있다. 이것은, 작품의 최후의 성패는 작품이 최종적으로 나타내는 심미 가치·예술 수준, 즉 그 '관념' '방법' 등의 비문학적 내용이 어느 정도 문학적 내용으로 전화되어 '특정한 작품을 문학 작품으로' 되게끔 해주는 '영원한' 예술 요소로 되는가에 의하여 결정된다는 것을 말해준다.

　여기서 반드시 고려되어야 할 상황이 한 가지 있다. 어떤 새로운 문학 관념, 새로운 창작 방법이 개척해내는 것은 흔히 전통 문학과 완전히 다른 심미 범주에 속하는 새로운 예술 세계(예를 들어 사실파와 이미지즘·상징파·부조리파 등)이다. 이때 전통 미학 관념과 심미 관습은 새로운 심미 관념·심미 대상을 자연적으로 배척한다. 또한 새로운 심미 관념과 창작 방법이 창조한 새로운 예술 작품은 자신의 존재와 발전을 위하여 늘 전통 문학에 대하여 철저한 부정과 비판의 태도를 취한다. 때문에 문학사·예술사는 원래 동일한 심미 범주에 속하지 않는 작품들을 강제로 끌어들여 우열을 비교하는 어리석은 짓을 최대한 피하여야 한다. 관념·방법은 신구의 구분이 있을 뿐이지 우열의 구분은 없다. 우리는 다만 예술 자신이 부단히 풍부해지고 발전해야 한다는 의미에서 예술에서 귀한 것은 새로운 창조라고 인정하는 것이다. 그러나 새롭게 창조한 작품이라고 하여 모두 총체적인 예술적 성과가 이전의 모든 작품보다 높다고는 결코 말할 수 없다. 되풀이하자면, 일체의 문학 관념·창작 방법은 예술 표준 앞에서 모두 평등하다. 만약 예술적으로 성공적이라면, 그것이 어떤 문학 관념을 가졌든 어떤 창작 방법을 썼든간에 모두 상관이 없다.

이렇듯 예술 표준을 강조하고 숭상하는 것은 예술적으로 성공한 작품이기만 하면 반드시 비교적 높은 문학사적 평가와 문학사적 지위를 갖게 된다는 뜻인가? 여기에는 더욱 복잡한 문학사 평가 문제가 관련되어 있다.

예술 표준과 예술 분석을 견지하는 것이 예술적으로 성공한 작품이라고 해서 모두 비교적 높은 문학사적 지위에 놓여야 한다는 뜻은 아니다. 문학사의 평가는 제일 먼저 작품의 예술 가치에 충분한 주의를 기울여야 한다. 그러나 문학사·소설사는 하나하나의 고립된 작가 작품에 대한 예술 평가의 집합이 아니고 예술 감상집도 아니다. 그것은 문학의 전체성과 체계성을 충분히 체현하는 동시에 같거나 다른 역사 층위에 처한 작품에 대하여 다방면의 종적·횡적 비교를 행하며, 순예술적·기교적 비교뿐만 아니라, 작품 속에 이미 충분히 예술화한 정치·도덕·윤리 등 사회학 방면으로부터도 비교를 행하는데, 마지막으로 그 문학사적 지위를 확정하는 것은 일종의 다방위적인 종합 비교의 결과이다. 예를 들어, '상흔 문학' 시대의 서막을 연「학급 담임」(유심무), 「상흔」(노신화) 등의 작품은 '4인방'이 젊은 세대 전체에게 가한 엄중한 정신적·심리적 상처라는 중대하고 보편적인 사회 문제를 가장 먼저 발견하고 접촉하였고, 또 이것을 예술 형상을 통해 제시하였는데 바로 이 계몽적 작품들은 후계자를 계발·유도하여 위세당당한 '상흔 문학' '반사 문학'의 창작 붐을 일으켰고 끝내 '신시기 문학'이라는 한 시대의 막을 열었다. 비록 이런 작품이 접촉한 사회적 문제와 이런 작품이 제시한 민감하고 심각한 사상이 예술적 전화라는 측면에서는 아직도 아쉬운 감이 있고 심지어 뒤에 나타난 동류의 작품보다 못한 점이 명백하나, 문학사가들은 이 점을 지적하는 동시에 그들에게 아주 높은 역사적 평가와 문학사적 지위를 주고 있다. 왜냐하면 문학사적 의의로 말한다면, 비록 예술적 수준이 상대적으로 낮으나 제일 먼저 새롭고 중대한 제재와 민감하고 심각한 사상으로 한 시대 문학의 새로운 길을 개척한 작품이 없었더라면 더욱 좋고 더욱 많은 그들의 작품을 뛰어넘는 우수작들이 그들의 뒤를 이어 출현하기 어려웠을 것이기 때문이다. 유심무의 문학사적 지위는 주로 그의 「학급 담임」 등 초기 작품으로 이미 결정되었다. 그는 후에 사상적·예술적으로 모두 최상이라 할 만한, 모순문학상을 받은 장편소설 『종고루(鍾鼓樓)』를 썼다. 이는 유심무가 예술적으로 부단히 진보하고 있는 작가임을 알려준다. 『종고루』의 성공은 유심무가 이미 하나의 일반적인 사회 문제 소설가로부터 완숙한 소설 예술가로 되었음을 증명한다. 그럼으로써 그는 자신의 문학사적 지위를 더욱 공고히하고 강화하였다. 만약 유심무에게 「학급 담임」이 없고 『종고루』만 있었다면 정황은 판이하게 달라질 것이다. 비록 성공적이기는 하나 『종고루』만으로 '북경 풍속소설'의 대하 속에서 자신을 뽐낸다는 것은 필경 힘겨운 것이다. 문학사의 평가는 필경 작품의 단일한 심미적 평가가 아니다.

　서로 다른 작가·작품들 사이에 예술 수양·창조 재능의 차이 이외에도 사상·경계(境界), 흉금과 시야의 차이가 있다는 것을 반드시 인정하여야 한다. 이런 요소들은 모두 직접적 혹은 간접적으로 작가의 예술 창조에 참여하고 영향을 주게 된다. 때문에 동일한 예술적 층위에 있는 작가·작품이라 할지라도 문학사가들이 더욱 치중하는 작품은 사상이 심각하고 경계가 숭고하며 흉금이 크고 시야가 넓은 작품들이다. 그리하여 단지 예술가이기만 한 사람보다, 예술가이면서 사상가인 사람에게 문학사적으로 더욱 높은 지위와 평가를 줌이 마땅하다. 후자는 예술적으로 획기적인 개척과 성취로 새로운 예술 시대를 열어놓을 뿐만 아니라 작품에 체현된 심각한 사상으로 새로운 사상 시대를 열어놓는다. 노신이 자기 동시대의 기타 작가들을 훨씬 뛰어넘은 이치가 바로 여기에 있다.

단순한 심미적 감상으로는 문학사적 평가를 대체할 수 없다. 보통의 독자로서는 예술 취향에 따라 제 나름으로 즐기는 예술을 선택할 수 있지만, 문학사가는 절대 그래서는 안 된다. 다시 말하여 자기의 예술적 애호로 작가·작품에 대한 문학사적 평가를 내려서는 안 된다. 그는 반드시 자신의 예술 취향에서 벗어나 모든 작가·작품을 문학사 발전의 종횡 양축의 좌표에 올려놓고 다방면의 참조·비교를 통하여 최후에 그 문학사적 지위를 결정하여야 한다. 예를 들어 호남 작가 하립위의 소설은 정교롭고 시적인 함축성이 있으며 중국 고전 절구(絶句)의 의경(意境)과 운미(韻味)를 추구하여 적지 않은 작품들의 자기 예술이 모두 상당히 화해 완미한 정도에 도달하였다. 하립위의 소설은 독특한 미학 스타일과 비교적 높은 심미 가치로서 거의 모든 독자들의 칭찬을 받고 있다. "작으면서 좋다." 이것은 대중들의 그에 대한 한결같은 평가이다. 일반 독자들은 그의 작품을 "작으면서 좋다"고 하지만 문학사가만은 "작으면서 좋다"는 점과 함께 그것이 "좋지만 작다"는 한계를 동시에 보아낸다. 이 "좋지만 작다"의 '작음'은 그것의 편폭·격식에서의 협소함만이 아니라, 더욱 중요하게는 그것의 제재·주제·생활 용량·사상 심도·흉금 시야 등등을 가리킨다. 문학사의 평가는 그의 독특한 작품이 미친 소설 문체 스타일 발전에서의 독특한 공헌을 당연히 인정해야 한다. 그러나 정교로움과 영롱함에 대한 과분한 추구로 말미암아 그의 작품이 필경 대가의 풍모와 힘을 결여하고 그 작품의 미학적 내포가 필경 적어지고 얕아졌다는 점도 지적해야 한다.

전체적으로 말하여, 우리는 한 작품의 문학사적 가치를 확정할 때, 작가의 예술 창조가 문학 발전 자체에 기여한 공헌의 대소를 보아야 할 뿐만 아니라, 그것의 인류 사회 발전에 대한 공헌의 대소도 보아야 한다. 가슴속에 전민족·전인류를 담고 있는 예술가는 가슴속에 오직 자신만 있는 예술가보다 항상 사람들과 역사로부터 각별히 존경을 받게 된다.

하나의 소설사·문학사가 과학적인 사관·사법(史觀·史法)을 수립한 후, 상술한 문학과 정치, 문학과 생활, 관념·방법과 심미 가치·미학 가치와 문학사 지위 등 오랜 논쟁으로도 밝히기 어려운 문제들에 대하여 비교적 정확한 인식을 갖게 된다면, 이 문학사는 한 믿을 만한 사료로 될 희망이 있다.

3

마지막으로 중국 현대 소설사의 시대 구분 문제에 대해 이야기해보자.

소설사의 시대 구분은 문학사의 시대 구분과 마찬가지로 문학 관념과 문학사 관념의 제약을 받는다. 어떤 문학관·문학사관이 있으면 곧 어떤 시대 구분 기준과 원칙이 있게 되며 또 어떤 시대 구분이 있게 된다. 예를 들어 문학을 사회 생활의 거울로 보고 사회 생활의 변화가 있어야만 문학의 변화가 일어나며 문학 변혁은 사회 변혁의 반응의 산물이라고 생각하는 관념이 있다. 이런 관념에 기초하면 사회·정치·경제 발전의 역사 단계에 따라 문학 발전의 역사 단계를 구분할 것이다. 나는 이를 가리켜 '시대의 문학'의 구분 방법이라고 부른다. 이 방법의 특징은 문학 '외부'의 시대적 변화로 문학의 변화를 확정하는 것이다. 여기서 중시되는 것은 '문학'이 아니라 '시대'이고 '사회'

이며, 시대와 사회 변화가 일으킨 문학 변화이다. 현재에 이르기까지, 우리가 만난 국내 출판의 문학사(고대·현대를 포함하여)는 대부분 이 유형에 속한다. 영향력이 비교적 큰 세 권의 중국 현대 문학사 저작을 살펴보면 이런 정황이 더욱 명확해진다.

『중국 현대 문학사 초고』(북경사범대학 등 10원교 연합 편저, 인민문학출판사, 1980)는 중국 현대 문학을 3단락으로 구분하였다. 즉 '문화 대혁명' 이전의 17년(1949~1966), '문화 대혁명'의 10년(1966~1976), '4인방' 분쇄 후의 신시기 문학(1976~)이다. 이것은 전형적인 '시대적 문학'의 시대 구분 방법이다. 중국 현대 사회 역사 발전의 3개 시기의 '질적 규정성'에 따라 현대 문학 발전의 3개 시기를 확정한 것이다.

이 점이 교육부에서 펴낸 대학교 문과 교재『중국 현대 문학』(화중사범학원 편저, 상해문예출판사, 1983)에는 더욱 명확히 표현되고 있다. 그들은 '4분법'을 채용하였다. 즉, 중국 중앙의 문건「건국 이래 당의 약간의 역사 문제에 대한 결의」에서 우리나라를 4개 발전 단계로 구분한 것을 직접 채용하여 중국 현대 문학 발전의 4개 단계로 작성하였다.

복단대학 등 22개 대학원에서 연합 편저한『중국 현대 문학사』(수정본: 해협문예출판사, 1987, 제2판)도 '4분법'을 채용하였는데 각 단계의 구분도 화중사범학원이 편저한『중국 현대 문학』과 완전히 일치하였다. 이로써 상술한 중국 중앙 문건과도 완전히 일치하였다. 이 책이 비교적 늦게 출판되었기에 편저자도 이미 자신들의 저서가 "문학 발전 자체의 특징을 경시하고 단순히 정치경제의 분기로 문학사의 분기를 확정"했음을 느꼈고, 적어도 관념적으로는 이미 상당히 낡았음을 느꼈으며, "문학사의 분기는 응당 문학 자체의 발전 규율에 따라 구분"해야 한다는 것을 알고 있었다. 때문에 편저자는 많은 지면을 들여 자기들의 이 중국 중앙 문건과 '맞물리는' 시대 구분 방법을 위해 변명하고, 그들은 문학의 발전 규율에 따라 시기 구분을 하였으며 다만 건국 30여 년래의 문학 발전이 동시기의 '사회의 일반 발전'과 일치하였을 따름이라고 다시금 천명하였다. 그들의 근거란 "문학은 필경 사회 생활이 작가의 두뇌에 반영된 결과이며, 그것과 정치·경제는 모두 불가분리의 관계를 갖고 있다. 때문에 일정한 역사 시기의 문학과 '사회의 일반 발전'이 대체로 걸음을 같이하여 흥망성쇠함을 배제하지 않는다"는 것이다.

우리는 "문학과 정치·경제는 불가분리의 관계가 있다"는 점을 부인하지 않는다. 이것은 절대적이며 필연적이다. 그러나 그렇다 하여 문학이 "사회의 일반 발전"과 "대체로 걸음을 같이하여 흥망성쇠"하는 데 필연율(必然律)이 존재하지는 않는다. 당연히, 문학 창작과 사회 생활은 확실히 내재적인 혹은 외재적인 연계(제재·주제·인물의 변화와 이로 인해 체현되는 작품의 시대 정신과 문예사조에 더욱더 잘 반영된다)를 갖는다. 그러므로 우리는 일정 시기의 문학과 "사회의 일반 발전"이 "대체로 걸음을 같이"할 가능성을 완전히 부인하지는 않는다. 문제는 이것이 도대체 하나의 보편적인 규율인가 아니면 국부적이고 일시적이며 때때로 출현될 수 있는 현상인가 하는 문제이다. 세계 문학사를 본다면, 문학 발전과 사회 발전이 상반되고 일치되지 않는 경우가 더 많다(예를 들어 잔혹한 노예제하의 고대 희랍 문명, 암흑의 중세기에 탄생한 유럽 문예 부흥 운동, 차르 황제 통치하의 러시아 문학). 소위 문학 자체 발전의 규율은 사회의 일반 발전 규율과 일치하지 않는 가운데서 나타나는 것이다. 구체적으로 중국 현대 문학을 이야기한다면, 그것의 흥망성쇠와 동시기의 사회 발전은 완전히 일치하며 동보적이었던가? 이는 소위 '제1단계'와 '제2단계'의 정치·경제 상황과 문학 창작 실적을 비교해보면 당장 알 수 있다. 그 책의 '서론'의 말에 따르면, 제1단계에는 "당의 지도 방침과 기본 정책은 정확"하며 "문예 사업에 대한 당의 지도도 기본적으로 정확"하다. 제 2 단계에는 "당 사업의 지도 방침에 아주 엄중한 잘못이 있었고" "1957 년 반우파 투쟁의 엄중한 확대 이후" 1958 년의 '대약진' '허풍치기' '공산풍' 등 경제적인 중대한 잘못이 있었으며 1959 년에는 또 "착오적인 '반우경' 투쟁을 전개"하였고 1960 년에는 또 '반수정주의' 투쟁을 일으켰다. 해가 갈수록 투쟁이 거듭될수록 더욱더 '좌'적이 되었다고 할 수 있다. 이러한 비교적 열악하고 준엄한 정치 환경하에서 수많은 우수한 작가와 문예 이론가들은 우파, 우경주의 분자로 투쟁을 받았으며 수많은 우수한 작품과 가치있는 이론 문장은 독초로 비판받았다…… 두 역사 단계의 정치·경제 형세에 대한 이 책의 개괄은 기본적으로 정확하다고 보아야 한다. 그렇다고 이로 인하여 제 1 단계의 문학이 제 2 단계보다 번영하였다고 말할 수 있는가? 제 1 단계의 문학 창작이 전체적으로 말해 그 예술 성취가 제 2 단계보다 높다고 할 수 있단 말인가? 정치·경제 형세가 상대적으로 열악하고 준엄하였던 제 2 단계에, 더욱이 건국 10주년 후에 중국 현대 문학은 건국 이래 첫번째의 창작 번영과 고조를 가져왔다는 사실을 잊어서는 안 된다. 사람들이 말하는 것처럼 다만 혁명 투쟁 역사를 반영한 장편 역사소설과 희곡·영화가 중대한 성취를 거둔 것만이 아니라, 소설 창작 전반에 걸쳐 놀라운 성과를 거두었다. 예를 들면 이 시기에 『홍기보』 『붉은 바위』 『붉은 해』 『임해설원』 『청춘의 노래』 『삼가항』 『관한경』 『사요환』 『갑오전쟁』 『임칙서』 『조춘이월』 등 우수한 작품들이 나왔다. 그리고 생활을 반영하고 개괄함에 일부 한계가 있었고 현실 생활 묘사에 편견적인 작품도 있었지만, 『창업사』 『산향거변』 『평화의 나날에』 등과 같은 예술적으로 상당히 성공적이고 출중한 중·장편소설이 나왔으며 조수리·마봉·서계·이준·왕문석·여지견·두붕정 등의 우수한 단편소설이 나오지 않았는가? 여기에 이 시기의 시·산문이 이룩한 성과는 아직 포함되지 않고 있다. 사실은 아주 명백한바, 소위 중국 현대 문학과 중국 현대 "사회의 일반 발전"이 "대체로 걸음을 같이하여 흥망성쇠"하였다는 결론은 여기서 모순을 드러내며 무너지게 된다.

그 저서의 「서론」은 그들이 '중국 현대 문학'을 이런 '4개 시기'로 나눈 것은 "정치가 현대 문학에 끼친 영향과 현대 문학이 이로부터 표현해내는 특징에 의해 결정된 것"이라고 아주 명백한 어조로 말하고 있다. 정치가 문학에 영향을 주고, 문학은 정치의 영향을 받는다는 것은, 어떻게 이야기하여도 한가지여서, 모두 정치를 주동으로 문학을 피동으로 하며 정치가 문학을 결정하고 지배한다는 것이다. 이는 사회 정치 발전이 문학의 발전을 결정한다는 것이 아닌가. 그렇다면 어떻게 "문학 자체의 발전 규율에 따라 시대를 구분한다"고 할 수 있는가?

우리는 문학사의 시대 구분은 사회 정치, 경제 발전의 단계에 (주의하도록, 단계이지 규율이 아님) 의해 진행될 수 있다는 점을 완전히 부정하지는 않는다. 문제는 이것이 '시대의 문학'을 묘사·서술하는 데 중점을 두는, 즉 가능한 한 객관적 방법으로 하나의 특정한 역사 시기의 문학이 어떠한 문학인지를 충실히 기술하는 방법이라는 점을 명확히해야 한다는 데 있다. 그것은 '사회의 일반 발전'과 대체적으로 일치할 수도 있고 또 더욱 많은 경우에는 일치하지 않을 수도 있다. '시대의 문학'이라는 원칙에 따라 문학사를 쓴다면, 편저자에게는 아주 중요한 임무가 하나 있다. 이것은 바로 '사회의 일반 발전' 중에서 문학 창작이 갖는 독립적 특성과 독특한 규율을 극력 반영하여야 한다는 것이다. 유감스러운 것은 이왕의 이런 유의 문학사들 중 이 점을 주의하고 완수한 것이 너무 적었다는 점이다. 왜냐하면 대다수 편저자의 심층 의식 중에 문학의 변화는 결국에는 사회 변화가 일으키고 결정한다는 관념이 여전히 뿌리깊게 존재하고 있기 때문이다.

문학사 연구의 기본 내용과 범주는 바로 문학의 발전 과정을 탐구하고 반영하며 문학 발전의 규율을 총화하는 것이다. 그러나 '시대의 문학'의 시대 구분 방법은 문학 자체의 발전 과정과 규율을 제시하고 반영하기가 쉽지 않다. 때문에 나는 '문학 시대'라는 각도에서 문학사·소설사의 역사 단계를 구분할 것을 주장한다.

그렇다면 무엇이 '문학 시대'인가? '문학 시대'란 개념에 대하여 아직 통일된 정의가 없다. 어떤 사람은 문학 사조·문학 유파의 교체와 변화를 기준으로 삼고 문학 사조를 '문학을 측량하는 단위'로 간주하며, 어떤 사람은 '예술 사유 유형의 변화' 혹은 '사람의 예술 관념의 변화'를 문학 시대를 구분하는 근거로 삼고 있다. 관점은 서로 다르지만 한 가지는 공통점이 있다. 즉 모두 문학 자체 발전에 초점을 맞추고 문제를 고려한다는 것이다. 한 '문학 시기'는 하나의 아주 큰 문학 과정이다. 그것은 무수한 문학 과정으로 구성되어 있다. 무수한 작은 문학 과정의 누적과 부딪침이 일단 근본 관념과 미학상의 거대한 돌변을 일으키게 되면 하나의 새로운 '문학 시대'는 시작되는 것이다. 마치 유럽 문예 부흥 운동이 중세기 문학에 기인하고, 19세기 낭만주의, 현실주의가 18세기 고전주의에 기인하고, '5·4' 운동이 중국 고대 문학에 기인한 것과도 같다.

'문학 과정'에 대한 사람들의 이해도 서로 다르다. 예를 들어 소련의 비교적 보편적인 관점은 '예술 사유 능력과 방식'의 매번의 '변화'는 모두 예술 발전·변화의 한 과정의 표지라고 생각하고 있으며, 일부 사람들은, 예술 진보를 결정하는 것은 재료의 표면상의 새로움이 아니고 기껏 새로운 창작 대상을 묘사 서술하는 것이 아니며, 예술 진보는 현실에 대한 형상적 개괄의 규모·정도와 독창성에 의하여, 예술가가 창조한 정신적·미학적 진품의 중대한 의의에 의하여 결정된다고 생각하고 있다. 미국 학자 웰렉의 '문학 과정'에 대한 이해는 소련 학자와 다르다. 그는 두 가지 방면으로 이 '과정'을 이해한다. 하나는 문학 자체의 발전 과정, 즉 유사한 작가 혹은 유형, 스타일 유형, 언어 전통 등에 따라 작가·작품을 크게 혹은 작게 각종 그룹으로 나누고, 각종 그룹의 작품의 발전 과정에 대한 연구를 통하여 전반적인 문학 내재적 구조 중의 작품 발전 과정을 탐구한다. 또 다른 하나는, 독자·비평가 들의 작품에 대한 해석·비평과 감상 과정이다. 한편으로 예술 작품은 역사 과정 중에서 줄곧 변화하지 않는 것이 아니며, 또 한편으로 독자·비평가의 작품에 대한 해석·비평과 감상도 변하지 않는 것이 아니다. 그것들은 시대·사회 심미 의식의 변화에 따라 변화되며 이런 변화는 중단되지 않고 계속 무한히 진행되어나갈 것이다. 웰렉은 "문학사의 임무의 하나는 이 과정을 묘사·서술하는 것이다"라고 지적했다. 소위 하나의 '문학 시기'는 "곧 하나의 문학 규범·표준과 관례의 체계가 지배하는 횡단면"이며, 그것은 문학의 일반 발전 중의 세분된 한 단락에 불과하다. 그는 또 이렇게 지적하였다. 한 개의 시기는 오직 하나의 유형 혹은 종류만 있는 것이 아니라 역사 과정 속에 매장된 채 그 과정으로부터 벗어날 수 없는 규범 체계가 정의하는, 한 시간에서의 횡단면이다. 이로써 문학 발전 과정에 대한 선조적 사고 방식을 거부하고, 한 개의 문학 시기 혹은 문학 과정에 다종의 미학 규범 체계가 동시에 존재할 수 있다는 것을 인정한다.

상술한 외국 학자들의 문학사 시대 구분에 대한 표준과 원칙은 얼핏 서로 불일치하고 심지어 상호 모순되며 대립되는 것처럼 보이지만, 그러나 하나의 공통점이 있다. 즉 모두 문학 발전 과정을 문학사 연구의 기본 범주로 간주한다는 것이다. 각도는 다르지만 모두 문학 자체의 발전 과정으로 일종의 가치 판단과 규범 체계를 찾으려고 시도하고 있다. 이 점은 우리들에게 아주 계발적 의의가 있는 것이다.

그렇다면, 우리의 소설사의 역사 분기는 어떻게 이루어져야 하는가? 무엇을 근거로, 원칙으로, 표준으로 삼을 것인가?

나는 19세기말, 20세기초부터('5·4' 운동을 기준으로 할 수도 있다) 지금 및 이후의 상당히 긴 역사 시기내에 중국 문학은 기본적으로 하나의 큰 '문학 시대'라는 관점에 찬성한다. 즉 '20세기 중국 문학'이란 제기법에 찬성한다. 이것은 하나의 큰 문학 과정이다. 이것은 "고대 중국 문학이 현대 중국 문학으로 전변되고 과도하여 최종적으로 완성되는 하나의 과정으로써, 중국 문학이 세계 문학으로 융합되는 총체적 국면의 과정"이다. 또한 중국 고대 문학으로부터 발전하여와 현대 중국에 입각하여 서방 현대 문화를 흡수하고 그리하여, 고금·중외·동서방 문화의 대충돌과 대교류 중 사회 관념에서 문학 관념에 이르기까지, 철학 의식에서 심미 의식에 이르기까지, 사회 생활에서 언어 표현에 이르기까지 이미 발생했고 또 여전히 발생하고 있는 근본적 변혁의 과정이며, "언어 예술을 통해 유구한 중화 민족 및 그 영혼이 신구 교차의 대시대 중에 신생을 얻고 홍기하는 것을 반영하고 표현하는 하나의 과정"이다. 소설사·문학사는 정확히 이 문학의 과정을 기록하고 묘사·서술하여야 한다. 중국 현대 문학은 기실 이 큰 문학 과정 중의 하나의 '세분된 작은 단락'이다. 당연히 이 '작은 단락'도 더 세분할 수 있다. 분기의 표준은 더 이상 사회 발전의 단계가 아니고 문학 자체 발전 과정중에 나타나는 자연적인 단락성이다.

중국 문학이 20세기 전반에서 20세기 후반으로 들어온 후, 비록 많은 면에서 변화를 가져왔고 심지어 아주 선명한 변화(예를 들어 제재·주제·인물 현상 등)도 있었지만, 그러나 이런 변화는 기본적으로 시대와 생활의 변화에 따라 일어난 문학 내용(묘사 대상)의 변화로서, 현대 문학의 단계와 비교하면 문학 자체의 측면에서의 근본적인 변화, 즉 문학 관념·심미 의식상의 전방위적 변화는 아직 나타나지 않았다. 사람들에 의해 '중국문학의 신기원'이라고 일컬어지는 1985년을 보더라도, 당시 각양각색의, 천태만상의 소설들이 쏟아져나왔는데 그 중 적지 않은 양식은 20세기 전반에 이미 일부 사람들이 실험한 것들이었다 (그때의 실험은 초보적인 것에 불과했고 또 금세 중단되었지만). 물론 이것은 1985년의 소설의 신조(新潮)가 20세기 전반의 문학에 대한 중복이라는 말이 아니다. 그렇게 말하는 것은 1985년의 소설의 새 흐름을 과소평가하는 것으로서 옳지 않다. 그러나 그것을 무슨 '신기원'의 개척이라고 하는 것도 옳지 않다. 중국 문학사에서의 1985년의 의의는, 문학이 30여 년의 경직과 폐쇄를 경과하고, 심지어 문체의 퇴보까지 겪었으나, 1985년의 소설 신조로 말미암아 다시금 개방되고 해방되게 되었으며 문체 의식이 재차 각성되고 강화되게 되었고, 그리하여 끝내 새로운 역사 시대라는 조건하에서 더욱 높은 심미적 수준과 더욱 심각한 철학적 의의에서 이미 2, 30년대에 나타났던 예술가들의 심미 추구와 이상을 진일보하여 실현하고 완성하였으며 최종적으로는 전통 현실주의가 독주하던 국면을 종결짓고 현실주의를 포함한 다원적 미학 원칙과 문학 규범이 병립·공존공영하는 진정한 '백화제방'의 번영·창성하는 새로운 문학 세계를 열어놓았다는 데 있다. 이것이 1985년이 중국 문학사에서 갖는 의의이다. 그것을 한 개의 작은 단락의 기준으로 삼는 것은 당연히 안 될 것이 없다. 왜냐하면 이해에 중국 문학은 확실히 일부 선명한, 심지어 중대한 변화를 가져왔기 때문이다. 이전 30년간의 현대 문학에 대해 말하면 더욱 그러하다. 그러나 그것이 '중국 문학의 신기원을 개척하였다'고 말하는 것은 좀 지나친 것 같다. 이것은 1985년의 소설 신조가 제출하고 제시한 일부 새로운 소설 관념과 미학 이상이라는 것이 2, 30년대에 이미 일부 작가들에 의해 초보적으로 실현되어서만이 아니다. 사실을 말하자면, 1985년의 소설계의 이 혁신은 실제로 왕몽·여지견·종박 등 중년 작가들의 창도하에 일어났다. 바로 이 중년 작가들이 70년대말, 80년대초에 제일 먼저 서방 모더니즘의 수법을 끌어들이고 실험하여 「볼셰비키의 경례」 「밤의 눈동자」 「봄의

노래」「잘못 편집된 이야기」「나는 누구인가」「달팽이집」 등
완전히 새로운 형식의 소설을 썼고, 끝내 "바람이 잠든 호수에
파문을 일으키듯," 몇십 년간의 독서 관습과 이론 설교중에 이
미 견고한 심미적 태도가 형성된 사람들로 하여금 "이것도 소
설인가?" "소설을 이렇게 써도 되는 것인가?" 하는 짧은 곤혹
을 거친 뒤 새로운 흐름의 소설을 기꺼이 받아들이며 "소설을
원래 이렇게도 쓸 수 있었구나" 하고 느끼게 하였다. 그뒤를 이
어 고행건의 『현대 소설 기교 탐구』란 이론 저서와 이타·풍기
재·유심무 등이 왕몽의 새로운 소설을 둘러싸고 소설 관념과
심미 의식 방면에 대해 벌인 토론은 소설 신조의 출현에 박차를
가하는 작용을 하였다. 바로 이 중년 작가들의 예술상의 개척
정신과 용감한 실험으로 인하여, 80년대초 몇 년간 많은 작가
들이 그들을 따르게 되었고 나아가 80년대 중기에 선봉파 청년
작가군이 출현하게 되었다. 80년대 중기 선봉파 청년 작가군의
출현은 중국 현대 소설의 각양각색의 모더니즘 미학 형태의 집
중적인 표현으로서, 2, 30년대 모더니즘 작품에 비교하든, 아니
면 70년대말의 왕몽의 의식의 흐름 소설·부조리소설에 비교하
든간에, 모두 이들을 뛰어넘는, 더욱 높은 미학적 층위와 더욱
심각한 철학적 의의상의 비약이다. 우리가 '신기원'이란 관점에
동의하지 않는 더욱 중요한 원인은, 선봉파 소설이 1985년에
큰 고조를 일으켰지만 결국 자신의 한계와 미숙으로 인해 금세
저조기에 들어갔으며 위기에 빠지게 되었고, 진정으로 생명력을
갖는 것은 현대적 심미 요소를 흡수하고 융합시켜 개방적인 발
전 상태를 보인 현실주의 작품들이었다는 데 있다.

중국 현대 소설의 예술적 발전에 대해 이런 대체적인 인식을
가진 뒤, 우리는 문학 형태 변화의 각도에서 현대 소설의 예술
적 발전에 다음과 같은 단락을 그을 수 있다.
제1단락은 1949년~1978년. 기본적으로 현실주의라는 단일

한 문학 형태가 독주하던 시대. 1949년부터 1978년까지, 실제 창작이 현실주의 창작 원칙에 부합되던 기간에 사실상 전사회적으로 유일하게 제창되고 숭상되어온 것은 현실주의였다. 비록 현실주의가 서로 다른 시기의 서로 다른 정치 임무와 선전의 수요를 위해 실용주의적으로 해석되고 운용되는 현실주의(조건 있는 현실주의)로 되기는 하였지만 현실주의라는 개념 앞에 각종 한정어와 수식어가 덧붙여졌다. 예를 들어 사회주의 사상 혹은 혁명 사상으로 창작을 지도하고 민중을 교육할 때는 사회주의 현실주의 혹은 혁명적 현실주의를 제창하였고, 공산주의 이상으로 창작을 지도하고 민중을 고무할 때는 혁명적 현실주의와 혁명적 낭만주의의 결합을 제창하였다. 더욱 심한 것은, 모종의 정치 목적을 도달하기 위하여, 생활의 '본질적 진실'을 반영한다는 허울로, 광명만 쓰게끔 하고 암흑은 못 쓰게 하였으며, 찬양만 하게 하고 폭로를 못 하게 하였다는 것이다. 이는 결국 현실주의의 역량을 제한하고 쇠약하게 할 따름이었다. 문화 대혁명에 이르러서는 문학이 '4인방'의 권력 쟁탈을 위한 계급 투쟁의 도구로 사용되어 도처의 '사기꾼 문학'이 현실주의의 생명을 철저히 말살해버렸다. 그리하여 1949년부터 1978년까지의 30년간의 중국 현대 문학은 다음과 같이 묘사될 수 있다. 즉 현실주의가 강화·제한으로부터 왜곡·말살에 이르는 과정이다. 이것은 중국 현대 문학의 전반 30년간 현실주의의 자연적이고도 인위적인 태어남과 죽음의 과정이다.

1979년 이후 문학 창작은 적어도 두 가지 방면에서 선명한 변화를 가져왔다. 우선은 작가들이 방금까지 자신들이 지나온 10년간의 악몽 같은 생활을 진실하게 반영하기 위하여 현실주의 본래의 모습을 회복하기를 간절히 요구하였다. "생활의 본래 모습에 따라 생활을 묘사하며, 그 임무는 무조건적인 솔직한 진실이다"(체호프의 말). 그리하여 문학 창작은 현실주의의 그 본의에서의 복귀·심화와 개방적인 발전을 이루었다. 이것을 새로운 역사 조건하에서의 현실주의의 재생 과정이라고 볼 수 있다. 지금 이 과정은 계속되고 있다. 그 심화는 사회·역사의 층위로 심입되었을 뿐만 아니라 민족 문화와 민족 성격의 심층 구조의 층위로까지 심입되었으며, 동시에 세계의 현대 문화를 융합·흡수하여 일종의 개방적인 발전 추세를 보이고 있다. 두번째 방면의 변화는 우선 일군의 중년 작가들이 서방 현대파의 예술 경험을 수용하는 데 앞장서서 중국 현대 문학에서 종래에 없던 신형 소설을 써내고 이어 많은 청년 작가들이 더욱 직접적이고도 더욱 전면적으로 서방 현대 철학 사조와 예술 사조의 영향을 흡수하여 중국 선봉파 작가군의 모습으로 굉장히 많은 천태만상·각양각색의 모더니즘 작품을 써냄으로써 처음으로 자신들의 창작 실적을 가지고 전통 현실주의와 어깨를 나란히하는 지위를 확보하였다는 것이다. 중국 현대 문학은 처음으로 현실주의 형태 이외의 완전히 다른 미학 범주에 속하는 다른 문학 형태——모더니즘 미학 범주내의 각종의 문학 형태, 예를 들어 의식의 흐름 소설·부조리소설·비이성소설·환상적 현실주의 소설·신감각파 소설·신신문소설·신필기소설 등등을 갖게 되었다. 그러므로 1979년 이후의 소설 예술의 발전 과정을 만약 문학 형태 변화의 각도로 본다면, 아래와 같이 이야기할 수 있다. 즉, 한 방면은 현실주의의 복귀·심화와 개방적인 발전이고, 또한 방면은 모더니즘의 충격·수용·융합·창조이다. 이전 30년간의 단일한 문학 형태와 비교하면, 이는 하나의 다원적 미학 형태의 병존·공영의 시대이다. 물론 이 시대는 이제 겨우 시작에 지나지 않는다.

우리의 『중국 현대 소설사』는 바로 이렇게 그 역사 시기를 구분하였다.

제 1 부
건국초 30년(1949~1978)
현실주의 일원화 형태의 소설

제1장

현실주의의 강화·제한으로부터
폐쇄에 이르기까지
—— 건국초 30년 소설 창작 발전 개술

1. 건국초 30년 소설 미학 형태의
귀속에 대한 이성적 사고

건국초 30년의 중국 현대 소설이 필경 어떤 미학 범주와 문학 형태에 속하는가에 대한 국내 학자의 견해는 일치하지 않는다. 기본상 현실주의라고 인정하는 견해, 현실주의라고 말하는 것보다도 낭만(이상)주의라고 하는 것이 더 적절하다는 견해, 또 이름은 현실주의이나 사실은 고전주의라고 인정하며 더 나아가서는 중국의 현대 문학에 진정한 현실주의가 없었다고 인정하는 견해 등이 있다. 현실주의에 대한 인식과 이해는 각자의 시각의 상이함에 따라 상이한바, 상술한 각종 관점은 모두 그 나름으로의 합리적인 일면도 있지 않을까 싶다. 우리는 논쟁에 참여하고 싶지는 않다. 소설사의 경우에도 꼭 이론상으로 위의 여러 가지 개념을 똑똑하게 해석할 것을 요구하지는 않는다. 우리는 오직 가장 통속적이고 일반화된 의의로 현실주의라는 개념을 이해하고 사용함으로써 이 소설사에서 비교적 편리하고 적절한 표현 각도와 방식을 찾는 것일 뿐이다.

　우리의 이 소설사는 고전주의·낭만주의·현실주의·모더니즘 등을 서로 다른 미학 형태 혹은 문학 형태로 이해한다. 말하자면 한 문학 작품이 외부 형태로 보아 대체로 현실 생활을 반영하였거나 모방하고, 생활 원래의 모양을 그대로 묘사했거나 혹은 생활에 대해 객관적인 재현을 했다면 그 작품을 현실주의로 볼 수 있다. 반대로, 만일 주관적인 정감의 토로에 중점을 두고 생활의 객관적인 재현이 아니라 주관적 감수로부터 과장이나 변형, 시적인 처리를 하였다면 그 작품을 낭만주의나 모더니즘으로 볼 수 있는 것이다.

　현실주의를 하나의 창작 형태로 간주해온 데는 오랜 역사가 있다. 그러나 이론적으로 개괄한 것은 19세기의 30년대에 들어서이고 그에 대한 해석도 이론가들 나름대로 서로 달랐다. 체호프는 현실주의는 "생활의 본래 모습대로 생활을 묘사한다. 그것의 임무는 무조건적이고 솔직한 진실이다"라고 말했다. 고리키는 "인간과 인간의 생활에 대해 진실하게 분식 없이 묘사하는 것이 현실주의이다"라고 말했다. 엥겔스는 또 "현실주의의 뜻은 세부의 진실 외에도 전형 환경 속의 전형 인물을 진실하게 재현하는 것이다"라고 말했다.

　사실상 현실주의는 일종의 구체적인 창작 형태로서든 일종의 이론(방법·원칙, 혹은 정신)으로서든, 그것이 제출된 이후에 그 본의대로 실현된 적이 없었다. 언제나 시대·사회·정치의 서로 다른 수요에 따라, 또 작가의 세계관이나 정치 경향 및 예술상의 전형화의 요구가 상이함에 따라 창작(묘사나 재현) 과정에서 생활의 어떤 일면을 의식적으로 돌출시키고 강화하게 된다. 그리하여 자본주의 시기의 폭로·부정에 중점을 두는 비판적 현실주의와 사회주의 혁명과 건설 시기의 찬양·긍정에 중점을 두는 혁명적 현실주의 혹은 사회주의 현실주의가 나오게 되었다. 어떤 사람은 감히 어둠을 폭로하고 "참혹한 인생에 직면"하며 "낭자한 선혈을 정시하는 것만이 진정한 현실주의"라고 말한

다. 기실, 이것은 비판적 의미에만 치중하여 이해한 현실주의이
다. 생활 속에 참답게 존재하는 아름다움과 광명을 긍정하고 찬
양하는 것도 현실주의인 것이다. 때문에 어둠을 폭로하든, 광명
을 찬양하든 그것들이 모두 진실한 생활의 실재를 재현하였다
면 응당 현실주의의 미학 범주에 속해야 한다. 또 엥겔스의 관
점으로 본다면 현실주의는 경향성을 배척하거나 거절하는 것이
아니며 그 경향이 배경이나 줄거리로부터 자연스럽게 흘러나오
는 것이라면 진정으로 감동적인 것이 될 수 있고 일정한 심미적
품격을 갖출 수 있다.

현대 철학의 각도로부터 보면, 문학은 현실 생활에 대한 일종
의 심미적 해석에 그칠 뿐이다. 현대 철학은 일체의 소위 객관
현실, 즉 우리가 대면하는 세계는 모두 인간의 주체적 참여의
의미 대상이며 주체의 각인이 찍히지 않은 것이 없다고 본다.
우리가 늘 이야기하는 "문학은 현실을 반영한다"는 명제 중의
'현실'이란 것은 언제나 어떤 주체에 대해 말하는 것이며 그것
은 주체에 접수됨과 동시에 또 주체에 의해 해석되는 것이다.
인간에게 보여지는 현실은 저마다 다르며 모두가 '인간화된 현
실'이다. 한 작품의 현실에 대한 해석이 심미적인 해석 혹은 미
학적인 의미가 풍부한 해석이기만 하면 그 작품은 성공적인 예
술 작품으로 되는 데 실패하지 않을 것이다. 때문에 문학 작품
속에 묘사된 현실이 꼭 실제 생활과 완전히 같아야 된다고 요구
할 수는 없다. 현실주의는 어디까지나 하나의 예술 명제이지 철
학 명제는 아니다.

이상의 현실주의에 대한 이해를 근거로 하여 미힉직인 형대
에서 볼 때 중국의 현대 소설은 기본상으로 현실주의 미학 범주
에 속하는 것이라고 우리는 말할 수 있다.

중국 현대 소설 중의 현실주의는 19세기 유럽의 비판적 현실
주의와 우리나라의 '5·4' 신문학 현실주의의 유전 인자를 가지
고 있지만, 더 많이, 더 직접적으로는 소련 문학의 사회주의 현

실주의의 이론과 모택동의 '연안문예좌담회에서의 연설'의 문예 사상을 수용하고 계승한 것이다. 사회주의 현실주의는 생활의 아름다운 일면에 대한 반영을 돌출시키고 강화하며, 프롤레타리아의 경향성을 가질 것을 강조하고, 시대와 사회가 상이함에 따라 구현실주의는 "이미 자기의 시대보다 낙후되었다"(고리키의 말)고 생각하며, 사회주의 사상과 정신으로 노동 인민을 교육·개조할 것을 강조하고, 실제 생활이 어떠한가를 반영해야 할 뿐만 아니라 생활은 어떠한 것이어야 하는가도 반영해야 한다고 강조한다. 이는 문학 작품에 대해 생활보다 더 높고, 더 좋고, 더 아름다운 것을 묘사하라고 요구한다. '연안문예좌담회에서의 연설'은 한걸음 더 나아가 문학 예술은 "전체 혁명 기계의 한 구성 부분"으로 되어야 하고, "문예는 정치에 복종"해야 하며, 문예는 노농병을 찬양해야 하고, 문학 작품이 반영한 생활은 실제 생활보다 "더 높고, 더 강렬하고, 더 집중적이며, 더 전형적이고, 더 이상적이어서 더욱 보편성을 띠게 되어야 한다"고 주장하였다. 신중국의 성립은 '연설'에 집중적으로 체현된 모택동 문예 사상과 노농병 문예 방향이 해방구로부터 전중국에 확대 관철되어 신중국의 문학 창작의 지도 사상이자 유일한 방향으로 되게 하였다. 1953년, 제2차 전국문예대표대회에서 사회주의 현실주의를 문예 창작과 비평의 최고 준칙으로 삼을 것을 확정하였다.

특정한 역사 환경 속에서, 작가의 주관 경향과 객관 현실 생활이 기본상 일치되는 정황하에서, 현실주의의 이러한 측면에 대한 강조는 진실되고 현실주의적인 것일 수 있었다. 건국 초기의 새 시대, 새 생활의 광명과 아름다움을 찬양하고 노농병의 영웅 형상을 그려내는 데 치중한 것을 거짓이라거나 반현실주의라고 말할 수는 없다. 이 문제에 대한 더 좋은 설명을 위하여 두 청년 평론가가 80년대 중기에 쓴 상당히 영향력 있는 글 가운데 몇 단락을 인용해도 좋겠다.

만신창이가 된 구중국은 무너졌다. 그 폐허 위에서 다른 하나의 참신하고 통일된 생기발랄한 중국이 바로 일어서고 있었다. 많은 뛰어난 인물들이 일찍부터 탁월한 공헌을 했었고 또 새 대륙을 개척하는 위대한 사업에도 뛰어들었다. 어느 누구도 이것이 영웅들의 시대라는 것을 부인할 수 없었다.

3, 40년대의 좌익 문학의 그 '상해의 처마 밑에서'의 고통스러운 신음이나 홀로 몸부림치던 문학 정서는 시대의 숨결을 결여하였기 때문에 곧 무력해졌으며 이미 새 시대의 사회 심리와 사회 실천의 표현에 더 이상 적응하지 못하게 되었다. 때문에 필연적으로 시대감이 풍부한 문학 예술 관념이 새로 태어났다. 그것은 새 국가를 지배하는 계급의 영웅 형상을 효과적으로 그려내고 찬양함으로써 고통스러웠으나 장려했던 지난 투쟁 생활에 대한 그리움과 이제 막 펼쳐진 새 생활에 대한 동경과 신념을 표현하였다. 한마디로 말한다면, 신중국의 문학은 10월 혁명 승리 후의 러시아 문학처럼 비판적 현실주의가 새로운 개념과 조류──사회주의 현실주의──로 대체되었다.

새 정권의 뒤를 이어 탄생한 것은 정치적 열정이 높고 책임감이 있는 동시에 재질 있는 한 세대의 작가 및 작품이었다.

문학의 형식으로서는 장·단편소설의 성취가 더욱 돌출했다. 정령의 『태양은 상건하를 비추고』, 유청의 『금성철벽』『창업사』, 두붕정의 『연안 보위』, 양빈의 『홍기보』, 조수리의 『삼리만』, 오강의 『붉은 해』, 주립파의 『폭풍취우』『산향거변』, 진등과의 『우뢰』, 양말의 『청춘의 노래』, 곡파의 『임해설원』, 나광빈·양익언의 『붉은 바위』, 호연의 『맑은 하늘』 그리고 손리·마봉·이준·여지견·준청·왕원견·왕문석 등의 단편 창작이 그것들이다. 전 세대에 없었던 번영의 국면이 형성되었다.

이 모든 작품들의 저버릴 수 없는 시대적인 문학 성취를 반드시 역사적으로 긍정해야 한다. 그 중 많은 형상이 갖고 있는 예술적 감염력은 후세인들이 상상하기 어려울 정도에 도달하였다. 예를

들면 『홍기보』의 주노충, 『붉은 바위』의 강설금·허운봉, 『임해
설원』의 양자영…… 등등이다. 이러한 인물들에게서 표현된 진실
한(가식적이 아닌) 고귀한 품성과, 작가들이 이러한 고귀한 품성
을 표현하기 위해 기울인 탁월한 노력은 이미 문학사상 다시 더
얻을 수 없고 중복될 수 없는 하나의 시대를 구성하였고 때문에
가장 독특한 예술 매력을 획득하게 되었다.

신·구 교체의 위대한 시대에 대한 정확한 묘사와 이 시대에
탄생된 많은 훌륭한 문학 작품에 대한 이 두 평론가의 자발적이
고 충심 어린 찬양과 긍정을 우리는 아주 높이 평가한다. 그러
나 이 시대의 문학 정신에 대한 그들의 결론에는 동의할 수가
없다. 건국 후의 문학 창작의 실제 상황을 비교적 객관적으로
묘사한 뒤, 작자는 이런 결론을 지었다.

　　건국 후의 아주 긴 시기의 문학이 사회주의 현실주의라고 우리
　들에게 줄곧 이해되어왔었지만, 사실은 현실주의에 대한 한차례의
　반역이었다. 그 내재적 기질을 살펴보면 그것은 진정한 낭만파 문
　학 운동이었는바, 이 낭만파 기질의 돌출한 표지가 바로 그것의
　영웅주의적 기개였다.

우리의 이 시대가 참신한 시대라는 것을 승인한다면, 그것은
낡은 시대에 비할 수 없는 우월성을 갖고 있을 것이다. 그렇다
면 이 시대의 우월성을 여실히 반영한 문학은 응당 현실주의여
야 되지 않을까. 우리의 이 시대가 '영웅'의 시대라는 것을 승
인한다면 이 시대를 여실히 반영하는 문학도 필시 영웅적 기개
로 충만된 문학일 것이다. 문학 속에 영웅의 기개가 있으면 꼭
낭만파일까? 구현실주의가 새 시대의 사회 심리와 사회 현실을
표현하는 데 어울리지 않는다는 것을 승인하고 또 새로운 문학
의 개념, 말하자면 사회주의 현실주의가 그것을 대체하는 것이
필연적이라고 한다면, 어떤 이유와 근거로 신중국이 성립된 후

의 아주 긴 시기의 문학이 사회주의 현실주의가 아니고 낭만주의라고 말할 수 있는가? 이런 작품 속의 영웅 인물이 생활 속의 현실 인물이 아니고 다만 작가나 독자의 이상 속의 인물이었던가? 이러한 작품들이 그 영웅 인물들의 험난하게 추호의 주저 없이 피를 흘리며 싸운 사실을 묘사하지는 않고 그저 영웅의 호언장담으로 가득찬 위대한 이상과 포부만을 그렸단 말인가?

물론, 우리는 신중국 건립 후의 한 시기내의 문학에 낭만주의적 요소나 이상주의의 성분이 전혀 없었다고는 보지 않는다. 왜냐하면 첫째로, 참신하고 생기발랄한 시대는 억제할 수 없는 발전의 역량을 반드시 가지게 마련이며, 이 참신한 시대의 위대한 사업을 창건하고 개척하는 데 투신하고 헌신하는 대다수의 전사들, 특히 그들 중의 영명한 인물들은 모두가 공전의 영웅적 기백과 이상을 위해 헌신하는 정신을 갖기 때문이다. 이런 시대를 여실히 반영하고 시대의 영웅을 부각한 작품이 강렬한 영웅주의·낭만주의 색채를 띠게 되는 것은 자연스러운 일이다. 그러나 그 본질은 여전히 현실주의인 것이다. 둘째로, 혁명적인 이상주의의 지도와 교육 밑에 현실주의의 묘사를 한다는 자체가 원래는 사회주의 현실주의 창작 원칙이 내포하는 의미이다. 이 사상의 명확화를 위하여, 뒤에 모택동은 이것을 현실주의와 낭만주의의 상호 결합으로 발전시켰다. ‘양 결합’의 창작 방법의 기초는 여전히 현실주의였다.

이 두 평론가는 중국 현대 문학이 나중에 범한 일련의 중대한 오류의 원인을 낭만주의의 결과로 귀속시켰다. 우리는 이렇게 이해하고 싶지 않다. 만일 중국 현대 문학에 확실히 중대한 오류나 좌절이 있었다면 낭만주의를 남용한 결과라고 하기보다도 우리들이 사회주의 현실주의(혹은 현실주의와 낭만주의의 결합)를 관철·집행·이해하고 운용할 때에 나타난 중대한 편차라고 하는 것이 더 나을 것 같다.

앞에서 지적한 바 있지만, 중국 현대 문학(소설)은 창작 지도 사상에서 소련의 사회주의 현실주의와 모택동의 '연안문예좌담회에서의 연설'을 직접 수용하고 계승하였을 뿐만 아니라 이해와 운용상에서도 의식적으로 어느 한 측면을 강조하였다. 예를 들면 사회주의와 공산주의 사상으로 인민을 교육해야 함을 강조했고, 새 시대, 새 생활을 찬양할 것을 강조하고, 노농병 영웅 형상을 부각시킬 것을 강조하며 문예는 프롤레타리아 정치를 위해 복무해야 한다고 강조했다. 일반적으로 말해서 이런 강조와 강화가 문학의 허위를 조성하지는 않을 것이다(위 인용문에 예거된 작품들은 모두 어느 측면에서 강화를 하고 있지만 하나하나의 구체적 작품으로 말하자면 그것들이 허위라고 할 수는 없다). 그러나 강화가 일정한 정도에 이르러 일단 생활의 실제적 가능성과 예술 법칙이 허용하는 한도를 초월하게 되면 곧 현실주의에 대한 왜곡이나 배척이 이루어지게 되며 아주 큰 오류와 허위가 나타나게 될 것이다(예를 들면, 1958년과 그 후의 많은 작품, 특히는 문화혁명 중의 많은 '가〔가짜〕·대〔과장〕·공〔텅 빈〕' 작품과 '사기' 작품들이 그러하다).

예술의 법칙은 변증법적이다. 강조가 있으면 필연적으로 제한이 있게 마련이다. 과분하게 계급 투쟁을 강조하면 문학 중의 인간성·인정미·인도주의 등의 사상의 표현에 제한을 주게 되며, 과분하게 광명에 대한 찬양을 강조하게 되면 생활의 부정적 측면에 대한 폭로에 제한을 주게 된다. 또 지나치게 노농병 영웅 인물의 부각과 찬송을 강조하게 되면 지식인과 사회의 기타 계층의 인물들에 대한 묘사와 표현을 경시하게 되기 쉽다. 어느 의미에서 말한다면, 신중국이 성립된 이후 30년간의 소설 창작은 끊임없이 이런저런 제한 속에서 곡절 많은 발전을 하여왔다. 가장 설득력 있는 증거는 건국초부터 30년 동안 부단히 계속된 각종 문예 사조와 문학 창작에 대한 비판 운동이다. 소설을 두고 말하면, 가장 먼저 오류적인 창작 경향으로 비판받은 작품은 소야목의 「우리 부부 사이」「해변가에서」와 「단련」(이에 앞서방지의「생활을 아름답게」, 진학소의「사업은 아름다운 것」, 진조양의「개조」등의 작품이 이미 비판을 받았었다)이다. 질책의 요점은, 프롤레타리아의 입장에 서 있지 않고 프티 부르주아의 입장에 서 있다는 것, 그리고 노농병 영웅 형상을 열정적으로 그려내고 찬양하지 않고 프티 부르주아의 관점과 취향으로 노동자 출신의 여성 혁명 간부를 추화하고 왜곡하였다는 것이다. 계속해서 또 영화「관 중대장」(동명의 소설까지 연루되었다), 백인의 장편소설『내일의 전투』, 그리고 벽야의 장편소설『우리의 힘은 무궁하다』에 대한 비판이 전개되었는데 이것들도 모두 프티 부르주아의 창작 경향이 있다고 질책하였다. 이를 전후하여 영화「무훈전」비판,『홍루몽』연구에 대한 비판, 호풍의 문예 사상에 대한 비판 등이 있었는데 이것들은 소설 창작에 대한 것은 아니었지만 그래도 엄중한 영향을 일으켰다. 1956년, '백가쟁명·백화제방'이 제기된 후 소설 창작이 융성해지고 왕몽의「조직부에 새로 온 젊은이」, 경간(즉 유계)의「베란다에 기어오른 사람」, 이역의「사무실 주임」, 이준의「회색 돛」, 하우화(즉 진조양)의「침묵」, 남정의「과장」, 여청의「마단의 타락」, 임근란의「가정 편지」, 경용상의「입당」, 이국문의『개선』등 현실에 직면하여 진실하고 심각하게 인민 내부의 모순을 반영하고 사회의 어두운 면과 당내 관료주의를 폭로·비판하는 작품들이 쏟아져나왔다. 이와 동시에 또 가정 생활과 인간의 심리 세계에 심입하여 애정과 인간성을 대담하게 묘사한 소설들이 나왔다. 예를 들면 종박의「붉은 콩」, 육문부의「골목 깊은 곳」, 등우매의「벼랑 위에서」, 이위륜의「사랑」, 풍촌의「아름다움」, 아장의「겨울밤의 이별」, 이준의「갈대꽃이 하얗게 필 때」, 그리고 좀 늦게 나온 고영의「달길과 그녀의 아버지」등이다. 이 작품들은 전단계의 사회주의 현실주의의 이해에 대한 편견을 보완하고 현실주의의 비판 정신을 회복하고 발양하였다고 말해져야 할 것이다. 그러나 뜻밖에도 이 작품들은 어느 결

엔가 당과 사회주의를 반대하는 대독초로 비난받게 되어 작품
은 비판을 받고 작가는 '우파분자'로 몰렸다. 이것은 중국 현대
문학 사상에서 현실주의 문학 정신에 대한 첫번째의 대규모 억
압과 말살이었다. 광명만 쓰고 암흑은 쓰지 말아야 했고, 찬양
만 하고 폭로는 하지 말아야 했다. 이로부터 문학 창작은 보이
지 않는 쇠사슬을 걸게 되었고 특히 사회 현실을 반영하는 작품
에 분명한 구속과 정체 상태가 나타났다. 문학의 현실주의 정신
이 크게 약화되었고 심지어 조수리와 같은 작가도 "둔감해지
고, 구속되고, 엄밀해지고, 신중해져," "당시의 발랄한 청년의
기백을 잃었다." 그리하여 공허한 분식의 글이 성행하게 되고
마침내는 '사기' 문예의 방자함으로까지 발전하게 되었다. 1959
년의 '반우경' 운동과 1960년에 일어난 '반수정주의' 운동 중에
또 「영웅의 악장」(유진)과 「유지단」(이건단) 등의 소설이 비
판을 받았다. 전자는 반전 사상을 선전하고 평화주의 색채가 있
는가 하면 사회주의의 비극을 썼다는 비판을 받았으며, 후자는
아예 "소설을 이용하여 당을 반대했다"는 모함까지 받았다. 이
때부터 문학에 대한 비판은 이미 완전히 문학을 벗어나, 한 계
급이 다른 한 계급을 뒤엎는 치열한 계급 투쟁으로 전변되었다.
날이 갈수록 더 심각해지는 이러한 극'좌' 정치 사조와 문예 사
조는 문화 대혁명으로 발전되었고, '4인방'의 봉건 파쇼 전제주
의의 이른바 '문예의 검은 노선 독재론'에 의해, 건국 이래의
모든 문학 작품들이 아주 쉽게 전면적으로 부정을 당하게 되었
다. '4인방'은 자기들이 내놓은 '근본 임무'론과 '3돌출'의 창작
원칙 및 '주자파에 대한 투쟁' 등의 구호로 문학 창작의 현실주
의를 완전히 부정하고 말살하였으며, 문학 창작을 그들의 정권
탈취를 위해 복무하는 도구로 전락시켰다.
　만일 문학 미학 형태 변화라는 각도에서 30년간의 중국 현대
소설의 예술 흐름을 한마디로 말한다면 대체로 아래와 같이 된
다. 현실주의는 강화·제한으로부터 왜곡으로 변형되어 마침내

폐쇄되고 거의 말살되는 과정을 걸었다.

2. 건국초 30년 소설 창작의
주요 성취와 한계

어느 한 시기의 문학 창작 상황, 성취의 대소, 번영 여부에 대한 개괄은 여러 각도에서 출발하여 여러 가지 방법을 운용할 수 있다. 우리는 작가 대오의 상황과 작품이 반영한 생활의 진실성 및 광활성, 인물 형상의 풍부성과 전형성, 시대 정신의 심각성과 전투성 및 작가 스타일과 예술 유파의 다양성 등의 여러 측면으로부터 건국초 30년간의 소설 창작의 면모와 득실을 묘사하고 평가하고자 한다.

먼저 작가 대오를 보기로 하자. 일반적으로 말해 건국 초기의 소설가 대오는 아직도 비교적 강대하였다. 제1차 문예대표대회에서 국민당 통치 구역과 해방구, 이 두 가지 창작 대오가 자리를 함께했다. 그 중에는 '5·4' 신문학 운동 시기의 문단에서 활약했던 제1세대 작가(모순·빙심·엽성도)가 있었고 제1차·제2차 국내 혁명 전쟁, 항일 전쟁과 해방 전쟁 시기에 나타난 많은 작가(말하자면 정령·주립파·구양산·초명·사정·애무·유청·조수리·마봉·손리·양빈 등)들과 해방 후에 나타난 작가들(양말·이준·여지견·왕문석·왕원견·준청·곡파·오강 등), 그리고 노·농·병·학·상 등 각 계층에 속하는 더욱 많은 숫자의 주목할 만한 업여 작가들(즉 호만춘·비례문·육준초·초석·임빈무 등)도 있었다. 작가 대오의 증대는 문학 창작 번성의 기초이자 전제이다. 그러나 건국 초기의 몇 년간, 소설 창작은 활발하지 못했고 예술 작품도 많지 않았다. 이것은 국민당 통치 구역에서 온 작가들이 새 사회·새 생활에 대해 아직 사상으로부터 체험에 이르기까지 익숙하지 않았고 적응하기 어려웠기 때문이다. 노사·

파금 등이 비록 높은 열성으로 조선 전쟁에까지 나가면서 「무명고지의 이름」「모임」 등의 소설을 썼지만 예술적인 성취는 그들의 이전 작품과 비길 수 없었다. 소설 창작은 주로 해방구의 작가들, 예를 들어 유청·조수리·주립파·손리 등과 무기를 버리고 문학에 뜻을 둔 군인 작가들, 즉 지협·곡파·오강·두붕정·양빈 등에 많이 의거하였다. 50년대 중기부터 소설 창작이 점차 활발해져 비교적 우수한 작품들이 나타났다. 그 예로『연안 보위』『삼리만』을 들 수 있다. 이 시기의 많은 작가들의 문화 수준과 예술 소질은 좀 낮은 편이었다. 그들의 일부 작품이 사람의 마음을 감동시킬 수 있었던 주된 원인은 작품에 묘사된 생활이 작가 자신이 겪은 경력이었으므로 소박하고 진지하고 강렬한 감정을 자기 작품 속에 그대로 담을 수 있었기 때문이다.

소설 창작이 반영하는 생활의 진실성과 광활성이라는 측면으로부터 보면 건국초 30년간도 역시 성공 절반 실패 절반이라고 할 수 있다. 우선 30년간의 소설 창작이 진실하고 광활하게 생활을 반영하여 얻은 성취는 승인되어야 한다. 특히 혁명 투쟁 역사 제재와 농촌 현실 생활 제재, 이 두 부류의 소설 창작은 아주 높은 성취를 거두었다고 말할 수 있다.

혁명 투쟁 역사(정규적·비정규적 무장 투쟁, 지하 투쟁, 옥중 투쟁, 도시 노동자와 학생들의 투쟁 등을 포함)를 반영한 작품, 특히 전쟁 제재의 소설은 처음부터 그 수준이 아주 높아서,『신아녀 영웅전』『금성철벽』『풍운초기』『삼천리 강산』『철도 유격대』 등등의 많은 우수한 장편소설들이 쏟아져나왔다. 1954년에 선을 보인『연안 보위』는 건국 초기 군사 제재 장편문학이 도달한 높이를 표지하며, 당대 문학사에서 이정표적인 의의를 갖고 있다.『철도 유격대』와『임해설원』은 전기(傳奇)적 제재의 탐색과 전기적 인물의 형상을 모색하는 면에서 새로운 발전과 공헌이 있었다.『붉은 해』는 큰 규모의 전쟁을 묘사하는 군사 문학을 더 높은 차원에로 끌어올렸으며, 구조의 배치, 적아 쌍방은 진영에 대한 묘사 및 복잡한 성격의 인물과 적아 쌍방의 고급 장교들의 형상 창조에서 새로운 개척과 발굴이 있었다. 준청·왕원견·여지견·유진은 각자의 독특한 스타일로 혁명 투쟁 역사를 묘사한 단편소설 창작에서 나름대로 새로운 탐색을 하고 새로운 구축을 하였다. 도시 학생 운동을 묘사한『청춘의 노래』는 지식인이 혁명에 뛰어드는 간고한 역정을 예술적으로 그려내는 데에서 일정한 독창성과 개척성을 이루었다. 그리고『붉은 바위』는 옥중 투쟁을 묘사함으로써 혁명 투쟁의 엄준성을 표현하였고,『삼가항』은 복잡한 환경에서 복잡한 성격의 인물을 그려내고 또 광동 지역의 풍미를 되살리는 면에서 독특성을 갖추었다.『홍기보』의 출현은 이 시기 혁명 역사 장편소설이 민족 사시(史詩)에로 발전하는 추세를 더 한층 분명히해주었다.

우리나라 혁명 특유의 장기적이고 곡절 많고 간난했던 무장 투쟁의 역사, 이 위대한 혁명 투쟁에 뛰어들었던 노 전사들이 건국 후에 문학에 투신한 것과 건국 초기의 평화롭고 안정된 환경, 그리고 새 사회의 혁명 전통 교육의 수요 등등의 요소들이 이 시기 혁명 투쟁 역사소설의 창작의 번영에 천혜의 우월한 조건을 마련해주었다.『연안 보위』『임해설원』『붉은 해』『청춘의 노래』『붉은 바위』『홍기보』등의 대작들은 건국초 30년간의 소설 창작의 가장 높은 예술적 성과를 대표한다. 80년대 이후, 시대와 사회, 미학 의식의 변화에 따라 사람들은 이 작품들의 예술성에 대해 날이 갈수록 불만을 품게 되었지만 작품의 진실성에 대해서는 의심을 가지는 사람이 극히 적었다.

이에 비해 건국초 30년간의 농촌 제재의 소설 창작을 객관적으로 소개하는 일은 비교적 복잡하고 어렵다. 우선 30년간 우리나라의 농촌 사회는 변화가 복잡하고 심각했으며 당의 농촌 정책 또한 부단히 변화해왔는데 작가들은 당의 정책을 자신들의 생활을 관찰하고 분석하며 평가하는 준칙으로 여겼으므로 이것이 작품의 사상 주제의 정확성에 영향을 주었을 뿐만 아니라 생활을 반영하는 작품의 진실성에도 불가피하게 영향을 주었다. 그러나 더 거시적인 각도에서 보자면 우리나라의 사회주의 제도는 또한 우리나라 농촌이 개체적이고 분산적인 소농 경제로부터 집체적이고 연합적인 대농업 경제(농·공·상 연합, 농업·임업·목축업·부업의 다종 경영)로 나아가도록 결정하였다. 건국초 30년간의 농촌 사회의 변화 과정에서 실시된 정책은 정확한 것도 있고 착오적인 것도 있으며 성공도 있고 실패도 있었다. 정확하다고 하는 것이 사실상 그 후의 실천에서 착오로 증명되기도 했고, 착오라고 했던 것이 사실상 그 후의 실천에서 정확한 것으로 증명되기도 했다. 문학 작품이 만일 이 변혁의 과정과 이 과정에서 일어난 많은 농민들의 심리적 변화를 그대로 반영하였다면 그것은 의당 진실한 작품으로 간주되어야 할 것이다.

이 책의 머리말에서 지적한 바와 같이 이른바 문학 작품의 진실성이란 주로 예술상의 진실을 가리킨다. 즉 작품이 구축한 예술 세계에서 그것이 묘사한 생활이나 창조해낸 인물이 사람들에게 진실감을 주는가 하는 문제이다. 예를 들어 「이쌍쌍 소전」 중의 이쌍쌍이 '대자보'를 붙이고 '대약진'을 하며 적극적으로 "식당을 꾸려 부유한 중농과 싸우는" 이러한 사실들이 후에는 모두 착오적인 것으로 실생활의 증명을 받았다. 그러나 우리는 이 작품이 기본적으로 여전히 진실한 것이며 이쌍쌍이라는 인물의 형상도 진실하고 성공적으로 그려졌다고 인정한다. 당시의 생활이 확실히 그러했을 뿐만 아니라 더욱 중요하게는 작품이 그려내야 할 예술 형상으로서의 이쌍쌍이라는 '이 한 사람'의 독특한 경력, 독특한 사상, 독특한 개성이 그녀의 상술한 언행의 필연성을 결정해주었기 때문이다. 예술상으로 진실하고 사람을 감동시키는 작품은 성공한 것이다. 다른 한 작가의 단편소설 「새로 사귄 친구」도 역시 '대약진'을 배경으로 쓴 것으로서 상당히 성공적이었는데, 마찬가지로 이해될 수 있다. 작품의 시대 배경에 어떤 변화가 생기더라도 오직 그 시대에만 탄생될 수 있는 생생한 예술 전형을 그렸다면 그 작품은 기본적으로 성공적이고 진실한 것이라고 인정받을 수 있다.

물론, 1957년의 반우파 투쟁의 확대와 1958년의 '대약진' '허풍치기'는 확실히 소설 창작(특히 현실 생활을 반영한 소설 창작)의 현실주의의 역량에 엄중한 손상을 주어 당시의 절대 다수의 작품에 과장과 허위의 결함을 안겨주었다. 그러나 현실주의의 창작 원칙을 견지하는 일부 예술가들은 이러한 역사와 시대의 제한성 속에서도 현실주의의 예술 장점을 최대로 발휘하여 역사와 시대의 제한성을 벗어난, 지금까지도 여전히 그 심미 가치를 잃지 않은 예술 작품을 썼다.

우리나라 30년간의 농촌 생활과 농촌 문제에 관한 소설에 대해 이런 대체적인 인식이 형성된 뒤, 더 구체적으로 건국초 30년간의 농촌 제재 소설의 창작을 평가해보고자 한다.

건국 첫 몇 년간의 농촌소설 창작은 주로 해방구의 일부 작가, 즉 조수리·손리·마봉·서계·강탁 등에 의거했는데, 작품의 내용·주제·예술 등 어느 면으로 보나 그것은 해방구의 신민주주의 문학의 연속이었으며 아무런 돌파가 없었다.

1953년, '사회주의 현실주의'가 최고 창작 원칙으로 제출된 뒤를 이어, 이준의 단편소설 「그 길로 갈 수 없다」가 발표되었다. 이 작품은 형상의 도움을 받아 직접적이고 명확한 언어로 개인이 땅을 사고 팔아 부유해지는 낡은 길로 가서는 안 되며 당의 영도하에 호조 합작의 새 길로 나가야 한다고 지적하였다. 이 작품이 예술상으로는 비록 유치하고 거친 것 같지만 비교적 명료한 도해와 교육의 의미가 있었다. 그러나 사상 주제로 보면 이 작품이 제일 처음으로 사회주의의 성질 문제에 접촉을 한 만큼 의당 일정한 개척의 의의가 있다고 보아야 할 것이다. 뒤이

어 합작화 과정의 사회주의 새 농촌, 새 생활과 새 인물, 새 풍
모를 반영한 작품이 적지 않게 출현되었지만 예술상의 편차가
너무 컸고, 도식화·관념화·모델화의 현상이 비교적 보편적으
로 나타났다. 농촌소설 창작에서 예술상의 큰 비약이 이루어지
는 것은 조수리의 장편소설 『삼리만』이 발표된 뒤부터였다.
『삼리만』이나 산서 작가군의 출현은 건국 초기 소설 창작에 중
대한 의의가 있었다. 손리의 『철목전 전기』는 『백양정 기사』
의 스타일을 계승하여 소박하고 청신하며 명쾌하고 서정적인
에세이적 격조를 추구하였다. 이런 빼어난 창작은 그 세대 청년
작가들(유소당·종유희 등)로 하여금 '하화전(荷花澱)'파를 초보
적으로 형성하게 하였다. 진조양의 『농촌산기』『들판에서 전진
하라』는 생활의 맛이 있고 격조가 새로워 역시 건국초의 비교
적 우수한 농촌소설에 속한다. 이준·왕문석(王汶石)의 두 청년
작가는 조수리를 스승으로 모시고 나름대로의 새로운 추구를
세워 당시 비교적 활약한 농촌 생활 소설가가 되었다.

　1950년 '쌍백' 방침의 제출은 소설 창작에 작은 고조를 일으
켰다. 그러나 그 후에 있은 반우파 투쟁, '대약진' '허풍치기'는
다시금 소설 창작을 쇠퇴시켰다. 50년대말과 60년대초의 광주
회의·대련회의 뒤에 가서야 농촌 내용의 소설이 다시 활발해졌
다. 이준(「이쌍쌍 소전」「경운기」), 왕문석(「새로 사귄 친구」「백
사장에서」), 여지견(「조용한 산실」「아서(阿舒)」), 조수리(「묶어
놓지 못할 손」「단련」), 마봉(「3년이면 알겠다」「나의 첫 상관」),
서계(「말썽거리 아주머니」), 주립파(「탈곡장에서」「산 저쪽의 사
람」), 사정(「풍랑」「뒤에 뒤를 이어」) 등의 작가들의 단편이 각
기 문채가 있었고 주립파의 『산향거변』, 유청의 『창업사』 및
그뒤에 나온 『바람과 우뢰』(진등과), 『맑은 하늘』(호연) 등의
장편소설들은 농촌소설 창작을 절정으로 끌어올렸다. 이리하여
같은 시기에 높은 봉우리에 오른 혁명 투쟁 역사소설과 함께 건
국 후의 소설 창작의 첫번째 고조기를 형성하였다. 『창업사』가

나타내는 사시(史詩)적인 방향은 건국 이래 농촌소설 창작이
사상상·예술상으로 얻은 새로운 높이를 표명해준다.

위에서 제시한 그런 우수한 소설들이 역사·시대, 그리고 작
가 개인의 사상 관념의 제한성을 벗어날 수 없었기 때문에 그들
이 반영한 시대와 그 시대의 인물에 대해 모두 긍정과 찬양의
태도를 갖고 있었지만, 구체적인 작품으로 말하면 진실하지 않
다고 말하기 어렵다. 그 시대에 확실히 광명이 있었고 찬양해야
할 인물이 있었다면 무엇 때문에 찬양을 허가하지 않겠는가?
광명의 찬양과 암흑의 폭로가 모두 미학적 선택과 추구로서라
면 의당 허용되어야 하는 것이다.

이 시기의 소설 창작에 대해 총체적인 결론을 내린다면 정황
은 약간 달라진다. 모든 소설이 광명을 쓰고 모든 문학이 한쪽
에 치우쳐서 영웅 인물을 찬양한다면, 필연적으로 문학 창작이
사회 생활을 반영하는 기능이 쇠약해지고 생활 자체가 갖는 광
명과 암흑의 공존 및 정의와 죄악의 공존이라는 복잡성을 은폐
하게 된다. 이런 의미에서 건국초 30년간의 소설 창작이 반영
한 생활은 진실하지 않은 것이며 대부분 일면적인 진실이었거
나 비전면적인 진실이었다고 말할 수 있다.

또 이 시기의 소설은 두 가지 제재만 중시하였다. 즉 혁명 투
쟁 역사 제재와 농촌 현실 생활 제재에만 치우치고, 기타 생활
의 제재(예를 들면 공업, 도시 인민들의 생활, 지식인, 역사 제재
등)에 대한 창작을 경시하였다. 이는 두 가지 제재의 일면적인
번성과 기타 제재의 양적인 축소 및 예술적 질의 저하라는 결과
를 초래하였다. 때문에 우리는 건국초 30년간의 소설 창작이
반영한 생활은 충분히 광활하지 못하다는 결론을 내릴 수 있다.

인물 형상 창조의 각도에서 이 시기를 건국 이전 30년간의
현대 문학과 비교해보면, 건국 후의 문학이 아주 큰 성취를 거
두었으며 뚜렷한 진보와 발전이 있었다고 말해야 할 것이다. 이
점에서 우선적으로 제기되는 것은 노농병 영웅 형상의 창조이

다. 앞에서 소개한 것처럼 『홍기보』의 주노충, 『붉은 바위』의 강설금·허운봉, 『임해설원』의 양자영, 그리고 『연안 보위』의 주대용, 『청춘의 노래』의 임도정, 『창업사』의 양생보, 「이쌍쌍 소전」의 이쌍쌍, 『새로 사귄 친구』의 장랍월·오숙란, 『나의 첫 상관』의 전아저씨 등등은 모두 성공적인 노농병 영웅들의 형상이었다. "이런 인물들에게 나타나는 진지하고(가식이 아닌) 고귀한 품성과 작가가 그 고귀한 품성을 표현하기 위해 기울인 탁월한 노력"은 확실히 "문학사에서 더 있을 수 없고 반복될 수 없는 시대를 이미 형성"시켰고 독특한 예술적 매력을 갖고 있다. 이른바 "더 있을 수 없고 반복될 수 없다"는 것은 다만 문학 작품 중에서 노농병이 역사를 창조하고 역사의 전진을 추동하는 영웅으로서의 지위를 회복하였음을 의미하는 것뿐이 아니고 더 중요하게는 그것이 일종의 미학적 추구로서, 한 시대의 미학 스타일을 창조했다는 것이다. 아쉽게도 이런 흠잡을 곳 없는 미학적 추구와 스타일이 60년대 중기에 와서는 그만 절대화의 지경으로까지 발전되었다. 생활의 실제를 떠나서 인위적으로 드높이 떠올려진 영웅들의 등장으로 인하여 영웅 형상의 미학적 명예는 부패되었다. 특히 문화혁명 중에는 노농병 영웅 형상을 그려내는 것이 문학 창작의 '근본 임무'로 되어 '삼돌출'의 방법을 아낌없이 사용, 인간의 음식을 먹지 않는 신격화된 가짜 영웅을 멋대로 조작해내었다. 80년대에 이르러서 드디어 이런 경향은 역전을 일으켜 새로운 '비영웅화'의 미학 스타일로 대체되었다.

건국초 30년간의 소설 창작은 특수한 예술적 매력을 가진 영웅 형상을 창조하였을 뿐만 아니라 또 비영웅적 인물의 형상 창조에서도 상당히 성공적이었다. 그 예로 『삼리만』의 멍청이, 『창업사』의 양삼 노인, 『고향의 변화』의 정면호, 『3년이면 알겠다』의 조만훈, 『말썽거리 아주머니』의 주인공 말썽거리 아줌마를 들 수 있다. 이들도 모두 아주 높은 심미적 가치를 가진 예술 형상들이였다. '영웅화' 시대의 '중간 인물'로 불렸던 이런 예술 형상들은 논쟁을 불러일으키고 비판을 받기도 했지만 나중에는 이런 형상들 자신의 진실하고 풍부하며 생동하는 매력으로 독자의 환영을 받았다. 완전히 심미적 각도에서 보면 이런 형상의 예술적 가치는 인위적으로 조형된 영웅 현상을 뛰어넘는다.

'중간 인물'말고도 일부 '반면 인물'의 형상, 말하자면 『임해설원』 중의 좌산조(座山雕), 『붉은 해』의 장영보, 『붉은 바위』의 서붕비 등도 아주 성공적으로 그려졌다. 건국 초기의 문학 작품들이 반면 인물을 그렸다 하면 거의 예외 없이 만화화하거나 획일화하는 데 그쳤던 형세에서 반면 인물을 예술적 전형으로 정교하게 창조할 수 있었다는 것은 의심할 바 없이 이런 인물 형상의 미학적 가치를 크게 제고시켰다.

총체적으로 보아 건국초 30년간의 소설에서 인물 형상의 전형화 정도가 비교적 높은 것이 많지 않은 것은 물론이다. 더 많이 존재한 것은 예술상의 속류화·도식화·관념화·만화화였고 더욱 엄중하게는 유형화와 모델화였다. 이런 문제는 작가 자신의 예술적 능력의 결핍 외에도 다른 원인이 있는바, 가장 중요한 원인은 인물 형상 창조가 흔히 생활에서 출발하여 생활의 본래 모습에 따라 복잡한 생활중의 복잡한 성격의 인물을 그리는 것이 아니라 외재적인 관념에서 출발하여 생활중의 각양각색의 복잡한 인물을 단순화하고 그들의 공통성에만 지나치게 신경을 쓰고 개성, 특히 복잡한 인물의 복잡한 개성, 또 각 계급이나 계층의 대표가 되는 유형화된 인물들을 경시하였다는 데에 있다. 때문에 이 시기의 소설 창작에는 단향(單向)적 성격 특징을 갖는 인물이 많이 나타나는데 포스터의 용어를 빌리면 그들은 '원형 인물'이 아니라 '편형 인물'에 속한다. 물론 '편형 인물'이나 '원형 인물'이라는 규정은 미학 속성에 불과한 것이지, 미학적 가치 판단은 아니다. 일반적으로 전형화 처리를 거친 인물 형상은 모두 '편형 인물'의 특징을 가지는데, 이것이 '편형 인물'이 심미가치상으로 꼭 '원형 인물'보다 낮다는 것을 의미하지는 않는다. 그러나 서로 다른 시대에 사회 심미 의식의 차이에 따라 사람들에게는 제 나름대로의 편애와 선택이 있을 수는 있다.

마지막으로, 예술 스타일과 유파가 다양화되었는가라는 측면으로부터 건국초 30년간의 소설 창작을 저울질한다면 우선 이 시기의 적지 않은 작가들이 자기의 독특한 예술 스타일을 갖고 있었음을 보아야 할 것이다. 건국 전에 이미 자기 나름의 스타일을 형성한 노작가들은 건국 후에도 계속 그 스타일을 발양해 갔다. 사정 소설의 구조상의 치밀한 짜임새와 언어의 함축 및 농후한 사천풍미(四川風味), 주립파 소설의 짙은 호남(湖南) 지방색과 소박한 아름다움, 조수리 소설의 소박하고 활발한 유머, 손리의 명쾌하고 시적인 스타일, 유청의 호방함과 높은 격조, 짙은 서북 정조 등등이 그러하다. 해방 후의 작가들도 이미 자기 나름의 스타일을 세웠거나 형성하는 과정에 있었다. 예를 들면, 준청의 준엄하고 치열하며 비장하고 강개한 것, 왕원견의 간결·함축과 여운, 이준의 짙은 소박과 유머, 왕문석의 청신하고 명랑하며 낙관적이고 유머적인 것, 여지견의 청신하며 섬세하고 시적 의의가 풍부한 것 등등이다. 특히 조수리·손리·주립파·유청과 같은 대가들은 모두 자신의 스타일로 젊은 세대 작가들의 창작에 영향을 주었다. 그리하여 그들은 자신들의 스타일을 기초로 하여 초보적인 규모를 갖춘 창작 유파나 작가군을 형성하였다. 그 예로, 산서성의 조수리를 필두로, 마봉·서계·손겸·속위를 주요 성원으로 한 '산약단(山藥蛋)'파, 하북성의 손리를 필두로, 유소당·종유희를 포함한 방수민 등 청년 작가들의 '하화전'파, 섬서성의 유청을 필두로, 두붕정·왕문석·위강염·이약빙 등을 포함한 섬서 작가군, 호남성의 주립파를 필두로, 사박·고화·엽울림 등이 포함된 호남 작가군 등등을 들 수 있다. 비록 이런 유파나 작가군이 전반 문학계와 작가 본인, 그리고 독자의 일치된 승인은 받지 못했지만, 그 작가들 사이의 상호 영향, 스승과 제자의 관계 그리고 미학 방면의 공통된 추구는 객관적으로 존재하였다. 이러한 현상의 존재도 문학의 번영과 발전의 한 표현이다.

지적해야 될 것은 30년간의 소설 창작이 비록 다양한 스타일과 유파, 그리고 작가군의 분화를 나타냈지만, 전체 소설 창작의 영역이 현실주의에만 그쳤기 때문에 이런 스타일과 유파는 현실주의라는 동일한 미학 범주내에서의 스타일의 차이로만 구분된다는 점이다. 어떤 것은 겨우 지역적 생활과 풍속 특성에 대한 묘사의 차이, 심지어는 방언의 차이에 지나지 않는다. 현실주의 외의 다른 미학 형태(낭만주의·모더니즘과 같은)의 소설들은 아직 없었다. 이 점에서 말하자면, 건국초 30년간의 소설 창작의 예술 스타일이나 유파는 풍부하고 다양하다고 할 수는 없다. 여전히 현실주의 미학 형태의 범주에 국한되었던 것이다.

60년대에 들어선 뒤, 정치상 문예상의 좌경 사조가 날로 치열해지자 현실주의 자체도 점차적으로 제한·왜곡·변형·질식을 당하여 무슨 스타일이나 유파는 더 이상 존재할 수 없게 되었다.

제 2 장

혁명 투쟁 역사의 현실주의적 재현
—— 건국초 30년의 혁명 투쟁 역사소설

여기서 말하는 혁명 투쟁 역사란 1921년 7월 1일 중국공산당의 성립으로부터 1949년 10월 1일 중화인민공화국의 탄생에 이르기까지, 공산당의 영도하에서 중국 인민이 진행한 28년간의 곡절 많고 간고한 투쟁의 역사를 가리킨다. 시간과 전쟁의 성질로 말하면, 여기엔 제1차, 제2차 국내 혁명 전쟁과 항일전쟁, 제3차 국내 혁명 전쟁, 즉 해방 전쟁이 포함된다(건국초의 항미 원조 전쟁도 포함될 수 있다). 투쟁의 유형으로 말하면, 비정규군의 적후 유격전, 대병단(大兵團)의 정규전, 지하 투쟁, 옥중 투쟁, 도시 노동자들과 학생들의 혁명 운동 및 농촌 무장 투쟁 등이 포함된다.

1. 건국초 장편 전쟁소설 창작의
   고조 및 그 심미적 평가

건국 초기, 시인들이 열정으로 가득찬 '평화로운 최강음'으로 "우리의 가장 위대한 경축일"을 "큰 소리로 노래"하고 있을 때, 극작가들이 숨막히는 '안개 낀 중경'으로부터 '명랑한 하늘'

아래로 와서 신중국의 행복한 생활을 찬양하고 주인이 된 노농병들을 칭송하고 있을 때, 소설 창작, 특히 현실 생활을 반영하는 소설 창작은 시대의 보폭을 미처 따라잡지 못하여 작품의 숫자가 적었을 뿐만 아니라 예술적 질도 높지 못했다. 해방구에서 온 극소수의 작가들, 예를 들면 조수리·마봉·강탁 등이 비교적 좋은 작품(「등기」「결혼」「봄에 씨 뿌리고 가을에 거두다」)을 약간 쓴 것을 제외하고는 절대 다수의 작품들이 모두 건국 초기의 정치 운동과 중심 사업에 기계적으로 배합하는 도식화·관념화된 천박한 작품이었다.

현실 생활을 반영하는 소설 창작이 시대 발전과 사회적 요구에 뒤떨어져 있을 때, 투쟁 역사의 소설 창작, 특히 중·장편소설은 도리어 그 시작부터 아주 활발히 진행되었다. 작품의 숫자가 많을 뿐 아니라 그 예술적 출발점도 비교적 높았다.

I. 건국초 혁명 투쟁 역사소설 창작의 고조

제일 먼저 현대 중·장편소설 창작의 서막을 연 것은 유백우의 『화광은 전진한다』(『인민문학』 창간호에 발표됨)였다. 이 작품은 신중국 성립의 예포 소리와 거의 동시에 탄생되었으며 중국 현대 소설사상 첫번째 중편 작품이면서 또 전쟁 문학 작품의 선구작이기도 했다. 소설은 인민해방군 모 부대가 동북 전장에서 화북으로 옮긴 뒤 남하하여 도강 전역에 참가한 위대한 진군을 묘사하면서 '화광이 전진함'에 따라 "영원히 전진"하는 쇠의 흐름과 그것을 구성하는 영웅들의 형상을 찬양하고, "홍기——영웅의 선혈——화광——아름다운 아침," 이러한 피와 불이 교직하는, 시의로 충만한 장려한 그림을 가지고 우리의 "승리가 어떻게 이루어진 것인가" 하는 장엄한 주제를 펼쳤다.

이 작품의 뒤를 이어 서광요의 「평원의 타오르는 불길」과 마가의 「지지 않는 꽃송이」가 발표되었다. 이후로 혁명 투쟁 역사를 반영한 많은 장편소설들이 많이 배출되었다. 『신아녀 영웅전』(공절·원정), 『금성철벽』(유청), 『풍운초기』(손리), 『활인당』(진등과), 『삼천리 강산』(양삭), 『상감령』(육주국), 『철도 유격대』(지협), 『연안 보위』(두붕정), 『호타하에서의 전투』(이영유), 『인민은 싸우고 있다』(유림)와 좀 늦게 나왔지만 하문(廈門) 감옥 탈출기를 반영한 『작은 도시의 춘추』 등등이 그것들이다. 불완전한 통계에 의하면, 건국초 5, 6년간만 해도 이 부류의 장편소설이 수십 권에 달했다. 기쁜 것은, 비록 문예계가 반우(反右)의 확대 등 많은 중대한 좌절을 겪었지만 건국 초기에 일어난 이런 혁명 투쟁 역사의 소설 창작은 정지되지 않았을 뿐 아니라 오히려 진일보의 발전과 예술상의 현저한 제고를 이루었다는 점이다. 『아득한 초원』『열화금강』『싸우는 청춘』『적후 무공대』『옛 성에 휘몰아치는 불길』『씀바귀꽃』『개나리꽃』 등이 앞서거니뒤서거니 나왔고 특히 『임해설원』『청춘의 노래』『홍기보』『붉은 바위』와 '4인방' 분쇄 이후의 『동방』 등 중대한 예술 성과의 출현은 건국초 30년간의 소설 예술의 총체적 성취의 가장 높은 수준을 표지한다. 이 모든 성취를 건국 최초 몇 년간의 혁명 투쟁 역사소설의 연속과 발전이라고 볼 수 있다.

건국 초기의 혁명 투쟁 역사소설은 대혁명 실패 이후의 제2차 국내 혁명 전쟁으로부터 항일 전쟁, 해방 전쟁, 항미 원조 전쟁에 이르기까지의 20여 년간의 간고하고 곡절 많은 혁명 투쟁 역사를 예술적으로 기록하여 우리에게 장려하고 웅대한 혁명 투쟁 역사의 화폭을 남겨주었다. 이 장편소설들은 예술상으로는 아직 성숙되지 못했지만 사람들이 직접 겪어보지 못했던 혁명 투쟁의 역사를 진실하게 재현함으로 해서 여전히 사람들에게 제재상의 신선감을 주며 적지 않은 독자를 흡인해왔다. 『신아녀 영웅전』『철도 유격대』『금성철벽』『작은 도시의 춘추』, 특히 『연안 보위』 등은 널리 읽힌 영향력이 큰 작품이었다.

고운람(高雲覽)의 『작은 도시의 춘추』는 도시의 지하 투쟁을 반영한 최초의 작품이다. 1930년의 하문 감옥 탈출을 중심 사건으로 항일 전쟁 전야의 애국 청년 세대의 생활과 투쟁을 진실하게 재현하였으며 공산당원의 숭고한 혁명 기개를 표현하고 여러 유형의 지식인의 형상도 그렸다. 이 소설은 뒤에 나오는 『청춘의 노래』와 『붉은 바위』의 선성(先聲)이라 볼 수 있다.

지협의 『철도 유격대』는 석탄 노동자들로 구성된 유격대가 철로 연변에서 일제와 지혜롭고 교묘하게 진행한 투쟁을 묘사했다. 이 작품은 위험하고 곡절적인 줄거리와 농후한 전기(傳奇)적 색채로 많은 독자들의 인기를 끌었는데, 건국 초기에 널리 읽힌 비교적 영향력이 큰 작품이었다.

유청의 『동장철벽』은 초기 혁명 투쟁 역사소설 창작의 중요한 수확이었다. 이 작품은 사가점 전역을 배경으로 하여, 비교적 폭넓은 생활 화폭 위에 섬북 해방 전쟁의 진실한 모습을 재현하였고, 진정한 '금성철벽'은 "진심으로 혁명을 옹호하는 천백만 군중"이라는 심각한 주제를 형상적으로 드러내었다. 이 작품이 건국 초기의 장편소설 중에서 중요한 자리를 점하게 된 것은 동류의 다른 작품들에 비해 예술상으로 새로운 진보와 공헌이 있었기 때문이다. 여러 가지 수법으로 인물의 성격을 그려내는 데 많은 신경을 썼다. 주인공 석득부(石得富)의 형상을 성공적으로 부각한 외에도 작품의 결말 부분에 나오는 모택동 등의 노일대 프롤레타리아 혁명가들의 형상도 잘 묘사하였다. 이는 현대 문학사상 최초의 시험이었는데, 개척적 의의도 있었다.

기타 작품들, 즉 양삭의 『삼천리 강산』과 같은 작품은 현대 소설사에서 항미 원조 투쟁을 반영한 첫 장편소설이다. 『삼천리 강산』은 우리나라 노동자 계급의 고도의 애국주의적 열정과 영웅주의 정신을 반영한 외에 현대 소설 창작에서 숭고한 국제주의 정신을 비교적 일찍 표현한 작품이다.

무엇 때문에 건국 초기의 현실 생활을 반영한 소설은 불경기에 처해 있었던 데 반해 혁명 투쟁 역사소설은 이와 같이 집중적인 융성이 나타날 수 있었는가?

이는 우선 우리나라의 특이한 혁명 투쟁 역사와 다수 작가들의 독특한 생활 경력에 의해 결정되었다. 장기적인 격렬한 무장 투쟁 생활과 무수한 선열들의 비장한 영웅 사적이 작가들에게 많은 창작 재료를 제공해주었다. 건국 후, 작가 대오의 구성은 국민당 통치 지구에서 온 작가와 해방구에서 온 작가들이었는데, 해방구 출신의 많은 작가들이 이 위대한 투쟁을 직접 겪었었다. 신중국이 성립된 후의 평화로운 환경은 그들로 하여금 붓을 들어 중국 인민이 걸어온 어렵고 위대한 혁명 투쟁 역사를 쓰게 하였다. 또 건국 이후에 청소년들에 대해 혁명 전통의 교육을 할 필요가 생겨났다. 마지막 원인은, 국민당 통치 지구에서 왔든, 해방구에서 왔든, 모든 작가들이 건국 이후의 새 시대, 새 생활, 새 인물에 대해 익숙하지 않았고 예술 관념의 개변과 조정에 직면했을 뿐만 아니라 더 중요하게는 생활 관념·사회 관념의 개변과 조정에 직면했기 때문이다. 현실 생활을 반영하는 문학 예술에 대한 제한과 비판은 적지 않은 작가들로 하여금 현실 생활 제재에 착수할 엄두를 내지 못하게 하였다. 이것은 다른 한편으로 투쟁 역사소설의 번영을 초래하기도 하였다. 물론, 가장 중요한 원인은 앞의 몇 가지, 즉 작가들의 높은 역사적 책임감과 시대적 사명감에 의해 조성된 것이다. 『연안 보위』의 작가 두붕정의 말을 빌려 이 작가들의 내심을 대표할 수 있다. "연안 보위전의 그 매일매일과 내 일생에 평범하지 않았던 그 세월을 생각하면 마음이 안정되지 않는다. 영웅과 열사들이 창조한 놀라운 업적과 노일대 프롤레타리아 혁명가의 역사적 공훈을 적지 않는다면 양심이 허락하지 않을 것이다. 계급의 책임감이 나를 붓을 들게끔 편달하였다. 나는 글로써 이 위대한 인민 전쟁을 반영하고 모주석의 전략 사상을 찬양하며 해방군과 섬북 인민의 휘황한 업적을 찬미하는 것으로, 팽덕회 총사령관 등 노일대 혁명가들에 대한 나의 존경과 열애의 감정을 표현해야 했다. 형상적인 교과서로 청년 세대를 교육하고 그들로 하여금 선배의 전통을 이어 사회주의의 새로운 장정길에서 앞으로 전진하려는 결심을 갖게 하고 싶었다. 바로 이런 목적에서『연안 보위』의 창작을 시작하였다.”

Ⅱ. 건국초 혁명 투쟁 역사소설의 심미적 평가

우선, 전쟁소설이나 군사 문학이 중국의 전통에는 없었다는 사실을 짚고 이해해야 할 것이다. 전반 현대 문학사에서 현대의 전쟁 생활을 반영한 장편 작품은 거의 찾아보기 어려울 것이다. 우리나라의 고대에는 오직『삼국지』『수호전』같은 전쟁소설이 있을 뿐이다. 작가들이 유일하게 접촉할 수 있었던 것은 소련 문학이었다. 이런 의미에서 볼 때, 건국 초기 혁명 투쟁 역사소설이나 군사·전쟁소설이 거둔 성과는 일종의 탐색·실험이었으며 일종의 개척이기도 했으니 예술상으로 너무 높은 것을 요구할 수는 없다.

이 시기의 소설은 절대 다수가 현실주의의 창작 방법을 이용하였으며 예술상의 최대의 특징도 바로 진실하고 감동적이라는 것이었다. 작가가 친히 겪은 투쟁이었기 때문에 앞에서 소개한 두붕정처럼 진정으로 “느낌이 있고 사랑이 있어 붓을 놓을 수가 없었다.” 그러므로 작품들은 모두 진실하게 역사적인 투쟁 생활을 재현할 수 있었고 격정적으로 서로 다른 역사 시기의 혁명 투쟁의 화폭을 그려낼 수 있었다. 이것은 심각한 인식적 의의와 강렬한 교육적 의의가 있다. 또 이 첨예하고 격렬하며 곡절 많고 복잡한 투쟁 역사의 재현과 이 장려하고 휘황한 화폭의 전개 자체가 진실로 감동적인 심미 가치와 사람의 마음을 울려주는 예술적 역량을 지니고 있는 것이다.

다음으로, 이 시기 소설은 전체적으로 보아 예술적 질이 결코 높지 않지만 일부 작가들은 이미 작품 속에서 자신의 예술 특색과 스타일의 추구를 의식적으로 나타내기 시작, 초보적이기는 하지만 효과를 거두고 있었다. 이를테면 유백우가 『화광이 전진한다』에서 보여준 열정과 호방, 마가의 『지지 않는 꽃송이』에 나타나는 농후한 서정이 흘러넘치는 초원의 숨결, 손리가 『풍운초기』에서 사용한 산문적 필치와 풍속화에 대한 시적 묘사, 지협의 『철도 유격대』에 나타나는 전기(傳奇)적 색채의 추구 등등이다.

그러나 앞에서 이야기한 것처럼, 혁명 투쟁 역사를 다룬 장편소설은 전체적으로 예술적 질이 높지 않았고 너무 뻔하다는 예술적 결함이 존재했다.

작가들은 대부분 일종의 역사적 책임감에서 출발, 그 창작 동기와 목적으로부터 보면 작품의 인식 가치와 교육 가치만 중시하고 의식적·무의식적으로 예술의 심미 가치를 경시하였다. 그리고 끝난 지 오래되지 않은, 심지어는 아직 끝나지도 않은 전쟁을, 이러한 문학 관념하에 급급히 펜을 들어 그린 작품이기 때문에(예를 들면 『금성철벽』은 사가점 전역의 포연이 채 흩어지기도 전에 씌어졌고 『활인당』의 초고는 회해 전역의 포성이 아직 울리고 있을 때 완성되었으며 『화광은 전진한다』는 신중국의 탄생과 함께 발표되었고 『삼천리 강산』『상감령』은 조선 전장의 참호 속에서 씌어졌다) 작품에 대한 심각한 사상적 제련이나 정밀한 예술적 퇴고를 수행하지 못했다. 이 작품들은 대부분 사상적 높이를 결핍한 채 전쟁 과정과 전투 장면에 대한 묘사로 흘러버렸다.

적지 않은 작가들이 풍부한 전투 생활 체험과 축적된 진실한 소재를 갖고 있었지만 일정한 문화적 소양과 예술 기교를 결여하였다. 진등과·고옥보 등의 작가들은 당시 아직도 반(半)문맹 상태에 있었으며, 적지 않은 사람들이 장편을 쓰는 것이 처음이었고, 격렬한 전투 이야기의 서술에만 치중했을 뿐 인물의 전형 형상과 성격 창조는 경시했다(이 점에서 『금성철벽』은 좀 나은 편이었다). 이런 작품은 지속적인 예술적 생명력을 갖기 어렵다.

마지막으로, 전통이 없고 외부와의 접촉도 없었던 중국 현대 군사 문학이었기 때문에 어떤 작가들은 고대 문학 심지어는 무협(武俠)소설의 형식을 그대로 수용했으며 화본(話本)이나 장회체(章回體)를 직접 채용하면서 "낡은 병에 새 술을 담는다"(『열화금강』 같은 것)고 했고 장회체를 사용하지 않는 경우에도 실제로는 여전히 강술식 설부(說部)이어서 새로운 무협소설이나 다름이 없었다. 적지 않은 소설들이 사실상 통속물이었으며 심미적 가치가 적었다. 일단 장회(章回)를 떠나면 구조가 엉성해지고 근엄성을 상실하여 아주 산만한 모습으로 되어버렸다. 이상의 여러 원인으로 건국초 혁명 투쟁 역사소설은 보다 높은 예술소설의 수준으로 발전하기 어려웠다.

건국초의 전쟁소설 중에서 1954년에 출판된 두붕정의 『연안 보위』는 생활을 개괄하는 깊이와 넓이에 있어서나, 인물 형상의 전형화 정도에 있어서, 그리고 전체적인 예술적 수준에 있어서 이 유형의 장편소설 중 대표작이라고 인정받고 있다. 『연안 보위』의 출현은 건국초 장편소설 창작의 새로운 수준과 새로운 차원을 표지해주었다. 중국 현대 문학사에서 최초의 진정한 전쟁·군사 문학 작품이라 할 수 있다.

2. 『연안 보위』의 출현과
그 이정표적인 예술 성취

I. 『연안 보위』의 예술 성취와 그 이정표적 의의

1954년 6월. 인민문학출판사에서 두붕정의 장편소설 『연안 보위』가 출판되었다. 이는 작가가 5년에 걸쳐 아홉 번이나 고치고 수백 번 손질한 심혈의 작품으로서 두붕정의 중국 현대 문학에 대한 가장 중요한 공헌이었다.

제1절에서 이미 건국초 혁명 투쟁 역사소설의 보편적인 예술적 수준이 높지 못하여, 이야기의 교묘함만 추구하고 인물 형

상과 성격의 창조는 소홀히했었다고 말했다. 보고 들은 생활 시야와 예술 시야가 모두 넓지 못하였기 때문에 많은 작품들이 통속 전기소설이나 연의(演義)식의 새로운 무협소설의 차원에 그칠 뿐이었다. 『연안 보위』는 최초의 순문학 전쟁소설이며 엄격한 의의에서의 최초의 군사문학 작품이었다. 이 소설의 출현은 장편 군사소설의 최초의 모색과 실험 단계의 종결을 의미하였고 건국초 장편소설이 도달한 새로운 수준과 높이를 대표할 뿐만 아니라 중국 현대 소설 예술 발전사에서 높은 좌표를 수립한, 이정표적 의의를 갖고 있는 작품이다.

『연안 보위』의 예술 성취는 우선 그것의 예술 개괄력에서 표현된다. 그것은 웅대한 구조와 힘찬 기세로 넓은 역사 배경 위에서 해방 전쟁중의 적아 쌍방의 대작전을 정면으로 묘사한 최초의 현대 군사 문학 작품이었다.

전체 작품은 해방 전쟁의 첫 싸움, 연안 보위전을 중심으로 이야기를 펼쳐나갔다. 1947년 3월, 장개석과 호종남은 우리의 10배 병력으로 섬북으로 진공하여 우리 중앙 수뇌 기관을 섬멸하려 시도하였다. 3만여 명밖에 안 되는 서북 야전군들은 팽덕회의 지휘하에 모택동의 전략 사상을 견결히 관철, 우세한 병력을 집중하면서 적들을 깊이 유인해들인 다음 각개 격파하여 탁월한 5대 전역── 청화폄 복격전·반용진(蟠龍鎭) 공격전·장성선 운동전·사가점 섬멸전·구리산 추격전을 잇달아 수행했다. 형제부대의 전략적 배합하에 끝내 작은 병력으로 승리를 하여 1947년 6월에 연안 보위전의 전면적인 승리를 거두게 되었다. 이로부터 해방 전쟁을 전략 방어 단계로부터 전략 진공 단계로 전환시켜 전중국의 해방에 기초를 닦아주었으며 새로운 길을 열어놓았다. 『연안 보위』의 작가는 소련의 전쟁소설, 즉 『쇠의 흐름』『강철은 어떻게 단련되었는가』『밤낮』 등의 창작 경험을 흡수하였다. 현실주의 예술의 창작 원칙을 견지하여 비교적 큰 규모로 진실하게 연안 보위전의 역사를 재현하였을 뿐만 아

니라 이 위대한 전쟁의 웅대한 기백과 우리 용사들의 혁명적 영
웅주의 정신을 반영하였다. 『연안 보위』의 엄청난 예술 개괄력
은 작가가 눈앞의 서북 전쟁에만 주의를 돌리지 않고 전국을 내
다보며 중점적으로 연안 보위전을 그리는 동시에 측면으로 진
갱(陳賡) 병단의 황하 도강, 유소기·등소평 대군의 대별산 진
출을 그려내고 있는 데서 잘 나타난다. 전반 해방 전쟁에서 연
안 보위전이 갖는 중대한 의의를 돌출시켰을 뿐만 아니라 연안
보위전을 중심으로 전반 해방 전쟁을 조명했고, 극히 충차 있는
묘사로 해방 전쟁의 전략 방어로부터 전략 진공으로의 위대한
전환과 역사 과정을 묘사함으로써 이 작품은 더없이 웅대한 전
쟁 예술 화폭을 구성하였다. 그 큰 규모, 넓은 시야, 심각한 내
용, 그리고 중대한 의의와 심원한 영향은 건국초 장편소설 중에
서 확실히 으뜸으로 꼽힌다.

『연안 보위』의 예술 성취는 또 작품 중의 인물 형상 창조에
도 체현되고 있다.

건국초의 혁명 투쟁 역사소설은 일반적으로 이야기의 선조적
서술에만 그치고 인물 형상의 부각은 경시하였다. 움직임이 강
한 이야기가 작품의 중심이 되어 흔히 사건만 보고 인물은 보지
않게 되었다. 인물이 있다 해도 이야기의 전개와 발전을 위해
복무하는 피지배적 지위에 처해 있었다. 그러나 현실주의 예술
은 인물 형상의 부각을 중시하는바, 세부적인 진실을 요구하는
외에 또 전형 환경 속의 전형 성격을 그려낼 것을 요구한다. 전
형 환경 속의 전형 성격, 즉 독특한 '이 한 사람'을 그려내야만
진정한 예술 창조라고 할 수 있다. 선배 작가 노사는 "소설의
성공 여부는 인물에 달려 있지, 사실에 달려 있는 것이 아니다.
세상만사는 눈 깜짝할 사이에도 사라지고 일시의 새로움은 조
금 지나면 낡아지는 법, 오직 인물만이 영생하는 것이다"라고
지적하였다. 건국 초기의 혁명 투쟁 역사소설은 유청의 『금성
철벽』에서부터 인물 형상과 인물 성격의 창조에 주의를 돌리기

시작하였는데, 비록 예술적 전형화의 정도가 높지는 않았지만 필경, 다양한 수법으로 인물의 성격을 부각시키는 데 힘썼다. 작품의 주인공 석득부(石得富)에 대한 형상 창조의 초보적인 성공은 이 소설이 예술상에서 이미 같은 시기의 동류의 소설보다 명확히 높았다는 것을 설명해준다. 그러나 『연안 보위』에서 두붕정은 거대한 예술적 완력으로 전반 해방 전쟁의 위대한 업적을 개괄적으로 묘사하는 한편, 더 많은 필묵과 정력, 그리고 더 큰 열정으로 취사원·전사·중대장·사단 정치위원·여단장에서부터 팽덕회 사령관 등 아군의 각급 지휘관에 이르기까지의 영웅 형상들을 묘사하였다. 이런 인물들의 형상 창조의 성공은 두붕정의 중국 현대 문학에 대한 중대한 공헌이다. 특히 팽덕회와 주대용의 예술 형상에 대한 성공적인 창조는 역사상 중대한 의의가 있는 예술 성취라고 볼 수 있다.

『연안 보위』 중에서 없어서는 안 되는 팽덕회의 형상은 매우 중요하였다. 한 평론가의 말과 같이 "연안 보위전을 그리는 데 팽덕회 총사령관이 없으면 이 전역의 전체적 국면을 반영할 수가 없다. 마치 쿠투조프를 그리지 않으면 1812년의 러시아 전역을 반영할 수 없는 것처럼 말이다." 창작 구상상의 원인으로 인하여 작가는 팽덕회라는 중요한 인물을 전반 소설의 주요 인물로 부각시키지 않았다. 그리하여 이 인물 형상에 대해 많은 지면이 할애되지는 않았다. 필묵은 많지 않았지만 필력은 상당히 집중되어, 한편으로, 인물을 전형적인 전쟁 환경 속에 놓고 인물 성격의 본질적 특징을 드러낼 수 있는 행동과 언어를 장악하여 모택동 전략 사상을 창조적으로 운용하며 적아를 통찰하고 부대를 통솔하는 데 탁월한 능력을 가진 웅대한 포부의 최고 지휘자 팽덕회의 형상을 몇 차례의 전역의 구체적인 묘사를 통해 밀도 짙게 부각시켰다. 다른 한편으로는, 그를 보통 전사와 인민 군중 속에 두고 몇 개의 진실하고 믿을 만한 생활 세부의 묘사를 통하여 보통 인민 군중으로부터 비롯된 그의 소박하고 정직하며 친절한 성품을 집중적으로 찬양하였다. 그리하여 이 프롤레타리아 혁명가의 빛나는 모습을 다방면, 다측면으로 펼쳤던 것이다.

문학 작품에서 고급 지휘관과 프롤레타리아 혁명가의 형상을 그려낸 것은 『연안 보위』가 처음이 아니다. 그전에도 사정의 『하룡을 추억하여』, 유백우의 『화광이 전진한다』, 유청의 『금성철벽』이 있었다. 그러나 이 작품들은, 어떤 것은 순전한 기록에 속하는 전기 문학이었지 소설이 아니었고(『하룡을 추억하여』 같은 것), 그래서 그 주요 인물을 예술 형상이라 말하기 어려우며, 어떤 것은 소설 형식이기는 하지만 통신이나 특사(特寫)에 가까워(『화광은 전진한다』 같은 것) 사단장 진홍재의 형상이 스케치처럼 부박함으로 흘러버렸고, 또 어떤 것은 어느 특정한 장면의 분위기를 나타내는 데에만 힘을 기울이고(예를 들어『금성철벽』의 결미에는 중앙 지도 인물들이 거의 모두 나타난다) 인물에 대해 더욱 깊고 세밀한 묘사를 진행하지 못했다. 이런 작품 중의 고급 지휘관과 혁명가들의 형상은 예술 형상이라고 말하기에는 거리가 너무 멀다. 예술 전형이라고는 더구나 말할 수 없다. 이 점에서 볼 때『연안 보위』중에 묘사된 팽덕회 장군의 예술 형상은 독창적인 의의가 있었을 뿐만 아니라 그 후의 프롤레타리아 혁명가 형상의 예술 창조에도 유익한 경험을 마련해 주었다.

『연안 보위』가 부각시킨 다른 한 주요 인물은 중대장 주대용의 형상이다. 그것은 건국 후에 나타난 프롤레타리아 영웅의 첫 성공적 예술 전형이라 할 수 있다. 이 형상 창조의 초보적인 성공은『연안 보위』의 또 하나의 큰 예술 성취이다.

주대용은 작가가 자신의 전역량과 격정을 쏟아 정성들여 그려낸 예술 전형으로서『연안 보위』를 처음부터 끝까지 관통하는 주요 인물이다. 작자는 역량을 집중하여 주대용의 인민 군대 전체를 대표하는 높은 영웅주의 정신을 집중적으로 찬양하였다.

이러한 영웅 형상을 잘 그려내기 위하여 작가는 여러 가지 예술 방법을 사용했다. 그 중 가장 중요한 것은, 인물을 가장 어려운 환경, 말하자면 가장 첨예한 모순 충돌과 엄준한 시련 속에 두고 인물을 형상화시킨 것이다. 동작성이 극히 강한 행위 활동에서 영웅 인물의 넓은 흉금을 더 한층 나타내려 하였다. 반용진 전역에서 적을 깊이 유인하기 위해 명을 받고 '몹시 체면이 깎일 패전'을 해야 했으며 적의 주력을 '피해' 수덕 일대로 '도망' 가야 했다. 이어서 대사막에서의 행진으로 갈증과 기아에 허덕이며 전우의 생명까지 잃게 된다. 이 모든 시련을 주대용은 이겨냈다. 유림(楡林)을 공격할 때에는 중대장이던 그가 지도원이라는 중임까지 떠메고 주력 부대의 철수를 엄호하는 임무를 완성하지만 또 주력 부대와의 연락이 끊기게 된다. 그는 일개 중대를 거느리고 장성선에서 수십 배가 넘는 적들과 피 흘리며 싸웠다. 벼랑에서 떨어져 상처 입고 병에 시달리며 싸우는 어려운 환경이었다. 임무를 완성하고 겨우 발을 옮겨 딛는 전사들을 거느리고 주력 부대를 찾았을 때에 그는 또, 적에게서 식량을 빼앗아오라는 임무를 맡게 된다. 구리산 저격전에서는 일개 중대를 이끌고 몇만 적군 속에 돌진해들어가 도망치는 적을 교란시켰다. 하나씩 거듭되는 험한 시련 속에서 작가는 주대용의 당과 혁명 사업에 대한 무한한 충성과 용감하고 굳센 영웅 품격을 충분히 표현하였다. 특히 '장성선 위에서'라는 장절에서 작가는 짙은 필묵으로 영웅의 지혜롭고 용감하며 완강한 기개와 숭고하고 아름다운 마음을 충분히 나타냈다. 소설의 영웅 인물에게 신뢰할 만한 진실감과 감동적인 친근감을 더 한층 부여하기 위해 그들의 영웅 품격을 집중적으로 부각시킴과 동시에 고난의 유년과 성장의 역사를 피력함으로써 영웅 인물 형성의 계급적 근원을 드러내고 미숙에서 성숙으로 나아가는 성장 과정을 밝혀주었다. 이렇게 함으로써 영웅 성격의 발전에 명확한 논리 규칙이 있게 되고 사람들에게 더 큰 믿음과 설득력을 갖게 하였다. 50년대에 출현한 많은 영웅 형상 중에 주대용이 비교적 성공적으로 조형된 인물임을 의당 승인해야 한다.

　문학 창작에서 계급적·민족적 영웅 형상을 부각하기 위해 노력하는 것은 사회주의 문학의 작가에 대한 보편적 요구이다. 만일 이 영웅 형상이 확실히 높은 심미적 가치를 갖고 있다면 그것은 시대나 역사의 제한성을 돌파하여 영원히 전해질 수 있는 것이다. 일체의 영웅 형상이 80년대라는 '비영웅화' 사조가 성행하는 시대에 와서는 더 이상 심미 가치와 의의를 갖지 못한다고 생각하는 것은 일면적이고 정확하지 않다. 물론, 우리나라 5, 60년대에 나타난 일부 영웅 형상이 그 시대와 역사의 제한성을 벗어나서 오래 남아 있을 만한 예술의 높은 경지에 이른 것이 적은 것도 사실이다. 그 원인은 서로 다른 시대의 사회 심미 의식의 변화와 연관되는 것이지만 더욱 직접적이고 주요한 원인은 이런 영웅 형상 자체의 예술적 질이 높지 못하기 때문이다. 작가들이 현실주의 창작 원칙과 전형화의 내포에 대한 이해에서 편차를 갖고 완전히 생활로부터 출발하여, 생활 속의 실제 인물로부터 출발하여 인물을 그려내는 것이 아니라 흔히 어느 한 시대와 사회 정치의 수요에서 출발하여 인물을 창조했기 때문에 영웅 형상 자체에 모두 비교적 짙은 주관적이고 이상적인 색채가 존재하고 있다. 또한 당시의 적지 않은 작가들의 전형화와 전형화 과정에 대한 이해·처리에도 편차가 존재하고 있어, 노신 선생이 말한 "각종 사람을 모두 취급하는," "입은 절강에 있고 얼굴은 북경에 있으며 의복은 산서에 있는" 전형화 방법을, 많은 사람들의 우수한 자질을 한 개인에게 집중시키는 것으로 이해하였다. 이렇게 창조해낸 영웅 인물은 실감이 없고 과장이 있게 된다. 창작상의 이런 결함이 현실주의의 이상화와 영웅 숭배의 심미 시대에는 접수될 수도 있었지만 일단 현실주의의 원 뜻이 회복된 뒤에 사람들은 이전 작품 중의 영웅 인물들에게서 '신격화' 경향을 느끼게 된다. 80년대 이후, 영웅 형상 창조에서 이미 점차적인 '인간화' 현상이 나타났다. 그러나 어떻게 해야만 역사와 심미 시대의 제한성을 초월하는 영웅 인물 형상을 창조해낼 수 있느냐 하는 것은 오늘까지도 여전히 중국 현대 소설 창작의 앞에 놓여진 중대한 과제로 되고 있다.

건국 초기의 다른 전쟁소설과 비교해보면 『연안 보위』는 예술상에서 또 하나의 돌출한 특색이 있다. 격렬한 전투를 그리든 엄준한 시련을 그리든간에, 섬북 경치를 그리든 영웅 인물을 그리든간에, 작가의 열렬한 감정으로 충만하지 않은 곳이 없다는 것이다. 소설의 처음부터 끝까지 강렬한 혁명 정서가 흘러 넘친다. 전쟁을 주요 내용으로 하는 군사소설에서 작가가 당시의 동류 소설의 평면적이고 직설적인 묘사 수법을 벗어나 초연과 포화를 꿰뚫고 서정적인 시적 발로와 심각하고 정채로운 의론을 전개한다는 것은 쉬운 일이 아니었다. 밝은 햇빛 아래의 보탑산, 청산녹수 사이의 동굴, 산 언덕에 뛰노는 양떼들……, 한 포기의 풀, 한 그루의 나무와 산수가 모두 작가와 인물의 똑같은 사랑의 감정으로 젖어들어 전체 작품에 정연한 긴장과 이완, 적절한 밀도의 변화, 강유의 조화, 충만한 시의를 가능케 해주었다. 이것은 『연안 보위』의 문학 색채를 참으로 짙게 하였다. 줄거리의 서술이나 형상 창조 혹은 장면의 묘사를 막론하고 두붕정은 언제나 그토록 강렬하고 쾌활하게, 흑백이 분명하게 목각화를 그려내듯이 하였다. 모순이 평가한 것과 같이 "그의 작품 중의 인물은 마치 도끼로 깎아낸 것같이 억세고 웅장하다." 이것이 그의 작품의 막강한 기세와 드높은 격조를 구성하였다.

물론, 신중국의 장편 전쟁소설의 개척작으로서의 『연안 보위』가 아직 개간하지 못한 빈 곳이 있어 후인들의 계속적인 작업을 기다리고 있다. 예를 들면 작가의 생활과 예술의 시야가 충분히 넓지 못했기 때문에 모든 묘사가 전장내에만 그쳤고 전장 이외의 기타 사회 생활 영역에는 붓이 미치지 못하였다. 전쟁을 그릴 때에도 자기 편에 대한 접촉과 이해는 비교적 많았으나 적의 진영에 대한 직접적인 묘사는 많지 않았다. 특히 적의 병사와 고급 장교들에 대한 세밀한 묘사가 협소하였기 때문에 일정한 정도에서 작품의 전반적인 전쟁 면모에 대한 반영에 영향을 주었으며 작품 사상과 예술의 진실성·광활성·심각성에도 영향을 주었다.

그렇다 하더라도, 『연안 보위』는 건국 후의 현대화한 전쟁을 대규모로 묘사한 최초의 장편 군사 문학 작품으로서, 전통도 없고 선례도 없는 조건하에서는 위의 세 가지 방면의 성과만으로도 동시기의 기타 작품을 훨씬 뛰어넘은 것이라 할 수 있고, 중국 현대 군사 문학뿐만 아니라 중국 현대 장편소설의 창작을 위해 하나의 목표를 세웠으며 문학사상의 이정표적인 의의를 갖고 있다.

Ⅱ. 두붕정의 다른 소설들

『연안 보위』가 이름을 얻은 뒤, 두붕정은 전업 작가가 되었다. 하지만 한 시각도 생활을 떠나지 않고 철도 건설 제일선에 깊이 들어갔다. 1957년에 중편소설 「평화의 나날」을 창작·출판하고 동시에 단편소설들도 발표했다(모두 1962년에 출판된 단편집 『젊은 친구』에 수록되었다). 이외에 또 산문 『속사집』이 있다. 두붕정은 우리나라 현대의 장·중·단편소설을 다 겸비해서 쓰는, 보기 드문 작가 중의 한 사람이다.

두붕정의 이 작품들은 제재 내용상에서 뚜렷한 변화가 나타난다. 전쟁으로부터 건설에로, 혁명 역사로부터 현실 생활로의 전향이나. 두붕정 작품에서 현실이 언제나 역사와의 밀집한 연관 속에서 표현되는 것은 주의할 만한 일이다. 들끓는 공사 건설을 묘사하든 사회주의의 새로운 인물 형상을 그리든 그는 역사와 분리시키지 않고 시대의 높이에 서서 생활이나 사건·인물을 일정한 역사와 현실의 배경 속에서 표현함으로써 역사와 현실의 연관성·일치성을 확보하였다. 시대의 높이와 역사의 깊이에 입각한 표현 방법은 현실 생활을 반영한 두붕정의 이 작품들로 하여금 강렬한 시대감으로 충만하게 하였을 뿐만 아니라 깊은 역사감의 침투를 가능하게 하였다.

또 하나 지적해야 할 것은 현실 생활을 반영한 두붕정의 작품이 비록 들끓는 건설을 찬양하고 새 인물, 새 영웅을 그려내는 것을 위주로 하였지만 그가 이미 대담하게 생활중의 민감한 문제(즉 지식인을 정확히 대하는 데 관한 문제, 인민 내부 모순을 정확히 처리하는 문제 같은 것)에 접촉했다는 점인데, 이는 작가의 현실주의에 대한 이해와 파악에 새로운 높이와 깊이가 있었다는 것을 표명해준다. 이 점이 두붕정의 작품으로 하여금 건국초 30년간의 공업 제재의 소설 창작이 여러 가지 제한으로 인해 처해 있던 보편적 불경기 속에서 각별한 무게를 갖고 새로운 의미와 깊은 의의를 갖게 하였다.

이 작품들은 모두 공업 건설 제재를 반영하였으므로 뒤의 제5장에서 더 세밀하고 깊이 있는 비교와 분석을 하기로 하고 여기서는 줄이기로 하자.

3.『임해설원』『붉은 해』의 장편 전쟁소설에 대한 새로운 예술적 발전

1957년에 출판된『임해설원』『붉은 해』는 아주 큰 영향을 일으킨 장편소설들이다. 혁명 전쟁의 묘사를 자신의 내용으로 삼았지만 스타일 유형은 완전히 서로 달랐다.『임해설원』은 36명으로 이루어진 소분대가 산에 들어가 토비를 토벌하는 곡절적 경과를 그린 것인데, 국부적 전역의 묘사에 치중하였다.『붉은 해』는 해방 전쟁중의 양군의 대치를 그린 것으로서 대병단 작전의 묘사에 치중하였다.『임해설원』은 전기적인 색채가 짙은 낭만주의로 그 장점을 보였으며,『붉은 해』는 엄숙한 현실주의 법칙으로 승리를 거두었다. 법도(法度)는 같지 않으나 각각 그 묘를 얻고 있다.

I. 『임해설원』의 혁명 전기소설에 대한 새로운 예술적 발전

건국초의 많은 혁명 투쟁 역사소설은 모두 일정한 통속성과 전기 색채를 띠고 있다. 예를 들면 『신아녀 영웅전』 『철도 유격대』 『평원의 불길』 『열화금강』 『적후무공대』 『옛 성에 휘몰아치는 불길』 등등이다. 원인의 한 가지는 중국 현대 전쟁소설이 자기의 전통이 없이 중국 고대의 전통과 근대의 무협소설의 영향을 받을 수밖에 없었다는 것이다(『신아녀 영웅전』은 구시대에 널리 읽혔던 의협소설 『아녀 영웅전』의 이름을 빌려쓴 것인데 앞에 '신'자 하나를 덧붙여 구별하였다). 다른 한 원인은 당시 작가와 독자의 사상적·예술적 수준이 모두 높지 못했고 대중의 취미에 맞는 이런 형식으로 더 많은 독자를 흡인할 수 있었으며 작품의 유행에 편리했고 또 이것을 통속화·대중화·민족화를 추구하는 좋은 방법이라 생각하고 있었다는 점이다. 이 부류의 작품은 모두 통속 전기소설로 분류할 수 있다(후에 어떤 사람은 이를 신무협소설이라 불렀다). 『임해설원』은 이런 과정을 따라 발전해온 작품이다.

『임해설원』의 우리나라 장편 군사 문학과 전기소설에 대한 예술적 공헌은 우선, 독특하고 새로운 내용과 곡절 많고 특이한 줄거리로 전쟁소설의 전기성을 크게 강화하였고, 미학 추구로서는 각종 예술 수단을 운용하여 소설의 전기적 색채를 극치에까지 밀고 나가 통속 전기소설의 예술 품위를 극도로 제고한 데 있었다. 『임해설원』은 사람의 마음을 울려주고 독자들을 깊이 빠져들게 하는 예술적 필치로 우리 군의 36명의 토비 토벌 소분대가 임해설원으로 깊숙이 들어가 우리의 10배도 넘는 토비들과 교묘하게 전투를 하고, 또 용감무쌍한 군인을 토비로 가장시켜 토비 무리 속으로 파견, 범의 굴에서 "온갖 위험과 난관을 헤치고 지혜를 발휘하여 마귀와 싸워 이기는" 신기하고 놀라운 이야기를 그리고 있다. 이 소설의 기이하고 아슬아슬한 장면들은 이왕의 전쟁 문학 전기소설에서는 찾아볼 수 없었던 것으로서 군사 문학 제재 영역의 의심할 바 없는 새로운 개척이다. 서론에서 말한 것과 같이 새로운 제재 영역의 개척은 모두 그것이 창조하는 참신한 예술 세계로 인하여 새로운 심미 효과를 낳는다. 제재의 신기성 자체가 사람들에게 일종의 새로운 심미적 감수를 주게 된다. 칭찬할 만한 것은 작가가 이 특이한 제재 아래 4차의 대전역(호랑이 굴 기습, 위호산 탈취, 수분초전의 대회전, 사방대의 큰 전투)을 둘러싸고 큰 이야기에 곡절 있고 위험한 작은 이야기들을 삽입시켜, 그것들이 장절마다 맞물리고 이야기가 가로세로 뻗는 가운데 돌연한 사건과 의외의 돌변, 꼬리에 꼬리를 물고 일어나는 위험한 사태, 산궁수진하여 길이 없는가 했더니 유암화명에 또 한 마을이 보인다는 식으로 작품 전체가 곡절과 기복으로 엮어지고 짙은 전기 색채가 막강한 흡인력을 갖고 있어 독자로 하여금 손에 땀을 쥐게 한다는 점이다. 제재가 새롭고 특이하며 전기성이 짙은 것으로만도 『임해설원』이 기타 작품들을 훨씬 초월하였다고 말할 수 있다.

그러나 『임해설원』의 더 중요한 예술적 공헌과 그것이 이왕의 동류의 전기소설을 초월하는 점은 작품이 기이하고 새로운 제재와 위태로운 줄거리 속에서 개성적 특징이 독특한 영웅 인물들의 형상을 집중적으로 부각해낸 데 있다. 예를 들면 소검파·양자영·유훈창·손달득·난초가(欒超家)·고파 등이다. 특히 용감무쌍한 양자영의 형상은 이미 우리나라 현대 문학의 영웅 인물 화랑에 많이 있을 수 없는 예술 전형으로 되었다. 건국 초 혁명 투쟁 역사 제재를 반영한 통속 전기소설의 가장 큰 예술적 단점도 바로 인물 형상의 창조를 무시하고 사실에만 치중했던 것이었다. 소설 창작은 단순한 줄거리 소설로부터 인물소설로, 문학으로부터 인간학으로 이른 후에야만 비교적 높은 예술 수준으로 진입할 수 있는 것이다. 『임해설원』은 완전히 인물로부터 출발하여 인물을 중심으로 쓴 소설은 아니기 때문에 여전히 이야기 줄거리의 배치를 더욱 중시하였지만 이 이야기 속에서 인물과 인물의 성격을 창조해낸 것은 이 작품의 아주 큰 예술적 진보이다.

정찰의 능수이며 용맹한 사람인 양자영은 작가가 전력을 기울여 창조하고 찬양한 영웅 인물이다. 이 인물도 건국초에 나타난 모든 영웅 형상과 대체로 같은 성장의 길과 공통의 품성적 특징을 갖고 있기는 하다. 고농 가정, 원한이 깊은 사연, 지주의 칼에 찍힌 흔적 등을 마음에 새기며 혁명에 참가하여 혁명 사업에 일편단심 충성하고 공산주의 신념이 굳센 프롤레타리아의 투사인 것이다. 이는 5, 60년대 영웅 형상의 창조에서 이미 하나의 모델로 되었다. 이른바 '국가의 원한과 가문의 원수,' '핍박받아 양산에 오르다' 형이다. 만일 『임해설원』이 영웅 형상 창조에서 이런 일반적인 것만 그렸다면 당연히 이 울타리를 벗어나지 못하였을 것이다. 그러나 양자영의 형상은 상상 밖으로 성공적이었다. 그 원인은 작가가 영웅 성격의 가장 독특하고 빛나는 일면, 초인적인 지혜와 용기를 장악하고 그것을 극력 선전하며 현실주의의 창작 원칙을 존중하는 기초 위에서 낭만주의의 과장 수법을 동시에 운용하였다는 데 있다. 인물을 험악한 자연 환경 속에 두고 흉악하고 교활한 토비들과 한차례 또 한차례의 놀라운 대결을 진행하게 하였는바 현실 생활에서는 불가능한 일이지만 낭만주의적 과장 처리를 거침으로써 인물에 농후한 전기 색채를 부여해주었다. 그리하여 오히려 예술상으로 신뢰감과 진실감이 생겨난 것이다. 개중의 예술적 오묘함을 한마디로 말하기는 어렵지만, 그것이 인위적인 과장과는 완전히 다르다는 것은 명백한 일이다. 가장 전형적인 것은 '위호산 탈취'의 대목이다. 양자영은 토비 호표로 가장하여 단신으로 비적의 소굴에 뛰어드는데, 유창한 은어와 포로로 잡은 토비에게서 얻은 '선견도'를 갖고 비적 두목 좌산조의 초보적인 신임을 얻는다. 이후, 적들의 몇 차례의 감시와 시험을 넘기고 산 아래의 군과 연락을 취하여 산을 진공할 계획을 세운다. 만사가 준비되고 공격을 시도할 무렵, 일찍 우리 군에 생포되어 양자영을 알고 있는 비적 땜쟁이가 도망쳐옴으로써 사태는 위급해지고 양자영에게 몹시 불리해진다. 이 관건적인 시각에 작가는 충분한 필묵으로 양자영의 침착한 태도와 막힘 없는 대답, 그리고 땜쟁이가 자신이 생포되었던 사실을 드러내지 않으려는 약점을 틀어쥐고 비도들 사이의 모순을 충분히 이용하여 그들의 순식간에 변하는 심리 활동을 정확하게 장악하고 임기응변으로 끝내 피동에서 주동이 되어 상대를 거꾸러뜨리고 적들과 싸워 이기는 장면을 그려냈다. 이 단락의 묘사는 양자영의 지혜롭고 용감한 성격을 가장 잘 표현하였다. 과장이 없을 수는 없지만, 전반 소설의 낭만주의적인 전기적 예술 분위기 속에서 여전히 사람들에게 진실감 있고 마음을 격동시키는 예술 감수를 부여해주었다.

양자영 외에, 『임해설원』 중의 기타 인물, 즉 담량과 견식이 있는 지휘자 소검파, 용맹하고 힘이 센 유훈창, 완강하고 날쌘 손달득, 부드러운 성격에 등반을 잘하는 난가초 등도 모두 비교적 성공적으로 묘사되었다. 몇몇 토비 두목들도 아주 잘 조형되었다. 그들의 한결같은 반동적 본질에 주의했을 뿐만 아니라 또 그들 상호간의 개성적 특징도 잘 그려냈다. 그 예로 서대마방(徐大馬棒)의 교활하고 악독한 것과 좌산군의 간사하고 의심많은 것을 들 수 있다.

『임해설원』의 짙은 전기 색채는 단지 그것의 전기적 내용과 인물에서만 표현된 것이 아니라 그것의 자연 환경에 대한 묘사에서도 표현되었다. 작가는 토비들의 활동을, 몹시 추운 장백산구 수분초원의 설산초지와 인적이 드문 임해설원에 집중시켰다. 우뚝 솟은 내두산·위호산과 호랑이나 승냥이, 토비들이 출몰하는 원시림, 아득히 멀게 펼쳐진 설야, 겉 보기엔 평온하지만 속에 비적들이 숨어 있는 신비한 하신묘 등에 대한 묘사들이 모두 이 소설로 하여금 신비하고 공포적이고 특이한 분위기에 휩싸이게 하여 작품의 전기 색채를 더욱 강화해주었다.

요컨대, 『임해설원』은 건국초 혁명 투쟁 역사소설 예술을 새로운 높이에로 끌어올렸으며 전기소설로 하여금 통속성으로부터 예술성으로 큰 발걸음을 내딛게 하였다.

Ⅱ. 『붉은 해』의 장편 전쟁소설에 대한 새로운 예술적 발전

『붉은 해』는 해방 전쟁중의 양군 사이의 대병단 작전을 정면으로 묘사한, 『연안 보위』 이후의 또 하나의 우수한 장편소설이다. 두 작품이 반영한 것은 같은 역사 시기에 발생한, 하나는 동에서 다른 하나는 서에서의 서로 다른 전역이다. 『연안 보위』는 연안 보위전을 중심으로 한 서북 전장을 그린 것이고 『붉은 해』는 연수 전역·중경 내무 전역으로부터 맹량고 전역에 이르기까지의 산동 전장을 그린 것이다. 제재는 서로 다르지만 주제는 같아서, 두 차례의 전역에 대한 구체적 묘사를 통하여 모택동의 인민 전쟁 군사 사상의 위대한 승리를 열정적으로 찬양하고 위대한 인민 군대와 인민을 찬양하였다.

1957년에 출판된 『붉은 해』는 『임해설원』과 달랐다. 『임해설원』은 『신아녀 영웅전』『철도 유격대』 등 통속적인 전기소설의 길을 따라 발전된 것이지만 『붉은 해』는 『연안 보위』의 길을 따른 엄격한 의미에서의 군사 문학·전쟁소설이었다.

앞의 제 2 절에서 1954년에 출판된 『연안 보위』는 우리나라 군사 장편소설 창작의 기초를 닦았으며 건국초 장편 전쟁소설이 도달한 새 높이와 수준을 대표했다고 지적했었다.

『붉은 해』의 장편 전쟁소설에 대한 새로운 예술적 발전을 『연안 보위』와의 비교를 통해서 알아볼 수 있다.

우선 똑같이 대병단의 작전을 묘사했지만 『연안 보위』는 초점을 기층의 일개 중대에 두고 이 중대의 활동을 전반 작품에 연결시켰다. 그러나 『붉은 해』는 비록 기층의 중대나 심지어는 소대, 분대 단위로 그린 곳도 있지만 전반 작품은 일개 군의 활동을 중심으로 이야기를 전개하고 묘사를 진행하였다. 그리고 『연안 보위』는 기층의 주대용을 소설의 주인공으로 했으나 『붉은 해』는 고급 지휘관인 군단장 심진신을 소설의 중심 인물로 열심히 그려냈다. 이렇게 생활을 반영하는 시각과 생활을 묘사하는 중점이 다름에 따라 두 작품의 구상과 의미를 세우는 데 차이점이 생기게 되었다. 『연안 보위』가 시각을 낮추어 중대와 전사에게 시선을 집중한 것은 우리나라 전사들의 혁명적 영웅주의 정신을 반영하려 하였기 때문이었다. 『붉은 해』가 시각을 높여 초점을 군의 상층부에 둔 것은 고급 지휘관들에 대한 묘사를 통하여 전쟁의 전국의 높이에서 조감함으로써 산동 해방 전장이 전략 방어로부터 전략 진공으로 전환하여 최후의 승리를 얻는 전과정을 재현하기 위해서였다. 때문에 『연안 보위』에 비해 『붉은 해』는 전쟁 사시(史詩)적인 측면과 기백이 더 뚜렷이 표현된다. 『붉은 해』는 군 상층부에서부터 착수를 하여 필묵을 많이 소모했지만 동시에 기층에 대해서도 묘사하였고 또 군대만이 아니라 초소·후방병원도 그렸다. 또 우리 군만 그린 것이 아니라 적군에 대해서도 묘사를 했다. 때문에 『붉은 해』가 『연안 보위』보다 더 넓은 시야와 생활 화폭, 그리고 더 큰 생활 용량을 갖고 있어 더 웅장하였다고 말할 수 있다.

　『붉은 해』의 우리나라 군사 문학에 대한 큰 공헌은 인물 형상 창조에서 고위급 지휘관의 형상을 성공적으로 그려낸 데 있었다. 특히 군단장 심진신과 부군단장 양파(梁波)의 서로 다른 개성적 특징에 대한 묘사는 극히 성공적이었다. 작가는 고급 간부들에 대한 묘사에서 이전의 일반화·관념화라는 결함을 벗어나 진실한 필치로써 그들의 사상·정감·기쁨·번뇌·승리·착오를 그렸고 심지어 그들의 결혼·애정 생활도 그렸다. 이런 것들이 인물의 인정미가 있고 생활미가 있는 진실하고 사람을 감동시키는 예술 효과를 일으켰다. 본 장의 제2절에서 『연안 보위』를 소개할 때에 건국초의 군사 문학에서 당과 군대의 고급 영도 간부에 대한 묘사가 일반적으로 그다지 성공적이지 못했다고 했었다. 너무 기사적이 아니면 너무 실감 없이 들뜬 것이었다. 『연안 보위』중의 팽덕회 형상은 비교적 성공적이었다. 이는 『연안 보위』의 일대 예술 공헌이었을 뿐만 아니라 이후의 소설들에게 고급 지휘관의 형상 묘사에 대한 유익한 경험을 제공해주었다. 『붉은 해』중의 심진신·양파 두 고급 지휘관에 대한 형상 창조로부터 장편 전쟁소설이 고급 지휘관의 형상을 그려내는 데 있어서의 새로운 발전을 발견할 수 있다. 팽덕회의 형상은 성공적이었지만 원형의 제한을 너무 크게 받았다. 그 성공적이라는 것의 최고 표준이 생활중의 팽덕회와 꼭 같게 묘사했기 때문이라는 것이다. 주은래가 『연안 보위』를 읽고 말한 것처럼 "팽덕회 총사령관 자신이 바로 그러했다." 따라서 작가는 팽덕회 형상 창조에 있어 최대의 예술 창조성을 발휘할 수가 없었다. 그러나 『붉은 해』중의 심진신·양파, 두 형상은 제한이 없이 마음껏 작가의 예술적 상상, 허구와 과장을 발휘할 수 있었다. 엄격하게 말하면 오직 이렇게 창조해낸 인물만이 진정한 예술 형상인 것이다. 『붉은 해』중의 반면 인물에 대한 세밀하고 성공적인 묘사는 우리의 군사 문학 창작의 또 하나의 중요한 공헌과 발전이었다. 『연안 보위』는 적군의 진지와 적군 장교에 대한 묘사는 중요한 위치에 두지 않았다. 두붕정 자신이 말한 것처럼 "적을 묘사한 장면은 슬쩍 스쳐 지나가는 데 그칠 뿐, 어떤 공헌도 없다." 기타의 전쟁소설들에서는 반면 인물이 늘 정면 인물의 부속품이 되어 만화화되는 단점이 상당히 보편적으로 나타난다. 『붉은 해』의 작가는 반면 인물인 적 74사단장 장령보를 예술 전형으로 정성껏 형상화하여 그에게 독립적인 인격 지위를 부여하였다. 얕은 데서 깊은 데로 들어가며 그의 '내면의 변증법'을 제시하고 교만하며 겉으로는 엄하지만 속으로는 연약한 국민당 고급 장교의 형상을 보여주었다. 작가 오강은, 반면 인물이 등장할 때 "그들을 진실하게 의미있게 그려야 하며 그들을 생활 속의 살아 있는 인물로 보면서 내면 세계까지 파고들어야 하고 절대 경시해서는 안 된다." 이같이 반면 인물을 예술 전형으로 공들여 묘사하여 예술상으로 그들을 정면 인물과 같이 보는 것은 인물 형상 창조의 일대 예술 진보라 하지 않을 수 없다.

『붉은 해』와 『임해설원』은 건국초 30년간의 장편 전쟁소설 중 우수 대표작으로서 이들이 이룩한 예술 성취를 기타 동류 작품과 비기면 보다 높은 예술 수준과 심미적 가치, 그리고 문화 색채를 나타낸다. 물론, 시대·역사와 작가의 사상 관념 및 문학 관념의 영향과 제한으로 인하여 『붉은 해』 『임해설원』 『연안 보위』 등의 우수한 작품을 포함하는 건국초 30년간의 장편 전쟁소설이 모두 우리 군의 내부 모순이나 투쟁에 대한 반영을 무시하거나 회피한 것은 사실이었다. 전반 작품에 복잡한 생활을 단순화시키는 단점이 모두 있었다. 이것은 작품의 진실성과 사상적 심도에 어느 정도 영향을 주었다. 이런 현상은 70년대 말에 현실주의가 회복된 뒤에야 비로소 극복되었다.

4. 영웅화·이상화된 현실주의
—— 시대의 심미적 풍모에 부합하는
준청과 왕원견의 단편소설

건국초 30년간, 혁명 투쟁 역사를 반영하는 장편소설 창작이 바야흐로 발전하는 고조 중에서 같은 내용의 단편소설도 상당한 성과를 올렸다. 준청과 왕원견이 그 중에서 영향이 컸다. 두 작가는 직접 혁명 투쟁에 참가한 경력이 있기 때문에 두붕정·

곡파·오강 등과 같이 내심으로부터의 강렬한 시대 사명감과 역사 책임감이 있었다. 그들은 자신들의 붓으로 그 잊을 수 없는 역사를 재현하려고 결심하였고 오늘의 행복한 생활을 위하여 청춘과 생명을 바친 인민 영웅들을 찬양하는 것으로 사람들로 하여금 어제를 잊지 말며, 어제를 잊는 것이 배반을 의미함을 교육하려 하였다. 때문에 이 두 작가는 자각적으로 현실주의 혹은 현실주의와 낭만주의가 서로 결합된 창작 원칙을 지킬 수 있었고, 온 힘과 거대한 열정을 쏟아 중국 인민이 겪었던 어렵고 곡절 많으며, 또한 위대하고 영광스런 혁명 투쟁 역사를 재현할 수 있었고 공산주의의 이상을 위해 장렬히 희생한 인민 영웅을 찬양할 수 있었다. 이런 창작 원칙과 문예 사상은 당시의 시대 분위기와 미학 풍모에 완전히 일치되었다. 때문에 5, 60년대에 이 두 작가의 작품은 아주 높은 평가를 받았으며 사상적·예술적(심미적)으로 모두 전면적인 긍정을 얻었다.

I. 준청의 단편소설

준청은 1922년에 오랜 혁명 근거지인 산동성 해양현에서 태어났다. 18세에 군인이 되어 군인 기자, 무장 공작대 대장을 역임하였고 무장 투쟁에 직접 참가하여 잔혹한 투쟁에서의 인민 군중의 헌신적인 정신을 직접 목격하였다. 그리하여 문학의 형식으로 이들을 표현하려는 강렬한 욕망이 생겼다. 일찍이 40년대에 「풍설의 밤」(극본)과 「마석산 위에서」와 같은 작품을 썼다. 건국 후에 전업 창작에 몰두하면서 계속 전쟁을 묘사하고 영웅주의를 찬양하는 단편소설을 많이 썼다. 출판된 책으로 단편소설집 『여명의 강가』『최후의 보고』『요동 기사』『갈매기』 등이 있다.

준청의 작품은 크게 두 부류로 나눌 수 있다. 하나는 무장 투쟁 역사(항일 전쟁과 해방 전쟁)를 그린 것이고 다른 하나는 현실 생활을 그린 것이다. 그러나 영향이 큰 것은 첫 부류의 작품이었다. 현실을 반영한 작품들 중「물소 기르는 할아버지」「동으로 가는 열차」「늙은 교통원」등은 현실 생활을 그렸으면서도 현실을 투과하여 지나간 전쟁 연대로 심입하였는데, 현실 생활을 반영한 두붕정의 작품들과 비슷한 점이 있었다.

준청의 작품은, 시간·공간·인물·사건 등은 각기 다르지만 대체로 오늘의 행복이 무수한 열사의 피와 바꾼 것이라는 같은 주제를 가지고 있다. 때문에 그는 자신이 창작한, 주요 작품을 모두 오늘의 행복을 창조한 혁명 투쟁 역사와 헌신 정신으로 충만한 인민 영웅들에게 바쳤다.

「여명의 강가」는 이 부류의 대표 작품이다. 작품은 1947년의 요동 근거지 군민들이 국민당 반동파의 대대적 진공을 분쇄하는 것을 배경으로, 그러나『연안 보위』나『붉은 해』등의 장편소설처럼 전반 국세를 묘사한 것이 아니라 생활중의 한 측면에 모를 박고 소진 일가가 간부를 호송하기 위해 유혈 희생도 마다 않는 감동적인 사적을 그렸다. 이로써 영웅적 전사와 인민을 찬양했을 뿐만 아니라 인민 전쟁의 필승의 원인도 형상적으로 표현해주었다. 예술 수법으로 말하면「여명의 강가」는 고전 문학에서 계승한 이야기식의 수법을 사용하여 '나'의 기억을 통해 잊혀지지 않는 감동적인 이야기를 펼치고 있다. 파란곡절로 기복을 이룬 감동적인 이야기 속에서 소진과 그 일가의 영웅 형상을 그려내는 데 역점을 두었다. 인물을 계속되는 격렬한 모순 충돌과 엄준한 생사의 고비에 두고 그 영웅 성격과 고상한 정조를 층층이 심입하여 표현하면서 최후에는 주인공의 어머니와 동생의 장렬한 희생으로 영웅 형상의 창조를 완성시켰다.

「여명의 강가」와 비슷한, 혁명 투쟁 역사를 반영한 작품이 적지 않은데, 모두『여명의 강가』와『최후의 보고』등의 소설 집에 수록되었다. 준청의 이 부류의 소설을 모아놓고 보면 웅위로운 기세와 색채가 아름다운, 한 폭의 영웅주의적 화폭을 볼 수 있으며 또 마치 각종 악기로 연주된 한 곡의 영웅주의 정신으로 격앙된 교향악을 듣는 것 같기도 할 것이다. 한 폭의 그림이든, 음악이든간에 그 속에 침투되고 격렬히 여운을 남기는 것은 비감한 것과 장엄한 것의 교향과 공명이다. 이런 비감과 장엄의 결합이 준청 소설의 독특한 스타일을 구성하였다. 의식적으로 자기 작품에 비장미를 나타내는 것은 준청의 자각적인 미학 추구였다. 그는 재료를 선택하고 이야기를 구성하여 인물을 창조하고 주제를 세울 때에 언제나 가장 마음을 격동시키는 사건을 선택하여 사람들을 제일 감동시키는 이야기로 엮었다. 그리고 인물을 가장 첨예하고 격렬한 모순 충돌 속에 두고 참혹한 전쟁도, 낭자한 피도, 죽음도 회피하지 않으며 그로 하여금 피와 불, 생과 죽음의 엄혹한 투쟁 속에서 시험을 받게 하여 이것으로부터 그들의 굳세고 대범한 영웅 기개와 헌신 정신을 그려내었다. 인간에 대한 서술에는 작가의 강렬한 감정 색채가 있었을 뿐만 아니라 아름답고 수려한 경물 묘사와 순수하고 열정에 넘치는 언어 표현도 있었다. 이 모든 것이 그의 작품의 비장 색채로 하여금 극치의 경계에 도달하게 하였고, 준청 특유의 비장한 스타일을 형성시켰다. 위에서 말한 「여명의 강가」는 재료 선택·구조·인물·주제의 그 어느 면으로 보나 준청의 스타일을 가장 잘 체현해낸 대표적인 작품이다.

이렇게 무엇이든지 아주 짙은 '극치'의 경계로까지 물들이고, 강화시키는 수법을 사용하여 잔혹하고 격렬한 혁명 투쟁 역사를 묘사한다면 거대한 예술 감화력을 산생시킬 수 있다. 그러나 현실 생활의 반영에 이런 수법을 사용하면 때로 생활의 실제로부터 이탈되거나 허위감이 생겨날 수 있다. 준청이 현실 생활을 반영한 작품들 중 「독수리」 등의 작품은 개별적 줄거리가 믿기 어렵다는 느낌을 준다. 그러나 전반적으로 말하면 준청의 영웅주의의 비장한 스타일에 대한 집요한 추구는 긍정받아야 한다.

'4인방'이 분쇄된 후 준청은 단편소설집 『성난 파도』와 장편소설 『해소(海嘯)』를 출판하였다. 소설 관념이 크게 변혁되는 새로운 시기의 조류 속에서 이런 작품들은 그다지 큰 영향을 일으키지 못했다.

II. 왕원견의 단편소설

왕원견은 준청과 같이 널리 알려진, 혁명 투쟁 역사를 제재로 쓴 단편소설 작가이다. 그는 1925년에 산동성 제성에서 출생했다. 주요 작품으로『당비』『후대』『보통 노동자』등의 단편집이 있다.

준청보다 늦게 등장한 그는 건국 후부터 창작을 시작했었다. 1944년에 혁명에 참가했지만 준청처럼 직접 무장 투쟁에 참가한 체험이 없기 때문에 준청처럼 고향 산동의 혁명 근거지의 무장 투쟁 이야기를 창작의 재료로 하지 않고 편집인(『해방군 문예』『성화요원』)이라는 유리한 조건을 이용, 노간부·노홍군의 투쟁 사적을 많이 수집하여 2차 국내 전쟁 시기의 소비에트 근거지와 장정 과정의 투쟁 생활을 반영하였다. 취재 범위가 준청과 다르다는 것 외에도 이야기 구조, 인물 창조, 예술 형식과 스타일의 추구에서 모두 준청과 뚜렷한 차이점을 나타내고 있다. 왕원견은 전쟁의 장면과 과정을 정면으로 서술하는 데 장기를 갖지도 않았고 전투 장면과 과정에 대해 색채감 짙은 묘사와 선전도 하지 않았으며, 오직 인물 형상의 소조에 필묵을 사용하며 인심을 격동시키는 단편적인 장면들을 장악하고 영웅 인물의 특정한 환경 속에서의 특정한 심리 활동·감정 상태와 행동 방식에 치중하여 간결하고 명쾌한 방법으로 표현하였다. 그는 들은 이야기나 수집해온 역사 재료에서 감동적인 세부를 놓치지 않고 진실하고 감동적인 기초 위에서 예술적 허구와 상상으로 소설을 썼다. 이렇게 왕원견의 충분하지 못한 생활 체험이라는 단점이 오히려 예술 창작의 한 장점으로 전화되었다. 왕원견의 작품은 주제의 집중과 교묘한 구조 그리고 언어의 함축과 인물 형상의 생동적 표현을 보다 중시하였다. 왕원견의 대표작

「당비」는 여러 면에서 그의 특징과 스타일을 체현했다고 말할 수 있다.

「당비」는 2차 혁명 전쟁 시기(1934), 우리 주력 홍군의 북상 항일 후, 민·오·장 변구의 투쟁이 가장 힘들었던 때에 적후 지하 사업을 견지한 공산당원 황신이 당비를 모으는 사업과, 동지를 엄호하다가 장렬히 희생되는 이야기를 쓴 것이다. 줄거리와 주제 사상은 대체로 「여명의 강가」와 아주 가깝지만, 구체적 창작법에서는 두 작품의 서로 다른 점이 나타나고 있다. 표면적으로 보면 양자 모두 일인칭의 회상식, 이야기식 서술법을 채용했지만, 「여명의 강가」는 도강을 엄호하는 전반 과정에 대한 정면적인 세부 묘사에 중점을 두고 전체 이야기 과정 속에서 인물을 다방면으로 그려내었다. 이렇게 길게 늘어놓는 수법이 이 소설을 2만 5천 자 분량으로 만들었다. 「당비」는 당비 납부라는 전형적 사건을 둘러싸고 '나'와 황신의 두 차례의 만남을 중점적으로 그렸다. 황신이라는 형상을 그릴 때에는 그 성격의 형성·발전 과정을 그리는 데 주력하지 않고, 전형 환경과 전형 사건 중의 전형 세부를 장악하고 그 성격 중의 가장 빛나는 부분을 취하여 합리적인 발휘와 상상을 첨가, 집중적으로 영웅 인물의 빛나는 영혼을 제시해주었다. 6천 자 내외밖에 안 되지만 각별한 응집감과 집중감이 나타나고 있다.

요컨대, 왕원견은 자기 자신의 경력이 아니었기 때문에 역사의 진실을 중시하는 기초 위에서 예술의 허구와 상상으로부터 더욱 많은 도움을 받았지만 준청은 역사적 진실의 예술적 재현을 더욱 중시하였다. 예술상으로 보면 왕원견이 추구한 것은 생활보다 더 정제되고 함축된 것이었고 준청이 추구한 것은 생활보다 더 짙고 강렬한 것이었다.

두 사람은 스타일상으로 일치하지 않았지만, 똑같이 사회주의 현실주의 혹은 혁명적 현실주의와 혁명적 낭만주의의 결합이라는 창작 방법을 사용하였다. 창작 목적 역시 동일하게, 사람들로 하여금 간고한 혁명 투쟁 역사를 잊지 않게 하고 오늘의 행복이 쉽게 온 것이 아님을 알게 하려는 것이었다. 그들의 작품에 시종 혁명적 영웅주의와 혁명적 이상주의의 강렬한 정신이 충만되고 있는 것은 5, 60년대의 시대 정신·사회 사조 및 당시의 사회 심미 경향과 모두 완전히 일치되고 융합된다. 때문에 이 두 작가와 그들의 작품은 건국초 30년의 소설 창작에서 극히 중요한 자리를 차지하고 아주 높은 평가를 받는 것이다.

5. 인성화·인정화된 현실주의
—— 시대의 심미 풍모에 어울리지 않는
「와지에서의 '전역'」「백합화」와 「영웅의 악장」

건국초, 특히 제2차 문인대표대회가 열린 후, 사회주의 현실주의는 우리나라 문학 창작과 비평의 최고 준칙으로 확정되었고 새로운 영웅 인물의 창조 문제도 제기되고 강조되었다. 새로운 사회, 새로운 생활, 새로운 인물을 찬양하고 이상화된 노농병의 정면 형상과 프롤레타리아 영웅 전형을 창조하는 것이 일체를 압도하는 창작 조류였다. 이에 순응하고 부합한 작품은 우선 정치 사상 내용에서부터 긍정을 받는 동시에 예술상의 긍정도 받게 되었다. 반대로 이 사회 사조·문예 사조와 조금이라도 어긋나는 작품은 사상상으로 아무리 혁명적이고 내용상으로 아무리 진실하고 예술상으로 아무리 성공적이고 감동적이라 하더라도 비난과 비판을 받지 않은 것이 없었다. 건국초에 제일 처음으로 비판을 받은 소야목의 「우리 부부 사이」가 그러했다. 이 소설은 혁명 간부가 도시로 들어간 후의 사상 변화를 게시하였다. 정상적인 이 변화를 가지고 프티 부르주아의 입장에서 프티 부르주아의 취미로 노농 출신의 간부를 왜곡하고 추화하였다고 질책했다. 이토록 좋은 말만 해야 하고 폭로는 할 수 없으며 광명만 써야 하고 어두운 것은 쓰지 못하는 이른바 사회주의 현실주의는 날이 갈수록 더 가혹해지고 '좌'적으로 변해갔다. 노령의 「와지에서의 '전역'」(1954), 여지견의 「백합화」(1958), 유진의 「영웅의 악장」(1959) 등은 어느 면으로 보나 모두 현실주의의 우수한 작품이었지만, 사회 생활의 민감한 문제를 제기하였다는 이유로(예를 들면 「와지에서의 '전역'」에서 지원군 전사와 조선족 처녀와의 애정 문제 취급 같은 것), 예술 스타일의 추구가 격앙된 영웅주의 풍조와 어긋난다는 이유로(「백합화」의 섬세한 부드러움의 추구), 또 강개와 웅장 외에 인성·인정에 대한 심각한 사색과 정서를 담았다는 이유로 거센 논쟁 끝에 엄중한 비판을 받았다.

I. 노령과 그의 「와지에서의 '전역'」

노령은 오랫동안 국민당 통치 구역에서 생활하였고 16, 7세부터 문학 창작을 시작한 진보적 작가이다. 건국 이전에 그는 구사회의 암흑을 폭로한 많은 진보적 작품을 썼다. 단편소설집 『청년의 축복』『청혼』『쇠사슬 속에서』와 중편소설 「굶주린 곽소아」「가시덤불 위의 달팽이」「가릉강 전기」, 그리고 장편소설『부잣집 딸들』『불타는 토지』등이 있다. 건국 이후 국민당 통치 지구에서 온 작가로서 그는 아주 빨리 사회와 시대의 발걸음을 따라잡을 수 있었다. 새로운 사회, 생활, 인물에 대한 열애의 감정으로 건국초 노동자들의 생활을 반영한 단편소설들을 썼다(단편소설집 『주계화의 이야기』에 수록되었다). 1951년, 항미 원조 전선에서 돌아온 후로 많은 산문과 소설을 썼다. 그 중 산문집으로 『판문점 전선의 일기』가 있고 단편소설로는 「전사의 마음」「첫눈」「와지에서의 '전역'」「당신의 충실한 동지」가 있으며 또 한 부의 미발표 장편소설 『조선의 전쟁과 평화』가 있다. 이 작품들은 중국 인민 지원군의 애국주의·국제주의와 혁명적 영웅주의를 열정적으로 찬양했고 중·조 인민의 우의를 찬양했다. 이때의 창작 열정은 아주 귀중한 것이었다.

　어느 면으로 보나 「와지에서의 '전역'」은 건국초의 보기 드문 우수한 현실주의 소설이었다. 일부 주요한 측면에서는 당시의 시대 정신·문예 사조와 어긋나지 않고 완전히 일치했다고 말할 수 있다. 우선, 이 소설이 취급한 것은 항미 원조에 관한 중대한 제재였고, 작품의 취지가 인민 지원군 전사의 고도의 애국주의·국제주의와 혁명적 영웅주의 정신을 열정적으로 찬송하는 데 있음이 아주 명백하였다. 중·조 인민의 우의를 노래함과 아울러 당시의 모든 작품과 마찬가지로 프롤레타리아 영웅의 형상을 집중적으로 그려냈다. 특히 예술상에서, 소설이 진실하고 부드러우며 표면 생활의 묘사에만 머물지 않고 인물의 영혼 깊은 곳에 깊이 파고든 것은 당시의 문단에 많이 존재했던 도식화·관념화와 예술상으로 상당히 거친 작품과 비교해보면 뛰어나다고 말할 수 있을 정도였다. 그러나 이렇게 우수한 작품이 발표되자마자 잘못된 비판을 받게 되었다. 1955년의 '반(反)호풍' 운동에서 그에 대한 비판은 한걸음 더 나아가 정치 비판으로까지 확대되었다. 그 이유는 작품이 지원군과 조선족 처녀와의 애정을 그렸기 때문이었다. 그것은 당시의 일부 정치비평가와 문예비평가의 눈에 근본적으로 발생될 수 없는 애정으로 보였다. "부대의 정치 규율이 허용하지 않으며," "전투에 불리하고, 국제주의의 정신적 실질에도 어긋난다. 규율에 어긋나는 이런 사실을 가지고 중·조 우의를 묘사한다는 것은 상상하기도 어려운 일이다." 한 문예비평가의 말이었다.

　사실상 이 소설은 엄격한 의미에서의 애정소설이 아니었다. 대부분의 내용과 주요 줄거리가 사랑 이야기로 이루어진 것이 아니고 제목에 표현된 것과 같이 와지에서의 '전역'을 그린 것이다. 이 전역에 대한 묘사에서 두 영웅 인물의 창조를 완성하였다. 이 두 인물 중 더 풍만하고 깊이 있게 그려진 것은 애정 사건의 당사자인 병사 왕응홍이 아니고 반장 왕순이었다. 전 군에 이름을 날린 그는 우수한 정찰원이었으며 일등 공신인 동시에 일개 정찰반장으로서 어떻게 자신의 병사를 아끼고 교육해야 하는가를 알고 있었다. 그는 소박하고 단순하며 용감하고 민첩한 병사 왕응홍을 각별히 좋아했다. 그들 둘은 가장 친한 사이였으며 왕순은 그에게 각종 정찰의 요령을 알려주고 또 중요한 임무도 맡겼다. 전투중 의외의 일이 생겨 왕순은 왕응홍을 남게 하여 자신과 함께 엄호를 맡게 하고 전반을 철수시켰다. 왕순은 왕응홍이 부상당하자 그를 이끌고 간신히 산골짜기를 넘어 함께 진지로 돌아간다. 더 돋보이는 것은 작가가 왕순을 병사를 거느리고 싸움만 하는 투사로만 묘사한 것이 아니라 피와 살이 있는, 감정이 풍부하고 인정미가 넘치는 인간으로 형상화한 것이다. 조선족 처녀가 진정으로 병사 왕응홍을 사랑하고 있음을 확인한 후, 그는 한편으로 병사에게 규율을 위반하지 않도록 일깨워주고 이 문제를 정확히 대하고 처리하게끔 인도해준다. 다른 한편으로는 조선 인민의 이러한 진지한 감정을 이해하고 또 조심스럽게 보호해준다. 왕응홍은 조선족 처녀 김성희가 선물한 꽃수건을 왕순에게 바치려 한다. 이 꽃수건 속에 담긴 사연을 잘 알고 있었기 때문에 왕순은 그에게 잘 보관하라고 한다. 동시에 그는 진달래꽃 한 가지를 꺾어 왕응홍의 호주머니에 꽂아주고 김성희에게 전해주라고 하면서 이런 말을 한다. "꽃 달고 가는 그녀를 보면 적들은 화가 나서 죽겠지." 이런 것들은 모두 다방면으로부터 우리의 간부와 전사의 내면 세계와 정신 풍모를 나타내준다. 이런 수법으로 묘사된 영웅 형상은 건국초의 소설 창작에서 확실히 보기 드물었다.

　이 소설 속의 애정 묘사는 다만 작가가 영웅 인물을 창조하기 위한 하나의 매개이거나 혹은 영웅 인물의 숭고하고 아름다운 마음을 더 잘 표현하기 위한 하나의 측면일 따름이다. 반장 왕순의 인정미 넘치는 프롤레타리아 영웅의 넓은 흉금을 펼쳐보였을 뿐만 아니라, 병사 왕응홍이 전투에서 적을 이겨내고 또 자신도 이겨낸(소설 제목에서 인용 부호를 덧붙인 '전역' 두 글자에 주의할 것) 인격 완성 과정을 표현하였으며, 동시에 중·조 인민의 피로 이어진 친선 관계를 찬양했다.

이 소설에는 많은 진실한 묘사가 있을 뿐만 아니라 극히 세밀하고 차분한 심리 묘사, 연상과 환각의 묘사도 있고 또 의미 깊은 철리적·상징적 묘사도 있다. 표현 방법의 다양성으로 보아도 해방 초기 소설 창작에서 아주 보기 드문 작품이었다.

만일 이 소설을 꼭 애정소설로 보아야 한다면, 작가는 이 애정의 탄생과 사람들의 이 애정에 대한 이해, 인식과 태도, 처리하는 과정을 통하여 중·조 두 나라 인민의 프롤레타리아 국제주의의 위대한 정감을 나타내려 하였다. 80년대 초기에 한 평론가는 이렇게 말했다. "이 작품은 엄격하게 생활의 진실에서 출발하여 현실 생활 속에서 출현할 수 있고 존재할 수 있는 모순·충돌을 조금도 회피하지 않았다. 묘사되는 인물로 하여금 첨예한 사상·감정의 소용돌이 속에서 시련을 받게 함으로써 생활의 초점 속에 인간을 비추는 광채를 뿜어내고 있다. 애정이 군인의 규율을 방해한 것도 아니고, 또 그 규율이 애정을 파괴한 것도 아니며, 보다 깊고 넓은 사랑과 숭고한 이상 준칙을 소유한 사람이 사랑과 규율에 대한 협애한 이해를 초월한 것이었다. 〔……〕 작품은 이러한 티없이 깨끗한 순화된 경지에서 보통 병사와 활달한 소녀로 하여금 투쟁의 격류 속에서 자신들의 숭고한 인격의 자아 완성에 도달하게 하였다. 아울러 전장의 애정과 혁명적 이상주의를 위해 한 곡의 장려한 개선가를 지어냈다." 이렇게 우수한 소설이지만 1955년의 '반호풍' 운동에서는 엄혹한 교살을 당해야만 했다. "이 작품은 극히 음험한 반혁명 사명을 띠고 있다." "소극적이고 어두우며 감상적인 정서를 유포하고 평화의 환상과 반동적이고 퇴폐적인 부르주아의 사상 감정을 퍼뜨렸다. 노령은 이런 방법으로 우리들의 투쟁 의지를 부식시켜 정신상에서 우리의 대오를 와해시키려는 목적에 도달하려는 것이다." 이는 이미 문학비평의 범주를 훨씬 벗어난 것이다. 당시의 '좌'적인 정치의 문학에 대한 말살을 설명해주는 것 외에는 소설사에서 타산지석의 교훈적 의의만을 갖는다고 할 수 있다.「와지에서의 '전역'」에 대한 비판에서 우리는 당시의 사람들의 사회주의 현실주의에 대한 이해가 얼마나 일면적이고 협애했는가를 알아차릴 수 있다.

Ⅱ. 여지견과 그의「백합화」

여류 작가 여지견은 그의 독특한 스타일로 문단의 주의를 불러일으켰으며 건국초 30년 소설 창작에 새로운 기치를 세운 작가이다. 그의 작품은「우리 부부 사이」「와지에서의 '전역'」과 같은 비판은 받지 않았지만, 그의 작품이 제재 선택·인물 창조와 미학 스타일의 추구에 있어서 당시의 시대와 사회가 중대한 제재를 숭상하고 풍운을 질타하는 영웅 인물을 숭상하며 웅장하고 강렬한 양강한 미학 스타일을 숭상하던 소위 시대 미학의 풍모와 어긋났기 때문에 일부 사람들의 비판과 질책도 받았고 엄숙한 토론도 야기했었다.

여지견은 원적이 항주이고 1925년에 상해에서 태어났다. 1943년에 혁명에 참가하여 부대에서 문화 선전 사업을 하다가 같은 해에 창작을 배우기 시작했고, 1947년에 입당했다. 그의 작품은 대체로 두 부류로 나뉜다. 하나는 혁명 역사 제재를 쓴 것으로「관할머니」「등하 가에서」「백합화」「엄가장을 세 번 가다」 같은 것이 있고 또 하나는 현실 생활 제재를 쓴 것으로「동서」「소원」「조용한 산실」「아서(阿舒)」 등이 있다. 단편소설집으로는『높디높은 백양나무』『조용한 산실』이 있다. '4인방'이 분쇄된 후, 그는 또「잘못 편집된 이야기」「초원의 작은 길」「자식 정」「집안일」 등의 작품을 써냈다.

소위 여지견 소설의 독특한 예술 스타일은 주로 아래의 몇 측면으로 나타난다. 1) 재료 선택에서 그는 시대의 중대한 제재와 곡절 많고 복잡한 투쟁을 정면으로 반영하는 데 익숙하지 않았고, 생활의 한 단면을 절취하여 큰 시대의 한 송이 작은 꽃을 묘사함으로써 작은 것을 통해 큰 것을 본다는 식으로 시대의 거대한 파도를 반영하였다. 2) 그의 작품의 주인공은 풍운을 질타하는 정형화된 영웅 인물이 아니고 대부분 성장중에 있는 보통 인물이었다. 3) 일반적으로 인물을 첨예하고 격렬한 모순·충돌 속에 두지 않고 일상 생활을 배경으로 인물을 표현하기를 좋아했으며, 특히 정교하고 세밀한 필치로 인물의 내면 세계를 표현하는 데 뛰어났다. 4) 그는 격앙되고 분방한 어조에 서툴렀고 행간에 충만한 부드럽고 아름다운 시적 정서로 독자의 심금을 울려주었다. 그의 작품은 소설이지만 산문 같기도 하고 시 같기도 하다. 여지견 소설의 이런 독특한 스타일은 적지 않은 문학 선배들의 많은 칭찬을 받았다. 후금경은 여지견의 소설을 "색채가 부드럽고 정서가 우아하다"고 평했고 구양문빈은 "한 떨기의 순결하고 아름다운 생화"에 비유하였다. 모순은 간결하게 "청신하고 준일하다"라고 개괄했다.

1958년에 발표된, 해방 전쟁중의 군·민 관계를 반영한 단편 소설 「백합화」는 비교적 전면적으로 여지견의 창작 스타일을 나타낸다고 말할 수 있다. 이 작품은 전쟁을 제재로 한 다른 소설들과는 완전히 다른 표현 방법과 스타일을 사용했다. 소재 선택, 발상·구상, 인물 창조와 서술 방법 등 모든 점에서 부단히 추구하여 형성한 여지견의 스타일이 체현되고 있다. 회해 대전을 반영하면서 포화에 휩싸인 전장에 대한 정면 묘사를 피하고, 전선을 둘러싸고 발생된 하나의 작은 사건을 선택하여 그려낸 두 주인공도 완전하고 뛰어난 영웅 인물이 아니었다. 작가는 그들의 놀라운 영웅적 행위와 업적을 그리지 않고 다만 담담한 서정적 필치로 어질고 천진한 젊은 연락원이 담가 대원을 엄호하다 희생되는 장면들을 그렸다. 수줍고 순결한 한 농촌 새색시가 열심히 한바늘 한바늘 희생자의 의복 어깨의 구멍 뚫린 곳을 기워나가고 있다. 백합화를 수놓은 자신의 신혼용 이불을 눈물을 머금은 채 연락원의 몸에 덮어준다. 군민 사이의 진지하고 순결한 두터운 정의를 이렇게 새삼스럽게 되살렸으며 인민 대중의 소박하고 숭고한 인간미를 표현하였다.

전반 시대의 문학이 모두 격정에 넘쳐 웅장한 어조를 울리고 있을 때, 여지견의 작품을 읽으면 확실히 목마른 사람이 물을 마시는 듯한 느낌이 있었다. 그러나 다른 한 측면에서 시대에 어울리지 않는 여지견의 이러한 스타일은 일부 평론가들의 우려를 유발했다. 여지견의 작품은 생활 속의 모순, 특히 당시 현실의 주요 모순을 반영하지 않았다고 질책을 받았고, "시대 정신을 가장 잘 대표할 수 있는 영웅 인물의 형상을 대담하게 추구하지 않고 이른바 '소인물'을 그려내기 위해 애를 쓴다. 비록 그의 인물들의 품성은 아름다운 것이지만 현대 영웅이 이미 도달한 높이까지 아직 제고되고 승화되지 못했다"고 질책을 받았다. 이런 질책과 비판은 작가에게 하나의 높은 표준을 제기해주는 것이 아니라 획일적인 시대 미학 스타일을 가지고 작가의 개인적 스타일을 제한하는 것이다. 이는 미학 스타일의 다양화 국면의 형성과 출현에 예외 없이 영향을 주고 방해를 하게 된다. 모순 선생의 말이 꼭 맞았다. 전쟁 생활을 반영하는 데는 "늘 보는 격앙된 어조 외에 또 다른 스타일이 있을 수 있다." 손리의 전쟁소설의 희극적 색채나 산문적 수법이 그 한 예이고 여지견의 「백합화」는 더욱 실감 있는 예이다.

스타일은 상대적으로 안정된 것이지만 발전할 수도 있고 또 의당 발전해야 하는 것이다. 여지견의 작품으로 말하자면, 똑같이 혁명 전쟁을 그리는데 「엄가장을 세 번 가다」 중의 수리자(收梨子)가 '처음 갈 때'에는 온순하고 조용한 농촌 색시로서 여지견의 스타일과 아주 잘 어울렸지만, '세번째 갈 때'에는 인물이나 작가의 문체의 스타일이 모두 풍운을 질타하는 영웅적 분위기를 띠었다. 문화혁명 이후의 「잘못 편집된 이야기」에 와서는 여지견의 이전의 스타일의 기초 위에서 또 큰 변화가 생겼다. 줄곧 온유돈후했던 여지견이 격렬한 사회의 모순·충돌을 폭로하기 시작했고 훨씬 첨예하고 심각하게 변한 것이다.

Ⅲ. 유진과 그의「영웅의 악장」

유진은 혁명 투쟁 역사를 제재로 단편소설을 주로 쓰면서 독특한 스타일을 갖춘 또 하나의 여류 작가이다. 그는 1930년에 산동성 하진현에서 출생하여 9세에 혁명에 참가하고 12세에 중국공산당에 가입했다. 특수한 유년기의 전투 생활과 성장 경력은 그로 하여금 자기를 키워준 혁명 집단과 인민 대중에 대해 특수하고 심후한 감정을 갖게 했다. 해방 후에 발표된 처녀작「훌륭한 할머니」에서 그는 한 병사의 어머니를 열정적으로 찬양했다. 이 작품은 군대와 백성의 혈육의 정에 대한 피와 눈물로 짜여진 송가였다. 계속하여 그는 또「복숭아의 비밀」「나와 소영」「기나긴 유수」등의 단편소설을 썼다. 이것들은 후에 묶여진 단편소설집『기나긴 유수』에 수록되었다. 대부분 일인칭 서술을 사용한 이 작품들은 자신의 유년의 전투 생활을 회상하고 있다. 소재 선택·인물·이야기가 모두 다르고 취급된 각도도 서로 달랐지만 크게는 하나의 공통적 주제에 관련되었는데, 그것은 곧 혁명 부대라는 대가정의 숭고한 계급 우애에 대한 열정적인 송가였다. 이 단편소설집『기나긴 유수』를 하나의 대형 교향곡에 비유한다면 한편 한편의 작품은 풍부하고 다채로운 변주라 할 것이다. 전우의 우정과 군민의 서로 떨어질 수 없는 관계에 대한 찬양이 격정적으로 순환하며 각 악장의 주선율로 반복 출현한다.

이 작품들은 일인칭 서술을 많이 사용하고 또 자기 유년의 전투 생활과 경력을 회상하기 때문에 자서전적 요소를 띨 뿐만 아니라 뚜렷한 아동 문학적 색채도 갖는다. 유진의 작품은 그 서사·인물 묘사·서경 등 모든 면에서 짙은 서정성을 띠었다. 그리고 여성 작가 특유의 세밀한 기법과 친근하고 감동적인 심리 묘사가 부각되고 있다. 이런 것들이 유진 소설의 독특한 예술 스타일, 즉 진지하고 친근하며 부드럽고 감동적인 스타일을 구성했다.

『기나긴 유수』시기의 유진은 그 작품의 사상 내용으로 보나 예술 스타일로 보나 모두 당시의 시대 정신 및 미학 사조와 일치하였으며, 아동 문학 작가로서 그녀는 줄곧 높은 평가를 받아 왔다.

1959년말에 유진은 또 「영웅의 악장」을 썼다. 건국 10주년의 나날에 그는 위대한 조국의 수도 북경의 천안문 광장에 서서 새로 우뚝 세워진 웅장한 현대화된 건축을 바라보며 오늘의 행복한 생활을 위하여 영용하게 자신의 젊은 생명을 바친 전우와 애인을 저도 모르게 깊이 생각하며 무한한 감개에 젖어 있었다. "사랑하는 이여! 건축물의 광휘 속에서, 나는 당신의 모습을 보았습니다. 당신은 젊고 건강한 머리를 들어 전우주를 내다보고 있습니다." 이는 이상과 격정으로 충만한 사람들을 영원히 앞으로 전진하도록 격려하는 공산주의의 영웅 악장이었다. 모택동의 시 한 구절로 이 작품의 사상 내용과 감정을 개괄하는 것이 더 적절할 것 같다. "희생된 선열들 그 뜻도 장하여라/일월을 휘어잡아 새 세상 이룩하네." 예술 스타일은 이전과 같았고, 다만 성인의 무거운 정감과 철리적인 사유를 비교적 많이 띠고 있는 것이 이전과 달랐다. 특히 이 작품은 당시로서는 이해하기 어려웠던 인성미·인정미에 대한 탐구, 전쟁과 평화, 생명의 의의와 가치에 대한 사유에도 접촉을 했다. 바로 그러했기 때문에 반우경 운동과 반수정주의 운동의 정치 풍토 속에서 「영웅의 악장」은 비판을 받게 된다.

이 소설을 발표한 잡지 『꿀벌』은 동기(同期)에 잡지사 기자의 명의로 아주 강경하고 무단적인 비판문을 발표했다. "「영웅의 악장」은 부르주아 휴머니즘의 관점으로 전쟁과 애정 문제를 대하였고 개인의 행복과 혁명 사업을 대립시키면서 혁명 전쟁에 싫증을 내고 평화로운 행복을 환상했다." "작중 인물의 영혼 속에 부르주아의 몰락하고 퇴폐적인 정감이 가득차 있고 또 이런 것들을 옷으로 삼아 억지로 혁명 전사에게 입혔다……" 그리고 끝에 가서는 "형형색색의 수정주의 문예 사조를 굳세게 타도하자"고 호소한다. 그뒤 이 작품과 작가에 대한 비판의 글은 끊임없이 나왔고 날이 갈수록 더 심각해져서 이 소설이 "작가의 세계관 속에 인도주의 관념과 추상적인 인성, 온정주의가 남아 있음을 반영하였다"고까지 말하게 되었다. 이런 비판은 작가를 우경 기회주의 분자로 타도할 때까지 계속되었다.

1954년의 「와지에서의 '전역'」에 대한 비판에서부터 1958년의 「백합화」를 둘러싸고 전개된 토론, 그리고 1959년말의 「영웅의 악장」에 대한 비판에 이르기까지에서 우리는 건국초 30년 동안 혁명 투쟁 역사를 제재로 한 소설 창작 영역에서 현실주의 창작 원칙을 집행하는 데 존재했던 일면성과 '좌'적 경향을 발견할 수 있다. 생활의 본래 모습대로 생활을 반영할 것인가 아니면 어떤 관념 혹은 정치 수요에 따라 생활을 꾸며야 하는가? 현실주의는 찬양만 하고 폭로해서는 안 되며, 희극만 있고 비극이 있어서는 안 되며, 격앙되고 우렁찬 어조만 있고 다른 스타일 유형이 있어서는 안 되는 것인가? 프롤레타리아 사상과 일반적 인성·인정·인도주의는 그토록 물과 불처럼 어울리지 않는 것인가? 프롤레타리아 영웅 인물은 꼭 완전하고 뛰어난 유형이어야만 하고 동시에 인성미·인정미·인도주의 사상의 복잡한 성격을 가진 사람이어서는 안 되는 것인가? 이런 문제에 대한 이해와 처리상에서 존재한 큰 오차 때문에 건국초 30년의 문학 창작은 도식화·관념화·유형화라는 단조로움과 따분함을 초래하였다. 소위 천편일률이라는 것이 바로 건국초 30년의 소설 창작의 폐단에 대한 형상적인 개괄이다. 사회주의 현실주의에 대한 이러한 일면적인 이해는(사실은 잘못된 문학 관념이었

다) 30년 소설 창작의 발전에 영향을 주고 제한을 준 가장 심각한 근원이었다.

6. 지식인 혁명화의 '고난의 역정'과
영혼 정화 후의 '영웅 송가'
——『청춘의 노래』와『붉은 바위』

『청춘의 노래』와『붉은 바위』를 한자리에 두고 분석하는 것은 다음과 같은 고려에서 비롯된다. 두 작품 모두 지식인을 그린 것이다. 전자는 지식인이 프롤레타리아 영웅으로 전변되는 곡절 많은 과정을 그린 것이고 후자는 이미 프롤레타리아 영웅으로 전변된 혁명적 지식인에 대한 극도의 찬양이다. 사상 내용상에서 두 작품은 당시의 사회정치적 요구에 완전히 부합되는 동시에 예술상에서도 사회주의 현실주의 혹은 혁명적 현실주의와 혁명적 낭만주의의 결합이라는 창작 원칙을 충분히 체현하였다. 범위가 크고 또 진실하고 구체적인 사회 생활 화폭과 충분히 예술화·전형화된 인물 형상으로 사회와 인생에 대한 작가의 사유를 비교적 잘 표현했다. 이 두 작품은 어느 면으로 보나 모두 성공적인 우수한 문학 작품이다.

I. 양말과 그의 『청춘의 노래』

양말은 본명이 양성업(楊成業)이고 호남 상음 사람으로서 1914년에 북경에서 출생했다. 그녀의 주요 작품으로는 장편소설『청춘의 노래』『동틀 무렵』과『방비(芳菲)의 노래』가 있다.『청춘의 노래』는 1951~1957년에 씌어져 1958년에 출판되었다. 이는 중국 현대 소설사상 30년대 지식인의 생활을 처음으로 반영한 장편소설이다. 중국 현대 소설사에는 지식인을 묘사 대상으로 한 작품이 많았다. 엽성도의 『예환지』, 모순의

『식』『무지개』『겨울밤』, 파금의 『집』『봄』『가을』(『격류 3부곡』), 『안개』『비』『번개』(『애정 3부곡』) 등등이다. 그러나 진정한 마르크스주의 관점으로 진보적 지식인의 생활과 투쟁을 반영하고 필경 정확한 역사적 귀속을 찾은 것은 그래도 양말의 『청춘의 노래』일 것이다. 물론, 이런 비교는 다만 작품의 사상적 수준에서 양말이 선배 작가들보다 확실히 더 높은 자리에 섰고 더 정확히 앞을 내다보았다는 것을 설명해줄 수 있을 뿐이다. 예술상으로 비교해본다면 후자가 전자보다 높다고 간단하게 말할 수는 없다. 그러나 작품이 반영한 생활의 깊이와 인물 형상의 전형화 정도, 그리고 예술적 감화력과 작품이 사회에 일으킨 영향 등 여러 면에서 『청춘의 노래』는 적어도 선배 대가들의 작품보다 뒤떨어지지는 않는다고 말할 수 있다.

　『청춘의 노래』는 주로 젊은 지식인 임도정이 운명에 항복하지 않고 가정과 사회에 대한 개인의 반항으로부터 시대의 물결에 뛰어들어 투쟁의 길에 나서는 곡절 많은 '고난의 역정'을 생동적으로 묘사함으로써 '9·18' '12·9' 역사 시기 우리나라 학생 운동의 역사적 풍모와 형형색색의 지식인들의 정신적 풍모를 형상적으로 펼쳤다. 이로부터 아주 심각한 사상 주제, 말하자면 광명과 진보를 추구하는 모든 지식인들은 개인의 전도를 국가와 민족의 운명 및 인민의 혁명 사업과 결합시키고 용감하게 시대의 혁명 투쟁의 거센 물결 속으로 뛰어들어 객관 세계를 개조하는 동시에 자신의 주관 세계를 부단히 개조할 때에야만 진정한 전도와 출로가 있게 되고 진정으로 찬송할 만한 아름다운 청춘도 있을 수 있다는 것을 표현하였다. 『청춘의 노래』의 이 주제는 당시 시대의 사회 사조와 일치했으며 중국 지식 청년의 실제 생활의 노정과도 일치하였다. 또 소설사로 말하면, 이 작품은 모색 속에서 전진하던 이왕의 지식인을 제재로 한 소설에 대해 주제상의 총결성을 띠는, 보다 깊고 정확한 발굴과 개척이라는 데 의심의 여지가 없다.

『청춘의 노래』의 가장 주된 예술 성취는 임도정이라는 전형 형상의 성공적인 창조이다. 작가는 인물을 광활한 사회 배경 속에 놓고 임도정 개인의 운명과 혁명 운동을 긴밀히 결합시켜 전형적인 프티 부르주아 지식인이 이렇게 고난의 연마를 거쳐 마침내 당의 교육하에 혁명 투쟁의 용광로 속에서 굳센 공산주의 전사로 단련되는가 하는 전과정을 그렸다. 이 형상의 전형 의의는 한 세대의 혁명적 지식 청년이 비자각적인 개인적 반항으로부터 자각적으로 혁명 운동에 뛰어들기까지의 역정과 필연적인 귀속을 개괄한 데 있다.

작가가 첨예하고 격렬한 투쟁의 소용돌이 속에서 인물을 형상화하고 동일한 사물에 대한 여러 인물들의 서로 다른 태도와 반영을 통해 각자의 성격 특징을 제시하고 외모 묘사와 심리 성격 묘사를 교묘하게 결합시키고 성격 특색이 풍부한 세부 요사를 통하여 인물의 내면 세계를 드러내고 인물 성격의 변화와 인물의 운명, 조우의 변화를 결합하여 쓰는 데 뛰어났기 때문에 이러한 것들이 임도정이라는 형상을 혈육이 풍만하고 진실되며 믿음성 있게 만들어주었고 작품 속의 다른 인물들도 하나하나 생동하는 선명한 성격의 인물로 만들어주었다. 노가천·여영택·강화·임홍·대유·왕효연·백리평 등이 그러하다. 인물 형상 창조에 있어서의 작가의 심후한 예술 기량이 잘 나타난다.

물론 『청춘의 노래』 중의 인물 형상은 기본적으로는 여전히 유형화되어 있고, 대부분 이른바 '평면적 인물'에 속한다(『청춘의 노래』뿐 아니라 건국초 30년 소설 창작 중의 인물 형상은 기본적으로는 모두 유형화되어 있다). 이것은 아마도 작가가 예술 전형에 대한 모종의 이해로부터 출발하여 의식적으로 전형화를 추구한 결과일 것이다. 그러나 그렇다 하더라도 작가는 동일한 유형의 인물을 개성화시키기 위해 최선을 다했다(그 예로 노가천·강화·임홍 등 세 학생 운동 지도자 형상에 대한 서로 다른 성격의 묘사를 들 수 있다).

『청춘의 노래』의 예술상의 또 다른 결함은 개성화된 인물 언어의 결핍이다. 이는 작가가 언어를 다루는 데 있어 노신·모순·파금·노사 등 선배 세대의 언어 예술의 대가들과 많은 거리가 있으며 심지어는 동년배의 작가 조수리·주립파·유청 들과도 차이가 있음을 설명해준다. 그러나 『청춘의 노래』의 언어는 전체적으로는 상당히 세련되고 유창하며 짙은 서정 색채를 띠고 있기 때문에, 그 단점이 작품의 전반에 큰 영향을 미치지는 않는다. 이 작품은 여전히 우수한 현실주의 작품이며 아주 강렬한 예술 감화력을 갖고 있다.

『청춘의 노래』가 출판된 후, 임도정이라는 형상의 창조를 에워싸고 국내에서 대규모의 토론이 벌어졌다. 주인공이 지식인이고 또 그 지식인이 나중에 굳센 공산주의 전사로 변화하는 데서 비롯되었다. 당시의 어떤 사람은 '좌'적인 관념에서 작가와 작품을 이렇게 질책했다. 임도정은 "개인 영웅주의로부터 출발했고 세상에 대한 혐오로 말미암아 혁명에 참가했고 혁명 운동 속에서 자신을 영웅으로 만들려고 하는 사람"이다. 임도정은 "철저한 개조를 얻지 못했고," "심각한 사생 투쟁을 한 적도 없으며, 그녀의 사상 감정은 한 계급으로부터 다른 계급으로의 전환을 거치지 않았다." 이런 사람을 나중에 공산당원으로 만드는 것은 "엄중하게 공산당원의 형상을 왜곡한 것이다." 또 "이 책에는 프티 부르주아의 정서가 충만하다"고 하면서 "프티 부르주아 계급의 입장에 서서 자신의 작품을 프티 부르주아의 자아 표현으로 삼아 창작을 진행하였다"고 작가를 질책하였다. 이러한 좌적인 비평이 많은 독자와 평론가의 반대를 받았고 모순·하기방 등을 포함하는 많은 비평가들이 모두 『청춘의 노래』를 변호하는 글을 썼지만, 이런 현상이 출현했다는 것 자체가 당시의 지식인 및 지식인 제재의 문학 창작에 대해 경시와 편견이 있었다는 것을 설명해준다. 이는 여전히 노농병 영웅 형상에 대한 창조와 찬양만 허용되고 기타 계층의 인물에 대한 묘사는 제한되었던 결과이다. 이번 비판은 비록 부정되었지만, 그 대신 작가는 『청춘의 노래』에 비교적 큰 손질을 하지 않으면 안 되었다. 임도정의 전환이 더욱 합리적이고 설득력 있는 것이 되도록 하기 위해 작가는 임도정이 농촌에 내려가 단련을 하는 제7장을 가필함으로써 임도정을 노농과 결합하게 했다. 양말의 이 방법과 수정 후의 『청춘의 노래』는 또다시 긍정과 부정으로 확연히 나뉘는 두 가지 의견 사이의 논쟁을 야기했다. 우리는 뒤에 가필된 제7장이 소설 전체의 진실성을 파괴하였으며 이 7장이 없어도 임도정의 성격 창조를 완성하는 데 지장이 없다는 일부 견해에 동의하지 않는다. 우리가 반대하는 것은 그 방법 자체가 예술적 수요에서 출발한 것이 아니라 일종의 관념적 수요에서 출발한 것이라는 점이다. 건국초 30년의 소설 창작과 비평에 이와 유사한 현상이 아주 많았다. 예술 작품이 제공하는 내용 자체로부터 그 진실 여부를 판단하는 것이 아니라 일종의 관념에서부터, 모종의 정치적 수요로부터 그 진실 여부를 판단한다. 이렇게 되면 창작과 비평은 균형을 잃게 된다. 과연, 1959년에 부정되었던 좌적인 비판은 문화혁명에 와서 더 심각해졌고, 『청춘의 노래』는 철저히 독초로 규정되고 작가 양말도 반혁명 작가로 되고 말았다.

Ⅱ. 나광빈·양익언의 장편소설 『붉은 바위』

많은 혁명 투쟁 역사소설 가운데 『붉은 바위』는 그 독특한 제재와, 죽음을 초개같이 여기며 지혜롭고 용감하고 충성스런 공산당원의 영웅 형상에 대한 성공적 창조, 그리고 복잡하면서도 통일된 구조로 현대 장편 창작 중의 우수한 작품으로 꼽힌다.

제재로 말하면, 옥중 투쟁을 그린 것은 이것이 처음이 아니다. 그러나 같은 제재의 작품 중에서 이 소설이 도달한 사상 예술 성취가 가장 높은 것이다.

우선, 『붉은 바위』는 아주 독특한 시간과 공간의 환경을 선택했다. 시간상으로 말하면 그것이 그린 것은 1948~1949년이라는 특정한 시간이다. 그것은 우리나라 신민주주의 혁명사상 결전 결승의 한 해였고, 국민당 반동파들이 멸망에 직면하여 발악한 한 해이기도 했고, 전중국의 암흑이 곧 지나가고 광명이 다가올 한 해였다. 공간으로 말하면, 그것이 그린 것은 중경의 '자재동(渣滓洞)' '백공관(白公館)'이라는, 국민당 군통국(軍統局)이 공산당원을 가둔 특수 감옥의 특정한 환경이다. 『붉은 바위』의 전체적 이야기는 이 특정한 시간과 공간의 배경 위에 펼쳐진다. 그것이 그린 것은 바로 여명 전야에 혁명과 반혁명간에 전개된 특수한 대결투이다. 특히 그 구상에서, 이 작품은 프롤레타리아 혁명 진영의 휘황한 승리와 혁명가 개인의 비장한 희생을, 그리고 전반 국세를 만회할 수 없는 반동파들의 멸망의 운명과 그들의 국부적인 완강함, 대규모의 참살, 흉악한 발악을 첨예하고 강렬하게 대비시켜 소설 전체를 관통하는 기본 모순 충돌을 교직해냈다. 이같이 독특한 제재, 놀라운 투쟁, 그리고 정교한 예술 구상을 거쳐 그것이 낳은 사상적·예술적 힘은 감동적인 것이었다.

작가가 더없는 존경과 열애의 감정으로 창조해낸 공산당원의 영웅 형상은 자랑할 만하였고 더욱 감동적이었다. 『붉은 바위』는 인물 형상 창조에서 다른 작품들보다 어려움이 더 많았다고 말할 수 있다. 몇몇 주요 인물이 모두 한결같이 굳센 공산주의 전사이며, 죽음을 겁내지 않고 당과 혁명에 충성하는 사람들이기 때문에, 그 속에서 하나하나의 생동하는 인물 형상을 부각시키자면 확실히 큰 예술 기량이 있어야 했다. 마치 『홍루몽』에서 조설근의 금릉십이차에 대한 묘사가 한결같이 대가의 규수이지만 또 각기 저마다 다른 것처럼 말이다. 어려움이 클수록 작가의 기량은 더 잘 나타날 수 있다. 『붉은 바위』의 작가가 그 공산당원들의 개성을 잘 그려낸 데서 이 작품의 심미 가치가 확보되었다. 죽음을 초개같이 여기는 강설금, 투사 허운봉, 당 사업에 마지막 피 한 방울까지 흘리며 싸운 성강, 부르주아 출신이지만 열화의 시련을 이겨낸 성사양, 탈옥시에 높이 솟은 붉은 바위에 당당히 서서 적들을 유인하여 동지들의 탈출을 엄호한 제효헌, 명령을 받고 오랜 기간 미치광이로 가장하여 최후의 결투를 시시각각으로 준비한 화자량 등등은 모두 공산주의 이상의 광휘로 무장한, 나름대로의 독특한 신분과 성격을 가진 인물들로서 상당히 성공적으로 묘사되었다. 특히 지적해야 할 것은 작가가 투사의 희생을 고립적으로 묘사한 것이 아니라 이상주의·집단주의, 혁명의 지혜와 담략을 포괄하여 상당히 풍만하고 심각하게 공산당원들의 숭고한 헌신 정신을 그렸다는 점이다. 『붉은 바위』가 지식인 소설이 아닌 것은 물론이지만, 작품 속의 많은 인물들은 지식인 출신이며 각종 투쟁의 시험을 받고 전환된 영혼으로 프롤레타리아 혁명 투사로 승화된 지식인들이었다. 『붉은 바위』는 한 수의 진정한 '영웅 송가'였다. 그렇다면 건국초 30년 소설 창작에서의 '영웅화' 추세가 『붉은 바위』에서 절정에 이르렀다고 말할 수 있는가? 그렇지는 않다. 영웅 인물을 찬양하고 영웅의 형상을 창조하는 것은 작가 개인의 심미 추구로서 언제나 허용되어야 하는 것이다. 그 영웅이 뛰어난 매력과 심미적 매력만 있다면 그는 영원히 독자의 마음속에 살아 숨쉴 것이다. 아쉽게도 『붉은 바위』 중의 강설금과 같은 성공적인 형상은 건국초 30년 소설 창작에서 너무 많은 것이 아니라 너무 적었다. 특히, 영웅 인물의 창조를 사회주의 현실주의 창작 원칙의 필연적인 요구로, 그리고 창작 구호로 제출하고 작가에 대해 보편적인 요구를 진행하던 것이 문화 대혁명에 가서는 문학 창작의 '근본 임무'로 정해지는 데까지 발전하였는데, 이는 예술 창작의 규율에 위배되는 것이었다. 예술 규칙에 위배되는 이러한 창작 사조의 영향하에서 나타난 이른바 영웅 인물들은 모두 피와 살이 없고, 인간의 음식을 먹지 않는 '신격화(神格化)'된 영웅이 아니면 창백하고 메마르고 관념화된 영웅이었다. 우리가 말하는 영웅화 경향이 주로 가리키는 것은 이러한 작품들이고 전반 문학 사회에 영웅만 보이고 군중이 없는 창작 현상이다. 우리는 '영웅화'에 반대하지만 작가 개인이 창조한 영웅 형상에 대해서는 절대 반대하지 않는다. 성장 속에 있는 임도정과 같은 영웅을 그릴 수도 있고 강설금·허운봉과 같은 성숙된 영웅도 그릴 수 있으며 역사 속의 영웅과 현실 생활 속의 영웅도 그릴 수 있는 것이다. 80년대에 들어서서는 유모매(劉毛媒)와 같이 복잡한 성격의 영웅도 나왔다. 영웅의 형상이 변화되고 있고, 영웅의 개념도 변화되고 있는 것이다.

7. 혁명 투쟁 역사소설의 사시화 추세
——영웅화 사시 『홍기보』 및 그 숭고한 명예와
세속화 사시 『삼가항』 및 그 고난

중국 현대 장편소설은 50년대 중기 이후, 사시화(史詩化) 추세를 나타내기 시작했다. 이는 장편소설에 대한 시대의 기대와 부름이었으며 장편소설 자체의 체제 발전의 내적 요구이기도 했다.

사시는, 장편 서사 문학(장편 서사시 포함)으로 말하면, 높은 규격과 높은 수준의 예술적 요구가 아닐 수 없다. 그것은 최소한 세 방면으로부터 일반 문학 작품과 차이를 보인다. 첫째, 사시는 거대한 예술 개괄력과 생활의 용납량을 가지며, 국가와 민족의 생사존망에 관계되는 중대한 사건을 선택하고, 큰 시간적 폭과 넓은 공간 배경 위에서 민족의 역사나 현실 생활을 묘사하는 민족의 역사·문화와 현실 투쟁 생활의 파란만장에 관한 장편의 예술 화폭이다. 둘째, 사시는 일반적으로 민족 성격·민족 정신·민족 의지와 역량을 체현한 민족 영웅을 그리는 데 진력한다. 셋째, 아주 큰 예술 구조와 표현 형식을 갖는다.

현대 장편소설의 사시에 대한 추구는 1954년에 출판된 『연안 보위』에서 이미 선을 보였다. 1957년의 『붉은 해』는 전쟁 사시의 초보적인 규모를 세웠다. 같은 해에 출판된 『홍기보』는 중국 현대 소설사상 진정한 사시 성격을 띤 최초의 장편소설이다. 그뒤로 1959년의 『삼가항』, 1960년의 『창업사』에는 모두 사시에 대한 자각적인 추구가 있었다. 『창업사』는 사회주의의 현실 생활을 반영한 최초의 새로운 사시였다.

I. 양빈과 『홍기보』

건국 이래 가장 우수한 장편소설인 『홍기보』는 웅장한 역사 화면, 풍만한 인물 형상, 선명한 민족 스타일로 우리나라 북방의 농민 혁명 투쟁 역사를 예술적으로 체현한 장려한 화폭이다. 출판된 후, 이 작품은 문예계의 높은 평가를 받았을 뿐만 아니라 많은 대중의 총애도 받았다. 진정한 사시의 거작이라 불려졌다.

작가 양빈은 1914년에 하북성 여현에서 태어났다. 『홍기보』는 그의 대표작이며 『홍기보』의 거대한 성공은 중국 현대 소설사에서의 그의 지위도 확립시켰다.

『홍기보』는 작가의 장기적인 생활 축적과 20여 년간의 예술 축적의 심혈을 기울인 작품이다. 혁명 투쟁의 풍운이 치솟던 시대에 처하여 대혁명 전후의 일련의 혁명 투쟁에 직접 참여했던 그는 이렇게 말했다. "이 시대의 많은 사건과 역사들의 영웅 형상이 나를 격동시켰다. 그리하여 그들의 성격·형상과 그들의 영용, 그리고 이 놀라운 역사 사건을 문학적으로 남겨 새 세대들에게 넘겨주리라 다짐했다." 창작 동기와 목표는 다른 혁명 투쟁 역사소설 작가들과 완전히 같았다. 이런 역사 책임감과 시대 사명감이 그로 하여금 아낌없이 20여 년의 심혈을 기울여 견인불발의 의지로 이 역사적 사명을 완수하게 했다.

일찍이 1935년에 그는 '고여폭동'을 반영한 단편소설 「밤의 교류」를 썼었다. 1942년에는 또 「세 볼셰비키의 아버지」를 썼다. 1943년에는 이를 중편소설로 개작하고 「아버지」라는 이름을 달았다. 주노충·대귀·이귀 등의 형상이 이 작품들에서 이미 나타났었다. 같은 해에 소설을 개작한 연극 「천리 제방」에서 반면 인물 풍귀당도 나왔다. 항일 전쟁 때에는 단편소설 「항일의 사람들」과 5막극 「오곡풍년」을 썼다. 『홍기보』의 정식 창작 전에 작가는 근 20년간의 생활과 사상의 축적뿐 아니라 단편으로부터 중편·극본에 이르기까지 26, 7만 자의 예술 훈련도 있었다. 이 작품들은 하북 인민 투쟁을 소재로 '2사학조(二師學潮)'로부터 '고여폭동,' 그리고 항일 전쟁까지 그림으로써 『홍기보』의 주요 배경을 이미 모두 그리고 있었다. 그러나 작가는 여전히 불만을 느꼈다. 파란만장한 혁명 투쟁 역사는 장편소설만이 완전하게 표현할 수 있겠다고 생각하고, 한동안의 사상적·예술적 준비를 거친 후, 1952년에 정식으로 『홍기보』를 쓰기 시작해서 1956년까지 전 3부의 창작을 마쳤다. 1957년에 제1부 『홍기보』를 출판하고, 제2부 『파화기』는 1963년에, 제3부 『봉연도』(원제는 『전구도(戰寇圖)』)는 '4인방'이 타도된 뒤에 출판되었다. 우리가 이렇게 상세하게 이 소설의 창작 경과를 소개하는 것은 진정으로 독자와 시간의 시험을 이겨낼 수 있는 우수한 예술 작품은 그리 쉽게 얻어지는 것이 아니며 이것은 작자의 온 심혈을 쏟은 작품이라는 것을 설명하기 위해서이다.

Ⅱ. 『홍기보』의 거대한 사상적·예술적 성취

『홍기보』는 건국 이래 가장 우수한 장편소설이다. 사상 예술 상에서 도달한 차원과 얻은 성취는 작품을 중국 현대 소설사상에 우뚝 솟은, 둘도 없는 기념비가 되게 하였다.

『홍기보』의 거대한 성취는 우선 사시적 필치로 넓은 역사 배경 위에서 3세대 농민의 서로 다른 투쟁 과정과 운명을 통하여 2차 국내 혁명 전쟁으로부터 '9·18' 사변 후에 이르는 역사 시기에 우리나라 북방(하북 중부) 농민들이 공산당 영도하에 지주 계급과 반동 통치자에 대해 생사의 싸움을 진행하는 장엄한 역사 화폭을 예술적으로 묘사함으로써 중국 농민의 혁명 투쟁과 성장의 역사 과정을 성공적으로 개괄한 데에 잘 나타난다.

작품은 노일대 농민 주노공이 유수림(柳樹林)을 시끄럽게 만들고 주노명이 28개 가정과 연합하여 반항하는 것으로부터 시작하여 구시대 농민의 반항 투쟁 정신과 필연적으로 실패로 끝날 수밖에 없는 역사 운명을 진실하게 묘사했다. 또 당의 지도가 없이는 투쟁이 승리할 수 없다는 역사 진리를 형상적으로 제시했다.

이어서 1925년 이후, 혁명 정세가 근본적으로 변화하여 당의 지도하에서 주노충을 대표로 하는 농민들이 할아버지(주로공) 세대처럼 '알몸으로 싸우는' 것이 아니라 위무당당한 '반할두세' 투쟁 운동을 전개하는 것을 그렸다. 이는 우리나라 농민 운동이 이미 자연 발생을 벗어나 자각적인 역사의 새 단계로 들어서기 시작했음을 표명해준다.

'반할두세'(反割頭稅) 이후, 소설은 묘사의 중점을 농촌에서 도시로 돌려 '보정 2 사학조'를 중심으로 당의 도시 사업의 면모를 보여준다. 작품은 이 부분에서 강도(江濤)를 대표로 하는 젊은 세대들이 새로운 역사 조건하에서 겪는 단련과 시험을 집중적으로 묘사한다.

주노공의 단신 투쟁·분투로부터 주노충의 침착한 집단 투쟁, 그리고 영용하고 지혜로운 대중 투쟁의 지도자 강도에 이르기까지 3대의 서로 다른 경력과 운명에 대한 묘사를 통하여 우리나라 농민 혁명의 길과 역사 운명에 대해 역사적 깊이가 있는 심각한 예술적 개괄을 하여 작품으로 하여금 전에 없던 사시적인 국면을 형성하게 했다. 높은 예술 개괄력, 거대한 시공의 폭, 민족의 생사존망과 관계되는 중대한 역사 투쟁 사건, 『홍기보』는 사시 스타일이 요구하는 바를 다 구비하였다. 여기서, 사시라는 것은 예술상의 다른 요소들 외에도 제재 역시 상당히 중요한 요소라는 것을 알 수 있다. 물론, 중대한 역사 제재를 다룬 것이라고 모두 사시라고 할 수는 없지만, 사시의 제재는 일반적으로 비교적 중대한 것이다. 우리는 '제재 결정론'에 반대한다. 그러나 동일한 예술 수준의 작품이라 할 때 그것들의 총체적 예술 분량은 흔히 제재의 크기로 결정되게 된다. 『홍기보』와 그 속편 『파화기(播火記)』『봉연도(烽烟圖)』가 반영한 것은 20년대부터 40년대까지의 역사적 과도기의 농민 혁명 투쟁의 역사인데, 전체 중국 혁명의 가장 본질적인 문제를 정확하게 포착했다. 중국 혁명 투쟁은 어느 의미로 말하면 프롤레타리아 정당의 지도하에서의 농민 혁명 투쟁이다. 정확하게 성공적으로 이 농민 혁명 투쟁의 과정을 묘사한 것은 사실상 본질적으로 전반 중국 혁명의 과정을 반영한 것이다. 『홍기보』의 중대한 제재, 장엄한 화면, 심각한 주제는 기타 작품이 상대하기 어려운 것이다.

『홍기보』의 다른 한 중대한 성취는 농민 영웅들의 형상, 특히 주노충에 대한 성공적인 묘사이다. 이는 『홍기보』의 성취이면서 또 양빈의 영광이고 중국 문학의 자랑이기도 하다.

주노충은 농민 영웅이자 민족 영웅이기도 하였다. 『홍기보』는 영웅의 전형으로서 주노충의 성격의 성장과 발전의 전반 과정을 묘사했다. 고대로부터 중국 농민의 반항 투쟁은 멎은 적이 없었다. 작품은 먼저 주노충이 농민 투쟁의 풍부한 토양 속에서 성장하였음을 제시해주었다. 그는 어려서부터 아버지(주노공)의 투쟁의 영향을 받아 정직하고 명쾌하고 강직했다. 피의 원한을 품고 단신으로 여러 도시와 관동을 돌아다녔고, 어떤 일에도 굽히지 않는 강직한 성격의 소유자였다. 고향에 돌아온 후로 그의 성격은 뚜렷하게 변하였다. 선배보다 더 멀고 깊은 생각을 했고 투쟁의 책략과 방식을 알고 있었으며 보다 무게 있고 굳세며 미래에 대한 신념으로 가득 차 있었다. 제남 감옥 방문이라는 장절에서는 의리를 지키고 단결을 중히 하며 전반 시국을 돌보면서 남을 돕는 그의 우수한 품성을 집중적으로 표현하는 동시에 그의 인성미·인정미를 충분히 표현해주었다. 그리고 '반할두세'와 '보정 2 사학조'의 두 투쟁 사건에서는 첨예한 모순·충돌 속에 인물을 두고 묘사를 진행했는데 이때의 주노충은 이미 개인의 좁은 한계를 벗어나 의리를 중히 여기고 단결을 도모하는 것을 계급적 우애로 발전시켜 당의 투쟁과 결합시킨다. 당의 지도를 받은 주노충의 성격은 새롭게 승화되고 원래의 농민 영웅의 우수한 품성이 새로운 프롤레타리아 투사의 광채로 빛나게 된다. 투쟁에서 용감했으며 좌절과 실패 앞에서 굳세고 낙관적이었다. 작품의 묘사는 의심할 바 없는 예술 역량으로 주노충이 이미 구시대 농민의 사상 경계를 벗어나 프롤레타리아 혁명 각오를 가진 농민 혁명 영웅으로 성장하였음을 표명해준다.

주노충의 형상은 역사적·현실적 심도를 갖고 있다. 그는 신·구 두 시대의 농민 영웅 전형이다. 구시대에 걸어온 중국 농민의 자연 발생적 반항의 종말인 동시에 새 시대 농민의 자각적 혁명의 시작이었다. 이 형상의 출현은 중국 현대와 현대 문학이 농민 형상 창조에서 도달한 하나의 새로운 높이를 표지한다. 5·4 시기에 나타난 농민 형상은 모두 모욕당하고 피해를 받는 사람들이었다. 제1, 2차 국내 혁명 전쟁 시기에 반항적 각성자가 나타나기 시작했으나 관념화 현상이 비교적 엄중하여 묘사의 정확도가 높지 못하고 예술상으로 비교적 거칠었으며 풍만한 영웅 성격 특징을 결여했다. 4, 50년대의 적지 않은 작품들이 프롤레타리아 지도하의 농민 형상의 성장 과정을 그렸으나(조옥림·관전해 등) 역사와 현실의 깊이와 폭에 있어서, 우리나라 신민주주의 혁명의 역사와 시대의 발전 과정에서의 풍부하고 뛰어난 영웅 형상을 여전히 창조할 수 없었다. 『홍기보』는 이와 달리 주노충 형상의 창조에서 구시대 농민 대중 속에서 빛을 뿜던 전통 풍격과 새 시대 농민의 영웅 특징을 서로 융합시켰다.

거대한 역사 심도, 넓은 예술 개괄, 무겁고 풍부한 개성 특징과 민족화된 심리 구조는 주노충이란 이 전형 인물에 대한 창작 성취를 충분히 나타내주었고, 그를 사상 심도에 있어서나 예술 심도에 있어서 일반 작품 속의 영웅이나 사회주의의 새로운 인물 형상보다 훨씬 뛰어나게 해주었다. 주노충의 형상은 중국 문학의 진귀한 보물의 하나로, 사시 중의 진정한 민족 영웅의 형상으로 남게 되었다.

『홍기보』의 또 하나의 중대한 성취는 극히 성공적으로 예술 작품의 민족적 스타일을 탐구하고 창조해낸 데 있었다.

모든 민족적 사시는 반드시 예술상에서, 그 민족의 농후한 맥박과 풍격이 흘러넘쳐야 한다. 이는 사시적 작품이 꼭 갖추어야 될 예술 특징이다. 전형적인 중국의 민족 스타일과 민족 기백을 갖춘 『홍기보』는 진실하게 중국 북방의 농촌 생활 투쟁과 풍토·인정을 묘사하였으며 우리 민족의 근면 용감하고 쾌활하며 반항 정신과 독특한 성격 특징을 지닌 인물 형상을 그려내는 동시에 그들의 아름다운 정신 세계도 표현했다. 이것은 『홍기보』의 민족화의 표지이다. 작가 양빈은 이렇게 말했다. "만일, 작품이 민족과 인민의 생활 풍속·정신 면모를 개괄하였다면 장회체(章回體)를 쓰지 않아도 여전히 민족 형식의 작품으로 되는 것이다." 어떤 사람들은 오래 전부터 민족 풍격이라는 것은 주로 민족 형식이며 시는 민가체를 사용하고 소설은 장회체를 사용해야 한다고 생각해왔다. 그러나 사실은 민족 풍격과 민족 기백의 여하는 주로 형식에 있는 것이 아니라 내용에 있으며, 오직 진실하게 민족의 생활과 풍속을 묘사하고 민족 성격 특징과 심리 구조를 가진 인물 형상 및 민족의 정신 풍모를 표현하였다면 민족 형식을 사용하지 않아도 충분히 민족화된 작품으로 될 수 있다. 소위 민족 형식이란 일종의 전통 형식에 지나지 않는다. 이로부터 양빈이 50년대에 이미 이 문제에 대해 정확히 인식하고 있었음을 알 수 있다. 그 다음으로, 『홍기보』의 민족 색채는 그것이 중국 고전 소설의 전통적 예술 방법을 사용하여 정체 있고 생동히는 이야기를 하고 또 이야기 줄기리 속에서 인물 형상의 창조를 완성한 데에 표현되고 있다. 전반 소설은 주노공의 유수림 소동, 반할두세, 보정 2 사학조라는 3 개의 주요 사건을 위요하여 크고 작은 많은 이야기를 정연히 풀어나갔다. 이 이야기들은 꼬리에 꼬리를 물고 펼쳐지며 큰 이야기 속에 작은 것이 삽입되고 이야기 속에 인물을 두고 인물을 이야기의 중심이 되게 하여 파란 많고 기복 많은 이야기 줄거리 속에서 인물 성격의 발전사를 완성시켰다. 다음 한 가지는 『홍기보』의 작가가 언어의 민족화·대중화에 극히 많은 신경을 썼다는 것이다. 작가의 서술 언어나 작품 속의 인물들의 언어가 모두 북방 농민의 언어를 기초로 하고 적당하게 고전 문학과 신문학의 언어를 흡수한 것은 물론이다. 신선하고 활발하며 간결하고 생동하여 표현력이 있을 뿐만 아니라 짙은 북방의 향토적 숨결이 흘러넘쳤다.

　80년대 이후, 이론과 창작계에 '문화열'이 나타나 문학 창작 중의 문화 색채를 강조했다. 사회학의 층위에만 머물렀던 건국 초 30년의 소설 창작이 80년대 후에 와서야 문화의 차원으로 올라섰다는 견해도 있었다. 일종의 보편적이고 자각적인 추구로서의 '문화소설'이 80년대 이후에 확실히 출현하였다는 것을 우리는 인정한다. 그러나 이는 이전의 소설에 문화에 대한 추구가 없었다고 말하는 것이 아니다. 『홍기보』는 상당히 짙은 민족 문화 색채를 띤 소설이다. 이는 소설의 제재 선택과 주제의 돌출, 그리고 전형적인 북방 농촌 생활과 풍토 관습의 묘사에서만 표현된 것이 아니라 농민 영웅 주노충을 포함한 많은 농촌 인물 형상의 창조에서 더 한층 표현되었다(주노공·주노명·엄지화·춘란·풍노란 등). 그들에게는 모두 깊은 민족 문화의 역사적 퇴적이 있었다. 주노충은 바로 이런 전통적인 민족 문화와 현대의 프롤레타리아 의식이 서로 융합된 결정이었다. 『홍기보』뿐이 아니라 조수리·주립파·유청의 작품에도 모두 짙은 민족 문화 색채가 있었다. 80년대에 출현한 문화를 위한 문화소설과 비교해본다면, 『홍기보』와 같이 사회 혁명을 일정한 문화 배경 위에 놓고 표현한 소설이 더 매력이 있고 더 생명력이 있는 것 같다. 물론 이것이 그들의 의식적인 문화 추구는 아니었을 것이다. 그러나 현실주의를 엄격히 따르고 생활과 인물을 진정으로 살아 있는 것으로 표현한다면 필연적으로 문화 색채를 가지게 될 것이다.

　『홍기보』 이후, 작가는 또 사시적 작품 『파화기』와 『봉연도』를 썼다. 전자는 '9·18' 후부터 항일 전쟁 폭발 전까지 고여 폭동을 중심으로 한 농민 혁명 운동을 그린 것이고 후자는 노구교 사변 전후의 북방 농촌 계급의 변화를 그린 것이다. 예술상으로는 『홍기보』와 같은 특색을 보여주었지만 전체적인 성취와 영향은 『홍기보』에 미치지 못했다. 한 부의 사시적 거작으로서 이러한 전강후약(前強後弱)의 현상은 예술상의 단점이 아닐 수 없다. 이런 의미에서 우리는 또 중국 현대 문학사상 아직 예술상의 고도에서 완성·통일된 사시적 거작은 없었다고 말하고 싶다. 그렇기는 하나 중국 현대 농민 운동에 대한 『홍기보』의 진실한 재현과 농민 영웅 형상의 성공적 창조 및 민족화 예술에 대한 집요한 추구는 이 작품으로 하여금 사상 내용이나 예술상에서 모두 당시의 시대 정신·사회 사조·정치 수요와 심미 이상에 완전히 일치되게 했다. 때문에 이 작품은 극히 높은 평가를 받았고 중국 현대 문학사상에서 아주 뚜렷하고 중요한 위치를 차지하고 있다.

Ⅲ. 구양산의 장편소설 『삼가항』

구양산의 장편소설 『일대풍류』(『삼가항』 『고투』 『유암화명』

『성지』『호호신주』를 포괄한다. 그 중 앞의 4부는 이미 출판되었고 제5부는 창작중에 있다)도 뚜렷한 사시적 추구가 있는 작품이다. 그러나 작품의 제재 선택, 주제의 돌출, 영웅 인물의 창조 및 예술 스타일의 추구에서 『홍기보』『창업사』 등의 사시적 작품과는 아주 큰 차이가 있다(이 점은 60년대 전후에 출판되어 영향을 일으킨 제1부와 제2부, 즉 『삼가항』과 『고투』에서 더욱 분명히 나타난다). 당시의 전반적 시대 분위기와 정신, 그리고 심미 이상과도 일치되지 못하였다. 아울러 예술상으로 존재했던 자체 단점으로 인해 독자와 사회로부터 혁명 영웅 사시 작품으로서의 인정을 시종 받지 못했다. 작품이 출판된 후, 정면적인 긍정과 찬양보다는 의문과 힐난, 비판의 글이 더욱 많았다. 『삼가항』『고투』의 창작 실제와 그 고난을 연구하는 것이 많은 방면으로부터 우리들에게 계시와 교훈을 줄 수 있을 것이라고 생각한다.

우선, 『일대풍류』의 작가 구양산에게는 자각적인 사시 의식이 있었다. 그에 의하면, 1942년에 구상하여 1957년에 집필한 이 장편소설은 한 노동자 출신의 소지식인을 중심으로 '1919년부터 1949년까지'의 그의 '반생 경력'을 그렸다. 이 30년간은 "내용이 풍부하고 변화가 많았으며" "갖은 간난신고를 다 겪었다." "역사적 각도에서 볼 때 소설은 전반 신민주주의 운동의 시대를 그려낼 수 있었다." 주인공의 반평생의 곡절 많은 경력을 통하여 '중국 혁명의 맥박'을 반영하려는 것이 이 작품의 창작 의도였다. 이 동기와 목적의 지도하에서 30여 년이란 역사 공간에서의 복잡하고 파란 많은 생활 화폭을 전개했다. 5·4 운동, 대혁명 시대, 5·30 참안, 6·23 참안, 성항 대파업, 북벌 전쟁, 4·12 정변, 남창기의·광주기의 등의 역사 사건이 모두 취급되었다. 계속하여 제2, 3부에서는 10년 내전을 썼고 제4부, 5부에서는 항일 전쟁, 해방 전쟁, 신중국의 성립까지 썼다. 광주에서 상해까지, 상해에서 연안까지, 도시에서 농촌까지, 그리

고 노동자 운동·학생 운동으로부터 전쟁과 전장까지, 노동자·
농민·학생으로부터 매판 관료·지주·자본가에 이르기까지 그
렸다. 『일대풍류』는 분명 구조가 웅대하고 구상이 정밀한 사시
적 거작이라고 할 수 있다.

그러나 오랫동안 사람들은 사상상에서 『일대풍류』를 민족 영
웅 사시라는 개념으로 접수하지 못했다. 그 원인은 어디에 있었
을까? 그것을 객관과 주관의 두 방면으로부터 찾아볼 수 있다.
객관적으로는, 당시의 시대 정신, 특히 사회의 심미 이상은 양
강의 기운으로 충만하고 들끓는 격조, 영웅주의 정감과 정신으
로 흘러 넘치는 작품을 필요로 하고 환영하였으며 웅위롭고 당
당한, 중화 민족의 지혜가 응집되고 그 역량과 정신을 대표할
수 있는 영웅 인물을 필요로 하였다. 공교롭게도 이 점에서
『일대풍류』, 특히 제1, 2부가 반영하고 표현한 것은 모두 당시
의 시국과 어울리지 않았다.

『삼가항』『고투』가 묘사한 것은 대혁명 전후의 남부 중국
형세의 맥박이었으며 계급 역량의 겨룸과 성쇠 및 정치 투쟁의
변화들이었다. 특정한 시대와 지역의 넓고 다채로운 생활 화면
을 진실하고 생동감 있게 그려냈음은 의당 인정되어야 한다. 묘
사도 정확하고 성공적이었다. 그러나 이 소설이 주로 표현한 것
은 혁명 투쟁의 복잡하고 간고한 일면이었으며 이야기와 이야
기 속의 인물을 아주 복잡한 인간 관계와 계급 관계 속에 두고
표현함으로 해서(예컨대 작품의 주씨·진씨·하씨 세 가족의 두 세
대 사람들은 완전히 대립된 두 계급에 속한다. 그러면서도 서로 혼
인을 맺고 또 자녀들이 동창은 아니면서도 친한 사이로 지낸다) 시
작부터 결말에 이르기까지 계급적 경계가 선명했던 『홍기보』와
는 같지 않았다. 질풍노도와도 같은 계급 투쟁을 시민의 복잡한
친연 관계 속에서 표현하는 방법은 어느 의미로 말하면 작품의
진실성과 줄거리의 복잡성을 강화했으며 아울러 많은 보통 시
민의 생활, 특히 자녀들의 애정에 대한 묘사는 작품에 농후한

시민 생활의 숨결과 풍속 습관의 색채를 부여하였다. 작품에 나타나는 기본 정서 흐름을 보게 되면,『홍기보』등의 작품처럼 남성적인 거칠고 웅장한 격정이 없이 보다 온화하고 부드러우며 섬세한 느낌을 준다. 그리하여 양강지기(陽剛之氣)를 편애하던 심미 사조, 특히 기존의 사시 관념 속에서『삼가항』은 자신의 미학적 광채와 사시적 가치를 상실하였다.

이와 상응하는 것은 사시 중의 민족 영웅 형상에 대한 미학적 요구이다. 중화 민족의 지혜와 정신, 그리고 힘을 응집하고 대표할 수 있는 뛰어난 민족 영웅 형상을 창조해내는 것이 당시 시대의 심미 이상이었다. 그러나『삼가항』에서 영웅 인물로 창조된 주병은 도리어 노동자 가정 출신이면서도 계급 관계와 친분 관계가 복잡한 사회 환경 속에 살아가는 지식인이었다. 작가는 한 지식인 성격의 성숙 과정과 성격의 형성에 대해 여러 면의 발굴을 하여 복잡한 사회 관계와 첨예하고 격렬한 현실 투쟁에서의 그의 정직하고 성실하며 정의감과 동정심이 많고 용감히 사고하고 투쟁하는 등의 우수한 품성을 극구 묘사했다. 혁명을 추구하는 일반 지식인 예술 전형으로서의 주병의 형상은 아주 성공적으로 창조되었다고 해야 할 것이다. 그러나 사시 중의 민족 영웅으로서는, 그리고 성숙한 프롤레타리아 혁명가의 형상으로서는 적어도『삼가항』『고투』에서는 아직 미완성이었다.

주관적으로 볼 때,『삼가항』『고투』는 예술상으로 아직 일부 단점이 존재했다. 이를테면 당의 영도 작용에 대한 묘사가 충분하지 못했다. 인물들 사이의 애정 묘사, 특히, 주병이 몇 차례 겪는 애정의 묘사가 양적으로 너무 지나쳤다. 고전 문학(『홍루몽』같은)의 많은 기성 어휘와 묘사 방법을 사용한 작가는 몇몇 주요 인물의 외형미 포착에는 치중했지만 내재미의 발굴은 경시했고, 그리하여 사람들에게 신선한 감을 주지 못했다. 이 모든 것들은 작품이 보다 높은 사시의 미학 차원으로 상승하는 데 영향을 주었다.

작품이 출판된 후, 어떤 사람은 이렇게 말했다. 『삼가항』중의 전형 인물은 "현실에서 나와 현실을 수만 배 뛰어넘었거니와, 그는 이왕의 소설 중의 무수한 영웅, 무수한 미인들을 실색하게 했다." 이런 평가는 너무 과분하다. 그러나 다른 한 글은 이렇게 쓰고 있다. 『삼가항』『고투』는 "엄중하게 역사 진실을 왜곡"했으며, '혁명 사시'가 결코 아니고 그저 '한 부의 자녀 인정사'이다. 이는 명백히 문학비평을 정치 비판으로 승격시킨 것이며 좌경 사상의 표현이다. 문화 대혁명 때에는, 강청의 어용 집단인 상해 혁명 대비판 창작 소조가 「착오 노선을 위해 기념비를 세운 반동 작품——구양산의 『일대풍류』 및 그 '맥박'을 평함」이라는 글을 썼는데, 이 글은 이 작품과 작가에게 정치적으로 사형 판결을 내렸다.

우리는 『일대풍류』가 영웅 사시로 취급받을 수 있느냐, 없느냐 하는 것은 논외로 하고 적어도 이 작품이 뚜렷한 사시적 추구가 있는 작품이라는 것을 승인한다. 제1부 『삼가항』은 대혁명 전후의 광주를 중심으로 혁명의 형세를 펼쳐보이면서 이 역사 시기의 각 계급의 상태와 정치 무대의 풍운을 그려냈다. 이것은 우리나라 문학사상에서 공백으로 있었던 20년대 남방 투쟁을 반영한 작품이다. 작품이 얻은 성취 역시 다방면이었다. 주병의 형상이 프롤레타리아의 영웅으로는 되지 못했지만(『삼가항』『고투』에서 더욱 그러했다) 혁명을 추구하는 소지식인 형상으로서의 묘사는 기본상 성공적이었다. 곡절 많고 복잡하며 고통스럽고 험난했던 혁명의 길과 성격 형성의 역사는 일정한 설득력과 전형적 의의가 있다. 특히 짙은 남방 지역 색채를 가진 광동의 도시와 시골의 인민 생활의 모습을 묘사한 것은 이 소설이 거둔 아주 큰 성취였으며, 건국초 30년 동안 보기 드물었던 세태 풍속화의 역작이었다. 만일 시대의 심미 양상을 유일한 표준으로 하지 않고 우리의 심미 의식과 요구를 좀더 넓혀서 『삼가항』『고투』를 본다면 이것이 우수한 현실주의 작품임을 느낄 수 있을 것이다.

8. 17년 장편 혁명 전쟁소설의 예술적 연속과 발전
── 위외의 『동방』

근 30년에 달하는 곡절 많은 신중국의 역사를 넘기고, 1978
년에 인민문학출판사에서는 '4인방'이 타도된 후의 첫 장편 전
쟁소설 『동방』을 출판했다. 문화혁명 전에 시작하여 문화혁명
중에 마무리를 짓고 문화혁명 후에 출판된 이 작품은 비교적 전
형적으로 역사적 전환기의 일부 문학 현상을 반영하였고, 17년
전쟁소설의 우수한 전통과 창작 경험을 계승하고 연속시켰다.
그리고 작가가 비록 '문화혁명'이라는 특수한 시기에 '4인방'의
극좌 문예 사조에 대해 주관적이고 본능적인 반항을 했지만 사
람을 질식하게 한 당시의 창작 분위기와 환경을 완전히 벗어날
수는 없었다. 그리하여 소설 후반부의 예술적 질은 그 영향을
받았다. 그러나 새로운 시기의 서광이 다시 작가로 하여금 '4인
방'이 군사 문학 창작에 설치했던 규율들을 타파하고 건국 이래
의 전쟁소설에 대해 초보적인 개척과 발전을 이룰 수 있게 해주
었다.

I. 『동방』의 17년 전쟁소설에 대한 연속성
『동방』은 '문혁' 전의 장편 전쟁소설의 우수한 전통의 계승
과 연속이다.
우선, 작가 위외는 『연안 보위』『붉은 해』등의 작가들과 같
은 창작 동기와 목적을 가지고 일종의 숭고한 역사 책임감과 시
대 사명감에서 출발했다. 그는 이렇게 말했다. "항미 원조의 위
대한 투쟁이 나에게 준 감회는 매우 깊었다. 그 위대한 투쟁에
서 인민 지원군과 중국 인민은 새로운 정신 면모와 행동 규범

그리고 기적적인 역량을 나타냈다. 이러한 것을 예술적으로 재현시키기 위해 『동방』을 쓰기로 마음먹고 이렇게 하지 않으면 영웅 병사와 인민에게 미안할 것으로 생각하였다." 문학 작품을 통하여 청년 세대들에게 그때의 지원군과 같은 영웅적 기개로 우리들의 나라를 건설하고 4개 현대화를 실현하는 역사 임무를 완수하도록 고무해주고 동시에 앞으로도 발생할지 모르는 전쟁을 위하여 '정신적 준비를 제공해주려는' 것이 이 작품의 창작 목적이었다. 이는 위외의 『동방』이 문화혁명 전의 전쟁소설처럼 명확한 사회 공리적 목적이 있었음을 말해주며 문학 작품의 인식 가치와 교육 의의를 중시했음을 알려준다. 문학 관념은 문화혁명 전의 창작과 일맥상통하였다.

다음으로, 창작 사조로부터 보면, 『동방』은 문화혁명 전의 우수한 작품과 마찬가지로 혁명적 현실주의와 혁명적 낭만주의의 결합이라는 창작 방법을 견지하였다. 작가는 프롤레타리아의 입장에서 광활한 역사 화면과 투쟁 생활의 묘사, 그리고 선명하고 생동하는 인물 형상의 창조를 통하여, 호방한 감정과 충만된 이상주의 정서로 우리나라 50년대 초기의 생기 있고 나날이 발전하는 시대 생활의 숨결을 충분히 펼쳐주었다. 동시에 동방 인민의 위대한 영웅주의적 기개와 강렬한 투쟁 정신을 열정적으로 찬양했다. 특히 영웅 형상의 창조에 있어서는 문화혁명 전의 우수한 작품처럼 작가의 온 심혈을 기울여 영웅적 인민과 군대의 영웅 집단을 그려냈다. 영웅 정신과 영웅 기개로 충만된 곽상과 같은 동방의 거인의 전형 형상을 무게 있게 창조해냈다. 현실주의의 기초 위에서 이상주의의 색채로 현실을 묘사하고 실생활에 뿌리박은 이상 인물을 창조하면서 이상 색채가 있는 실재 영웅을 찬양하는 것은 문화혁명 전의 우수한 소설 창작의 공통된 미학 특징이자 또 『동방』의 미학 특징이기도 했다.

『동방』의 감정의 흐름을 보면, 작품이 발표된 시대(1978)의 사회 정서와 심미 풍조를 나타낸 것이 아니고 『연안 보위』『붉은 해』『붉은 바위』 등의 작품처럼 문화혁명 전 50년대의 사회 정서와 심미 풍조를 담고 있다. 전반 작품은 낙관적인 음조와 감개무량한 음표로 기세 있고 호탕한 영웅주의 악장을 구성하였다. 50년대의 이러한 영웅주의 정서가 시인이며 산문가 겸 소설가인 위외의 침투를 거쳐 보다 높은 심미적 경계에 도달했다고 해야 할 것이다. 그러나 그것은 필경 이미 끝났거나 혹은 사라져가는 시대의 음표였다. 작가는 자신의 열정으로 다른 사람의 열정을 불태우려 했지만 사실은 이에 상응하는 작용을 일으키지 못했다. 『동방』이 높은 사상 예술 성취로 제1기 '모순 문학'이라는 영예를 획득하기는 했지만 실제로 독자 사회에 응당 있어야 할 반응은 일으키지 못한 채, 대지를 휩쓸며 밀려든 '상흔 문학'의 망망한 대해중에 가라앉고 말았다. 역사로 인한 이런 오해는 지명한 작가 이준의 장편소설 『황하는 동으로 흐른다』에도 가해졌다.

Ⅱ. 『동방』의 장편 전쟁소설에 대한 예술적 발전

사실상 『동방』은 그 미학 가치를 여전히 잃지 않은 좋은 작품으로서, 건국초 30년의 중국 장편 전쟁소설의 많은 방면에 대해 모두 새로운(비록 국부적이긴 하지만) 창조와 개척이 있었다.

우선, 항미 원조 전쟁을 반영한 장편소설로 말하면, 이전에 『삼천리 강산』『무명 고지에 이름이 생겼다』『상감형』 등과 같은 작품이 적지 않게 나왔지만 『동방』처럼 전면적이고 심각하게 전쟁의 전반 과정을 표현한 작품은 없었다. 만일 『동방』을 건국 30년의 현대 장편 전쟁소설 계열 속에 두어 검토하고 비교해본다면 우리는 또 다른 점을 발견할 수 있다. 전쟁을 제재로 한 같은 부류의 소설(즉 『연안 보위』『붉은 해』 같은)일지라도 『동방』처럼 그렇게 장면이 굉장하고 생활면이 넓으며 인물이 많고 이야기 줄거리가 풍부하고 다채로운 작품은 역시 없었다. 『동방』은 항미 원조의 중대한 전역들과 각 전쟁 단계의 중요 사건을 한 부의 소설 속에 개괄시켰다. 아울러 전쟁을 국내의 사회주의 건설과 결합시키고 토지 개혁·합작화·숙청 등의 중대한 운동과도 결합하여 그렸다. 『연안 보위』는 전장과 전쟁 자체에 국한되었고 『붉은 해』는 범위를 넓혀 전쟁·전장을 그리는 한편 후방과 지방도 그렸지만 이런 내용들은 여전히 전쟁과 전쟁의 표현을 위해 복무하는 것이었다. 『동방』은 이와 달리 국내 대후방의 사회주의 건설을 전반 전쟁 시국의 한 부분으로, 상당히 중요한 부분으로 보았다. 전선의 생사격투를 고립적으로 그리지 않고 전장과 후방, 국외와 국내를 유기적으로 결합하여 가급적이면 넓은 배경에서 전쟁의 전반적 면모를 보이려고 애썼다. 『동방』은 그 첫머리에서 북방 농촌의 생활과 풍속을 1부의(제1부「산비」) 화폭으로 표현했을 뿐만 아니라 그 뒤의 각 부마다에서도 전쟁 형세와 줄거리 변화에 따라 국내 형세와 농촌 변화에 대해 묘사하였다. 이렇게 전선과 농촌 후방을 거의 동등한 위치에 두고 쓴 작품은 이전에 확실히 없었다. 『동방』의 이런 창작법은 개척적인 의의가 있으며 이후의 전쟁소설의 창작에도 많은 계발을 주었다. 또 영웅 인물 형상 창조에서도 『동방』은 이왕의 전쟁소설을 초월한 점이 있다. 이는 독특한 개성 특징을 가진 영웅 형상에 대한 창조에서 표현되고 있다. 『연안 보위』에서의 프롤레타리아 영웅의 공통적 특징은 주대용에게서 비교적 많이 체현되었고 『붉은 해』는 영웅 집단의 형상 창조에 치중했다. 군단장 심진신, 부군단장 양파로부터 연대장 유승과 병사 진수본에 이르기까지 모두 개성 있는 인물이기는 했지만 이런 인물들이 전반 소설에 관통된 영웅 인물은 아니었다. 『동방』 중의 곽상은 장편 전쟁소설사에서 처음으로 부각된 개성화된 인물이었다. 그것은 바로 곽상이 중대한 심미 가치를 소유한 영웅 형상이었기 때문이다. 작가는 '4인방'의 '3돌출' 도식에 따라 인물을 어떤 추상 개념과 원칙의 화신이나 '높고, 크고, 완전한, 초인으로 그리지 않고 피와 살이 있는 살

아 있는 인간으로 그리며, 생활의 실제에서 출발하여 영웅의 품
성과 장거를 표현하는 데 힘을 기울이면서 인물의 성질과 심정,
취미, 희노애락의 정서를 표현하는 데도 주의를 돌렸다. 작가는
곽상의 성격의 특이한 낙천적 힘을 그의 영웅 성격과 교묘하게
융합시켜 사람들로 하여금 그를 그토록 숭고하고 위대한 동시
에 그토록 평범하다고 느끼게 했다. 작품은 시작 부분에서 곽상
이 집으로 휴가를 가는 길에 인력거꾼과 주고받는 농담에서 그
의 낙천적인 성격을 교묘하게 끄집어냄으로써 첫 등장에서부터
인물을 그처럼 생기 있고 진실하게끔 만들었다. 이런 성격은 또
적들과의 투쟁에서 지혜롭고 대담하며 냉정하고 굳센 의지로
표현되었다. 상관이나 부하, 전우와의 관계는 천진하고 쾌활하
며 영리하고 성실하게 표현되었다. 전우와의 친밀, 깊은 우정과
적들에 대한 사무치는 증오가 모두 곽상의 몸에서 뭇사람들과
는 다른 독특한 방식으로 표현되었다.

　인물을 더욱 심각하게 그리기 위해『동방』은 인물의 내면 세
계로 들어가 마음의 창문을 열고 인물의 풍부한 감정을 드러내
주었으며 그 정신 세계의 면모를 밝혀주었다. 이를 실현하기 위
해 작가는 또 대담하게 '4인방'의 애정을 쓰지 못한다는 금기를
돌파하고 뜨거운 격정으로 곽상과 양설의 순진하고 아름다우며
고상하고 굳센, 이루지 못한 비극적 사랑을 묘사했다. 애정에서
겪는 감정의 파란을 꿰뚫고 작가는 곽상의 금처럼 빛나는 품성
과 수정같이 순결한 마음을 투시했다. 진지한 감정에 대한 이
단락의 애정 묘사는 곽상으로 하여금 '신격화'된 영웅의 한도를
벗어나 친절하고 풍만한 실존하는 예술 형상으로 되게 하였다.

　장편 전쟁소설에 대해『동방』이 이룬 발전은 또 이 작품이
처음으로 우리 군대 내부의 모순을 다루었다는 점에서도 표현
되었다. 해방 전쟁이 종결된 후에 군대 내부에 존재했던 평화주
의 사상을 그렸을 뿐만 아니라 소농 경제가 부대 병사들의 사상
에 끼친 영향으로 인해 일부 사람들이 말미를 얻어 집으로 돌아

가서 치부의 길을 찾으려 한 사실도 그렸다. 아울러 지주의 아들이 우리 지원군에 들어와 군사 비밀을 절도하여 나라를 팔려고 한 사실도 밝혀냈다. 특히 작품의 한 주요 인물로서의 육희영이 개인주의 사상이 극히 엄중하고 양면적 수단으로 영예와 애정을 얻으려다가 나중에 사탕 포탄의 습격을 이겨내지 못하고 퇴화·변질하여 당을 배반한 사실도 그렸다. 이것은 작가의 현실주의에 대한 이해가 이미 그전의 전쟁소설 작가들을 크게 초월했음을 설명해주며 사회주의 현실에 광명이 있는 동시에 암흑도 있으며 인민 군대에 영웅뿐이 아니라 잡충도 있다는 것을 인식하게 하였다. 오직 전면적으로 생활을 반영했을 때만이 진정한 현실주의를 견지했다고 인정할 수 있다.

『동방』의 이 모든 성취는 하나의 시작에 불과했지만, 그것은 이미 왜곡된 현실주의 문학 시대의 종결을 선고하였으며, 현실주의 복귀의 새로운 문학 시대를 예시하였다.

제 3 장

찬양을 중시하는 현실주의
——건국초 30년의 농촌 제재의 소설 창작

　여기서 말하는 '찬양을 중시하는 현실주의'는 포폄의 뜻을 포함하지 않는 중립적 표현이다. 앞의 머리말과 제 1 장의 개괄에서 이미 명확히 지적한 바와 같이 한 작품의 현실주의 여부는 그것이 '찬양'을 했는가 '폭로'를 했는가에 의해 결정되는 것이 아니다. 오직 생활 속에 실존하는 광명 혹은 암흑을 진실하게 반영하는 것이 현실주의이다. '찬양을 중시한다'는 것은 단지 건국초 30년의 농촌소설 창작이 기본상에서 새로운 시대의 농촌과 인물을 묘사하고 찬양했다는 것을 지적할 뿐이다.

　농촌소설 창작은 건국 전에 일정한 전통과 깊은 기초가 있었다. 노신·모순 등 대가들과 엽성도·사정 등 노일대 작가들이 모두 농촌을 제재로 한 소설 창작에 몰두했었고 또 탁월한 공헌이 있었다. 건국 후 중국 사회의 중대한 변화와 함께 농촌의 변화는 보다 심해져(그 주된 표현은 농촌 경제 체제의 변혁에 있었다. 예를 들면 토지 개혁·호조조·초급사·고급사·인민공사 등이었고 지금까지 계속되고 있는 것은 또 토지 분배·연합 도거리·농공상 연합체 등이다) 풍부하고 다채로운 농촌 생활과 사회 변화에 따라 부단히 변화 발전하는 농민의 심리와 정신 풍모는 작가들에게 많은 창작 소재를 마련해주었다. 전체적으로 농촌소설 창작은 건국 전에 비해 아주 큰 발전과 제고가 있었다.

1. '산약단'식의 현실주의
—— 조수리의 『삼리만』과 그의 단편소설

조수리(1906~1970)는 산서성 심수(沁水) 사람이다. "새롭고 독창적인 대중적 스타일을 가진 인민 예술가"이며 자신의 필생의 정력을 대중의 통속 문예에 바친 인민 예술가였다. 1925년부터 습작을 시작하면서 '문학가'의 꿈을 키웠고, 통속성과 예술성이 완벽하게 결합된 문학가가 되고자 뜻을 세웠다. 조수리의 최초의 작품은 1933년의 「반룡곡(蟠龍蚰)」과 1934년의 「금」이다. 항일 전쟁 초기에도 작품을 썼지만 그 영향은 크지 못했다.

조수리의 예술 재능이 크게 빛을 발하게 된 것은 1942년, 「연안문예좌담회에서의 연설」(모택동)이 발표된 뒤였다. 1943년부터 짧은 몇 년 사이에 「소이흑의 결혼」「이유재 판화」『이가장의 변천』 등의 작품을 잇달아 발표했으며 민족화·대중화의 표현 형식으로 해방구 농촌의 생활 투쟁 면모를 반영했다. 순수한 생활의 맥박과 구수한 흙냄새를 풍기는 이런 작품들은 이전의 소설 창작에 비하면 완전히 '새로운 세계, 새로운 감정과 새로운 인물, 새로운 작품의 새로운 문화'였다. 이때부터 그의 작품은 당시의 문단을 놀라게 했다. 모순도 그의 작품을 "'정풍 운동' 이후의 문예 작품이 도달한 높은 수준의 일례"이며 "민족 형식으로 나가는 하나의 이정표"라고 인정하였다. 건국 전에 조수리는 이미 "창작·사상·생활의 각 방면에 걸쳐 모든 준비를 갖춘" "상당히 성숙한 작가"였다.

건국 이후, 조수리의 창작은 새로운 단계에 들어갔다. 제재상 큰 변화 없이 여전히 농촌과 농민들의 생활을 주로 그렸으나 사상상으로는 농민과 지주와의 모순을 반영했던 민주주의 내용으로부터 사회주의의 건설을 쓰는 데로 전변되었다.

건국초의 단편소설「등기」는 계승과 발전이 있는 작품이라고 볼 수 있다. 제재상, 여전히 농촌의 혼인·연애를 그리고 혼인의 자유를 찬양하고 봉건적인 혼인 매매를 반대한 것은「소이흑의 결혼」을 계승한 것이었다. 그러나 또 이와 다른 것은 비아(飛娥)의 전변과 애애(艾艾), 소만(小晩) 등 청년 세대의 투쟁 정신과 책략에서의 변화이다. 결말에서 신·구 역량의 대비로써 시대의 변화를 뚜렷하게 나타냈으며 진보 세력이 이미 비교적 큰 우세를 차지했음을 보여주었다. 그러나 장편소설『삼리만』과 이후의 기타 단편소설에서는 사회주의 내용이 더 명확했다.

예술상으로, 조수리는 건국 후의 창작에서 한편으로 건국 전에 이미 형성했던 명랑하고 유머적이며 재미있는 예술 스타일을 계속 보존하고 발양하면서 다른 한편으로는 건국 후의 새 작품에 인물 성격과 심리 변화의 세심한 묘사(예를 들면「부지런한 손」) 등 새로운 요소를 첨가하였다. 이로부터 통속성과 예술성의 통일에 한결 제고와 발전이 있게 되었다.

조수리의 건국 후의 소설 창작은 시종 현실주의의 창작 원칙을 견지하였으며, 급속히 변화된 사회 생활과 정치 풍운에서도 정치를 추구하지도 않고 조류에 말려들지도 않았다. 인위적으로 계급 투쟁을 강화하는 세월 속에서 그의 작품은 인민 내부의 모순을 대량으로 반영하였다.『삼리만』에는 같은 제재의 다른 작품들에서 늘 보게 되는, 계급의 적들이 합작사를 파괴하는 내용이 없이 인민 내부의 모순을 치중하여 반영했다. 영웅 인물을 제창하던 시대에 그는 도리어 보통 군중과 중간 인물, 심지어는 낙후된 인물을 묘사하는 데 정력을 기울였다.「단련」에서는 주로 낙후된 간부와 낙후된 농민을 그렸다. 또 '대약진' '허풍치기' 바람이 성행할 때에「부지런한 손」과「실업가 반영복」을 공들여 창작하여 노동이 세계를 창조하였음을 노래하고 실제로 일을 많이 하는 정신과 평범한 노동 속에서의 진정한 영웅 인물

을 찬양하였다. 조수리가 자기 나름의 독립적인 사고를 소유한
우수한 현실주의 예술가라는 것을 상술한 점들은 잘 설명해준다.
　조수리의 건국 후의 주요 작품은『삼리만』이외에도 장편 평
론서『영천동』과 단편소설집『하향집』(「등기」「단련」「노정액
(老定額)」「부지런한 손」「실업가 반영복」「양할아버지」「장래
홍」「검토」등 8편의 작품이 수록되었다)이 있다.

I. 장편소설『삼리만』

　『삼리만』은 우리나라의 농업 합작화 운동을 처음으로 반영한
장편소설이다. 이는 작가의 창작이 크게 진일보하였음을 표지한
다. 삼리만의 추수, 합작사 확대, 합작사 정돈, 도랑 파기 등의
사건을 통하여 작품은 농업 합작화 초기, 농촌 사회 생활의 생
동하는 화폭을 펼쳐주었다.
　거대한 사회 변혁은 반드시 사상 의식의 변혁을 일으키게 된
다.『삼리만』에서는 묘사의 중점을 농촌 사회 변혁의 구체적
과정에 두지 않고 사회 변혁으로 인한 두 가지 사상, 두 갈래
길, 두 부류의 가정 관계, 두 가지 생활 방식의 복잡한 모순 속
에 두었다. 네 가정, 당내·당외 및 가정·애정·혼인 등 얼기설
기 얽힌 복잡하고 미묘한 갈등과 변화를 통하여 농업 합작화라
는 이 위대한 사회 변혁의 과정과 의의 및 이 변혁이 농촌의 정
치·경제·사상·문화, 서로 다른 유형의 농민의 심리 세계, 정
신 풍모 등 여러 방면에 일으킨 심각하고 거대한 영향을 형상적
으로 게시해주었다. 아울러 사회주의의 신생 사물과 사회주의
농촌의 폭넓은 앞날을 열정적으로 찬양했다.
　많은 선명하고 생동하는 인물을 성공적으로 그려낸 것은『삼
리만』의 하나의 중요한 예술 성취이다. 조수리는 인물 창조의
능수였다. 특히 농촌의 낙후 인물 형상의 창조에 더 능란하였
다. '번득고'(범등고)와 같은 당내 쇠퇴자의 형상은 조수리의
창조였다. 이 형상의 전형 의의는 이를 통하여 사회주의 혁명의

하나의 특징, 말하자면 두 갈래 길, 두 개 사상의 투쟁이 당외
보다도 당내에서 더 중요하게 표현된다는 것을 게시한 데 있었
다. 이는 반드시 당내의 적극적인 사상 투쟁이 있어야 한다는
것을 설명해준다. 범둥고는 건국초 소설 창작 중에서 비교적 일
찍이 출현한 당내의 반면 형상이었다. 이 형상의 창조로부터 조
수리가 현실주의를 견지하는 용기와 기백이 있었음을 알아차릴
수 있다. 『삼리만』의 인물 창조의 큰 성취이며 또 큰 특징이라
고도 말할 수 있는 것은 '어정쩡' '꼴찌' '이악쟁이' '깍쟁이' 등
대량의 낙후한 농민 형상에 대한 창조이다. 이는 조수리가 중국
현대 문학에 바친 하나의 중대한 공헌으로 된다. 농촌에서 조수
리는 이런 인물을 많이 보았고 너무도 잘 알고 있었다. 여실하
게 써낸다면 그 하나하나가 생동하고 현실적이어서 극히 높은
심미 가치가 있게 된다. 다른 측면으로 말하면, 이런 인물의 존
재는 장기적인 빈곤과 낙후, 봉건적이고 우매하고 폐쇄되었던
소농 경제의 산물이었다. 이들을 작품에서 잘 살려내게 되면,
우리나라 농촌의 긴박성·복잡성과 간고성을 알아볼 수 있을 것
이다. 『삼리만』은 줄거리의 진행 속에서 이런 낙후 인물들의
서로 다른 전변을 그렸다. 또 이로부터 농업 합작화 운동의 강
대한 위력을 과시하였고 사회 변혁이 사람들의 심리와 정신 변
화에 일으킨 영향을 표현하였다. 『삼리만』에서는 또 많은 선진
인물, 즉 왕금생·왕옥생·옥매·왕만희·범령지 등의 정면 인물
의 창조에도 상당한 정력을 기울였으며 약간의 이상적 색채를
부여함으로써 인물이 초보적으로 개성 특징을 갖추게 하였다.
그러나 전체적으로 보아 그가 묘사해낸 선진 인물은 낙후 인물
보다 성공적이지 못하고 미학 가치도 크지 못했다. 하지만 이
인물들이 신중국의 소설사에서 처음으로 나타난 신인 형상임은
의당 승인해야 한다.
　　예술 수법과 스타일상에서 『삼리만』은 조수리의 일관된 특징
을 계승하고 발양하였다. 그는 전통적인 민간 설서(說書)식의

수법에 대한 학습에 아주 신경을 썼으며, 거기에 자신의 창조와 발전을 결합시켜 이전의 단순히 이야기만 추구하고 인물 성격의 묘사는 중시하지 않았던 단점을 버리고 인물을 이야기 속에 융합시키면서 이야기 줄거리를 통하여 그 성격을 부각해냈다. 다른 한편으로, 고전 소설의 전통 수법을 잘 흡수하여 인물 자신의 언어와 행동으로 인물 성격의 특징을 표현하기 위해 애썼다. 단순한 서술이나 정태적인 심리 묘사를 하지 않고 인물을 시종 움직이게 했다. 많은 인물들이 서로서로 영향 주고 연결되면서 깔끔한 세부 묘사로 작품의 진실감을 더욱 증가시켰다. 전반 스타일로 보아, 『삼리만』은 여전히 작가의 일관된, 소박하고 명쾌하며 유머적이고 낙천적인 풍미를 갖고 있었다.

『삼리만』은 한 달 동안 발생한 이야기를 쓴 소설이다. 25장 전까지는 5일 동안의 일만 썼기에 사건의 전개가 섬세했고 리듬이 느렸지만 그 후의 몇 장은 20여 일 동안에 발생한 이야기를 썼기에 사건 전개가 짜임이 없고 리듬이 비교적 빨랐다. 이렇듯 이 소설은 앞부분이 긴밀하고 뒷부분이 산만하며 앞은 섬세하고 뒤는 거친 감을 주는 데다가 이야기가 너무 가볍고 급작스레 처리되기까지 하여 전체적인 구조가 엄밀하지 못하고 리듬에서의 통일된 화합이 이루어지지 못하였다. 이는 『삼리만』이 장편소설의 예술 리듬과 구조를 처리함에 있어서 범한 하나의 실책이 아닐 수 없었다.

Ⅱ. 조수리의 예술 스타일 및 그 영향

조수리는 농촌 제재에 능숙하고 독창적인 예술 스타일을 갖춘 작가이다. 그는 전통적 고전 문학과 민간 설창(說唱)을 현대 소설 예술과 결합시켜 중국의 백성이 즐겨 듣고 보기 좋아하는, 민족화·대중화·예술화가 서로 통일된 신형의 소설을 창조했다.

조수리 예술 스타일의 주요 특징은 우리 민족의 민간 문학의 우수한 전통을 발휘하여 작품의 이야기성과 이야기의 연관성을 강구하였다는 데 있다. 이야기마다 연결이 잘 되는 동시에 자각적으로 중국 전통 소설의 특징을 흡수하여 이야기의 서술중에 경물을 묘사하고 인물을 그려내며 정태적인 묘사가 아니라 경물과 인물의 동태적 미를 추구하였다. 특히, 언어 묘사에서 조수리는 민족 특징과 지방 특색이 있는 농민의 사투리를 채용하여 통속적이면서도 알기 쉽게 표현했을 뿐만 아니라 소박하고 생동적인 형상으로 강한 표현력이 있었다. 아울러 인물의 언어의 개성화를 각별히 강화시켜 정말로 보고 듣는 것같이 표현하였다. 전체적인 격조에서 보면 그의 작품은 독특한 지방 색채와 향토의 맛이 있었다. 환경과 풍습에 대한 묘사든, 인물의 성격·심리·기질이든 모두 산서 특유의 지방 풍미를 그대로 반영하였다. 이 점에서 우리는 조수리의 소설이 여전히 농후한 중국 전통 민족 문화의 퇴적이 충만되고 흘러 넘쳤다고 말하는 것이다. 바로, 조수리의 소설 예술의 이러한 독특한 풍채가 5, 60년대에 그에게 극대한 명예를 안겨주었다.

80년대 중기 후에, 어떤 연구자들은 조수리와 그의 작품에 대해 역사적인 반성을 하기 시작했다. 기본상 '조수리의 방향'을 부정했고, 그의 '문제소설'과 민간 문학을 학습한 창작 경험을 부정했다.

그 어느 시대든지 모두 그 시대 나름의 미학 풍모와 사회 심미 의식이 있다. 4, 50년대에 쓴 조수리의 소설이 80년대에 와서 일부 독자에 의해 거절되는 것은 아주 정상적이다. 그러나 거기에는 적지 않은 예술적 편견의 요소가 있다. 조수리가 완전히 성공했다 할지라도 그의 미학 추구를 모델화하여 일종의 일반화된 창작 요구로 삼아 모든 작가들에게 이른바 '조수리의 방향'을 강요하는 것은 예술 창조 규칙에 어긋나기 때문에 응당 부정해야 한다고 우리는 생각한다. 그러나 작가 개인의 문학 관념으로서의 미학 추구, 예컨대 조수리가 농촌 사회와 농촌 생활에 관심을 갖고 '문제소설'을 쓰려 하며 작품을 통속화·대중화시키고 민족의 민간 문학을 학습하고 발휘하는 이러한 미학 추구는 응당 완전히 허용되어야 하는 것이다. 사실상 조수리는 이 방면에서 극히 성공적이었다. 작품의 통속성·민족성과 예술성을 비교적 잘 통일시켜 다른 사람이 도달할 수 없는 높이에 이르렀다. 민간 문학은 "당당한 예술 전당에 올려놓을 수 없다"는 것과 조수리가 "농민들의 감상 습관에 맞추어서" 자기 작품의 예술 표준을 낮추었다는 것은 이치가 닿지 않는 말이다. 조수리 작품 중의 이른바 '토(土)'와 '속(俗)'은 일종의 아주 높은 미학 경지였을 뿐만 아니라 일반 작가들, 특히 지식인 출신의 작가들이 도달하기 어려운 예술 세계였다. 그것은, 마치 원시의 암화(岩畵)나 농민화 혹은 서법 중의 동치체(童稚體)가 일부 현대 예술가들에 의해 일종의 소박하고 순진하며 거칠고 야성적인 아름다움이 침투되었다는 인정을 받는 것과 마찬가지로, 진정한 성격과 영혼의 체현이며 발로였다. 단지 농민 언어의 선택과 운용만 보더라도, 모든 작가들이 다 해낼 수 있는 것이 아님을 알 수 있다. 때문에 문학사에서 노신·모순·노사·파금·조우와 조수리를 함께 언어 예술의 대가라고 부르는 것은 과장이 아니다. 조수리의 작품을 4, 50년대의 서구화한 언어와 지식인 학생 맛이 나는 문학 언어의 환경 속에 두고 비교해보면, 조수리의 농민 언어의 공력(工力)이 금세 선명하게 나타난다. 줄곧 민간 문학을 경시했던 곽말약이 조수리의 작품을 읽고 경탄해 마지않은 것도 조금도 이상한 일이 아니다. "나는 그 새롭고, 건강하고, 소박한 내용과 수법에 완전히 도취되었다."

　모든 시대의 문학의 대가·거장 들은 모두 그들의 동세대나 후세대의 문학에 중대한 영향을 미친다. 조수리도, 우리나라 현대 문학 건설과 발전에 상당히 심원한 영향이 있었다. 물론, 여기에는 관의 위로부터 아래로의 창도와 추천이 있기는 했지만 작가들 사이의 자각적·비자각적인 학습과 상호 영향도 있었다. 조수리의 창작 경험·미학 사상·예술 스타일은 거의 한 세대의 작가들에게 영향을 주었다. 우리나라 현대 농촌 제재 소설을 쓴 작가들의 대부분이 일찍이 조수리의 창작법을 배웠다. 농촌을 무대로 농민과 호흡을 같이하는 것을 배웠고, 그리고 소박하고 명랑하며 청신하고 매력적인 예술 스타일을 배웠다. 조수리의 영향을 가장 직접적이고 명확하게 받은 것은 산서 작가군을 주체로 하여 형성된 '산약단'파였다. 산약단은 북방 농촌의 집집마다 겨울과 봄 두 계절에 없어서는 안 되는 주식을 대체하는 농작물이다. 어느 곳에나 심을 수 있고 값이 싸며 영양가가 아주 높은 이 농작물은 맛이 달고 향기로워 농민들의 환영을 받았다. 유머적이고 희극적인 의미에서 명명된 이 문학 유파는 일종의 정신적 식량으로 광대한 농촌에서 농민들의 환영을 받았으며 산약단의 일부 특징을 갖고 있었다. '산약단'파는 누가 언제 어디서 발기한 바도 없으며 무슨 성립 '선언'도 없었고, 자연히 형성되어 객관적으로 존재한 창작 유파이다. 주요 성원으로는 조수리·마봉·서계·손겸·속위·한문주와 새로 나타난 청년 작가 성일·장석산 등이 있다. 그들의 '산약단' 풍미가 있는 작품은 대부분 『산서 문학』(원명 『불꽃』)에 발표되었다. 이들은 우리나라 현대 소설사에서 선명한 특색이 있는 첫 문학 유파였다. 이 유파의 모든 성원들은 각자의 창작 개성 외에 조수리의 영향으로 인한 많은 공통된 창작 특징을 가졌다. 그들은 모두 농촌 생활을 창작의 주요 내용으로 했고 대부분이 인민 내부의 모순을 반영하는 데 신경을 썼으며 중간 인물에 대한 묘사를 많이 했다. 민족과 지방의 특색을 강구하고 언어의 대중화·군중화가 잘 되었으며 모두 소박하고 유머적인 예술 스타일이 있었다. 40년대 후기에 출현한 이 유파는 50년대에 융성을 보였고 60년대 중기에는 중단되었다가 70년대의 부흥 속에서 변이가 생겼다. 이후의 '산약단'파는 '진군(晋軍)'으로 이름이 바뀌었다. 신시기의 소설이 다원적 미학 형태를 갖고 상호 병존하고 경쟁하는 물결 속에서 '진군'은 여전히 강력한 역량을 지니고 있다.

만일 조수리와 '산약단'파의 여러 작가들에게 예술상에서 어떤 단점이 있다면, 그것은 비교적 폐쇄되고 낡은 것을 고수했다는 점이다. 그들은 중국 민간과 고대 전통 문화라는 본토를 굳게 지키면서 자아 만족에 빠졌다. 외국의 창작 경험을 아주 적게 접수하였고 예술 시야도 개방되지 못하였다. 이러한 요소들은 '산약단'파 예술의 진일보의 발전과 제고에 영향을 미쳤다. 80년대에 들어서서 어떤 청년 작가들은 '산약단'의 자양분을 잘 받아들인 후, 벅찬 호흡으로 서방 현대 예술의 참신한 공기를 마시면서 아주 큰 변화와 진보를 얻었다. 그 예로 이예의 연작 소설『후토(厚土)』를 들 수 있다.

2. '산약단'파의 마봉과 서계 등의 작가

Ⅰ. 마봉의 단편소설 창작

마봉과 서계는 제1세대 '산약단'파의 중견이었다. 1922년에 출생한 마봉은 산서성 효의 사람이었다. 건국 전에 장편소설 『여량 영웅전』(서계와 합작)과 단편소설「마을의 원한」등의 작품이 있었다. 건국초의 단편소설「탄화기」「결혼」등, 새 생활·새 인물을 반영한 작품이 비교적 큰 영향을 일으켰다.「손할아버지의 도거리」「사양원 조아저씨」「한매매」「3년 만에 벌써 알았다」등은 50년대 중기에 창작된 중요 작품이었다. 이 작품들은 농촌의 선진 인물을 찬양하고 낙후 인물의 전변을 통하여 합작화 운동이 사람들의 마음과 정신 면모를 개조시키는 위력을 과시하였다. 반영된 생활이 이전보다 더욱 넓고 깊었으며 선명한 성격이 있는 많은 인물 형상을 창조하였다.「3년 만에 벌써 알았다」중의 조만훈의 형상은 현대 문학의 인물 화랑에 대한 마봉의 하나의 공헌으로서 비교적 대표적으로 '산약단' 파의 스타일을 체현하였다. '3년 만에 벌써 알았다'는 조만훈의

별명이다. 욕심 많고 이기적이며 낡은 사상 의식이 깊이 뿌리박
힌 낙후된 중농의 전형 형상이었다. 자신에게 유리한 일만 골라
서 하는 그였다. 처음에, 입사를 원하지 않던 그는 많은 것을
곰곰이 따져본다. 입사하는 것이 하지 않는 것보다 더 나은 것
을 알고 그는 "이를 악물고, 마음을 크게 먹고" 합작사에 들어
간다. 입사 후, 너무도 이기적이어서 많은 웃음거리를 만들었
다. 사람들은 그를 '기름쪽배기'라고 불렀다. 이러했던 사람이
새 사회에서 집단의 도움으로 사상과 작풍을 개변시키고 합작
사의 주인이 된다. 이 작품의 성공은 복잡한 생활을 단순화하지
않고 세밀하고 믿음성 있게 조만훈의 사상 변화의 곡절 많은 과
정을 그려낸 데 있다. 이런 낙후한 인물의 전변을 통해 반면으
로부터 사회 변혁의 거대한 위력을 반영하는 예술 구상이나 조
만훈과 비슷한 인물은 조수리·서계 등의 작가의 작품에도 나왔
지만, 「3년 만에 벌써 알았다」는 여전히 자기 나름의 특색이
있었다. 작품은 심각하고 엄숙한 주제와 유머적이고 들끓는 정
서, 그리고 재미있는 필치와 기복이 있고 곡절 많은 줄거리를
유기적이고도 부드럽게 하나의 통일된 전체로 조성하여 전반
소설의 엄격하고 빈틈없이 완벽한 효과를 얻었다.

　조수리 등의 '산약단' 작가와 비교하면, 마봉이 농촌의 새 생
활·새 인물에 대해 더 민감한 것 같았다. 조아저씨·한매매·노
사원·전아저씨 등의 비교적 많은 선진 인물의 형상이 그의 창
작에 의해 출현되었다. 1958년 이후, 마봉은 「나의 첫 상관」
「노사원」「태양이 떠오르기 시작했다」 등의 작품을 잇달아 써
냈다. 모두가 새 사회·새 인물을 위주로 찬양한 것이었고 예술
상 비교적 성공적이었다. 찬양이라 해도 꾸밈이 없는 진실한 것
으로 표현되어 마봉의 소설 예술의 새로운 발전을 나타냈다. 특
히 「나의 첫 상관」에서의 영웅 인물의 부각은 '높고, 크고, 완
전한'이라는 시대의 유행과는 다르게 현실주의 창작 원칙을 엄
격히 지켰다. 전아저씨에게서 표현된 일상 사업과 생활 속에서

의 피로, 쇠약한 신체와 위기의 시각에서의 과단성 있고 영용하며 장렬한 태도를 교묘하고 조화롭게 통일시키고 욕양선억(欲揚先抑)의 수법을 사용하여 전부국장이라는 진실하고 감동적인 영웅 형상을 성공적으로 그려냈다. 이에 대해 모순은 이렇게 평가했다. "이 인물은 아주 활동적으로 그려졌는데, 마봉의 인물 화랑에서 의심할 바 없이 첫 손가락에 꼽히는 인물이다."

소설 외에도 마봉은 적지 않은 영화 시나리오를 썼다. 10년 동란 이후의 신시기에 마봉은 여전히 문단에서 활약하면서 많은 새로운 작품을 써냈다. 「새로 온 현위 서기」 「결혼 현장 기행」 등과 같은 작품의 스타일은 이전과 같으나 현실주의의 심도는 더욱 증가되었다.

Ⅱ. 서계와 기타 '산약단'파 작가들

서계는 『여량 영웅전』의 다른 한 작가이다. 건국 후 두 권의 소설집을 냈는데, 하나는 건국초부터 1959년까지의 작품을 수록한 『처녀의 비밀』이었다. 그 중의 「추수」 「갈등」 「송씨의 도시 진출」 「처녀의 비밀」 등은 모두 비교적 성공적이었다. 주로 혼인·가정·일상 노동을 통하여 농촌 변혁으로 인한 신·구 사상의 모순 투쟁을 반영하였다. 특히 「송씨의 도시 진출」은 성미가 쾌활하고 부지런한 선진 농민의 형상을 멋지게 묘사하였다. 이 시기에 비교적 우수했던 이 작품은 생동 활발하고 생활 맛이 짙게 나타나 '산약단'파의 유머적이고 낙관적인 것과 완전히 일치하였다.

다른 한 단편집 『풍산기』는 1963년에 출판되었다. 1961년 이후의 8년의 단편소설이 실린 이 작품집은 사상과 인물 형상의 창조가 모두 이전의 작품보다 더 심각하고 풍만하였다. 그 중의 「이악 부리는 아줌마」는 전형적인 '산약단'식의 작품이다. 이 작품도 이기적이고 남을 해쳐 자신의 이익을 도모하는 낙후한 인민공사 사원의 전변을 통하여 사회주의 사상의 강한 감화력과 인간에 대한 개조력을 표현하였다. 인물의 유형을 살펴보면, 그녀는 '조만훈' '어정쩡' '변호사' '꼴찌' 등과 같은 유형에 속했다. 앞에 이미 '변호사' '꼴찌'와 같은 낙후한 농촌 부녀의 형상이 있었기 때문에 '이악 부리는 아줌마'의 형상 창조에는 난점이 있었다. 자칫하면 중복될 것이기 때문이었다. 하지만 이악 부리는 아줌마의 형상은 성공적으로 빚어졌다. 성격화된 동작, 개성화된 언어와 선명한 지방 색채는 이 작품으로 하여금 많은 독자의 사랑을 받게 했다. 60년대 문학 창작 중에서 영웅 창조의 경향이 고조에 오르고 있을 때 '이악 부리는 아줌마'는 정면 인물 대신에 낙후한 농민의 형상을 부각했기 때문에 당시의 시대 풍모와는 완전히 어울리지 못했다. 이 작품은 발표된 후, 이른바 '중간 인물' 묘사의 대표라는 이유로 불공정하게 공개 비판을 받았다. 당시 문학계의 좌경 사조의 엄중함과 현실주의 이해의 일면성을 엿볼 수 있다.

서계 외에도 '산약단'파의 성원으로는 속위·손겸 및 신시기에 나타난 청년 작가 성일·장석산 등이 있다. 속위는 소설집 『노장공』이 있고, 손겸은 많은 영화 문학 작품 외에 또 소설집 『흉터 이야기』『남산의 등불』 등이 있다. 성일은 「정릉에 종자를 심다」로 신시기의 제 1 기 우수 단편소설상을 받았다. '산약단'파의 학생인 장석산은 가장 성공적인 청년 작가였다. 그의 「곽병 한보산」은 신시기의 수상작이다. 사상으로부터 예술에 이르기까지, 내용으로부터 형식에 이르기까지 인물로부터 언어에 이르기까지 모두 전형적인 '산약단' 풍미의 소박하고 세련된, 유머 있고 낙관적인 산서 지방 풍미와 짙은 향토의 향기가 가득했다. 노작가 왕문석은 일찍이 이렇게 평가했다. "이 작품이야말로 농촌 생활에 진정으로 친숙하게 해주었고 농촌 인물에 대해 깊은 이해를 갖게 해주었다. 아들 형제 여섯이 모두 나름대로의 성격과 모습과 운명과 이야기를 가지고 있다." "일체가 모두 그토록 소박하고 자연스럽게, 핍진하게 씌어졌다. 참으로 조수리보다 더 '산약단'답다고 할 수 있다." 우리는 중국 현대 소설사에서의 '산약단'파의 실존을 승인하며 현대 소설 예술에 바친 그들의 공헌도 긍정한다. 완전히 '백화제방'의 각도에서 출발한 백화 중의 한 떨기 꽃으로서 그 나름의 형식·색채와 향기가 있었다. 이 유파가 농촌 현실과 밀접하며 통속적이고 민족화 색채가 선명하여 많은 농촌 독자들의 환영을 받았기 때문에 '조수리의 방향'이나 '산약단'파의 방향을 제창하는 것이 절대 아니다. 우리는 '산약단'파와 같은 문학 유파, 특히 '산약단'파와 완전히 다른 기타의 문학 유파가 많이 있기를 희망한다. 오직 그렇게 되어야만 스타일이 다양하고 유파가 많은 문학 번영의 새 시대를 조성할 수 있는 것이다. 아쉽게도 건국초 30년의 소설 창작의 상황은 그렇지 못했을 뿐더러 상반되는 정황까지 있었다.

3. 문화·서정화된 현실주의 소설
——손리의 『풍운초기』와 「철목전 전기」

현대 문단에서 산문화·서정화된 현실주의 소설 창작은 주목할 만한 문학 창작 현상이었다. 그 주요 특징은 아래와 같았다. 예술 표현의 대상에서, 해방된 신시대 농민과 보통 인민 군중을 위주로 하여 그들의 성격미·영혼미와 인정미를 표현하였다. 예술 표현의 방식에서는 전통 현실주의 소설의 서술 도식에 얽매이지 않고 짙은 서정적 필치로 자연스럽게 유동하는 서정적 구조를 형성하고 시화된 예술 세계를 펼침으로써 사람들에게 감지와 저작과 여운을 가능케 해주었다. 예술 표현의 스타일에서는 일종의 순수한 미의 예술 개성과 청신하고 우아한 예술 스타일을 추구하는 동시에 특정한 예술 분위기를 창조하여 사람들로 하여금 심미 향수를 얻음과 아울러 소설의 내재적 함의를 파악하게 하였다.

현대 소설의 산문화·서정화의 창작 경향은 심원한 역사 원인이 있는 것이었다. 만일, 노신이 현대의 산문화·서정화 소설이라는 문체를 처음으로 개척했다고 한다면 현대에 와서는 이러한 소설 창작 문체에 또 새로운 발전이 있게 되었다. 당내 소설 창작 중에서 이런 창작 경향을 가장 잘 체현할 수 있었던 작가는 우선 손리였다.

I. 손리의 산문화·시화소설

손리는 독창적 스타일이 있는 소설 작가이다. 건국초의 작품으로는 주로 『산지 회상』(단편소설·산문집), 중편 「철목전 전기」와 장편 『풍운초기』 등이 있다. 그의 소설은 대부분 그가 익숙히 알고 있는 기중평원의 백양전(白洋澱) 일대 군민의 생활과 투쟁에서 취재했다. 전쟁의 세례를 통하여 기중 인민의 민족적 정신 기질과 성격 특징 방면의 거대한 변화를 묘사하고 그들의 성격미·영혼미와 인정미를 표현해주었다. 손리는 "문학은 진선미를 추구하는 것이고 진선미를 선전하는 것이다"라고 말했다. 진선미를 창작의 취지로 확립한 것은 손리 자신의 독특한 미학 추구였다. 그는 집요하게 생활중의 진선미를 추구했고 사회의 추악한 현상들이 소설 창작의 지평에 들어오는 것을 몹시 싫어했다. 아름다운 색채로 민족의 내재적 정신과 의지 및 인민의 각성을 그려내는 데 치중하였다. 손리는 소설 창작 중에서 현실 생활의 악한 측면에 대한 직접적 폭로를 배척했다. 설사 전쟁을 그린 소설일지라도 전쟁의 잔혹하고 격렬한 장면을 표현하지 않고 그 전쟁 속에서 표현된 민족 정신과 민족 성격을 반영하는 데 치중했다. 인민 혁명의 최종 목적과 진정한 사명은, 낡은 사회의 일체 추악한 것과 썩어빠진 물건들을 청산하고 아름다운 생활과 아름다운 성격, 아름다운 마음을 창조하는 것이라고 손리는 생각하고 있었기 때문에, 세심하고 서정적인 필치로 새 시대를 찬미하고 새 생활을 표현하며 인민들의 참신한 정신 면모를 펼쳐보이는 것을 자신의 소설 창작의 진정한 사명으로 간주하였다.

이런 인식과 이해에 기초하여 손리는 소설 창작에서 흔히 이런 것들을 잘 표현할 수 있는 예술 표현 형식을 선택하였다. 말하자면 정면 각도에서가 아니고 흔히 평범한 일상 생활의 보통 사건, 즉 '집안일' '혈육의 정' 등으로써 인간의 영혼을 펼쳐보이고 시대의 정신 면모를 반영하였다. 전통적인 사실(寫實) 소설의 이야기 줄거리 도식에 구애받지 않고 서정 형식의 수요에 따라 감정 표현의 흐름에 의해 일종의 시적이고 자연스럽게 유동하는 산문적 구조를 형성하였다. 그리하여 새로운 소설의 심미적 문체를 창조해냈다. 이것이 바로 사람들이 칭찬하여 말하는 '손리 스타일'이었다. 손리의 소설 창작 실천을 종관해보면, 손리의 산문화·서정화된 현실주의 소설이 내포한 예술 심미 가치를 어렵지 않게 찾아낼 수 있다.

첫째로, 전통적 현실주의 소설의 이야기 줄거리만 중시하는 예술 창작 경향을 약화시키고 소설 창작의 예술 초점을 이야기 흐름의 논리적 순서로부터 감정 표현의 의경(意境)으로 변화되게 하였다. 이로부터 소설의 특정한 예술적 서정의 분위기가 형성되었고 짙은 시적 예술 경향이 표현되었다.

「산지 회상」처럼, 비록 일상 가정의 한담 같은 것을 썼지만, 진실하게 군민 관계의 융합과 인민의 순박성을 표현하였다. 「정월」이 묘사한 것은 혼인에 관계되는 것이지만, 그것이 치중하여 표현한 것은 인민이 고난으로부터 소생하는 정신 변화였다. 손리는 흔히 이런 유형의 소설에서 필묵을 많이 쓰지 않고 의경이 깊고 무궁한 운미(韻味)가 있게 하였다. 그 주요한 예술 표현 방식은 줄거리의 서술 도식에 구속되지 않고, 말하자면 완전하고 곡절 많으며 전기성을 띤 이야기 서술을 추구하지 않고, 생활중의 하나의 단편·장면·대화…… 등등을 집중적으로 그려내는 것이었다. 이렇게 세련된 편폭으로 풍부한 사상 정신을 표현하고 깊은 의경을 드러냄으로써 소설의 정감 표현력을 돌출하게 하고 소설로 하여금 깊은 감정이 있고 음미를 자아내는 예술 감염력을 갖게 하였으며, 특정한 시적 의미와 경계를 표현하여 소설이 표현하려는 주제와 사상 내용을 발굴하고 승화시켰다.

둘째로 객관 현실 생활을 재현하는 동시에 정감 표현의 작용도 중시하면서 소설 창작에서 정감을 통하여 낙관·향상의 진취 정신과 낭만주의 심미 이상을 심각하게 표현하였다. 이는 현실주의 소설로 하여금 사실과 사의(寫意)라는, 이중적 심미 특징을 갖게 하였다.

손리의 소설 창작이 바로 그러했다. 전쟁의 간고한 세월 속에서 근거지의 인민들은 물질 생활이 어렵기 짝이 없었지만 시종 의지만은 잃지 않고 곳곳에서 자랑할 만한 민족 정신을 표현하였다. 때문에 손리의 작품의 매 장면, 매 세목, 매 단락에 모두 이러한 정신이 정이 깊고 뜻이 충분하게 표현되었다. 아울러 작품으로 하여금 시적 의미가 앙양되고 극히 강한 예술 감염력을 갖게 하였다. 예를 들어 장편소설 『풍운초기』에서 손리는 정면 서술법으로 이야기 흐름을 펼쳐나간 것이 아니고, 서정적인 정서와 명쾌한 스타일로 항일 전쟁 시기의 근거지 인민들의 항일 경력을 표현하면서, 인민들의 날로 각성되는 민족 의식과 계급 의식을 중점적으로 표현하였다. 전반 작품은 하나하나의 생동하는 화면 묘사를 통하여 주인공의 풍부하고 아름다운 정신 세계와 소박함, 청신함, 부드러움 등등을 보여주었다. 손리의 소설 창작은 상(象)과 의(意)의 결합을 견지함으로써 표현 대상으로 하여금 외재적인 정확성과 세밀성을 갖게 했을 뿐만 아니라 내재적인 함축과 끈질김을 갖도록 하였고, 시정과 화의로 충만한 서술 속에서 정확성과 신비성의 유기적인 통일을 이룩하였다.

셋째로, 서술의 방식에서는 산문화된 자유 서술 스타일을 추구하여 소설로 하여금 산문의 자연스럽고 유창한 심미 효과를 나타내게 하였다.

손리는 창작에서 글의 구조를 크게 고려하지 않았다. 그러나 절대로 산만한 것은 아니었다. 그가 추구하는 것은 인물의 사상 감정과 인간 관계의 발전 변화를 표현하는 것이었다. 바꾸어 말해서 인물의 사상 감정 발전의 수요에 근거하여 구조를 조직하고 서술의 각도를 선택하여 소설 서술의 내적 선율과 의경을 형성하는 것이다. 대규모로 현실 생활의 모순을 묘사한 중·장편소설『풍운초기』「철목전 전기」등은 복잡한 모순을 나타내고 끈기 있고 건전한 필력도 있었지만, 전반 예술 구조와 서술의 특징으로 말하면 여전히 단순하고 명쾌하였다. 서술 기교가 뚜렷하다고 말할 수는 없으나 이런 서술 구조를 깊이 따져보면 작가의 남다른 마음과 생각을 느낄 수 있다. 바로 모순이 말한 것처럼, “그는 이야기와 웃음의 자연스러운 태도로 풍운의 변화를 그려냈다. 취미가 많았지만 결코 경솔하고 천박한 것이 아니었다.” 이와 상관되는 것은 언어의 특색이다. 손리는 소설의 언어 특색과 표현을 아주 중시했다. 그는 정신을 “어느 한 사건 속에” 깊이 투입시키기만 하면 “생동하는 군중의 언어와 유력한 표현 수법”도 “부대적으로 획득”하게 된다고 생각하였다. 언어로 하여금 정신을 담는 그릇이 되게 함으로써 자신의 서정적이고 시화된, 순수한 미의 언어 특색을 형성하였다. 이런 특색의 언어는 그 외적 표현 또한 간결하고 소박하며, 서정 스타일의 총체적인 요구에 복종하여 비교적 강한 예술 표현력을 내포하고 있다. 이는 손리의 소설 창작 스타일의 형성에 중요한 작용을 일으켰다.

요컨대, 손리는 소설 창작에서 끊임없이 ‘순수한 미’의 예술 지성을 추구하여 수려하고 청신한 예술 스타일을 형성한 작가이다. 그는 줄거리의 곡절 있고 괴상한 것은 추구하지 않고 정감의 서정적인 표현에 따라 한 시대의 주제와 민족의 정신을 그리는 데 신경을 썼다. 이런 것들은 그의 작품으로 하여금 정감 예술의 힘을 얻게 하였으며 영원한 미, 자연의 미와 강한 정서의 감염력이 있게 하였다. 구체적으로 말해서 손리는 주로 인간이 내포한 열정과 내재적 성격 기질에 의거하여 이러한 예술의 역량을 얻었다. 이것이 그의 장점이었다. 그러나 이와 동시에 그의 소설 창작은 내용이 비교적 적고 시야가 넓지 못하며 예술 수법이 단일한 단점이 있어 충분하지 못한 열정과 아울러 표현한 내용에 대해서도 보다 깊고 넓은 예술 개괄의 능력을 결핍하였다.

4. 현실주의의 곡절 많은 탐구
——이준의 농촌 제재 소설

이준은 1928년에 하남성 낙양현에서 출생하였다. 만주족인 그는 우리나라의 농촌 제재 소설 창작에 능란한, 현대의 저명한 소설가이다. 신중국의 탄생 초기부터 문학 창작에 종사해온 그는 오늘날까지 40년이란 창작 생애를 거쳤다. 그의 곡절 많은 창작 도정으로부터 중국 현대 문학 전반의 곡절 많은 발전을 비추어볼 수 있다.

I. 이준의 단편소설 창작

50년대초부터 문학 창작을 시작한 이준의 첫 6편의 소설은 단편집 『말〔馬〕을 팔다』에 수록되었다. 1953년 11월, 하남일보에 단편소설 「그 길로 갈 수 없다」가 발표되었다. 이 작품이 농촌 생활에 싹트기 시작한 양극 분화의 현상을 첨예하게 반영하고 생활에 나타난 새로운 문제를 적시에 제출하는 동시에 처음으로 농촌의 두 갈래 길의 투쟁을 형상화하였기 때문에 예술상으로는 거칠고 미숙한 점이 있었지만 발표된 후, 사회와 문예계에 상당히 강력한 반향을 일으켰다. 먼저 인민일보에서 연재된 뒤 전국의 각 성 신문·잡지에 거의 모두 실렸다. 뿐만 아니라 여러 가지 지방 연극으로 개작되어나왔고 나중에는 드라마로도 제작되었다. 당시의 사람들, 특히 정치가들은 이 작품의 정치 선전 작용을 중시하였다. 작가의 농촌 사회 현실 문제에 대한 예민한 발견과 빠른 속도의 반영은 정치경제 정책에 대한 정부의 선전에 유리하였기 때문이다. 이는 문예가 정치를 위해 복무하고 당의 특정한 시기의 정치 임무와 중심 정책을 위해 복무한 전형적인 작품이다. 이 작품이 진실하지 않다고 말하기는 어렵다. 작품이 반영한 정황은 당시의 농촌 사회에 확실히 출현되었었다. 단지 예술상에서 소설이 거칠고 유치하여, 뚜렷한 교육적 의미가 있는 낮은 차원의 작품일 뿐이었다. 이 소설이 받은 중시와 추천으로부터 당시 전반 사회(작자도 포함)의 문학관이 아직도 전쟁 시기의 수준에 머물러 있고 항일 전쟁 시기의 시와 연안 시기의 앙가극(秧歌劇)처럼 사회적 기능과 인식적 기능에만 치우치고 심미적 기능이 경시되는 동시에 선전 작용을 중히 여기고 미학적 작용은 무시되었다는 것을 알 수 있다. 「그 길로 갈 수 없다」는 이준에게 일거에 명성을 안겨주었다. 이 작품으로부터 우리는 생활을 관찰하고 반영하는 데서의 이준의 예민과 민첩을 본다. 이후로 이준은 또 「맹광태 영감」「농한의 5월」「적설이 녹는다」 등 초급 합작사를 반영한 작품을 썼다. 이것들은 모두 이준의 초기의 작품으로서 예술상 아직 미숙하였지만 농촌 현실 생활을 예민하게 적시에 반영하였고, 현실주의의 창작 정신을 기본상 견지하였다.

　1956년, 전국의 정치 형세와 사회 사조의 영향하에서 이준도 사회 생활의 어두운 면을 폭로하고 편달하는, 이른바 '생활에 간여'하는 두 편의 작품을 썼다. 즉, 「갈대꽃 필 때」와 「회색 돛」이다. 전자는 당원 간부의 새것을 좋아하고 낡은 것을 싫어하는 것을 비판하였고, 후자는 기층 당 조직의 허풍치는 관료주의 작품을 풍자하고 폭로하였다. 이는 종래 이준이 새 생활과 새 사물을 찬양하던 것과 그다지 어울리지 않았고, 또 사상상·예술상에서 심각하고 뛰어나지 않았지만, 반영된 것이 모두 객관적으로 존재하고 있는 것이었기 때문에 여전히 주의와 중시를 받게 되었다. 생활의 고유한 밝음과 어둠을 폭로하는 것도 현실주의 예술 원칙의 응당 있어야 하는 의의임에도 불구하고 당시의 '좌경' 사상의 영향으로 이 두 편의 소설은 아쉽게도 불공정한 비판을 받았다. 이어서 일어난 반우파 투쟁에서 이준은 거의 우파로 몰렸다. 주의할 만한 것은 작가가 비판을 받은 후에 자기 스스로 "창작상에서 확실히 결함과 착오가 있었고 굴절된 길도 걸었다. 혁명 사업에 불리한 이런 작품들은 사상 내용상에서 착오가 있을 뿐만 아니라 예술상에서도 아주 저급한 것이었다"라고 승인을 한 것이다. 이로부터 당시의 좌경 사상과 현실주의 창작에 대한 협소한 편견의 엄중성을 볼 수 있다. 마땅히 자신의 독특한 성격과 독특한 사상이 있어야 할 작가들까지도 전사회의 집단 무의식 속에 잠겨들고 말았던 이 사실은 참으로 시대의 비극이 아닐 수 없었다.

사실상 이준 창작의 진정한 굴절은 1958년 하반이었다. 대약진과 허풍치기 바람의 영향하에 「낙타령의 밤행차」「참관」「귀빈 접대」등의 소설과 「육신불안(六神不安)」「전룡왕(戰龍王)」「산마다 쇠물을 쏟아내기 위하여」 등의 희곡·곡예 작품을 잇달아 써냄으로써 당시의 그 공상적 낭만주의의 대합창단에 가입하여 현실주의의 창작 원칙을 완전히 떠나버렸다.

1959년, 이준의 창작에는 중대한 전환이 발생하였다. 「여원말」「이쌍쌍 소전」「두 세대 사람」「경운기」 등의 단편소설을 잇달아 써냈다. 이 작품들은 여전히 대약진을 긍정하고 부추긴 것이기는 했지만(작가에게 시대를 완전히 초탈할 것을 요구하는 것은 현실적이 못 된다) 표면적으로 들끓었던 대약진의 현실 생활을 무원칙적으로 추켜올리고 분장을 가한 것이 아니라, 표면을 꿰뚫고 광대한 농민(부녀들이 많이 취급되었다)들의 적극성과 창조성을 발굴하고 선전하였다. 농촌 문제에 대한 반영이 농촌 인물 형상에 대한 묘사로 전환되었으며 과거에 중·노년 농민 형상을 중시하던 데로부터 청년 세대의 농민들에게로 시점을 옮겼다. 특히 참신한 정신 면모와 개성 특징이 선명한 농촌 부녀들의 형상을 집중적으로 생동감 있게 그려내었다.

이준의 창작상의 이 전변은 두 방면으로 귀결되는데, 한 방면은 2년 전의 폭로 작품 때문에 비판받고 고생하던 교훈을 접수한 것이고, 다른 한 방면은 당시의 사회 사조·시대 정신과 시대 심미 경향이 여전히 폭로를 허용하지 않았기 때문에 다시 찬양으로 돌아선 것이다. 그러나 이 작품들이 1958년 하반기의 추켜올리고 분장하던 작품과는 완전히 다르다는 것을 간과해서는 안 된다.

대약진·공산풍의 나쁜 결과가 1959년에 폭로되었다. 이때, 이준은 단편소설 「여윈 말」을 썼다. 이 작품은 간고분투하고 분발하여 사회주의를 건설하는 중대한 과제를 직접 다루며, 공평무사하게 전심전력으로, 빈곤하고 낙후한 면모를 개변시키려는 뜻을 세운 한망종의 형상을 부각하였다. 그것은 일정한 시대적 의의와 현실적 의의가 있는 형상이었다. 이 작품으로부터 우리는 작가가 소재 선택, 생활 표현의 각도, 주제의 표현에서 큰 공력을 들였다는 것을 볼 수 있다. 근 10여 년간 건설해온 사회주의의 농촌 생활이 아직도 극도로 낙후하고 빈곤하다는 문제를 작가가 의식적으로 회피한 것은 아니다(이 작품은 생산대 전체 사원들이 생산 발전을 위하여 모은 돈이 겨우 여윈 말 두 필밖에 살 수 없는 현실을 그렸다). 그대로만 계속했더라면 현실주의적이었을 것이다. 그러나 작가는 여기에 많은 분량을 할애하지 않고 한망종이 어떻게 이 두 필의 말을 사다가 알뜰한 양육으로 말을 살찌워 생산 발전에 공헌했는가를 집중적으로 그렸다. 말하자면, 작가는 농촌의 빈곤을 외면하고 회피하지는 않았지만, 묘사의 중점을 한망종과 농민들이 간고분투하며 근검하게 낙후한 면모를 개변하기 위해 애쓴 노력을 표현하는 데 두었던 것이다. 물론 이렇게 비정면으로 농촌의 빈곤을 표현하고 인민 대중의 정신을 중점적으로 반영하는 것도 마찬가지로 현실주의인 것이다.

Ⅱ. 「이쌍쌍 소전」과 「경운기」

대약진·인민공사를 경제 혁명 운동으로 삼은 것은 객관 사물의 발전 법칙을 위반한 착오였다. 그러나 하나의 정신 혁명 운동으로서는 인민 대중의 사회주의 건설의 적극성을 제고시키는 촉진의 작용도 있었다(물론 대약진은 인민의 적극성을 크게 손상시키는 결과를 가져왔다). 이 점을 파악한 이준은 「이쌍쌍 소전」, 「경운기」를 통하여 특정한 시대 환경 속의 사람들의 정신세계의 변화를 그렸으며 이쌍쌍·소숙운 등 농촌 부녀의 새로운 인물 형상을 성공적으로 창조하였다. 특히 이쌍쌍의 형상은 이준이 창조한 인물 형상 중에서 가장 성공적이고 가장 사람을 감동시키는 감염력 있는 형상이었다. 강렬한 시대 색채뿐 아니라 일정한 역사 심도도 갖고 있는 이 형상은 현대 문학사에서 상당한 예술 수준을 갖춘 우수한 예술 전형의 하나이다. 작가가, 진실한 생활이 있고 전형 의의도 있는 많은 세부 묘사와 인물의 개성화된 언어·행위의 묘사, 그리고 인물을 가정과 사회의 인간 관계의 모순 충돌 속에 두고 묘사하는 방법에 주로 의거했기 때문에, 비록, 작품의 시대 배경이 대약진 시기이고 또 식당을 꾸리는 것을 주요 사건으로 했어도 이쌍쌍이라는 형상의 생동하는 성격의 발전을 흐리지는 못했다. 「이쌍쌍 전기」의 성공은 곧 이쌍쌍 성격 창조의 성취에서 온 것이었다. 대약진이 잘못된 것이기에 이쌍쌍의 모든 행위도 역시 착오적이라고 인정을 한다면, 이쌍쌍의 형상도 필연적으로 실패한 것이 될 것이다. 이는 비문학적인 논리적 추리이다. 하나의 문학 전형으로서 이쌍쌍이 예술 작품 속에서 살아 숨쉬는 인간이라면 그는 영원히 살아남을 수 있을 것이다. 80년대에 와서 이쌍쌍은 일부 독자들의 사랑을 받지 못했다. 시대의 변화에 따라 변하는 사회 심미 의식의 원인도 있지만, 사람들의 사회·논리·도덕 가치 관념의 변화도 이 형상의 인식과 평가에 영향을 주었다.

「경운기」의 소숙운(蕭淑雲)도 작가가 공들여 창조한 농촌의 새로운 인물 형상이다. 작품이 제공하는 내용과 사람에게 주는 예술 감수로부터 보자면 이 형상은 기본상 성공적이라고 말할 수 있다. 후에 어떤 평자들은 생활 속에서의 가능성 여부를 가지고 그것의 진실성·신뢰성을 따지며, 소숙운과 같은 문맹을 방금 벗어난 농촌 처녀가 어떻게 기상 전문가로 될 수 있는가, 하는 질문을 하였다. 이는 마찬가지로 원작의 뜻을 이탈한 비문학적 비평이었다. 작품은 대량의 진실한 세부로써 소숙운이 겪은 여러 가지 곤란, 좌절과 실패를 그렸으며, 알찬 노력과 연구 끝에 기상학 방면의 '흙' 전문가로 되는 과정을 그렸는데, 기본상으로 진실하고 믿음성이 있었다. 뿐만 아니라 예술상에서 「경운기」는 「이쌍쌍 전기」에 비해 새로운 공헌이 있었다. 즉, 창작중에서, 보다 자각적으로 '양 결합'의 창작 방법을 사용하여 이준 소설에 전에 없던 낙관적이고 호방하며 인심을 격동시키는 낭만주의적 격정이 나타나게 하였던 것이다.

건국초 30년간의 이준의 모든 농촌소설을 보면, 그의 사상상·예술상에서의 주요한 특색을 알 수 있다. 생활중의 새로운 문제와 아직 맹아 상태에 처해 있는 사물들을 예민하게 발견하고 예술 형상을 통하여 적시에 게시하고 열정적인 지지와 찬양을 할 수 있었다. 또 그는 참신한 사상 품성과 시대 풍모를 가진 새로운 인물 형상을 부각시키며, 인물을 격렬한 모순·투쟁 속에 두고 준엄한 시련 속에서 인물의 성장 과정을 전력을 다해 그려냈다. 예술 스타일에 대한 탐색과 추구에서는, 농촌 생활의 표현에 이롭고 가급적 대중화·민족화한 표현 형식을 찾으려는 노력을 아끼지 않았고 또 이러한 표현 형식에 순박한 중원 농민의 언어와 미묘하고 구수한 이야기들을 첨부하였다. 이 모든 것이 이준의 단편소설의, 농촌 생활의 숨결이 짙고 소박한 가운데 어느 정도 유머가 섞인 예술 스타일을 형성하였다.

소설 외에 이준은 또 인접 예술에도 손을 대어 많은 영화 시나리오와 희곡 극본을 창작·각색하였다. 최초의 「그 길로 갈 수 없다」 「노병 신전」 「부유한 집」 「적설이 녹는다」에서부터 「용마 정신」 「이쌍쌍」 「경운파우(耕耘播雨)」에 이르기까지, 그리고 신시기의 「목마인(牧馬人)」 「높은 산 아래 놓인 화환」 등에 이르기까지이다. 소설 자체가 풍부한 진실과 생동감, 그리고 생활의 숨결이 농후한 세부를 갖고 있었기 때문에 그것을 각색한 영화도 관중의 깊은 환영을 받았다. 이준은 농촌 생활 소재가 극히 풍부한 작가로서 주로 새 생활을 찬양하고 새 인물을 창조하였다. 그의 많은 작품은 진실하고 믿음성이 있었으며 예술적 질도 비교적 높았기 때문에 여전히 우수한 현실주의 작품이었다. 신시기에 들어선 후 이준은 장편소설 『황하는 동으로 흐른다』를 출판하였다. 이는 사상상·예술상에서 모두 이준의 소설 창작의 최고봉에 도달한 작품이었다. 여기에 대해서는 뒤에 다시 이야기하고자 한다.

5. '미소를 띤 채 생활을 보는' 현실주의
—— 왕문석의 단편소설

왕문석은 농촌 제재에 능숙한 또 하나의 저명한 단편소설가이다. 그의 창작 태도는 극히 엄격하여 경솔하게 작품을 발표하지 않았다. 그는 모두 22개의 단편과 2개의 중편을 썼다. 유일한 단편소설집 『풍설의 밤』에 스스로 비교적 만족한 17편의 작품을 실었다. 이 작품집이 그의 창작의 전반적 면모를 기본상 반영해준다고 말할 수 있다.

I. 왕문석과 그의 단편소설

작품의 숫자는 많지 않지만 단편소설 창작의 작가군 속에서 왕문석은 오히려 줄곧 비교적 높은 지위를 지켜왔으며 건국초 30년의 가장 우수한 단편소설 작가 중의 한 사람이라고 공인을 받았다. 그것은 주로, 부단히 작품의 사상적 질을 강구하고, 특히 작품의 예술적 질을 강구하였기 때문이다. 5, 60년대의 시대 배경하에서 역사와 정치의 제한을 완전히 벗어나지는 못했지만 현실주의의 창작 원칙을 기본상 견지할 수 있어 작품이 강렬한 시대적 숨결이 있는 동시에 추켜올리고 떠받드는 결함이 아주 적었다. 왕문석의 작품 가운데서 중편소설 「검은 봉황」이 '강철 단련'을 직접 찬양하면서 생활을 개괄하는 데서 뚜렷한 실수를 범한 것 외에는, 다른 작품들은 모두 역사적인 검토를 이겨 낼 수 있었다.

왕문석은 강물을 마시고 조밥을 먹으며 자란 세대에 속하는 작가이다. 즉, 「강화」가 직접 양성해낸 문학가였다. 장기간의 투쟁 실천이 그의 진정한 프롤레타리아 문예관과 독특한 미학 추구를 형성시켰다. 그는 시종 "우리의 문예는 혁명의 문예이고 혁명 사업의 일부분"이라는 신념을 견지해왔다. 전쟁 시기에 그는 쾌판·가사·앙가극·소형극을 쓰고 그 초급 문예를 직접 사용하여 병사의 혁명 투지를 고무했으며 문예의 선전 작용을 중시하였다. 신중국이 성립된 후, 그는 즉시 열정을 다해 새로운 시대를 찬미하고 농촌의 천지개벽의 변화를 찬미하였고, 새 시대, 새 농촌, 새 생활의 열정적인 가수로 일컬어졌다. 왕문석의 이런 문학 관념과 미학 추구는 5, 60년대에는 숭배할 만한 것이었다. 그러나 80년대에 와서는 거의 언급되지 않고 있다. 사실 그럴 필요는 없다. 5, 60년대에 광명만 쓰고 암흑은 쓰지 못하며 찬양만 할 수 있고 폭로는 할 수 없었던 것이 역사에 의해 잘못된 것으로 증명된 것처럼, 80년대의 일부 비평가들이 오직 "참담한 인생에 직면하고 낭자한 선혈을 정시"하는 폭로문학만이 진정한 현실주의이고 광명과 영웅을 쓴 문학은 모두 정치 도구로 사용된 것이라고 주장하는 것도 마찬가지로 일면적이고 잘못된 것이다. 작가의 문학 관념의 형성과 미학 추구의 선택은 그의 인생 경력과 생활 체험 그리고 독서 범위, 예술 감수와 시대의 정치 환경, 문학 기후 등과 갈라놓을 수 없는 것이다. 문학사가들은 표면적인 찬양이나 폭로에 국한하지 말고, 그 표면을 꿰뚫고 작품의 미학적 내용과 그 가치를 측량해야 할 것이다. 우리는 바로 심미의 각도로부터 왕문석의 새 생활과 새 인물을 찬미한 단편소설을 긍정하는 것이다.

단편소설집 『풍설의 밤』의 대부분은 합작화로부터 인민공사화에 이르는 역사 시기의 우리나라 서북 농촌 현실의 변화를 반영한 것이다.

「풍설의 밤」은 그의 첫 성공작이다. 열렬한 감정, 솟구치는 격조와 소박하고 청신한 언어, 억제하기 힘든 흥분과 환락의 심정으로 우리나라 농촌 사회주의 변혁의 거센 물결과 기세를 노래하였다. 감정이 격렬하고 격조가 높기는 하지만 그뒤에 나온 '대약진' 중의 어떤 작품처럼 지나친 열정에 머리가 어지러워질 정도는 아니었다. 「풍설의 밤」은 엄격한 현실주의이며, 과장이 절대 없는 현실주의였다. 작품 중의 다음과 같은 대목은 문제를 잘 설명해준다. 초급사가 고급사로 변화된 후, 생산대에서는 밀 생산량을 1무당 400근으로 제고시키는 생산 계획을 제정하였다. 눈보라 치는 밤을 무릅쓰고 사업을 검토하러 온 구위 서기 엄극근은 생산대의 간부가 고급사로 변화된 후의 농민들의 적극성을 가늠해보지 못하고 보수적이라면서 간부들을 비판하고, 생산 계획을 다시 제정할 것을 요구한다. 결국 전체 농민들이 재삼숙고하여 400근을 410근으로 제고시키는 안을 통과시킨다. 농민이 만족하고 간부가 만족해하였고 지도자도 만족하였다. 엄극근은 또 눈보라를 무릅쓰면서 다른 고급사로 사업 검토를 하러 떠난다. 이는 왕문석이 현실주의의 원칙을 엄격히 준수했음을 말해준다. 이후로 작가는 자신의 거의 모든 작품에서 이러한 새 생활과 그 속에서 나타난 새 인물, 새 정신 면모에 대해 엄격히 현실주의적이면서도 또 낙관·열정과 이상주의로 충만한 찬미를 체현하였다.「음력설 전후」「대목공」「노인」「미연하(未燕霞)」「노선란(盧仙蘭)」「새로 사귄 친구」 등이 그러하다.

Ⅱ.「새로 사귄 친구」와「백사장에서」

"필묵을 새 생활, 새 인물에게 바치며," 작품의 대부분의 편폭을 "생활을 앞으로 밀고 나가는 사람들에게" 바치는 것이 왕문석의 일관된 창작 지도 사상이었다. 그는 시종, 자신의 미학 추구를 견지하고 "굳센 신념, 무한한 열정, 모든 심혈, 필생의 정력"으로 우리의 위대한 인민의 영웅 형상을 창조하였다.「풍설의 밤」의 엄극근,「음력설 전후」의 조승서,「매듭」의 몽뢰와 당괴,「노인」의 북순 할머니……, 특히「새로 사귄 친구」의 장석월과 오숙란은 더욱 성공적으로 창조되었다. 작품은 발표되자마자 그 사상·예술상의 선명한 특색으로 많은 독자들을 끌었다. 이 작품의 가장 큰 성공은 엄격하고 정밀하며 교묘한 구조 배치에 대비의 수법을 사용하여 완전히 성격화된 언어와 행동으로 강렬한 시대 색채와 서로 다른 개성 특징을 가진 농촌 사회주의의 두 인물을 창조한 데 있었다. 그리하여 비교적 심각하게 다방면으로 그 특정한 시대('대약진')의 사람들의 사상·정신 면모와 사람들 사이의 참신한 관계를 탐색하였다. 이 작품은 '대약진'을 배경으로 하였지만 작가가 교묘하게 '대약진' 중의 노동 경쟁에 대한 정면 묘사를 피하고 인물 성격의 창조에 많은 힘을 기울였기 때문에 과장이나 가식의 결함이 없었다. 한 저명한 평론가는 일찍이 글을 통해 다음과 같이 말했다. 왕문석이

"대약진 시기의 생활을 묘사한 작품에 과장의 결함이 없거나 기본상 없는 것"은 그가 획득한 "현실주의 창작 방법의 승리이다." 이는 아주 맞는 말이었으나 작가 자신은 이렇게 말했다. "그는 한 측면만 맞게 이야기했다. 또 하나 중요한 측면이 있는데, 그것은 내가 인물 묘사에, 즉 전형 환경 속의 인물의 사상·언어·행동·성격에 치중했다는 것이다. 인물이 나와야 작품이 서게 된다." 예술의 근본 규칙으로 말하자면, "인물이 나와야 작품이 서게 된다"고 말하는 것이 모호하게 "현실주의의 승리이다"라고 말하는 것보다 더 정확하다. 왕문석의 「새로 사귄 친구」의 인물 묘사는 이준의 「이쌍쌍 소전」보다 더 어렵고 수법이 더 새롭다. 「새로 사귄 친구」는 이야기 줄거리를 중시하지 않았거나 심지어는 없었다. 즉 「이쌍쌍 소전」이나 기타 작품처럼 곡절 많고 사람을 감동시키는 줄거리의 구조와 가닥이 있는 것이 아니었고, 또 이 줄거리의 발전 속에서 인물의 성격을 그려내는 것이 아니었다. 고전 문학에서부터 사용해온 이 수법을 많은 작가들이 사용했지만, 왕문석의 소설에는 감동적인 이야기 편성이 아주 적었다. 그는 인물을 일정한 배경에 두고 인물의 상호 대립과 모순 충돌 속에서 인물의 독특한 개성을 갖고 있는 언어·행위·동작·정신 상태·심리에 이르기까지를 백묘(白描) 수법으로 묘사, 그를 지면 위에서 살아 숨쉬게 하였다. 줄거리가 없거나 기본상으로 줄거리가 없는 소설은 쓰기가 어렵다는 것을 인정해야 한다. 그러나 왕문석은 상당히 성공적으로 운용하였다. 특히 심리 묘사에 능란했던 그는 직접적인 심리 독백을 썼을 뿐만 아니라 언어·행동·정신 상태를 통하여 그 심리를 묘사하였다. 이는 외국 문학을 거울로 삼은 것이 분명하였고, 왕문석 자신도 그가 체호프의 영향을 크게 받았다고 인정하였다. 소설 창작에서 자각적으로 외국의 문학 경험을 배우고 거울로 삼음으로써 '산약단'파 작가들, 특히 이준과 비교해보면, 그 예술 시야가 더욱 넓어졌고 표현 방법이 더욱 새로

위졌고 더욱 다양화되었다.

예술상으로 시종 완강하게 각고의 탐색과 추구를 해온 왕문석은, 매 작품이 모두 사상과 예술상에서 사회주의 사업에 대해 어떤 새로운 것을 제공해주어야 한다고 스스로에게 요구하였다. 「엄중한 시각」「여름밤」과 「새로 부임한 대장」을 쓴 후에 왕문석은 또 「백사장에서」를 썼다. 이는 더욱 큰 반향을 일으킨 작품이었다.

이 작품은 우리 당이 '대약진'의 과오를 인식한 후, 혁명가는 전진의 길에서의 곤란과 좌절이라는 문제를 어떻게 대해야 하는가 하는 문제를 시의적절하게 제출하였을 뿐만 아니라 보다 성숙되고 무거운 필묵으로 곤란과 역경 속의 사회주의의 새 인물인 진대년의 형상을 그려내었다. 작품은 인심을 격동시키는 중대한 사건이 없이도 교묘하게 우리 사업 중의 과오에 대한 나열식의 묘사를 피하여 평이하고 소박한 서술로, 한폭 한폭의 풍속화 속에서, 평범한 생활 사건 속에서, 리듬감 있게 성격을 펼치고 인물을 묘사하였다. 청신하고 건전하며 낙관적이고 유머적인 일관된 스타일의 기초 위에서 원래의 준수하고 고상한 것을 끈질기고 무거운 것으로 전화시켰다. 소설의 구조를 보면, 「백사장에서」는 독특한 점들이 있었다. 작품은 다른 이야기식 소설이 채용하는 선조적 진행의 구조를 사용하지 않았다. 연극적 구조를 사용하여 전반 소설을 두 개의 큰 장면(녹음 진 나무숲과 백사장)으로 나누고 사건의 원인·과정·내용은 막 뒤로 미룬 채 인물들을 하나하나 등장시켜 선을 보임과 동시에 매 폭의 화면 속에서 인물의 언어·행동을 통하여 형상 창조를 실현하였다. 사건의 충돌에 의거하지 않고 인물의 성격 충돌에 의거하여 서로의 성격 충돌과 전변 중에서 인물을 그려내고 또 주제를 돌출하게 하였다. 건국초 30년의 소설 창작에서 이러한 연극화된 소설 구조 방식은 보기 드물었다.

80년대 들어 사람들의 가치 관념과 심미 의식의 변화로 인해, 왕문석의 많은 작품들이 모두 대약진과 인민공사라는 배경 위에서 탄생했기 때문에, 또 그가 '미소를 짓고 생활을 보는' 낙천적인 현실주의 창작 원칙을 견지하였기 때문에, 더구나 작품의 대부분의 편폭을 생활을 앞으로 밀고 나가는 사람들에게 바치고 새 생활, 새 인물에 대한 찬미를 견지하였기 때문에, 한 편으로는 작품이 다소나마 그 시대의 제한성을 띠게 되었고 다른 한편으로는 또 80년대 사람들의 사회 가치 관념과 심미 경향에 부합되지 않았다. 지난 시대의 문학으로서 왕문석의 작품이 냉대를 받는 것은 이해할 수 있는 일이다. 그러나 만일 우리들이 비문학 요소의 영향을 벗어나, 작품이 사상 주제를 예술적으로 전달하고 인물을 그려내는 방식과 방법 및 인물 형상과 예술 전형의 생생함·두터움 등 문학적인 내용에서 본다면 왕문석 단편 예술의 독특한 광채를 여전히 발견할 수 있을 것이다. 단편소설 예술로만도 왕문석은 건국초 30년의 가장 우수한 단편소설 작가 중의 한 사람으로 꼽힐 수 있다.

6. 불타는 연대 속의 시원한 바람과 단비
——주립파의 독특한 향토 풍속소설
『산향거변』과 『탈곡장에서』

주립파(1908~1979)는 우리나라 현대의 저명한 작가이다. 1934년에 '좌련(左聯)'에 가입하였고 같은 해에 중국공산당 당원이 되었다. 처음에는 번역에 종사했던 주립파는 체코 작가 지시의 『비밀의 중국』과 푸슈킨의 『두브로프스키』를 번역하였다. 1948년에 쓴 장편소설 『폭풍취우』는 우리나라에서 처음으로 농촌 토지 개혁 운동의 방대한 기세를 반영한 웅장한 스타일의 작품이다. 사상 예술의 거대한 성취로 1951년에 스탈린문학상 3등상을 받았다.

1952년에 주립파는 건국초의 공업 건설을 반영한 장편소설 『철물이 흐른다』(출판은 1954년)를 썼다. 건국초 공업 제재 소설에 비교적 일찍 손을 댄 주립파는 공장 생활에 익숙하지 못했기 때문에 이 소설은 그다지 성공하지 못했다. '차간(車間) 문학'의 도식으로 흘렀고 사상 심도를 결핍했으며 인물 형상도 풍만하지 못했다.

그러나 얼마 지나지 않아, 작가는 다른 하나의 농촌 제재 소설로 주립파가 풍부한 생활 기초와 뛰어난 예술 조예를 갖춘 걸출한 작가임을 입증했다. 1955년에 고향인 호남성 익양에 돌아온 그는 자리를 잡고 당지의 농업 합작화 운동에 뛰어들어 1957년에 장편소설 『산향거변』을 완성하였다. 이는 주립파 창작이 성숙 단계에 들어섰음을 표지해주었다.

I. 장편소설 『산향거변』과 『탈곡장에서』

『산향거변』은 정편과 속편으로 나뉜다. 1959년에 완성하여 1960년에 출판한 정편은 우리나라 농업 합작화의 고조 시기를 배경으로 호남성의 한 시골에서 벌어지는 초급사의 건립으로부터 고급사로의 발전 과정을 통하여 농촌의 생산 관계와 농민의 정신 면모의 큰 변화를 반영하였다. 곡절 있고 복잡한 모순 투쟁 속에서 변혁중의 서로 다른 농촌 인물을 부각하여 50년대 중기의 강남 농촌의 진실한 생활 화폭을 펼쳐주었다.

시대의 기세에 대한 반영으로 보면, 『산향거변』은 『폭풍취우』처럼 넓고 웅장하지 못했다. 제재 선택으로 보면, 합작화 운동을 반영한 것으로는 몇 년 전에 이미 『삼리만』이 있었고 이어서 또 『창업사』가 있었다. 『산향거변』은 그것들과 비교해서 보다 심각하고 새로운 것이 없었다. 주제로 보아도 『산향거변』은 『삼리만』 『창업사』와 기본상 일치하였다. 심지어 인물의 설정에서도 모두 비슷하게 대응되었다(개성은 물론 다르지만). 이러한 전제 조건에도 불구하고 『산향거변』이 큰 성취를 얻고 독자와 평론계의 한결같은 칭찬을 받게 된 원인은 어디에 있을까? 제재도 아니고 주제도 아니며 또 인물도 아닌(비록『산향거변』의 인물 부각은 상당히 성공적이었지만), 전반 예술 격조와 풍모에서,『삼리만』『창업사』등 같은 제재의 소설과 다른 것은 물론이고 그 자신의『폭풍취우』와도 다른 독특한 미학 풍채를 나타냈다는 데 그 원인이 있다. 이는『산향거변』을 예술상에서 주립파 자신의 최고 수준에 도달하게 했을 뿐만 아니라 동시기, 동류의 작품과 비교하여서도 예술 수준이 비교적 높은 작품으로 되게 하였다. 주립파는 우리나라 현대 문학의 꽃밭에 짙은 흙향기 넘치는 한 떨기 꽃을 첨가해주었다.

일반적으로『산향거변』의 예술 성취를 논한다면 우리는 이렇게 말할 수 있다.

첫째로, 50년대 중기에 우리나라 농촌의 사회주의 고조가 형성된 역사 배경 위에서『산향거변』은 시대의 본질적 특징을 가장 잘 반영할 수 있는 '변(變)' 한 글자를 잘 파악하였다. 일상 생활중의 인간 관계·가정 모순·애정 갈등·내면 투쟁을 통하여 새 세대 농민의 성장과 노일대 농민의 변화에 필력을 집중시키고 선명한 성격과 진실하고 믿음성 있는 농민 형상과 농촌 기층 간부의 형상을 부각하였다. 등수매·이월휘·유우생·성가수(盛佳秀), 그리고 정면호(亭面糊)(본명: 성우정)·진선진(陳先晋)·국교근(菊咬筋)·추(秋)바보 등은 모두 극히 개성 있고 시대 특성이 있게 그려진 예술 형상이다. 그 중 '정면호'라는 별명을 가진 성우정의 형상은 특히 성공적이었다. 내심의 모순으로 충만된 이 노농민의 일언일행·일거일동은 기괴하고 다채로운 성격의 광채가 넘쳐나지 않는 곳이 없다. 이 형상은 조수리의 '어정쩡' 이후의 또 하나의 성공적인 노농민의 예술 전형이다. 그들은 뒤에 나오는『창업사』의 양삼노한의 형상과 더불어 중국 현대 소설사의 인물 화랑에서 3개의 서로 다른 개성을 가진 노농민의 예술 전형이다. '어정쩡'과 비교해보면 '정면호'에게는 사랑스러운 점이 더 많다. 때문에 작가는 그에 대해 야유하거나 조롱하는 어투를 적게 쓰고 진지하고 친근한 애정을 더 많이 주었다.

둘째로, 아름다운 이야기 속에, 열렬한 투쟁 생활과 생동하는 형상의 창조를 융합시켜 작품으로 하여금 전통 문학의 장점과 농후한 생활의 숨결을 갖게 하고 사람을 감동시키는 예술 역량을 가능하게 하였다. 이는 작품의 구조 배치에 표현된다. 전반 소설의 장절 구분에서 어떤 것은 직접 인물을 가지고 나누었다. 예컨대 「지부서기」「정면호」「국요」「숙군」 등의 장절은 인물의 이야기를 주로 쓴 것이다. 어떤 것은 뚜렷한 모순 충돌이 있는 사건을 가지고 장절을 나누었다. 예컨대 「이혼」「부자」「일가」「부부」「다툼」 등의 장절은 주로 모순 충돌로 충만한 이야기 속에서 인물들을 그렸다. 이렇게 인물을 이야기 속에 두고 또 이야기 속에서 인물을 그려내는 수법과 장절의 구분 방법은 전통 화본이나 장회소설과 분명히 같지 않다. 이런 방법은 인물을 부각하고 성격을 전개하는 데 편리하며 비교적 특색도 있다.

그러나 주립파의 예술 재능과 스타일의 특징, 그리고 『산향거변』이 농촌 제재 장편소설로서의 가작이 수두룩한 가운데 그 독특한 개성을 가장 잘 나타낼 수 있었던 것은 작품 속에 가득한 농후한 시골 생활의 숨결과 향기롭게 풍기는 청신한 흙냄새 및 아리땁게 펼쳐지는 지방 색채 때문이었다. 한마디로, 소상(瀟湘) 산수가 갖고 있는 독특한 풍경화·풍속화 식의 멋진 묘사였다. 뾰족뾰족한 산봉우리가 겹쳐 푸르른 산촌 경물, 자욱한 안개 속에 미끈히 서 있는 참대나무, 향기로운 찻꽃, 유유히 들려오는 딱다구리의 고운 소리 및 신혼날의 기쁨이 넘치는 풍속화적인 묘사…… 이 모든 것이 새 생활, 새 인물의 묘사와 더불어 시적인 아름다운 의경을 창조하고 독특하고 심원한 이미지를 나타냈다.

주립파는 또 언어 예술의 대가이기도 했다. 그의 언어는 마치 비 내린 뒤의 청산과 같이 수려하였고 맑은 샘물처럼 순수하고 깨끗했다. 정련되고 고상한 고대 언어와 풍부하고 친근한 사투리, 그것들을 종합 개조하여 표현력과 논리성이 강한 외국식 문장에 투입시킴으로써 전반 소설을 정서와 문맥이 함께 흐르게, 예술적이면서 통속적으로, 정확하고 세련되게, 풍부하고 다채롭게 해주었다. 애청은 주립파를 '우수한 농민 시인'이라고 말했다. 참으로 지당한 말이다!

주립파는 진정으로 여러 가지 재능을 가진 예술 대가이다. 이 점은 그 한 사람의 손으로 창작된 『폭풍취우』와 『산향거변』을 비교해보면 금세 알 수 있다. 경물로부터 생활·인물·언어에 이르기까지, 풍격으로부터 기백에 이르기까지 너무도 다른바, 어지간한 재능으로는 그렇게 할 수 없을 것이다. 물론, 『폭풍취우』에 비해서 『산향거변』은 예술상 보다 성숙되고 자연스러웠다.

장편소설 『산향거변』 외에 주립파에게는 또 단편집 『탈곡장에서』가 있다. 「산 저쪽의 집」「탈곡장에서」는 그 중에서 비교적 우수한 대표작이다. 전자는 새 생활의 풍미가 충만하고 또 낡은 풍속의 흔적도 남아 있는 혼례를 통하여 새로운 생활과 새로운 인물을 찬미하였다. 작품 내용상으로 보면, 특정한 시대의 내용을 벗어나기 어려운 것이어서, 생활 관념, 가치 관념이 모두 크게 변화된 80년대의 독자들로서는 접수하기가 어렵다. 그러나 예술상으로 보면, 작가는 유머적인 정서에 부드럽고 멋진 필치로 유쾌한 농촌의 생활 풍속화를 그렸는데, 얼핏 보기에는 생각 없이 점들을 찍거나 선을 그린 것 같지만 실은 재미있고 부드러우며 작은 것을 통해 큰 것을 보는 예술 구상이 아주 독특하다고 할 수 있다. 작품의 화면이 다채롭고 생활 숨결이 농후하며 수려하고 밝은 언어와 지방 색채가 짙은 것이 한 폭의 새로운 시골 마을의 풍속화라 할 수 있다. 단편집 『탈곡장에서』는 감동적인 호남 산골 마을의 풍속화로서 노신의 「풍파」

「고향」과 매우 비슷하였다. 그러나 보다 푸르고 명랑하여, 새 시대, 새 농촌, 새 생활의 강렬한 시대적 숨결과 농후한 생활의 숨결로 흘러넘쳤다. 작품은 대부분 짧고 정교로우며 줄거리를 중시하지 않았다. 그러나 풍경 화면이나 풍속 화면을 마음껏 펼쳐줌으로써 인물로 하여금 특정한 풍속 화면 속에서 활동하게 하였으며, 집중된 언어와 함축성 있는 언어로 사람들에게 독특한 미적 향수를 주었다. 스타일로 보면, 『폭풍취우』와는 다르고 『산향거변』과는 일치하였다.

Ⅱ. 주립파 스타일의 영향과 호남 작가군의 출현

작가의 예술 스타일은 그의 모든 작품이 나타내는 총체적 예술 풍모에서 체현된다. 또 이 예술 스타일은 제재의 선택, 주제의 발굴, 인물 형상의 창조, 문체, 언어의 운용 등 각 방면에서 각기 체현된다. 한마디로 그것은 작가가 생활을 반영하는 독특한 방식이다.

주립파 소설의 예술 스타일은 우선 제재 선택과 주제의 제련에서 표현된다. 그는 언제나 평범한 일상 생활 속에서 소재를 선택하고 사상적·예술적 여과와 제련을 거쳐 현실 생활 중의 중대한 주제를 표현하고 강렬한 시대 정신을 반영하였다. 건국 후, 주립파는 건국 전야의 『폭풍취우』와는 다르게, 웅위로운 기세, 힘있고 완숙한 필묵, 높은 격조 등에 의거하여 놀라운 중대 사건을 묘사하지 않고, 친근하고 진지한 감정과 소박하고 부드러운 필치, 유유한 정서로 농촌의 일상 생활의 정경을 조용히 그림으로써 시대 정신을 측면으로부터 반영하였다. 이것이 이른바 평범한 재료에 깊은 뜻을 세우고 소박하고 진실한 묘사에 시적 의미를 함축한다는 것이다.

인물 창조에서 주립파는 언제나 평범한 농민과 농촌 기층 간부에 중점을 두었고, 그들의 평범한 생활과 사업을 통하여 그들의 몸에서 광채를 발하는 품성과 독특한 개성 특징을 발굴해냈다. 동시대의 손리와 여지견처럼, 도도하게 풍운을 질타하는 영웅은 별로 다루지 않았다.

주립파의 예술상의 다른 한 뚜렷한 특징은 언제나 생활에 대한 감수 및 그로부터 형성된 사상·관념을 인물 형상의 세심한 묘사와 특정한 호남 지방 풍미를 갖고 있는 풍속 화면의 묘사 속에 침투시켜 사상·인물·풍속 화면을 하나로 융합시켜 독특한 매력이 있는 풍속화식의 향토 문학을 창출했다는 것이다.

이 모든 것들이 주립파의 청수하고 소박하고 정교하며 함축성 있는 예술 스타일을 구성하였다.

주립파의 예술상의 이런 특색은, 5, 60년대의 들끓는 사회주의 건설 시기와 건국초 30년의 문학이 중대한 제재를 숭상하고 영웅 인물의 창조를 제창하며, 웅장하고 호매한 격조를 좋아하던 시대의 미학적 분위기 속에서, 일종의 시원한 바람이며 단비가 아닐 수 없었다. 그것은 전국적으로, 특히 호남성에서 상당한 폭과 깊이로 영향을 미쳤다. 호남의 상강소수(湘江瀟水)가 이 미학 스타일의 형성과 성장에 특별히 유익한 것 같았다. 일찍이 금세기 2, 30년대에 심종문의 『변방의 도시』 등 많은 소설이 이러한 예술 격조를 이루었었다. 건국 이후에는 주립파의 영향하에 사박(謝璞)·손건충·고화·엽울림림·유건안·팽견명·주건명·하립위·담담(譚談)·한소공 등 중·청년 작가들이 모두 이러한 향토 풍속화소설 창작을 시험했었다. 아주 큰 성취가 있었을 뿐만 아니라 주립파 스타일의 기초 위에서 변화·발전·창조하여 70년대말에 와서는 전국적 영향력을 가진 독특한 예술 자태의 '호남 작가군'을 형성하였다.

호남 작가군의 주요 특색은 농촌의 생활에 익숙하고 농민을 사랑하며 향·진과 농촌 생활을 위주로 쓰는 것이었다. 보통 인민의 정조미와 심령미를 작품으로 표현하고 찬미하는 데 치중했으며 우리 위대한 민족의 도덕적 정화와 순결하고 아름다우며 강인한 기질, 그리고 낙관 분발하는 민족 풍격을 묘사하였

다. 예술상에서는 민족화에 모를 박고 호남 지방 색채와 풍경·
풍속화의 의경을 추구하였다.

사조 유파든 작가군이든 모두 상대적으로 존재하고 성립되는
것이며 절대로 모든 작가들의 작품 스타일의 단일화를 의미하
지는 않는다. 작가의 예술 독창성에 대한 제한과 구속의 의미는
더구나 아니다. 동시에 어떤 사조 유파도 변하지 않는 것이 아
니며 발전이 없는 것이 아니다. 발전이 있는 반면에 소실도 있
을 수 있다. 호남 작가군 속에서도 각 성원의 스타일이 다 일치
하는 것은 아니었다. 예를 들면, 고화의 중대한 사회 변혁과 정
치 풍운의 변환, 그리고 민속 풍정과 감정에 대한 묘사에서 대
담하게 낭자한 선혈을 정시하고 정면으로 참담한 인생을 대하
는 현실주의의 심각성은 주립파를 훨씬 초월하였다. 풍경·풍속
화의 묘사에서 엽울림림은 강렬한 거침과 낭만주의 기질을 나
타냈다. 한소공은 풍경·풍속화의 붓끝을 전통 민족 문화의 심
층에까지 파고들어가 일반적인 향토 풍속화소설을 문화소설이
라는 보다 높은 예술 층위에로 승화시켰다. 이는 소설의 사상적
깊이와 폭을 극히 크게 해주었으며 작품 사상 예술의 범위도 넓
혀주었다.

7. 이상주의의 조명 아래의 현실주의 사시
——유청의 『창업사』

유청은 마르크스주의 미학 원칙과 모택동 문예 사상을 견지
하고 노농 결합의 길로 굳세게 나아가며 장기적인 생활 실천과
예술 실천 속에서 성장한 저명한 프롤레타리아 작가이다.

유청(1916~1978)은 본명이 유온화(劉蘊華)이고 섬서성 오보
사람이다. 30년대초부터 시·산문과 단편소설을 쓴 그는 1936
년에 중국공산당에 가입하여 1938년에 연안으로 갔다. 유청의

초기의 습작이었던 이 기간의 단편소설 중 일부분이 『지뢰집』에 수록되었다. 1942년에 연안 정풍 운동에 참가하여 「강화」를 학습하였다. 1943년에 미지현(米脂縣)으로 가서 문서로 있으면서 첫번째 장편소설 『종곡기(種谷記)』를 창작하기 시작하여 1947년에 완성하여 출판하였다. 이는 유청의 창작 생애의 진정한 시작이었다. 이 작품은 문예의 노농병 방향을 관철하던 당시의 새로운 문학 중에서 비교적 좋은 작품이라 할 수 있었다. 그러나 이것은 주제 표현에서의 평가이다. 평탄한 줄거리와 직설, 그리고 파동이 결핍되었고 인물이 많은 데다 또 개성이 부족하여 심미 가치는 비교적 적었다.

1947년 섬북 전쟁이 폭발하자 유청은 이 중대한 제재를 흡수하여 두번째 장편소설 『금성철벽』을 구상하고 창작하였다. 이 작품은 1951년에 완성·출판되었다. 생활을 개괄한 범위와 구조의 엄밀성 및 현실주의 수법의 운용에서 특히 인물 형상의 창조에서 모두 『종곡기』보다 대폭의 진전을 보였다. 여전히 이야기 서술을 위주로 하고 인물 형상이 거칠고 풍만하지 못한 단점이 있었지만 『연안 보위』가 출판되기 전에는, 건국 초기 몇 년의 장편소설 창작 중에서 우수한 작품으로 간주될 수 있었다.

1952년에 유청은 가족을 데리고 장안 황포촌으로 내려가 14년간 있으면서 합작화 운동의 전반 과정에 참가하여 우리나라 농촌 사회의 거대한 변혁을 보았다. 1957년부터 그는 세번째 장편소설 『창업사』를 시도했다. 1959년에 『연하』 잡지에서 제1부를 연재하였으며 1960년에 정식으로 출판되었다.

『창업사』는 사상·예술상에서 『종곡기』『금성철벽』에 비해 새로운 질적 비약을 이루었다. 이야기 서술을 중시하는 표현 수법을 고치면서 인물로부터 착수했고, 또 인물을 중심으로 '생활 이야기'를 구상하였다. 그리하여 유청의 창작은 새로운 봉우리에 도달했다. 이는 유청의 독특한 예술 스타일의 형성을 표지해 주었으며 유청 창작의 기념비였다.

작가의 원래 계획에 의하면『창업사』는 모두 4부로 된 사시적인 장편이어야 한다. 비록 작가의 타계로 다 완수되지 못했지만, 이미 발표한 부분을 보면 이 작품이 아주 훌륭한 걸작이라는 것을 알 수 있다. 우리나라 현대 문학의 농촌 사회주의 건설을 내용으로 한 장편 저작 중에서 가장 우수한 장편소설이었다.『창업사』의 출현은, 농촌 현실 변혁을 반영하는 장편 창작이 사시로 발전해가는 새로운 추세를 표시한다.

I.『창업사』의 거대한 사상·예술적 성취

우선, 이 소설은 비교적 넓은 사회 배경 위에서 관중(關中) 농촌의 하보향이 호조조로부터 합작사로 발전하는 과정중의 사건을 줄거리로 하였다. 전면적이고 구체적으로 우리나라 농촌 사회의 창업 초기의 사회적 풍모를 심각하게 반영하는 동시에, 당시 전국 농촌의 정치경제 형세를 조명해주었다. 작가는 현실주의의 필치로 합작화 초기의 각종 인물의 사상 심리 변화와 복잡한 모순 투쟁을 그려냈다. 농민들이 어떻게 점차적으로 사유제를 포기하고 공유제를 접수했는가 하는 것을 표현하고 합작사의 우월성과 강대한 생명력을 열정적으로 찬미했다. 사회주의가 자본주의를 대체한다는 사회 발전의 필연 법칙을 게시해주었고, 오직 사회주의만이 중국을 구할 수 있고 농민이 조직하여 집단화의 길로 나가야만 휘황찬란한 미래가 있으며 또 바로 이것이 진정한 창업사이고 행복사라는 것을 충분히 설명해주었다.

『창업사』는 진정으로 인물로부터 착수하여 인물을 중심으로 이 '생활 이야기'를 구상해나갔다. 많은 생동하는 인물 형상들이 독자들을 깊이 흡인하고 사로잡았다. 작가는 전형 환경 속의 전형 인물과 그 상호 관계 및 갈등을 통하여 우리나라 사회주의 건설의 생활 화폭을 진실하게 재현하였다.

양생보의 형상 창조는『창업사』의 최대의 예술 성취이다. 그는 우리나라 현대 장편소설 중에서 처음으로 비교적 성공적이고 풍만하게 묘사된 농촌 사회주의의 새로운 인물 형상이다. 이 점에서『삼리만』의 왕금생·왕옥생과『산향거변』의 등수매·이월휘·유우생 등 아무도 그를 따르지 못한다. 같은 인물 유형이지만 형상의 생동성과 풍부성의 정도에 차이가 있고, 깊이와 힘에서도 같지 않았다. 양생보는 작가가 생활로부터 출발하여 고도의 예술적 개괄을 거쳐 창조해낸 평범하고도 고상하며 참답고 이상에 넘쳐 찬란한 빛을 뿜는 사회주의 농촌의 새로운 인물 형상이다. 작가가 전력을 다해 묘사하고 찬미한 영웅 인물이다. 그는 현실적일 뿐만 아니라 또 이상적이기도 했다. 그러나 타고난 완미함이 아니라 자신의 성장 역사가 있는, 진실하고 믿음성 있는 예술 전형이었다. 작가는 이 형상을 부각할 때에 양생보 성격의 핵심으로서 공산주의의 광채를 발하는 우수한 품성을 그리는 데 힘을 기울였다. 공평하고 자기 희생적이며 당에 무한히 충성하고 사업에의 헌신 정신이 있었다. 뿐만 아니라 감정으로 충만한 필치로써 하나의 보통 사람으로서의 순박하고 선량하며 다정다감하고 희노애락이 있는 풍부한 정감 세계를 펼쳐줌으로써, 그 형상을 보다 진실하고 믿음성 있으며 보다 큰 예술 감염력을 갖는 것으로 만들어주었다. 우리가 이렇게 양생보 형상의 창조가 이룩한 예술 성취를 긍정하는 것은 결코 이 형상이 예술상에서 완전무결하다는 의미가 아니다. 첫째로, 사실상『창업사』제 1 부에서는 하나의 완전한 농촌 사회주의 신인물로서는 아직 발전중의 인물이고 신인물로서의 성격은 최후에 형성된다. 적지 않은 곳에 여지를 남겨 제 2, 3, 4 부에서 더욱 발전·완성시키려 한 것이다. 둘째로,『창업사』제 1 부에서의 양생보 형상에 대한 창조를 살펴보면, 깊이 파고들어가 정밀하고 세심하게 그려내야 할 곳임에도 도리어 가볍게 처리하거나 심지어는 무시한 곳들이 있다. 바로 어떤 연구자들이 말한 것처럼 이 인물 형상의 창조에 아직도 "세 가지가 많고 세 가지가 부족"한 현상이 존재했다(이념 활동이 많고 성격 묘사가 부족하며, 주변에서 떠드는 것이 많고 충돌에서의 표현이 부족하며, 서정과 의론이 많고 객관 묘사가 부족하다). 때문에 양생보의 형상은 『창업사』 중에서 예술상 가장 성공적이고 가장 뛰어나며 가장 심후한 형상이라고 할 수 없다.

『창업사』에서, 예술상 가장 성공적이고 뛰어난 형상은 양삼노한(梁三老漢)이다. 1) 우선 하나의 완전한 예술 전형으로서의 양삼노한은 『창업사』의 제1부에서 기본상 완성되었다. 제1부에서의 양생보처럼 발전중의 형상인 것이 아니라 완전하게 독립적인 의의를 가진 형상이었다. 2) 작가는 양삼노한의 형상에 중대한 사회적 의의를 부여하였다. 작품은 토지 개혁 후의 농촌 계급 투쟁의 생활 면모에 대한 제시의 넓이와 깊이를 아주 큰 정도로 이 형상의 완성에 의거하였다. 3) 가장 중요한 것은 이 형상에 작가의 풍부한 농촌 생활 경험이 응집되었고, 유머와 부드러운 정서로 작가가 농민에 대한 친근한 이해와 성실한 감정을 표현했다는 것이다. 진실하고 믿음성 있으며 또 전형 의의가 있는 생활 세목과 내심의 모순 및 인간 사이의 갈등을 통하여 그의 성격에 고유한 근검·선량하고 정직하며 굳센 신념을 충분하게 표현시켰다. 뿐만 아니라 소농 생산자로서의 이기적이고 낙후되었으며 우매하고 보수적인 면도 그렸다. 작가는 선의의 야유와 유머, 해학의 필치로 양삼노한의 성격 중의 이러한 이중성에 의해 조성된 행위 속의 모순을 생생히 그려냈다. 특히 작가는 양삼노한의 전변을 그리는 데 가장 공을 들였으며, 설득력 있게 사회주의 역량의 강대함을 반면으로부터 설명함과 동시에 모든 농민들이 필경은 사유제의 속박에서 벗어나 집단화·공유제의 길로 나아가는 것을 정면으로부터 설명해주었다. 『창업사』 이전의 합작화를 반영한 일부 작품들은 흔히 노일대 농민의 보수적이고 낙후하며 이기적이고 완고한 일면만 강조하고 그들에게 잠재되어 있는 적극적인 일면은 비교적 경시하였다.

최후의 전변을 그렸다 해도 좀 당돌하고 총망한 감을 주어 설득
력이 결핍되었다. 그러나 『창업사』는 대량의 편폭으로 극히 상
세하게 양삼노한의 느리지만 꾸준한 전변 과정을 새겨내었다.

　양삼노한의 형상이 비록 예술상에서 양생보의 형상보다 더
성공적이고 뛰어나기는 하나 여전히 『창업사』의 최대 성취는
양생보의 형상이라고 할 수 있다. 양생보 형상 창조에 적지 않
게 가공·수식할 곳이 있기는 하지만 이미 완성된 부분만으로도
기본상으로 성공이라고 응당 승인을 해야 할 것이다(이는 제 1
부만을 두고 하는 말이다. 제 2, 3, 4 부에 아직도 인물 발전의 많은
여지가 있지 않겠는가). 이 형상을 농촌 사회주의의 새로운 인물
의 대열 속에 두고 비교해본다면 양생보 형상의 예술 성취는 동
류 작품의 동류 인물보다 뚜렷이 높은 것이다. 이는 중국 현대
소설사의 인물 화랑에서 오늘까지 가장 성공적이고 풍만한 농
촌의 새 인물 형상일 것이다. 이 형상 창조의 성공 여하는 직접
『창업사』 전반의 성패(成敗)와 관계된다. 다른 각도에서 말한
다면, 사회주의 새 인물 형상의 창조는 기타 보통 인물 형상의
창조보다 더 큰 어려움이 있다. 일부 인물의 우수한 품성과 정
신은 흔히 생활중에 맹아 상태로 잠재되어 있거나 인물 속에 숨
어 있다. 이는 작가의 예민한 발견에 의해야만, 때로는 또 이상
주의의 조명에 의해야만, 인위적인 허위감을 배제할 수 있다.
이 점에서 유청은, 비록 노력의 여지가 더 있기는 해도, 조수리·
주립파와 비교해볼 때, 크게 한걸음 내디딘 것이 사실이다. 새
인물과 영웅 형상을 창조하는 것이 필요하기는 하나 어떻게 창
조하고 어떤 인물이나 영웅을 창조하느냐 하는 것은 아직까지
도 철저히 해결하지 못한 중대한 예술 과제이다. 새 인물 형상
의 창조를 위한 모든 실험은 이 과제의 진일보한 해결을 위해
모두 도움이 된다고 말할 수밖에 없다.

　『창업사』의 기타 인물, 즉 곽진산·요세걸·고증복·풍유만·
'임네째'·환희·개하(改霞) 등도 모두 비교적 성공적으로 그려

졌다.

마지막으로, 『창업사』의 예술 성취는 또 그가 사용한 구체적인 예술 수법에서도 표현되고 있다. 동류의 다른 작품들과는 달리 『창업사』는 심리 묘사를 아주 중시하였으며 인물의 심리 활동과 사상·심령의 변화 과정에 대한 묘사를 중시하였다. 거의 모든 사람들에게 독특하고 풍부한 심리 세계사가 있다. 『창업사』의 많은 인물 성격이 독자에게 그토록 강렬한 인상을 남겨 줄 수 있었고 개성이 뚜렷할 수 있었던 중요한 원인의 하나는 작가가 각자의 사회 생활 및 경력과 밀접한 관계를 가지고 그들의 서로 다른 정신 생활과 심리 변화의 과정을 표현하였다는 데 있다. 만일 풍부한 내면 활동의 묘사가 없었다면 부농 요세걸과 부유 중농 곽세부의 성격은 그처럼 심각하고 적나라하게 폭로되지 못했을 것이다. 만일 심리 묘사가 없었다면 양삼노한·왕이직강(王二直扛) 등의 농민 성격에서 체현된 자연 발생적 의식과 소농의 습관 세력도 그처럼 심각하고 감동적으로 발굴되지 못했을 것이다. 심리 묘사의 도움이 없다면 아직 맹아 상태에 있는 사회주의 새 인물 형상 양생보가 그처럼 심각하고 감동적으로 될 수 없을 것이다. 한 작가가 만일 인물의 영혼의 비결을 끄집어낼 수 없다면 인물 해부나 인물 창조의 심도에서 아주 제한을 받게 될 것이다. 유청은 인물의 심리 묘사를 각별히 중시했다. 이 특징은 외국 문학 창작의 경험을 성공적으로 배운 뚜렷한 결과이다. 이것은 5, 60년대의 문학 창작 중, 특히 그 시기의 농촌소설 창작 중에서는 극히 보기 드물었던 것이기 때문에 무엇보다도 귀중한 것이었다.

인물 창조에서 유청은 늘 대비 수법을 사용했다. 대비를 통한 강렬한 차이 속에서 각자의 성격 특징을 돌출하게 하였다. 구조상으로 『창업사』는 전통 문학의 장회(章回)체의 특징을 계승하고 개조와 창조를 첨가하였다. 서두에 문제의 서술이 있고 결말에는 결과가 있으며 중간의 30개 장이 서로 연계되고 한걸음씩

추진되는데 근엄하고 세밀하며 새롭고 독특하였다. 언어의 소박
함과 응집됨에는 늘 심각한 철리적 평론이 있었다.

사회 생활의 변화에 따라 사람들의 가치 관념과 심미 의식도
변하게 된다. 『창업사』에 대한 평가에도 논쟁이 생겼다. 어떤
사람은 80년대의 농촌 정책과 체제의 변화로부터 출발하여
『창업사』가 개괄한 생활의 정확성을 부정하였다. 심지어 그것
의 진실성까지도 의심하면서, 양삼노한이 부유해지고자 하는 데
는 아무런 잘못이 없다고 지적하고 양생보의 형상을 좌경 사상
의 산물이라고 말했다. 1988년에 어떤 사람은 또 '문학사를 다
시 쓰자'라는 제목으로 글을 쓰면서 『창업사』를 비판, 이 소설
이 "협애한 계급 분석론으로 여러 가지 인물을 조립해넣었"고,
"문학의 공리 관념이 뿌리깊게 박혀 있다"고 지적하였다. 우리
는 이런 논쟁에 말려들고 싶지 않고 이런 비판이 모두 착오라고
말하고 싶지도 않다. 우리는 유청이 『창업사』를 창작한 데는
명확한 공리적 목적이 있었다는 것까지 승인한다. 계급 관념이
그의 신경과 혈관 구석구석까지 스며들었다고 말할 수도 있다.
그러나 그에게 그렇게 하지 말았어야 했다고 요구하는 것은 불
가능한 일이다. 유청뿐 아니라 유청과 동시대의 작가들의 절대
다수가 모두 그러했다고 말할 수 있다. 심지어 노신과 같은 현
대 문학의 선구자도 문학의 공리 목적을 주장하였다. 문제는 이
런 관념이 작품의 예술적 성패·득실과 필연적이고 직접적인 연
계가 있느냐 없느냐에 달려 있는 것이다. 우리는 없다고 생각한
다. 한 작품의 성공 여부는 주로 작가의 관념에 있는 것이 아니
라 작품의 예술 형상 자체에 있다. 현실주의 미학 범주에서의
장편 서사 문학으로 말하면 작품의 생활에 대한 예술 개괄이 진
실한 것인가와 인물 형상이 생동하고 개성이 있으며 심각하고
전형 의의가 있는가 하는 것을 주요하게 보며, 또 작품의 전체
적 예술 스타일의 독특성 여부를 보는 것이다. 작품 속의 생활
의 진실과 객관 생활의 진실은 연계가 있으면서도 또 서로 다른

별개의 세계이다. 사람들의 실제 생활의 시비와 공과에 대한 가치 판단으로 작품 속에서 예술적으로 창조한 생활의 가치 판단을 결정하거나 대체할 수는 없다. 이런 의미에서 말하자면, 우리는 여전히 『창업사』의 성취를 긍정한다.

II. 유청의 스타일, 그 영향과 섬서 작가군의 형성

넓고 경쾌하며 명랑하고 호방한 문장의 흐름과, 인물의 내면 깊은 곳을 묘사하고 인물의 정신 세계와 내면 세계 발전 과정의 표현에 치중하는 것, 그리고 사건 서술과 인물 묘사에 심각한 철리를 투입하고 서사·인물 묘사·서정·의론을 결합시키는 것, 이러한 것들이 유청의 창작 개성이고 유청의 스타일이다. 그의 작품에 자주 출현하는 관중(關中)과 대서북의 정서가 넘치는 풍경 화면처럼, 광활한 관중평원, 울부짖는 위하의 양안, 백설 덮인 종남산 아래의 푸른 하늘을 찌르며 치솟은 백양나무, 풍성한 민들레……, 이러한 것들이 모두 유청의 스타일과 잘 어울리고 융합되어 혼연일체를 이루었다.

유청의 미학 사상, 창작의 길과 예술 스타일의 영향하에서 50년대 말기부터 대체로 비슷하고 공통된 특색을 가진 섬서 작가군이 이미 형성되기 시작했다. 주요 성원은 유청·호채(이론가)·두붕정·왕문석·위강염·이약빙 등의 노작가들이었다. 그들 중의 대부분은 연안과 섬감녕 변구에서 온, '강화'가 직접 육성해낸 문예병들이었다. 이 노작가들은 항일 전쟁과 해방 전쟁의 포화의 세례를 겪었고 황무지 개간의 역사를 겪었다. 때문에 그들의 작품에는 모두 짙은 흙냄새와 초연의 호흡이 넘치고 있었다. 바로 그들이 연안 문예 전통의 나무를 심어, 몇십 년 동안 한 떨기 또 한 떨기의 전통의 꽃들이 피어났다. 10년 동란을 거친 새로운 역사 시기에 이 연안 전통의 문예 나무는 더 아름답고 번창하는 새로운 꽃들을 피웠다. 젊은 작가 진충실·경부·추지안·가평요·로요…… 등이 성장하였다.

섬서 작가군의 작가들은 스타일이 다 같지는 않았지만 그들의 창작에서 일부 공통적 특징들을 찾아낼 수 있다. 간단히 말해서, 창작 사상이 '강화'의 정신과 모택동 문예 사상을 견지하였기 때문에 일부 사람들로부터 '강화파'라는 말을 듣게 되었다(사실, 어떠한 문학관·미학관을 견지하든지간에 작가에게는 완전히 자기 나름으로의 자유가 있는 것이다. '강화파'라는 이름이 그들의 작품이 단지 선전품일 뿐이고 예술품이 아님을 의미하는 것은 아니다). 다른 한 가지 특징은, 새 시대, 새 생활, 새 인물과 시대 숨결, 생활 분위기가 짙은 것들을 쓰기 좋아했다는 점이다. 아울러 전쟁 영웅과 사회주의 새 인물을 많이 썼다. 예술상에서 민족 스타일과 지방 특색을 추구했고 대서북 풍미가 있었다. 필법에서는 전통 문학의 기초 위에 외국 문학의 유익한 경험을 흡수했다(이 점은 '산약단'파에 비하면 많이 개방된 것이었다). 이 필법 때문에 일찍이 어떤 사람에게서 '쇠고기 분말'파라고 칭찬받기도 했었다. '쇠고기 분말'이라고 칭찬하고 '양고기 분말'이라는 칭찬을 하지 않은 것은 이른바 '중서합벽(中西合璧)'이라는 뜻이었다.

8. 계급 투쟁 관념에 제약받은 현실주의
──『풍뢰』와『맑은 하늘』

『풍뢰』와『맑은 하늘』은 60년대 중기에 들어 출판된 농촌 제재의 장편소설들이다. 당시는 전중국 사회가 계급 투쟁을 '해마다 말하고 달마다 말하는' 시기였기에 곳곳에서 '점령·반점령' '탈권·반탈권'의 함성이 멎지 않았다. 『풍뢰』『맑은 하늘』을 포함한 거의 모든 문학 작품의 원 내용이 어떠했든지간에 상층의 붉은 계급 투쟁의 외투를 걸치지 않은 것이라고는 없었다.

농촌 제재 소설 창작은 50년대 초기에는 계급 투쟁을 내용으

로 쓴 것이 아직 많지 않았다. 예를 들면,『삼리만』에서는 지주
와 부농과의 계급 투쟁을 쓰지 않았고, 50년대 후기에 점차 많
아지기 시작하여『산향거변』에는 파괴분자 공자원이 부유 중농
장계추와 결탁하여 파괴와 혼란을 진행하는 정절이 있다.『창
업사』에서는 한 중요한 사회 세력으로 부농 요토걸의 파괴 활
동을 썼다. 그러나 전체적으로 말하면, 계급 투쟁은 이런 작품
들에서 스토리의 주선으로 구상되어 나타난 것이 아니고, 대부
분 두 가지 사상, 두 갈래 길의 노선 투쟁을 표현하기 위한 것
이었다. 60년대 이후에 출현된 농촌 제재 소설에서 계급 투쟁
의 관념과 내용이 강화되고 돌출되었는데, 이 작품은 계급 투쟁
을 일관된 주선으로 하고 합작화의 과정을 완전히 계급 투쟁의
과정으로 보았으며 한 계급이 다른 한 계급에게 싸워 이기는 과
정으로 보았다. 이른바 농촌 사회의 새로운 인물이란 노선 투쟁
의 각오가 높고 계급 투쟁의 앞장에 나서는 영웅들이었다. 이
모든 것은 물론 생활의 본래 모습이 아니고 상당히 강렬한 계급
투쟁 관념과 의식적인 짙은 주관 색채로 '인화(人化)'된 현실이
었다. 관념과 의식으로부터 출발하여 써낸 문학 작품 중의 현실
은 이미 생활중에 실존하는 현실이 아니었다. 만일 문학을 생활
의 거울로 삼아 문학 작품을 통하여 현실을 이해하고 인식하려
는 목적으로 이런 작품을 읽는다면 독자는 함정에 빠질 것이다.
왜냐하면 작품이 반영한 것은 왜곡된 관념이고 변형된 현실이
기 때문이다.『풍뢰』와『맑은 하늘』은 1964년에 출판된 후,
사회의 큰 반향과 거의 한결같은 칭찬을 받았다. 어떤 사람은
이를 "우렁찬 북소리이며 그 현실 교육 의의는 강렬하고 심각
하다. 소설은 계급 투쟁의 새로운 형식, 새로운 특징을 묘사하
는 방면에서 우리들의 창작에 극히 귀중한 충고와 계발을 주었
다"고 말했다. 이는 당시 전반 시대의 사회 사조와 심미 사조가
모두 인위적인 계급 투쟁 분위기에 공제되고 제약되었기 때문
이었다. 사람들은 계급 투쟁을 믿고 받드는 집단 의식 속에서

인화(人化)된 현실을 실존 현실 자체로 오해했다. 때문에 그것들이 우수한 현실주의 작품이라는 결론을 얻게 되었던 것이다.

80년대 이후, 사람들이 다시금 이 단락의 역사와 이 역사를 반영한 문학 작품을 돌이켜보았을 때에는 또 60년대와 완전히 상반된 새로운 사회 관념과 심미 관념에서 출발하여 이전의 생활에 새로운 해석을 가했다. 그리하여 이 두 작품은 다시 부정당하고 비판받게 되었다. "생활에 대한 완전히 '좌'적인 재단과 도식적 정치 개념의" 작품이라는 것이다. 두 개의 역사 시기에 이처럼 두 가지 전혀 다른 평가가 있게 되는 까닭은, 그들이 각기 처한 시대의 정치 관념이 서로 달랐기 때문이다. 모두 정치 표준을 가지고 문학 작품을 측량한 결과였다. 시대와 역사가 변함에 따라 옳고 그름에 대한 정치 표준의 내용도 변하기 때문에 이처럼 전혀 상반되는 결론이 있게 된다. 전자는 정치상에서 긍정했기 때문에 예술상에서도 긍정하게 된 것이고 후자는 정치상으로 부정했기 때문에 예술상에서도 부정을 하게 된 것이다. 그러나 실제 독서 과정에서 두 작품은 모두 아주 강렬한 예술 흡인력(즉 생활에 대한 해석의 미학 의미가 풍부하다)을 발휘했으며 작품 속에 많은 진실하고 감동적인 세부 묘사가 있었다. 어떤 인물 형상은(반면 인물을 포함하여) 상당히 생동하고 풍만하게 그려졌으며 개성적인 특징이 선명했다. 구체 묘사에서의 일부 멋진 사실(寫實)적 필묵은 또 아주 현실주의적이었고 강한 예술 감염력과 단순하지만은 않은 도식화와 관념화가 있었다. 이러한 정황이 있음으로 해서, 우리는 아직도 소설을 소설로 읽는 편이 좋을 것 같다. 오직 우리들이 정치 표준 제일에 너무 치우치지 않고(완전히 고려하지 않는다는 것은 아니다) 조금이라도 객관적이 될 수 있다면, 『풍뢰』와 『맑은 하늘』이 일정한 예술 매력을 가진 예술품(물론 단점이 있는 예술품)이고 사록(史錄)과 선전품이 아니라는 것을 승인하지 않을 수 없을 것이다. 전체적으로 볼 때, 특히 예술의 견지에서 볼 때 이들은 기본상에서 아직도 현실주의의 미학 범주에 속하는 것이다. 이러한 일부 작품에 대해 우리는 계급 투쟁 관념의 제약하에서의 현실주의 작품이라고 통칭할 수 있다.

현대 미학의 각도에서 보면, 문학은 현실 생활의 재현이라고 말하기보다 현실 생활에 대한 심미 해석이라고 하는 편이 더 낫지 않을까. 다만 그 해석이 미학 의미가 있다면, 그 작품은 좋거나 혹은 비교적 좋은 현실주의 작품일 것이다. 우리는 작품에 묘사된 모든 것이 실제 생활에 부합되는가 하는 것을 너무 지나치게 추궁할 필요는 없는 것이다.

Ⅰ. 진등과의 장편소설 『풍뢰』

진등과는 건국 초기에 중편소설 「활인당(活人塘)」을 썼었다. 이후에 또 장편소설 『회하의 아들딸』 『이산(移山)』을 썼고 단편소설집 『춘추집』을 묶었다. 『풍뢰』는 그의 세번째 장편소설이다.

『풍뢰』는 50년대 중기에, 회북 지구의 낙후된 향을 개조하는 이야기를 쓴 것이다. 작품이 주로 게시하려 했던 것은 농업 합작화 운동 중의 우리나라 농촌의 첨예한 계급 투쟁과 노선 투쟁 및 이 투쟁중에서 노동 인민이 보여준 사회주의의 적극성이었다. 동시에 당시 농촌 사회주의 건설에서 당이 수행한 위대한 작용을 긍정하고 찬미했다. 이러한 의도와 명제는 당시의 "계급 투쟁이 날로 더 심해지는" 사회 사조의 영향으로 형성된 것이다. 이것이 작가로 하여금 생활에서 발견되는, 인간들 사이의 일반적인 모순과 충돌로 해석할 수 있는(계급 모순의 요소를 완전히 배제하지는 않는) 것들에 전부 계급 투쟁의 색채를 덧씌워 가지고 계급 투쟁이 고도로 상승된 것으로 인식하게 했다. 작품은 대부분의 편폭으로 농촌의 이른바 계급 투쟁을 표현했다. 그의 작품에서의 이른바 현실이란 바로 강력한 계급 투쟁 의식이 충만된, 주관 색채가 아주 짙은 인화(人化)된 현실이거나 허구

적인 현실이었다. 모든 예술 수법을 동원하여 독자로 하여금 그
가 창조한, 이 계급 투쟁으로 충만된 세계가 하나의 진실한 세
계이며 바로 이것이 이른바 제2의 진실, 즉 예술 진실이라고
느끼도록 하였다. 생활 속에서의 존재 여부는 그 다음 문제였
다. 작품에 씌어진 것이 독자가 보기에 실존하는 것 같고 그리
하여 독자가 실존이라고 믿으면 작가는 자신의 목적을 실현한
것으로 되었다. 물론, 작가는 그 작품을 창작할 때에 자신이 허
구를 만들고 있다고 생각하지는 않는다.

  계급 투쟁과 노선 투쟁으로 충만된 이 농촌 세계를 사람들에
게 펼쳐보이기 위해 작가는 3개 조의 서로 대립되는 인물을 설
계하여 두 부류의 모순 충돌을 정성들여 구상하였다. 한 조는
구위 제2 서기 축영강을 대표로 한 당의 정확한 영도와 혁명 군
중의 정면 역량이었고 다른 한 조는 구위 서기 웅빈을 대표로
한 당내의 착오 노선의 세력이었으며 또 다른 한 조는 황용비를
대표로 한 지주 계급의 복벽 세력이었다. 이 3개 조의 인물을
에워싸고 첨예하고 격렬하며 곡절 많고 복잡한 노선 투쟁과 계
급 투쟁을 전개하였다. 이러한 인물 세계와 모순 충돌의 조직은
작품의 깊은 전개를 위해 하나의 틀을 제공해준 것뿐이고, 진정
으로 작품이 사람을 감동시키는 예술 역량을 가지려면 아직도
다른 요소를 더 필요로 했다. 우선, 이 3개 조의 인물과 2개
조의 모순을 에워싸고 작가는 기복이 있고 연극성이 강하며 엄
밀하게 짜인 이야기 줄거리를 배치하였다. 황니향의 식량 문제,
호대홍 암살 사건, 엄위군 부부의 이혼, 밤에 쌀장수를 붙잡은
일, 편석조(編席組)의 풍파, 축영강과 춘방의 애정 등등의 이야
기가 긴밀히 조직되고 진실되게 묘사되었다. 작품으로 하여금
매혹적이고 심금을 울려주는 예술 역량을 갖게 했다. 소설은 바
로 이야기를 엮어가는 예술이다. 사람을 유혹할 정도로 이야기
를 잘 엮게 되면 진정한 예술 경계에로 사람들이 들어가게 된
다. 그 다음으로 『풍뢰』는 농후한 지방 색채를 갖고 있으며, 마

치 한 폭의 민간 풍속화와도 같다. 작가는 이야기 발생지인 회북 평원의 웅장하고 다채로운 풍경을 정성들여 묘사했다. 눈바람 속에서 솔솔 피어오르는 취사의 연기, 일망무제한 화초의 물결, 시장의 싸구려 소리, 부부 사이의 말다툼, 회북 농민의 속담·가요와 찬탄을 금치 못하는 신화·전설 등등이 있었다. 곡절 많고 기탄없는 이야기가 이 다채롭고 아름다운 생활 화폭에서 발생된 것이다. 독특한 풍토 인정의 묘사는 이야기의 예술 취미를 더해주었다. 『풍뢰』는 바로 이런 풍속 화면과 풍토 인정의 묘사로써, 매혹적이고 감동적인 이야기로써, 인물을 그려내고 주제를 보여주었다. 때문에 결함이 있는 『풍뢰』가 도리어 그 예술 풍채를 잃지 않게 된 것이다.

Ⅱ. 호연의 장편소설 『맑은 하늘』

호연은 농촌 제재에 능란한 작가이다. 창작에 부지런한 그는 건국 초기 30년에 모두 백여 편의 단편소설을 썼다. 『맑은 하늘』은 그의 첫 장편소설이다. 모두 3권으로 나누어진 이 작품은 제1권이 1964년에 출판되고 제2, 3권은 1966년에 출판되었다.

진등과의 『풍뢰』와 대체로 같은 정황이었다. 농업 합작화 과정의 첨예하고 복잡한 계급 투쟁을 반영한 『맑은 하늘』은 동산오 농업사의 당지부 서기 소장춘과 사회주의의 길로 적극 나아가는 광대한 농민을 일방으로 하고, 당내에 혼입된 계급 소외 분자인 농업사 부주임 마지예, 지주 마소반, 부농 마재 및 낙후한 부유 중농을 다른 일방으로 하여 토지 분배·양곡 소란·양곡 빼앗기·흉기 살인·가축 탈취 등의 사건을 에워싸고 집단화의 길과 사회주의의 길을 걷는 문제 등에서 첨예한 모순 충돌을 전개하였다. 『풍뢰』와 마찬가지로 작가가 주관상에서 표현한 것은 변혁중의 농촌의 진실한 역사와 현실 풍모였지만 실제로 표현된 것은 오히려 강렬한 계급 투쟁 관념과 주관적 색채가 극히 강화된, 인화(人化)된 농촌 현실 세계였다.

주관 이념에서 작가의 현실에 대한 인식과 파악은 편차가 있고 착오적이었다. 그러나 호연은 농촌에서 오래 생활했고 농촌 생활과 농촌 인물에 아주 익숙했다. 그는 허구적인 농촌 계급 투쟁 이야기와 계급 투쟁 쌍방의 인물을, 진실하고 세밀한 농촌 생활의 세부 묘사와 농촌의 복잡한 인간 관계 속에 두고 묘사하였다. 인물을 격렬한 모순 충돌과 농촌의 일상 생활·사업·노동·애정과 가정 생활 속에 두고 표현하면서 끊임없는 기복과 매혹적인 이야기 줄거리 속에서 인물 성격의 창조를 진행하였다. 그리하여 독자는 여전히 작품의 예술 매력을 느낄 수 있었다. 『맑은 하늘』이 예술상에서 비교적 성공하게 된 것은 인물 형상의 창조 때문이었다. 소장춘 외에도 일심으로 충성하는 마로전, 용감한 벙어리, 집단을 사랑하는 왕아주머니 등 정면 형상이 모두 성공적이어서 사람들에게 깊은 인상을 주었다. '중간 인물'인 만만요·마대포도 특색이 있었다. 마지예·마소반 등의 인물도 각자 그 본질과 개성을 나타냈다.

문학 평론에 늘 이런 편향이 나타났다. 말하자면, 작가·작품의 관념의 옳고 그름에 따라 작품의 예술적 득실과 실패를 판정하였다. 이런 현상은 50년대, 60년대뿐만 아니라 80년대에도 여전히 존재한다(예를 들면 '청관 의식'(淸官意識)으로 『새 별(新星)』을 완전히 부정해버렸다). 관념 비평과 예술 비평은 구분해야 하는 것이다. 물론, 우리가 환영하고 필요로 하는 것은 정확한 관념과 높은 예술 고도가 통일된 작품이다. 그러나 근본상에서 말하면 관념의 정확 여부와 예술의 성패 득실은 직접적이고 필연적인 관계가 없다. 관계되는 것은 작가 내심의 성실 정도와 예술 공력의 정도이다.

제 4 장

생활에 참여하고
어둠을 폭로하는 현실주의
—— 50년대 중기에 불공평한 비판을 받은 작품들

1956년부터 1957년 상반기까지는 현대 문학 발전의 중요한 한 시기였으며 소설 창작에 약간의 돌파와 개척이 있었던 관건적 시기였다. '쌍백' 방침이 정식으로 제출된 후, 소설 창작의 영역내에서 많은 작가들의 창작 사상이 활발해졌고 대담하게 현실을 정시하고 생활 속의 많은 불합리한 현상을 반영하였다. 이렇게 되어 이 시기에 '생활에 참여하고 어둠을 폭로하는' 주목할 만한 현실주의 소설 창작 조류가 나타났다.

이 경향의 소설 창작의 현저한 특징은 소설 창작의 시점을 객관 생활에서의 추악하고 어두운 일면에 둔 것이다. 선명한 사실(寫實)적 스타일로 생활의 풍부성을 표현하는 동시에 생활의 복잡성도 충분히 보여주었다. 이렇게 표현된 내용은 직접 사람들의 이성적 인식에 침투되었고 현실 생활에 대한 사람들의 큰 관심과 엄격한 사색을 불러일으켰다.

소설이 표현한 내용으로 보면 이런 경향의 소설 창작은 객관 현실 생활에 대한 엄숙한 사색과 관찰에 기초한 것이었다. 창작의 주요한 시점은 다음과 같은 두 가지 방면으로 집약되었다. 하나는 객관 현실 중의 어둡고 부패한 일면으로서 주로 형형색색의 관료주의·보수주의의 사상적 경직 현상을 폭로하고 비판했다. 다른 하나는 애정 묘사의 금기를 돌파하고 인간의 깊은 정감 세계에 심입하여 풍부하고 다채로운 애정 생활을 표현하였다.

1. 왕몽 등의 폭로소설

현실에 직면한 소설 창작

  '쌍백' 방침의 제출은 작가들의 사상을 크게 해방시켰다. 많은 작가들이 고유한 창작 모델에서 뛰쳐나와 이전의 소설 창작이 생활에 대한 이해가 좁고 일면적이었던 단점을 발견하게 되었다. 때문에 직접 현실 생활의 추악한 현상을 폭로하고 비판하는 소설 창작의 새로운 붐을 일으켰다. 이는 사람들의 중시와 경각심을 불러일으켰다.

  이 유형의 소설 창작은 '생활에 참여하고 어둠을 폭로하는' 현실주의 소설의 핵심 부분이라고 보아야 한다. 이 부류의 소설들이 중시한 것은 소설 예술의 현실 생활에 대한 재현·모사·반영의 기능이었다. 객관적으로 냉정하게 사실을 그리는 스타일은, 자연히 작자의 주관 의도와 희망을 자신이 서술하려는 대상 속에 유기적으로 침투시키게 되며 또 이로부터 강렬한 이성 색채가 생기고 사람들의 의지적인 사색을 직접 표현함으로써 객관 현실에 대한 본질적 인식에 도달하게끔 한다. 때문에 소설의 사실 기능을 중시하고 소설 창작의 사회적 객관성을 강조하며 소설의 이성 심미 색채를 돌출하게 하는 것이 이 부류 소설 창작의 주요 특색이었다.

  현실에 직면하는 이 부류의 소설은 외부 세계(객관적 현실 생활 사회)로부터 제재를 찾는 것을 비교적 중시하였다. 아울러 초점을 현실 생활의 어둡고 부패된 일면에 집중시켰다. 이는 찬미만 하던 전시대 소설 창작에 대해 말하면 제재나 주제상에서 하나의 새로운 돌파와 개척이 아닐 수 없다.

이 소설 창작 경향이 나타나기 전의 현대 소설 창작이 거둔 성취의 배후에는 회피할 수 없는 많은 한계와 결함이 있었다. 말하자면, 창작 시야가 너무 좁고 제재가 단순하며 스타일이 단일하다는 따위이다. 현실 생활중의 모순 충돌을 회피하고 사회의 이면과 어둠을 감히 폭로하지 못하며 현실 생활중의 곤란과 좌절을 표현하지 못했던 소설 창작 현상이 아주 성행하였다. 이런 창작 현실에 대하여 이 유형의 소설 작가들은 '쌍백' 방침의 정신 지도하에서 기치도 선명하게 '생활에의 참여'라는 문학 주장을 제출하고 적극적이고 효과적인 창작 실천을 진행하였다. 제재상에서, 이런 소설가들은 현실 생활의 낙후한 면과 어두운 면을 과감히 다루며 생활의 풍부성과 복잡성을 반영하고 생활속에 나타나는 여러 가지 문제에 대한 탐색을 진행하였다. 주제상에서, 폭로와 비판을 통하여 관료주의·보수주의의 사상적 경직 같은 현실 생활의 여러 가지 추악한 현상을 무자비하게 공격했고, 과감히 진리를 지키고 원칙을 견지하며 추악한 현상과 투쟁하는 선진 인물을 찬미하였다. 인물 형상 창조에서, 이 소설들은 선진 인물을 단순하게 묘사하던 한계를 돌파했으며 일정한 지도적 지위에 있는 관료주의자 형상을 묘사하였고 그 관료주의의 보호하에 허풍치고 재주부리는 사람들을 풍자했다. 때문에 이러한 소설의 전체적인 예술 표현 특징은 폭로성·비판성과 풍자성이라고 말할 수 있다. 그 주요한 대표적인 작품으로는 왕몽의 「조직부에 새로 온 젊은이」, 경용상(耿龍祥)의 「입당」, 경간(耿簡)의 「깃대에 오른 사람」, 백위의 「곤혹에 빠진 농장주석」, 이국문의 「개선(改選)」, 남정(南丁)의 「과장」 등이 있다.

폭로·비판과 풍자를 취지로 한 이 유형의 창작은 소설로 하여금 현실을 정시하는 기초 위에서 모두 고도의 진실성을 표현하게 하였고 현실 생활중의 어둡고 추악한 현상을 직접 폭로·

비판하고 풍자하게 하였다. 어떤 작가는 직접 그 생산의 사상적 근원까지도 찾았다. 이 면에서 왕몽의「조직부에 새로 온 젊은 이」가 대표적이다. 이 소설은 구위 조직부에 새로 전근되어온 한 청년의 견문을 통하여 당의 중요 기구에 아직 존재하고 있는 시대와 어울리지 않는 것들을 적발·묘사하였다. 구위 조직부 제 1 부장 유세오에 대한 묘사를 통하여 관료주의의 사상적 근 원을 게시하였다. 노간부인 유세오는 공화국 탄생 이전에 이미 인민 해방 사업에 참가했던 청년이었다. 그러나 새로운 역사 시 기, 공화국이 건설과 발전을 추진하는 역사 시기에 들어와서 그 는 도리어 혁명 사업과 불타는 생활에 대해 이전의 열정을 잃고 무서운 냉막감에 빠졌다. 이런 현상을 설득력 있게 묘사하면서 더 한층 깊이, 이러한 관료주의 작풍을 초래한 사상적 근원이 바로 지도 간부의 사상적 경직에 있다는 것도 탐색해냈다. "그 저 그렇지요 뭐" 하는 유세오의 구두선이 모든 관료주의자들의 인생 철학과 사상의 뿌리를 아주 형상적으로 표현해준다. 이와 동시에 소설은 또 다른 유형의 관료주의자인 한상신의 형상을 그려내었다. 그의 특징은 득의양양하고 허장성세하며 상급에는 아첨하고 군중에게는 오만한 거간꾼의 습성이다. 한상신과 유세 오, 이 두 형상이 유기적으로 조합되어 한 폭의 관료주의자의 형상도를 구성하였다. 동류의 다른 소설, 말하자면 경간의「깃 대에 오른 사람」이 폭로하고 비판한 것은 형색(形色)주의로 떠 들썩한 관료주의였고, 백위의「곤혹에 빠진 농장 주석」이 폭로 한 것은 농민 이익을 침범하는 옳지 못한 기풍이었다. 모두 가 서로 다른 각도에서 현실 생활의 여러 가지 불합리한 현상을 진실하게 반영하고 이런 현상에 대해 선명한 비판과 풍자를 하 였다.

　현실에 직면한 이런 소설 창작이 고도의 진실성과 현실을 용 감하게 정시하는 투쟁 정신으로 소설의 예술 역량을 얻었다는 것은 아주 명백한 사실이다. 여기에는 작가들의 열정·의분과 사상이 스며 있으며 한 세대 작가들의 깊은 우환 의식과 강렬한 사회 책임감이 표현되고 있다. 때문에 그들은 사실적 스타일을 선택하여 소설 창작에 폭로성·비판성·풍자성을 집결시키고 소설의 사회적 기능 작용을 강조하며 돌출시키려 하였다. 동시에 이런 강렬한 사회 기능성은 이 유형의 소설을 지나치게 사실(寫實)에 치우쳐 소설 예술의 기타 요소를 무시하게 하기도 하였다. 말하자면 소설 창작에 응당 있어야 할 상상력 등등이 부족했던 것이다. 그것은 일정한 정도로 소설의 예술 감염력을 감퇴시켰고 이 유형의 소설 창작의 예술 성취에 영향을 주었다.

2. 종박·등우매 등의 애정소설

정감 세계에 심입하는 소설 창작

또 한 부류의 작가들은, 직접 생활의 정면으로부터 착수하여 사회 생활을 폭로·비판하고 풍자하는 것을 피하여 창작의 시점을 외부 세계로부터 정감을 중심으로 한 내부 세계에로 전이시켰다. 애정 생활의 묘사가 금기였던 건국초의 소설 창작법을 돌파하고 풍부하고 다채로운 애정 생활을 표현하는 창작의 시각을 선택하였다. 이로부터 '생활에 참여하고 어둠을 폭로하는' 현실주의 소설 창작은 범위가 확대되고 제재가 풍부해지고 주제도 진일보되는 개척과 승화가 있게 되었다.

전시기에 애정 생활을 묘사한 소설은 숫자가 적었을 뿐만 아니라 엄중한 문제도 많이 존재했었다. 애정 생활을 묘사한 적지 않은 소설들이 대부분 정치와 혼인을 맺어 애정에 정치를 가하는 창작 경향이 있었다. 이 정치화된 애정소설은 애정의 본뜻을 말살하고 은폐했으며 애정 특유의 풍부하고 다채로운 본질적 특징을 약화시켰다. 애정 생활을 묘사하는 소설은 흔히 어떤 방침·정책을 곱게 선전하는 도구가 되었다. 더 엄중한 것은, 일부 작품이 어떤 고정불변의 기성 공식으로 애정을 묘사하고 또 애정의 다양성과 복잡성을 완전히 포기해버림으로써 소설이 응당 가져야 할 강력한 예술 감염력을 결핍하였다는 점이다. 바로 이런 창작 형세하에서 작가들은 '쌍백' 방침의 정신에 근거하여 창작의 금기를 돌파하고 애정 위에 씌워졌던 정치 교육 성분을 벗겨버리고 인간의 정감 세계에로 진정으로 심입하였다. 애정의 본질과 시대 특징을 솔직하게 표현하여 애정으로 하여금 그 특유의 면모대로 사람들 앞에 나타나 독자에게 진정한 심미 향수를 주게 하였다.

당시의 특정한 창작 환경에서 이것도 '생활에 참여하고 어둠을 폭로하는' 한 특수한 시각이었음은 두말할 나위도 없다. 이 유형의 소설 창작이 예술 표현 방식에서 중시한 것은 사실의 기초 위에서의 애정의 본질과 시대 특징에 대한 투시였다. 즉 사람들에게 미묘하고 아름다우며 정에 넘치는 애정 이야기를 서술하려는 것이 아니고 사람들에게 '애정이란 도대체 무엇인가?'를 이야기하려는 것이었다. 때문에 이런 창작 사상에 기초하여 애정 생활을 묘사하는 기점은 언정(言情)이 아니고 아주 뚜렷하게 침투된 이성(理性) 색채였다. 작가의 창작 주체 의식으로 볼 때 작품이 이성의 지도를 받았을 뿐만 아니라, 작품에 표현된 내용으로 보아도 사람들의 감각을 자극하는 정욕 표현을 배척하고 곳곳마다 모두 이성(理性)적인 미를 나타냈다. 이지적 제약을 받지 않는 잠재 의식이나 성욕으로 인한 감성 생명의 충동 같은 것은 절대로 없었다. 때문에 이 부류의 소설 창작의 총체적 스타일도 여전히 사실(寫實)이었으며 여전히 사회적 기능 작용을 중시했고 애정소설의 서정성과 낭만 색채의 예술 특징은 없었다. 이 유형의 소설로서 주요한 것은 종박의 「붉은 콩」, 등우매의 「벼랑 위에서」, 육문부의 「골목 깊은 곳」, 아장(阿章)의 「겨울밤의 이별」, 풍촌의 「아름다움」 등등이다.

이성적 정신으로 정감 세계의 예술 표현을 제약하는 것은 이 부류의 소설로 하여금 정서의 발로가 인물 환경과 성격 창조에 압도되는 경향을 나타내게 하였고 또 이런 경향 속에서 인생 선택의 중대한 사상 주제를 돌출하게 하였으며 비교적 강한 정치 윤리의 교육적 의미를 내포하게 하였다. 종박의 「붉은 콩」은 북경 해방 전야에 대학생 강매와 제홍의 애정 파멸의 이야기를 쓴 것이다. 소설이 사람들에게 펼쳐주는 것은 그들 사이의 진정한 감정에 넘치는 애정 생활의 구체 과정도 아니고, 외부적 요소(사회의 동란, 인생의 고난 등등)로 파괴되는 애정의 비극도 아니었다. 그들 사이의 애정은 전반 민족 해방과 국가의 전도와 이익이라는 저울 위에서 측량되었고 세밀하게 표현되었다. 강매와 제홍은 문학과 음악을 애호하는 등 공통의 취미에서 출발하여 애정을 갖게 되었지만, 나중에는 밀려드는 학생 운동의 부름을 받고 지하당의 도움을 받아 점차 당시의 정치 형세를 명확히 인식하고 정확한 인생의 길을 선택한다. 이로 인해 그와 제홍의 성격·감정 및 인생관·애정관에서 분기가 초래되고 그들 사이의 애정은 끝내 파괴되고 만다. 전반 소설은 필경 애정 생활을 묘사한 것이지만, 작품 속에 부여된 것은 애정과 당시의 정치 형세, 그리고 각각의 사회 성원들의 인생 도정의 선택의 유기적 결합이었다. 이처럼 애정은 순수한 표현의 대상으로 나타난 것이 아니라 사회의 정치 형세, 인생관의 확립과 긴밀히 연계되어 있었다. 애정의 본질(주로 애정의 사회 본질과 시대 특징을 가리킨다) 탐구를 중시하였기 때문에 애정 생활의 묘사와 창조는 이성적 정신의 제약에 처해 있지 않을 때가 없게 되었고 자연히 정욕의 감성 요소는 모두 완전히 제거되었다.

종박의 「붉은 콩」을 대표로 하는 애정 생활을 묘사한 소설이 주로 애정과 사회정치 형세 및 인생의 선택을 서로 결합시킨 것이었다면, 그런 이성적 정신이 정감 세계에로 심입하는 애정소설 창작에 대해 미친 제약은 등우매의 「벼랑 위에서」를 대표로 하는 소설 창작에서 애정 관념에 윤리적 의의를 부여하는 것으로 표현되었다. 등우매의 「벼랑 위에서」는 기술원인 ‘나’와 ‘나’의 아내인 여성 회계, 그리고 가려아(加麗亞) 3자 사이의 감정 갈등을 통하여 서로 다른 애정 관념의 투쟁을 비교적 심각하게 표현했다. 기술원과 여 회계의 결합은 행복하고 원만한 것이었다. 그러나 제3자인 가려아가 그들의 애정 생활에 뛰어들어 기술원으로 하여금 비열하고 이기적인 사상을 갖도록 유혹하였다. 그리하여 그는 자신의 아내를 미워하고 이혼할 것을 요구한 끝에 애정의 벼랑 위에 올라서게 된다. 이는 아주 재미있는 애정 이야기였다(소설 자체의 이야기 줄거리도 기복이 아주 크다). 그러나 작품의 진정한 의도는 사람들에게 자신의 애정 생활을 정확히 대할 것을 촉구하려는 것이었다. 제3자인 가려아는 여기서 도덕 준칙을 짓밟는 상징이었으며 그녀의 철학과 애정관은 제멋대로의 그것이었다. 그녀는 공개적으로 말한다. “내가 유쾌할 때라면 주변의 다른 존재는 아예 고려하지도 않아요!” 사실상, 이것은 사회에 정해진 도덕 준칙에 대한 공개적 도전이었다. 그리고 기술원이 자기 아내를 멀리하고 가려아와 함께 있는 것도 일종의 부도덕의 체현이었다. 때문에 전반 소설은 모두 논리의 범위 안에서 애정의 본질과 시대 특징을 모색하였으며 소설로 하여금 곳곳에서 이런 이성적인 광채를 나타내게 하였다.

물론, 이 유형의 소설은 이러한 이성적 정신을 펼침에 있어서 이야기 줄거리의 서술에 의존하지 않았다. 비록 소설의 이야기 줄거리에 생동하고 곡절 많고 전기(傳奇)적인 색채도 없지 않았지만, 주로 인물 성격의 부각에 의거하고 또 이로부터 정감 세계에 심입하면서 이성의 작용을 표현하였다. 「붉은 콩」에서 강매와 제홍의 애정 파괴의 과정은 어떤 외적 관념의 삽입으로 갑자기 이루어지는 것이 아니다. 강매와 제홍의 헤어짐은 감정상으로 커다란 고통으로 이어진다. 왜냐하면 그것은 필경 한 소녀의 첫사랑이었으며 또 감정의 고통스러운 결렬이었기 때문이

다. 이 거대한 감정 충격이 그녀의 마음에 진통을 일으키지 않
을 수 없었다. 소설은 시종 인물 성격의 부각과 심리 활동의 묘
사를 떠나지 않고 그들 사이의 애정 파탄을 체현하였다. 진실하
게 묘사하는 가운데 인물 성격과 심리의 논리적 발전을 통하여
이 파탄의 근원을 분명히 제시하였다. 「벼랑 위에서」도 마찬가
지였다. 기복이 심한 이야기 줄거리였지만, 이 줄거리는 여전히
선명한 성격의 인물 형상에 의해 통솔되었다. 소설은 진실성의
원칙을 지키면서 객관 현실 중에 실제로 존재하고 있는 애정 갈
등과 충돌, 그리고 인물 성격의 복잡성을 회피하지 않고 생동하
는 인물 형상의 부각을 통하여 애정 영역의 두 가지 서로 다른
사상 투쟁 및 이런 투쟁의 첨예성과 복잡성을 진실하게 표현하
였다. 동시에 대담하게 인간의 내면 세계를 묘사하고 인간의 진
정한 감정을 실감 있게 드러냈으며 인간의 도덕·정조와 정신
등 방면의 표현에 뚜렷한 돌파가 있었다.

이 밖에도 이성적 정신을 보여주는 이런 유형의 소설은 또 세
부에 대한 묘사와 심리의 분석도 중시하였으며 진실한 세목과
정밀한 심리 분석으로 소설의 주제를 심화시키려고 애썼다.
「붉은 콩」 중의 강매의 심리 변화 과정과 육문부의 「골목 깊은
곳」에서의 서문하의 애정 문제에서의 모순 심리에 대한 묘사,
그리고 「벼랑 위에서」 「아름다움」 등의 소설에서 묘사된 진실
한 세목은 모두 애정 생활의 진실한 면모를 사람들에게 보여주
었다.

요컨대 50년대 중기의 애정·혼인·가정 생활을 묘사한 작품
들이 해방 초기의 애정소설에 비해 일종의 새로운 창조와 개척
의 의의를 갖고 있음은 의심할 바가 없다.

"생활에 참여하고 어둠을 폭로하는" 현실주의의 소설 창작이
당대 소설 창작에 미친 영향은 아주 심원하다. 비록 그것이 잠
깐 왔다가 사라진 것이기는 해도 당대 소설 창작에 준 계발적인
의의는 다음과 같은 데에 있었다. 소설 창작의 시야와 소설 표

현의 내용을 확대하였고 소설 창작의 단일한 제재를 개변시켰다. 특히 소설 창작의 일부 금기와 규칙의 구속에서 벗어나 소설이 표현하는 주제를 심화시켰다. 인물 형상 창조에서 이전의 소설의 단일한 인물 성격과 유형화된 경향을 개변시켰고, 인물을 여러 가지 사회 관계 속에 두고 표현하려고 노력했으며, 인물의 성격을 선명하게 하고 개성을 돌출시키고 형상을 진실하게 하여 소설의 예술 심미 기능을 증대시켰다. 요컨대 이런 경향의 소설 창작은 당대 소설 창작의 발전에 중요한 의의를 가지며, 당대 소설사에서, 더 나아가서는 전반 당대 문학사에서 모두 중요한 위치를 차지한다.

제 5 장

신중국 공업 문학의 개척
—— 30년 공업 제재 소설 창작의 일람

이 책의 제 1 장 개술에서 우리는 이미 건국 초기 30년의 소설 창작이 그 제재 범위로 보면 혁명 투쟁 역사와 농촌 현실 생활을 제재로 한 소설만 특별히 번영하고 기타 제재와 생활 영역은 무시되고 망각되고 말았다고 말했다. 공업 제재 소설 창작은 충분한 중시와 발전을 얻지 못했던 문학이다. 여기에는 당연히 그 역사적·현실적인 원인이 있는 것이다.

중국은 옛부터 낙후한 농업국이다. 1840년 이후 열강들의 침입으로 인하여 현대 공업과 프롤레타리아가 탄생하기 시작했다. 백년 동안의 곡절 많고 완만한 발전을 거쳐 신중국이 성립될 때까지도 우리나라 공업의 기초는 여전히 상당히 박약했다. 공업 경제의 박약은 공업 문학의 창작과 발전에 직접 영향을 주었다. 그리하여 중국의 근대·현대 문학사에서 현대 공업의 생산 투쟁, 정치 투쟁과 산업 노동자 생활을 진정으로 반영한 작품을 찾아보기가 아주 어려웠다. 수공업 노동자·도금 노동자·광산 노동자·차부(車夫) 등에 대해 쓴 작품이 있고, 욱달부의 「박전(薄典)」 「춘풍에 깊이 취한 밤」과 장광자의 「반바지당(短庫黨)」, 모순의 『한밤중』에서도 공장 노동자에 대한 묘사가 있기는 하지만, 진정으로 공업 생산과 노동자 생활을 제재로 한 작품이라 할 수는 없었다. 문학 공작자의 주의력은 아주 오랫동안 농촌과 지식인 및 도시의 기타 계층의 생활에 집중되었다. 신중국이 성립될 무렵에 여류 작가 초명이「원동력」을 쓰고서야 비로소 우리나라 현대 공업 문학의 역사가 진정으로 열리게 되었다.「원동력」은 중국 문학사상 공업 문학의 개척작이다.

　신중국이 성립된 후, 그는 또「기관차」와「풍랑을 헤치며」를 씀으로써 현대 문학사의 한 공업 문학 소설가가 되었다. 공업 생산과 노동자 생활을 반영한 이 두 작품은 예술적 질이 어떠했든지간에 중국 공업 문학에 대한 개척과 건설이라는 필로남루(筆路藍縷: 만난을 무릅쓰고 새로운 사업을 일으킨다는 뜻)의 공로가 있는 것이다.

　1954년 이후, 공업 제재의 중·장편소설들이 계속 나타났다. 『철물이 흐른다』(주립파), 『5월의 광산』(소군), 『압록강에 봄이 왔다』(뢰가), 「평화의 나날에」(두붕정), 『풍우의 여명』(라단), 『열화 속의 강철』(애무) 등이 그것들이었다. 동시에 노동자 생활을 반영한 소설도 나타났다. 즉, 애무의「채유나무 아래에서」「먼지」, 두붕정의「공지의 밤」「야밤에 영관협을 지나다」및 초명과 육문부의 일부 작품이 있었다. 주의할 것은 건국 초기부터 시작하여 전업 작가 이외에 또 공장 노동자 생활을 주로 쓰는 많은 업여 노동자 작가들이 쏟아져나왔다는 점이다. 호만춘·비례문·당극신·만국유·육준초 등 노동자 작가들의 출현은 우리나라 작가 대오의 구성 성분에 대한 개변과 중국 현대 문학의 발전에 대해 상당히 중요한 의의가 있었다. 그들은 건국 초기 30년의 공업 문학 창작 대오 중에서 상당한 활력을 가진 한 부분이었다.

　1949～1978년의 30년간, 공업소설 창작이 비록 아주 큰 성취는 얻지 못하였어도 그토록 박약했던 공업 문학의 기초에 대해 말하면 이러한 성적은 진전이었고 또 상당히 빠른 것이었다. 그러나 공업소설의 진정한 진흥과 번영은 1979년, 장자룡의

「교공장장 부임기」가 출현된 이후부터였다.

1. 건국초 30년의 공업 제재의 중·장편소설

건국 후의 들끓는 사회주의 공업 건설은 신중국의 공업 문학을 요망했다. 일부 작가들이 직장·광산에 내려가, 몇 년 사이에 신중국 문학사상 처음으로 현대 공업 건설과 노동자 생활을 반영한 중·장편소설을 써냈다. 그 중 비교적 대표적인 것이 『기관차』『철물이 흐른다』『5월의 광산』『압록강에 봄이 왔다』「평화의 나날에」『풍우의 여명』『열화 속의 강철』『풍랑을 헤치며』 등이다.

노작가 주립파는 『폭풍취우』를 발표한 후, 1952년에 석경산 강철공장으로 내려갔다. 2년 후에 강철 노동자 생활을 반영한 장편소설 『철물이 흐른다』를 썼다. 이는 현대 소설사에서 공장 노동자 생활을 비교적 일찍 반영한 작품이다. 소설은 해방 초기 강철 전선 회복과 생산 발전의 간고한 투쟁을 중심으로 하여 우리나라 노동자 계급의 당의 지도하에서의 성장 과정을 반영하고 생산 투쟁과 대적 투쟁에서 나타난 영웅 인물을 찬미하였다. 예술상에서, 구조가 단순하고 명쾌하며 줄거리에 질서가 있고 단락도 분명했다. 언어도 소박하고 간단했으며 구두어를 많이 사용했다. 그러나 하나의 예술품으로서는 이전의 『폭풍취우』와 차이가 많았고 이후의 『산향거변』과는 더구나 비할 수 없었다. 작가가 작품에 묘사된 생활에 익숙하지 못하다는 게 분명히 나타났다. 이야기가 평면적이고 인물이 단순하며 관념화 경향이 아주 선명하였고 작품의 사상 심도가 결핍되었다.

뢰가의 『압록강에 봄이 왔다』도 역시 비교적 일찍 공업 전선의 생산과 투쟁을 반영한 작품이다. 소설은 해방 초기 동북 지구의 노동자 계급이 잠복한 적들과 투쟁하고 극히 어려운 조건에서 생산을 회복하는 정경을 예술적으로 재현하였다. 노동자 계급의 높은 정치 각오와 노동 열정을 찬미했고 비교적 성공적으로 하사첩·악전선(岳全善) 등의 간부와 노동자의 형상과 동북 해방 초기의 노동자 계급의 정신 면모를 진실하고 생동감 있게 반영하였다. 공업 제재의 문학 작품으로 말하면 『압록강에 봄이 왔다』는 생산 기술 활동을 비교적 많이 묘사했는데, 이것은 인물 성격의 깊은 부각에 영향을 주었다(이는 건국초 공업 제재 소설에 존재한 공통된 결함이었다).

소군의 『5월의 광산』 역시 건국 초기에 비교적 일찍 출현한 광산 노동자 생활을 반영한 작품이다. 자기를 잊고 노동하는 광산 노동자의 영용하고 희생적인 숭고한 정신을 반영한 장편소설이었다. 비록 작가의 사상적 특징의 원인으로 인하여 아직도 명확한 결함이 존재했지만(주로 노동자 형상의 사상 기초가 아리송하고 이 형상에 작가 자신의 취향인 야성(野性) 등이 너무 많이 체현되었다), 작품의 기본 사상 경향과 작가의 기본 입장 태도는 긍정해야 할 것이다. 작품이 광산 관리 간부의 관료주의 작풍을 비판하였기 때문에(해방 초기의 문학 창작에 극히 드물었던 일이다) 조폭하고 불공평한 대접을 받았고, "현실을 왜곡하고, 인민을 왜곡하고, 투쟁을 왜곡하면서 반동 독소를 미친 듯이 선전한 소설이다"라는 선고까지 받았다. 뿐만 아니라 이전에 작가에게 주어졌던 정치 비판까지 연계시키면서 작가의 모든 착오에 대해 큰 토벌을 진행하였다. 이는 이미 정상적인 문예비평의 한계를 넘어선 것이었다.

건국초 공업 생산과 노동자 생활을 반영한 작품이 보편적으로 단순화·관념화되고 예술 수준이 높지 못한 정황에서 라단의 『풍우의 여명』은 비교적 성공한 작품이다. 이 소설은 안산 강철공장의 해방 초기의 복잡한 투쟁 과정을 펼쳐주었을 뿐만 아니라 여러 가지 모순 충돌에서 몇몇 선명한 성격의 노동자 형상, 특히 노노동자 해년괴의 형상을 필력을 집중하여 창조하였다. 작가는 열정을 다하고 또 그의 미학 사고까지 기탁하면서, 이 인물을 노동자 계급의 숭고한 품성과 농민의 순박한 기질이 있는 우수한 인물로 형상화함으로써 동류 작품의 노동자 형상 계열에서 자신의 독특한 광채를 빛나게 하였다. 작품이 반영한 생활이 복잡하고, 독특함으로 인하여 구조상에서도 독특한 방식을 사용했다. 완전한 이야기를 전반 소설에 관통시킨 것이 아니라 적·아 모순이라는 주선을 에워싸고 많은 모순 충돌을 조직하여 한폭 또 한폭의 인심을 격동시키는 화면을 그려냈다. 흘러간 고난의 세월을 추억하기도 하고 격렬하고 변화 많은 현실을 묘사해내기도 하면서 아름다운 미래를 동경하였다. 이러한 산문식 구조와 필법은 영활하고도 자유롭기 때문에 여러 가지 각도와 여러 가지 방면에서 작품의 생활 색채를 짙게 하고 주제를 강화하고 심화시켰다. 평론가 풍목은 일찍이 이렇게 지적했다. "풍우의 여명이 묘사한 것은 중대한 제재였다. 지금까지 많은 사람들이 접촉하지 못했던 투쟁 생활을 반영하였다." "작품은 주제 사상과 예술 창조 방법면에서" 모두 "의심할 바 없는 성과를 얻었다." 평론계에서도 거의 한결같이, "이 소설은 좋은 소설로서," "풍만하고 다채로우며 인물이 생동하고 줄거리가 단순하지 않다. 복잡한 투쟁과 모순이 여러 면으로 표현되어 아주 재미있다"라고 인정했다.

건국초 30년 공업 제재의 중·장편소설 중에서 애무의 『열화 속의 강철』과 두붕정의 『평화의 나날에』는 영향이 가장 컸던 작품이다.

『열화 속의 강철』(1958년 출판)은 9호 용광로의 쾌속 제련을 배경으로 하여 강철전선의 들끓는 생활과 노동자들의 생산 노동중에서의 여러 가지 모순 투쟁을 밝혀내었다. 작품은 생산 모순·사상 충돌·애정 갈등·적아 투쟁을 섞어가며 강철을 제련하는 동시에 인간도 단련시키는 심각한 주제를 표현하였다. 줄거리가 곡절이 많고 복잡했으며 이야기가 기복이 크고 파란

이 많았다. 인물 창조에서 애무의 세심한 특기를 나타냈다. 작품에는 설교나 의론이 비교적 적고 세부 묘사를 통해 인물의 사상 성격을 펼쳐주었다. 특히 생산 노동과 일상 생활의 묘사에서 이러한 세밀한 수법은 작품에 생활의 맛을 충분하게 해준다. 일반 공업 제재 작품이 따분하고 단조로우며 관념화·도식화가 존재했던 정황에서 『열화 속의 강철』은 생산 과정의 진술에 구애되지 않고 인물을 넓은 현실 생활 속에 두고 풍부하고 다채로운 생활 화면을 펼쳐가면서 많은 모순 충돌을 게시하고 비교적 생동감 있게, 정취 있게 썼다. 이는 그 당시로 말하면 아주 소중한 것이었다.

두붕정의 중편소설 「평화의 나날에」는 건국 30년의 공업 생산을 반영한 작품 중에서 돌파적 의의가 있는 작품이다. 「평화의 나날에」는 작가의 『연안 보위』 후의 또 하나의 거작이었으며 언어 형식으로부터 사상 감정에 이르기까지 모두 진정한 예술 스타일을 띤 작품이다.

「평화의 나날에」는 줄거리가 복잡하지 않다. 철로를 수리하는 철도 공정대의 며칠간의 전후 생활을 적은 것이다. 그러나 생산 건설을 묘사하는 과정에서 건설자와 대자연, 숭고한 이상과 비열한 인격, 선진과 보수 등 몇 개의 모순 대립을 공들여 조직해냈다. 또 많은 모순 갈등 속에서 각각 나름대로의 전형의의와 성격 특징이 있는 몇몇 인물 형상을 창조하여 전반 소설로 하여금 각별히 사람의 심금을 울리게 하였다. 작품은 시작부터 마지막까지 인심을 격동시키는 역량이 흘러 넘쳤다.

같은 제재의 다른 작품들과 비교해보면 「평화의 나날에」의 최대의 특징은, 보다 높은 격조로 생활을 심각하게 게시하고 또 생활에 대한 게시를 통하여 항상 중요한 인생 과제를 제출하며 인생 철리와 열렬한 시적 정서를 결합시킴으로써 작품에 인심을 격동시키는 역량을 부여한다는 것이다. 『연안 보위』가 전쟁 시기의 피와 불의 적·아 모순 투쟁을 주로 반영하였다면, 「평화의 나날에」는 평화 건설 시기의 새로운 모순, 즉 인민 내부 모순을 주로 반영한 것이다. 인민 내부 모순에 대한 반영을 통하여 시대 생활 속의 하나의 중요하고 의의 깊은 주제, 즉 일체의 혁명가·간부(전쟁의 시험을 받은 간부도 포함)들이 평화 건설의 새로운 시기에 꼭 접수해야 될 새로운 시험을 제출했다. 조국 건설의 본질적 특징들을 반영하였다.「평화의 나날에」가 생활을 반영하는 이 특징은 30년 공업 제재 소설 창작에서 획기적 의의를 갖고 있다.

「평화의 나날에」의 이 심각한 주제는 두 가지의 대조되는 인물 형상의 창조를 통하여 체현되었다. 염홍·유꼬마·장총공정사·위진 등은 방금 군복을 벗고 노동자복을 입은, 50년대의 전형적인 사회주의 건설자의 사상 풍모가 있는 선진 인물과 혁명적 지식인의 형상이었다. 그러나 양건은 전쟁의 시험은 겪었어도 새로운 역사 조건에서, 한 보통 관료주의자로부터 혁명관과 인생관에 근본적인 동요를 일으킨 사람으로 퇴화·변질되었다. 작가는 바로 이 두 가지 형상의 부각을 통하여 심각한 사상 의의를 나타내주었다. 양건 형상의 성공적인 부각은 두붕정의 중국 현대 소설의 인물 화랑에 대한 새로운 공헌이다.

「평화의 나날에」의 다른 한 획기적인 공헌은 지식인에 대한 기피가 보편적으로 존재하던 시대에 대담하게 지식인의 정면 형상을 창조하고 열정적으로 찬미하였다는 데 있다. 그 중에는 노일대 지식인 장총공정사가 있고, 청년 지식인 위진도 있다. 작가는 그들의 성장 과정도 게시해주었다.

「평화의 나날에」는 예술상에서 자기 나름의 선명한 특색이 있어 아주 성공적이었다. 두붕정은 특별히 험난하고 준엄하며 긴장되고 번잡한 환경 속에서의 인물 표현을 즐겼다. 동시에 인물들 사이의 첨예한 모순 충돌과 엄준한 환경 묘사를 서로 융합시켜 줄거리가 기복을 이루게 하고 감동적인 예술 역량을 갖게 해주었다. 이 밖에 격정으로 충만된 서술과 서정이 인생 철리에 대한 탐색 정신과 서로 조화를 이루면서 전반 작품을 지적 정서와 철리의 조화·통일에 도달하게 하였다.

여기에서 이야기해야 될 작품은 주이복의 『상해의 아침』이다. 이는 공업 제재와 밀접한 관계는 있으나 공업 생산과 노동자 생활을 전문적으로 쓴 것이 아니고 대부분의 편폭으로 민족 자본가 형상을 부각해낸 작품이다. 민족 자본가가 사회주의 제도하에서 여러 가지 곡절과 고난을 겪고 나중에는 개조를 접수하여 사회주의 길에 나서는 역정을 주제로 하였다. 모순은 30년대의 『한밤중』에서 이미 형형색색의 자본가 형상을 창조했었다. 이 유형의 형상과 작품은 20여 년 동안 몇 번이나 아주 큰 반향을 일으켰다.

부르주아 계급이 국민당 통치의 비바람 속에서부터 신중국으로 진입한 후, 그들의 전도는 과연 어떠했는가? 『상해의 아침』은 정확한 묘사로써 이 문제에 대해 형상적인 대답을 주었다.

『상해의 아침』은 모순의 『한밤중』에 이은 또 하나의 중국 민족 부르주아의 역사 운명을 반영한 대작이다. 작품은 해방 후, 노동자 계급과 부르주아 사이의 격렬하고 복잡한 투쟁을 생생하게 보여주고 부르주아가 이 사회주의 개조중에서 겪은 각양각색의 심리 역정과 운명 귀속에 대해 각별히 힘을 기울여 묘사했다. 작품의 많은 인물 가운데(모두 70여 명) '화요 집찬회'에 모여든 자본가만 해도 10명이나 되었다. 작가는 이 인물들에 대한 묘사를 통하여 사회주의 건설 시기에 민족 부르주아 계급의 여러 가지 사상 상태와 정신 면모를 제시해주었다. 이 점이 『상해의 아침』의 가장 돌출한 예술 성취였다. 총명하고 재간 있으며 심사가 깊고 이익을 많이 따지며 임기응변을 잘하는 서의덕, 비열하고 속임수가 많은 부르주아 완고파 주연년의 형상, 대학을 졸업하고 경리가 되어 지배인 자리까지 넘보는 마모한, 허풍을 잘 치고 좌우로 아첨하며 서두르는 풍영상, 노숙하고 심중하며 속셈이 깊은 범신성 등은 모두 그 나름의 성격 특징을 가진 자본가 형상들이었다. 건국초 30년, 심지어는 80년대에 이르기까지 이처럼 많은 자본가 형상을 집중적으로 부각한 작품은 『상해의 아침』뿐이다. 작가는 자신의 작품 속의 인물에 대해 아주 익숙하고 또 인물 성격의 핵심을 잘 파악하면서 인물을 가정 생활·의복·장식·사회적 관계 등 변화되는 환경 속에 두어 그 복잡한 성격을 부각해냈다. 세심하고도 심각한 심리 묘사와 정신에 대한 묘사를 첨가시켜 이러한 자본가들의 형상 모두를 생동하고 풍만하게, 그리고 살아 있는 듯이 그려내었다.

그러나 『상해의 아침』은 노동자의 형상과 당의 지도자 형상에 대한 창조는 성공적이지 못했다. 메마르고 풍만하지 못했고 개성도 선명치 못했다.

요컨대 『상해의 아침』은 『한밤중』에는 비하기 어려워도 건국초 30년 소설 창작 중에서는 이 소설이 제재 영역의 공백을 메워주었기 때문에 그 문학사적 가치와 지위는 응당 인정되어야 할 것이다.

2. 건국초 30년의 공업 제재 단편소설

아주 많은 업여 작가들이 공업 제재의 단편소설 창작에 나섰다. 이들은 공업 생산의 제일선에서 급격히 변하는 현실 중의 신선한 생활을 소설 창작에 옮기는 것으로 소설의 화단에 생기를 더해주었다.

호만춘은 건국 초기에 비교적 일찍 나타난 노동자 업여 작가였다. 1952년부터 창작을 시작한 그가 제일 처음으로 주목을 받은 작품은 자전적인 단편소설 「혈육」이었다. 작품은 노동자 가정의 비참한 조난을 통하여 구사회를 고발하였다. 필법이 세심하고 감정이 진지하여 일찍 여러 나라 문자로 번역되었으며

1957년의 세계 청년의 날 행사에서 국제문예대회 명예상을 받았다. 1957년 이후, 호만춘의 창작은 갈수록 고조되었으며 예술상에서도 뚜렷한 제고가 있었다. 「스승의 생각」「특수한 성격의 사람」「누가 기적의 창조자인가」등은 그 시대의 명확한 흔적은 남아 있었지만 모두 비교적 우수한 작품이었다. 노동 경쟁과 기술 혁신중의 공장의 들끓는 생활, 노동자의 노동 열정, 지혜, 인간 사이의 새로운 관계 등을 쓴 것이 모두 새로운 의미가 있었다. 인물 창조에서 그는 성격의 심도를 추구하였으며 노동자 계급의 넓은 흉금, 호매로운 기개와 풍부하고 아름다운 내면 세계를 표현하였다. 60년대의 「가정 문제」에서는 한 노동자의 가정 내부의 모순을 통하여 보다 심각하고 깊은 사색을 자아내게 하는 사회 문제를 제출하였다. 작품 속에 현실과 미래에 대한 철학적 사색을 끌어들여 작품의 사상 심도를 강화시켰다. 그러나 호만춘의 작품은 열정이 넘치고 격조가 거칠어 어떤 때에는 여유 있는 열정과 함축이 부족했으며 세심함이 부족했다.

강극신도 비교적 빨리 출현한 노동자 작가로서 단편집 『현장의 봄날』『나의 스승』『종자』 등이 있다. 초기 작품은 주로 공장의 새로운 면모와 노동자의 새로운 풍모를 반영하였다. 그러나 그다지 선명하고 심각하지 못했다. 1959년 이후부터 그는 자신의 창작의 길을 탐색하기 시작하였다. 호만춘이 열정에 넘치고 격조가 거칠며 굳센 성격의 인물을 잘 묘사하는 동시에 열렬한 장면을 펼쳐놓고 첨예한 충돌을 설치하기를 좋아했다면, 강극신의 경우는 정반대였다. 그는 평범한 일상 생활 속에서 인물의 마음을 탐색했고 구상이 담담하며 필치가 소박하였다. 그는 인물 성격의 어느 한 점을 포착하여 세밀한 묘사로 풀어나가면서 그 속에서 심각한 철리 의미가 있는 사상을 다듬었다. 「종자」「제1과」 중의 인물의 부각과 주제의 표현이 바로 그러했다. 1962년에 발표한 「사계영」은 강극신의 대표작이다. 작품은 일정한 정도에서 창작 범위가 좁았던 이전의 결함을 극복하였고 인물을 비교적 넓은 배경과 심각한 사회적 의의의 모순 충돌 속에 두고 표현하였다. 작품의 사상 심도가 강화되었을 뿐만 아니라 인물 형상도 보다 풍만해졌다.

육준초는 아주 특색 있는 선원 노동자 업여 작가로서 주로 선원 생활을 반영한 작품을 썼다. 그의 「국제우의호」「자매선」「만리 파도를 헤치며」 등의 작품은 단편소설 제재의 새로운 영역을 개척하였다. 작품은 열정적이고 활발하고 호매롭고 웅장한, 강렬한 해양 생활의 숨결이 충만하였으며 우리나라 '해양 문학'의 첫 작품이었다.

공업 제재 단편소설을 쓴 전업 작가는 많지 않았다. 애무·두붕정·육문부·초명 등의 일부 작품이 있었을 뿐이다.

노작가 애무는 장편소설 『열화 속의 강철』을 쓴 뒤로 또 노동자의 생활과 정신 면모를 반영한 단편소설을 썼다. 예를 들면 「야귀(夜歸)」「새로운 집」「채유나무 아래에서」「수혈」 등이다. 이 작품들은 노동자 계급의 건설 열정과 창조 재능을 자랑하였으며 그들의 숭고한 풍격과 아름다운 마음을 찬미하였다. 일반적으로 노동 장면과 생산 과정에 대해 정면으로 묘사하지 않았고 대체로 측면으로부터 인물 형상과 성격을 묘사·부각하였다. 때문에 그의 소설은 짧고도 정연하여 읽는 재미가 있었다. 애무 작품의 언어는 알아보기 쉽고, 이야기는 소박하고 자연스러웠으며, 감정이 진지하고 강렬하며 명랑한 격조가 있었다.

다른 한 작가는 장편소설 『연안 보위』, 중편소설 「평화의 나날에」를 쓴 두붕정이다. 중·장편 창작 외에 그는 또 공업 건설과 노동자 생활을 반영한 단편소설을 적지 않게 썼다. 예를 들면 「야밤에 영관협을 지나다」「공지의 밤」「연안 사람」 등이다. 이 단편소설들은 모두 단편집 『젊은 친구』에 수록되었다. 건국초 30년의 단편소설 창작 중에서 두붕정의 단편소설은 사상 내용으로부터 예술적 질에 이르기까지 가장 우수한 작품들이었다. 작품들은 건설자들의 귀중한 풍격을 그려내는 동시에 생활중에 드러난 일부 문제도 게시하였다. 두붕정의 단편 창작의 가장 두드러진 특징의 하나는 그려낸 많은 인물들이 거의 모두 지난날 전장에서 피 흘리며 인민을 위해 싸우던 영웅들이며 오늘에 와서는 또 자신들의 "넓고 굳센 어깨로, 만리 강산을 떠받들고 일어선" 건설자라는 데 있다. 예술 구상으로 보면 두붕정의 단편소설은 대부분 현실 생활의 한 단락을 뽑아낸 것이었다. 여기에서 빠른 속도로 전진하는 시대의 발걸음 소리를 들을 수 있을 뿐만 아니라 동시에 역사의 행보의 여운도 들을 수 있다. 역사와 현실을 연계시켜 사고하면서 작품으로 하여금 심중한 역사감과 강렬한 시대감도 가지게 했다. 표현 수법상에서, 작가는 제재의 새로움에 아주 큰 관심을 기울였고 구상이나 인물 묘사에 비교적 세심했으며 분위기의 침투를 중시했다. 언어상에서도 수식과 퇴고에 유의하며 그의 예술 기교가 날로 원숙해짐을 보여주었다.

1957년까지 육문부에게는 소설집 『영예』와 『골목 깊은 곳』이 있었다. 1957년 이후에는 일찌감치 공장에 내려갔었고 1961년부터 공업 제재의 노동자 생활을 그린 작품이 태어나기 시작했다. 「스승」「차 수리」「소개」「주태를 두 번 만나다」「뛰어난 재간」 등 작품의 출현은 그가 이미 자신의 예술 스타일을 형성하였음을 표지하였다. 이 시기에 작가는 곡절 있고 위험한 줄거리를 추구했던 이전의 창작을 개변하여 일상 생활 사건에서부터 모순을 발견하고 표면 활동 뒤에 숨어 있는 곡절과 파란을 발굴해냈다. 인물 창조에서는 정밀하고 세심하게, 층층히 심입하면서 줄거리의 발전에 따라 점차적으로 인물 성격의 사상 경계를 표출시켰다. 육문부의 이런 작품은 60년대에 비교적 성공한 공업 제재의 소설이라 할 수 있겠다.

건국 30년의 공업 제재 소설이 원래 극히 박약했던 기초 위에서 상술한 성적을 거두었다는 것은 대단한 일이 아닐 수 없다. 그러나 이것도 여전히 공업 문학의 낙후한 면모를 돌려세울

수는 없었다. 그 점은 특히 농촌 제재와 혁명 투쟁 역사 제재와
비교하면 더욱 뚜렷하다. 창작 숫자, 총체적인 사상, 그리고 예
술적 질이 많이 떨어졌다. 적지 않은 작품이 너무 지나치게 생
산 과정과 노동 자체에 지면을 허비하였고 아울러 시야가 너무
좁아 보다 넓은 사회 배경을 결핍하였다. 생활 모순을 폭로하는
데 있어서도 생산 과정에서의 선진과 보수의 모순은 많은 주의
를 기울였지만 사회 중의 더 복잡하고 곡절 있는 투쟁은 무시하
였다. 창조해낸 인물 형상도 대체로 선진과 보수라는 두 가지
큰 유형밖에 없었고 엄중한 도식화·관념화와 유형화의 불량한
경향이 있었다. 미학 범주의 귀속에서 본다면, 기본상에서 순전
한 현실주의에 속하기는 했지만 과분한 이상적 색채의 첨가가
현실주의 역량을 약화시켰다. 또 작품의 도식화, 인물의 관념
화·유형화는 소설의 미학 가치와 심미적 차원을 저하시켰다.
요컨대, 공업 제재 소설 창작은 열렬하고 오색영롱한 사회주의
건설에 적응하고 그것을 반영하는 데에는 훨씬 못 미쳤다.

제 6 장

현실주의의 말살과 질식

——'문혁 10년'의 소설 창작 개관

건국초 30년 소설 창작중의 현실주의 정신은 1957년의 '반우파,' 1958년의 '대약진,' 1959년의 '반우경,' 1960년 이후의 '반수정주의'를 거치면서 몇 차례의 제한과 곡절, 변화를 겪었고, 60년대 중기에 와서는 이미 그 생기를 잃고 말았다. 1966년의 '문화 대혁명'의 폭발은 문학 창작의 현실주의 생명을 철저히 말살하였다.

'문화 대혁명'은 전례 없는 문화 재난이었고 민족의 심각한 재난이었다. 임표·강청 반혁명 집단은 서로 결탁하여「부대 문예 사업 좌담회 기록」을 펴내고 '문예 흑선 독재'론이라는 검은 깃발을 들고 나와 건국 이래의 문학 창작을 전부 부정해버렸다. 소위 '흑8론'을 크게 비판하면서, 특히 그 중의 '진실 묘사' '현실주의의 넓은 길'론과 '현실주의 심화'론을 비판하면서, "노선으로부터 출발하자" "주제 선행" "진짜 사실과 진짜 인물을 쓰는 것을 반대하자" 등 논점을 제출하여 그들 자신들의 혼란하고 모순되기 그지없는 문예 사상과 창작 원칙을 형성하였다. 그들의 '근본 임무론' '3돌출'과 '주자파와의 투쟁의 묘사'는 '4인방' 문예 사상의 핵심 내용이었다.

'근본 임무'론이란 노농병 프롤레타리아 영웅 전형을 창조하는 것이 사회주의 문예의 근본 임무라는 것이다. 노농병 영웅 인물을 쓴다는 것은 가능한 일이지만 그것을 근본 임무로 정하는 것은 진리를 극단에로 내밀고 기타 인물을 쓸 수 있는 가능성을 근본상 배제하는 것이다. '3돌출' 창작 원칙이란 '근본 임무'론을 위해 복무하는 것이었다. 그것은 구체적 창작에서 "정면 인물을 돌출하게 하고, 정면 인물 중에서도 영웅 인물을 돌출하게 하며, 또 영웅 인물 중에서도 중심 인물을 돌출하게 한다"는 원칙이었다. 이를 '문예 헌법'으로 정하여 모든 창작은 이 원칙에 의해 집행되어야 했다. '주자파와의 투쟁의 묘사'는 '4인방'의 탈권에 직접 복무한 반혁명 주장이었다. 그들은 자신들의 반동적 문학 이론을 강요함과 동시에 이 이론 체계를 실천하는 문예 창작을 적극적으로 조직하였다. 우리가 잘 알고 있는 '양판희(모범극)'와 영화(예를 들면 「바다 항구」「용강송」과 「봄싹」「들끓는 소량하」「반격」「성대한 프로그램」 등) 외에도 장편소설 『홍남작전사』『우양전』과 단편소설 「이른 봄의 아침」「제1과」「금종장명(金鍾長鳴)」 등이 있는데, 이것들은 모두 '4인방파 문예'의 표본이었다.

1. 『홍남작전사』『우양전』 등의
　　 방파소설(幫派小說)

『홍남작전사』는 1972년 2월에 출판되었다. 이 장편소설은 '4인방'이 조종한 상해 시청 창작조에서 직접 착수하고 기자·기층 간부 등으로 구성된 이른바 '3결합' 창작조가 만들어낸 것이다. 이는 완전히 '주제 선행' '3돌출'의 창작 도식에 따라 번제(翻製)해낸 도식화·관념화·유형화된 작품이었다. 창작 목적과 작품 주제로 보면, 그것은 완전히 '4인방'의 탈권을 위해 복무한 것이기도 했다. 장춘교는 그들에게 제1부로 노선 투쟁을 쓰고 제2부에는 주자파와의 투쟁을 쓰라는 규정을 내렸다 (후에 '4인방'이 무너짐으로 인해 이 제2부는 출판되지 못했다). 창작 사상과 구체적 창작 방법으로 보면 이른바 '유물론적 반영론'으로 '문예 창작을 지도'하고, '프롤레타리아 영웅 전형을 창조'하는 것을 근본 임무로 하며, '3돌출' 원칙을 견지하는 것이었다. 『홍남작전사』는 그 구상으로부터 창작에 이르기까지 완전히 실제와 이탈된 것이었으며 문학 작품이 생활을 반영하는 현실주의의 원칙과 문학 창작의 기본 규칙을 위반한 것이었다. 생활에서 개괄해낸 생동감 있고 진실한 줄거리를 구조로 한 것이 아니라 '이론'을 근거로 이야기와 인물을 꾸며넣음으로써 예상했던 결론을 얻어내었다. 작품 속의 인물·줄거리·구조는 모두가 주제를 해석하기 위해 존재하는 것이었다. 작품의 제1호 영웅 인물인 홍뢰생은 '4인방'의 정치 기도에 따라 꾸며진 이른바 고상하고 위대하며 완미한 프롤레타리아 영웅의 전형이었다. 이 전형을 중심으로 하여 그와 당내 우경 기회주의 분자와의 투쟁, 부유 중농과의 투쟁, 빈하 중농의 자연발생적 경향과의 투쟁, 부농과 반동 종교와의 투쟁 등의 각종 모순을 설계함으로써 그가 투쟁중에서 성장한 영웅이라는 것을 설명하였다. 작품은 행동으로 인물의 성격을 그려낸 것이 아니라 매 단락의 꾸며진 줄거리에서 추상적으로 그의 사상 발전 정황을 소개했다. 심지어는 16페이지나 되는 편폭을 아낌없이 할애하여 이 인물에 대한 사상적 총결을 하기도 하였다. 피와 살이 없고 생명이 없는 형상이었다. 작품 속의 기타 인물도 그 계급 성분에 따라 순서 배열을 하고 각자의 정치 태도, 언어와 사상, 행위를 설계하였다. 개성이 없고 또 메말랐으며, 모두가 '형상 사유를 반대하는 기형아'였다. 문풍으로 보면, 책 전체가 정치 설교로 꽉 들어차서 생활의 맛이라고는 조금도 없었다. 매 장의 서두에서는 전국의 노선 투쟁 형세를 언급하고 또 당시의 투쟁 형세를 잔뜩 늘어놓는다. 처음부터 끝까지 어록과 그 어록에 대한 해석으로 가득하

였다. 언어가 메마르고 구호와 빈 말이 줄지어 늘어져 읽어내려
가기가 아주 힘들었다. 『홍남작전사』는 '4인방' 방파 문예의
전형이며 이른바 "지도자는 사상을 바치고 군중은 생활을 바치
며 작가는 기교를 바치는" '3결합' 창작의 표본이었다.

　장편소설 『우양전(牛洋田)』(작자: 남소)도 역시 임표와 '4인
방'의 반당 정치 노선과 반동 문예 노선을 충실히 집행한 작품
이었다. 1972년 2월에 상해인민출판사에서 출판했고 1973년
6월에 재판도 냈다.

　『우양전』은 원래 임표를 추켜올리고 임표의 "크게 수립하고
특수하게 수립하는" 반혁명적 정치 공세를 위해 복무한 작품이
었다. 1971년 9월, 임표의 실각으로 인하여 이 책은 잠시 출판
되지 않았다. 우스운 것은 반년 후에, 그토록 추켜올렸던 임표
와 임표의 극'좌' 노선을 비판하는 작품으로 뒤바뀌어 출판되었
다는 것이다. '4인방'이 또 극'좌'를 비판하지 못하게 하자, 이
작품은 다시 한바탕 분장을 해가지고 1973년 6월에 재판되었
다. 『우양전』의 출생 과정은 그것이 근본상 예술 규칙에 의하
여 창작된 예술 작품이 아니고 마치 퍼즐 놀이와도 같은 정치
연극법임을 잘 설명해준다. 『우양전』은 "노선으로부터 출발"
한 방파문예의 한 표본이었다. 작품은 역사를 왜곡하고 지방 당
위를 추화(醜化)시키고 "총이 당을 지휘한다"는 반동 여론을
유포했다. 작품은 군대를 일방으로, 지방을 다른 일방으로 하였
는데 지방 간부는 모두 반면 인물로서, 명백한 주자파(자본주의
길로 나가는 집권파)도 있고, 우경 기회주의자도 있고, 심지어
혁명 대오에 장기적으로 혼입하여 잠복해 있는 국민당 군통 특
무까지 있었다. 작품의 제1호 영웅 인물인 군인 간부 조지해는
더구나 완전히 '노선으로부터의 출발' '3돌출' 모델에 따라 날
조해낸 영웅이었다. 그의 높은 노선 각오를 설명하기 위해서 심
지어는 그가 1962년에 임표를 비판하는 연극을 연출하였다고까
지 꾸며댔다. 이는 완전히 정치 노선을 도해한 형상이었다.

『홍남작전사』와『우양전』은 생활 진실을 완전히 배반하였을 뿐만 아니라 예술 창조의 규칙도 완전히 위반하였다. 예술의 진실이 추호도 없는 이 모두가 바로 철두철미한 방파 문예의 표본이었다. 현실주의 정신은 이런 작품 속에서 상실된 지 오래이다. 소설사에서 이런 작품을 취급하는 것은 주로 특정한 역사 시기와 특정한 문예 사조 속에서 산생된 특수한 문학 현상으로 소개하고 연구하려는 것이며, 아울러 반면으로부터 교훈을 접수하려는 것이다.

2. 「이른 봄의 아침」「제 1 과」 「금종장명」 등의 단편소설

장편소설 외에도 '4 인방'과 그 도당은 또 직접 그들 자신을 위해 기념비를 세우고 탈권의 여론을 조성하는 단편소설을 제작해냈다. 그 중 상해의 방파 간행물인『아침 노을』에 발표된 「이른 봄의 아침」「제 1 과」와「금종장명」이 가장 대표적이다.

「이른 봄의 아침」(청명)은 상해의 이른바 '1 월 혁명'의 폭풍을 직접 묘사한 작품이며 문화 대혁명을 찬미한 소설이다. 작품은 당의 10 차 대표대회 전에 발표되어 직접 왕홍문을 추켜올리고 장춘교를 분장시키며 '4 인방'의 탈권을 위하여 여론을 조성하였다. 작품이 창조한 제 1 호 영웅 인물은 이름을 곽자곤으로 바꾼 왕홍문이었으며, 탈권중에 있는 왕홍문을 '몽마르트 고지'의 '영용한 파리 노동자'로 추켜올렸다. 노동자 반란파 조직의 사령관을 '프롤레타리아 영웅 전형'으로 분장시키기 위해 작가는 일부 예술 수단을 동원하였다. 마이크를 빼앗고, 베개빵을 뜯으며, 당비를 바치고, 방향판을 잡는 등의 줄거리와 세목을 통하여 '3 돌출'의 창작 원칙을 이 영웅 형상에 퇴적시킴으로써 그의 '탈권하려는' 성격의 핵심을 집중 표현하였다. '탈권'이 바로 이 소설의 최고 주제였다. 이는 음모 문예의 전형적인 작품이었다.

「제1과」(곡우)도 '4인방'이 친히 정성들여 꾸며낸 음모 문예 작품이었다. 소설은 '노동자 선전대'가 학교로 진주하여 상층 건축 진지를 점령하고 요문원의 문장으로 학생들에게 이른바 '진정한 제1과'를 강의해주는 것을 찬양함으로써 요문원을 '스승'으로 '기수(旗手)'로 떠받들고 '4인방'의 탈권 및 개조환대(改朝換代)를 위하여 직접 여론을 조성하였다.

「금종장명」(입하)은 '4인방'의 도당이 조작해낸, "주자파와의 투쟁의 묘사"를 내용으로 하는 단편소설이다. 작품은 "노간부는 민주파이고 민주파는 주자파"라는 '4인방'의 논조에 따라 '새 운행도'의 실시와 열차가 이 새 운행도대로 제시간에 출발하는가 하는 것을 에워싸고 모순 충돌을 전개하였다. 도해의 방식으로, 정보강과 같은 노간부는 안 되며 그를 대신할 사람은 응당 반(反)조류의 '새 인물'이어야 한다는 설명을 하였다. 이른바 '새 운행도'에 숨겨진 뜻은 시대의 열차를 '4인방'의 '운행도'대로 달리게 해야 한다는 것이었다.

'4인방'이 미리 제정해놓은 주제에 따라 '3돌출'의 창작 방법으로 사건·줄거리·모순 충돌을 짜맞추어가면서 이른바 프롤레타리아 영웅 형상을 '창조'해냈다. '4인방'을 분장시키고 이름을 날리게 하고 그 공덕을 찬미하기 위해, 그들의 복벽 음모와 여론 조성을 위해 반혁명의 의도를 직접 토로한 것 외에는 아무런 예술성도 없었다. 이것이 모든 음모 문예의 공통된 특징이다.

문화혁명 중, '4인방'이 직접 착수한 이런 음모 문예 외에 또 일부 작품이 있었는데, 음모 문예에는 속하지 않고 일정한 사당과 심미 가치가 있는 것이었다. 그러나 뚜렷한 '좌'적 사상 경향과 '주제 선행' 그리고 '3돌출' 등 창작 사조의 영향이 있었다. 예를 들면 심용의 『만년청(萬年靑)』, 호연의 『찬란한 길』
과 장항항의 『분계선』 등이다. 이러한 작품의 작가들은 자신이
묘사해낸 생활에 모두 비교적 익숙하고 풍부한 축적도 있는 동
시에 비교적 생동감 있게 농촌 변혁중의 각 계층의 사람들과 하
향 지식 청년들의 정신 면모 및 상호 관계를 묘사하였고 인물
성격도 선명하였음을 우리는 인정해야 할 것이다. 그러나 작가
가 자기가 묘사한 생활과 인물에 대해 이성적인 인식과 평가를
진행할 때 도리어 그 특정 시대와 '4인방' 반동 사조의 낙인을
깊숙이 찍는다는 데에 문제가 있다. 이는 작품 본래의 현실주의
역량을 엄중하게 해치고 감소시켰다.

'4인방'의 영향을 적게 받고 사상과 예술이 모두 비교적 좋은
작품이 극소수 있었던 것은 물론이다. 극비(克非)의 「급히 흐
르는 봄 물결」, 여여청(黎汝淸)의 「붉게 물든 산」, 이운덕의
「들끓는 산」과 요설은의 『이자성』(제2부), 장양의 『두번째 악
수』 등이다.

「급히 흐르는 봄 물결」은 농촌 현실 생활을 반영한 작품으로
서 그 특수한 역사 시기에 좌경 사조의 영향을 피하기 어려웠지
만 작가가 진실한 생활 감각과 체험이 있었던 덕분에 작품에 선
명한 개성 묘사와 농후한 향토 맛이 있게 되었다. 아울러 농업
합작화 운동중의 천서(사천성 서부) 산촌에서 발생된 복잡하고
첨예한 투쟁을 상당히 생동감 있고도 진실하게 반영할 수 있었
다. 전반 소설이 흙냄새와 청신한 공기로 흘러 넘친다. 이는 전
반 문풍이 이미 '방팔고(幇八股)'에 의해 오염되어 있던 문화혁
명 속에서는 각별히 귀중하지 않을 수 없었다.

「붉게 물든 산」이 쓴 것은 혁명 투쟁 역사 제재였다. 제2차
국내 전쟁 시기의 한 농민 무장대가 농촌 근거지를 건립한 이야
기이다. 작품의 예술 시야가 넓고 줄거리가 집중되었으며 구조
가 비교적 완정하여 일정한 정도에서 그 역사 시기의 사회 풍모
와 농민 전쟁의 발생·발전 과정을 진실하게 펼쳐주었다. 다만

인물 형상 창조에서 '3돌출'의 창작 원칙의 영향을 여전히 다소나마 받고 있었다.

「들끓는 산」은 공업 제재 소설로서 해방 초기 동북 지구 모 광산의 수복 과정에서 발생한 첨예하고 복잡한 투쟁을 묘사한 것이었다. 작품은 광산 당 조직의 지도 간부 형상과 당을 열애하고 사회주의를 열애하는 노 노동자의 형상을 생동감 있게 그려내는 데 성공하였다.

장편 역사소설 '4인방' 스타일이나 '4인방' 분위기가 비교적 적었다. 『이자성』(제2부)은 문화혁명 시기 소설 창작의 중요한 수확이다. 이 작품은 창작 과정에서 '4인방'의 방해와 간섭을 돌파하고 직접 모택동의 지지를 받고서야 완성될 수 있었다. 예술상, 소설은 폭넓은 사회 역사 배경에서 웅위로운 화면, 방대한 기세로 이자성 농민 봉기군이 피동에서 주동으로 나아가며 약한 데서 강해지는 장대한 과정을 묘사하였다. 여러 가지 예술 수단으로 이자성과 기타 인물을 모두 선명하고 생동하고 풍만하게 부각해냈다. 그러나 제1부에 비해 여전히 줄거리가 세련되지 못하고 구조의 짜임새가 부족하며 인물 형상이 지나치게 과장되는 현상이 이미 나타나고 있었다는 인상을 준다. 형상 묘사에서 비교적 많은 의론을 진행한 것도, 당시의 시대적 분위기의 영향을 받지 않았다고 말할 수 없다.

『두번째 악수』는 문화혁명중, 유일하게 '4인방'풍이 전혀 없이 작가 자신의 생활에 대한 인식에 의해 씌어진 장편소설이다. 문화혁명 전에 이미 원고가 완성된 이 작품은 예술상에서 아직 성숙되지 못한 점이 있지만 노일대 과학가의 사업·생활과 애정에 대한 묘사는 진실하고 감동적이었다. 노과학자 세 사람의 저마다 독특한 운명과 귀속을 썼다. 구사회와 구중국을 고발했고 새 사회와 새 중국을 찬미했으며 주은래 총리를 찬양했다. 이런 묘사가 '4인방'의 규칙을 위반한 것임은 의심의 여지가 없는 것이다. 작품을 출판할 수가 없었던 작가는 필사본의 형식으로 사회에 은밀히 유포시켰다. 그가 '4인방'에 의해 4년 동안이나 감옥에 갇혀 있었지만 그의 작품은 나름대로 사회에 전해지고 인민의 마음속으로 흘러들었다.

만일 문화혁명 기간의 '4인방'의 잔혹한 박해와 엄밀한 통제 아래에서도 문학 창작의 현실주의 정신이 아직 완전히 철저히 깨끗이 교살당하지 않고 그 숨결이 간간히 남아 있었다 한다면 바로 이러한 작가와 작품일 것이다. 그들은 문화혁명의 전과 후, 두 시대를 연계시켜 중국 현대 문학에서의 현실주의 전통의 연속성을 가까스로 보존하였다.

제 2 부

신시기 10년(1979~1989)의
다원적 미학 형태의 소설

제 7 장

현실주의의 복귀·심화·승화와 모더니즘 소설의 대두
—— 다원적 미학 원칙이 병립한 신시기 소설 발전의 개술

1. 신시기 소설 창작 발전의 대체적 윤곽

여기서 말하는 '신시기'에는 두 가지 함의가 있다. 하나는 사회주의 역사 발전의 새로운 시기, 즉 1978년 12월, 당의 11기 3중전회가 열린 이후를 가리킨다. "실천은 진리를 검토하는 유일한 표준"이라는 사상 해방 운동의 큰 깃발을 높이 들고 철저하게 문화 대혁명을 종결짓고 부정하였으며, 나아가서는 전국 인민을 이끌고 4개 현대화 건설을 목적으로 하는 사회주의 혁명과 건설의 새로운 역사적 시기로 뛰어들었다. 다른 하나는 문학 발전의 새로운 시기이다. 중국 현대 문학이 건국초 17년의 현실주의의 곡절 많은 발전을 겪고 문화혁명 10년의 심한 상처를 입은 뒤, 1976년 10월 '4인방'이 타도되고부터 1978년말 당의 11기 3중전회가 열리기까지의 2년간의 짧은 호흡과 과도기를 거쳐(이 기간에 「학급 담임」과 같은 우수한 작품이 나타나긴 했어도 문학 창작의 총체로 보면 기본상 좌적 정치 사상과 문예 사조의 영향을 아직 다 벗어나지는 못했다) 사실상 1979년부터 문예는 진정한 해방을 얻게 되었다. '4인방' 문예 노선을 벗어났을 뿐만 아니라 17년 좌경 사상의 여러 가지 구속과 금기를 벗

어나 문학의 주체 의식이 각성되기 시작했고, 문학 창작이 날로 번영해지기 시작하는 새로운 국면이 나타났다. 이 시기의 문학 창작, 특히 소설 창작은 적어도 두 방면에 뚜렷한 변화가 일어 났다. 첫째, 그 원래의 의의에서 현실주의의 본래 면모를 회복 하고 또 그것을 심화·승화와 날로 개방되는 방향으로 발전시켰 다. 둘째, 중국 현대 문학사상 처음으로 현실주의 미학 범주 외 의 비현실주의, 즉 모더니즘 미학 범주의 작품이 나타났다. 이 리하여 중국 현대 문학은 현실주의의 복귀·심화·승화와 개방 적인 새로운 발전, 그리고 모더니즘의 수용·개조·소화·융합·발 전·창신이라는 다원적 미학 원칙이 병존하고 경쟁하는 문학의 새로운 시기에 진입하였다.

10년 동안 소설 창작의 예술적 발전은 기본상 두 갈래의 길을 따라 이루어져왔다. 하나는 현실주의의 길이었고, 다른 하나는 모더니즘의 길이었다. 나중에는 이 두 가지 문학 형태가 서로 침 투·융합함으로써 중국 현대 소설의 보다 큰 번영을 추진했다.

먼저 현실주의 소설을 살펴보자. 10년 동안의 소설 창작은, 문학 사조의 각도로부터 보면 대체로 현실주의의 복귀-심화-승 화와 개방적인 새로운 발전이라는 단계를 겪었고, 소설 제재의 각도로부터 보면 상흔 문학-반사 문학-개혁 문학이라는 발전 경로를 비교적 선명하게 나타냈다. 만일 매 단계의 대표적 작품 으로 획분을 한다면 아래와 같은 궤적이 나타난다. 현실주의 복 귀 시기의 상흔소설, 「학급 담임」「상흔」「신성한 사명」「꽃 이 덮인 기로」『허무와 그의 딸들』——현실주의 심화 시기의 반사소설, 「잘못 편집된 이야기」「기억」「흑기」「천운산 전 기」「볼셰비키의 경례」「나비」「이순대가 집을 짓다」「중년 이 되어」「토양」「오늘밤에 설한풍이 있다」——현실주의의 승 화와 개방적 발전기의 '개혁소설'「교공장장의 부임기」『무거 운 날개』『화원가 5호』『남자의 풍격』『신성(新星)』「고향의 땅」『부조(浮躁)』『옛날의 배』등이다. 현실주의 미학 원칙의 요구에 근거하여본다면 10년간 현실주의 소설의 하나의 뚜렷한 특징은 그 시작부터 마지막까지 생활과 밀접한 관계를 보존하고 생활의 발전에 따라 발전했다는 점이다. 때문에 10년간의 현실주의 소설은 강렬한 시대의 숨결을 띠었고, 강력한 시대 정신을 체현하였다.

다음은, 모더니즘 소설을 살펴보자. 10년간의 소설 창작은 대체로 두 단계로 나뉠 수 있다. 첫 단계는 1979년초에 시작된 서방 모더니즘 작가들의 창작 방법에 대한 초보적 수용과 영향이다. 왕몽의 「볼셰비키의 경례」「봄의 노래」「나비」「연」「밤의 눈동자」「바다의 꿈」, 여지견의 「초원의 오솔길」「잘못 편집된 이야기」, 종박의 「달팽이집」「나는 누구인가」, 심용의 「수탉의 비극」「열 살을 줄이다」 등이 그 예이다. 이들 작가와 작품은 다만 창작 방법의 각도에서만 일부 모더니즘의 수법을 흡수하였다. 의식의 흐름, 생활의 흐름, 정서의 흐름을 쓰거나, 시간과 공간의 순서를 타파하고 영화 편집과 몽타주 수법을 사용하여 작품을 재구성하였다. 또는 과장·변형이나 상징 수법으로 생활에 대한 작가의 독특하고 심각한 견해를 표현하였다. 그 목적은 생활을 반영하는 보다 많은 표현 수법으로 자신들의 현실주의 예술의 표현력을 풍부하게 하기 위해서였다. 두번째 단계는 80년대 중기에 나타난 선봉파 청년 작가군 및 그 선봉(탐색)적 작품이다. 한소공의 「아, 아, 아빠」「여자, 여자, 여자」, 왕안억의 「소포장(小鮑莊)」, 유삭랍의 「너에게 다른 선택은 없다」「푸른 하늘과 바다」, 서성의 「무주제 변주」, 자시다와의 「서장, 가죽끈에 매인 영혼」, 마원의 「갠지스의 유혹」, 잔설의 「노란 흙집」「먼 곳에 뜬 구름」, 막언의 「투명한 당근」「붉은 수수밭」, 유의연의 「현대 청년」 및 유항·이예·격비·여화·소동 등의 작품이다. 선봉파 작가군의 작품이 그들의 선배 작가(왕몽 등을 가리킨다)의 작품들과 다른 점은 창작 방법의 각도에서뿐만 아니라 현대 철학 사조와 미학 사조의 각도에서 서양 모더니즘을 흡수하고 강렬한 현대 철학 의식과 심미 의식으로 중국의 고대 문명과 사회 현실을 분석하고 사고한다는 것이다. 바로 이들로부터 시작하여 중국에 진정한 모더니즘 작품이 있게 되었다.

2. 신시기 10년 소설 창작의 중대한 성취와 돌파

그전까지의 30년간의 소설 창작과 비교해보면 신시기 10년의 창작은 많은 중대한 발전과 전방위적인 돌파를 이루었다.

이는 우선 다층위의 전례 없던 소설가 대오의 형성과 작품 수량의 증가, 특히 우수한 작품의 대량 출현으로 표현되었다. 다층위라는 것은 다음과 같은 것을 가리킨다. 1) '5·4'와 제1, 2, 3차 국내 전쟁으로부터 오늘날까지 소설 창작 문단에서 활약하고 있는 노작가들(빙심·요설은·애청 등)을 원로로 하고, 건국 후에 나타난 중년 작가(이준·마봉·여지견·왕몽·등우매·종박·고효성·육문부·유소당 등)를 중견으로 하며, 신시기에 등장한 많은 중·청년 작가들(유심무·장결·가평요·장자룡·풍기재·가운로·로요·왕윤자·장위·왕안억·한소공·공첩생·양효성·사철생·이항육…… 등)을 주력군으로 하여 호호탕탕한 '5세동당(五世同堂)'의 작가 대오가 이미 형성되었다. 2) 많은 성·시·지구에 자신들의 일정한 지역적 풍격 특색과 독특한 미학을 추구하는 작가군이나 유파가 형성되고 있거나 이미 형성되었다. 마치 전 시대에 나타났던 '산약단'파, '하화전'파와 마찬가지로 이 문학 시기에는 북경 작가군, 천진 작가군, 산동 작가군, 산서 작가군, 하남 작가군, 호남 작가군, 강소 작가군, 광동 작가군과 북대황 작가군, 지식 청년 작가군, 서부 문학 등이 등장하였다. 3) 많은 여류 작가들이 출현하였다. 이는 중국 문학사상에 없었던 현상이다. 신시기에 출현하여 문학사에서 나름대로의 지위를 점할 만한 성과를 거둔 여류 작가의 숫자는 중국 문학사 전체에 걸쳐 출현했던 모든 여류 작가의 총수를 훨씬 초과한다. 만일 여성 해방이 사회 해방의 정도를 말해준다면 최근 10년간의 많은 여류 작가들의 출현으로부터 이 10년은 중국의 사회·사상 해방의 정도가 가장 높은 10년이라고 할 수도 있다.

1979년 이래의 소설 창작 수량으로 말하자면 우리는 아래와 같이 간단한 숫자를 제공할 수 있다.

장편소설은 신시기 10년 동안 천여 부를 출판했고 최근 몇 년간은 매년 150부 이상 증가되고 있다. 그러나 건국초 17년 동안은 도합 172부밖에 출판되지 못했다. 중편소설은 1981~1982년간만 해도 1,150부를 발표했다. 이 숫자는 이전 30년간의 중편소설 창작 총수의 두 배도 더 넘는다. 단편소설의 숫자는 통계를 내기 어려울 정도인데 매년 거의 4, 5천 편씩 나오고 있다.

신시기 10년간 우수한 소설이 부단히 나왔다는 것은 8차의 우수 단편소설상, 4차의 우수 중편소설상과 2차의 우수 장편소설상('모순문학상') 심사평으로부터 그 일단을 엿볼 수 있다.

물론, 한 시대 문학 창작의 번영 여부와 성취의 크고 작음은 결코 작가나 작품의 수량에서 보아야 할 것이 아니라 주로 소설 창작의 사상·예술적 질로부터 보아야 한다. 신시기 10년의 소설 창작은 생활을 반영하는 진실성·광활성, 그리고 인물 형상의 전형성·풍부성, 시대 정신의 심각성·전투성 및 작가 작품의 예술 스타일과 예술 유파의 다양성 등 모든 방면에서 진전과 전에 없던 번영을 나타냈다.

사상의 해방, 창작 주체 의식의 각성은 작가의 생활 시야와 예술 시야를 크게 넓혀주었고 이는 또 제재 영역의 큰 개방과 작품의 사상 주제의 큰 개방을 초래하였다. 건국초 30년 동안 계급 투쟁의 중대한 주제, 중대한 제재만 허용한 데서 비롯된 역사 제재와 농촌 현실 제재의 편중 현상과 기타 제재에 대한 무시의 현상을 근본상에서 돌려세웠다. 이 시기에 작가들은 각종 제재에 충분한 중시를 돌린 동시에 생활의 여러 영역으로 깊숙이 파고들었다. "몇천 년 역사의 전쟁과 평화, 광명과 암흑, 중대한 역사 사건으로부터 개인의 내면의 곡절에 이르기까지" 그 어느 곳도 작가의 펜이 닿지 않은 데가 없었다. 천편일률의 인위적이고 허구적인 계급 투쟁에서 철저히 벗어나 생명의 의의, 생존 가치, 애정 주제, 인생 주제, 인본 주제를 탐구하기 시작했고 심지어는 다의(多義) 주제, 모호한 주제와 담화(淡化) 주제, 상징 주제의 현상이 나타나기까지 했다.

우선, 지난 30년간 무시되어온 제재, 말하자면 도시 공업 개혁과 지식인 생활에 대한 반영이 대폭의 발전을 이루었다. 장자룡은 「교공장장 부임기」「기초」「세배」「빨주노초파남보」 등의 작품을 잇달아 써냄으로써 이 방면의 개척자로서의 성취가 뚜렷하였다. 이어서 이국문은 『화원가 5호』, 장현량은 『남자의 풍격』「상록수」로써 각기 선을 보였다. 장결은 엄준한 현실주의로써 『무거운 날개』「조모록(祖母綠)」「아직 성숙되지 않은 조건」을 썼고, 심용은 심각한 필치로 「중년이 되어」「제멋대로 사는 사람」「한 송이 달맞이꽃」 등을 썼으며, 소숙양의 「고향의 땅」, 가운로의 『경화 3부곡』 등 거의 모든 작가들이 시대적 사명감을 갖고 공업 개혁과 지식인이라는 두 가지 주제에 새로운 작품을 바쳤다.

농촌소설은 1976년 10월 이후에 잠시 유예와 방황을 가졌으나, 당의 11월기 3중전회 이후로 농촌 신경제 정책의 실시에 따라 농촌 변혁을 반영한 소설로 큰 발전을 이루었다. 먼저 하사광의 「시골 마당에서」가 농촌의 인간 관계에 나타난 연극적 변화의 한 측면을 포착하여 농촌 생산 책임제가 실시된 후 농민들의 정치상·경제상·정신 심리상에서 발생된 역사적인 변화를 유력하게 게시해주었다. 이후, 고효성이 또 연작소설의 방식으로 비교적 완정하게 변혁 시기 농촌의 사회 풍모와 농민의 심리

변화의 과정을 반영하였다. 그리고 주극근(「과수원의 주인」),
장일궁(「산촌의 사진사」「화신」), 진세욱(「백조의 호수」), 왕윤
자(「노반의 자손」), 장위(「가을의 분노」), 가평요(「소월전본」
「섣달 정월」), 심지어는 장자룡(「연조 비가」)까지도 나름대로의
각도와 측면으로 급격히 변화된 농촌의 현실을 반영하였다. 이
런 작품들이 생활의 표면적 변화와 인심의 표층의 파동을 반영
하였다면, 「보리 장사꾼」(소진국), 「먼 곳의 산촌」「옛 우물」
(정의), 「소포장」(왕안억), 『부조』(가평요), 『옛날의 배』(장위),
「상수평 기사」(주효평), 특히 유항의 「개 같은 날의 양식」「복
희, 복희」 등의 소설이 출현한 뒤부터 우리나라 농촌 제재 소설
창작이 보다 새롭고 높은 철학적·미학적 차원에 들어서기 시작
했다고 말할 수 있다. 역사를 반성하든 현실을 관조하든 모두
강렬한 현대 철학 의식이 침투되어, 보다 웅대하고 무소부재한
문화적 분위기 속에 현실과 역사를 두고 전통 민족 문화가 퇴적
된 현실 생활을 그렸을 뿐만 아니라 깊은 민족 문화 심리를 가
진 인물 성격을 발굴하고 창조해냈다. 이처럼 신시기의 농촌 제
재 소설 창작의 성과는 뚜렷하였다.

신시기의 또 하나의 중대한 수확은 지식 청년 소설이었다.
10년 동란과 상산하향 운동은 예상치 못했던 유산으로 지식 청
년 작가와 지식 청년 소설들을 남겼다. 이는 중국 문학사뿐만 아
니라 세계 문학사에서도 둘도 없는 문학 현상이었다. 당년의 지
식 청년이었던 공첩생·양효성·소부홍·사철생·철응·왕안억·
장항항·죽림·엽신·장신흔·육성아·교설죽 등이 지금은 모두
중국 문단의 상당한 영향을 가진 새 일꾼으로 활약하고 있다.
지식 청년 소설은 신시기의 전반 문학과 거의 걸음을 같이하며
발전하였다. 최초의 '상흔소설'(「상흔」「강 저쪽에서」「집회」
「오염된 백양나무」「생활의 길」)로부터 '반사소설'(「본 열차의 종
착역」「나의 청평만」「남방의 언덕」「오늘밤에 설한풍이 있다」),
'개혁소설'(「탑」「붉은 양귀비」『눈 내리는 도시』)에 이르기까지

하향(下鄕)에 대한 재인식으로부터 하향 지식 청년 제재를 초월하는 데로 발전하였고 인생 가치·생존 의의·인성·인심 등 철학적이고 문화적인 사고로까지 상승되었다. 최근, 이 방면에서 지식 청년 소설의 새로운 세계를 개척한 장편소설들로는 『보이지 않는 반려』(장항항), 『핏빛 황혼』(노귀) 『상나고지의 태양』(육천명) 등이 있다.

이 시기에 상대적으로 감소된 작품은 단순히 혁명 투쟁 역사만 재현한 소설들이었다. 영향이 비교적 크고 중요한 작품은 『환남사변』이었다. 그러나 군사 문학·전쟁소설, 특히는 현대 전쟁과 현대 군인 생활을 반영한 작품은 이 시기에 돌발적인 발전을 이루었으며 적지 않은 면에서 새로운 개척과 발견이 있었다. 우렁차게 군사 문학의 광활한 전경을 예고한 작품들로는 「서부 전선의 일화」「높은 산 아래 놓인 화환」「응시」「제3의 눈」『두 세대의 풍류』『침대』 등이 있다.

장기간 침체되었던 역사소설이 이 시기에 진정한 진흥을 이루었다. 요설은의 대하소설 『이자성』이 속속 출간된 외에도 서홍업의 『금병걸』, 장화삼의 『바람 소리』, 풍기재의 『의화권』 『신등전 전기』, 포창의 『경자풍운』, 임광춘의 『무술첩혈기』, 능력의 『성성초(星星草)』, 고문광·고박광의 『천국의 한』『대도혼』 등의 작품들이 민족 역사의 웅장한 화폭을 펼쳐주었을 뿐만 아니라 중화 민족이 세세대대로 용감히 싸워온 앙양된 민족 정신을 반영하였고 민족 영웅·의군 수령·애국 장령으로부터 소인·봉건 제왕에 이르기까지의 비교적 높은 인식 가치와 심미 가치를 가진 인물 형상들을 창조하였으며, 동시에 역사소설 창작이 역사 진실과 예술 진실의 결합을 추구하는 데 유익한 조건들을 제공해주었다.

시정·향토·풍속화소설과 통속연의소설·공상과학소설·추리탐정소설·아동소설 등 기타 제재를 다룬 소설들도 모두 큰 발전이 있었다. 이로부터 우리는 신시기 10년의 소설 창작이 생

활의 풍부성·진실성·심각성을 반영하는 데 있어서 지난 30년
간의 소설들을 훨씬 초월하였음을 알 수 있다.

 신시기 소설들이 지난 30년간의 소설을 초월하였다는 것은
인물 형상 창조를 전형의 다양성·풍부성·복잡성 속에서 추구
한 것에서도 나타난다. 노농병만 쓰고 노농병 영웅 형상만 창조
하던 일면적 제한을 벗어나 진정으로 생활을 "관찰·체험·연구
하고 모든 사람, 모든 계급, 모든 군중을 분석했다." 당대의 사
회 생활 무대나 역사 무대에서 활약했던 형형색색의 인물들이
나름대로의 특유한 사상 인식 가치와 미학 가치를 갖고 신시기
소설가들의 예술 시야로 들어왔다. 위로는 빛나는 프롤레타리아
수령, 풍운을 주름잡는 영웅 인물, 개혁 용사, 아래로는 현실
생활중의 보통 군중, 일반 농민, 소상인, 요리사, 고객, 승, 여
승으로부터 앞잡이, 간신, 마지막 황제, 청실 후예, 팔기 자제까
지였다. 신시기 소설의 예술의 뜰에는 이미 각양각색의 인물 형
상으로 구성된 기나긴 인물 화랑이 조성되었다. 그 중에 아Q나
오손보와 같이 전형화 정도가 아주 높은 예술 전형이 나타났다
고는 아직 말할 수 없으나 서로 다른 사상 심도와 미학 가치를
가졌으며 인상 깊은 형상은 이미 창조했다고 말할 수 있다. 예
를 들면 사혜민·교광박·유사가·육문정·마르크스 레닌주의 할
머니·반노오·허무·이순대·진환생·장사원·이동종·양삼희·
근개래·유모매·고가림·나오·대식가 주자치·이자성·숭정황
제·여점별·병재(丙崽)·조씨네 넷째 할아버지 등이다. 이런 인
물 형상의 창조로부터 우리는 신시기의 소설 창작이 인물 형상
창조의 심미 추구에 있어서 지난 30년과 크게 다르다는 것을
알 수 있다. 이전의 완미하고 어느 정도 '신화(神化)'된 영웅
인물이 지금에 와서는 피와 살이 있고 7정 6욕을 가진 사람,
심지어는 성격 약점이나 복잡한 성격을 가진 인화(人化)된 영
웅 형상으로 대체되었고(교광박·양삼희·유모매·근개래·내 할아
버지 등), 평범한 소인물 형상이 더 많이 나타났다(육문정·주자

치·진환생 등). 이것은 신시기의 인물 형상 창조에 '영웅화'로부터 '비영웅화'로의 심미적 전변이 일어났음을 설명해준다. 또 일부 작가들은 내용이 보다 풍부하고 박대한, 허구화·상징화 혹은 기호화된 인물 형상도 추구하였다(「아, 아, 아빠」 중의 병재, 『옛날의 배』 중의 조할아버지 등).

사상 해방 운동으로 인한 작가 주체 의식의 각성은 심각한 사색, 대담한 탐색과 용감한 추구로 신시기의 소설이 강렬하고 심각한 철리·사변적 색채를 많이 띠게 하였다. 이는 전30년의 소설 창작에서는 찾아보기 어려운 것들이었다. 잠상의 「공개된 연애 편지」, 예평의 「저녁노을 사라질 때」, 왕몽의 「볼셰비키의 경례」「나비」「어려운 만남」「깊은 호수」「바다의 꿈」「연」, 이국문의 「월식」『화원가 5호』, 장현량의 「상록수」『남자의 풍격』, 장결의 『무거운 날개』, 장승지의 「검은 준마」『북방의 강』『금목장』 등의 작품들은 모두 심각한 철리적 사고가 있는 우수한 작품이었다.

전30년의 창작 방법과 문예 형태상의 단일화·절대화와 폐쇄화의 국면이 신시기에 타파되었다. 정치 정책의 개명과 경제 정책의 개방에 따라, 작가의 창작 주체 의식의 각성은 문예 사조의 활약과 창작 방법·문학 형태의 다양화를 가져왔다. 현실주의 문학 형태와 창작 방법의 복귀·심화·승화와 개방적인 발전이 그 한 측면이고 모더니즘 문학 형태와 여러 창작 방법의 수용, 흡수, 창신 및 현실주의와의 융합이 다른 한 측면이다. 각종 문예 사조의 활약과 창작 방법의 다양화는 격조가 저마다 다르고 풍부하고 다채로운 작가 스타일의 형성과 발전에 유리했을 뿐만 아니라 작가 집단과 예술 유파의 출현에도 촉진을 주었다. 전통 현실주의와는 완전히 다른 미학 범주에 속하는 독특한 형태와 매력을 가진 신형의 소설이 많이 나왔다. 예를 들면 왕몽의 「밤의 눈동자」「봄의 소리」「바다의 꿈」, 이타의 「자유 낙하」, 진계광의 「돌아가는 세계」, 종박의 「달팽이집」「나는 누구인가」「진창 속의 머리」, 장결의「그는 무슨 병이 있는가」
「길을 가로질러」, 장신환·상엽의「북경인」, 유삭랍의「너에게
다른 선택은 없다」, 막언의「투명한 당근」「동그란 번개」「붉
은 수수밭」, 자시다와의「서장, 가죽끈에 매인 영혼」, 마원의
「갠지스의 유혹」등이다. 이외에도 북경 작가군의 향토소설과
도시 풍속화소설에 대한 추구, 산서 작가군의 '산약단' 예술 유
파에 대한 계승, 변화와 초월, 섬서 작가군의 서부 문학 개발,
호남 작가군의 정치 풍운의 변화를 풍속 인정에 주의하여 묘사
하는 방법 등등이 있다. 이 모든 것들은 신시기의 소설이 날로
성숙되어가고 있음을 표명했을 뿐만 아니라 건국 이래 보기 드
물었던 진정 백화만발한 번영창성의 모습이 소설 창작의 뜰에
나타나기 시작했음을 체현하였다.

3. 신시기 소설 창작 발전중에 존재하는 문제

위에서 살펴본 것들이 신시기 소설 창작에서 얻은 탁월한 성
취와 많은 중대한 돌파라고는 하지만, 그것이 모든 것이 새롭던
시대의 문학으로서는 필경 하나의 시작에 불과하기 때문에 아
직도 적지 않은 문제와 부족함이 존재, 진일보한 극복과 해결을
기다리고 있었다.
첫째, 작가 대오가 대폭 늘어나고 평균 연령이 내려간 동시에
작품 수량이 급격히 많아진 것은 좋은 현상이었다. 그러나 그
중의 극소수 중·청년 작가들인 왕몽·유심무·장현량·장승지·
종박·장결·심용·등우매·육문부·풍기재 등을 제외한 절대 다
수의 작가와 작품의 총체적인 지식 풍모와 지식 수준은 오히려
하강하였다. 이는 상당히 많은 작품들을 단순하고 천박하며 생
활의 심도와 역사의 심도가 결핍된 것으로 만들었다.『홍루몽』
『유림외사』와 같은 고전적 저작이 없었을 뿐만 아니라 노신·

모순·노사·파금과 같은 박식한 문호와 대가도 나타나지 못했으며 심지어는 『창업사』『홍기보』와 같은 그러한 시사적 작품도 찾아볼 수 없었다. "한 권의 책은 지식의 보고이고 진정 위대한 작품은 한 부의 백과사전이다." 이로써 신시기 소설을 측량하면 그것의 뚜렷한 부족함이 드러난다.

둘째, 신시기 10년 동안 문학의 사고성·탐구성·철리성이 증강된 것은 바람직한 일이다. 그러나 어떤 작가와 작품은 도리어 시대와 생활을 떠나서 "현실을 멀리하고 자아를 향할 것"을 제창하였다. 이로 인해 이 시기의 소설 창작이 백화제방과 번영창성을 이룬 것처럼 보이지만 실제로는 시대의 주선율을 은폐하거나 유실시켰다. 더욱이 어떤 작가들은 마르크스주의를 이해하지도 못하면서 마르크스주의를 의심하며, 서방의 여러 가지 철학 사상과 문예 사상을 이해하지도 못하면서 맹목적으로 믿고 숭배하며 그대로 모방까지 하였다. 어떤 작품들은 마르크스주의와 종교의 융합을 선양하거나 생존 경쟁·유아주의(唯我主義)·실존주의의 영향을 나타내기도 했다. 인생·인정·인도주의에 대한 탐색에도 편차가 나타났다. 어떤 작가·작품은 일면적으로 문학 작품의 예술 가치를 강조하고, 작품의 예술·사상 내용을 분리시키며 작품의 사회적·시대적 기능을 부정하고, 현실 생활을 떠나, 옛것이나 원시적이고 낙후한 것들을 추구하였다. 심지어는 기이한 것을 추구하고 제멋대로 난잡하게 꾸며대는 격조 낮은 작품도 때로는 나타났다.

셋째, 예술 심미상에서, 민족 전통을 무시하고 서방 기교를 편애하는 작가들도 있었다. 현실주의 예술은 이미 사라져가고 모더니즘으로 대체되는 것이 역사의 필연 추세라는 일면적 의식도 가졌다. 구조상의 예술적 절제가 결핍되었고 언어의 세련과 공력이 부족했다. 인물에 개성이 없을 뿐만 아니라 작가도 개성이 없어 몇몇 작가를 제외한(왕몽·고효성·임근란·유소당 등) 거의 모든 작가들이 천편일률의 학생 말투, 지식인 말투를 사용했다.

제 8 장

현실주의 복귀 시기의 '상흔소설' 및 소설 예술 자체의 '상흔'

1. '상흔소설'의 발흥 및 그 사상·심미적 의의

I. '상흔소설'의 발흥

'문화 대혁명'은 1976년 10월, '4인방'의 분쇄로 종말을 지었다. 10년의 재난을 겪고 '4인방'의 파쇼 독재의 질곡에서 방금 해방된 인민들은 재생의 기쁨과 비할 수 없는 의분을 품고 즉시 '4인방' 비판 운동에 뛰어들었다. 사회 생활·사회 심리와 정서를 반영하는 하나의 촉감 신경으로서의 문학은 10년의 압제와 속박에서 해방되었지만 그의 민감한 기능을 아직 완전히 회복한 것 같지 않았다. 문학이 선택할 수 있는 것은 문화혁명 전 17년간의 길일 수밖에 없었다. 노농병을 노래하고, 특히 노일대 혁명가의 불후한 역사 공적과 '4인방'과의 영용한 투쟁의 사적을 쓰는 것이 이 단계 문학 창작의 주요 내용이었다. 문화혁명 시기에 씌어져 '4인방'의 노선을 위해 복무하거나 그들의 허가를 받았던 작품들도 이 시기에 면목을 바꾸어 분분히 출두하였다. 그러나 필경 시대의 조류를 막을 수는 없는 법이어서 짧은 기간의 조절과 적응을 거쳐 문학은 침체 속에서 각성되어 나와 그 독특한 민감성을 회복하였고 시대의 맥박에 감응되었다. 우선, 억만 군중의 열광적인 기쁨과 비분, 갈망, 그리고 고통스러운 사색과 정서를 가장 잘 표현하는 예술 무기인 시가 울려퍼졌다. 이어서 10년간의 악몽과도 같은 생활과 인민이 '4인방'과 벌인 싸움을 진실하게 무대에 재현시킨 연극이 민심을 크게 격동시키고 분발시켰다. 이와 거의 같은 시기에 단편소설이 먼저, 중편소설이 그뒤를 이어 전에 없던 용기와 기백으로 '문화 대혁명'의 진실한 정황을 놀랍게 폭로하고, 인민들이 이 특수한 시기에 진행한 영웅 투쟁과 그 기개를 열정적으로 찬미하였다. 이때에 작가들은 10년 동란의 생활 면모를 진실하게 반영하려면 반드시 몇십 년간 현실주의의 머리 위에 씌워졌던 여러 가지 제한과 문학 창작에 제정된 규칙들을 타파하고 그 본래의 의의에서 현실주의의 우수한 전통을 회복해야 한다는 것을 보편적으로 느꼈다. 현실주의의 복귀를 강력히 외치는 문예 사조가 이렇게 출현되었다. 바로 이 사조의 추동 속에서 대담하게, 10년 동란중의 피비린내 나는 암흑적 현실을 폭로한 많은 작품이 탄생하였다. 유심무의 「학급 담임」이 "4인방에 의해 망가진 어린이들을 구하자"라고 외친 데 이어 노신화의 「상흔」이 '4인방'의 극좌 사조가 청년의 심리에 끼친 유린과 박해를 게시했다('상흔 문학'이란 명명은 여기서부터 나왔다). 이후부터 '상흔'을 게시하는 작품이 속속 나타났다. 풍기재의 「꽃이 덮인 기로」(중편), 종유희의 「담장 아래 핀 홍옥란」「열번째 총알구멍」, 왕아평의 「신성한 사명」, 정의의 「단풍」…… 등 군중의 심금을 울려주는 비장한 색조의 작품이 많이 나왔다. 특히 악몽에서 깨어난 백만 지식 청년들이 그들의 불행한 조우와 비참한 운명을 반영하는 창작 붐이 일어났다. 예를 들면, 「강 저쪽에서」「집회」「오염된 백양나무」「생활의 길」「허송세월」「공개된 연애 편지」「겨울날의 동화」 등이다. 또 『허무와 그의 딸들』「장 대장장이의 로맨스사」「노이흑의 이혼」「이유재의 죽음」 등은 극좌 사조가 농촌 경제와 농민 심령에 입힌 엄중한

상처에 대해 쓴 것이었다. 이런 것들이 바로 이른바 '상흔소설'
의 발흥이었다.

Ⅱ. '상흔 문학'의 사회 의의와 심미 의의

 신시기의 문학 발전중에서 솔선하여 용감하게 비타협적 자세
로 '문화 대혁명'의 문학을 철저하게 부정한 것은 '상흔 문학'
이며, 당과 인민의 명을 받들어 적극적으로 사상 해방 운동에
뛰어들어 혼란을 바로잡는 시대의 임무를 실현한 것도 '상흔 문
학'이었다. 이들은 생동하고 적나라한 예술 형상으로 사람들에
게 10년 동란이 남긴 심각한 재난과 마음속 상처를 보여줌으로
써 '4인방'의 포악한 면모를 철저히 인식하고 문화 대혁명을 철
저히 부정하였다. 사상 해방 운동 중에서 이는 유럽의 문예 부
흥 운동, 중국의 '5·4' 신문학 운동과 유사한 작용을 일으켰다.
 문학 심미의 각도에서 보면, 다수의 '상흔' 작품이 비록 생활
표면의 상흔에 대한 가벼운 묘사에만 그치고, 더욱이 "앞을 내
다보자"라는 구호의 제출로 인하여 '상흔 문학'은 중도에서 요
절하고 말며, 포용력이 보다 깊고 넓은 역사 내용과 중대한 비
극 미학의 의의를 가진 작품은 나타나지 못했지만(이런 정황은
80년대 중기에「산속의 그 열아홉번째 무덤」「핏빛 황혼」「쌍나고
지의 태양」 등의 작품이 출현한 후에야 다소 개선되었다), 여전히
'상흔 문학'은 심미상에서 지우지 못할 가치를 지닌다. '상흔 문
학'이 현대 문학사상 처음으로 진정한 현실주의의 깃발을 높이
들었고 그 원래의 의의에서 현실주의의 진실한 면목을 회복시
킨 것이 그 가장 중요한 측면이다. 그 다음, 제재의 금구에 심
입하여 사회의 일련의 중대한 문제를 처음으로 제출하고 그에
대한 대답을 함으로써 '4인방'의 극좌 문예의 일체 규칙을 타파
하고 사람들에게 분발의 역량을 불러일으켜주었다. '상흔 문학'
의 융성은 중국 현대 문학사상, 최초라 할 진정한 사회주의 비
극을 창조하였다. 비극 인물과 비극 성격을 창조함으로써 중국

문학사에 있어서 비극 예술과 비극미의 생명을 부활시켰다. 요컨대 '상흔소설'의 출현은 당시 문학 창작과 문학평론이 쇠사슬을 끌며 춤추는 과도기적 국면을 즉시 타파하였고, 사회주의 문학 전반을 삽시간에 생동하고 활약하게 하였으며, 강렬한 사상상의 해방감과 예술상의 신선감을 사람들에게 주었다. '상흔소설'의 출현은 신시기 사회주의 문학의 발전에서 가시덤불을 헤치고 대담하게 선두에 나서는 개척 작용을 하였다.

2. 초기 '상흔소설'「학급 담임」과 유심무의 기타 작품

I.「학급 담임」과 기타 '상흔소설'

1942년, 유심무는 사천에서 출생했다. 1961년에 북경사범전문학교를 졸업하고 줄곧 중학교 교원으로 있었다. 15세부터 습작을 시작하여 1972년부터 소설을 쓰기 시작했고 1976년에 편집 일을 맡게 된 뒤부터 전업 작가가 되었다. 유심무는 사회에 강렬한 반향을 일으킨「학급 담임」을 발표하여 사람들의 주의를 받기 시작하였다. 그 후로「사랑의 위치」「깨어나라 동생아」「무능한 탄식」「난 푸른 잎을 사랑한다」「여기 황금이 있다」 등의 단편소설과「소원」「입체교차로」「눈이 큰 고양이」 등의 중편소설을 썼다. 1984년에는 장편소설『종고루』를 발표했다. 이외에「5·19 줌 렌즈」「버스 아리아」 등의 실화소설이 있다.

유심무는 '상흔 문학'의 창시자이고 대표 인물이며 신시기 문학의 최초 시기에 중대한 개시 작용을 한 작가이다. 여기서는 그의 전기의 '상흔소설'을 주로 소개하고자 한다. 작가에 대한 전면적이고 완정한 인식을 보존하기 위하여, 이 절에서는 유심무의 '상흔'을 넘어선 최근 작품도 논급할 것이다.

「학급 담임」은 1977년 11월호의 『인민 문학』에 발표되었다. 작자는 그 나름의 민감하고 예리한 눈매로 당시 사회에 보편적으로 존재하였지만 사람들의 충분한 주의를 받지 않은 엄중한 문제를 발견하고 제출하였다. 즉 '4인방'의 독해가 가장 엄중한 것은 청소년의 심령에 대한 상해 문제라는 것이었다. 작품은 서로 다른 측면에서 '4인방'의 독해를 두 가지 유형의 청소년 사혜민과 송보기에 대한 묘사를 통하여 파쇼 우민 정책의 죄악을 고발하고 "4인방의 박해를 받은 어린이들을 구해내자"는 시대의 외침을 적시에 용감하게 발표하였다. 이 외침은 멀리 60년 전의 노신이 「광인일기」에서 봉건 예교의 독해를 입은 어린이들을 구하라고 외쳤던 것과 호응하여 소설에 불현듯 심각한 역사감을 부여하였다. 작품은 60년 전에 시작되었던 신민주주의 혁명 운동의 역사 임무가 오늘날까지 아직 철저한 완성을 이루지 못했고, 60년 뒤의 새로운 역사 조건에서 봉건 예교가 그 형식을 바꾼 채 계속 청소년을 해치고 있음을 사람들에게 알려주었다. 이 작품의 의도는 사람들을 각성시켜 '4인방' 우민 정책의 질곡에서 청소년들을 구출해내려는 데 있었는바 이것이 바로 「학급 담임」의 거대한 현실적 의의의 소재로서 강렬한 계몽 정신으로 충만되어 있다.

작품에서 비교적 큰 개괄력과 강한 전형 의의가 있는 두 형상은 송보기와 사혜민이었다. 이 두 인물이 사람들의 주의를 불러일으키는 원인은 결코 예술상의 성취의 크기에 있는 것이 아니라(심지어는 예술상에서 아직 거칠고, 뚜렷한 관념화 경향도 있다고 말할 수 있다), 작가가 이 두 인물을 통해 기탁한 심각하고 독특한 사상에 있다. 우매하고 무지하며 조폭하여 범죄에 빠져든 송보기가 '4인방'의 '독서 무용론'의 피해자로 되는 것은 그나마 쉽게 이해할 수 있다. 그러나 사혜민의 경우는 다르다. 그녀는 성실하고 겸손하며 적극적이고 '진보'적인 단 지부 서기로서 사람들로부터 '훌륭한 학생'이라고 줄곧 인정받아왔다. 그러나 이 두 사람 모두 세계 명작이며 우수한 문학 작품인 『쇠파리』를 봉건·부르주아·수정주의를 선전한 황색 서적이라고 생각한다. 이리하여 하나는 남몰래 소설 삽화 중의 여주인공 얼굴에 팔자 수염을 그려넣는 장난을 하고, 다른 하나는 '중독'될까봐 아예 눈을 손으로 막고 보지조차 않는다. 사혜민은 작은 '좌익 소아 병' 환자이다. 만일 송보기를 가소롭고 가증스럽다고 한다면 사 혜민은 가련하고도 비참하다고 해야 할 것이다. 이 인물은 비교 적 강한, 놀랄 만한 현실 의의를 갖고 있을 뿐만 아니라 비교적 심각한 역사 반성 의의도 갖고 있다. 이 형상은 '4인방'의 독해 를 받은 결과라고 적지 않은 연구자들이 지적했지만, 기실 사혜 민은 건국 이래 우리들이 일면적으로 정면 교육만 강조하며 청 소년들을 온실에 가두어놓고 심지어는 진공 속에서 배양한 결 과라는 것도 반영하였다. '4인방'의 반동 설교 외에도 많은 청 소년들은 전세계의 인류 문명과 격절되었다. 사혜민 형상은 그 것이 가지는 거대한 역사적·현실적 의의로 인해 예술상 거칠고 가벼우며, 세밀한 묘사가 부족함에도 불구하고 여전히 하나의 성공적인 예술 전형으로 신시기 인물 형상 중 최초의 전형 형상 으로 남아 있다. 「학급 담임」은 사상 해방 운동이 시작되기 전 에 벌써, '4인방'의 극좌 사조가 청소년의 심령에 가한 독해를 게시하였고, 또 반드시 사상의 질곡에서 해방되어야 한다는 문 제를 제출하였다. 이는 노신화의 「상흔」보다 1년이나 더 먼저 발표되었을 뿐만 아니라 작품의 사상 내용도 더 심각하고 중대 하여 유심무의 예민성과 심각성을 보여주었다. '상흔 문학'의 최초의 작품은 실제로 「학급 담임」이었다.

물론, 「학급 담임」에는 예술상으로 중대한 결함도 있었다. 위에서 제기한, 예술상에서 비교적 거칠고 관념화된 설교가 뚜 렷한 것 외에 더 중요한 것이 있었다. 유심무 자신이 아직 전통 문학 예술 사상의 속박에서 벗어나지 못했기 때문에 비록 사회 의 중대한 문제를 발견했다 하지만 작품 전체의 의도는 폭로가 아니라 도리어 찬미에 있었다. '4인방'이 남겨놓은 정신 상태와 완강히 투쟁하고 어린이를 구해내는 역사 임무를 용감하게 수행해나가는 '영웅' 인물——학급 담임 장준석(작품 제목을 「학급 담임」으로 한 것은 바로 이 때문이다)을 찬미하였던 것이다. 이는 작품의 '상흔' 주제를 약화시켰고 작품의 비극적 분위기를 감소시켰다. 이는 '상흔' 문학 시기의 상흔소설이 문학 관념에서 여전히 이전의 17년을 넘어서지 못했다는 것, 그리고 거기에도 예술상 아직 뚜렷한 '상흔'이 존재했음을 설명해준다. '상흔 문학'의 첫 작품이 「학급 담임」이라 하지만, 그는 자기 작품의 제목으로 창작 사조를 명명할 수 있는 기회를 잃었다. 이는 참으로 역사적인 유감이었다.

「학급 담임」 이후 유심무는 또 「사랑의 위치」「깨어나라 동생아」「이른 새벽 창밖에 날아온 백학」「난 푸른 잎을 사랑한다」「여기 황금이 있다」 등의 '상흔소설'을 썼다. 유심무의 소설이 문제소설이 되었던 것은 그의 매 작품이 모두 하나의 새로운 사회 문제를 제출하고 또 정면으로 그 문제를 해결하려고 애썼기 때문이다.

「사랑의 위치」는 청년들의 애정에 대한 서로 다른 인식과 태도를 통하여 '4인방'이 애정 문제에서 청년들의 심령에 끼친 해독을 폭로했을 뿐만 아니라 진정한 애정의 함의와 생활 속의 위치에 대한 물음을 제출하고 또 대답하였다. 이 작품은 '4인방' 이후의 첫 애정소설이라고 말할 수도 있었다. 예술상으로는 크게 논의할 것이 없고 또 설교조가 너무 심했으며 사상이 형상보다 훨씬 더 컸다. 그러나 어쨌든 애정을 써서는 안 된다는 '4인방'의 금기를 돌파하고 소설 제재상에서 새로운 개척을 이룬 것만은 사실이다.

「난 푸른 잎을 사랑한다」는 낙실(落實) 정치 정책과 동시에 또 인간의 독특한 개성과 사생활을 존중하고 보호하는 데 주의해야 되고 인간의 개성을 위한 낙실 정책에도 유의해야 한다는 것을 썼다.

요컨대, 유심무의 초기 소설 창작의 가장 두드러진 특징은 예민하고 깊은 투시력으로 사회 생활의 엄숙한 문제를 발견하고 정면으로 대답한 것이다.

가슴 가득한 열정으로 사회 생활 속의 각양각색의 인물들, 특히 청년 인물 형상을 그려낸 것이 유심무 소설의 두번째 특징이다. 유심무는 피해받은 청소년의 형상에 대한 묘사 위에 사회적 상처에 대한 폭로를 집중시켰다. 무지한 송보기나 '좌익 소아병'에 걸린 사혜민, 그리고 용열하고 우매하여 근본적으로 애정이 어떤 것인지를 모르는 아매(「사랑의 위치」) 등, 마음이 비뚤어진 상처받은 인물 형상을 그리는 것은 사회의 주의를 일으켜 사람들에게 '4인방'의 독해의 심각성을 충분히 알리려는 데 그 목적이 있었다. 인민의 교사로서, 인류 영혼의 기술자로서의 유심무 특유의 혁명 인도주의 정신이 잘 나타난다.

사회의 암흑을 폭로하고 상처 입은 마음을 반영한 유심무의 초기 작품들이 당시 유행되던 기타 일부 '상흔소설'들(즉 「상흔」 「강 저쪽에서」 「나는 어이해야 하나」 등)과 크게 다른 점은 그의 작품들은 거의 모두가 가득한 열정으로 하나 혹은 둘의 정면 인물을 그려내고 찬미하였다는 점이다. 「학급 담임」 중의 장준석과 「끝나지 않은 수업」 중의 서소진, 「무능한 탄식」 중의 심교장 등이다. 생활 속에 확실히 존재하는 이런 영웅 인물들로 말하면, 작가가 생활의 진실한 존재에 근거하고 전형화 처리를 하여 그것들을 표현할 수 있을 뿐만 아니라, 작가의 현실주의에 대한 전면적인 이해를 표현함으로써 작품의 사상 주제를 보다 잘 발굴하고 시대 정신을 보다 잘 체현할 수 있고, 인민의 역량과 사회의 광명이 필연적으로 암흑과 싸워 이긴다는 작가의 굳센 신념을 표현함으로써 소설로 하여금 일반 상흔소설의 과분한 감상적 정조를 벗어나 앙양되고 전향적인 격려의 역량으로 흘러넘치게 할 수도 있는 것이다. 그러나 작가는 이런 인물에 대한 정확한 파악이 없었기 때문에 완전히 진실하고 믿음성 있는 세부 묘사로 성격을 묘사하지 못하고 그들의 생활과 행위의 표면에만 머물렀다. 많은 경우, 줄거리의 자연스러운 흐름 속에서 예술 형상에 힘입은 것이 아니라 작가나 인물의 설교·의론에 의거하였기 때문에 이 정면 인물들의 예술 감염력과 설득력을 대폭 감소시켰다. 이때부터 당시 사회의 심미 사조는 암흑을 폭로하는 데로 더 기울게 되었고 폭로를 현실주의의 첫째가는 요점으로 간주하게 되었다. 때문에 유심무가 묘사한 이런 인물들은 현실 생활 속에서 그다지 큰 반향을 일으키지 못했다. 이는 한편으로는 유심무가 전통적 문예 사상에서 아직 해방되지 못하고 문학의 교육 기능을 너무 강조하고 찬양의 중요성을 너무 중시하며 현실과 미래 생활의 광명에 대해 너무 많고 너무 큰 열정을 표현하여 어느 정도 실제를 이탈하게 되었다는 것을 반영함과 동시에 다른 한편으로는 유심무가 예술상으로 아직 거칠고 유치하며 높은 미학 가치를 가진 예술 형상을 그려낼 수 있는 기술을 갖추지 못했다는 것을 드러내준다.

비록 그러하기는 하나 유심무의 초기 '상흔소설'은 필경, 신시기 문학 발전중에서 개척적이고 초석적인 작용을 하였기 때문에 이로 말미암아 아주 높은 명예를 얻게 되었고 현대 소설사에서의 그의 지위를 초보적으로 확보하게 되었다.

Ⅱ. 중편소설 「소원」과 「입체 교차로」

유심무는 자신의 전기 작품에 존재했던 예술상의 문제에 대처하여 그 후의 창작에서는 방향을 전환하였을 뿐만 아니라 주의력을 작품의 예술적 질을 제고하는 데 집중하여 아주 큰 변화가 발생하였다. 유심무의 초기 '상흔소설'의 마지막 작품이라고 할 수 있는 것은 단편소설 「여기 황금이 있다」이다. 이 작품 속에서 유심무는 자기 작품에는 '진실된 말'도 있고 '거짓된 말'도 있는데 '거짓된 말'을 '진실된 말' 속에 섞어넣어 한덩어리로 만든 작품이라고 자인했다. 작품의 결미에서 유심무는 작품 중의 작가인 '나'의 입을 통하여 '수성(守城)은 불가하고, 용맹정진해야 한다'라고 말하는바, '수성불가, 용맹정진'의 성과가 바로 중편소설 「소원」과 「입체 교차로」의 출현이었다.

「소원」「입체 교차로」는 유심무의 가장 우수한 작품 대열에 포함될 수 있다. 두 작품은 유심무의 창작이 '문제소설'로부터 '인간을 쓰는 소설'로 '문학'에서부터 '인간학'으로 약진하는 길에서 새로운 높이에 도달했음을 표지해준다. 이른바 '인간학'이라는 것은, 창작 과정에서 현실 생활을 반영하는 문학의 초점인 인간을 확고히 포착하여 구체적 인간을, 생활을 관찰하고 반영하는 출발점으로 하고 인간의 운명·심령의 묘사와 인물 성격의 창조를 중시하면서 이러한 각도에서 제재를 발굴하고 또 주제를 제련하는 것이다. '문학은 곧 인간학'이라는 데 대한 유심무의 이해는 그가 이미 이왕의 문예 사상에서 해방되어나와 비교적 큰 돌파와 비약을 이루었다는 것을 의미한다.

「소원」의 주요 성취는 늙은 용인 석의해와 같은, 인간미로 가득한 예술 형상을 창조했다는 데 있다. 석의해의 생활의 운명과 애정의 비극을 묘사함으로써 인정으로 충만되고 인성이 있으며 인도주의의 빛을 뿌리는 진정한 인간의 형상을 그려냈다. 신시기 소설 창작에서 비교적 일찍 계급 사회의 인성·인정과 인도주의 문제를 탐구한 것은 이 작품이었다. 초기의 문제소설과 달라진 점은 더 이상 하나의 구체적 사회 문제의 형상화된 연역(演繹)과 작가의 주관 이념의 도해가 아니고 피와 살이 있는 생동하고 구체적인 인간과 그 개성을 체현시킨 것이었다. 인간을 쓰고 인간의 개성과 심령을 쓴 문학 작품이라면 필연적으로 인간이 처한 생활의 시대·사회와 복잡한 사회 관계를 쓰게 된다. 노신이 말한 바와 같이 이는 보다 높은 의미에서의 현실주의이다. 예술상에서 더 성공적인 작품은 「입체 교차로」이다. 이 소설은 유심무가 애용하던 일인칭 수법을 기본상 떠났다. 처음부터 끝까지 작가 자신의 서술로 독자에게 소개하던 이왕의 작법을 개변하여 순수한 객관 묘사의 수법으로 진실하게, 어떠한 분식도 없이 북경 시민들의 풍토 민속화를 살아 숨쉬는 듯이 그려냈다. 그 매 폭의 화면은 시민 생활의 음향·혈액·색채와 낭만으로 충만되었다. 작품은 후씨 일가를 중심으로, 입체적으로 교차하는 중층적 사회 관계망을 설치함으로써 이 그물 위에서 높고 낮으며 고귀하고 비천한, 각양각색의 인간들이 활동하게 했다. 극히 전형 특색을 가진 시민 계층 집단을 그려내고 그들의 생활·사상·성격·번뇌·환락과 희망을 써냈다. 이왕의 작품 중의 주요 인물은 여기서는 사라지고 주차(主次)로 나누어지지 않는 인물 집단의 형상으로 바뀌어졌다. 이 형상들이 표현한 것은 하나의 시민 계층의 '생태군락(生態群落)'이었다.

이 작품은 발표된 후, 평론계의 큰 관심과 서로 다른 반향들을 일으켰다. 어떤 비평가들은 "이 작품은 너무 엄혹할 정도로 진실하여 전반 정서가 무겁고 모종의 압력을 느끼게 한다" "예술상의 진보이기는 하지만 사상상으로는 후퇴이다" "자연주의적 처리를 했다" "어떤 문예 사조의 영향을 받아 「학급 담임」에서부터 이쪽으로 넘어왔는데 이는 참으로 우려되는 일이다"라고 지적하였다. 그러나 작품의 진실성에 대해서는 긍정하지 않는 평자가 없었고 예외 없이 그의 예술상의 진보와 성공을 긍정하였다.

이 작품이 유심무의 창작 이래로 예술상 가장 성공적인 작품이라는 것은 다음의 세 가지 점으로 표현된다. 1) 문제로부터 출발하던 것을 철저히 벗어나서 인물 묘사와 서사를 완전히 생활로부터, 인물로부터 출발하여 생활 자체의 풍부함과 다채로움을 다층적·다면적으로 묘사하고, 입체적으로 교차하는 생활을 교차적·입체적으로 묘사해냈다. 2) 입체·교차·유동의 생활 속에서 형형색색의 인물 성격을 부각했다. 3) 생활의 외부로부터 인물을 묘사할 뿐 아니라 인물의 내면 세계·정신 면모의 부각에도 주의를 하면서 인물 성격의 복잡성과 풍부성을 다층적·다면적으로 표현하였다. 한마디로 이 작품의 예술적 성공의 표지는 입체 교차의 생활, 입체 교차의 인물, 입체 교차의 수법과 구조였다.

그러나 이 작품에는 또 의심할 바 없이 무거운 정서와 어두운 색조가 있었다. 그 원인도 역시 세 가지이다. 1) 현실주의를 추구하는 동시에 이상의 조명을 무시하였다. 2) 생활에 대한 관찰과 소재의 선택에서 눈앞의 표면적이고 쇄말적이며 천박한 현상에 지나치게 편중되어 생활 속에 진실하게 존재하고 있는, 그러나 비교적 깊고 드문, 미래의 고상한 생활을 예시하는 섬광을 무시하였다. 3) 물질과 정신의 관계를 처리함에 있어서 변증 유물주의 정신이 결핍되었다. 거주 공간의 협소함이 인간의 심령 공간에 끼치는 영향을 과분하게 강조하고, 인간의 심령 공간의 개척을 거주 공간의 개척에 과분하게 기탁하였다.

「입체 교차로」는 예술상으로는 성공했지만, 사상상으로는 오히려 외곬으로 나가는 경향이 있었다. 이런 현상의 출현과 극복은 많은 청년 작가에 있어서 보편적인 문제로 되었다. 작품의 사상성에 주의를 돌리고 사회정치 생활과도 비교적 밀착했지만 예술상으로는 비교적 유치하고 거친 것이 청년 작가들의 초기 창작의 일반적 특징이었다. 이런 점을 의식한 뒤 그들은 자신들의 예술 수양을 제고시키고 작품의 예술 가치를 제고하고자 노력하였다. 이때 흔히 작품의 사상 가치도 동시에 제고해야 하는 것을 무시하였고 심지어 어떤 작가들은 정치와 거리가 멀수록 좋다는 생각까지 하였다. 물론 유심무는 그토록 멀리는 하지 않았지만 만일 그가 이전 작품의 사상 특색을 부정하지 않고 계속 보존·발양한다는 전제하에서 작품의 예술적 질을 제고하고 숭고한 내용과 가급적 완미한 예술 형식의 결합 및 통일을 진정으로 완수할 수만 있었다면 「입체 교차로」보다 더 성숙되고 뛰어난 작품을 낳을 수 있었을 것이다.

「소원」과 「입체 교차로」는 또 한 가지 정보를 알려준다. 그것은 유심무의 창작이 비교적 짙은 사회정치 색채의 문제소설로부터 도시 풍속화소설과 문화소설로 전화되고 있다는 것이었다. 장편소설 『종고루』의 출현이 이런 전화의 완성을 표지해준다. 심지어 뒤에 나온 르포·실화소설 「5·19 줌 렌즈」「버스 아리아」 등도 중대한 사건이나 사회 현상의 보도에 머문 것이 아니라 특정한 사건과 사회 현상 뒤에 숨겨진 심층의 사회 심리와 문화 심리 상태의 각도로부터 전반 사회를 반영하였다.

Ⅲ. 장편소설 『종고루』의 출현

1984년 가을, 유심무는 첫 장편소설 『종고루』를 발표함으로써 그의 창작의 새로운 돌파와 새로운 경지를 나타냈다. 작품은 북경 옛 성 구역의 한 뜨락에 사는 몇 개 가정의 역사·현황과 인물의 운명에 대한 묘사를 통하여 동시대의 북경시 소시민의 풍부하고 다채로운 생활을 반영하였다. '청명상하도' 식의 풍속화이면서도 또 한 세대의 풍모를 하루로 응집시킨 현대 사회의 해부도이기도 했다. 방사형 구조와 복잡하게 얽힌 줄거리로 많은 선명한 성격의 인물들을 부각했다. 이로부터 작가의 새로운 것을 창조하려는 포부와 민족 전통을 계승하고 새로운 표현 방법을 시험해보려는 의도를 발견할 수 있다. 유심무의 예술상의 성숙은 전반 작품의 새롭고 독특하며 성실하고 감동적인 데서 표현되었다. 유심무의 초기의 '상흔소설'과 문제소설에 견주어보면 『종고루』는 진정한 예술소설이라고 할 수 있다. 또 사상 내용상으로 보면, 「입체 교차로」에서 존재했던 사상상의 편향을 완전히 극복하여 사상성과 예술성이 고도로 결합된 우수한 작품이다. 때문에 이 작품은 제2기 장편소설 '모순문학상'을 받았다.

『종고루』의 예술상의 독창성과 새로운 성취는 어디에 표현되고 있는가?

첫째, 작품은 독특한 예술 시각을 선택했다. 일반 장편소설은 흔히 정면으로 넓은 화면을 전개함으로써 방대한 기백과 사시적인 구조를 나타낸다. 그러나 『종고루』는 단편소설에 늘 보이는 수법과 유사한 시각을 선택했다. 소설은 다만 한 뜨락의 아홉 사람의 하루 생활을 절취하여 해부하였다. 이 제한된 시간·공간에서 작가는 예술의 넓은 세계를 발굴하고 개척하려고 노력했다. 구두 수선공, 요리사, 영업원, 편집 등 3, 40명을 등장시키고, 회상을 통하여 그들 가정의 할아버지 세대로부터의 생활 경력과 심리 변화 역사를 직접 그려냈고 이로부터 북경 시민 생활의 사회 생태 군락도를 그려냈다. 이런 시각은 작가로 하여금 전혀 새로운 구조 방식을 취하게끔 하였다. 먼저 빛을 모았다가 뒤에 발산하는 방사형, 혹은 소위 '모자이크식' 구조로써 전편을 통괄했다. 그리하여 장편소설의 새로운 구조, 새로운 작법이 출현되었다.

둘째, 줄거리 처리상의 새로운 실험과 새로운 탐구가 있다. 『종고루』에는 일반 장편소설에 다 있는, 전체를 관통하는 중심 줄거리와 중심 이야기가 없다. 그 대신 국부적 줄거리로써 각 인물의 성격과 운명의 역사를 극히 짙은 이야기성·줄거리성과 연극성으로 충만시켰다. 이 소설을 다 읽고 나서 독자가 이해하게 되는 것은 어느 한 주요 인물의 이야기가 아니라 많은 사람의 많은 이야기로 조성된 전반 사회의 인생 이야기이다.

셋째, 인물의 배치와 부각의 새로운 실험이 있다. 『종고루』는 일반 장편소설처럼 한두 인물을 집중적으로 부각하고 한두 인물 외에는 모두 부차적이고 부수적인 인물로 처리하는 방법을 쓰지 않았다. 이 소설은 3, 40명의 인물을 주·종으로 나누지 않고 예술상으로도 매 인물에 극력을 다했다. '4인방'의 이른바 '3돌출'을 철저히 벗어나고 자신의 이왕의 작품의 '영웅화' 경향도 벗어나 자신의 전감정을 사회 기층의 보통 사람·소인물에 집중함으로써 같은 생활 수준의 각각의 시민 가정과 보

통 사람들의 묘사를 통하여 그들의 생활 습관·가치 관념과 심
미 의식을 독자들에게 보여주었다. 그리하여 전반 시민 계층의
'생존 상태'를 반영했다.

넷째, 담박하고 모호하며 다의적인 주제의 체현이 있다. 소설
이 도대체 무엇을 썼고 주제가 무엇인가를 단번에 잘 알아낼 수
없을 만큼 주제 사상의 모호성·다의성과 애매성을 보여주었다.
작품은 많은 분량으로 오늘의 시민 생활을 묘사하는 동시에 또
역사의 뿌리도 파고들면서 소설의 마지막 부분에서는 동세대
청년들의 '시간—역사—운명—사명'에 대한 열성적인 토론으
로써 작품의 사상을 철리적 수준으로 끌어올렸다. 다른 한편으
로 작품은 하층 시민의 어둡고 비속한 생활을 아무런 거리낌없
이 표현함과 동시에 적지 않은 필묵으로 노동 인민의 순박하고
선량한 천성을 찬양했고 인민을 열애하고 불쌍한 사람을 동정
하는 인도주의 정신(예를 들면 정직하고 자중하는 구두 수선공 순
아저씨, 성실하고 선량한 요리사 노희순, 순박하고 진지한 시골 처녀
곽행아 등)으로 충만하였다. 또한 평범한 시민들의 생활에 숨어
있는 빛나는 심령을 펼쳐보였다.

요컨대 『종고루』의 출현은 고유의 장편소설 관념에 유력한
충격을 주고 새로운 개척을 하였으며 소설 형식을 혁신한 새로
운 시험이었다. 이 작품에 한계가 있는 것은 물론이다. 예술적
전체를 떠난 개별적인 역사 이야기와 풍속 민정의 감정 묘사가
때로는 나타났다(사합원〔四合院〕의 건축 역사 연혁에 관한 고증).
방사적 구조와 확산력에는 여유가 있었으나 응집력은 부족했다.
장편소설이 웅장한 기백, 사시적인 국면으로 펼쳐지는 것은 필
경 나쁜 일이 아니다. 『종고루』에는 이런 것들이 없었다. 마지
막으로 말해야 할 것은 사물의 발전은 모두 변증적이라는 것이
다. 유심무의 전기의 작품에 예술상의 거칠음이 있었지만 그 작
품들이 일으킨 역사적 개척 작용은 다른 작가로서는 대체할 수
없는 것이다. 근간의 작품은 예술상에서 제고되고 이전 작품의

사상상의 편차를 극복하고 고상한 사상 내용과 최대한 완미한 예술 형식의 고도의 통일에 도달하였다. 특히, 시민 풍속화소설로 발전해가는 길에서는 상당한 성취를 이룩하였다. 그러나 작가의 예술 개성과 문학 발전중의 역사 공헌으로 말하면 유심무는 일단 풍속화소설의 창작에 합류한 것이었다. 북경에만도 앞에는 왕증기·임근란·등우매·유소당이 있었고 뒤로는 소숙양·진건고·이용운, 더 나아가서 전국 각지의 수많은 풍속화소설가들이 있다(예를 들면 육문부·강전·고화·엽울림림·가평요·풍기재·엽문령 등). 유심무의 소설에 여전히 자신의 특색과 공헌이 있다 하더라도 풍속화소설의 창작에서는 빼어나다고 말하기 어렵다.

Ⅳ. 유심무의 소설 예술 발전에 대한 작은 결론

시종 대담하게 탐구해나가는 것이 유심무 창작의 길이라는 것을 발견할 수 있다. 전기에는 주로 사회 문제의 발견과 제재의 개척, 각종 금기의 돌파 등의 방면으로 나타났고, 후기에는 역량을 집중하여 예술 탐구를 진행하고 탐구중에서 사상성과 예술성의 유기적 결합에 노력을 아끼지 않았다. 유심무의 탐구는 고심하고 근면했을 뿐만 아니라 자각적이고 엄숙하였다. 그가 남긴 발자국으로부터 보면, 곧은 것도 아니고 또 큰 곡절이 있는 것도 아니었지만 그 한 발자국마다가 모두 착실하고 참다웠다.

우리는 유심무가 이미 걸어온 예술 역사를 대체로 3단계로 나눈다.

첫 단계는 「학급 담임」 시기였다. 이는 유심무의 현실주의 복귀 시기이다. 생활로부터 출발하는 것을 강조하고 문학의 진실성을 중시하는 동시에 문학의 사회적 기능도 중시하였다. 제재상으로는 사회의 중대한 문제를 제출하는 것을 위주로 하고 작품 속의 인물로 하여금 주로 자신의 운명과 성격을 나타내게 하는 것이 아니라 모종의 사회 문제를 제출하고 해답하기 위해 인물을 설치하였다. 예술상에서 비교적 거칠고 때로는 이념적인 것이 형상보다 많았지만 사상상으로는 도리어 새롭고 사람을 놀라게 하는 개척이 있었다. 중국 현대 소설사에서의 유심무의 지위를 확립시켜준 것은 바로 이 시기의 창작이었으며 이후의 작업에 견실한 기초를 마련해주었다.

두번째 단계에서는 사상 해방 운동의 심각한 발전에 따라 사람들이 열광적인 비판과 부정에서부터 냉정해졌고 참다운 사색과 탐구를 하기 시작했다. 예술상에서 적나라하고 진실한 나열이나 따분한 설교에 만족하지 않고 고상하고 아름다운 정신 세계가 있을 뿐만 아니라 보다 높은 심미 가치가 있는 작품을 요구했다. 이 점을 인식한 유심무는 그 자신이 이름붙인 바처럼 제 2 보의 예술 탐구를 시작하였다. 이 전환은 「소원」「입체 교차로」를 표지로 삼는다. 이 작품들에서는 사회 문제를 제기하기는 했어도 더 이상 그 강렬한 정치성·정책성의 사회 문제에 국한되지 않고 윤리 도덕 문제를 탐구하는 쪽으로 방향을 바꾸었다. 인물에 초점을 맞추고 인물의 성격·운명 및 인간 관계에 대한 묘사를 통해 사람들에게 흔히 무시되는 사회 문제를 게시하였다.

세번째 단계는 『눈이 큰 고양이』에 수록된 일련의 작품들로부터 시작된다. 유심무의 창작은 이 시기에 두 가지 변화가 생겼다. 하나는 학교 생활의 좁은 울타리를 뛰어넘어 넓은 사회 생활의 세계로 나아갔다는 점이다. 제재의 범위를 확대하고 이전에 쓰지 못했던 인물들을 표현하는 데 신경을 많이 썼다. 더 이상 작가의 주관 의도를 직접 독자에게 전달하는 식이 아니고, 생활이나 인물의 운명에 대해 깊이 발굴하면서 인간의 운명의 발전과 줄거리의 유동·장면을 통하여 독자들을 사고를 통해 결론을 내리게끔 유도했다. 다른 하나의 변화는 예술 기교에 더 많이 주의하고 작품의 구조 및 서술 방식, 그리고 심리 묘사를 강구하였다는 점이다. 전통적인 수법을 채용했을 뿐만 아니라

(「밀공」) 의식의 흐름 수법도 수용했으며(「은하」) 동시에 산문식의 운미(韻味)와 문체를 중시하였다(「지지 않은 꽃잎 위에 쓰다」). 유심무가 옛 것을 버리고 새것을 창조하는 탐색기·과도기인 동시에 또 이후의 전면적인 예술 혁신을 준비한 기간이 바로 이 세번째 단계였다. 『종고루』의 출현은 이 단계의 탐색의 직접적인 성취일 뿐만 아니라 새로운 단계의 창작의 시작이기도 했다. 근년에 『수확』 잡지에 연재된 『개인 사진첩』에서 우리는 유심무가 그의 창작의 새로운 고지를 위하여 개인·집단·가정·사회·현실·역사·문화 등 각 방면으로부터 얼마나 간고하고 섬세하며 심입된 소재의 준비와 예술적 준비를 하고 있는지를 알아차릴 수 있다.

유심무는 결코 재능이 뛰어난 작가에는 속하지 않는다. 그러나 10여 년간 생활과 예술에 대한 집요한 '끈기'에 힘입어 이렇게 알찬 성취를 얻었으며 신시기 문학에서의 자신의 지위를 확보하였다고 말할 수 있다.

3. 지식 청년 '상흔소설'의 대량 출현과
그 사상적·심미적 한계

20세기 60년대말에 폭발적으로 일어난 지식 청년의 하향 운동은 넓은 중국의 대지를 뒤흔들었고 천백만 가정의 민감한 신경을 긴장시켰다. 십여 년이 지나자, 위대한 '혁명 전략 부서의 중요 조성 부분'으로 그토록 표방되고 칭송되던 '신생 사물'이 일거에 철저한 부정과 비판을 받고 이 운동의 종말을 선고하였으며 역사의 흔적으로 남았다.

그 자체 정확과 착오, 장엄함과 황당함, 아름다움과 추악함이 뒤엉켜 있던 하향 운동과 이것이 현대 청년들의 생활·사상·성격 형성에 미친 거대한 영향은 아마도 몇 년을 더 기다린 후에야만 전면적이고 공정하며 과학적인 평가를 받을 수 있을 것이다. 그러나 하향이라는 특수한 조건 속에서 다중의 생활의 시련과 성격 단련을 받은 동세대의 청년들은 마침내 사나운 파도와도 같이 그 속에서 우리 시대의 영웅을 분출해내고 문학상의 새로운 세대를 조성하였다. 공첩생·장승지·양효성·소부흥·사철생·엽신·왕안억·장항항·철응·장신흔·죽림·교설죽·육성아·정의·가운로·이예·교건·장위·로요·한소공 등 신시기에 주목받은 문학 현상들은 바로 이런 지식 청년 출신의 청년 작가들이 자신들의 생활을 반영한 많은 작품에 의해 출현되었다. 이는 중국 문학사상은 물론, 세계 문학사상에 둘도 없는 문학 현상일 것이다.

I. 초기의 지식 청년 '상흔소설'

앞에서 말한 것처럼 10여 년간 계속된 지식 청년 하향 운동은 정면과 반면의 많은 모순 갈등으로 얽혀진 복잡한 사물이어서 광대한 지식 청년으로 말하면 더욱 곡절 많고 험난한 인생 수업이 아닐 수 없었다. 이런 복잡한 운동에 대한 인식에는 과정이 필요했다. 말하자면 표면으로부터 이면으로의, 얕은 데서 깊은 데로의, 일면에서 전면으로의, 형이상학으로부터 변증법으로의 인식 과정이 필요하였다. 신시기의 지식 청년 소설은 지식 청년 작가들의 하향 운동에 대한 인식의 선형적인 전진과 제고의 궤적을 상당히 명료하고 완정하게 기록·반영하였다. 이로부터 비교적 분명한 발전의 도정, 즉 상흔 문학—반사 문학—개혁 문학이라는 도정이 나타났다. 지식 청년 소설이 지식 청년 제재를 초월하여 전반적인 민족의 문화 심리에 대한 탐색과 생명 의의·존재 가치에 대한 사고에까지 상승된 것은 최근 몇 년간에 와서의 일이다.

여기서는 가장 일찍 나타난 지식 청년 '상흔소설'만 이야기해 보자. 지식 청년의 이 '상흔소설'에서는 대체로 하향 운동을 돌이킬 수 없는 악몽이라고 보았다. 작품은 대부분 험난했던 세월의 추악·속임수·비참과 고난에 대해 묘사하였고 분개와 불평, 자비감과 열정적인 풍자로 충만되었다. 피 끓는 일대 청년들이 사기당하고 유린당한 분개와 비애로, 열광으로부터 의혹·고민·방황·분노에로 전환되는 심리를 묘사하였다. 이 작품들도 기타 제재의 '상흔소설'과 마찬가지로 이왕의 극좌적 노선과 정책에 대한 강렬한 부정과 비판 의식이 있었고 비교적 짙은 감상적 정서가 흘렀다.

'상흔소설'의 서막은 노신화의 「상흔」으로 열려졌다. 작품은 지식 청년 하향 운동의 실질적 문제를 정면으로 다루거나 반영하지는 않았지만, 과거의 엄혹한 현실에 직면, 이전의 지식 청년 소설(문화혁명과 문화혁명 전에 나타난 지식 청년 소설을 가리킨다)의 맹목적인 찬미와 칭송의 면사포를 무정하게 벗겨버리고 숨겨진 상처를 적나라하게 드러내었다. 비판의 목적이 더 명확하고 더 구체적이며 과녁을 직접 하향 운동의 권력자에 둔 작품은 「강 저쪽에서」와 「감금된 프로메테우스」였다. 「집회」에서는 도시로 돌아갈 수 없는 지식 청년들이 억지로 웃음지으며 고통에서 낙을 찾는 모습과 자조·자학·자애·자락 속에 불량한 사회 기풍에 대한 분개의 정서가 침투되어 있는 모습을 그렸다. 「오염된 백양나무」는 지식 청년들이 도시로 돌아가기 위한 경쟁에서 암투를 벌이는 모습을 직접 폭로하였다. 지식 청년들이 10년 동란에서 받은 박해와 억압, 심지어는 애정과 생존의 권리마저 잃는 비극적 운명을 상당히 진실하게 감동적으로 드러낸 소설은 「응결된 미소」와 「한겨울의 동화」이다.

이런 작품들은 서로 다른 각도에서 지식 청년의 하향 운동의 어두운 면에 대해 폭로와 고발을 진행하였지만, 비교적 완전한 지식 청년의 비극적 전형 형상은 아직 창조해내지 못했다. 다수의 작품이 아직도 작은 비애를 저작하는 데 머물러 있으면서 그 작은 비애를 사회의 큰 슬픔으로 여겼다. 때문에 보다 큰 울

분과 보다 큰 비극적 미학 의의가 웅결된 작품은 나오지 못했
다. 이 방면에서는 죽림의 장편소설『생활의 길』과 엽신의 장편
소설『우리 세대 젊은이들』『허송세월』이 비교적 괜찮은 작품
들이다.

Ⅱ. 죽림의 『생활의 길』과 엽신의 『허송세월』

비교적 일찍 나온 지식 청년의 장편 '상흔소설'로는『생활의
길』과『우리 세대 젊은이들』『허송세월』이 있다. 이 소설들은
지식 청년의 단편 '상흔소설'보다 생활의 넓은 폭을 개괄하는
면에서, 하향 운동을 인식하는 심도에서, 또 여러 가지 유형의
지식 청년 형상을 창조하는 면에서 모두 비할 바 없는 우월성을
갖고 있었다. 때문에 흔히 거대한 예술 감염력을 낳을 수 있었다.
죽림은『생활의 길』에서 집중적으로 지식 청년이 농촌으로
내려간 후에 겪은 여러 가지 모순과 고통을 게시하였고 많은 모
순과 고통 속에서 여성 지식 청년 연연의 비극 형상을 창조하는
데 필력을 모았다. 현실 생활의 엄혹성에 아무런 준비도 없었던
단순하고 연약한 여성 지식 청년에게 일단 악운이 닥치자, 그녀
는 기계적으로 생활의 압력을 받아들이고 운명의 조종에 순응
하는 수밖에 없었다. 연연이 단순한 데로부터 복잡한 데로, 나
중에는 도저히 벗어날 수 없는 지경으로 빠지게 되는 변화 과정
과 그녀의 성격의 복잡성을 표현한 것이 다른 소설과 다른 점이
었다. 동시에 일대 청년들이 이상을 찾고 행복을 추구하기 위해
바친 대가를 밝혔다. 비극의 운명을 조성한 원인을 찾을 때, 사
회적 요소에 주의하는 한편 개인적 요소에도 주의를 돌렸다. 다
른 지식 청년 상흔소설처럼 개인의 비극을 모두 사회로 환원시
키지는 않았다.
상해 지식 청년이며 귀주 청년 작가인 엽신이 지식 청년 소설
중에서 비교적 체계적으로 지식 청년들의 생활을 반영하고 그
들의 형상을 잘 그려냈다. 그의 소설은 반영의 폭이 넓고 상흔

인물에만 치우치지 않고 소설의 생활 환경과 인물 형상이 현실의 정상적인 생활과 접근하게 함으로써 평범하고 소박한 지식 청년들의 생활 속에서 평범하고 진실한 다수의 지식 청년 형상을 부각시켰다. 상흔에 관한 것도 쓰기는 했지만 일대 청년의 마음의 호소를 더 중시했다. 그들의 험난한 역경 속에서의 고민·동경·이상과 추구를 표현하면서 인물 성격 발전과 심리 변화 속에서 사회 생활을 투시하고 사회의 폐단을 비판하였다. 그의 대표적인 3부의 장편소설 『우리 세대 젊은이들』『허송세월』과 『찬 바람』은 넓은 사회 배경 위에서 지식 청년들 중 각종 성격 특징을 가진 각 유형의 인물 형상을 부각해냄으로써 소설로 하여금 넓고 깊은 사회 의의와 심미 가치를 얻게 하고 지식 청년 소설을 한걸음 전진시켰다. 10년 동란 기간의 지식 청년들의 조난을 진실하게 그려낸 한 폭의 그림이 바로 『우리 세대 젊은 이들』이었다. 소설은 정욱과 모용지의 애정을 주선으로 하고 10년 동란중의 지식 청년들의 괴로움을 측면으로 묘사하였으며, '4인방'의 박해로 심중한 '내상(內傷)'을 받은 일대 청년이 불행한 조난과 운명에 굴복하지 않고 분투하며 일어서는 정신을 개괄하였다. 『허송세월』은 두견춘·하벽단을 대표로 한 지식 청년들의 운명을 에워싸고 그 특수한 연대와 환경에서 지식 청년들이 선택한 생활의 길을 형상적으로 반영했다. 청년들의 운명과 전도에 대한 각이한 태도와 각자의 고통·방황·실망·사색·추구와 분투를 그려냈다. 이 작품의 다른 한 뚜렷한 주제는 반동적인 '혈통론'에 대한 부정과 비판이었으며 '혈통론'이 일대 청년들의 심령에 가한 침식과 상해를 반영하는 것이었다. 인물 창조에서 『허송세월』은 서로 다른 인물의 개성을 대비하면서 세심한 심리 묘사와 심리 분석의 방법으로 인물의 풍부하고 다채로운 내면 세계를 게시해주었다. 이야기를 잘 짜냈고 복이 많고 재미있는 줄거리 속에서 인물을 부각했다. 지식 청년의 불행한 조우와 운명을 게시한 '상흔소설'로서의 『허송세월』은 이와 유사한 소설, 말하자면 지식 청년의 타락·범죄·모욕·자살 등을 묘사하는 데만 치우쳐 비탄을 기조로 하는 작품과는 달리 그 기조가 건강하고 고양되었으며 고무적이었다.

지식 청년 생활의 암흑면을 의심하고 부정하며 폭로하고 비판하는 점에서 대다수의 지식 청년 '상흔소설'은 이왕의 지식 청년 소설을 크게 초월하여 복귀 후의 현실주의 역량을 과시하였다. 그러나 지식 청년 '상흔소설'이 반영하고 게시한 생활도 여전히 완전한 의미에서의 현실 생활이 아니었다. 그들의 생활 중의 고난과 억압·왜곡된 일면에 지나치게 편중되어 생활의 다른 일면을 무시하였다(엽신의 작품은 제외하고). 상흔과 고통을 많이 표현하였기 때문에 인식상의 이런 편향이 예술 개괄의 심도를 제한하였다. 때문에 진정 우울과 분노가 깊고 넓은 작품은 여전히 나오지 못했다. 초기의 지식 청년 '상흔소설'이 현실주의 정신에 의해 줄거리의 '진(眞)'만 강조하고 더 중요한 인물 성격의 '미'를 무시하였기 때문에 작품이 농후한 비극적 분위기와 비극적인 인물·사건이 있다 하더라도 비극 성격의 부각이 결핍됨으로 인해 보다 높은 차원의 비극 미학의 수준으로 상승하지 못했다. 성격 비극이 아니면 비극은 진정한 비극미를 낳거나 얻을 수 없는 것이다.

4. 종유희와 풍기재의 중편 '상흔소설'

경험이 많은 중년 작가들의 '상흔소설'은 지식 청년 '상흔소설'보다 훨씬 더 심각하고 유력하였다. 아래에서 중점적으로 소개할 것은 종유희·풍기재의 초기의 '상흔소설'이다. 이 시기의 중년 작가들은 더 깊고 넓은 사회 생활 내용에 대한 개괄을 필요로 하였기 때문에 형식상에서 일반적으로 중편소설 형식을 선택하였다. 이 점이 다수의 지식 청년 '상흔소설'과 다른 점이었다. 이를 신시기 중편소설의 흥기 전의 분발이라고 볼 수 있다.

I. 종유희와 그의 「담장 아래 핀 홍옥란」 「열번째 총알 구멍」

종유희는 굳세고 집요한 현실주의 작가였다. 일찍이 50년대부터 그는 '진실을 쓰는 것'을 주장하고 '현실주의' 앞에 특별하게 '사회주의'를 덧붙이는 것을 반대하였으며 '사회주의 시대의 현실주의'를 주장했다. 그의 뜻은 사회주의 시대의 현실 생활이 이미 사회주의 정신과 요소를 갖고 있기 때문에 우리들이 현실주의 창작 방법을 견지하면서 우리의 시대를 반영한다면 작품이 필연적으로 사회주의 정신을 갖추게 된다는 것이다. 그가 사회주의 시대의 현실주의를 견지한 성과는 건국 초기에 쓴, 새 사회, 새 생활, 새 인물을 찬양한 작품(「7월의 비」「인민공사의 닭과 오리」「봄비」「서광이 빛나는 아침」 등)이었는데, 청신하고 즐거웠으며 명랑하고 낙관주의적인 숨결과 향기로운 흙냄새로 흘러넘쳤다. 그러나 불행하게도 자신의 재질을 나타낸 지 얼마 안 되어 1957년의 역사 폭풍에 의해 무서운 '연옥' 속으로 말려들게 되었다. 이로부터 파란 많은 생애 속에서 몸부림침으로써 그의 신념을 위해 참중한 대가를 치러야 했다. 50년대 초기의 종유희가 낙관적인 현실주의자였다면 20년의 고통과 시련을 겪은 후 다시 창작을 시작했을 때의 그는 이미 엄준한 현실주의 작가로 변해버렸다. 20년 전의 '하화전'파의 서정 가수가 20년 후에는 장엄하고 엄준하며 무겁고 원숙한 목각 화가로 변했다.

70년대말에 와서 시대가 이미 현실주의의 원래 면목의 출현을 허용했을 때 그는 즉시 자기가 온양하고 구상한 지 오래된, 자기 생명의 선혈이 짙게 배인 현실주의의 걸작 「담장 아래 핀 홍옥란」과 「열번째 총알 구멍」을 세상에 내놓았다. 그 밖의 중편소설 「의사에게 드리는 장미꽃」과 「두견화의 울음」도 금세 인기를 끌었다. 이리하여 20여 년간 소실되었던 이 문예의 샛

별이 다시 눈부신 광채를 뿜게 되었다.

「담장 아래 핀 홍옥란」은 감옥의 담장 안에서 벌어지는 슬프고 감동적인 이야기로 엮어졌다. 초연이 자욱한 항일 전쟁의 참호 속에서 입당한 공산당원과 조선 전장에서 성 공안국으로 복귀한 혁명 노간부가 뜻밖에도 역사의 소용돌이에 말려들어 공산당의 감옥으로 들어가게 된다. 나중에는 또 한 반혁명 분자와 '4인방'파 골수분자의 합작 모해를 받고 끝내 감옥의 큰 담장 아래에서 참혹하게 희생되는 이야기이다.

이는 대담한 제재 선택이었다. 응당 반혁명에 대해 독재를 실행하는 도구이어야 할 사회주의의 감옥이 '4인방'이 횡포를 부리는 시대에 자기의 굳센 공산당원들을 가두어넣는 곳으로 되었다. 이는 그 진실성을 의심할 바 없는 주제였다. 방금 지나온 악몽과도 같은 암흑의 세월을 잠깐 돌이켜보자. '4인방'의 마수에 얼마나 많은 정직한 공산당원과 선량한 혁명 군중들이 터무니없는 죄명을 쓰고 감옥살이에 시달렸던가.

대담하게 '금기'를 헤치고 나가는 용기와 현실주의를 견지하는 정신이 없이는 절대로 진정한 현실주의의 이런 작품을 쓸 수 없을 것이다.

예술상으로도 「담장 아래 핀 홍옥란」은 성과가 있었다. 우선, 예술 구상으로부터 보면, 작가는 좋은 제재를 선택한 후 가장 전형적인 환경과 가장 적합한 표현 시각을 선택했다. 시간과 장소로 말하면 작가는 1976년 청명 전야(천안문 사건)에 발생된 사회주의 감옥에서의 피비린내 나는 폭행을 썼다. 이는 바로 '4인방'이 멸망에 임박하여 발악하던, 여명 직전의 가장 어둡던 시기였으며 '4인방' 반혁명과 혁명 인민의 결전에 있어서 가장 관건적인 시각이었다. 사회주의의 감옥은 본래 계급이 반혁명 계급에 대해 독재를 실행하는 도구이며, 혁명과 반혁명이 직접 대립하여 생사의 결투를 진행하는 장소이다. 이를 통하여 이 독재의 실질을 분명히 볼 수 있다. 과연, '4인방'은 진정한 공산당원을 감옥에 투옥시켰을 뿐만 아니라 감옥에 갇혀 있던 진짜 반혁명분자와 깡패 집단 두목들로 하여금 공산당원을 감독하고 정신상·육체상으로 참혹한 유린을 하게 하였다. 소설은 이를 통하여 '4인방'의 악독한 용심을 폭로하는 동시에 '4인방'의 파쇼 독재가 역사의 흑백을 전도하고 충신을 간신으로, 현명함을 우매함으로 뒤바꾼 반혁명적 본질을 폭로했다.

소설 중의 진정한 비극 영웅 형상인 갈령(葛翎)의 창조가 「담장 아래 핀 홍옥란」의 예술상의 다른 하나의 돌출한 성취이다. 진리를 견지하고 결코 시류에 영합하지 않으며 '4인방'에 과감히 반대하고 음모가들의 현대 미신에 저항하는, 그 어떤 참혹한 현실에도 떳떳이 맞서는 억센 사나이의 형상으로서 한 공산당원의 충성과 의지를 표현하였다. 그와 전우 노위(路威)와의 진지하고 사람을 감동시키는 우의, 환향단 두목이며 역사 반혁명 분자인 마옥린과의 투쟁, 예리한 눈길과 깊은 사색, 정치상의 성숙과 세련, 더구나 인황 공사장에서의 한차례의 격투는 그토록 정채로워 이야기의 모순 갈등을 고조시켰다. 주총리를 추모하기 위해 갈령은 담장 위의 옥란화를 꺾으려다가 '4인방'의 총탄을 맞고 담장 밑 피의 못 속에 쓰러졌다. 선지피가 깨끗한 백옥란을 붉게 물들였다. 이렇게 희생되는 갈령이지만 거룩한 비극 형상으로 그는 일어선다. 독자에게 남겨주는 것은 비통 외에 더 많이는 경모와 장렬한 고무의 역량이다. 갈령과 같은 성공적인 비극 영웅 형상을 창조함으로써「담장 아래 핀 홍옥란」은 일반 '상흔소설'을 크게 초월하여 숭고한 품위의 비극적 미학 가치를 얻게 되었다.

「담장 아래 핀 홍옥란」도 예술적 결함이 있는 것은 물론이다. 예를 들면 연극화된 줄거리의 추구에서, 때로는 지나친 세부의 교묘화가 우연으로 흘렀고(예를 들면 갈령과 환향단 두목 마옥린의 30년 전의 원한, 그리고 고흔이 사람을 잘못 해쳤던 일 등), 이런 수법은 전반 작품의 진실성 정도에 손상을 주었다.

특히 80년대 중기 이후로 소설 줄거리의 연극화라는 예술 방법
은 거의 허위의 대명사로 되어버려 작가들이 아주 적게 사용하
였고 독자들에게 접수되기도 어려워졌다. 이는 물론 사회 심미
의식 변화의 결과일 것이다.

「담장 아래 핀 홍옥란」에 이어 종유희는 또 중편소설「열번
째 총알 구멍」을 썼다. 이는「담장 아래 핀 홍옥란」보다 의미
가 더 심각한 '상흔소설'이었다.

일찍이 전쟁 연대에 아홉 번이나 상처를 입었던 노간부 노홍
은 10년에 달하는 문화혁명의 박해와 탄압을 겪은 후, 공안국
장으로 복직한다. 그가 제일 처음 처리하게 되는 중대한 다리
폭발 살인 사건에서 뜻밖에도 헤어진 지 11년 되는 아들을 만
나게 된다. 이 현실은 그의 마음에 새겨진 10번째 총알 구멍이
아닐 수 없었다. 확실한 증거와 아내의 비통한 눈물 앞에서 노
홍은 내면의 고통을 가까스로 참으며 단호히 아들 노소범을 체
포하라는 명령을 내린다.

이것은 "정의를 위해 혈육을 잡는" 일반적인 이야기가 아니
었다.「열번째 총알 구멍」은 이중 주제의 소설이라 할 수 있다.
한편으로는 부모가 잡혀가고 할머니도 쫓겨나 의지할 곳 없이
거리를 유랑하던 노소범이 '4인방'의 검은 마수에 걸려들어 영
혼을 빼앗기고 범죄의 길로 빠져 타락하는 과정을 세심한 필치
로 묘사하면서 '4인방'의 청소년들에 대한 독행을 분노에 차 고
발하였다. 다른 한편으로는 '법률 앞에서 만인은 평등하다'는
신성한 신조를 지키기 위하여 혈육의 정과 법제 사이에서 방황
하다가 결연히 정의를 위해 인정을 포기하는 공산당원의 고상
한 풍격과 절개를 심각하게 묘사하였다.

이 두 주제가 한데 어울려 이 '상흔소설'의 장엄하고 무거우
며 엄준한 비극 성격을 구성하였다. 이 소설에서 우리는 작가가
전형적인 비극적 갈등을 마련하고 인간의 감정을 가장 잘 움직
일 수 있는 매개물을 선택하여 인물의 마음을 열어줄 수 있는

계기를 찾아내는 동시에 이 매개물과 계기를 틀어쥐고 거대한 내면 충돌 속에서 인물 형상을 부각하고 감정을 토로하는 등의 예술적 장점을 볼 수 있다. 또한 이 기초에서 한걸음 더 나아가 상징적 수법으로 작가의 생활에 대한 주관 감수와 평가를 표현하였다. 이 소설을 의미가 무겁고 심리 분석과 철리 의미가 풍부한 우수한 소설로 만들어준 것은 모두 이러한 예술 방법이었다.

「담장 아래 핀 홍옥란」「열번째 총알 구멍」 외에 종유희는 또 「두견의 울음」「진창」「일곱번째는 벙어리였다」「백사장에 남긴 발자국」「신부 없는 혼례」와 「멀리 떠난 흰 돛」 등의 중편소설들을 썼다. 이러한 작품들의 내용을 보면 모두가 중국 현대 문학사에서 아주 적게 취급되었던 감옥이나 노동 개조 농장의 생활에 관한 것들(장현량의 어떤 작품도 이런 부류의 제재로 씌어졌다)이었다. 이것들은 사람들에게 '담장 문학'이라고 불려졌는데, 이로부터 우리나라 현대 소설 창작에 하나의 참신한 예술 세계가 개척되었다. 그 중에서 종유희의 담장 문학이 예술상으로 도달한 새로운 높이를 대표하는 작품은 「멀리 떠난 흰 돛」이다. 자진해서 북국의 변강 황무지 개간에 나선 50년대 청년들의 불타는 전투 생활을 묘사한 신작 장편 『북국초』가 1983년에 발표되었다. 작품은 역사감과 현실감을 서로 융합시켜 집단주의 정신과 생기와 활력으로 충만된 청년들의 형상을 창조하고 찬양하였다. 스타일상으로는, 초기와 근간의 스타일이 함께 사용되었고 시화(詩畵)적 운미(韻味)와 비장함·무거움이 병존하고 있어 별다른 예술 매력이 있었다.

Ⅱ. 풍기재와 그의 「꽃이 덮인 기로」「아!」 등의 소설

풍기재는 재간이 많은 작가이다. 그의 창작은 장편 역사소설로부터 시작되었다(이정홍과 『의화권』을 합작하여 썼다). '상흔 문학'의 조류와 더불어 그도 두 개의 '상흔소설' 「꽃이 덮인 기로」와 「아!」를 썼다. 이 두 작품은 '상흔 문학'의 큰 조류 중

에서 비교적 성공하였고 특색이 있는 작품이었다.

「꽃이 덮인 기로」는 극좌 사조의 영향을 받은 한 순진한 여성 청년 백혜가 불타는 열정으로 문화혁명의 내란에 참여하는 이야기를 썼다. 자신이 친히 해친 억울한 사람들의 선혈과 상처를 보았을 때, 특히 그녀가 당년에 해쳤던 사람이 바로 지금 자신이 사랑하고 있는 사람의 모친임을 알았을 때, 그녀의 정신은 벗어날 수 없는 고통과 모순에 빠져든다. 다른 사람의 몸에 입힌 상처가 오히려 그녀의 마음에 더 큰 상처를 남겨주었다. 작품은 바로 이 순진하고 아름다운 소녀가 극좌의 열광에 엄중히 상처 입은 마음을 집중적으로 그려냈다. 제재와 줄거리 자체가 이 소설의 예술상의 특색을 결정하였다. 인물의 내면 세계 묘사를 중시했고 인물의 내면 활동을 에워싸고 줄거리를 펼쳐나갔다. 인물의 심리에 근거하여 인물의 행위를 묘사하면서 정신 세계에 생동하는 외부 형상을 부여하였다.

원제가 「창상(創傷)」이었던 이 작품은 사상상으로나 예술상으로 모두 노신화의 「상흔」보다 더 심각하고 성숙했다. 또 「상흔」보다 일찍 탈고되었지만 중편소설인 관계로 대형 간행물에 발표하자니 출판 주기가 길어졌고, 그리하여 먼저 『문회보』에 노신화의 단편소설 「상흔」이 발표된 뒤 풍기재는 타인과의 중복을 꺼려 이 소설을 「꽃이 덮인 기로」라고 개제했다. 그러나 그랬기 때문에 오히려 자신의 작품의 제목으로 하나의 문학 사조를 명명할 수 있는 기회를 놓쳐버렸다. 그렇지 않았더라면 '상흔' 문학은 '창상' 문학이라 불려져야 했을 것이다. 이것은 풍기재로 말하면 역시 하나의 역사적 유감이었다.

「꽃이 덮인 기로」가 줄거리 구상에서 연극화 경향이 있었다고 한다면 중편소설 「아!」는 더욱 자연스럽고 진실하고, 심각하게 씌어졌다. 이 소설은 주로 줄거리에 의지한 것이 아니고 생활 속의 우연하고 평범한 한 작은 사건(한 통의 편지를 잃어버린 사건)을 빌려 이 사건을 둘러싸고 인물 심리의 해부와 심리 분위기의 삼투를 전개했다. 우연 속에 필연을 담았고 황당함 속에 진실을 침투시켰으며 예상외의 일이 그처럼 이치에 부합되게 하였다.

소설 「아!」는, 문화혁명의 홍색 공포 속에서 모 역사연구소의 담이 작고 조심성이 많은 과학 연구원 오중의가 우연히 아주 중요한 편지를 잃어버린 사건으로부터 야기된 많은 인물들의 심리적 침체와 환경 분위기의 긴장을 쓴 것이다. '4인방'의 극좌 사조의 통치 아래에서 연구소에 내려온 노동자 선전대 대장의 지식인에 대한 온갖 정치 공갈과 위협은 이 착실하고 조심스러우며 담이 작은 지식인의 마음에 아주 큰 공포를 일으켰다. 아무런 나쁜 일을 하지 않았음에도 공연히 마음을 졸이고 활에 놀란 새처럼 그물에 떨어질까 두려워하다가 오히려 제풀에 그물에 뛰어들고 만다. 의심이 발전하여 그 잃어버린 편지가 이미 그들의 손에 들어간 것으로 믿게 되는 것이다. 그의 자백과 '자수'로 인하여 자신의 형님까지 연루된다. 성실한 마음은 성실한 보답을 받지 못한다. 그는 마찬가지로 노동 개조를 당하고 징벌을 받는데, 온갖 시달림을 다 받은 뒤에 그를 그토록 고생시킨 그 편지가 분실되지 않았다는 것을 발견한다(세수대야 밑에 붙어 있었다). 이 결말은 너무도 뜻밖이지만 자세히 음미해보면 또 너무도 이치에 맞는다. 블랙 유머의 예술 효과처럼 즉시 이 작품에 짙고 무거운 비극 색채를 띠게 해준다.

이 작품이 반영한 것은 문화혁명이라는 그 비상 시기의 비정상적 사회 생활이 조성한 인간의 기형 심리였다. 작품에 표현된 지식인의 그 침중한 정신 부담은 또 그 당시 특수한 시기의 짙고 어두운 그림자를 심각하게 반영하였다. 작품은 성공적인 심리 분석과 심리 묘사 수법으로 오중의라는 하나의 전형적 심리의 예술 전형을 그려내었다. 작품이 낳는 미적 감수의 성질은 숭고한 비극미에 속하지 않고 무겁고 쓸쓸한, 웃지도 울지도 못하게 하는 블랙 유머와 유사한 비극이었다.

여기에 소개한 것은 풍기재의 최초의 '상흔소설'일 뿐이다.
풍기재는 재간 많은 작가로서 여러 가지 서로 다른 제재와 주
제, 스타일 유형의 작품을 많이 써낼 수 있었다. 그의「꽃무늬
곰방대」「이탈리아 바이올린」「키 큰 여자와 그의 키 작은 남
편」은 모두 '인생을 쓴' 소설로서 작가의 생활에 대한 독특한
발견·견해와 해석을 기탁하여 자못 철리적 의미가 있었다. 그
에게는 공업 개혁을 반영한 소설「폭풍우」가 있고 또「신비한
채찍」「삼촌금련(三寸金蓮)」「음양 8괘」와 같이 통속성과 예
술성이 융합되고 향토 풍미로 충만한 풍속화식의 문화소설도
있다. 이에 대해서는 뒤에서 다시 이야기하기로 한다.

5. 농촌의 '상흔'을 심각하게 반영한 장편소설『허무와 그의 딸들』

'4인방'의 극좌 사조는 농촌 생산의 파괴와 농민 영혼에 대한
상처에서도 극히 심각하였다. '상흔 문학'의 조류가 일어난 후,
작가들은 자신의 불행한 조난을 쓰거나 주변에서 보고 들은 '상
흔'들을 서둘러 작품으로 옮겼다. 문화혁명과 극좌, 그리고 변
화가 많은 농촌 정책이 농업 생산과 특히 농민들의 영혼에 조성
한 엄중한 상처를 일시에 반영할 수는 없었다. 때문에 '상흔'
문학이 왕성한 시기에 농촌의 '상흔'을 반영한 소설은 그다지
많지 않았고 그 질도 높지 못했다. 당의 3중전회 후에 신시기
의 농촌을 제재로 한 '상흔소설' '반사소설' '개혁소설'이 거의
동시에 출현하였으며 내용상에서도 대부분 '상흔' '반성'과 '개
혁'이 일체로 융합되어 나타났다. 우리가 여기서 말하는 농촌
'상흔소설'은 다만 상대적인 의미에서 '상흔'의 폭로를 중시한
것들이다. 당시 사람들의 주의를 끌었던 농촌 '상흔소설'은「노
이흑의 결혼」「이유재의 죽음」「장대장장이의 로맨스」등이었

다. 특히 주극근의 장편소설 『허무와 그의 딸들』은 노작가 사정의 평가를 옮기면, "이 소설은 '4인방'의 횡포하에서의 3년간의 농촌 생활을 반영한 가작에 그치는 것뿐이 아니고 30년간의 농촌 생활을 반영한 장편소설로서 상당히 보기 드문 소설이다." 바로 그렇기 때문에 이 작품은 발표된 후, 우수 장편소설 '모순문학상'을 수상했다.

『허무와 그의 딸들』을 30년간의 농촌 제재 소설과 비교해보면 아주 크게 다른 점이 있다. 이 소설은 진정한 현실주의 전통을 견지하였다. 더 이상 이른바 새 사회, 새 농촌, 새 인물에 대한 값싼 찬양이 아니었고 농촌 현실 생활의 실제 상황에 비추어 대담하게 문화혁명을 폭로하고 '4인방'이 농업 생산과 농민들의 심신에 대해 자행한 잔학 행위를 폭로하였다. 또 문화혁명 이전까지 소급하여 대약진·반우경 운동이 농촌 생활과 농민들의 심령에 끼친 심각한 영향까지 다루었다. 참으로 대담하게 낭자한 선혈을 정시하고 참담한 인생을 직면하는 진정한 현실주의의 작품이었다.

이 작품은 1975년 겨울에 사천의 한 외진 농촌에서 발생된 허무와 그의 딸들의 이야기를 썼다. 그때는 바로 당과 인민이 '4인방'과의 격렬한 투쟁을 거쳐 마침내 인민의 소원에 따라 등소평 동지가 중앙 사업을 맡음으로써 장기적 동란으로 불안하던 국가에 한 가닥 희망과 전기가 나타나기 시작한 때였다. 또 작가는 합작화 시기로 거슬러올라가서 그때부터의 종잡을 수 없는 시대 풍운의 변화와 농촌 신·구 세력의 반복적인 투쟁을 펼쳐보였고, 농촌의 각종 세력과 인물들 사이의 복잡한 관계를 묘사하였으며, 깊은 동정심을 가지고 보통 농민이 걸어온 곡절 많은 생활의 길과 심령 변화 과정의 역사를 토로하였고 농민의 심신에 남겨진 얼룩진 상처를 진실하고 심각하게 게시해주었다. 이것은 작가의 피와 눈물이 섞인 작품이었다.

허무에게는 딸이 아홉이나 있지만 『허무와 그의 딸들』의 이야기는 사실상 허무 노인과 넷째딸 허수운 이야기를 중심으로 씌어졌다. 이 두 인물에는 작가의 깊은 사랑과 동정, 그리고 선의의 비판과 뜨거운 축원이 담겨 있었다. 만일『허무와 그의 딸들』에 지난 30년간의 농촌 제재 소설 창작보다 예술상에서 어떤 새로운 공헌이 있다면 그것은 바로 현대 소설의 인물 화랑에 출현한 적이 없는 이 두 참신한 예술 형상의 성공적인 부각일 것이다. 소설이 창조한 인물은 농촌 사회주의의 새 인물이 아니었으며 유형화된 '중간 인물'도 아니고 농촌 현실 생활 속의 진정한 인간, 살아 있는 인간이었다.

건국 초기 한 청년 농민으로서 허무는 사회주의 창업사에 영광스러운 기록을 남겼다. 합작화 시기에는 작업 조장으로서 그토록 적극적으로 생산을 지도하고 집단을 사랑하고 대중에 관심을 가지면서 자신의 청춘을 기꺼이 바쳤다. 그러나 갈수록 좌경화되어가는 농촌 경제 정책에 따라 길은 갈수록 넓어지는 것이 아니라 갈수록 좁아졌고 생활도 갈수록 부유해지는 것이 아니라 갈수록 어려워졌다. 허무는 변했다. 점점 이기적으로 변해 돈을 위해서라면 어떠한 수단도 가리지 않고 심지어 투기로 다른 사람을 해치기까지 한다. 성격도 날이 갈수록 더 고집스럽고 협애하고 몰인정하게 변한다. 적극적인 청년 사원(인민공사 사원)에서 이기적이고 완고한 노농으로 변한 허무는 내리막길을 걷는다. 허무는 현대 문학사에서는 볼 수 없었던 내리막길을 걷는 예술 전형이다. 바로 이러한 예술 전형의 창조로써 작품이 폭로·비판하려는 '4인방'과 그 극좌 노선의 심각성을 나타냈다.

넷째딸 허수운은 이 작품에서 가장 성공적이고 가장 감동적인 인물의 하나이다. 개인 생활이 곡절 많고 비참했지만 내심은 오히려 비할 바 없이 고상하고 아름다우며 의지 또한 상당히 강한 농촌 부녀의 형상이었다. 그의 몸에서 중국 부녀의 전통 미덕과 현대 농촌 여성의 운명에 굴복하지 않는 정신이 집중적으로 체현되었다고 말할 수 있다. 허수운은 소녀 시절에 깡패 정백여에게 욕을 당하고 핍박으로 그에게 시집간 후 온갖 시달림을 받다가 끝내 버림을 받게 된다. 친정집에 돌아와서도 굴욕적인 생활로 신세가 아주 불행하였다. 그러나 작가는 이혼 후의 허수운의 행복한 생활에 대한 강렬한 욕망과 추구를 중점적으로 묘사하였다. 정백여에 대한 그녀의 폭로와 반항, 중년에 상처한 형부 김동수와 그 자녀들에 대한 동정으로 시작된 그녀의 사랑의 마음, 이렇게 다방면으로 그녀의 성격 중의 아름다운 것을 발굴하고 전시해주었다. 겉보기에는 나약한 여자이지만 그 성격은 그토록 온유돈후하였으며, 고난의 생활에 대해 그토록 강인한 의지력이 있고, 속마음은 그처럼 굳세었고, 사랑에는 그처럼 순결하며, 행복한 생활에 대해 그토록 열렬하게 갈망하고 추구하였다. 허수운은 30년 농촌소설 창작에 없었던 부녀 형상일 뿐만 아니라 신시기에 출현한 최초의 성공적인 부녀 형상이기도 했다.

영웅이나 새로운 인물, 그리고 유형화된 인물을 쓰지 않고 보통 농민의 형상을 묘사하는 데 힘을 기울이며 그들의 운명과 영혼의 세계를 중점적으로 그렸다. 농촌의 일상 생활 속에서 모순 충돌을 발견하고 곡절 있는 줄거리를 마련하여 인물을 줄거리의 모순 충돌 속에 두고 운명에 대한 묘사와 심리 묘사를 통하여 인물의 성격을 그려냈다. 이러한 것들이 『허무와 그의 딸들』의 예술상의 현저한 특색이다. 작품은 구조상에서도 하나의 중대한 사건을 에워싸고 두 조의 대립 인물이 생사의 싸움을 진행하는 상투적 틀을 사용하지 않고, '가정 기사'의 방법을 채용하여 한 가정의 운명으로 억만 농민의 조난을 개괄하였으며, 인간 관계의 갈등을 통하여 넓은 사회 생활 화면을 펼쳐줌으로써 자연스럽고 편안한 느낌을 주었다. 이 작품은 '상흔'을 쓰기는 했지만 사람들에게 추호의 비감이나 저조감을 주지 않는다. 허무 노인이 역사적 전환의 시기에 보이는 사상과 성격의 전변을 썼을 뿐만 아니라 허수운이 간고한 노력과 추구를 거쳐 끝내 행

복을 얻는 것도 썼다. 한 평론가의 말로 이 단락을 마감하고자
한다. "이 소설에서 우리는 10년 동란이 우리 국가와 인민에게
준 재난을 볼 수 있었으며 인민들의 사상·정신 및 생활과 육체
등 각 방면에 조성된 영향과 손해도 볼 수 있었다. 아울러 우리
나라 인민의 사회주의에 대한 굳센 신념도 느낄 수 있었다."

제 9 장

현실주의 심화 시기의 '반사소설' 및 소설 예술의 자아 반성의 시작

1. '반사 문학'의 물결과 그것의 중대한 사회적·심미적 의의

I. '반사 문학'의 대두

거대한 좌절과 고통 뒤에는 흔히 냉정하고 엄숙하며 침통한 사색이 뒤따르게 된다. 1978년 5월에 시작된 '실천은 진리를 검증하는 유일한 표준'이라는 관점에 관한 토론과 잇따라 일어난 전국적인 사상 해방 운동 및 당의 11기 3중전회의 개최는 극히 크게 사람들의 사상을 해방시켰고 시대·사회와 문학의 진보를 추동하였다. 문학 창작이 '4인방'의 유린과 독해로 인해 사회 생활과 인민의 영혼에 조성된 상처에 대한 깊지 못한 묘사와 고발에만 머물러 있는 것에 사람들은 만족하지 못했다. 더 풍부한 예술 표현력과 더 깊고 철저한 사상 통찰력을 가진 작품이 요구되었다. 사회 역사의 발전 과정을 일반적으로 반영한 작품은 더 이상 원하지 않았고 역사에 대한 재인식 중에서 경험적 교훈을 정리해내는 심각한 작품을 더욱 요구하였다. 이는 사회 사상의 인식 능력의 제고와 발전일 뿐만 아니라 사회 심미 의식의 제고와 발전이기도 하다.

시대와 인민의 이러한 요구에 부응하여, '상흔 문학'의 흥성 시기에 일부 훌륭한 사상과 풍부한 경력을 가진 작가들 특히 우리 당과 국가가 혁명의 진행 과정에서 범한 실수와 착오로 인하여 많은 고난을 겪은 중년 작가들, 즉 왕몽·이국문·종유희·장현량·방지·고효성 등은 한편으로는 일반적으로 제창해왔던 "현실주의 창작 방법을 회복하자"는 구호의 한계를 솔선하여 돌파하고 한걸음 더 나아가 현실주의를 심화하자는 주장을 제기했으며, 다른 한편으로는 자신들의 창작 실천으로써 상당한 사상 심도와 역사 심도가 있는 작품을 발표했다. 예를 들면 왕몽의 「들풀의 마음」「볼셰비키의 경례」「나비」「어려운 만남」, 이국문의 「월식」『겨울 속의 봄날』, 여지견의 「초원의 오솔길」「잘못 편집된 이야기」, 유진의 「흑기」, 심용의 「영원히 봄날」「중년이 되어」, 장현량의 「용종」「유물론자의 계시록」(「상록수」「남자의 반은 여자」), 왕절성·온소옥의 『토양』, 장일궁의 「범인 이동종의 이야기」, 방지의 「간첩」, 고효성의 「이순대가 집을 짓다」 등이다. 이외에 또 지식 청년 작가들의 하향 운동을 반영한 작품, 즉 왕안억의 「본 열차의 종착역」, 사철생의 「나의 청평만」, 양효성의 「오늘밤에 설한풍이 있다」, 공첩생의 「남방의 언덕」 등이 있다. 이런 작품들은 모두 서로 다른 제재와 각도로부터 나름대로의 전형 환경과 전형 인물을 통하여 작가의 현실과 역사에 대한 독특한 감수와 사색을 반영하였다. 또 그 속에서 역사의 경험 교훈을 끌어냈다. 이 창작 사조를 사람들은 '반사(反思) 문학'의 물결이라고 불렀다. 이는 신시기 이래 '상흔 문학' 사조 이후의 또 한차례의 보다 심각하고 영향력이 거대하며 보다 심원한 의의가 있는 창작 조류였다.

Ⅱ. '반사 문학'의 대표작 및 그 중대한 사회적·심미적 의의

　　규모가 엄청나게 큰 문예 창작 물결로서의 '반사 문학'은 중대한 사회 의의와 심미 의의가 있었다. 그것은 역사 진실에 충

실한 생활 풍경의 심각한 묘사를 통하여 역사에 본래의 면목을 돌려주었으며 생동하는 예술 형상으로써 사람들로 하여금 역사를 다시금 인식하고 평가하게 하고 "역사의 경험은 주의할 가치가 있다"는 말의 진실한 뜻을 진정으로 깨닫도록 해주었다.

풍기재의 중편소설 「아!」는 부조리한 줄거리로 지식인이 10년 동란 속에서 받은 정신상의 잔혹한 박해와 엄준한 시험을 표현함으로써 문화 대혁명의 심각한 교훈을 총결하고 모골이 송연한 백색 공포 시대를 철저히 매장했다.

어떤 작가들의 시각과 필치는 현실 생활의 심층까지 파고들어갔을 뿐만 아니라 현실을 꿰뚫고 문화혁명 이전의 역사적 단층으로까지 심입하면서 10년 동란의 사상 근원과 역사 근원을 극력 발굴하는 데 힘을 기울였다. 작가의 시각과 사상의 역사적 깊이·힘을 충분히 나타냈다. 장현의 단편소설 「기억」은 문화혁명으로부터 '기억'의 영사막을 '4청 운동'으로까지 끌고 가 두 사람이 두 차례 운동중에서 겪은 유사한 조난을 통하여 억울한 오판을 조성한 사상 근원이 당내에 오랫동안 존재해온 현대 미신이었다는 것을 밝혀내고 이로부터 심각한 역사 교훈을 끌어냈다.

방지의 「간첩」은 더 멀리 1942년부터 쓰기 시작하여 대담하게 한 상인의 형상을 그려냈다. 그는 40년간 신사군·일본인·국민당·신중국·문화혁명의 세상 변천을 친히 겪고서 나중에 어느 것이 진짜 공산당이고 어느 것이 가짜 공산당인가 하는 근본 문제를 분명히 알게 된다. '반사 문학'은 생활의 표면을 꿰뚫고 역사의 심층까지 투시할 수 있었기 때문에 생활은 어떤 것인가를 표현하였을 뿐만 아니라 생활은 어떻게 하여 이렇게 되었는가 하는 문제에까지도 답을 주었다. 침통한 역사 반성의 힘을 갖고 있었기 때문에 이 부류의 작품들은 보다 심각한 현실주의로 되었다.

고효성의 「이순대가 집을 짓다」도 지난 40년의 역사를 썼다.

보통 농민인 이순대가 한평생의 근검 절약과 몇 차례의 돈벌이
로도 집을 짓는 데 성공하지 못한 사연을 묘사함으로써 농촌 경
제 정책의 좌경화와 다변이 농민의 빈곤을 조성한 주요 원인이
라는 것을 심각하게 게시하였다. 이 작품은 상흔을 폭로하는 데
목적을 둔 것이 아니라 농민의 역사적 운명에 대한 묘사를 통하
여 심각한 역사 경험과 교훈을 총화하는 데 그 의도가 있었다.
편폭은 짧지만 용량은 아주 컸다. 이 작품을 압축된 사시적 의
미가 있는 작품이라고 말하는 평론가도 있었다.

이국문의「월식」은 더 깊은 필치로 이여의 불우한 조우와 특
히는 뉴뉴의 이여에 대한 진정한 애정을 통하여 보통 백성의 대
표로서의 뉴뉴의 아름다운 영혼을 찬양했을 뿐만 아니라, 넓은
사회 배경과 심원한 역사 배경으로부터 1957년에 시작되고 발
전된, 당의 전통을 저버리고 군중을 이탈하며 언론 자유를 막는
좌경 사조를 반영하였다. 전반 작품은 서정적인 스타일로 인
민─대지─어머니라는 심각한 주제를 형상적으로 표현하였다.
상징 수법을 사용하여 우리나라가 22년간 걸어온 곡절 많은 역
사는 한차례의 '월식'과 같고 암흑은 일시적이며 앞으로 영원히
인민과 함께하기만 하면 여전히 휘황찬란한 미래가 있을 것이
라는 것을 지적하였다.

여지견의「잘못 편집된 이야기」는 지도 간부와 40년대 전쟁
시기에 고락을 같이 나누었던 농민 노인과의 관계 및 1958년의
관료주의로 파괴받은 간부와 군중 사이의 관계를 대조하면서
이러한 역사와 현실의 선명한 대비 속에서 표면적인 환희의 분
위기에 은폐되어 있는, 농민들의 마음속에 흐르는 피와 눈물을
심각하게 표현했다. 허위·과장과 맹목적인 지휘 등 극좌 사조
가 당과 국가에 끼친 엄청난 재난을 진실하게 해부한 것이 이
작품의 심각한 점이었다. 경제상으로 그것은 농촌 생산을 파괴
하고 창고의 양식을 공동화시켜 농민들의 의식주를 지난하게
만들었다. 정치상으로는 그것의 소위 '대약진'의 북소리와 폭죽

소리, 어지러운 채색 깃발들이 사실은 당과 인민을 마취시키고 간부와 군중 사이의 혈육 관계를 파괴하였으며 당의 위망에 손상을 주고 '혁명'이라는 신성한 글자를 왜곡하였다. 여지견의 부드럽고 깨끗하며 온순했던 스타일이 이 작품에서는 오히려 거칠고 첨예해졌다. 이러한 스타일상의 전변은 참으로 생활로부터 나온 자연스러운 것이 아닐 수 없었다.

여류 작가 심용은 인물과 줄거리의 정밀한 확실성과 적절한 표현으로 인하여 줄곧 사람들의 칭찬을 받아왔다. 이 시기에 그는 중편소설 「영원히 봄날」과 「중년이 되어」를 썼다. 전자는 현실 생활과 역사의 발전을 생동감 있게 융합시켰다. 인물 형상의 창조와 넓은 생활 화면에 대한 묘사를 통하여 공산당원이 투쟁 연대의 숭고한 품덕과 영광스러운 전통을 시종 견지한다면 그 어떤 곤난과 좌절, 복잡하고 격렬한 투쟁 앞에서도 마음은 '영원히 봄날'이라는 것을 보여주었다.

「중년이 되어」는 우렁찬 지식인의 송가였다. 작품은 중년 지식인 육문정 의사의 비극적인 운명과 조우를 통하여 극좌 노선이 조성한 엄중한 위해를 분노하여 침통하게 적발·폭로하였고, 그 반면에 주인공의 아름답고 고상한 영혼을 표현하였다. 육문정은 생활과 사업의 무거운 부담을 지니고 열심히 일하는 가운데 생명까지 빼앗길 뻔한다. 나중에 그는 오히려 보다 많은 공헌을 하지 못하고 현모양처의 소임을 완성하지 못하였다는 생각에 깊은 자책감을 느낀다. 이로써 그의 숭고한 헌신 정신과 남을 위하는 아름다운 정조를 표현하였다. 작품은 육문정의 비극적인 결말로 독자들을 이끌어 지난 20년간 우리 당의 지식인 정책에 존재했던 '좌'적 경향과 그 엄중한 독해에 대해 심각한 역사적 반성을 진행하도록 촉구하였다. 극히 강한 설득력과 감염력이 있었다. 우리 시대의 중년 지식인들의 공통된 불행을 개괄하고 그들의 숭고한 정신과 아름다운 마음을 표현한 것이 육문정의 형상이었다. 작가가 충분하고 진실한 세부 묘사로 창조해낸 이 형상은 아주 높은 전형 의의와 미학 가치가 있었다.

소설 예술의 발전 자체를 놓고 말하더라도 '반사 문학' 물결의 흥기는 소설 예술 자체의 반성의 계기를 가져다주었다. 이 시기의 소설 창작은 이미 현실주의의 복귀 단계에서 현실주의의 심화 단계에로 진입, 생활 표면에 대한 부박한 묘사로부터 역사적 깊이가 있는 심각한 발굴로 전진하였다. 이것은 또 소설 창작이 구조와 표현 방법상에서 변혁을 진행할 것을 요구하였다. 전통 현실주의의 단일하고 선조적이며 '이야기'식의 '재현' 수법에 더 이상 구애되지 않고 시간 순서의 전도와 시공의 도약, 의식의 흐름, 영화 편집, 몽타주 수법의 운용 등 다양한 표현 방식은 출현하기 시작했다. 소설 예술 자체의 이러한 통찰과 반성은 소설 표현 형식의 혁신과 발전을 촉진하였다.「잘못 편집된 이야기」「월식」「볼셰비키의 경례」「나비」「중년」등의 작품은 모두 서방 모더니즘의 표현 수법을 많이 운용하였다. 반사 문학은 문학의 반성을 초래하여 소설 창작의 주체 의식과 문본(文本) 의식이 각성되기 시작했다. 이는 기존 현실주의의 표현 수단과 표현력을 크게 풍부히 하였을 뿐만 아니라 전통 현실주의 소설과 완전히 다른 미학 범주에 속하는 신형의 모더니즘 소설 형태도 육성하였다. 80년대 중기의 선봉파 청년 작가군과 많은 새로운 조류의 소설의 출현을 직접 초래하였다.

'반사 문학'의 물결이 소설 예술 발전에 미친 다른 한 중대한 공헌은 중편소설 양식의 흥기와 활발한 발전을 조성하고 추동한 것이다. '반사 문학'이 큰 용량의 생활 화면과 큰 폭의 역사 시·공의 개괄을 필요로 했고, 이에 상응하여 부피와 용량이 상대적으로 확대된 소설 체제를 요구하였기 때문에 중편소설은 이에 부응하여 나타나게 되었다. 한때 명성이 높았던 우수한 중편소설들은「볼셰비키의 경례」「나비」「어려운 만남」「상록수」「천운산 전기」「영원히 봄날」「중년이 되어」「토양」「범인 이동종의 이야기」「남방의 언덕」「오늘밤에 설한풍이 있다」 등이었다. 불완전한 통계이지만 1981년과 1982년 두 해 사이만 해도 중편소설은 1,150편이 발표되었다. 이는 1949~1979년의 30여 년 중편소설 총수의 2배도 넘는 숫자이며 중국 문학사상 유례없는 현상이었다. 삽시간에 중편소설이 단편소설을 대체하여 80년대초의 소설 창작의 주요 형식으로 되었다.

2. 왕몽의 '반사소설'

많은 '반사소설' 작가·작품 중에서 왕몽은 가장 두드러지며 가장 대표적인 작가였다.

I. 왕몽 소설 창작의 발전 개황

원적이 하북성 창주 남피 사람인 왕몽은 1934년 10월 15일 북경에서 출생했다. 1946년(12세)부터 당의 지하 조직과 접촉하고 1948년(14세)에 중국공산당에 가입한 조숙한 소년 볼셰비키였다. 건국 초기에 줄곧 공청단 사업을 맡았다. 1953년부터 장편소설 『청춘만세』를 쓰기 시작했고 1955년 9월 『인민문학』에 그의 첫 단편소설 「작은 콩」을 발표했다. 1956년에 또 「음력설」 「조직부에 새로 온 청년」과 「겨울비」를 발표했다. 그러나 「조직부에 새로 온 청년」이 북경 시위의 관료주의를 건드렸기 때문에 1957년에 우파로 몰렸다. 1958년에 시외의 교구로 하방되어 노동을 하다가 '모자를 벗은' 뒤 북경사범학원 중문과에서 교편을 잡았다. 이 기간에 단편소설 「밤비」 「눈동자」를 발표했었다. 1963년에 신강으로 내려가 생활에 깊이 참여하겠다고 자원하였다. 곧 이어 문화 대혁명이 일어났고, 그 결과 그는 신강에 머물면서 16년간 노동을 했다. 신강에서 생활했던 10년간에 대해 왕몽은 줄곧 깊은 감회를 품어왔다. 그는 말한다. "이것은 아주 귀중하고 영원히 잊을 수 없는 경력이다." 그것은 "나의 생활 경험과 견문을 충실히해주었고, 중국에 대한, 한(漢)민족에 대한, 내지와 변강에 대한 이해를 충실히 해주었다. 나로 하여금 내지로부터 변강, 도시로부터 농촌, 한민족으로부터 형제 민족에 이르기까지의 비교 속에서 많은 것을 배울 수 있게 해주었다. 신강에서의 16년 생활을 나는 조금도 후회하지 않는다. 원망이 없음은 물론이고 오히려 큰 수확이 있었다고 느껴진다." 심지어는, "만일 '반우' 투쟁의 '확대'가 없었더라면 나는 신강에 내려가지 않았을 것이고 그랬더라면 그것은 아주 고통스럽고 황량하고 불행한 일이었을 것이다." 반우파의 '확대'와 이에 따른 16년의 신강 생활은 왕몽의 일생에서 가장 중요한 경력이 되었기 때문에 그의 후기의 많은 작품들이 그 생활에서 직접 취재하였다(「대장·서기·고양이와 반토막난 젓가락의 이야기」「노래의 신」「매매제 처장의 일화」 및 연작소설「이리에서」 등). 그 생활이 없었다면 훗날 '고국 8천리, 풍운 30년'의 일련의 창작도 없었을 것이라고 말할 수 있다. 그 생활은 그의 창작과 사상·성격·예술 스타일에 영향을 미쳤다.

'4인방'이 분쇄된 뒤 왕몽은 미친 듯이 기뻐했고, 20년의 억울한 누명이 벗겨지기도 전에 이미 낡은 시기가 끝났으며 희망으로 충만된 새로운 시기가 시작되었다는 것을 의식했다. 1977년에 그는 기다렸다는 듯이 아주 빠른 속도로「봄빛을 향하여」「대장·서기·고양이와 반토막난 젓가락의 이야기」「가장 귀중한 것」 등의 작품을 써냈다. 이 최초의 작품들은 아직 약간의 거리낌이 남아 있지만, 왕몽의 그 눈물 어린 웃는 얼굴과 고통과 상처 속에서 희망으로 충만한 심경을 진실하게 반영하였다. 사상 해방 운동의 전개와 당의 11기 3중전회의 개최, 그리고 20년간 축적되어온 개인들의 억울함이 철저히 시정됨에 따라 오랫동안 왜곡되었던 사실들이 본래의 면모를 회복했고 진리의 빛이 지혜의 불꽃을 지펴주었다. 이때에 왕몽의 창작은 막혔던 수문이 열린 듯 홍수처럼 쏟아져나와 수습할 수가 없을 정도였

다. 우선 「이야기 두 편」「불의 노래」 등 이상과 격정으로 충
만된 작품으로부터 시작하여, 「잊을 수 없는 일」「노래의 신」
「광명」「외사촌언니」「친구와 담배」 등 영혼의 상처에 대한
폭로성 작품, 그뒤에는 「볼세비키의 경례」「들풀의 마음」「세
객영문(說客盈門)」「나비」「어려운 만남」『변신하는 인형』
(장편) 등 심각한 역사적 반성에 치중한 작품들이 그것들이다.
이와 동시에 왕몽은 현실주의 위주인 사회를 견지한다는 전제
하에서 예술상으로 다방면의 실험과 개척을 전개하였다. 「밤의
눈동자」「봄의 노래」「바다의 꿈」「연」과 같은 의식의 흐름,
심리소설을 썼을 뿐만 아니라 또 「이리에서」 같은 실화소설도
썼다. 최근에는 또 「스타 플레이어의 모험기」와 같은 황당한
통속소설을 쓰는 시험까지 했다. 얼마 길지도 않은 창작 역사중
왕몽은 2편의 장편소설, 수십 편의 중편소설, 67편의 단편소설
과 한 편의 번역, 그리고 많은 문예 이론들을 써냈다. 창작의
부지런함과 그 편수로 말하면 왕몽이 신시기에 성과가 가장 풍
부한 작가임에 의심의 여지가 없다.
　　그러나 왕몽의 중국 현대 소설사상의 위치는 그 창작의 양에
의해서가 아니라 주로 그의 창작의 시종을 관철하는 사상 내용
의 심각성과 소설 예술 표현 형식상의 대담한 탐색, 창신의 개
척 정신 그리고 오직 그에게만 있는 예술 개성과 스타일에 의해
결정된 것이다.

II. 「볼세비키의 경례」「나비」「어려운 만남」 등의 반사소설
　　왕몽의 창작 역정의 대체적인 궤적을 그린다면 대략 다음과
같은 4개의 단계로 나눌 수 있다. 열정적인 가수—젊은 반역
자—심각한 사상가—예술 창조의 선봉.
　　일찍이 1953년에 그는 『청춘만세』를 쓰기 시작했다(1957년
우파로 몰리는 바람에 출판되지 못했다. 20여 년 후인 신시기에 와
서야 세상을 보게 되었다). 이 작품은 천지개벽의 혁명을 노래하

고 개선가를 높이 부르며 행진하던 연대와 청소년의 감동적인 정신 면모를 찬미한 한 수의 열정적인 시편이라 할 수 있겠다. 이는 순진하고 아름다우며 활발히 향상하는 정신이 흘러 넘치는 청춘의 노래로서 건국 초기 청소년의 진실한 생활과 사상·정조를 반영하였다. 50년대초에 쓴 이 책은 50년대 청년들의 그 순진하고 아름다운 마음, 열정적으로 향상하려는 정신 면모와 양호한 사회 풍기에 대한 작가의 깊은 사랑과 환호, 그리고 그것을 사회주의 정신 문명의 진귀한 유산으로 계승하고 발양해나가려는 진지한 욕망을 체현하였다. 80년대를 전후하여 적지 않은 청소년들이 신앙의 위기에 처하고 인간 사이의 관계가 냉막해지고 있을 때 이 작품의 출판은 많은 청년 독자의 마음을 격동시켰으며 그들에게 생명의 불꽃을 지펴주었다.

「조직부에 새로 온 젊은이」는 앞의 제4장에서 이미 소개하였다. 이 시기에 왕몽의 사랑의 마음과 열정은 표현 방식을 바꾸어 우리 당과 젊은 공화국의 모습에 어울리지 않는 관료주의자와 비타협적 투쟁을 수행하는 반역의 모습으로 나타났다. 그는 여전히 그처럼 진지하고 열정적이었지만 결국은 실패했고 또 그로 인해서 참혹한 대가를 치러야 했다.

사실, 찬양이든(『청춘만세』), 폭로든(「조직부에 새로 온 젊은이」)간에 모두 왕몽의 일편단심의 충성을 보여주는바, 정면으로 보나 반면으로 보나 그것은 왕몽의 '열정의 결정체, 생활의 광택, 그리고 청춘의 흔적'이었다.

20년이 지난 후, 왕몽은 자신의 작품을 돌이켜보면서 이렇게 말한다. 그때의 "생활과 문학은 나로 말하면 천진난만하고 순결하고 아름다운 소녀와도 같았다. 나의 작품은 바로 이 소녀에게 바치는 첫사랑의 연시라 할 수 있다. 첫사랑의 연시는 감동적일 것이다. 그러나 필경 많이 부족했다. 너무 많이 부족했었다." 때문에 어떤 사람이 그에게 초기 작품의 스타일을 보존할 것을 희망하였을 때, 왕몽은 "그것은 불가능하고 또 불필요하다. 20년 동안 나는 핍박에 의해 '조직부'를 떠났으며 더 이상 '젊은이'가 아니다. 그러나 내가 얻은 것은 여전히 내가 잃은 것보다 많다. 나는 넓은 대지를 얻었고 세상 경험을 얻었으며 20년의 삶과 교훈을 얻었다." "고국 8천리, 풍운 30년," "나는 이 8천 리와 30년을 생각하고 회상하며 울고 웃지 않을 때가 없었다. 나의 소설의 지점은 바로 여기에 있다."

'고국 8천 리, 풍운 30년,' 이는 왕몽의 소설 창작의 받침돌이었으며 그의 작품의 내용과 크게 상응하는 표현 형식을 이해하는 하나의 열쇠이기도 했다. 「볼셰비키의 경례」「들풀의 마음」「나비」든지 「밤의 눈동자」「봄의 노래」「바다의 꿈」이든지 「잡색」「어려운 만남」「깊은 호수」든지를 막론하고 모두 그것을 내용으로 하고 있다.

'반사 문학'의 물결 속에서 상당히 중요한 자리를 차지한 우수한 작품으로는 왕몽의 「볼셰비키의 경례」「나비」와 「어려운 만남」 등 3편의 중편소설이 있다. 왕몽 소설의 내용에, 다른 사람에게서는 찾아볼 수 없는 사상적 부피가 있는 것은 그의 생활의 길과 사상 역정에 의해 결정되었다. 12세에 혁명에 참가하고 14세에 입당한 그는 정치상에서 진정한 볼셰비키로서 조국, 인민과 공산주의 사업에 대해 무한한 충성을 바쳤다. 1957년에는 오해와 모함을 받고 우파로 몰려 정신적 육체적으로 온갖 억울함과 능욕을 당했으며 심지어 출당까지 당했지만 그의 신념과 의지는 조금도 변함이 없었고 당과 인민에 대해서 추호의 원망도 하지 않았으며 역경에 성실히 대처하며 집요하게 미래를 동경하였다. 20여 년의 생활의 도정에 남겨놓은 착실한 발자국마다 그의 '충성의 마음'이 새겨져 있었다. 중편소설 「볼셰비키의 경례」는 왕몽의 20여 년의 영혼이 주조해낸 역정을 충실하게 기록한 작품이었다.

「볼셰비키의 경례」는 자전적 색채가 아주 짙으면서도 자전체 소설은 아닌 작품이다. 작품은 왕몽 자신의 경력을 융합시켜 그

많은 억울함을 당하고서도 신념을 굽히지 않는 공산당원 종역
성의 형상을 창조하였다. 종역성은 왕몽과 비슷한 경력을 갖고
있다. 13세에 혁명과 접촉하고 15세에 입당한 후, 17세에 당
지부 서기가 되었다. 도시 해방 투쟁에서 그의 용감성과 헌신
정신은 청년 학생들의 존경과 사랑을 얻게 되었다. 혁명을 추구
하는 교회 학교의 처녀인 능설이 그를 사랑한다. 두 사람은 볼
셰비키의 경례 속에서 사랑을 속삭이고 결합하게 된다. 그때의
생활은 얼마나 아름답고 사람의 마음 또한 얼마나 순진했던가.
그러나 1957년, 종역성은 한 수의 시 때문에 '우파'로 몰리게
된다. 이어지는 것은 비판·투쟁·출당과 '모자를 쓰고' 노동 개
조를 위해 하방되는 것이었다. 또 이어서 10년 동란의 고난과
굴욕을 겪는데 심지어는 화재에 뛰어들어 사람을 구하고서도
오히려 방화자라는 혐의를 받는다. 그는 회의도 하고 고통도 느
끼지만 당에 대한 충성과 신뢰가 그로 하여금 끊임없이 자신을
부정하고 비판하면서 당과 인민에 대한 열애를 증강시키게 해
준다. 다음과 같은 구절은 그의 역경 속에서의 심정을 분명히
나타내준다. "그가 선택한 길은 정확한 길이었으며 이를 위해
분투하는 신념은 숭고한 신념이었다. 이 신념을 위하여 그는 한
평생 억울함을 당하고 고통을 받고 오해를 받는 대가를 기꺼이
치를 것이었다. 설사 그가 17세의 사랑스런 꼬마 혁명 장군에
게 혁대와 쇠사슬로 맞아 죽는다 하더라도, 자신의 동지가 당의
이름으로 쏜 총알에 맞아 죽는다 하더라도 그의 마음속은 여전
히 광명으로 가득차 있을 것이었다. 후회도 하지 않고 슬퍼하지
도 않았으며 추호도 개인적 원한을 품지 않았다. 그는 여전히
자신이 위대하고 임무가 중한 당의 일원이라는 데 자부와 영광
을 느꼈다. 당내의 암흑과 각종 사람들의 약점을 아무리 많이
보았어도 그의 당에 대한 생활에 대한, 인류에 대한 신념을 가릴
수는 없었다……"
　「볼셰비키의 경례」가 다른 상흔 및 반사소설과 다른 점은,

이 작품이 우리들에게 진정한 공산당원은 자신이 당한 억울함과 불행에 어떻게 대처해야 하는가를 알려준다는 데 있다. 그 어떤 좌절이나 타격 앞에서도 당과 인민에 대한 깨끗한 마음을 잃지 않았다. 「볼셰비키의 경례」는 진정한 공산당원의 영혼이 창조한 역사를 표현함과 동시에 우리 당의 역사에서 광채롭지 못하고 심지어는 상당히 황당했던 좌경 현상을 아무런 분식 없이 펼쳐보였으며 그 가슴 아픈 역사를 심각하게 반성하고 오늘의 세상에 유력한 계발을 주었다. 왕몽의 모든 작품은 그 내용과 형식을 어떻게 변화시키든간에 시종 당과 인민의 운명과 같이하려는 충성스럽고 아름다운 마음은 변함이 없었다.

예술상으로도 「볼셰비키의 경례」는 특색이 있었다. 중국 현대 소설사상 비교적 일찍 시간 순서의 전도와 공간 도약의 의식의 흐름 수법을 채용한 것이 「볼셰비키의 경례」의 가장 두드러진 특징이다. 최근 30년의 역사를 분할하고 시간과 공간의 순서를 타파하여 인물의 심리와 사상·정서에 따라 다시 조합을 하였다. 인물 형상 창조에서 그는 한편으로는 전통적 현실주의 수법을 견지하면서 많은 진실한 세부 묘사를 통하여 전형 환경 속의 전형 성격을 그려내는 데 힘을 기울였다. 다른 한편으로 그는 내적 독백식의 심리 묘사를 많이 사용하면서 인물의 외부 행위, 경력과 내적 감수, 체험들을 결합시켜 묘사함으로써 비교적 전면적으로 인물의 성격을 체현시켰다.

종역성과 같은 정면적 공산당원 형상 외에도, 왕몽의 다른 작품들은 다른 유형의 공산당원 형상들을 창조하였다. 「외사촌언니」에 나오는 외사촌언니는 어느 날 아침 뱀에게 물린 뒤로 10년 동안 밧줄만 보아도 무서워하는, 반면으로부터 경험 교훈을 총화하는 전형 인물이었다. 「친구와 담배」의 이지호는 세속을 혐오하고 정서가 침울하여 하루종일 술, 담배로 수심을 푸는 인물이었다. 이처럼 서로 다른 유형의 공산당원의 형상을 통하여 서로 다른 각도에서 여러 측면으로 역사의 경험 교훈을 총결하고 우리들에게 한폭, 한폭의 시대 반성도를 그려주었다.

왕몽의 소설이 '반사 문학'의 물결 속에서 중요한 위치를 차지할 수 있었던 것은 그의 반성이 선택한 각도와 도달한 사상 심도가 일반 동류 작가들의 작품을 초월한 데에도 그 원인이 있다. 인물을 창조하거나 역사를 반성할 때 왕몽의 반사소설은 언제나 우리 당과 국가의 주요한 경험 교훈을 제시하였다. 말하자면 시종 반성의 중점을 당과 군중 사이의 관계의 탐색에 두었다. 그 의도는 당과 당의 간부는 그 어떤 시기에도 군중을 이탈할 수 없으며 그것이야말로 우리 당의 사업이 순조롭게 진행되고 승리를 얻을 수 있는 근본적 보증임을 밝히는 데 있다. 이 문제는 이미 20년 전의 「조직부에 새로 온 젊은이」에서 이미 나타났었던 것인데, '4인방'이 분쇄된 후, 그는 계속해서 이에 대해 보다 깊은 탐구를 진행하였다. 이 방면의 대표작으로는 1979년의 「들풀의 마음」과 1984년의 「나비」가 있다.

「들풀의 마음」은 한 이발사의 시각에서, 보통 군중의 눈으로 몇 년간의 지도 간부의 사상 변천을 살펴보고 있다. 작품은 30년 전과 후의 당과 군중의 관계의 뚜렷한 변화를 대비하면서 자신을 보호해왔던 인민 군중을 어떻게 대해야 하는가 하는 문제를 엄숙하게 제기하고 인민을 잊는다는 것이 배반을 의미한다는 것을 지적했다. 당과 군중의 관계의 호·불호는 사업의 성패에 관계될 뿐만 아니라 당의 사업의 정확 여부를 검토하는 시금석이기도 하다. 왕몽의 이 발견과 선택을 적지 않은 작가들이 모방하여 서로 다른 제재·인물·줄거리로 다방면의 깊은 탐구를 하였다. 예를 들면 여지견의 「잘못 편집된 이야기」, 이국문의 「월식」 등이다.

「나비」는 한 부장급 지도 간부의 시각에서 군중이 간부와 당을 대하는 태도와 지도자가 군중을 대하는 태도의 변화를 관찰하였다. 작품은 심리 묘사를 중시하며 회상을 교차시키는 의식의 흐름 수법을 채용하였다. 노간부 장사원(張思遠)이 자신의

사상·지위·환경의 변화로 인해 야기된 군중과의 관계의 변화
에 대해 회고하고 사고하는 것을 통하여 그가 어떻게 자신을 발
견하며 그가 인민 군중과 한때 가졌었고 또 계속 보지하여야 할
혈육 관계를 발견하는가에 대해 썼다. 이로부터 우리 당의 사업
의 성패와 득실의 가장 근본적인 원인을 찾아냈다.
　「들풀의 마음」「나비」가 다른 작품보다 심각하고 독특한 점
은 이 작품들이 어떤 개인의 공이나 과오를 따진 것이 아니고
(예컨대 노언주의 「천운산 전기」처럼), 어떤 구체적 정치 운동과
정책의 실수를 분석하는 데 머문 것도 아니며(바로 왕몽 자신의
「볼셰비키의 경례」처럼) 바로 우리 당과 정권의 성질에 가장 근
본적으로 관계되고 혁명의 목적과 발전 방향에 관계되는 핵심
문제인 당과 군중의 관계 문제를 극력 모색하였다는 데 있다.
바로 「나비」의 시골 의사 추문(秋文)이 장사원의 청혼을 거절
한 뒤에 말하는 것처럼. "우리들을 잊지 마세요. 마음속에 우리
들을 간직해두시면 무엇이든 다 이룰 수 있을 거예요." 여기에
서, 왕몽의 사색이 일반 작가들보다 훨씬 심각하다는 것이 뚜렷
하게 나타난다. 바로 여기가 그의 작품이 보다 무거운 사상적
질량을 갖는 대목이다.
　「어려운 만남」은 왕몽의 또 하나의 중편 반사소설의 역작(力
作)이다. 작품은 보다 넓은 역사 배경과 현실 배경 위에서 30년
의 풍운에서 우리 당과 국가가 획득한 성취와 진보, 그리고 파
괴와 손실을 어떻게 변증법적으로 보아야 할 것인가를 우리에
게 알려주었다. 전반 작품이 강렬한 애국주의 감정으로 넘치고
있다. 「어려운 만남」은 「볼셰비키의 경례」「나비」의 뒤를 이
어 사상 내용 면에서 새로운 개척이 있었을 뿐만 아니라(정책·
운동·당과 군중과의 관계 등의 반성적 인식과 같은 구체적인 문제
에 국한되지 않고 깊고 넓은 의미에서 당과 국가의 30년간의 승패와
득실에 대해 총체적이고 거시적인 관찰을 하였다), 예술상에서도
전단계의 경험 교훈을 정리하며 의식의 흐름, 생활의 흐름, 몽

타주, 서술 순서의 전도, 회상, 연상 등의 표현 수법과 생동하고 곡절 많은 이야기 서술, 줄거리의 교차, 특히 인물 성격의 부각 등을 결합하여 이 십몇만 자 되는 중편소설을 왕몽의 소설 창작 중에서 가장 사상적 질량이 있고 예술 수준이 높은 대표작으로 만들어주었다.

「어려운 만남」은 이런 이야기를 썼다. 출국 30년간 홀몸으로 해외에 있었던 미국 국적의 중국인 남패옥(藍佩玉)이 10년 동란중 박해로 세상을 떠난 아버지(교수)의 명예 회복·추모대회에 참가하기 위하여 귀국하게 된다. 이때 그녀는 일찍이 그녀를 투쟁에 뛰어들도록 인도했던 좌파 학생——남자 친구를 만난다. 남자 친구는 바로 30년 동안 온갖 곡절을 겪고 지금은 모 연구소의 지부 서기로 있는 옹식함(翁式舍)이었다. 그리하여 무한한 그리움의 이야기가 엮어지게 된다. 왕몽은 "이 얼마나 격동적이고 매혹적이며 사색을 자아내는 매혹적인 경력인가!"라고 말했다. 소설은 이 미국 국적의 중국인의 시각과 사고를 통해 이 격동과 매혹과 사색에 대해 썼다. 인물 형상을 창조하고 전형 환경 속의 전형 성격을 부각해내는 데서 작가는 현실주의의 전통 수법과 의식의 흐름 등의 현대 수법을 결합시키기 위해 애썼다. 구조상으로는 다시점·다선·다중심의 망상 심리 구조를 취하여 여러 가지 각도·측면·인물 시각·성격·심리로부터 출발, 30년 풍운의 중국 역사와 현실을 공통적으로 인식하고 반성함으로써 극히 강력한 설득력을 갖추었으며 왕몽의 변증 유물주의와 역사 유물주의에 대한 파악 능력을 나타냈다. 특히 인물 형상의 창조에서 왕몽은 전에 없던 성공을 이루었다. 몇몇 주요 인물은 피와 살이 있는 선명한 성격을 가진 인물들이다. 특히 외국을 숭배하고 애국심이라고는 조금도 없으며 참을 수 없이 저속한 인격의 소시민 두염(杜艷)의 형상은 더욱 영활하게 그려졌다. 왕몽은 진실하고 풍부한 세부 묘사로, 외형·심리·행위와 특히 개성화된 언어의 부각을 통하여 이 인물을 왕몽의 작품

중에서 가장 성공적인 예술 전형으로 만들었다. 이 형상은 신시기 문학의 인물 화랑에 광채를 더해주었다.

「볼셰비키의 경례」「나비」와 「어려운 만남」은 왕몽 반사소설의 3부작으로 볼 수 있다. 이들이 공통적으로 나타낸 심각한 사상 주제는 우리 당과 조국이 걸어온 간난곡절과 승리적으로 전진해온 역사를 정확하고 전면적으로 인식하고 이해하는 것이었다. 이는 왕몽의 소설 창작의 제1주제이면서도 그의 소설에서만 볼 수 있는 사상 특색이었다. 물론 왕몽에게도 다른 내용의 작품이 있었다. 예를 들면 인간의 생존 가치를 연구한 「연」, 불량한 작풍을 폭로·풍자한 「세객영문」, 보통 사람의 아름다운 영혼을 찬미한 「무하모드 아메트」, 선진을 배우고 전형을 수립함에 나타난 폐단을 비판한 「바람은 자고 파도는 멎다」 등이다. 그러나 이 작품들의 묘사도 모두 우리의 당풍·세태·국풍·민풍과 연계되고 있어 한 사상가·혁명가·사회학가로서의 왕몽의 대가적 풍모를 보여주었다. 바로 이러한 마르크스주의 사상가·혁명가의 대가적 풍모가 왕몽으로 하여금 현실에 대해 각성된 인식을 보존하게 하였다. 한편으로 그는 당에 무한히 충성하였고 공산주의 이상에 대해 견정한 신념을 가졌으며, 다른 한편으로 현실 생활 속의 일체의 폐단을 분명히 인식하였고 또 대담히 폭로하였다. 그의 작품은 거의 모두 사회의 암흑면에 대한 무자비한 폭로와 신랄한 풍자가 있었지만 당시 유행하였던 일반 폭로 문학과는 또 같지 않았다. 그는 언제나 생활을 적극적인 태도로, 발전의 시각에서 보았고, 생활의 발전 속에서 생활을 반영하였다. 곤란은 꼭 극복되고 생활은 꼭 전진한다는 전기(轉機)를 사람들에게 펼쳐보였다. 왕몽은 현실적이고도 낙관적이었다.

왕몽의 반사소설을 이야기하면서 장편소설 『변신하는 인형』을 논의하지 않을 수 없다. 왜냐하면 이 작품의 출현은 왕몽의 반사소설이 이미 구체적인 사회 역사 문제에 대한 반성으로부터 중국 전통 문화에 대한 반성으로 진입하여 보다 상렬한 비판

의식으로 충만되었음을 표명해주기 때문이다. 작품은 서양 문화 교육을 받은 지식인 예오성(倪吾誠)이 서양 문화로 자신을 개조하고 사회도 개조할 것을 희망했지만 중국의 현실 사회에 접촉하고 가정의 울타리에 빠져든 후로 그의 이상과 동경은 모두 분쇄되어버리고 나중에는 천백 년간 거의 변하지 않은 전통 문화에 함몰되고 마는 이야기를 쓴 것이었다. 예오성은 곧 '일사무성(一事無成)'이다. 해방 전의 구중국을 시대 배경으로 하여 봉건 전통 문화의 인성(人性)에 대한 유린에 대해 썼고 인간의 영혼이 이 봉건 문화의 정신적 지옥에서 여지없이 왜곡·변형·유린·파열되는 것을 썼기 때문에, 작품은 강렬한 심추(審醜) 의식과 비판 의식으로 충만되었으며 아울러 아주 높은 심미 가치를 낳았다.

작품은 예술상에서 보다 개방적이고 성숙된 느낌을 주었다. 왕몽은 그 특유의 산문식 문체로 서방 모더니즘의 많은 표현 수법과 대규모의 내적 독백, 의식의 흐름의 묘사 그리고 시간과 공간의 비약에 변형과 부조리 수법을 덧붙여 운용함으로써 이 작품으로 하여금 극히 강렬한 현대 의미를 가지게 하였다. 그러나 더 중요한 것은 작가가 역사 심두와 고두의 개괄력을 가진 예술 전형의 창조를 현대 수법과 결합하여 발전시킴으로써 작품의 예술 표현력과 감염력을 크게 강화하였다는 점이다.

80년대 중기 이후로 반사소설이나 개혁소설이 모두 사회 역사 문제에 대한 구체적인 반성과 개혁으로부터 민족 전통 문화의 뿌리에 대한 반성과 개혁·발전에로 향하는 추세를 보였다. 그러나 예술상에서는 단일한 현실주의로부터 모더니즘으로, 나중에는 양자의 융합으로 향하는 추세를 보였다. 이 두 조류에 있어서 왕몽은 모두 앞서나간 작가였다.

Ⅲ. 왕몽 소설의 예술 스타일

작가의 스타일은 곧 작가의 창작 개성이며 작가가 생활을 인식하고 반영하는 독특한 방식이다. 모든 작품에 공통적으로 체현되는 전체적인 예술 풍모와 작가의 제재 선택, 주제 발굴, 구조의 배치, 인물 묘사와 문학 언어의 운용에서 그 작가의 스타일이 표현된다. 왕몽 소설의 예술 스타일도 역시 이러한 모든 요소의 총체적인 합성이다. 예를 들면 제재 선택과 주제 단련에서 왕몽은 간부 생활에 비교적 익숙하고 간부의 생활, 사상의 변화를 통하여 당과 국가의 운명이라는 중대한 제재를 반영하는 데 능란하였으며 또 그 속에서 역사의 경험 교훈을 총결해내는 주제 사상을 단련해냈다. 인물 창조에서는 심리 활동에 대한 묘사를 통해 인물의 성격을 표현하기를 좋아했는데, 외관상 굵은 선으로 금을 그은 것처럼 세심하지 못한 것 같지만 오히려 그 윤곽이 분명하였으며 인물의 언어를 통하여 인물을 그려내는 데 아주 능란하였다. 구조상에서는 전통 서사 구조는 쓰지 않고 인물의 사상과 의식의 흐름이나 생활의 단편들을 편집하는 방법을 채용하여 복선, 방사선, 심지어는 망상 구조 등등을 사용했다. 왕몽 소설의 미학적 특징은 가장 두드러진 두 가지 점으로 표현된다. 하나는 첨예하고 발랄하며 또 유머적이고 해학적인 언어 스타일과 산만하면서도 멋지고 자연스러운 구어체 스타일이다. 두번째는 의식의 흐름 등 모더니즘 수법의 운용이다. 이 두번째 점에 대해서는 뒤의 제14장에서 상세히 소개하기로 하고 여기서는 첫번째의 왕몽의 언어 스타일과 구어체 스타일에 대해 이야기하고자 한다.

왕몽의 소설은 작가 본인의 서술 언어나 묘사 언어는 물론이고 인물의 대화나 심리 독백도 모두 유머감을 짙게 띠고 있다. 가벼운 농담 속에 흔히 무겁고 엄숙한 철리, 혹은 차가운 조소와 뜨거운 풍자가 스며 있으며 설사 그의 가장 규범적이고, 정통적이고 서정적인 작품이라 하더라도 여전히 웃음의 재료가 적지 않다. 그것은 그가 그 황당한 세월의 생활에 항의하기 위하여 풍자와 유머라는 무기를 찾아냈고, 웃음을 찾아냈기 때문

이다. 그는 "이 몇 년간 우리는 너무도 많이 울었습니다. 웃을
필요와 웃을 권리가 있습니다"라고 말하였다.「세객영문」은 전
편에 걸쳐 해학적 어조로 씌어져 완전한 한 편의 재담 같았으며
"가장 엄숙한 일을 가장 엄숙하지 못한 형식으로 써낸" 작품이
었다. 어떤 작품은 그 자체는 상당히 침통하거나 서정적이지만,
웃음을 자아내는 유머의 필치가 무시로 끼여들었다.「볼셰비키
의 경례」「나비」 중의 어떤 단락에는 많은 유머와 웃음거리가
있어 사람들로 하여금 웃음을 멈추지 못하게 한다. 기타 작품들
인「매매제 처장의 일화」「매운탕만 못 해 및 기타」「실연한
까마귀 및 기타」 등은 보다 전형적인 유머 소품이었다. 유머는
언어의 예술이자 지혜의 표현이다. 왕몽 소설의 언어의 유머에
는 두 가지 내원이 있었다. 하나는 위구르족의 성격과 문화 전
통(아반리의 이야기)의 영향이었다. 16년간 신강에서 생활한 왕
몽으로서는 너무도 자연스러운 일이었다. 다른 하나는 한(漢)
민족의 민간 예술(주로 재담)의 영향이었다. 왕몽 소설의 언어
의 특색은 또 그의 언어 운용이 산만하고 분방하며 상쾌하고 자
연스러운가 하면 혹은 긴장되고 엄밀하며 빈틈없이 전개되기도
하는데 때로는 서로 연관도 없는 심지어는 서로 다른 시·공간
의 이미지들이 마구 뒤얽혀 한 단어씩, 심지어는 한 글자씩 배
열됨으로써 만물을 포용하는, 분분하고 복잡한 시각적 효과와
빠른 리듬감을 조성한다는 데에서도 발견된다. 어떤 때에는 긴
문장의 서술을 2개, 3개 심지어는 더 많이 나열하고 조합함으
로써 방대하고 분방한 기세를 형성하여 사람들로 하여금 숨돌
릴 사이도 없게 만든다. 또 어떤 때에는 가볍고 부드럽게, 완만
한 서정으로 내재적인 음악감을 형성하기도 한다. 요컨대 왕몽
의 소설 언어에는 그 나름대로의 길고 짧음이 있고 강함에 부드
러움이 겸비되고 성긴 것과 촘촘한 것이 조화를 이루며 급할 때
는 급하고 느릴 때는 느린, 상쾌하고 자연스러운 풍류와 운치가
있다.

3. 장현량의 '반사소설'

50년대에는 열정에 넘치는 시인이었던 장현량은 나중에는 바로 그 시 때문에 20년의 고통스러운 경력과 전기(傳奇)에 가까운 연옥 같은 고난을 겪었다. 노동 개조와 감옥살이 기간에 그는 많은 마르크스주의 고전을 읽었고 열심히 『자본론』을 연구하였다. 그러나 아마도 천성이었는지 아니면 천부였는지, '4인방'이 분쇄되고 인간의 권리를 회복하였을 때, 그는 학자나 이론가가 되지 못하고 시를 쓰던 그 펜으로 소설을 쓰기 시작했다. 시인의 기질, 고난의 역사와 견실한 이론 소양이 장현량의 소설 스타일의 예술 구성에 직접적인 영향을 주었다. 그의 소설은 현실주의의 심후함을 갖추었으면서도 또 낭만적 색채와 철리적이고 사변적인 섬광이 있었다.

장현량은 작품이 많지 않고 제재의 범위도 넓지 않았지만, 시종 현실주의 창작의 길을 견지하고 거의 모든 작품이 시대의 리듬과 사회 현실 생활 및 문예 사조의 발걸음과 호흡을 같이하였기 때문에 독자들에게 비교적 강렬한 반향을 일으켰다.

'4인방'이 분쇄된 직후에 그는 10년 동란의 풍운 변화의 복잡한 투쟁과 험악한 세상을 폭로하는 작품인 「4통의 편지」「43차 열차」를 썼다. 이는 당시의 전반 사회 사조 및 문예 사조와 일치하였다. 계속하여 '상흔 문학'의 고조 시기에는 또 「형노인과 개의 이야기」「가두어놓을 수 없는 사랑 이야기」「영혼과 육체」 등의 한때 유명했던 상흔소설을 썼다. 모두가 소름이 끼치도록 비참한 인생 비극이었으며 극좌 사상이 인민에게 끼친 기막힌 생활의 재난과 정신적 타격을 첨예하고 심각하게 비판하였다. 특히 「영혼과 육체」는 한 청년 지식인의 침통한 인생 고난을 쓴 것으로서 그가 영혼과 육체의 시달림 속에서 끝내 숭고한 애국주의자로 승화되는 과정을 묘사했다. 이 작품의 뜻은 일반적인 상흔소설을 뚜렷이 초월하였다. 신시기의 소설 창작이 '반사 문학'과 '개혁 문학' 단계에 들어섰을 때 장현량은 한편으로는 개혁중의 중국의 현실을 면밀히 주시하면서 중편「용종」「황하의 아들」과 장편『남자의 풍격』등 '개혁소설'을 썼고, 다른 한편으로는 자신의 곡절 많은 역사를 적은「상록수」「남자의 반은 여자」등 심각한 반성적 의의가 있는 '반사소설'을 썼다. 장현량의 소설은 내용상에서 '반사소설'과 '개혁소설'의 절대적인 구분이 없어서 그의 적지 않은 '개혁소설'은 동시에 반성적 의의도 갖고 있다.「황하의 아들」은 비록 출발점(프롤로그)과 귀결점(에필로그)이 모두 당전의 농촌 개혁이 생산 책임제를 실시하는 데 두어졌지만 작품은 상당한 분량에 걸쳐 생동하고 풍부한 줄거리와 장편으로 20년간 우리 농촌과 농민의 생활·운명의 곡절 많은 변화를 그렸다. 역사와 현실의 연계로부터 생활 발전의 궤적을 파악함으로써 작품이 당전의 농촌 개혁의 현실을 반영할 뿐만 아니라 또 깊고 넓은 사회 역사 내용을 담을 수 있게 해주었다. 장현량의 '개혁소설'은 뒤에서 소개하기로 하고 여기서는 두 편의 중편 '반사소설'인「상록수」와「남자의 반은 여자」를 중점적으로 이야기하고자 한다. 이 두 중편소설은「유물론자의 계시록」이란 제목이 붙여진 9편의 연작 중편 중에 가장 먼저 씌어진 것들이다. 9편의 중편의 전체적인 줄거리와 주제는「상록수」의 서문에서 그 대강을 엿볼 수 있는데 그것은 부르주아 가정 출신이고 심지어는 몽롱한 부르주아 인도주의와 민주주의 사상에 일찍부터 침윤되었던 청년 장영린이 어떻게 몇십 년의 '고난의 역사'를 겪고 "마침내 마르크스주의의 신앙자로 변하였는가" 하는 이야기이다. 작가 자신의 소개의 말에 따르면 "이 9편 중에 5편은 주인공의 1979년 이전의 경력을 쓴 것이고 나머지 4편은 1979년 이후의 일들을 쓴 것이다."

I. 「상록수」의 사상과 예술

「상록수」가 묘사한 것은 장영린의 '고난의 역사'의 한 부분에 지나지 않는다. 구체적으로 말해서 "주인공이 1961년말부터 1962년초까지의 2개월간 겪은 일들"이다. 작가는 극히 특수하고 또 상당히 전형적인 시대 환경과 생활 환경을 선택하였다. 주지하다시피 1961~1962년은 바로 두 해 전의 '대약진'의 부작용이 재난의 결과를 나타내던 시기였는데 전국으로 만연한 굶주림이 전지역·전인민을 심각하게 위협하고 있었다. 작품은 '우파분자' 장영린이 노동 개조 농장에서 석방되어 궁벽하고 낙후된 서북 지구의 일반 농장에서 '자급자족의 노동자'로 일하는 데서부터 쓰기 시작하여, 이 전형적 시대 환경과 자연 환경 속에서 장영린이 겪는 여러 가지 고통과 고난, 그리고 인민 군중에 대한 애호와 마르크스주의 고전의 학습 과정에서 일어나는 그의 영혼의 역사적 변화를 묘사했다.

「상록수」에서 가장 귀중한 점은 작가가 제재를 선택하고 주제를 단련하며 인물 형상을 부각하고 예술적으로 표현하는 데 있어서 현실주의 예술가의 담량과 기백을 견지하고 게시하였으며 과감히 엄혹한 현실에 직면하였다는 것이다. 장영린이나 그와 같은 운명의 사람들의 비인간적 생활에 대한 묘사나 원시적 분위기가 있는 대서북 평원과 이 평원에서 살고 있는 거칠고 소박하며 낙후되고 또 선량한 서북인의 풍토 민속에 대한 묘사, 보편적인 대기아가 사람들의 육체와 정신에 조성한 고통에 대한 묘사, 삶의 권리를 박탈당하고 이상이 훼멸되어 파열된 지식인의 생리와 심리 상태 및 점차적인 각성·승화의 과정에 대한 묘사 등 모두 그처럼 친근하고, 진지하고, 세심하였다. 이러한 현실주의의 작법은 짙은 생활의 숨결로 충만되었을 뿐 아니라 놀라울 정도로 진실한 예술 역량을 낳았다. 「상록수」의 성공은 현실주의의 거대한 예술 생명력을 다시금 실증하였다.

「상록수」에는 귀중한 점이 또 하나 있다. 그것은 이 작품이 특정한 역사, 특정한 조건, 특정한 환경에서의 엄혹한 현실 생활을 진지하게 묘사했을 뿐만 아니라 이 엄혹한 현실을 처리하고 표현할 때에 천박하지 않고 심후한 낭만주의 격정을 담았으며 작가가 자신이 묘사하는 엄혹하고 거친 생활 속에서 미를 찾고 시를 발굴한 것이다. 이것은 낭만적 풍미로 넘치는 대서북 황야의 자연 풍경과 풍토 인정의 묘사에 잘 나타날 뿐만 아니라 나아가서는 작품 속의 인물에 대한 묘사와 부각에 더욱 잘 나타난다. 해희희(海喜喜)가 '황토 고원의 황토가 부른 노래'를 부르는 것을 묘사한 제4절의 한 문단처럼 거칠고 순진하며 처량하고 힘있는 한 폭의 진지하고도 생동감 있는 풍속화이면서 동시에 한 수의 아름답기 짝이 없는 서정시라고 말할 수 있다. 이는 장영린의 내면 깊이 감추어두었던 아름다움에 대한 기억과 추구를 촉발시키며 왜곡되고 찢어진 그의 가슴에 다시 봄을 찾아준다. 이러한 묘사는 현실주의이면서도 "정서와 정감을 토로하는" "낭만형 예술"(헤겔)의 특색이기도 하다.

엄혹한 현실을 정시하고 인민과 혁명 진리에 대한 백절불굴의 충성과 이상을 구비함으로써 이 작품은 깊은 사고를 유도하고 사람을 격려하는 정신 역량을 갖게 되었다. 이런 미학 효과가 바로 현실주의와 낭만주의가 서로 결합된 결과인 것이다. 이는 줄거리의 발전과 인물 형상의 등장에 따라 갈수록 더 뚜렷해지고 두드러진다. 조폭하고 사나웠던 해희희가 사리를 알게 된 후에는 그처럼 대범하고 진지하게 남을 도와주는바 사나운 외피 아래 아름다운 영혼이 깊이 숨겨져 있었던 것이다. 외모가 거친 사대장은 사람을 대함에 충후하고 강직하며 다정하고 자상하다. 특히 마앵화라는 독특한 형상에 대한 성공적 묘사에는 작가의 심미 이상과 아름다운 생활에 대한 열렬한 추구가 응집되었다. 집시 여인의 성격 특징을 갖고 있는 마앵화는 겉보기에는 방탕하고 낙후되었으며 문화가 결핍된 황야의 여자이지만,

그녀의 애정에 대한 절개, 문화·지식인에 대한 숭배, 아름다운 미래에 대한 동경과 갈망 그리고 내심에 포함된 거대한 도덕 역량과 정신 역량은 어느 의미에서 말하면 빈곤하고 낙후되었지만 이런 처지를 벗어나고자 갈망하는 우리 민족의 화신이며 상징이다. 마앵화는 우리나라 문학의 전형 인물 화랑에 아직 없었던, 독창적 의의가 있는 예술 형상이다. 해희희·사대장·마앵화, 이들은 마치 사람들의 영혼과, 생존 환경을 정화할 수 있는, 굳세게 우뚝 솟아 있는 '상록수,' 나무 껍질이 거칠기는 해도 가지와 잎은 오히려 울창한 '상록수'와도 같이 조국을 보다 아름답게 수놓을 수 있는 것이다.

「상록수」의 주선율은 엄준한 생활, 곡절 많은 조우, 아름다운 영혼·무겁고 원숙한 격조로 구성되었다.

반사 문학으로서의 「상록수」는 주제를 어떤 구체적 사회 문제에 직접 연관시키지 않았다. 그것은 전사회의 기아를 썼지만 '대약진'을 과녁으로 하지 않았다. 또 지식인의 불행한 조우를 쓰면서도 지식인 정책 문제는 제출하지 않았다. 작품은 특정한 신분(우파분자)의 한 지식인이 특정한 시대와 사회 환경 속에서 보고, 듣고, 만나고, 사색하고, 행동하는 것을 진실하게 서술하고, 그 특정한 시대와 환경 속의 인물의 생존 상태와 문화 풍모를 펼쳐보이며, 인권을 빼앗기고 자아를 완전히 박탈당한 지식인이 어떻게 인민 군중의 애호와 양육 아래에서, 진리에 대한 추구 속에서 자아 회복과 자아 초월을 한걸음씩 이루어가는가 하는 변화 과정을 진실하게 반영하였을 따름이다. 인간의 조우와 운명에 대해 묘사하면서 그것이 반성하는 것은 전체 시대와 전체 사회이다. 이는 높은 수준, 높은 층위의 역사적 반성이다. 이러한 전체적 반성의 예술 작품은 흔히 그 주제가 상당히 광활하고 다의적이며 풍부하다. 바로 그렇기 때문에 「상록수」는 독자 사회의 아주 큰 주의를 불러일으켰다. 당의 지식인 정책을 에워싸고 지식인의 사상 개조와 성장 역사 및 그 역사의 평가 문제에 대한 깊이 있는 토론이 비교적 길게 전개되었다. 긍정도 있었고 부정도 있었다. 어떤 사람은 장영린의 '개조'는 진실하고 전형적이어서 본받을 만하다고 했고, 어떤 사람은 이 '개조'는 인위적이며 좌경 노선의 지식인에 대한 박해라고 하였다. 장영린의 고난 속에 심각한 사회 내용이 내포되어 있다는 견해도 있었고, 작가의 고난에 대한 병태적인 숭배를 표현하였다는 견해도 있었다. 작품이 지식인의 추구를 개괄했다는 견해도 있었고, 지식인의 지위를 저하시켰다는 견해도 있었다. 인민이 장영린을 구출했다는 견해도 있었고, 작가가 맹목적으로 육체 노동자의 무지몽매를 찬미했다는 견해도 있었다. 좌경 노선을 비판했다는 견해도 있었고, 작가 자신이 여전히 좌의 입장에 있다는 견해도 있었다.

이상의 여러 가지 견해들은 긍정이든, 부정이든, 비판이든 찬양이든, 그 대부분이 문학의 각도에서가 아니라 정치학과 사회학의 각도에서부터 출발한 것이라고 우리는 생각한다. 장현량은 정치학자나 사회학자가 아니라 작가라는 것을 알아야 한다. 그가 쓴 것은 문학 작품이지 정치학이나 사회학 강의가 아니다. 그는 오직 시의 방식으로 그 특정 시대, 특정 지역과 특정 인물의 생활, 운명과 정감을 재현할 수만 있었지, 엄밀한 논리적 방식으로 그 시기의 정치·경제 생활의 시시비비와 경험 교훈을 총화할 수는 없었다. 이처럼 문학비평의 중요 척도를 정치학·사회학의 개념으로부터 끌어오는 비문학적 비평 방법은 그 유래가 오래된 것으로 오늘날까지도 계속되고 있다. 정확한 문학비평 방법이라면 응당 작가가 창조한 형상 세계로부터 출발하여 심미 감수의 과정중에서 미학과 역사의 각도로부터 그 작품의 성패와 득실을 평가해야 할 것이다.

Ⅱ. 「남자의 반은 여자」의 사상과 예술

「남자의 반은 여자」는 또 하나의 개척적 의의가 있는 작품이

다. 「상록수」가 물질, 즉 음식과 기아의 각도에서 인간의 생명
존재와 생존 환경을 게시하였다면 「남자의 반은 여자」는 정신
의 각도, 인성의 각도로부터 인간의 본질 및 인성의 왜곡, 소외
와 회복을 게시하였다. 이 작품에는 역사상 처음으로 하나의 신
기한 세계——성(性)의 고민, 사랑의 매혹 그리고 이성의 초월
이 펼쳐진다.

이때의 장영린의 운명은 「상록수」에 비해 더 비참하게 변해
있다. 그는 인간의 모든 자유를 거의 다 상실했으며 그의 주위
사람들도 정신적 마취 속에 갇혀 독립적 의식도 없고 반항적 지
각도 없다. 이 변태 사회 속의 인간들은 모두가 변태적이다. 장
영린의 이상에 대한 추구는 암담해지기 시작했다. 그가 극도의
고통과 자아 상실에 빠져 있을 때 황향구가 여자 특유의 매력과
정감으로 그의 영혼과 육체에 대한 갈망을 되살려주고 생활에
밝은 빛이 비치게 해준다. 그러나 신혼의 밤에 그는 자신이 이
미 인간의 가장 기본적인 본능마저도 상실하였음을 발견한다.
생활 속의 유일한 빛은 또 꺼져버렸다. 황향구의 따뜻한 보살핌
과 진지하고 심각한 사랑으로 그의 성 본능이 회복되었을 때에,
하나의 완전한 인간으로서의 그는 이성(理性)도 되찾게 된다.
그는 이러한 '수성(獸性)'의 성애를 회의하기 시작한다. 그것은
자신의 사랑이 아닌 것 같았고 자신의 사랑은 그런 것이 아닌
것 같았다. 그는 육체적으로 얻지 못한 힘을 정신상에서 찾기
시작하였다. 그들은 결국 갈라지고 말았다. 이는 마치 비극인
것 같지만 사실은 인성 발전의 규칙에 부합되는 것이었다. 그들
은 필경 두 개의 세계에 속하는 사람들이었다. 하나는 낮은 차
원의 본능(생명의 절반) 외에 또 보다 높은 차원의 이성적인 정
신 추구(생명의 다른 절반)가 있었으며, 다른 하나는 그 낮은 차
원의 구조에만 머물러 있었다. 황향구가 자신의 사랑으로 장영
린의 절반의 세계를 창조해준 뒤에 그녀의 존재는 의의를 잃게
되고, 다른 절반의 세계 즉 이성의 추구와 신앙의 재건 및 정신

의 초월은 인간으로 부활된 장영린 자신이 완성해야 했다. 이 점으로부터 말하면 황향구의 형상은 일종의 상징과 암시에 지나지 않는다. 이 형상은 작가의 심미 관념에 침투되었을 뿐만 아니라 작가의 생명 관념도 포함하였다. 남성의 생명 세계에서 적어도 절반은 인성의 절반에 속하는 것인데, 이는 여성이 창조하거나 부여한 것이다. 그러나 이 절반만으로는 하나의 완전한 인간으로 볼 수 없고 다른 절반을 찾고 구성하였을 때에야만 하나의 완전한 인간으로 볼 수 있는 것이다. 이 점에서 본다면 「남자의 반은 여자」는 정채로운 철리소설이라 할 수 있다. 소설은 놀라운 예술 화면으로 심미적 방식을 통하여 인류의 자신의 본질에 대한 높은 차원의 반성을 실현하였다.

이 '성소설'은 발표 후, 많은 질책을 받았다. 어떤 사람은 작가의 태도가 엄숙하지 못하며 성 관계의 묘사에 자연주의의 경향이 있다고 질책했다. 이 책의 유행은 독자들에게 불량한 영향을 일으킬 것이며 장영린은 위선의 시대가 만들어낸 위선자라고 말하는 사람도 있었다. 이런 질책들은 이 작품에 대해 정확하고, 심각한 이해를 결핍한 것도 있었고, '성'을 이야기하면 낯빛이 변하는 그런 진부한 관념에서 비롯된 것도 있었는데 이는 반박할 가치조차 없다. 우리가 이 특정한 인간에게서 표현된 성 관념·성 의식의 변화를 그 특정한 시대와 사회 그리고 인문 환경의 큰 배경 속에 두고 관찰한다면 이 작품의 거대하고 심각한 사회·역사 및 문화적 반성의 의의를 발견할 수 있을 것이다. 작품은 왜곡되고 변이된 성 관념·성 의식 특히는 성 본능의 상실·회복과 초월의 구체적 묘사를 통하여, 보다 깊고 높은 차원에서, 인성을 말살했던 그 비상(非常) 시대에 대해 아주 심각하고 힘있는 부정과 비판을 수행하였다. 「상록수」와 「남자의 반은 여자」는 「유물론자의 계시록」이라는 연작중편 중의 두 편에 지나지 않기 때문에 아직은 그 성패와 득실에 대해 전면적인 평가를 할 수 없다. 그러나 이 두 작품이 나타낸 사상과 예술의

광채로 보면, 그것들은 반사 문학 조류 속의 우수한 대표작임에
의심의 여지가 없다.

4. 지식 청년 '반사소설'

사회사조와 문예 사조의 부단한 교체에 따라 지식 청년 작가
들의 하향 운동에 대한 인식도 부단히 깊어지고 보다 변증법적
인 것에 가까워졌다. 지식 청년소설도 하향 운동에 대한 심미
인식에서 '상흔 문학'의 단계로부터 '반사 문학'의 단계로 이행
하였다.

십몇 년의 하향 운동은 이미 지나갔다. 그러나 그 생활이 지
식 청년들에게 준 것은 기껏해야 재난과 불행에 지나지 않는
가? 지식 청년은 진정으로 사기당하고 오도되고 포기되었던
세대인가? 반성 단계의 지식 청년소설은 현실에 입각하여 다시
금 과거를 회상하면서 지나간 세월로부터 생활의 진귀한 선물
을 찾아내려고 있는 힘을 다했다. 그리하여 과거에는 결코 돌이
켜보려 하지 않던 것이 필경 잊지 못할 것도 있다는 쪽으로 변
화되었고 고난의 세월에 있었던 아름다운 일들에 대한 깊은 그
리움이 생활에 대한 전반적 부정과 저주를 대체했다. 청년들은
자신의 생활 실천중에서 사회를 인식하고 인생의 참뜻을 알게
되고 생활의 위치를 찾았다. 지식 청년소설은 이런 역사의 연속
과 작가 사상의 심화 속에서 새 생명을 얻었다. 지식 청년 반사
소설은 새로운 사상 높이와 새로운 심미 수준에서의 지식 청년
생활에 대한 재인식이며, 지식 청년소설 발전 과정에서의 새로
운 돌파이다. 「본 열차의 종착역」(왕안억), 「남방의 언덕」(공
첩생), 「푸른 밤」「검은 준마」(장승지), 「나의 머나먼 청평만」
(사철생), 「지울 수 없는 소리」(소부홍), 「신기한 땅」「오늘밤
에 설한풍이 있다」 등의 작품은 이 단계의 지식 청년소설의 실

제 성과를 나타내주며 이 반성이 도달한 사상과 예술의 수준을
표지해준다.

Ⅰ. 왕안억의 「본 열차의 종착역」

왕안억의 적지 않은 지식 청년소설 가운데서 진정으로 시대
를 파악하고 지식 청년의 생활의 숨결을 파악한 작품은 「본 열
차의 종착역」이다. 하향 10년 이후 밤낮 그려오던 도시 상해로
돌아온 지식 청년 진신은 오히려 이곳이 자신이 추구하고 모색
하던 인생 목표가 아님을 발견한다. 인구 포화·주택·취직·혼
인, 삼교대 근무와 대도시의 긴장, 소음·혼잡 등…… 이 모든
것들이 그를 고민하게 하였다. 그는 자신의 희망과 이상이 서로
조화를 이루지 못하는 상황을 계속 발견한다. 그는 곤혹해하고
고통스러워한다. 상해로 돌아오기 위해 과거에는 미처 몰랐던,
극히 귀중한 것들을 희생했다는 느낌이 든다. 과거에 그는 자신
이 전가정을 위해 희생한 것에 대해 자부심을 가졌었는데, 지금
그는 그것을 자본으로 가정의 희생과 맞바꾸지 않으면 안 되었
다. 이러한 것들이 그를 강렬한 독립·자주의 인격을 가진 사람
으로부터 연민을 불러일으키는 사람으로 변모시켰다. 이리하여
그는 또 과거에는 무시했던, 하향 중의 아름다운 것들을 회상한
다. 순수한 눈빛, 공원 같은 학교, 조용한 소도시…… 이런 것
들이 처음으로 아름답게 그의 기억에 떠오른다. 인생 열차의 종
착역은 필경 어디에 있을까? 어디에 과연 생명의 뿌리가 있을
까? 다음 열차는 그를 싣고 어디로 달릴 것인가? 「본 열차의
종착역」은 문제를 제출하고 대답은 하지 않았다.

Ⅱ. 공첩생의 중편소설 「남방의 언덕」

공첩생의 중편소설 「남방의 언덕」은 「본 열차의 종착역」이
제출하고 대답하지 못한 물음에 명확히 대답해주었다.

역결과 모진은 해남의 고무나무숲으로부터 광주로 돌아오게

된다. 그들은 작은 음식점을 차렸다. 이 '노지식 청년 음식점'의 장사는 갈수록 잘된다. 그러나 역걸과 모진은 여전히 상실감을 느낀다. 그들은 무엇을 잃었을까? 보다 높은 인생 경계의 추구를 잃었던 것이다. 그리하여 그들은 마침내 해협 남안의 녹색 고무나무숲으로 돌아온다. 바로 그곳에서 그들은 자신들의 재능을 크게 발휘하고 해야 할 공헌을 하며 인생의 가치도 충분히 얻는다.

「남방의 언덕」이 준 대답은 꼭 현실이 아닌 것은 물론이고 비교적 짙은 이상적 색채를 내포하고 있었다. 역걸의 마음에는 인간의 존재 가치, 생활의 위치 등등의 추상적 개념만 존재했을 뿐이고 현실 생활에 직면하여 현실을 개변하고 현실 생활이 제공하는 조건 범위내에서 새로운 생활을 창조해낸 것은 아니었다. 과감하게 도회지를 떠나서 다시 해남으로 돌아가는 그런 용기와 정신은 탄복할 만한 일이기는 하지만 현실의 모순을 그러한 이상으로 해결하거나 회피하는 것은 누구에게나 바람직한 일은 아니다.

Ⅲ. 장승지의 「푸른 밤」

장승지의 「푸른 밤」은 이상과 현실의 관계를 처리하는 데 있어서나 현실에 대한 인식의 정확성과 심각성에 있어서 비교적 성공적이다.

6년의 농촌 생활 경력이 있고 도회지에 돌아온 지 이미 8년이 된 주인공은 항상 생활에 만족하지 못하고 세속을 싫어하는, 이상이 있고 추구가 있는 청년이다. 8년 동안, 그가 깊이 그려온 것은 내몽고 대초원에서의 생활이었다. 오직 그곳에서의 6년만이 자기 인생에서 충실한 부분이었고 그곳에 자신의 이상과 희망이 있다고 생각한다. 자신의 이상의 열쇠를 그곳에 두고온 것이 아닐까, 8년 전에 씩씩하게 떠나왔던 것이 인생길에서의 한차례의 잘못된 선택이 아니었을까? 이 점을 검토하기 위

하여 그는 다시금 초원으로 돌아가 그 이상을 찾고자 한다. 그
는 자신의 모든 이상과 희망을 꿈같이 아름답고, 시처럼 순결한
여덟 살 난 여자아이 오운나에게 기탁한다. 오운나는 그의 이상
속의 완전한 상징이었으며 생활에서 길어낸 금이었고 초원의
화신이었다.

 그러나 초원으로 돌아와 다시 그녀를 만났을 때, 사정은 그의
이상과는 너무 거리가 멀었다. 오운나는 다른 몽고족 처녀들과
다름없이 피부가 거칠고 눈길도 냉정하였다. 더욱이 꼴사나운
것은 그녀가 50세도 넘는 추악한 절름발이의 희롱에 희희낙락
웃어대는 것이었다. "생활은 평범한 골격을 드러내었고 초원은
꿈과도 같은 가벼운 면사포를 날려보냈다." 그의 허무한 이상은
이렇게 깨지고 말았다. 자신이 생활과 실제를 멀리 떠나 있음을
인식하였고, 조절해야 할 것은 자신이지 결코 생활 자체가 아님
을 인식하였다. 일단 자신이 엮은 꿈의 그물에서 벗어났을 때에
눈앞에 나타난 것은 새로운 세계였다. 술에 취한 그가 가랑비
내리는 밤거리에 나타났을 때 오운나는 비 속에서 그에게 길을
안내해주고 말에서 부축해 내려주고 술을 데워준다. 이 감동적
인 화면에는 시적 의의의 상징이 침투되고 있다. 그 희망과 길
을 안내하는 불빛, 그 선량하고 순박한 유목인, 인민과 지식 청
년의 관계, 이 친근한 화면에서 그는 이 화면 뒤에 숨겨진 생활
의 참뜻을 감수하고 포착한다. 생활이란 참다운 것이며 오운나
도 나쁜 사람이 아니고 오직 자기 자신만이 틀렸었다는 것을 알
게 된다. 생활의 이상을 현실의 기초 위에 설치해야 함을 깨달
은 그는, 바로 이 푸른 밤에 자신을 찾고 현실을 찾으며 생활의
위치도 찾는다.

 「푸른 밤」의 심각한 점은 바로 지식 청년의 '회귀' 정서를 표
현함과 아울러 그들의 영혼 변화의 역사를 진실하고 세밀하게
반영한 데 있다(허구로부터 현실로, 공상으로부터 실천으로의 영혼
의 변화). 작품 속의 '그'는 비록 여전히 하나의 사색자의 형상

이지만 그의 사색은 이미 진리에 가까운 결론을 얻었으며, 「본
열차의 종착역」의 물음에 대답해주었고 「남방의 언덕」이 대답
을 시도했지만 정확한 해답을 주지 못한 물음에 대답해주었다.

Ⅳ. 사철생의 「나의 머나먼 청평만」

　사철생의 이 작품은 짙은 향토 풍미가 있는 섬북 민요처럼 부
드러운 산문적 필치로 우리들에게 담담한 농촌 풍속화를 그려
주었다. 한때 생활하고 싸웠던 곳과 그곳 인민에 대한 지식 청
년들의 깊은 그리움의 정이 이 그림에 기탁되고 있다. 그리하여
또 다른 각도——인민 군중과 지식 청년의 관계라는 각도에서
하향 운동을 반성한다.

　청평만은 빈곤하고 낙후한 지방이었지만 그곳에는 인간의 가
장 아름다운 정감이 있었으며 그곳 사람들은 소박하고 근검하
며 선량하고 애증이 분명하였다. 그들은 지식 청년들에게 동정
과 이해, 관심과 신임을 보내주었다. 바로 이러한 환경에서 중
국과 인민, 그리고 자신들을 낳고 길러준 이 땅을 지식 청년들
은 이해하게 되었다. 작품에는 섬북 농민이 경작하는 모습을 묘
사한 다음과 같은 대목이 있다. "타오르는 태양은 소와 사람의
그림자를 저 산비탈에 길게 새겨놓았고 쟁기 뒤를 따라 두엄을
뿌리고 두엄을 뿌린 뒤에는 또 씨앗을 뿌리며, 씨앗을 뿌린 뒤
에는 흙으로 씨앗을 덮는 사람들이 천천히 리드미컬하게 앞으
로 이동하였다…… 그 정경은 나로 하여금 자신이 어느 세기에
살고 있는지를 거의 잊어버리게 하였으며 인류의 멀고 긴 역사
를 묵묵히 생각하게 하였다. 인류는 아마도 이렇게 발전하였을
것이다." 세밀한 관찰과 사색 속에서 작품은 대단히 귀중한 역
사감을 획득하고 있는데 이 역사감을 획득해야만 사람들은 자
신의 임무가 무거운 것을 의식할 수 있다. 「나의 머나먼 청평
만」은 우리에게 생활이 지식 청년을 버리지 않았고 인민도 그
들을 포기하지 않았으며 오직 정확하게 생활을 대하고 인민을

대할 때에야만 생활의 위치와 생명의 가치를 찾을 수 있음을 알
려주었다.

V. 양효성의 「신기한 땅」과 「오늘밤에 설한풍이 있다」

양효성의 「신기한 땅」과 「오늘밤에 설한풍이 있다」는 지금
까지 가장 전면적이고 가장 변증법적으로 하향 운동을 회고한
작품이라는 데 의심의 여지가 없다. 작품은 하향 운동의 여러
가지 암흑면을 충분히 폭로함과 동시에 보다 강렬한 필치와 감
정으로 이상·열정·의지를 찬미하였으며 비장하고 창망한 배경
속에서 북대황 개간에 몸을 바친 지식 청년들을 위하여 호방한
감정으로 충만한 찬가를 울려주었다.

「신기한 땅」은 우리들에게 자랑할 만도 하고 비탄할 수도 있
는 북대황 개간도를 그려주었다. 아무런 숨김 없이 10년 동란
이 지식 청년에게 준 재난을 폭로한 작품이었다. 여기에는 ‘큰
곰방대’ ‘귀신불’이 있으며 왜곡되고 변형된 영혼과 정감이 있
고 혹한과 기아, 들짐승의 위협도 있다. 이 모두가 소설의 격앙
되고 비장한 분위기를 해치지 않는 것은 놀랄 만한 일이다. 왜
냐하면 작품은 그 간난했던 세월 속에서 가장 귀중하게 여겨야
할 것들을 진실하게 묘사하였기 때문이다. 그것은 바로 젊은이
들의 불 같은 격정과 청춘의 이상, 그리고 지식 청년들이 갖고
있는 특수한 역사 책임감이었다. 차갑고 뜨거우며 밝고 어두운
다색조의 묘사가 서로서로 교체되면서 참으로 창망하고 비장한
북대황 개간도를 그려내었다.

「오늘밤에 설한풍이 있다」는 백만 지식 청년들이 대거 도시
로 돌아가는 계기를 포착하여 극히 침통한 기분으로 하향 지식
청년들이 10년간 받아온 고난과 고통, 비참한 개인적 조우를
회고하였다. 아울러 작가는 보다 심각한 필치와 열렬한 감정으
로 지식 청년들이 조국 변방을 개발하는 과정에서 나타낸 간고
하고 탁월한 노력과 충만된 헌신 정신 및 역경 속에서도 도덕적

완성과 정신적 승화를 추구하는 비장한 역사를 찬양하였다.

많은 지식 청년소설 중에서도 양효성의 지식 청년소설은 각별히 깊이가 있고 힘이 있다. 고통 속에 환희가 있고 비감 속에 호방함이 있으며 실망 속에 수확이 있고 희생 속에 장렬함이 나타난다. 하향 운동에 대한 역사적 인식으로 보자면 양효성의 작품은 인식의 총결 단계에 이미 도달했거나 접근하였으며, 변증법적 인식의 단계에 접근했다고 말할 수 있다.

심미상으로 말하면 그는 자신의 웅혼하고 비장하며 창망한 필치로써 천백만 지식 청년들에게 하나의 역사적 기념비를 세워주었다. 이 기념비는 영원히 독자의 마음속에 우뚝 솟아 있을 것이다.

5. 지식 청년 제재의 초월과 승화
—— 『보이지 않는 반려』『핏빛 황혼』과 『상나고지의 태양』

앞절에서 양효성의 작품을 두고 이미 말한 바 있지만 서로 다른 각도에서 지식 청년 생활의 여러 가지 의의를 발굴하는 지식 청년 소설이 앞으로도 몇 년간 계속 나타날 것이라는 것은 두말할 나위도 없다. 그러나 하향 운동에 대한 역사적 인식으로서는 양효성의 작품이 이미 변증법적 인식의 총결 단계에 도달했거나 접근 하였다. 즉 진리의 단계에 접근 하였다. 이후로 지식 청년소설은 기본상 두 개의 방향을 따라 발전하였다. 하나는 앞으로 발전하고 있는 사회 생활의 발걸음에 맞추어 시각을 하향 운동 자체에서부터 도회지로 돌아간 후의 지식 청년과 농촌에 남은 지식 청년들에게로 돌리고 그들의 개혁 시대중의 새로운 생활, 새로운 모순, 새로운 환희와 고뇌를 그리는 것이다. 예를 들면 장항항의 「빨간 양귀비」「탑」, 양효성의 『눈 속의 도시』, 엽신의 「기석(基石)」 등이다. 다른 하나는 여전히 지식 청년 생활을 그리기는 하지만 이미 하향 운동에 대한 공과(功過)와 시비, 득실과 폐단의 인식에 머무는 것이 아니라 지식 청년 자체를 초월하여 지식 청년을 특정한 역사 시기와 환경 속의 사람으로 고찰하고 분석하며 '외적' 묘사로부터 '내적' 묘사로 이행하고 특수한 환경 속의 인물의 영혼의 변이와 인성·인격의 2중성과 인간의 생존 상태·생존 가치를 그리는 데 힘을 기울이는 것이다. 장항항의 『보이지 않는 반려』, 노귀(老鬼)의 『핏빛 황혼』과 육천명의 『상나고지의 태양』과 같은 작품은 사회 생활의 층위로부터 보다 넓고 끝이 없는 영혼의 세계의 공간으로 전이되었다.

먼저 사회 생활의 층위를 따라 발전한 작품을 간단히 이야기하고자 한다.

양효성은 「오늘밤에 설한풍이 있다」를 쓴 후, 이렇게 감명깊게 외쳤다. 도시로 돌아간 나의 북대황 지식 청년들아, 너희들은 지금 어디에 있느냐? 그리하여 장편소설 『눈 속의 도시』가 씌어졌다. 보다 넓은 사회 생활의 화폭 위에서 새로 돌아온 지식 청년들이 취직·연애·혼인·주택 등 생활에서 부딪친 새로운 고뇌와 새로운 환희를 펼쳐주었고, 도시로 돌아온 그들의 형형색색의 형상을 창조하고 각양각색의 영혼을 게시함으로써 읽을수록 독자들의 마음을 울려주었다. 「오늘밤에 설한풍이 있다」에서처럼 『눈 속의 도시』도 농촌에서 돌아온 지식 청년들의 실망·방황·곤혹·침묵을 썼지만, 보다 힘있는 필치와 열렬한 격정을 그의 작중 인물에 부여하여 영웅주의의 기개와 고상한 인격 역량으로 그들의 서로 돕고 굽힘 없이 진보하려는 완강한 정신을 썼다. 전반 소설은 이상의 광채로 빛났다. 여류 지식 청년 작가 장항항의 절대 다수의 작품은 거의 모두가 몇 차례에 걸친 지식 청년의 분화 과정에서 도시로 돌아온 노지식 청년들의 생활과 정신 면모를 쓴 것이었다. 그녀의 작품에도 10년 동란에 대한 피눈물의 고발이 있고 십몇 년의 지식 청년 생활에

대한 역사적 반성이 있기는 하지만, 신시기의 중·노지식 청년
이 부딪친 새로운 문제, 새로운 모순, 새로 나타난 분화·조합
및 사상 해방, 중화 진흥, 4화 건설의 물결 속에서의 새로운 각
성, 분발과 촉구를 더 많이 표현하였다. 초기에 쓴 「사랑의 권
리」「옅은 아침 안개」「여름」으로부터 「오로라」「구릉에서,
호수에서」에 이르기까지 그리고 「빨간 양귀비」「탑」에 이르기
까지 모두가 도시로 돌아온 지식 청년들이나 농촌에 남은 노지
식 청년들을 쓴 것이었다. 특히 이야기해야 할 것은 중편소설
「탑」과 단편소설 「빨간 양귀비」이다. 전자는 도시에 올라와 관
광 안내원·부처장·연구생 등으로 분화된 지식 청년들 중에서
도 농촌에 남은 지식 청년 송위량의 형상을 돌출하게 부각시켰
다. 송위량은 도시로 돌아가는 조류에 휩쓸리지 않고 북대황에
뿌리를 박는다. 자신의 평범한 노동으로 당시 농촌에 내려갈 때
의 맹세를 실현한 것이다. 후자는 농촌에 남아 간부가 된 한 지
식 청년의 잠시 실패한 개혁을 썼다. 두 작품의 주제는 모두 상
당히 적극적이고 참신한 뜻이 있었다.

엽신의 「기석(基石)」도 지식 청년 개혁자의 형상을 창조하는
면에서 앞자리를 차지한다. 개혁에 뜻을 둔 경전경(景傳耕)이
많은 방해를 물리치고 나중에 성공하게 되는 이야기를 썼다. 상
당히 넓은 생활 화폭과 복잡한 모순 충돌 속에서 지식 청년 개
혁자의 형상을 창조한 작품이다.

아래에서 중점적으로 소개하고자 하는 것은 다른 한 방향에
따른, 말하자면 인간의 영혼의 세계를 꿰뚫고 심각한 철학 명제
를 단련함으로써 지식 청년을 쓰면서도 지식 청년 제재를 초월
한 작품들이다.

I. 장항항의 장편 심리소설 『보이지 않는 반려』

양효성이 「오늘밤에 설한풍이 있다」를 쓴 후로 우리는 하향
운동에 대한 역사적 인식 과정으로서는 이 작품이 총결 단계에

도달했거나 접근했고 지식 청년 제재에서 다시 어떤 새로운 돌파가 있기는 아주 어려울 것이라고 생각했었다. 그러나 줄곧 지식 청년소설을 써왔던 지식 청년 여류 작가 장항항은 이와 견해를 달리하였다. 그는 소련 문학의 국가 보위 전쟁을 묘사한 전쟁소설을 예로 들면서 소련의 국가 보위 전쟁소설은 50년대, 60년대, 70년대, 80년대까지도 여전히 있었고 매번 모두 새로운 돌파와 초월이 있었다고 말하였다. 그녀의 장편소설 『보이지 않는 반려』가 바로 지식 청년소설에 대한 초월적 의의가 있는 작품이다.

『보이지 않는 반려』는 순심리소설이다. 작품은 이야기 서술로서 그 장점을 보인 것이 아니었다. 그러나 어지럽게 분할된 심리와 사고·정서를 꿰뚫고 우리는 여전히 하나의 거친 줄거리틀을 더듬을 수 있다. 문화혁명 초기에 서로 알게 되어 사랑을 나눈 한 쌍의 중학 홍위병들인 진욱과 소소(蕭簫)는 붉은 마음을 품고 넘치는 열정으로 북대황의 모 농장에 내려가 간고한 노동 속에서 결합하게 된다. 결혼하고 오래되지 않아 소소는 진욱의 성격상의 많은 단점과 그녀가 가장 싫어하는 거짓말하는 악습을 발견한다. 나중에 소소는 결연히 진욱과 헤어진다. 그러나 얼마 지나지 않아 자기에게도 알게 모르게 위장과 속임수 및 거짓말의 행위가 있음을 발견한다. 주변의 사람들도 마찬가지로 이러한 두 개의 '자아'가 있었다. 이 은폐되어 사람들에게 알려지지 않는 '자아'는 마치 하나의 '보이지 않는 반려'가 각 사람을 따르고 있는 것 같았다.

『보이지 않는 반려』는 분명히 지식 청년소설이다. 그것은 지식 청년의 하향 생활, 문화 대혁명, 연애 결혼을 썼다. 그러나 작가는 하향 운동의 득실과 공과를 더 이상 따지지 않았고 다른 사람들과 자신이 이미 묘사한 적이 있는 지식 청년 생활을 더 이상 반복하지 않았으며 심지어는 문화 대혁명의 폭로에도 뜻을 두지 않고 지식 청년의 애정·결혼 중의 윤리 도덕을 탐색하였다. 『보이지 않는 반려』가 진정으로 표현하려는 것은 특정한 시대와 정치 환경 중의 인간의 자아 심미 의식이었고, 특정한 시·공 환경 속의 사람들의 정신적 주체에 대한 투시를 통하여 인성과 인격의 이중적 특징을 무정하게 해부하였다. 이것은 소설로 하여금 일반적인 지식 청년 생활, 문화혁명 생활, 애정·혼인 등 사회적 층위에 대한 반영으로부터 높은 차원의 철학적 추상적 경지에로 승화·약진하게 하여 인간의 본질에 대한 사색과 인성에 대한 탐구를 표현하였다. 『보이지 않는 반려』는 바로 이 점에서 지식 청년 제재에 대한 진정한 초월과 돌파를 실현하였다. 이러한 초월은 지식 청년소설뿐만 아니라 기타 제재의 소설 창작에 대해서도 모범적 의의가 있었다.

장항항의 인간의 본질에 대한 이러한 인식과 개괄이나 인성의 이중성에 대한 이러한 발견과 게시가 필경 어느 정도 큰 정확성과 과학성을 갖고 있으며 보편적인 진리성을 갖고 있느냐 하는 것은, 물론 별개의 문제로 논의할 수 있을 것이다. 그러나 그의 생활과 인간에 대한 깊은 사색, 그리고 문학 제재에 대한 이러한 초월 의식은 긍정하고 탄복할 만한 것이다.

지식 청년 제재에 대한 초월 이외에도 『보이지 않는 반려』의 소설 예술에 대한 초월에는 더 크고 더 높은 심미 가치가 있는 것 같다. 서사적 체제의 소설, 특히 장편소설은 시간 순서에 따르는 선조적 서술 방식으로 이야기를 엮어나가면서 생활 화면을 펼치고 그 속에서 각종 인물을 묘사하고 전형 형상을 창조하는 것이 재래의 창작법이었다. 이는 이미 안정된 전통적 서사 모델이 되었다. 장항항의 『보이지 않는 반려』의 예술 공적은 바로 장편소설의 이러한 전통적 서술 모델을 타파한 데 있다. 그 자신의 말을 빌린다면, 안정된 서술 모델에 대해 한차례의 '정향폭파(定向爆破)'를 수행한 것이었다. 이러한 소설 관념상에서의 근본적 변혁은 장편소설에 대한 중대하고 의의 있는 돌파이다. 예술상에서 『보이지 않는 반려』의 특이한 점은 그것이 이야기의 편성과 인물 성격의 부각에 주의하지 않고 인간의 심리와 잠재 의식을 표현하고 인간의 꿈과 환각을 묘사하는 데 착안, 독특한 언어 방식으로 진정한 의미에서의 심리소설을 성공적으로 시험하였다는 데 있다. 그것은 의식의 흐름 수법을 채용했지만 어떤 소설에서처럼 인물에 대한 서술 중에 유동하는 의식의 묘사를 삽입시키지 않았다. 그것은 인간의 주관 심리에서부터 출발하여 총체적 구성을 진행한 심리소설이었다. 시간의 순서를 타파하고 시·공을 초월하여 실과 허가 뒤섞이고 꿈과 환상이 뒤섞이며 동과 서가 뒤섞이고 현재와 과거가 뒤섞였다. 이야기의 완전성을 중시하지 않고 단속적으로 절단·분할하면서 심리의 유동에만 집중했다. 인물 형상의 외적 묘사보다는 그 은폐된 감정 활동을 발굴하는 데 치중했다. 서술 언어도 일관되지 않고 체계적이 아니었으며 인물의 심리의 흐름을 논리의 근거로 하였다.

우리는 『보이지 않는 반려』가 제재·주제·예술 표현에서 모두 돌파와 초월의 의의를 갖는다고 생각하지만 이 소설이 완전 무결한 예술 작품이라고는 생각하지 않는다. 우선, 명백한 자전적 색채의 심리소설로서 이 작품은 인물을 해부하고 평가할 때에 작가의 자아의 그림자를 철저히 벗어나지 못했다. 즉 작가·서술자·인물(소소) 사이에 뚜렷한 내재적 연계가 있었다. 소소의 눈·심리·사상·인식·평가는 기본상에서 작가 자신의 대변인이었으며 이는 곧 창작 과정의 객관성에 영향을 주었다. 진욱의 영혼 중의 그 '자아'를 쓸 때에는 조금의 양보도 없이 적나라하게 썼다. 마치 그의 모든 행위가 어떤 뿌리깊은 열등성에서 비롯된 것 같았고 인간의 품성 문제인 것 같았다. 그러나 소소에 대한 묘사는 알게 모르게 분식과 미화가 따랐고 관용적이었다. 마치 그녀의 허위와 속임수는 다만 사회 환경의 핍박으로 인한 부득이한 것인 것 같았다. 분명히 의식하고 자책을 할 줄도 알지만 또한 자신을 용서하고 벗어날 줄도 안다. 이는 『보이

지 않는 반려』의 창작 과정에서 작가 자신의 그 '보이지 않는
반려'가 수시로 나타나 이상하게 작용한 결과가 아닐까? 물론
이는 독자가 독서 과정에서 받는 일종의 주관적 감각에 지나지
않는다. 그러나 의심할 나위 없이 그것은 영혼의 무정한 해부라
고 불리는 이 소설의 진실성 정도에 이미 영향을 주었다. 예술
상에서 보면 장항항의 이 심리소설이 비록 아주 큰 돌파성이 있
고 확실히 작자의 예술적 장점을 발휘하였지만 어떤 평론가들이
말한 것 같은 "상쾌하고 자재로우며 완벽하게 유연하고" "자유
롭고 경쾌한" 경지에 도달하지는 못하였다. 작품 중의 의식의
흐름, 단절과 연속, 심리 세계의 전환, 실경(實景)과 환경(幻
景)의 교차, 현실과 꿈의 중첩이 지나치게 두드러지고 빈번하며,
시간·공간의 조절이 무질서하고, 논리와 비논리의 편차가 너무
큰 탓에 독자가 읽고 이해하기 어려웠다. 때문에 인쇄술을 빌려
별도의 글자체와 글자형으로 구별하는 수밖에 없었다. 독자에
대한 이런 불신은 작가가 자신의 기교에 대해 자신감이 없다는
것을 반영하는 것이 아닐까?

Ⅱ. 노귀(老鬼)의 장편소설 『핏빛 황혼』

'상흔 문학'의 고조기의 작품에 대해 이야기하면서 우리는 이
미 울분이 깊은 역작이 끝내 출현하지 못했고 중대한 비극적 의
의가 있는 작품이 나타나지 못했음을 지적한 바 있다. 왜냐하면
당시의 많은 작가들이 자기 개인의 작은 비애에만 잠겨가지고
심각한 사회 비극 의식을 결핍했기 때문이었다. 사실상 울분이
깊고 웅장하며 힘있는 비극을 쓴 사람이 있었다. 다만, 당시 조
건의 제한으로 발표할 기회를 얻지 못했을 뿐이었다. 이것이 바
로 '상흔 문학'의 고조기에 씌어져서 10년 후에야 출판될 수 있
었던 『핏빛 황혼』이다.

『핏빛 황혼』은 지식 청년의 하향과 10년 동란이 청년들의
심령에 입힌 엄중한 상처를 진정으로 심각하게 반영한 작품이

다. 작품 속의 그 피눈물 나는 비분의 언어와 적나라한 진실을 읽노라면 무한한 격동을 금할 수 없게 된다. 사람들에게 '뉴 저널리즘' 장편소설이라는 칭찬을 받기에 손색이 없었다.

혁명 가정 출신으로 반은 천사였으나 문화혁명 초기의 야만적 생활로 인해 나머지 반은 야수로 변한 중학생 임곡(林鵠)은 일찍이 홍위병 시기에 몇 명의 열혈남아와 함께 베트남 국경을 넘어 미 제국주의와 싸웠었다. 그 일에 실패한 후에는 또 보행으로 내몽고 초원으로 내려간다. 이로부터 작가는 우리에게 음침하고 공포스러운 인생 지옥과 정신 황막의 세계를 펼쳐보여준다. 반장을 화나게 한 일로 당하는 임곡의 옥살이, 지식 청년의 분화와 와해, 친구의 배반, 모자간의 권력과 이익의 갈등, 집권자의 허위와 포악함, '내인당'을 조사하는 피비린내 나는 고문, 순결한 육체를 미래와 바꾸는 소녀, 68명의 지식 청년들의 시신이 불 속에서 재로 변하고…… 임곡은 이러한 정신과 육체의 연옥 속에서 고통스러운 청년 세대의 대표로서의 성격과 영혼의 창조를 완성하였다.

『핏빛 황혼』은 솔직하고 사납고 거친 필치로 붉은 피, 끓는 마음을 펼쳐보였다. 이 작품은 극히 강렬한 개인 객체의 개인 특징이 있는 영혼의 자서전이다. 이 점에서는 이 작품이 『보이지 않는 반려』와 유사한 점이 있다고 말할 수 있다. 그러나 두 작품은 또 사람들에게 완전히 다른 감수를 준다. 가장 크게 다른 점이라면, 사회를 해부하고 다른 사람을 해부하며 특히 자신과 자신의 영혼을 해부하는 데서 『핏빛 황혼』은 전에 없었던 솔직함과 진실을 나타냈다는 점이다. 자신의 영혼 속의 귀기(鬼氣)와 사기(邪氣)를 조금의 회피도 없이 게시하고 고문(拷問)하였다. 자기 인성 중의 약점과 영혼 깊은 곳의 비밀을 가장 대담하고 가장 무정하게 폭로하였다. 이런 참회록 식의 묘사와 서술이 이 영혼의 자서전으로 하여금 진지하고 성실한 품위를 얻게 하였고 많은 진지한 인간들의 내심으로부터의 공명을 불러일으켰다. 그 다음, 다른 점이라면 이 두 작품이 모두 다 심리 세계를 포착하는 영혼의 자서전이기는 하지만 그 표현 방법에서는 오히려 완전히 상이하다는 것이다. 인간의 심리·사색·꿈·환각을 직접 형상화하고 직관화시킨 것이 『보이지 않는 반려』가 사용한 순심리소설의 창작법이었다. 그것은 심리의 유동에 따라 전반 소설을 조직하고 구성하였다. 『핏빛 황혼』은 이와 달리 '뉴 저널리즘'이라 불리는, 순 사실적 방법으로, 완전히 생활의 본래 상태에 따라 철저히 백묘(白描) 수법으로 일관하며 특정 시대의 정치 풍운·의식 형태·인정 풍모·사회 풍속·문화 분위기와 언어 특징을 표현하였다. 인간의 영혼을 육체에서 추상화하여 고립적으로 묘사한 것이 아니고 지식 청년의 일상 생활의 묘사 속에서 인간의 정신 영혼과 갈라놓을 수 없고 정신 영혼의 제약과 지배를 받는 인간의 외부적 행위와 감각을 돌출시켜 묘사하였다. 인간의 행위·감각·정신 상태·언어로써 인간의 내면을 묘사하고 외부적 묘사로 내면 상태를 투사한 소설이다. 지식 청년의 생활사로 보이지만 사실은 지식 청년의 심령사인 것이다.

『핏빛 황혼』은 진정한 비극이다. 전반 작품이 비록 비교적 큰 편폭으로 많은 지식 청년들의 비참한 운명을 그렸지만 사람들에게 처량하고 참담한 느낌은 주지 않았다. 그 비참한 운명의 묘사에서 유력한 인격 역량을 응집하고 창조하였다. 책 제목이 제시해준 바와 같이 일망무제한 초원의 지평선 위의 핏빛 노을은 "청년의 피끓는 마음처럼 차가운 하늘 끝에 걸려 있었다." 이 치열하고 스케일 큰 이미지는 전반 책에 거룩한 기운과 호연지기(浩然之氣)와 양강지미(陽剛之美)를 부여하여 작품의 미학 품격을 확립하였다.

Ⅲ. 육천명(陸天明)의 장편소설 『상나고지의 태양』

『상나고지의 태양』은 지식 청년 제재에 돌파성 의의가 있는 또 하나의 장편소설이다.

우선, 제재상으로 말하면, 작품은 힘있고 단단한 필치와 비감 어린 웅혼한 톤으로 다른 지식 청년 소설과는 달리, 짙은 서북 풍격의 생활 화면을 그려냈다. 이 생활 화면은 60년대 초기부터 '문화혁명' 전까지의 역사 시기의 지식 청년 운동과 생활을 쓰는 데서 하나의 새로운 각도로부터, 그리고 새로운 차원에서, 이 특정한 역사에서의 지식 청년 운동에 대한 깊은 개괄을 실현했고 지식 청년 문학사의 공백을 메워주었다(이전의 지식 청년 소설은 대부분 '문화혁명'중의 지식 청년 운동과 생활을 반영한 것들이었다). 아울러 이는 지식 청년들의 하향 운동의 전면적인 고찰에 새로운 관점을 제공해주었으며 새로운 세계를 열어줌으로써 지식 청년 제재의 서사시적 작품의 산생에 필요한 준비를 하였다.

두번째 방면의 돌파는 일부 지식 청년 소설과는 달리 역사에 대한 파악과 표현에서 체현되었다. 역사 속으로 돌아가 역사적인 관점에서 당시 생활에 대한 체험을 썼다. 아울러 오늘의 높이에 서서 강렬한 현대 의식으로 역사 속의 생활을 검토하고 평가하였다. 이는 이왕의 지식 청년 소설이 흔히 개인의 감수에서 출발하여 역사 의식을 결핍했던 약점을 피하고, 강렬하고 무게 있는 역사감을 얻었다.

『상나고지의 태양』은 사평(謝平)을 필두로 한 상해 지식 청년들이 사평의 고무와 호소 아래 '문화혁명' 전에 자발적으로 변강 지원에 나서서 신강의 상나고지에 온 사실을 쓴 것이다. 14년이란 생활의 시달림을 거치며 그들은 자신들의 일체를 신강에 바쳤으나 필경 인간의 존엄과 가치를 상실하고 정신과 육체를 유린당하며 아무런 수확도 얻지 못하고 만다. 작가의 서술이 문화혁명을 지나 오늘의 개혁 생활에 이르게 되면, 변강 건설에 청춘을 다 바친 청년들은 개혁의 오늘을 발견하고 이제 비로소 진정으로 각성하지만, 그러나 이미 시대의 낙오자 혹은 잉여 인간이 되어버린 뒤이다. 이것은 새로운 역사 가치관을 제시해주었다. 더 이상 개인의 득실을 역사를 평가하는 기준으로 삼지 않고 지식 청년 개인의 운명을 역사와 연계시켜 착오적인 정책이 인물의 운명에 조성한 비극을 묘사하고, 그럼으로써 황당하고 착오적이었던 그 시대의 역사를 비판하였다.

셋째, 지식 청년 운동중의 현실 모순을 폭로하는 데 있어서도 『상나고지의 태양』은 이왕의 지식 청년 소설과 같지 않았다. 지식 청년과 자연 환경, 지식 청년과 그 내부, 지식 청년과 집권자의 모순을 이왕의 소설들도 반영하기는 했지만 『상나고지의 태양』은 교육자와 피교육자와의 모순, 개조와 피개조의 모순을 직접 묘사하였다. 교육자와 피교육자와의 모순이 실질상 문명과 야만, 선진과 낙후 중 누가 이기고 누가 지느냐 하는 문제임을 지적하고, 작품은 사평·제경방 등 사람들의 이상의 환멸과 인간성의 소외와 타락으로써 쌍방 교전의 결과가 문명과 선진의 궤멸이라는 것을 표현하였다. 이는 이 작품의 사상적으로 심각하고 독특한 점일 뿐만 아니라 이 작품이 거대한 비극적 미학 의의를 획득할 수 있었던 이유이기도 하다.

넷째 『상나고지의 태양』이 진정한 비극이라는 점이 지적되어야 한다. 일부 지식 청년 소설처럼 정극이거나 혹은 비극 색채를 띤 정극(正劇)인 것이 아니라 여러 겹의 비극 요소로 구성된 대비극이다. 이 작품은 사평을 대표로 하는 지식 청년들의 생명 가치의 상실과 파멸을 통하여 많은 지식 청년들 개개의 성격 비극·인생 비극을 묘사함과 동시에 대량의 편폭으로 농장 관료들이 직권을 이용하여 횡포무도하게 공격하고 보복하는 것을 묘사했다. 이는 양마하 농장과 낙타우리라는 작은 사회의 사회 비극이 아닐 수 없다. 가장 심각한 것은 시대의 급격한 전환에서 사평·제경방 등이 끝내 시대에 의해 버림받고 파멸당하여 시대의 낙오자·잉여 인간·순장자가 되어버린 것을 묘사한 데 있다. 이는 참으로 시대의 비극이다. 작품은 이 세 가지 측면에서 개인의 비극, 사회의 비극, 시대의 비극을 하나로 연결시켜 역사와 현실, 개인 운명과 시대 조류를 융합하고 역사의 통시성과 시대의 현실감을 나타냄으로써 『상나고지의 태양』이라는 비극으로 하여금 "역사 내용을 의식"할 수 있도록 하고 "보다 큰 사상적 깊이"를 가질 수 있게 하였다.

이 작품은 또 진정한 현실주의 작품이다. 작가는 자신이 오직 "다년간 걸어온 현실주의를 되찾고" "진실을 되찾아"냄으로써 "인간의 모든 복잡성과 사회 생활의 모든 복잡성에 진정으로 직면하려는" 생각뿐이었다고 말하였다. 여기서 '진실'이라는 것은 한편으로는 생활에 대한 진실한 반영과 재현을 말하는 것이고 다른 한편으로는 작가 자신의 진정한 감성과 진정한 성실성을 말하는 것이다. 바로 이 '진실'로 인하여 『상나고지의 태양』은 그처럼 감동적인 비극 역량을 얻을 수 있었다.

6. 『부용진』과 『황하는 동으로 흐른다』 등 장편 '반사소설'

'반사소설'의 대부분이 중편 규모의 소설이었고 장편 형식의 순 '반사소설'은 비교적 적었다. 대부분은 현실 생활을 반영함과 동시에 카메라를 역사에로 끌어갔다. 『부용진』 『황하는 동으로 흐른다』 『겨울 속의 봄날』 등은 비교적 우수한 장편 반사소설로서 모순문학상 수상 작품들이다.

I. 고화의 장편소설 『부용진』

『부용진』은 외진 산간 마을의 흥망성쇠와 인물의 운명에 대한 묘사를 통하여 20여 년간의 정치 풍운의 변화를 예술적으로 재현하고 '좌'적인 착오 정책이 보통 농민에게 안겨준 엄중한 위해를 폭로하며 당의 11기 3중전회 이래의 우리나라 농촌의 역사적인 변혁을 찬양하였다. '준엄한 농촌 목가'라 불리는 이 작품은 현실에 입각하여 역사를 회고하며 보통 농민의 고난의 생활 운명으로써 역사의 교훈을 총화하였다.

이 소설은 주로 '부용선녀'라는 아름다운 별명을 가진 호옥음 (胡玉音)의 운명과 고난에 대한 묘사를 통하여 주제를 체현시켰다. 부모를 모두 잃은 호옥음은 농업사에 참가하여 60년대초에는 쌀과 두부를 파는 작은 장사를 하게 된다. 그녀는 자신의 선량하고 부지런하며 아름답고 동정심 많은 미덕으로 장사를 잘 해나갔다. 그러나 좌경 사조가 범람하는 4청 운동의 와중에 정치 투쟁의 풍랑이 오지에까지 한걸음 한걸음 밀려오자 새로 지은 집은 몰수당하고 남편은 핍박을 못 이겨 자살한다. 그녀도 '신부농'의 미망인이라는 이유로 인해 '5류분자'로 분류되고 비판을 받게 된다. 인간의 존엄은 그 시대에 무자비하게 짓밟혔다. 연약해 보였던 호옥음이지만 그녀는 의지가 굳세어서 운명에 항복하지 않는다. "내가 왜 죽어야 한단 말야? 내가 어떤 법을 위반했다구? 어떤 죄를 지었다구? 내가 왜 살아나가지 못한단 말야?" 그녀는 끝내 완강하게 버텨낸다. '문화혁명'중에는 '검은 귀신'이 되어 '철모자 우파'인 진서전과 사랑을 나누고 결혼하며, 극좌 노선의 대표 인물과 힘을 다해 싸운다.

작품은 기타 인물들의 형상 창조에서도 상당히 성공적이었다. 예를 들면 농촌 기층 간부의 대표로서 당의 우량한 전통의 체현자인 '북방대병' 곡연산의 형상, 오랜 굴욕적 생활에서 외적으로는 냉소적이지만 내적으로는 엄숙하고 진지한 독특한 성격이 형성된 '우파분자' 진서전의 형상, 음험하고 잔혹하며 사람을 해치는 데서 즐거움을 느끼는 좌경 사상의 대표 인물 이국향과 운동의 뿌리 왕추민의 형상들이 그러하다.

민중의 감정과 풍속을 정치 투쟁과 긴밀히 융합시키면서 그 풍속의 변천으로부터 정치 풍운의 변화를 느끼도록 한 것이 『부용진』의 가장 큰 예술적 특색이다. 작가는 부용진의 해방 초기의 번영과 화해로운 생활, 소박한 풍속이 4청 운동 이후 서로 내왕을 끊고 피차 경계하는 분위기로 변하고 문혁 시기에는 '새로운' 악습이 산촌을 뒤덮어 삭막하고 냉랭하며 긴장된 분위기로 변하는 것을 세밀히 묘사했다. 3중전회 후에야 다시금 청춘의 활력을 띠게 되는 이 전반 변화 과정에서 정치 투쟁은 농촌 풍속을 변화시키고 농촌 풍속은 정치 형세를 반영한다. 『부용진』이전에는 이토록 교묘하게 정치 풍운을 풍속의 그림에 기탁하는 작품은 보기 드물었다. 작가 고화는 『부용진』의 「후기」에서 이렇게 말했다. "새로운 시대는 새로운 문학 요구를 제기하였다. 나로 말하면 이러한 새로운 문학 요구에 따라서 생활을 다시 인식하고 해부해야 할 문제가 있었고 예술 소양·표현 수단의 문제도 있었다. 때문에 나는 자신이 이십몇 년간 익숙했던 남방 농촌의 인간과 사건을 함축성 있게 한 작품에 표현하려는 탐구·시험을 진행하였다. 정치 풍운을 민중 풍속화에 기탁하고 인물의 운명을 빌려 농촌 생활의 변화를 이야기하면서 남방 농촌의 생활 색채와 생활 정조를 묘사하고자 애썼다. 이렇게 하여 『부용진』이 태어났다." "정치 풍운을 민중 풍속화에 기탁하고, 인물의 운명을 빌려 농촌 생활의 변화를 이야기했다"는 이 두 마디의 말은 『부용진』의 주제 사상을 개괄할 뿐만 아니라 작품의 예술 특징을 나타낸다고 말할 수 있다.

요컨대 농촌 역사에 대해 깊은 반성을 진행하고 극좌 노선에 대해 심각한 비판을 진행한 장편소설로서의 『부용진』은 그 예술상의 개성과 성공으로 인하여 모순문학상 수상 작품이라는 영예를 얻게 되었다.

Ⅱ. 이준의 장편소설 『황하는 동으로 흐른다』

건국 초기 30년 동안 이준은 이미 저작이 많고 성과가 뛰어난 작가였다. 그는 소설뿐만 아니라 연극·영화도 쓴, 문학 예술의 팔방미인이라 할 수 있다. 신시기에 들어선 후, 이준은 한편으로 단편소설과 영화 시나리오의 창작을 계속하면서 다른 한편으로 이제까지의 창작 사상, 예술 성취를 집결시켜 장편소설 『황하는 동으로 흐른다』를 쓰는 데 정력을 쏟았다. 이는 이준의 창작 역사에서의 하나의 새로운 전환이며 성취였다.

이른바 '전환'이란, 이준 자신이 말한 것처럼, "정치 운동에 맞추어 창작하던 데로부터 우리 민족 전체의 운명, 개성과 문화 전통을 연구하는 데로의 전이"를 말하는데 이는 중대한 의의가 있는 전환이었다. 그것은 작가가 간난곡절을 겪은 30년의 현실주의의 길에서 마침내 하나의 진정으로 숭고한 목표를 찾아냈음을 말해준 이 소설을 '반사 문학'의 계열에 두고 고찰하게 되는 원인은 작품이 3, 40년대 중원의 황하 범람 지구 인민들이 홍수·가뭄·메뚜기 등의 재해로 인해 유민화하는 현상에 대한 묘사를 통하여 윤리·도덕·품성, 정감 및 전반 정신, 문화 등 여러 방면에 필력을 집중하여 우리 이 고난의 민족의 그 완강하고 견인한 내적 생명력을 탐색하고 반성하였으며 우리 민족의 생존, 연속, 발전의 정신 지주를 찾아내었기 때문이다. 이것은 일종의 뿌리 찾기였으며 정신 문화의 층위로 승화된 보다 심각한 역사 반성이었다.

작품은 황하가 범람하기 전의 중원 농촌의 묘사로부터 시작된다. 작가는 농촌을 잘 아는 노련한 농민처럼 우리들에게 자기 고향의 풍토 인정, 가정의 일반 도리, 고금 변화를 감명 깊게 이야기해준다. 파종, 수확, 소 기르기부터 가정 생활의 여러 가지까지, 어린애에게 이름지어주기부터 손님 대접, 회의 참석에 이르기까지 신명(神明)에 대한 도로부터 관혼상제의 의식에 이르기까지 각 방면으로부터 그리고 그 전체로부터 특히 중원 농민들의 생활의 색깔과 냄새와 맛을 토로하고 짙은 향토 분위기를 조성하며 한 폭의 아름다운 색채의 황하 유역 농촌 생활의 풍속화를 그려주었다.

황하의 홍수로 인해 농토는 삽시에 늪지로 변하고 농민들은 고향을 떠나지 않으면 안 되었다. 농민은 난민·유민으로 변했고 생활은 곤경에 처했다. 어떻게 해야 하는가? 죽기를 기다릴 것인가, 아니면 살길을 찾아나설 것인가? 작품은 여주인공 이맥(李麥)의 말을 통해 세계에 '생의 선언'을 발표했다. "이 세상에 태어났으면 꼭 살아나가야 합니다! 하늘이 막혀도 땅은 있고 산이 막혀도 길이 있으니 우리 신세라고 계속 이렇겠습니까. 언제든지 한번은 고생 끝에 낙이 있겠지요…… 목을 매거나 강에 몸을 던지는 사람은 의지가 없는 사람입니다. 살아나가야 합니다. 아무리 고생스러워도 살아나가야 합니다!" 생의 욕망과 신념, 용기로, 그들은 농사를 못 짓자 배를 젓고 이야기꾼으로 나서고 인력거를 끌고 음식점을 차리고 채소를 팔고 세탁소를 차리고 막노동을 하고 구걸을 한다…… 이를 통해 농민의 의지, 총명과 재질이 충분히 표현되었다. 이리하여 생활에는 눈물 이외에도 낭만적 색채로 충만된 기지와 유머와 희극 색채가 있게 되었다. 작품의 결말에서 말하는 것처럼 "역사는 다만 고통과 희생의 기록만이 아니었다. 그녀는 또 사람들에게 건강하고 용감한 지혜와 신념을 주었다." 이것이 바로 『황하는 동으로 흐른다』의 깊은 함의였다.

이른바 성취라는 것은 『황하는 동으로 흐른다』가 작가의 20여 년의 생활과 예술 축적을 동원하여 문학의 민족 전통과 외국 문학의 유익한 자양을 다시금 검토하고 흡수하면서 드디어 이준 나름대로의 표현 방식을 찾아냈으며, 사상 수립·인물 형상·배치 구조·언어 세공 등 모든 면에서 전에 없던 높이에 도달하였고 우리 민족의 내재적인 생명력·창조력과 윤리·도덕·사상·정감으로부터 전반 정신 문화 영역에 이르기까지에 체현된, 짙은 민족 풍미가 있는 인성미·인정미를 진정으로 발굴해냈음을 말한다. 주인공 이맥, 시골의 노지식분자 서추재, 민간 예인 난오 등은 모두 신문학의 인물 환경 속에서는 찾아보기 힘들었던 예술 전형이다. 특히 중국 전통 문화의 교양을 받고 육성된 인물인 서추재와 난오는 감정이 풍부하고 지혜로우며 절개와 의리를 중히 여긴다. 몰락한 구식 지식인으로서의 서추재는 한편으로는 좋은 음식에 남달리 군침을 흘리며 '맛있는 음식 냄새만 나면 가던 길을 멈춰서는' 사람인가 하면, 다른 한편으로는 의리를 지키고 인텔리적 소양을 지녔으며 견식이 넓고 지략이 많은 사람이다. 그는 인간으로서의 신중함과 양심, 절개를 중히 여기며 풍부한 내면 세계를 갖고 있다. 날라리를 부는 난오를 놓고 보면, 그는 출중한 예술 기량이 있을 뿐만 아니라 고결한 흉금과 풍부한 감정을 갖고 있다. 더욱이 설매와의 곡절 많은 사랑 이야기는 읽을수록 사람으로 하여금 감동을 금치 못하게 한다.

　예술 수법상에서, 예술의 관념과 수법이 모두 부단히 갱신되는 시기에, 이준은 여유 있게 자신의 생활에 대한 심미 인식의 풍부성과 다양한 예술 표현 형식 및 그 수단을 찾기에 노력을 아끼지 않았다. 구조 배치와 서술 풍격상에서 중국 고전소설의 장점을 흡수하는 한편 외국 문학의 유익한 경험도 많이 배우고 종합하였다. 이를테면 인물의 내면 세계에 대한 세밀한 조형, 큰 단락의 심리 독백, 도치 서술과 현실·역사의 교착 및 인물의 주관 심리 감수에서 발생되는 신기한 연상 등은 모두 작가의 예술상의 장족의 진보를 말해준다. 『황하는 동으로 흐른다』는 확실히 공력이 깊고 예술이 정교로우며 사상과 역사 깊이가 있는 우수한 작품이다.

제10장

'개혁소설'의 출현과
현실주의의 개방적 발전

1. 장자룡의 '개혁소설' 및
그것이 공업 문학에 미친 영향과 개척

I. 「교공장장 부임기」의 발표 및 그 개척적 의의

1979년 7월호 『인민문학』 이전에는 사람들에게 알려지지 않았던 청년 노동자 작가 장자룡의 단편소설 「교공장장 부임기」가 발표되었다. 작품은 당시 공업 개혁의 현실 생활에 직접 접근하여 묘사하고 우리나라 공업 전선이 10년 동란을 겪은 후 '4화' 건설 시기의 초창기에 부딪힌 결점과 과오가 쌓였던 진실한 정황을 극히 첨예하고 심각하게 폭로하였다. 동시에 상흔에 대한 폭로와 역사의 반성에 머물지 않고 생활의 심원한 측면을 발굴하고 상흔을 치유하는 과정중에서 새 생활을 건설하고 개척하기에 노력하고 있는 영웅 인물을 충만된 이상과 격정으로 노래하였다. 사상 내용이나 인물 형상 부각은 물론 예술 방법과 풍격상으로 보아도 같은 시기 기타 작가들의 소설 창작보다는 '새로운 풍격, 새로운 기질'이 뚜렷이 나타났다. 작품은 발표되자 삽시간에 전국에 강렬한 반향을 일으켰다. 그 영향은 공업 제재의 문학 창작이나 문학계에 그치지 않고 중국 사회 생활의 각 방면, 각 구석 거의 모두에까지 미쳤다. 문학계·공업계 심지어는 전국의 온갖 사업에까지 삽시간에 '교공장장 바람'이 휘몰아쳤다. 사람마다 '교광박(喬光朴)'을 다투어 이야기하는 현상이 나타났다.

「교공장장 부임기」가 무엇 때문에 이토록 거대한 호응을 얻었는가? 그것의 개척적 의의는 어디에 있는가?

1978년말에 당의 11기 3중전회가 열린 이후로 전당의 사업 중점은 이미 4개 현대화 건설에로 전이되기 시작하였지만, 우리의 문학 창작은 아직도 '상흔 문학'과 '반사 문학'의 단계에 머물러 있었고, 전진하는 시대와 인민의 요구를 뒤따르지 못했고 그에 적응하지 못했다.

이런 정황에서 장자룡의 「교공장장 부임기」는 시대와 인민의 외침에 따라 전단계의 '상흔 문학'과 '반사 문학'의 장점을 흡수하여 더 용감한 기백과 심각한 필치로 10년 동란이 중국 공업 전선에 조성시킨 엄중한 재난을 대담하게 폭로하였다. 더 나아가서는 곳곳마다 상흔으로 얼룩진 사회를 조성한 역사 근원을 파고들었다. 보다 귀중한 것은 새로운 역사 시기에 나타난 새로운 문제, 새로운 모순을 대담하게 폭로한 것이다(이를테면 기신〔冀申〕과 같이 전쟁 시기에 공로가 있고 건국 초기에는 고난이 있었으며 문화혁명에서 '4인방'의 박해까지 받았음에도 신시기에 도리어 4화 건설과 개혁·개방의 장애로 되는 노간부 문제, 또한 업무에 능숙하고 능력과 재간이 있으나 문화혁명중에 착오를 범했던 사람을 어떻게 대하고 등용해야 하는가 하는 문제도 나타난다). 이리하여 우리나라 4화 사업 초기의 사회 현실 생활을 원래 면모대로 진실하고도 심각하게 반영하였다. 이러한 분석에서 「교공장장 부임기」는 진정한 현실주의의 걸작임이 밝혀진다. 전단계 '상흔' '반사' 문학의 고조 시기에도 우리는 이처럼 대담하고 날카로우며 심각하게 현실을 해부한 작품은 읽어보지 못했고 이처럼 감히 "참담한 인생에 직면하여 낭자한 선혈을 정시하는" 우수한 현실주의의 작품을 찾아볼 수가 없었다. 그러나 이는 「교공장장 부임기」가 그토록 호응을 얻은 하나의 원인에 그칠 뿐이고 더 중요하고 직접적인 원인은 장자룡이 과거의 상흔에 대한 무정한 폭로와 역사에 대한 침통한 반성에 머무는 데 만족하지 않고 오늘의 현실에 집착하며, 현실주의를 견지하고 회복하며 심화시키는 기초 위에 이것을 크게 앞으로 밀고 나가 새로운 시대와 현실에 대해 보다 높은 이성적인 차원에서 ‘두 가지 결합’의 창작 방법을 다시금 장악한 데 있다. 현실주의에 이상의 빛을 부여하여 ‘상흔 문학’의 여파가 남아 있고 ‘반사 문학’의 고조가 아직 식지 않고 있을 때 가장 먼저 ‘개혁 문학’의 깃발을 치켜들고 가시덤불을 헤쳐나가는 대담한 정돈과 개혁을 묘사했다. 동시에 예민한 시각으로 상흔을 치유하는 과정에서 새 생활을 건설하고 개척하기에 힘쓰고 있는 영웅 인물을 발견해내었다. 특히 ‘근본 임무론’과 ‘3돌출’을 비판한 뒤로 문예계에 엄중한 ‘비영웅화’ 경향이 존재하고 있을 때, 감히 시대에 어긋나는 풍모를 그려내고 현실 생활에 뿌리를 내린 이상(理想)적 인물을 열정적으로 노래한 작품은 확실히 사람들에게 참신한 감각을 느끼게 하였다. 장자룡 자신이 말하는 ‘새 풍격, 새 기질’이란 바로 이런 데서 나타났다. 이것이 바로 우리가 말하는 ‘현실주의의 승화’이다. 교광박 형상의 출현은 신시기 문학의 사회주의 새 인물 형상의 창조를 위하여 양호한 발단과 유리한 경험을 제공해주었다.

만일 「교공장장 부임기」와 장자룡의 이후의 공업 개혁 생활을 반영한 작품을 40년의 중국 현대 문학사, 심지어는 70년의 신문학사상에 두고 그 개척적 의의를 알아본다면 사정은 더 분명해질 것이다. 신문학이 형성된 이후로 우리나라 문학은 기본상으로는 농촌 제재, 지식 분자 제재와 혁명 역사 제재의 작품이 주도적 위치에 있었고 공업 생산과 근로자 생활을 반영한 작품은 상당히 미약하였으며 현대 공업 생산과 산업 노동자 생활

을 반영한 작품은 거의 없다시피 하였다. 신중국이 성립되기 전
야에『원동력』『기관차』『철물은 흐른다』『강철 단련』『파도
를 헤치고』 등의 장편소설과 일부 전업 작가 혹은 업여 노동자
작가의 중·단편소설이 있기는 하였지만 기초가 있고 저작이 풍
부한 농촌 제재, 혁명 역사 제재의 작가들의 작품과 비겨보면
여전히 단순하고 보잘것없어 우리나라 공업 건설의 생활 현실
과 극히 적응되지 않았다. 뿐만 아니라 30년의 공업 문학 작품
에서 선진과 낙후, 혁신과 보수와의 모순, 건설과 파괴의 계급
모순, 이런 것들만 쓰고 있었기 때문에 복잡한 생활을 단순화·
도식화·관념화하는 단점이 엄중하게 존재하였다. 많은 작품의
인물 형상도 단일화·상투화의 단점이 있었기 때문에 성공적으
로 현대화된 공업 생산중의 현대 노동자들의 다양하고 풍부한
생활과 각종 영혼 심리의 충돌을 반영한 우수한 작품이 나타나
지 못했다. 공업 제재의 문학 창작이 우리나라 공업 건설 생활
과 심하게 유리된 현상은 어제오늘에 존재했던 것이 아니고 이
미 30년 아니, 60년래의 오랜 문제이었다. 그러나「교공장장
부임기」이후로부터 이 상황에 변화가 나타났다.

공업 개혁 계열 작품을 연속 써낸 장자룡 이외에도 도시와 공
업 개혁을 쓴 우수한 장·중·단편소설들이 많이 나왔다. 예를
들면 장결의「무거운 날개」, 이국문의「화원가 5호」, 장현량의
『남자의 풍격』, 정수진의「봄날의 부름」, 가운로의「3천만」,
수운헌의「쓸쓸한 담장 안에 일어난 재난」, 진충의「작은 직장
에 온 대학생」「26세의 공장장」…… 등. 일시에 도시와 공업
개혁을 반영한 작품들이 용솟음쳐나왔다. 중국 문학사상 공업
문학의 최초의 진정한 발흥이 나타났다. 이런 의미에서 장자룡
의「교공장장 부임기」와 이후에 쓴 많은 공업 제재 작품의 출
현은 개척적 의의가 있다고 말할 수 있다. 어느 평론가는 옛 사
람들이 한유의 고문 운동을 평가하며 이르던 말——'문기팔대지
쇠(文起八代之衰)'를 흉내내어 장자룡의 작품을 '문기당대공업

제재지쇠(文起當代工業題材之衰)’라 평하였는데, 이는 그야말로
적절한 평가였다.

II. 장자룡 소설의 개척 정신

개척 정신이 있는 작가만이 개척적 의의가 있는 작품을 쓸 수
있다. 장자룡에게는 아주 정채로운 좌우명이 있었다. “사람들이
여, 생활의 자랑스러운 아들이 되라. 작가가 되려면 당신의 사
명은 영원히 개척이다.”

장자룡의 성격 특징과 예술 특징의 핵심은 전반 창작 역사에
서 시종 막을 수 없는 개척 정신으로 대담하게 앞으로 전진했다
는 것이다.

장자룡 소설의 개척 정신은 우선 공업 제재 자체에 대한 개척
에서 체현되었다. 이전 30년의 공업소설에 비하면 같은 직장,
같은 노동자를 썼다 하더라도 장자룡은 ‘현장 문학(車間文學)’
의 울타리에서 철저히 벗어났고 공업 자체와 공업 생산 과정의
묘사에 머물거나 그것을 회피하는 것이 아니고 개혁이 일으킨
공장 안팎의 사회적 심리의 충격이 인간의 심령에 조성한 파문
은 집중적으로 묘사했으며, 개혁이 소용돌이에 처한 사람들의
정신상의 미세한 진동과 심리상의 은밀한 곡절을 그려냈다. 이
것이 바로 이른바 공업 속에 깊이 들어가고 또 그 공업으로부터
공장을 통하여 전반 사회를 반영한다는 것이다. 장자룡의 공업
소설이 그의 선배 작가들을 훨씬 초월하게 된 것도 주요한 점은
바로 여기에 있었다. 때문에 장자룡은 자신의 소설을 공업 제재
소설이라 하는 데 대해 견결히 반대했었다. 예를 들면「개척
자」는 공업 개혁을 하나의 중편으로 엮은 것이었지만 각종 사
회 역량과 사조의 복잡하게 뒤얽힌 관계와 모순 투쟁을 씀으로
써 중국 공업이 간난신고 속에서 일어나게 되는 곡절 많은 길을
반영하였다. 또 「빨주노초파남보」도 역시 공장에서 취재하고
노동자와 기업 관리 체제의 개혁을 도화선으로 하여 쓴 것이기

는 하지만 작품의 주제는 공업 개혁의 범위를 멀리 벗어나 보다 깊고, 보다 넓은 인생 의의에 대한 청년들의 탐구였다. 작품은 상층의 개혁과 기층 청년들의 심리를 성공적으로 결합하여 썼다. 개혁을 원하는 모든 청년들의 심정을 담았을 뿐만 아니라 개혁 과정에서 서로 다른 유형의 청년들이 자기 나름으로의 심령의 자아 완성을 이루고 나중에는 인생의 진정한 가치와 의의를 알고 또 찾게 되는 것을 썼다. 이 작품의 공업 제재상에서의 개척과 초월의 의의는 뚜렷하며 아주 쉽게 보여지는 것이다.

　공업 제재를 위주로 하여 창작하는 작가로서의 장자룡의 개척 정신은 또 그의 생활 시야와 예술 시야의 부단한 확대에서도 표현되었다. 그는 공업 제재를 쓰고 공장 노동자들의 생활을 반영하는 데 그치지 않았다. 「노동자 생활 교향곡」은 공장에서부터 상업 음식점으로 무대를 옮겨 음식업소의 개혁 과정중의 형형색색의 인물들을 표현하였다. 「연조비가(燕趙悲歌)」는 또 놀랍게도 공업·상업에서부터 단번에 농촌으로 내려가 우리나라 농촌 사회주의 현대화의 간난의 역사와 아름다운 전경을 그려내었다. 「머리 긴 남자」는 연극계의 생활을 쓴 것이었고 「음차양차(陰差陽差)」는 과학 기술에 종사하는 지식 분자에 대해 쓴 것이었다. 그의 첫 장편소설인 『사신(蛇神)』은 보다 넓고 복잡한 사회 생활 화면과 문화·연극·의약 생활이 일체로 융합된 작품이다. 작가의 생활 시야·예술 시야의 확대만으로는 예술상의 진보라고 말할 수 없으나 그것은 도리어 큰 작가로 되는 필요한 전제인 것이다.

　작가의 생활 시야·예술 시야의 끊임없는 확대는 서로 다른 각도에서 다측면으로 천변만화의 현실 생활을 반영하도록 하였다. 또한 작품 제재의 개척에 따라 장자룡도 작품의 사상성을 보다 깊고 넓게 개척하는 데 정력을 기울였다. 이를테면 「교공장장 부임기」「개척자」에서 우리는 개혁자들이 맞이하게 되는 곤란과 좌절을 많이 보게 된다. 「공장 비서의 일기」에서는 사

(邪)로써 사(邪)를 다스려야 잠시나마 성공할 수 있다는 것을
보게 되며, 「인사(人事) 공장장」에서는 개혁자가 받는 멸시와
배척을 보게 되고 「기초」「피는 마음속으로 흐른다」「비극은
극이 없는 것보다 낫다」에서는 심지어 개혁자의 실패까지 보게
된다. 그러나 「노동자 생활 교향곡」에서 우리들이 보게 되는
것은 청년 개혁자(우굉)의 용감함과 지혜로움, 반(反)개혁자와
의 정면 투쟁에서 떳떳이 승리하는 또 다른 모습이다. 이러한
것들은 장자룡이 생활과 창작의 도식에 따라 자신의 작품을 창
조해낸 것이 아니라 그 자신이 말한 것처럼 "매편의 작품에서
모두 하나의 새로운 뜻을 표현하고 부단히 자신을 초월"하려
했다는 것을 충분히 설명해준다.

그러나 장자룡의 개척 정신을 가장 잘 나타내줄 수 있는 것은
그가 창조해낸, 사람들에게 '개척자 가족'이라 불리는 개척자
형상이다.

Ⅲ. '개척자 가족' 형상 계열

장자룡 자신도 진보적 성격을 가진 개척자였다. 그의 독특한
생활 경력과 성격, 그리고 조국의 현대화 사업에 대한 열성과
자각적인 역사 사명감이, 공업 제재 문학에서 새로운 것을 개척
하려는 결심과 의지 및 예술상에서 "절대 다른 사람을 중복하
지 않고 자신도 중복하지 않으며" 꼭 "새로운 풍격, 새로운 기
질"로 자신의 길을 찾으려는 기백이 그로 하여금 자신의 모든
재질과 문학 사상과 심혈을 완전히 우리 시대의 개척자에게 바
침으로써 개척자 관점과 격정과 기백으로 '개척자 가족'이라 불
리는 개척자의 형상을 창조해내도록 하였다.

인물의 성격을 아주 잘 그려낸 것이 장자룡의 예술상 가장 돌
출한 하나의 특색이다. 그가 부각한 인물은 모두가 선명하고 강
렬한 성격 특징을 갖고 있다. 인물 부각에서 모든 예술 수단을
발휘하고 인물의 외부 특징과 행위에 대한 묘사를 중시할 뿐만

아니라 인물의 심리적인 정신 기질에 대한 부각에도 신경을 모아가면서 인물에게 의외의 행위·거동과 평상적인 행위·거동을 잘 설치해주었다. 비상 사건과 행위 활동에서 인물과 인물의 성격을 그려내는 동시에(예를 들면 당위회의에서 '군령장〔軍令狀〕'을 발표하면서 갑자기 동정〔童貞〕과의 결혼을 선포한다) 사건 충돌과 생활 충돌 중에서 인물 성격의 충돌을 묘사하고 사건·생활·성격 충돌 속에서 인물의 나름대로의 성격을 표현시켰다. 예술 추구면으로 보아 그의 개척자 형상은 점점 더 풍부해지면서 장자룡이 "부단히 자신을 초월"하려는 노력을 잘 보여준다.

　최초의 소설「새 역장」(1965)은 처음부터 인물을 쓴 것이었다. 단지 이 점만으로도 장자룡의 예술 시발점이 일반 초학자들보다 높다는 것을 알 수 있다. 문화혁명중에 발표된「세 기중공(起重工)」은 사실상 서로 다른 세 사람의 성격을 비교하면서 썼다. 이로부터 장자룡의 인물 창조에서의 예술 추구를 명확히 알아볼 수 있다. 잇따라 발표된「진보의 성격」은 그 제목부터 작가의 창작 태도를 뚜렷하게 나타냈다. 시대와 작가 사상의 제한으로 인해 작품이 개괄한 생활이 아직 정확하지 않고 보다 두터운 사회 내용을 용납하지 못하여 주인공 주석(朱石)의 성격이 단순하였지만 이미 이것을 '개척자 가족'의 한 배태라고 볼 수 있다. 작가 본인의 성격으로부터 기인한 진보형의 성격은 거의 모두가 장자룡이 이후에 창작한 '개척자 가족'의 모든 성원의 공통된 성격 특징이다. 다소 풍만하지 못한 인물 곽대도(霍大刀)(「전기국장의 하루」)였지만 그 '곽대도'식의 용맹한 성격, 견정한 신념, 진보적인 행위, 날카로운 사상 공세는 밤하늘에 번뜩이는 번갯불처럼 문화혁명 후기의 문단을 뒤흔들어놓았다.

　장자룡의 '개척자 가족'의 첫 성원은 1979년에 출현한 교광박(「교공장장 부임기」)으로서 신시기 문학에서 제일 처음으로 성공한 사회주의 영웅 인물 형상이었다. 본질상 그와 곽대도는 혈연 관계가 있고 모두 진보적 성격을 갖고 있었지만 교광박은

곽대도와 달랐다. 70년대말, '4인방'이 무너진 지 얼마 안 되어
활동한 교광박은 곽대도의 당시의 활동 무대보다 훨씬 넓고 보
다 복잡하고 어려웠다. 더욱 중요한 것은 작가가 예술상에서 '4
인방'의 이른바 '3돌출'의 속박을 벗어났을 뿐만 아니라 17년
간의 프롤레타리아 영웅 인물을 창조하는 규율도 타파한 것이
다. 불타는 이상과 완강한 추구를 대담하게 피력하고 그의 굳은
의지와 사업에 애착하는 충성을 썼다. 착잡한 모순과 이러저러
한 문제 앞에서의 결단적인 행동, 그리고 복잡하고 미묘한 인간
관계로 포위된 곤혹과 고뇌, 심지어는 그의 양보·타협·좌절
후의 고독감까지 표현하였다. 그의 강한 의지를 표현하는 동시
에 그의 연약성도 소개하였다. 건국 초기 30년 소설 중의 영웅
형상과 비겨보면 교광박은 보다 진실하고 보다 심각하였다. 문
화혁명 시기의 이른바 '높고, 크고, 전면적인' 영웅 인물의 허위
적인 면모를 완전히 벗어났을 뿐만 아니라 17년간의 영웅 인물
창조에서의 '신화화' 경향에서도 완전히 벗어났다. 교광박의 형
상에도 이상적인 성분이 없는 것은 아니다. 이는 소설이 발표된
당시와 후에, 특히는 문단에 비영웅적인 평범한 인물이나 소인
물 형상(육문정·주자치·진환생 등)이 많이 출현한 후로 독자와
비평가의 질책을 받았다. 이는 이왕의 소설 중의 신화화된 영웅
인물에 대한 반발 심리의 표현이었으며 사회 심미 의식의 변화
에서 초래된 것이기도 하였다. 사실, 작가 개인의 미학 추구로
서는 사회 책임감에서 출발했든지 아니면 예술상의 전형화 수
요에서 출발했든지간에 작가가 현실 생활 속의 뿌리로부터 그
이상적인 인물을 창조하기에 노력하고 또 진실성 원칙만 위반
하지 않았다면 모두 허용되어야 하는 것이며 아울러 그 나름대
로의 독특한 심미 가치를 갖는 것이다. 교광박은 진실하고도 이
상적인 인물이었다. 바로 누군가가 이야기한 것처럼 '이상과 현
실의 합금(合金)' 식의 인물이었다. 교광박 형상의 성공은 우선
예술상의 성공이고 문학의 진실성 원칙의 승리였다. 절대로 당

시 시대의 수요에 영합하여 근근히 창조된 것이 아니다. 또 하나 지적해야 될 것은 교광박 성격 중의 진보적 특징을 돌연한 사건과 의외의 거동의 도움으로 창조하는 방법은 1979년에 하나의 개척적 의의가 있는 창조가 아닐 수 없었다는 점이다. 그러나 이러한 성격과 행위 방식이 장자룡 자신의 이후의 창작에도 몇 번이나 출현하였고 심지어는 전반 문단에까지 '전파'되어 초학자들이 그것을 흉내내면서 일종의 도식으로 변해버렸다. 적지 않은 개혁소설 중의 개혁자·개척자 형상에 모두 교광박의 그림자가 어른거리어 사람들에게 익숙한 느낌을 주게 되었다.

그러나 장자룡 본인의 작품을 보면 개혁자 형상 창조에 있어서 여전히 새로운 것을 추구하려고 애쓴다. 예를 들면 「교공장장 부임기」 「개척자」 「랑주(狼酒)」 「인사 공장장」 등의 작품에서 작가의 주의력은 노일대 공산당원의 개혁자 형상에 비교적 집중되었고 「빨주노초파남보」 「밥그릇 교향곡」 등의 작품에서는 젊은 세대의 개척자들에게 그의 시선이 집중되었다. 이들은 '개척자 가족'의 제2, 제3대 성원들이다. 현실 생활의 새로운 변혁과 모순 속에 처한 이들은 노일대 개혁자들의 신중함과 얼기설기 연루되는 인간 관계의 고려가 없고 고뇌와 좌절의 처리에서 노일대보다 더 총명하고 지혜롭게 대처할 방법을 찾아낸다. 선배들에게서 우리는 늘 지나치게 서두르는 피곤한 현상을 보았지만 젊은 세대에게서는 영리하고 낙천적이며 심지어는 불행이 있더라도 목적의 실현을 위해서 분투하는 정신을 발견한다. 때문에 「노동자 생활 교향곡」 등의 작품에는 장자룡의 이왕의 작품에서 쉽게 볼 수 없었던 그러한 편안하고 활발하며 낙천적이고 명쾌한 정서가 있게 되었다. 젊은 세대 개혁자에게서 희망과 미래를 전망하였기 때문이다.

1984년 7월의 『인민문학』은 장자룡의 「연조비가」를 발표하였다. 이 작품에서 장자룡은 더욱 큰 기백과 더욱 숙련된 예술적 수완으로 농업 개혁가 부경신(武耕新)이라는 '현대의 괴걸'

형상을 빚어내었다. 이는 중국 문학사상 미증유의 참신한 농촌 사회주의 새 인물 형상이다. 소농 경제와 소농 의식의 속박을 철저히 벗어난 신형의 농민 개혁가·기업가의 형상이며 아Q적인 색채가 조금도 없을 뿐만 아니라 왕금생·등수매·양생보·소장춘과 같지 않고 또 허무·풍 막내숙부·이순대·진환생과도 다른 전혀 새로운 농민 형상으로서 장자룡의 또 하나의 독특한 창조로 나타난 '개척자 가족'의 새로운 성원이었다.

'개척자 가족'의 모든 성원들이 예술 형상 창조에서 얻은 승패와 득실을 논의한다면 「빨주노초파남보」 중의 해정(解靜)·유사가(劉思佳)는 의심할 것 없이 성공적이며 장자룡의 인물 창조의 예술 수준을 대표한다.

해정은 '개척자 가족'의 새로운 세대 중 뛰어난 인물이다. 그녀는 원래 단순하고 성실하며 이상과 신념이 있는 청년이었다. 적극적으로 지도자의 말을 잘 듣고 일만 잘하면 된다고 생각할 정도로 단순했다. 그러나 복잡한 사회는 그녀의 생각대로 그녀를 내버려두지 않는다. 그녀는 맹목적인 길로 나아가 '자아'를 상실하고 시대 열차의 급격한 커브길에서 그만 추락하게 된다. 그러나 신념이 그녀를 구해준다. 고통스러운 사상 변화를 거친 끝에 자신의 생활의 기석(基石)과 귀속을 찾아낸다. 생활 속으로 들어가고 기층과 청년 군중들 속으로 들어가 처음부터 다시 시작하여 운전을 배우고 관리도 배우면서 타인을 이해하고 자신을 인식해나간다. 사색과 실천, 고통의 시련 속에서 마침내 진정으로 독립된 '자아'를 갖춘 인간으로서의 격을 얻게 된다. '백지'가 '붉은 메모지'로 변하고, 단순한 색깔이 완전한 색깔로, 빨주노초파남보로 발전하는 것이다. 그녀는 덕재(德才)를 겸비하고 전면적으로 발전된 새 사람으로 변한다. 이전의 해정은 사혜민 식의 인물이었지만 지금은 정화되고 승화된 사혜민, 새로 태어난 사혜민이다. 생활과 군중 속에 뛰어들고 들끓는 4화 건설에 뛰어들어 주동적으로 개조하고 객관 세계를 창조하며 객관 세계로 하여금 자신을 부단히 개조하고 창조하게 하는 것이 사혜민을 해정으로 승화시키는 데 필요한 길이었다. 한 점의 빛으로 한 점의 열을 내고 다른 사람의 빛으로 자신을 비추며 자신의 불꽃으로 타인을 태워주는 해정의 길은 현대 청년들이 사고하는 세대로부터 행동하는 세대로 전화되는 정확한 길을 대표하며 비교적 높은 전형 의의와 인식 가치가 있었다. 예술상 작가는 여전히 현실주의의 창작 원칙을 견지하면서 많은 진실하고 생동하는 세부 묘사를 통하여 인물을 첨예하고 복잡한 모순 투쟁 속에 두고 모순의 전화와 해결에 따라 인물 성격의 변화를 충분히 펼쳐주었다. 이 인물에게도 작가의 이상이 부여된 것은 물론이다. 아주 아름답고 감동적으로 묘사된 이 인물은 이상적 성분이 있다 해도 그 진실은 잃지 않고 있어 비교적 높은 심미 가치가 있었다.

다음은 80년대 청년 노동자의 특질을 가진 유사가의 형상을 살펴보기로 하자 그의 성격의 조합은 더 복잡하고 다중성을 띠었다. 원래 순진한 마음을 가졌던 그였지만 어떤 때에는 도리어 황당한 행위를 하기도 하고 열렬한 감정이면서도 고의적으로 쌀쌀한 표정을 짓기도 한다. 엄숙하면서도 농담을 잘하고 사색에 몰두하면서도 때로는 미망에 빠지기도 한다. 자신에 대해 높은 요구가 있지만 지도자에 대해서는 늘 실없이 놀려주고 비웃는다. 4화에 관심을 가지고 개혁에 열중하면서도 현상태에 실망과 곤혹을 느낀다. 늘 해정을 난감하게 만들다가도 그녀의 조용하고 심중하며 부드러우면서도 강한 기질에 반해버리기도 한다. 그러나 그녀의 정의감에 압도되기는 싫어하며 일종의 본능적인 질투와 반감까지 갖는다. 좋을라치면 그 누구보다도 좋았고 나쁜 생각도 적지 않다…… 내면 깊은 곳에 역사가 남긴 흔적이 있을 뿐만 아니라 시대가 부여한 분발 정신도 있다.

신·구 교체 시기의 특수 산물이다. 작품은 결말에서 유사가와 해정을 기름 창고 구급에 나서게 하고 둘 다 불 붙은 트럭을

몰게 함으로써 이 유형의 청년을 융합시켜 생사관두에서 영혼의 정화와 승화를 얻게 하였고, 이로부터 현대 청년의 아름답고 밝은 앞날을 펼쳐주었다. 해정과 유사가는 중국 현대 소설사의 인물 화랑에서 모두 독창적인 인물이다. 특히 유사가의 형상은 아롱진 색채의 생활 무대와 복잡한 사회 관계 중에서 풍부하고 다채로우며 빈번하고 복잡한 인물 성격을 창조하는 장자룡의 예술 포부를 체현시켰다. 이후의 소설 창작의 현대 청년 형상의 창조에 깊은 영향을 미쳤고 심지어는 일종의 도식도 형성시켜 주었다. 출중하지도 않고 저열한 사람도 아닌, 반은 성인(聖人)이고 반은 악인이라는 식의 인물이 속속 출현하였다.

장자룡의 '개척자 가족' 중에는 또한 특수한 성원이 있었다. 바로 「한 공장 비서의 일기」 중의 공장장 김봉지(金鳳池)이다. 당성을 견지하고 정책을 견지하는 데 실패하자 김봉지는 관계학을 연구하고 총명·영활성, 심지어는 수단까지 써서 필경 승리를 얻게 된다. 김봉지는 올바르지 못한 당풍이 존재하던 시기에 핍박에 의해 왜곡된 성격의 인물이었다. 이는 장자룡이 이상과 현실에서 발생된 모순의 진통 속에서 탄생시킨 한 기형아였다. 김봉지란 이 복잡한 성격의 출현은 환경과 인간의 관계에 대한 장자룡의 인식의 심화를 표지해준다. 복잡한 환경 중의 복잡한 성격의 인물이 그의 작품에 출현하기 시작하였다.

장자룡의 '개척자 가족'의 형상 계열은 현대 문학의 인물 화랑을 풍부히 해주었으며 장자룡의 신시기 문학에 대한 중대한 공헌이기도 하였다.

IV. 장편소설 『사신』 및 이후의 작품

장자룡이 일으키기 시작한 '개혁 문학'의 큰 물결로 인해 각종 문학 사조가 서로 충격을 주고받을 때 그는 자신의 개혁 문학이 아닌 최초의 장편소설 『사신(蛇神)』을 썼다. 작품은 어느 의과대학의 우수한 학생 소남손(邵南孫)이 한 유명 여배우에 대한 경모를 금치 못해 전공을 포기하고 극단으로 들어가 잡일을 하게 되는 이야기를 썼다. 결국 그는 문화혁명에서 시달림을 받고 연인도 박해를 받아 죽게 된다. 그는 분노하여 뛰쳐나가 사원(蛇園)을 경영하면서 의학을 연구하는 한편 문학 창작에 종사한다. 의학과 문학에 모두 성공하여 나중에 문화국장이 된 그는 오히려 각종 수단을 써서 예전에 그들을 해친 사람들에게 보복(성 보복까지 포함)을 진행한다. 이 작품은 장자룡이 늘 쓰던 제재와 주제를 완전히 떠났고 그의 창작의 길도 떠나버린 것이었다. 공장도 아니고 개혁도 아니었으며 정면적인 새 인물 형상은 더욱 아니었다. 전반 작품은 스토리가 황당하고 괴기하여 부조리 소설같이 보이지만 사실은 "현실 수법으로 부조리한" 생활을 그린 것이다. 장자룡은 그가 "아주 복잡하고 모순되는 진실한 생명"을 그려냄으로써 "현사회의 총아인 지식분자의 복잡한 심리 활동과 복잡한 성격을 표현"하고자 했다고 말했다.

이 작품은 스토리가 괴기하고 곡절이 많아 읽는 재미는 있었으나 예술상으로는 성공적이지 못했다. 그 원인은 인물 성격의 지나친 복잡성과 전후의 차이가 너무 큰 데 있는 것이 아니라 허구의 스토리가 지나치게 과장되고 괴기한 점에 있다. 주인공 소남손은 신의(神醫)이면서도 또 뱀을 기르는 전업호로서 갑부이며 의학뿐만 아니라 연극·문학 창작도 하는, 무슨 일을 하든 지간에 모두 성공을 얻는 인물이다. 소설은 전국 규모의 큰 상을 받았지만, 정면 영웅 인물은 아니더라도 '신화화'의 의미가 자못 크다.

"현실 수법으로 부조리한 것을 쓴다" 하더라도 예술상에서 너무 많은 과장이나 변형을 채용할 수는 없는 것이다. 그 효과는 반대로 작품의 진실감(만일 부조리소설이라면 이런 제한도 받지 않을 것이다)을 감소시키게 된다. 더욱 중요한 것은, 이 작품을 쓸 때의 장자룡은 예술 사상에서 중심을 잃은 시기에 처해 있었기 때문에 각종 문학 사조의 경쟁과 충격이 장자룡의 원래의 예술 절개를 동요시켰다는 점이다. 현실 생활 속의 이상 인물을 마음껏 그려내자는 그의 주장은 80년대 중기의 사회 심미의식의 변화에 따라 그 가치가 저하되어 질책을 받게 될 정도였다. 그리하여 자신의 원래의 예술 추구를 포기하고 세속에 따르려고 했지만 그 모방이 신통치 않았다. 물론, 우리는 작가들이 일종의 창작 모델을 시종 견지하고 계속 한 방향으로 발전할 것을 주장하지는 않는다. 변화되는 것은 필연적이다. 그러나 현실주의는 결코 고갈되지 않았으며 오직 진정으로 생활이 있고 탁월한 견식과 격정이 있어야만 거기서 창조되는 피와 살과 영혼이 있는 영웅 인물이 영원한 예술 매력을 가질 수 있다는 것을 똑똑히 인식해야 한다. 『사신』은 실패작이라고 할 수는 없으나, 그것은 장자룡이라는 '뱀'(그는 뱀띠이다)의 '탈피 시기의 산물'이다.

『사신』을 발표한 이후로 장자룡은 잠시 순문학을 떠나 실록 혹은 보고 문학의 영역에 진입하였다. 여자이면서 남자로 분장하여 유명해진 한 연극 표현 예술가가 생활과 예술의 길에서 겪는 고난의 운명과 예술에 대한 부지런한 탐구 및 그 헌신 정신을 쓴 「긴 머리 남자」가 있었고, 국제적 주목을 받는 고급 과학 기술 지식인 부부가 귀국 후에 기묘한 번뇌·질투·의혹·구속·비방에 얽매이고 포위되어 보국하려 해도 길이 없는 처지에 빠지는 것을 쓴 「음차양차」가 있었다. 이 작품은 당시 중국 사회의 과학 기술 지식계에 보편적으로 존재한 사회 심리의 침체 상태를 진지하고 세밀하게 게시해주었다. 이런 작품은 아주 잘 썼다고 말해야 할 것이다. 생활에 직접 접근하고 시대의 병폐를 건드리는 이런 실화소설들은 여전히 사람들에게 좋은 느낌을 주었다. 하지만 「교공장장 부임기」「빨주노초파남보」「연조비가」와 같이 강렬하고 심원한 영향을 산생시키지는 못했다. 이는 필경 예술 가공을 거친 전형화된 형상만이 보다 집중적이고 강렬하며 보다 감염력이 있다는 것을 설명해주는 것이 아닐까?

V. 장자룡의 풍격과 예술 득실

장자룡의 독특한 경력, 진보적 개척형의 성격과 생활에 대한 충만하고 치열한 격정, 현대화한 대공업 프롤레타리아의 흉금과 기백 및 그 자신의 현실에 대한 심각한 통찰력은 그로 하여금 중대한 제재로 대담하게 정면에서 큰 장면의 묘사를 할 수 있게 하였다. 인물 성격의 부각에서 짙고 무겁게, 크고 시원하게 쓰기를 좋아했고 인물을 첨예하고 복잡한 모순 충돌과 강렬한 행위·동작 속에 두고 표현하였으며 큰 기복으로 인기를 끄는 이야기 줄거리를 엮어나갔고, 성격을 사건의 추이 속에서, 그리고 모순의 충돌 속에서 뚜렷이 나타나게 하였다. 이 모든 것이 장자룡의 강건하고 거칠며 호방하고 침중하고 웅대한 예술 풍격을 구성하였다.

그러나 장자룡은 인물을 부각함에 있어서 정밀하고 세심하지 않아 어떤 때에는 세밀한 심리 묘사와 풍부한 세부 묘사를 결핍하고 인물이 평직(平直)을 잃고 신운(神韻)을 결핍하게 된다. 분방한 언어는 함축이 모자랐고 화창하고 감미로운 언어에 세련이 부족했다. 일부 작품에는 관념적인 것이 종종 출현하며 설교 색채가 너무 짙었다. 중국 공업 문학의 당당한 주인으로서 현대 중국 도시의 공업 문화 역사와 현상을 반영하는 작품을 그는 아직 써내지 못했다. 아마도 그날이 있기를 기대하고 지켜보아야 할 것이다.

2. 『무거운 날개』『화원가 5호』등
   장편 개혁소설 및 장편소설의 부흥

한 떨기 꽃이 만 떨기 꽃의 개화를 이끌 듯이 장자룡 이후에 도시 공업 개혁을 반영한 작품이 많이 출현하여 우리나라 공업 개혁 문학에 뚜렷한 번영 형세가 나타났다. 특히 주의할 만한 것은 신시기 소설 예술의 발전 과정에서 소설 예술 발전의 일종의 법칙을 반영한 필연적 현상이 나타난 것이다. '상흔 문학' 시기에는 단편 소설이 바야흐로 흥성하였고 '반사 문학' 시기에는 중편 소설이 돌출하게 일어났으며 '개혁 문학' 시기에는 장편소설이 부흥을 얻게 되었다. 아마도 소설 창작의 용량과 규모는 작가의 생활 시야의 넓고 좁음과 사상 심도의 정도 및 생활을 예술적으로 파악하고 반영하는 능력과 관계되는 것 같다. 전 단계의 단편 예술·중편 예술 경험의 축적이 있은 뒤에 장편소설의 부흥은 필연적인 것이었다. 이 시기에『무거운 날개』『화원가 5호』『남자의 풍격』『봄날의 부름』『선구자』『개척자』『고향』등의 도시 공업 개혁을 반영한 많은 장편소설이 나타났을 뿐만 아니라『이자성』『금구결(金甌缺)』『쓸쓸한 바람 소리』및『환남사변』과 같은 장편 역사소설도 있었으며 농촌 변혁을 반영한 소설『허무와 그의 딸들』『채홍평』『새 별』『부조』『옛날의 배』등과 군인 생활을 반영한『두 세대의 풍류』『쇠침대』, 지식 청년 생활을 반영한『보이지 않는 반려』『핏빛 황혼』『눈 속의 도시』『장미문〔玫瑰門〕』및 어떤 재재라고 명명하기는 아주 어렵지만, 보다 깊고 넓은 웅대한 민족 역사 문화 배경에서 몇 세대의 인간들의 생활과 심리 변화를 반영한『황하는 동으로 흐른다』등이 있었다. 50년대 후기에 장편소설의 창작 고조가 있었을 때 심각하고 광범한 영향력을 일으킨 우수한 작품들이 나타났었다. 30년 후의 이 장편소설 창작 고조는 포함된 역사 내용 및 전반 예술 풍모에서 이미 50년대 후기를 초월했다고 말할 수는 없지만, 적어도 현실주의에 대한 이해와 파악에서, 그리고 현실주의 이외의 기타 문학 사조·창작 방법 및 예술 유파에 대한 차감과 융합에서, 그리고 작가가 예술적으로 생활을 파악하고 반영하는 능력과 방법에서는 모두 이왕의 그것을 초과했다고 말해도 지나치지 않다.

I. 장결(張潔)과 그의 『무거운 날개』

'4인방'이 무너진 후에 등단한 장결은 재간이 출중한 우수한 여류 작가이다.

신시기 문학의 최초 몇 년 사이에 그녀의 작품이 사회에 일으킨 영향은 유심무에 못지않았다. 다만, 그들이 주목받게 된 원인이 서로 다를 뿐이었다. 유심무는 금기를 대담히 뚫고 나가 사회의 중대한 문제를 게시하고 사색이 예민하고 심각한 데서 사람들의 주의를 모았고, 장결은 사색을 진행하고 사회 문제에 대한 탐색에 주의도 하고 또 사색 속에서 전진하는 작가이기는 하였지만 주로 그녀의 독특한 창작 개성과 예술 풍격에서 인기를 끌었다. 장결은 언제나 농후한 감정을 품고 인간의 심리 세계를 자유롭고 아름다운 문체로 정확하게 표현하였다. 진지하고 정중하며 아름다운 풍격에 시적 이미지가 있었고 서정 속에 철리가 넘치고 부드러운 가운데 애수와 원망의 정서, 선의적인 풍자가 함께 어울리는 것이 마치 음악의 라르고의 리듬과 같았고 회화의 담채의 분위기와 같았다. 장결의 이러한 독특한 예술 풍채는 10년간의 예술의 고갈 이후의 신시기 최초 몇 년 동안에 진정 가품 속의 단비마냥 각별히 아름답고 청신하며 향기로웠다. 때문에 장결의 작품이 사상 내용상에서는 유심무 등 작가들과 많은 비슷한 점이 있었지만 예술상의 비교를 해본다면(아쉽게도 당시의 전반 사회의 주의력이 심미에 있지 않았다) 유심무에게는 과도한 직설과 거침(물론, 이는 유심무의 초기의 작품을 두고 이르는 말이다)이 나타났고 장결은 보다 심중하고 세밀하며 예술상에서 보다 성숙된 감을 주었다. 이는 결코 장결의 문학사적 지위가 유심무보다 높다고 말하는 것은 아니다. 한 작가의 문학사적인 지위는 여러 요소로 합성되기 때문이다. 이를테면 유심무의 신시기 문학에 대한 선구적 역할은 장결과 기타 작가가 할 수 없었던 것이고 유심무의 민감성과 예리함도 초기의 장결로서는 미처 생각지도 못한 것이었다(근년에는 크게 변화되었지만). 장결은 다만 보다 심중했고 세심하여 예술화, 혹은 보다 세익스피어화되었다고 말할 수 있겠다. 그다지 적당하지 못한 비교를 해보도록 하자. 유심무의 작품은 노신의 『납함』과 아주 비슷했고 장결의 작품은 노신의 『방황』『야초』와 비슷했다. 근작(「그녀는 무슨 병에 걸렸나」「길을 가로 건너」)에 와서는 심지어 『고사 신편』의 풍미까지 있다.

장결의 대표작으로는 초기의 「삼림에서 온 어린이」「누구의 생활이 더 아름다운가」(거의 다 수상 작품이다)가 있다. 「사랑은 잊을 수 없는 것」「방주(方舟)」 등은 혼인·애정과 여성의 운명·가치·지위 등의 일부 민감한 문제를 대담하게 취급하였기 때문에 사회의 강렬한 반향과 열렬한 토론을 불러일으켰다. 단편소설 「성숙되지 않은 조건」, 중편소설 「할머니 이야기」(모두 수상 작품이다)와 장편소설 『무거운 날개』(모순문학상 수상작) 등은 현실의 개혁 생활을 반영한 작품이다. 앞의 두 편은 개혁 과정중의 지식분자의 실제 상황과 정신 면모를 반영하였고 후자는 넓은 생활 무대에서 비교적 전면적으로 우리나라 공업 개혁의 간난한 첫걸음을 반영한 것이다.

장결의 창작 역사에서 장편소설 『무거운 날개』는 아주 의의 있는 작품이다. 이는 장결의 첫 장편소설인 동시에 우리나라 신시기 창작에서 4화 건설중의 공업 개혁을 반영한 첫 장편소설이기도 하였다. 장결 전에 소설의 형식으로 공업 전선의 4화 건설을 반영한 장자룡의 「교공장장 부임기」「개척자」, 수운헌의 「쓸쓸한 담장 안에 일어난 재난」, 가운로의 「3천만」 등이 있었지만 모두 단편과 중편들이었다. 성세호대하고 위엄 있는 공업 개혁과 4화 건설의 웅위로운 설계도를 진정으로 반영하려면 이에 적응하는 장편 작품의 탄생을 기대해야 했다. 섬세하고 완약하다고 일컬어지는 여류 작가 장결이 뜻밖에 가장 빠른 속도와 가장 접근된 거리로 신시기의 공업 개혁 문학의 첫 장편소설을 써냈다. 확실히 예상 밖의 일이었다.

중대한 제재, 첨예한 주제와 넓은 생활 무대, 그 많은 인물, 그리고 예술 풍격의 독특성 등 모든 방면에서 『무거운 날개』는 장결의 창작 역사 중 하나의 중대한 돌파성의 개척이었다.

『무거운 날개』는 국무원의 어느 부서내에서 공업 경제 체제 개혁을 둘러싸고 혁신파·보수파 두 세력간에 벌어지는 첨예하고 복잡한 투쟁을 통하여 이 투쟁의 본질을 반영하는 한편 생산 중에서의 인간의 가치와 작용에 대한 문제를 제출하고 탐구하였다. 작품은 보통 노동자로부터 공장장·처장·국장·국무원의 부부장에 이르기까지, 국무원으로부터 총부·국·공장에 이르기까지, 공장에서부터 또 사회·가정에 이르기까지를 묘사, 상당히 폭넓은 사회 생활 화면 위에서 이 투쟁이 4화 건설의 전도와 관계될 뿐 아니라 국민 개개인의 운명과도 관계된다는 것을 보여주었다. 『무거운 날개』가 제시한 주제는 첨예하고 보편적 의의를 지닌 것이었다.

예술상에서도 상당히 성공적이었다. 이는 우선 인물 형상의 창조에서 표현되었다. 작가는 곡절 있는 특수한 이야기를 선택하지 않고, 이왕의 공업 제재에서 늘 보았던 무미건조한 생산 과정에 대한 묘사와 충천하는 기세로 힘껏 일한다는 선전을 벗어나 일상 생활 속에서 가장 전형적 의의가 있는 세부와 줄거리를 끄집어내어 극히 간단한 필묵으로 인물의 심리를 다방면으로 게시하고 표현하였다. 복잡한 정치 투쟁 속에서만이 아니라 사업과 가정 생활, 교우 관계 등 다각도·다측면으로 인물 성격의 풍부성을 펼쳐나가면서 그들의 현상태와 이상, 정조와 심리, 환락과 울분, 흥분과 실망들을 그려냈다. 그리하여 그녀의 작품의 인물들은 정감이 있고 사상도 있는 생동하는 예술 형상이 되었다. 젊은 세대의 원원·막정, 이발사 유옥영, 혹은 차간 차장 오국동, 보통 간부 만군, 중견 간부 방문선, 공장장 진영명, 부장 전수성, 부부장 정자운 등, 인물들의 심리와 정조는 모두 사

람의 심금을 울리도록 그려지고 있다. 특히 부부장 정자운의 형
상과 공장장 진영명의 형상은 아주 성공적으로 부각되었다. 지
식분자 출신으로 부장급의 고급 지도 간부로 있는 정자운은 엄
숙한 세계관을 갖고 있으며 풍부한 지도 경험과 높은 문화 소양
및 정심한 업무 능력을 갖고 있다. 그는 극기봉공(克己奉公)하
며 생활이 검소하고 긍지를 지녔으며 여성을 존중한다. 그의 전
반 기질에는 낡은 관념, 낡은 전통과 다른 것들이 나타난다. 우
선 지식분자에게 중임을 맡기고 진영명의 개혁을 최선을 다하
여 지지한 이가 바로 그였다. 그는 전부장과 정면 충돌을 하며
노전사의 철저한 혁명 정신을 표현하였으며 하급에 대해, 청년
노동자들에 대해 부드럽고 친절한 태도를 취하였다. 존경받을
만한 부장에게도 오히려 행복하지 않은 가정 생활이 있는데 그
것은 아내와의 갈등으로 고뇌를 느끼는 것이다. 직위가 높은 그
도 인간의 칠정육욕이 있는 보통 인간이다. 정자운은 진실하고
생동하며 풍만하고 감동적인 예술 형상이다. 그는 정확한 기업
관리 방법을 터득하고 있고 임시변통의 수단도 잘 사용한다. 그
의 전반 행위 과정에는 사람을 존중하고 사랑하며 일체를 사람
으로부터 출발한다는 원칙이 관철되고 있는데 이는 이미 자신
의 참신한 문화 구조와 심리 소질을 형성한 신형의 지도자 형상
이다.

『무거운 날개』는 예술적 구조에서도 상당히 성공하여 깊은
공력과 특색을 나타내었다. 장편소설로서의 『무거운 날개』는
이야기의 완정성이나 줄거리의 곡절로 승리를 얻은 것이 아니
었다. 보통 노동자의 가정 생활로부터 부장의 활동까지를 그리
는 데 있어서 이야기가 복잡하게 얽히고 인물이 많으며 시간·
공간의 비약도 아주 크다. 그러나 인물의 내면 활동을 중추로
하여 전개해나갔기 때문에 사람들에게 지리멸렬하다는 느낌은
주지 않고, 반대로 보다 많고 보다 넓은 사회 생활을 포괄하였
으며 최대한의 정보량을 확보하였다.

작품의 깊이와 넓이, 충실감이 무형중에 증가되었다. 이것은 장결이 동시대의 세계적 예술 사조의 도움을 받은 결과임이 분명한데, 장결 개인의 창작사에서의 하나의 돌파일 뿐만 아니라 우리나라 장편소설의 예술적 구조상의 한차례 큰 비약이다. 장결의 이전의 작품에도 특색이 있었다. 하지만, 상대적으로 말하여, 표현된 생활 시야가 모두 협소하였다. 중대하고 첨예한 주제에 대한 표현이 적었고 놀랄 만한 큰 장면에 대한 묘사도 아주 적었다. 『무거운 날개』는 이러한 방면에서 아주 큰 돌파가 있었다. 당전의 중대한 제재를 정면으로 표현함과 아울러 비교적 넓고 복잡한 사회 생활을 묘사하였으며 구상이 교묘하고 사상 심도의 발굴과 예술 형상의 창조가 모두 하나의 새로운 경지에 도달하였다.

예술 풍격상에서 『무거운 날개』는 기본상 장결의 일관된 특점을 견지하였지만 서정적 색채와 맥락이 더 짙어졌고 흔히는 상물(狀物)·서사·서정·사인(寫人)이 함께 융합되었다. 동시에 제재와 줄거리의 필요에 근거하여 때로는 심각하고 독특한 의론을 덧붙이기도 했는데 이는 장결의 이왕의 작품에서는 보기 드물었던 것이다. 작품의 예술 자체가 필요로 하는 의론은 작품의 예술 감염력과 설득력에 영향을 주지 않을 뿐만 아니라 반대로 작품의 사상 심도와 사변 색채를 증강시킬 수 있는 것이다.

Ⅱ. 이국문의 『화원가 5호』와 장현량의 『남자의 풍격』

『화원가 5호』와 『남자의 풍격』은 장결의 『무거운 날개』 후에 출현한 도시 개혁을 반영한 두 편의 우수한 장편소설이다. 작품과 작품이 반영한 생활이 시간상에서 거의 같다(개혁을 반영한 장편소설들은 모두 이러한 특징을 갖고 있다). 이 두 작품의 출현은 장편소설이 가까운 거리에서 생활을 반영하는 것이 가능할 뿐만 아니라 성공할 수도 있다는 것을 재차 증명하였다.

『화원가 5호』와 『남자의 풍격』은 어느 중소 도시의 개혁 투쟁을 그린 것이다. 그러나 작가의 서로 다른 생활 축적과 예술 개성으로 말미암아 이 개혁에 대한 관찰 각도와 체험도 약간 달라진다. 때문에 반영하고 착수하는 각도도 서로 달랐다.

『화원가 5호』는 종적인 전시를 중시, 어느 화원 별장의 근 반세기 동안의 다섯 주인을 통하여 시대의 변천을 그려낸다. 특히 오늘에 치중하여 이 화원 별장의 다섯번째 주인의 선택을 통하여 당금의 지도 체제 개혁의 첨예하고 복잡하고 곡절 많은 투쟁을 드러내고 이로부터 역사와 현실의 결합의 각도로부터 이 개혁 투쟁의 역사적 필연성과 투쟁의 복잡성을 게시하였는데, 여기에는 강렬한 역사감과 현실감이 있다.

『남자의 풍격』은 횡적인 분석을 중시, 서북 모 시(市)의 제 1 서기로 부임한 진포첩(陳抱帖)이 패기 있게 진행한 개혁을 그림으로써 도시 건설·공업·교역·재무·문화 예술·교육 위생 및 사회 치안에 이르기까지 도시의 정치·경제·문화 개혁의 조감도를 끌어내고 사회 생활의 각 측면으로부터 이 개혁 투쟁이 일으킨 거대한 진동과 심각한 변화를 반영하였다고 말할 수 있다. 드높은 개혁 정신과 파죽의 개혁의 기세를 표현하였다.

『화원가 5호』는 개혁의 어려움을 표현하는 데 치중하면서 현실주의 수법으로 우리 사회의 여러 가지 고질을 폭로하고 이로부터 이 개혁의 필요성과 긴박성을 강조하였다. 그러나 『남자의 풍격』은 이 개혁의 기세를 그리는 것을 중시, 화창한 필체로 이 개혁 투쟁의 파죽지세와 낡은 것을 타파하는 역량을 묘사하고 개혁 투쟁의 전망을 이상주의의 필체로 펼쳐보였다.

이 두 작품의 성공은 또 이러한 광활한 사회 개혁의 배경 위에 성공적인 개혁자 형상과 기타 각 유형의 인물 형상을 필력을 집중하여 창조한 데에서도 비롯된다. 『화원가 5호』의 유소·한조·정효·여사·구양혜·한대보 등과 『남자의 풍격』의 진포첩·손옥장·황국정·나해남·석일사 등은 모두 비교적 성공적으로 그려진 인물들이다. 아주 흥미있는 것은 『화원가 5호』의 유소와 『남자의 풍격』의 진포첩을 비교해보는 것이다. 유소는 국민당 정부 경찰국장의 아들이라는 신분을 가지고 혁명에 참가했다. 비록 이미 시위서기 여황(呂況)의 비서가 되어 있기는 하지만 약간의 정치 운동만 있으면 반동 혈통론의 영향을 받게 된다. 나중에 강륜 폭발 사건의 와중에 억울함을 당한 채 많은 간난곡절을 겪는다. '4인방' 분쇄 이후 누명을 벗고 곧 복잡하고 엄준한 개혁 투쟁에 뛰어들어 목숨을 내걸고 임강시의 개혁사업을 위해 분발·분투한다. 고생을 겪을 대로 겪고 사업에 대해 애착과 충성을 다하는 전형인 유소의 몸에는 더 많은 역사적 내용이 포함되어 있다. 그러나 진포첩은 기본상에서 시대의 행운아이다. 개혁자로서 그는 많은 작품들이 그려낸 주인공들과는 달리 1957년의 우파도 아니고 1959년의 우경 기회주의자도 아니다. 진포첩은 어떠한 곡절도 겪지 않았다. 농민의 아들로부터 정법학원의 대학 졸업생, 그 다음으로는 성위서기의 비서, T시의 시위서기로, 이렇게 기본상 순풍에 돛 단 격으로 발전을 하여왔다. 그에게 나타나는 가장 선명한 특징은 대학 졸업의 문화수준이 있고 비교적 높고 깊은 체계적 마르크스주의 이론 수양과 서구 문화의 잠재적·무의식적 영향이 있다는 것이다. 물론, 앞절에서 지적한 것처럼 하나의 모델로서의 유소와 진포첩은 모두 교광박의 그림자를 철저히 벗어나지 못하였다.

　서술 예술과 구조 예술로부터 보면 두 작품에는 나름대로의 선명한 특색이 있다. 『화원가 5호』는 5개의 서로 다른 시대를 포괄해야 했기 때문에 역사적 범위가 컸다. 때문에 작자는 의도적으로 하나하나의 수수께끼를 설치함으로써 독자들을 흡인하여 계속 읽어 뿌리를 캐고 진상을 파악하지 않으면 안 되게 하였다. 이런 독특한 서사 예술 수단과 그 효과를 시간과 공간을 교차시키는 구조 방식과 결합시키고, 또한 화원가 5호 별장에 대한 묘사에 의도적으로 신비스러운 색채를 부여함으로써 전체 소설에 기복을 주고 아주 강한 흡인력을 갖게 하였다. 인물 창조는 외국의 심리 분석 소설처럼 인물의 성격 심리와 사회 심리를 아주 잘 그려냈다. 작품 중의 한조(韓潮) 형상의 성공은 이런 심리 분석의 성공에 의해 얻어진 것이다.

『남자의 풍격』은 목전의 개혁을 반영하였기에 보다 선명하고 강렬한 시대 정신과 농후한 생활 맥락이 있다. 『남자의 풍격』은 동류의 다른 작품들과 비교해보면 하나의 현저한 특점이 있다. 즉 이론 색채가 상당히 짙은 것이다. 이는 장현량의 일관된 풍격이다. 일찍이 발표했던 「상록수」와 「남자의 반은 여자」에는 작가의 마르크스주의 정치·경제 이론의 비교적 높은 소양이 자연스럽게 표현되고 있다. 작품은 정치 개혁·도시 건설·애정 혼인·문학 예술·문학비평·간부 문제·청년 문제에 대해 모두 상당한 견해와 철학적 의론을 전개하였다. 사상의 불꽃이 튀는 이러한 의론은 예술 형상에 융합되어 사람들에게 예술의 향수를 느끼도록 해줌과 동시에 사상적인 계발도 줄 수 있었다. 심각하고 풍부한 사상은 작품의 영혼이다. 바로 이러한 것과 선명하고 완정한 예술 형상이 결합될 때에 작품의 강렬한 예술 매력도 산생되는 것이다.

3. 고효성의 '진환생 연작'소설 및 「연조비가」 등 농촌 개혁소설

Ⅰ. 최근 10년간 농촌소설 창작의 발전 맥락

건국 초기 30년 동안 농촌 제재 소설은 우리나라 현대 문학 사상에서 주도적 지위를 차지한 창작 제재였다. 현대 문학 중에서 가장 우수한 작가, 가장 성공적인 작품이 많이는 이 제재 영역내에서 출현하였다. 농촌 생활을 묘사하는 데 탁월한 솜씨를 가진 조수리·주립파·손리·유청·사정·마봉·이준·왕문석·여지견 등의 작품은 우리나라 농촌의 40년대로부터 60년대에 이르는 천지개벽의 거대한 변화(물론 실수도 없지 않았지만)를 반영하였다. 이 20년간의 우리나라 농민의 심령 세계의 발전 역사를 들추어내면서 그들이 처했던 그 시대가 배출한 농촌 사회 문제에 대답을 주었으며 상당히 높은 심미 가치가 있는 인물 형상과 예술 전형을 창조했을 뿐만 아니라 우리나라 민족 예술 진흥을 계승, 발양하는 동시에 각자 나름으로의 예술 풍격을 형성하였다. 총체적으로 말해서 40년대 이후의 중국의 현대 문학의 농촌 제재 소설 창작은 주목받을 만한 예술 성취를 얻었다.

10년 동란을 거친 70년대말에 와서 문예의 해방과 더불어 각종 문학 형식이 모두 전에 없던 번영과 발전을 가져왔다. 소설 창작 분야를 보아도 공업 제재·군사 제재·역사 제재·지식 분자 제재에서 모두 적지 않은 우수한 작가와 작품이 용솟음쳐 나왔다. 이에 비하면 신시기 최초 몇 년간 농촌 제재 소설 창작의 소생은 좀 느렸으며 시작도 늦었다. 급격히 변화되고 있는 농촌 현실 앞에서 어리둥절하기도 하고 방황하기도 했다. 11기 3중전회 후에 와서 농촌 신경제 정책의 실시와 농촌 경제 체제의 개혁에 따라 소설 창작이 점차 이루어지기 시작하였다. 「탈곡장에서」「아, 향설」「흑와의 사진 찍기」「이순대가 집을 짓다」「잘못 편집된 이야기」 등 훌륭한 작품들과 비교적 훌륭한 작품들이 계속 나타났다. 작품들의 현실주의적 깊이가 명확히 증대되었고 작품 예술에 새로운 돌파와 발전이 있었다. 그러나 총체적 사상 예술 풍모로 보면 조수리·주립파·유청의 높이에 이미 도달했거나 초월했다고는 말할 수는 없다. 이 시기의 농촌 제재 소설 창작은 더 이상 전반 소설 창작 중에서 두드러지는 지위를 차지하지는 못했다. 아울러 목전의 농촌의 거대한 변혁과 시대의 문학 창작에 대한 수요가 서로 적응되지 못하는 상황이 뚜렷하게 나타났다.

신시기의 최초 몇 년간 농촌소설 창작이 상대적으로 낙후했던 원인은 대체로 다음 몇 가지 점에 있었다. 1) 농촌 제재 소설 창작에 종사한 작가가 적었다. 잇달아 조수리·주립파·유청이 타계했고 다른 원로 작가들은 적게 쓰거나 다른 장르로 전신했으며 일부 작가들은 아예 쓰지도 않았다. 신시기의 농촌 제재 소설은 주로 고효성·하사광·장일궁·주극근·가평요·장석산·왕윤자 등 새로 나온 작가들에 의지했다. 2) 작가들의 생활 체험이 적었다. 3) 농촌의 너무도 빠르고 큰 변화는 사람들로 하여금 일시에 농촌 생활 맥락의 율동을 정확하게 파악하기 어렵게 하였다. 3중전회 이후의 농촌 현상에 대한 깊은 이해가 결핍되었다. 높이 보고 멀리 내다보는 전망의 능력이 결핍되었고 구체적인 정책의 실시에서 정확성과 착오를 통찰하고 분별하기 어려웠다. 특히 농민들의 군중 생활과 정신 면모에 대한 이해와 80년대의 새 농민에 대한 심각한 인식이 결핍되었다. 어떤 작가들은 아직도 몇천 년 전의 소농 경제 의식의 낡은 관념에서 해방되지 못하고 낙숫물 같은 개혁은 쓸 수 있었으나 천지개벽의 변화를 쓰기에는 기백이 부족했다. 이런 현상은 초량(楚良)의 「마리나 1세」, 양효성의 「장육지의 '혁명'」, 장일궁의 「화신」, 특히 장자룡의 「연조비가」가 출현한 후에야 농촌 개혁 제재의 소설 창작이 질적인 비약을 이루게 되고 기본상에서 시대의 발걸음에 따라나서게 된다. 물론 이것은 주로 사상 관념 방면의 변화를 가리키는 데에 지나지 않는다. 농촌 제재 소설의 예술상의 변화는 여전히 크지 않았다. 4) 신시기초에 농촌 제재의 소설 창작이 상대적으로 다른 제재보다 낙후하게 된 다른 한 중요한 원인은 장기간 현실주의 창작이라는 단일한 방향에 너무 집착하고 민족화·대중화·통속화를 추구하는 데 얽매여 예술상으로 보수적이고 폐쇄적이었다는 데 있다. 세계적인 현대 예술 사조와 방법이 농촌 제재의 소설 창작 영역에 진입되기가 아주 어려웠다. 이러한 현상은 「보리 장사꾼」「먼 산촌」「옛 우물」 등 뿌리 찾기 소설이 출현한 후에, 특히 막언의 「투명한 당근」「동그란 번개」, 왕안석의 「소포장」, 교건의 「소설 8

제」, 이예의「후토」와 가평요의 장편소설『부조』, 장위의 장편
소설『옛날의 배』가 출현한 후에야 기타 소설 창작과 어깨를
나란히 하는 데 손색이 없게 된다.

최근 10년의 농촌 제재 소설 창작의 발전 궤적을 종적으로
관찰한다면 대체적으로 현실주의의 복귀로부터 심화, 심화로부
터 개방적 발전이라는 세 단계를 거쳤다.

'상흔 문학'으로부터 시작하여(예컨대「노이혹의 결혼」「이유
재의 죽음」『허무와 그의 딸들』「장대장장의 로맨스」등) '반사
문학'(예컨대「잘못 편집된 이야기」「검은 깃발」「이순대가 집을
짓다」「범인 이동종의 이야기」등), 또 '개혁 문학'에 이르기까지
(예컨대「탈곡장에서」「흑와의 사진 찍기」'진환생 연작'「노반의
자손」「채홍평」「섣달·정월」「계와와 사람들」「마리나 1 세」「장
육지의 '혁명'」「화신」「연조비가」『부조』『옛날의 배』등)이다.
다만 각 창작 사조의 시간적 경계가 다른 제재에서보다 분명치
않을 뿐이다. 시작이 약간 늦었기 때문에 사조들이 서로 뒤얽혀
서 같은 시간대에 거의 함께 나타났던 것이다.

비록, 농촌 제재의 소설 창작이 시대의 요구에 적응하기에는
아직 거리가 멀었지만, 지난 30년간, 특히 신시기에 진입한 이
래의 우리나라 농촌의 발전 변화의 면모와 농민들의 심리·정신
의 변화 역사를 기본상에서 이미 그려냈다고 말할 수는 있다.

II. 고효성의 창작 및 그의 '진환생 연작'소설

고효성은 농촌 제재 소설 창작의 보편적인 불경기 속에서
「이순대가 집을 짓다」로 일거에 명성을 얻은 작가이다. 사실,
그는 일찍이 50년대에「해약」「불행」등의 단편소설로 강소성
에서 이미 아주 영향력 있는 작가였다. 농촌 생활에 극히 익숙
한 그는 농촌에서 태어나고 농촌에서 자라나 평생 40여 년의
농촌 생활이 있었다. 1957년에 '탐구자' 문학 동인과 그 간행물
이 우파로 몰려 하방되고 노동 개조를 받게 되었다. 간고한 생

활에 일반 농민들보다도 더 빈곤한 생활을 해야 했다. 그는 자신이 이미 완전한 농민으로서 다른 작가들처럼 생활에 심입할 필요 없이 농민의 생활과 사상을 분명히 이해할 수 있다고 스스로 생각하였다. 농민들의 생각과 자신의 생각이 다르지 않다는 것을 알았기 때문이다. 고효성은 신시기에 보기 드문 철저히 농민화된 작가였다. 극히 풍부한 생활 소재를 20여 년의 고난의 역사에 축적하였다. 일단 '4인방'이 분쇄되고 억울한 누명을 벗게 되자 가슴속에 쌓였던 생활 축적과 감정이 마구 솟구치며 한편, 또 한편의 농촌 생활을 반영한 소설이 발표되었다. 「특별표기」「흐르는 물결」「'가난뱅이' 주인」「이순대가 집을 짓다」「기나긴 하루」「진주를 줍다」「유당진 돼지시장」「주화영의 취직」「진환생이 도시로 가다」「진환생의 전업」「진환생의 도거리 생산」…… 이것들은 그의 20년 농촌 생활의 결정이었으며 예술상 꾸준하고 끈질긴 노력의 결과였다. 현실주의라는 미학 규범내에서 고효성은 그의 이전과 동시대의 작가와 비교해볼 때 모두 다 보다 진실하고 심각하며 보다 성숙된 경지에 도달했고 비교적 높은 심미 가치가 있었다.

같은 시기의 농촌소설 작가 중에서 고효성은 뛰어난 자신의 사상과 예술 특색을 갖고 있었다.

우선, 그는 예술 형상의 도움으로 농촌에서 가장 관심과 주의를 모으는, 모든 가정, 모든 사람들과 관계되는 중대한 문제를 발견하고 표현하였다. 만일 이 점으로만 고효성의 소설과 다른 문제소설들을 비교해본다면 별다른 것이 없을 것이다. 그러나 고효성의 소설은 문제의 제출이 더 첨예하고 발굴이 더 심각했을 뿐만 아니라 인간과 인간의 내면 세계 및 그 운명을 파고들어 일체를 인물의 성격과 운명을 통하여 표현하였기 때문에 보다 강렬한 감염력을 갖고 있었다. 전30년의 농촌소설과 비교해보면, 고효성은, 이전의 농촌소설이 농촌의 거대한 변화와 새 농촌, 새 생활, 새 인물에 대해 찬양하기만 하고 낙후되고 어두운 면은 은폐하는 그런 길을 더 이상 걷지 않았다. 사람들에게 사회주의 농촌의 밝고 아름다운 일면(때로는 거짓되게, 값싸게) 만 펼쳐보인 것이 아니라 현실주의 창작 원칙을 엄격하게 지키 면서 생활의 진실성을 확보하였다. 농촌 생활의 모든 방면에 대 해 전면적으로 진실하게 그려냄으로써 생활의 일체의 모순 중 에서 생활의 본질을 찾아내었다. 이리하여 그가 반영한 농촌 생 활은 보다 진실하고 전면적이고 심각하여 사람들의 굳은 신임 을 얻었고 놀라운 역량을 발휘하였다. 「'가난뱅이' 주인」「이순 대가 집을 짓다」「진주를 줍다」가 이 유형의 소설에 속한다. 작품에 제기된 것은 바로 천가만호에 관계되는, 매 사람의 의식 주에 대한 가장 기본적인 중대 문제였다.

이순대는 3칸의 벽돌집을 짓기 위해 옹근 30년이란 시간의 노력을 바쳤다. 아껴 쓰고 아껴 먹으며 폐지 줍기, 엿장사 등을 한다. 여동생과 함께 벌어 겨우겨우 모은 집 지을 돈과 재산은 1958년과 1966년 두 차례의 인위적인 재난으로 큰 좌절을 당 한다. 새 집을 짓는 계획은 수포로 돌아갔다. 고효성은 이 몇 년간의 터무니없이 변화만 하고 갈수록 극좌로 나아가는 농촌 정책이 농민에게 안겨준 거대한 불행을, 농촌 생활과 몇십 년간 의 농촌 경제 정책의 변화에 대한 자신의 놀라운 숙지를 바탕으 로 믿음성 있게 설명하였다.

3중전회 이후에 와서야 이순대의 새 집 짓기는 희망을 갖게 되었다. 고효성이 이순대가 집을 짓는 간난의 역사를 게시하는 데 있어서의 타인과 다른 점이라면 작품의 곳곳마다에 일종의 현실주의적 분촌감(分寸感)이 나타난다는 것이다. 우리나라 농 촌 사회에 존재한 엄중한 문제를 진실되게 전면적으로 폭로하 고 이러한 현상이 조성된 역사적 사회 근원을 발굴했을 뿐만 아 니라 항상 과장을 경계하여 매편의 작품마다 이것이 한가닥 광 명과 희망으로 나타나게 하였다(결코 광명의 꼬리를 덧붙인 것이 아니다. 현실 생활의 실제적 진척에 대한 진실한 반영이다). 「이순

대가 집을 짓다」가 사람들에게 알려주고자 하는 것은 건국 30
년이 되도록 농민이 아직 집도 없이 고생한다는 식의 값싸고 가
벼운 폭로가 아니라 30년의 건설을 거친 뒤의 우리나라에 아직
도 이런 현상이 존재한다는 것을 밝히는 것이다. 현실 변혁의
엄준성 및 그 광명의 앞날, 이 두 방면을 그의 작품은 유력하게
표현하였다.

고효성 소설의 다른 두드러지는 특색은 인물의 운명에 대한
묘사를 각별히 중시한 것이다. 인물의 운명 묘사 속에서 인물의
성격을 드러내고 인물의 심령을 게시하며 인물 형상을 빚어내
고 나아가서는 인물의 운명 속에서 작품의 주제 사상을 체현하
였다. 이것은 고효성이, 모든 예술의 대가들이 인물의 운명 묘
사를 중시하지 않은 사람이 없다는 고금중외의 문학 명작으로
부터 배운 예술 경험의 체현이었다.

'진환생 연작'소설(「'가난뱅이' 주인」「진환생이 도시로 가다」
「진환생의 전업」「진환생의 도거리 생산」)은 상당히 넓은 사회
생활을 무대로 하여(농촌의 범위를 이미 벗어나) 보통 농민인 진
환생의 운명의 발전 과정을 세밀하게 그려내었다. 배불리 먹지
도 못하던 가난뱅이 신세로부터 약간이나마 형편이 좋아져 내
다 팔 잉여가 생기게 되기까지, 어리석게 다른 사람에게 이용당
하여 명예롭지 못한 구매원 노릇을 하다가 양심의 가책을 받고
서 또다시 농촌에 되돌아와 착실하게 '도거리 생산'을 하기까지
를 그리고 있으며 더불어 11기 3중전회 전후의 중국 농촌 정치
경제의 변화·발전의 면모와 농민이 겪은 심령 변화의 역사를
기본상 개괄하였다.

「'가난뱅이' 주인」은 진환생이 그 부조리한 시대에 농사일을
죽자고 해도 도리어 먹을 양식조차 모자라는 형편을 묘사했다.
해방 초기의 열성적인 적극분자로부터 어떤 정책도 믿지 않고
성격이 "갈수록 침울하고 표정도 갈수록 무뚝뚝한" 사람으로
변해버린다. 너무도 배가 고파 마음까지 얼어붙었다. 3중전회

이후에야 '가난뱅이'의 모자를 벗게 되는 운명의 역사였다. 작품은 비록 진환생의 비참한 생활을 집중적으로 묘사함으로써 작자의 농민의 불행한 운명에 대한 깊은 동정을 표현하였지만, 소설의 결말에 가서는 생활의 진실한 진행 과정에 근거하여 진환생은 '가난뱅이'의 모자를 벗고 춘풍이 강남 양안을 푸르게 해주는 것 같은 그런 아름다운 전망을 얻게 된다.

생활은 언제나 시대의 발전에 따라 발전하게 마련이다. 진환생이 의식주 문제를 해결한 후에는 어찌 되었을까? 이리하여 작자는 「진환생이 도시로 가다」를 써서 배부른 진환생이 유유하게 도시로 들어가 무의식중에 도시의 고급 초대소 생활을 한 차례 향수하게 하였다. 소농 경제의 물질 문명 상태와 80년대 현대 문명 사이의 차이가 즉각 드러난다. 이어지는 것은 이러한 강렬한 차이 속에서의 진환생의 행위, 심리 상태와 정신 상태에 대한 유머러스하고 골계적인 멋진 묘사이다. 작품의 의도는 진환생과 같은 농민의 심령 중에 비쳐진 사회 변혁의 그림자를 묘사함으로써 배불리 먹는 데 만족을 느끼는 협애하고 근시안적인 소농 경제 의식과 현대 물질 정신 문명 사이의 거대한 차이를 게시하는 데 있다.

농민의 순박함과 근검함, 생활에 대한 요구가 높지 않음을 쓰는 동시에 그들의 짧은 안목, 자존망대도 쓰고 있다. 유머러스한 희극 스타일 속에서 그 불행을 슬퍼하고 그 무력함을 비난하는 풍자를 담고 있는데, 여기에는 노신의 「아Q정전」의 유풍(遺風)이 짙다.

어떻게 해야 농민들의 물질 생산 능력을 높이고 도시와 농촌의 차이를 줄이며 농민으로 하여금 80년대 현대 물질 정신 문명을 따라잡게 할 수 있는가? 「진환생의 전업」은 우리에게 농촌의 경제를 발전시키고 농민의 물질 생활 수준을 제고하는 길을 탐색해주었다. 작자는 여전히 희극적인 수법으로 진환생이 전업하여 구매원 노릇을 하는 과정에서 발생된 많은 희극적인 조우와 친히 겪은 감수를 세심하게 묘사, 진환생으로 하여금 땅을 버리고 전업하게 해서는 안 되며, 진환생이 소속했던 생산대가 농촌 실제를 떠난 공장을 차리는 것도 안 된다는 것을 독자들에게 알려준다. 작품의 마지막 부분에서 진환생은 몇 마디 말을 잘 하고서 상금 600원을 얻는다. 그러나 그는 더욱 침묵하게 된다. 성실한 진환생은 이 횡재가 자신의 노동의 소득이 아님을 인정하면서도 어떤 사람들이 손실을 받게 되는지는 생각해내지 못한다. 진환생은 잘못된 줄은 알지만 어떻게 해야 할지는 모른다. 사실, 당시의 작자도 어떻게 해야 좋은지를 알지 못했던 것이다. 급격히 변화되는 변혁 시기의 현실 생활은 줄곧 낙후되었던 농민들을 난처하게 했을 뿐만 아니라 적지 않은 작가에게도 곤혹을 안겨주었다. 고효성은 「진환생의 전업」과 뒤에 발표한 「진환생의 도거리 생산」의 재료 처리와 주제 제련에서 창작 지도 사상의 협애와 단견을 선명하게 나타냈다.

진환생은 어디로 가는가? 우리나라 농촌은 어디로 가는가? 고효성은 자신의 다년간의 농촌 생활 경험과 정치 관념으로 「진환생의 도거리 생산」을 통해 사람들에게 중국의 특색을 지닌 사회주의 신농촌으로 가는 길을 제시해주었다. 특정 성격을 가진 구식 농민 진환생으로 말하면 '도거리 생산'이나 토지를 맡아 경영하는 것이 하나의 출로일 수 있음은 말할 나위도 없다. 그러나 전체 농민, 전반 농촌으로 말하면 목전의 변혁 시기에 농촌의 자급자족의 자연 경제가 상품 경제로 크게 전화되고 있을 때, 도거리 생산이 유일한 출로라고는 할 수 없다. 고효성이 농촌 생활에 대해 익숙하고 농민 사상에 대한 이해가 깊다는 것은 그의 창작의 유리한 조건이다. 그러나 만일 사상 경계도 농민과 같은 높이에 머물러 있고(고효성 자신이 말한 것처럼, 농민의 생각과 자신의 생각이 다르지 않고) 창작상에서 자신이 체험한 현실 생활에 지나치게 구속받는다면 그것은 생활을 개괄하고 반영하는 능력에 영향을 미치고 모종의 편면성을 낳을 것이

다. 만일 고효성의 작품을 뒤에 출현한 초량의 「마리나 1세」,
양효성의 「장육지의 '혁명'」 장일궁의 「불의 신」, 가평요의 「정
월 섣달」 「계와와 사람들」, 특히 장자룡의 「연조비가」와 비교
해본다면 고효성의 사상과 시각의 국한성을 명확히 알 수 있을
것이다.

Ⅲ. 「연조비가」 등 농촌 개혁을 반영한 소설

농촌 문제란 바로 토지 문제이다. 중국 농민의 운명은 수천
년래 언제나 토지와 긴밀히 연계되어 있었다. 시인 애청이 쓴
「농부」는 구중국 농민에 대한 고도의 형상적 개괄이다. "얼굴
은 흙의 색깔/몸에 풍기는 것도 흙냄새" "그들의 침울함 땅과
같고 말없음 또한 땅과 같네" "살아서 흙을 개간하고/죽어서는
고통을 그 흙 속에 심는다." 신중국이 성립된 후 토지 개혁으로
부터 호조조·초급사·고급사·인민공사에 이르기까지 농촌 경
제 체제에 그 많은 변혁이 있었어도 농민은 토지의 속박에서 해
방되지 못하였다. 11기 3중전회 이후, 새로운 농촌 경제 정책
의 실시로 인해 농촌에 근본적인 변화가 일어나고 상품 경제가
고래의 소농 경제를 극히 크게 충격하였다. 사상과 시각이 예민
한 일부 작가들은 생활 속의 새 사물, 새 현상, 새 모순과 새로
운 인물을 신속히 파악하고 예술 형상을 창조함으로써 이전에
출현하지 않았던 많은 참신한 인물 형상들을 부각해냈다.

초량의 「마리나 1세」는 가정에서 '독립'하여 나온 한 농촌
처녀가 전통적 농업과 토지를 떠나서 대규모로 양계 사업을 펼
치는 것을 그림으로써 몇천 년간 형성되어온 생산 방식과 생활
방식을 타파하고 우리 앞에 한 폭의 새로운 사회 관계도를 펼쳐
보인다.

양효성의 「장육지의 '혁명'」은 수천만의 인심을 격발시킨 중
대한 문제, 즉 농촌의 새로운 경제 정책이 '우리 공화국의 장래
의 성질'을 개변시킬 수 있지 않겠느냐 하는 문제를 틀어쥐고

시대 분위기가 있는 사회 환경을 무대로 농민 장육지가 6마리
의 젖소를 키우던 데로부터 40마리를 키우기까지의 '혁명'을
통하여 신시기 농촌 개혁의 찬가를 지어냈다. 작자는 작중 인
물의 입을 빌려 감개무량하게 토로한다. "필경 30년이 지났
다…… 아직도 '30무의 땅에 한 마리의 소, 그리고 처자식에
따뜻한 구들' 이런 눈길로 그들을 대하고 지도한다면 얼마나 황
당한 것인가!"

　장일궁의 「불의 신」은 '2만원호'인 곽량에 대한 이야기를 썼
다. 작자는 생활에서 출발하여, 유황을 제련하여 치부하는 일을
사회주의의 길을 가는 일과 예술적으로, 믿음성 있게 연관시켰
다. 일부 농민들이 그들의 '열토(熱土)'를 떠나 상품 생산의 유
통 영역으로의 진입을 포함하는 다른 직종으로 전신하는 것을
그렸다. 공업과 농업의 삼투·교차 그리고 공·농의 경계의 점
차적인 소실이 이미 생활 속에서 나타나고 있는데, 장일궁은 목
전의 농촌 생활 발전의 이러한 추세를 대담하게 긍정한다. 「불
의 신」에서 곽량의 형상은 이런 농촌 형세에 곤혹을 느끼고 있
는 일부 작가들에게 계발적인 의의가 있었다.

　무엇보다도 기백이 있는 작품은 장자룡의 「연조비가」였다.
본래의 소농 경제를 농공상 연합공사로 대체하고 4년내에 농촌
의 낙후된 모습을 개변시켜 온 마을을 천만 원의 부자로 만든
'현대의 괴걸' 무경신(武耕新)을 쓴 작품이다. 이는 중국 문학
사상에 전례가 없는 신형의 농민 형상이다. 작품은 30년간의
중국 농촌 발전의 경험 교훈을 총화함과 동시에 3중전회 이래,
농촌 경제 체제 개혁에서 나타난 새로운 문제와 모순을 총화하
면서, 집체화로부터 분전도호(分田到戶)로 가는 것은 일종의 후
퇴라고 대담하게 지적하고, 중국의 국정에 알맞는, 사회주의 신
농촌 건설의 개혁의 길을 제출하였다. 작품은 넓은 역사와 현실
을 배경으로 하여 80년대적 기질을 가진 신형 농민의 전형을
그려냈다. 그들의 몸에는 이미, 대대로 전해내려온 아Q 기질과

아Q 모습이 없는바 사람들이 생각하는 전통적인 '농민' 관념을 바꾸어놓는다. 「연조비가」는 농촌 제재 소설이기는 하지만 짙은 기름 냄새도 풍김으로써 장자룡의 대공업 프롤레타리아 작가로서의 높이 바라보고 멀리 내다보는 시각과 넓고 두터운 감정을 잘 보여준다. 작품의 사상·입의(立意)의 측면에서 볼 때, 소농 경제 의식의 속박에서 아직 해방되지 못한 농촌 제재 작가들의 작품을 훨씬 뛰어넘고 있다. 고효성의 사상상의 국한성도, 그가 농민들을 위해 가야 할 길을 선택할 때 지도성을 띤, 강대한 개혁 에너지를 갖는, 그리고 보편 의의를 갖춘 무엇인가를 결핍한 데 있었다. 예술상으로 보면, 「연조비가」는 장자룡의 일관된 풍격을 발양하여, 비장하고 강개하며 굳센 의지와 웅대한 포부를 띠고 있다. 특히 반(半)실록·반(半)허구의 '보고소설'이라는 문체상의 새로운 형식을 채용하여, 진실한 곳에서는 숫자를 근거로 하고 격동이 있는 곳에서는 사람을 감동시켜 눈물을 흘리게 하는 현실주의와 이상주의가 결합된 우수한 작품이다. 지적해야 할 것은 농촌 개혁을 반영한 이 유형의 다수의 작품들이 사상 주제상으로는 끊임없이 새로운 개척이 있었으나, 예술상으로는 흔히 일반화로 흘러 관념적인 것이 훌륭한 예술적 전화를 얻지 못하고 심지어는 여전히 도식화의 흔적을 맞는다는 점이다.

반대로 고효성의 소설은 사상적 측면에서는 비록 때로 저차원적이고 근시안적이기도 하지만, 그의 적지 않은 작품들은 예술상으로 상당히 정치하고 문체가 소박하고 침착하며, 표현력이 강하고, 작품의 대중화·민족화에 주의를 기울였다. 서술은 많이 하고 백묘수법을 즐겼으며 평범하고 소박한 서술 속에서 이따금씩 명철하고 유머적이고 풍자적인 의론을 전개하였다. 즉 이른바 평범 속에서 기이한 것을 볼 수 있고 차가움 속에서 뜨거움을 느낄 수 있다는 것이다. 전통적 현실주의의 미학 범주내에서 예술 품위와 격조가 모두 비교적 높은 경지에 도달했으며 독특한 예술 풍격이 있는 작가였다.

'진환생 연작'소설 이후로, 고효성은 수법을 바꾸었다. 관용해온 현실주의 창작 방법을 떠나서 작품의 상징 색채를 추구하는 데로 전환, 「돈지갑」「산속에서」「낚시질」「비마(飛磨)」「노끈」「호인 강곤대」「물밑의 장애」 등과 같이 민간 전설과 우화 이야기를 이용하여 간접적으로 생활을 표현하는 상징소설과, 심지어는 부조리소설까지 썼다. 평론계의 포폄 여부와 관계없이 새로운 표현 형식에 대한 시험으로서, 그리고 현실주의에 대한 풍부화와 보충으로서 이 작품들은 의미가 있는 것이다. 그러나 예술상의 효과로 말하면, 사상의 풍부성, 심각성, 첨예성에 대해 평론가들이 어떻게 말하든간에, 사실상, 「이순대가 집을 짓다」나 '진환생 연작'소설과 같은 강렬한 반향은 더 이상 일으키지 못했다.

4. 농촌 개혁과 도덕·윤리 가치 변화의 심미적 반영
──가평요의 중편 농촌 개혁소설

농촌 개혁 제재를 묘사한 많은 소설 작품 중에서 섬서 청년 작가 가평요가 연속 발표한 3편의 중편소설 「소월전본(小月前本)」(『수확』, 1983년 5기), 「계와와 사람들」과 「섣달 정월」(『시월』, 1980년 2기, 4기)은 현실 변혁 생활 반영의 적시성과 심각성, 시대 특징이 풍부한 몇몇 인물 형상의 성공적인 창조, 그리고 특유한 관찰 시각과 향토 풍속화식 표현 방법으로 인하여 독자와 평론계의 특별한 주목을 받았다.

이전에 가평요는 단편을 위주로 썼었다. 초기 작품으로는 「첫 수업」「만월」「단양」「조용한 설야」「대나무와 함수초」등(모두 단편집 『산지필기』에 수록되었다)이 있다. 모두가 산간 생활의 새로운 변화를 이야기하면서 산촌 사람들의 아름다운 정감과 미래의 행복한 생활에 대한 열렬한 갈망과 추구를 썼다. 작품의 풍격은 산간의 작은 냇물처럼 맑고 명쾌하였으며 생기로 넘쳤다. 생활 경력과 예술 공력의 제한으로 인해 이 초기의 작품들이 비교적 단순하고 얕으며, 생활 속의 고유한 모순을 정시하지 못하고 보다 깊이 파고들지 못하며 그리하여 전반적으로 가벼운 느낌이 드는 것은 물론이다. 창작상의 이러한 문제에 관하여 평론계에서 선의의 지적을 하자 가평요는 이를 극복하기 위해서 일찌감치 방향을 전환하였다. 그러나 오히려 짙거나 옅은 허무 색채를 띠게 되고 생활 발전의 전망에 대해서도 막막해지게 된다. 이에 대해 평론계는 다시금 열정적인 조언으로 가평요를 고향 상주에 돌아가 급격히 변혁하고 있는 농촌의 현실 생활로 들어가게 하고, 연속 서너 편의 중편소설을 창작하게 하였다. 이 작품들은 생활을 반영한 깊이나 넓이, 인물 형상 창조의 성공, 그리고 지방 색채와 농후한 생활 맥락 등 각 방면을 막론하고 모두 그의 창작의 새로운 단계, 새로운 높이를 표지하였다. 평론계는 "산중수복하여 길이 없는가 했더니 유암화명에 또 한 마을이 보이누나"라고 그의 창작상의 이 중대한 전환과 돌파를 형용하였다. 이 몇 편의 중편소설들은 내용상 서로 근사하고 연관되지만 사상 심도는 점차 깊어졌고 표현 수법도 서로가 달랐다.

I. 「소월전본」과 「계와와 사람들」

자매편 같기도 한 이 두 작품의 공통된 특징은 모두 애정·혼인과 가정의 풍파로부터 착수하여 애정·혼인·가정 풍파에서 표현된 도덕·윤리 가치 관념의 변화를 통하여 우리나라 농촌의 역사적 변혁의 거대한 위력을 반영하고 찬미하였다는 데 있다.

「소월전본」 중의 소월은 총명하고 영민하며 발랄하고 다정한 소녀이다. 전통적인 도덕 관념과 인간에 대한 가치 평가로부터 출발하여 그녀는 말수 적고 무던하며 소박한 재재(才才)와 혼약을 맺었다. 그러나 상품 경제의 충격 아래 농촌의 새로운 생활 사조, 새로운 생산 방식과 새로운 물질 문명이 그녀를 강렬하게 흡인하였다. 한편 재재는 생산, 생활 애정, 인품 등 각 방면에서 낡은 것과 변할 줄 모르는 전통 관념을 고수하였다 그리하여 소월의 감정은 영활한 두뇌, 대담한 행위, 넓은 견식과 새로운 생활 사조에 적응할 수 있는 문문(門門) 총각에게로 옮겨진다. 작품은 바로 소월이 재재와 문문 사이의 선택과 선택 표준, 이를테면 말수 적음, 무던함 등의 전통 도덕 관념이 아니라 인간의 소질·재능을 중시하는 변화를 묘사하면서 시대가 일으키고 있는 놀라운 변화를 생동적으로 형상적으로 찬미하였다.

「소월전본」 중의 소월과 문문의 개혁 의식이 그다지 명확하지 않고 개혁의 보조가 크지 않음으로 해서 그들의 행위로 야기된 모순·풍파가 아직 그다지 첨예하고 복잡하지 않다고 한다면 「계와와 사람들」은 보다 첨예하고 복잡한 모순 충돌 속에서 보다 심각한 사회·인심과 윤리·도덕의 변화를 표현하였다. 개혁 창신과 보수 수구라는 당전 농촌 경제 체제 변혁중의 중요한 모순을 에워싸고 작품은 두 가정의 파열과 재조합을 그렸나. 화와는 개혁을 위해 거의 가산을 탕진하다시피 하고 아내에게 쫓겨나고, 화화(禾禾)의 개혁에 동정과 지지를 보내는 연봉(烟峰)은 남편 회회(回回)에게 의심을 받고 다투게 된다. 줄거리의 발전과 모순의 격화에 따라 이 두 가정은 모두 파열되지만, 그러나 또 아주 희극적으로 재조합을 진행한다. 작품은 재치있고 세밀한 필치로 이 두 부부의 성격과 취미의 차이로부터 이상과 지향에 이르기까지의 대립을 묘사하면서 마침내 이혼과 재혼에 이르게 되는 사회 및 역사적 근원을 게시, 사회경제 체제의 변혁이 애정·혼인·가정에 미친 거대한 영향을 설득력 있게 표현하였다.

급속히 변화되고 있는 농촌을 무대로 작가는 서로 다른 성격 특징과 생활 관념의 몇몇 인물 형상을 잘 부각해냈다. 사회 변혁의 그들에 대한 충격을 그려내고 각자의 심령상의 변화를 그려냈다. 특히 개혁에 용감히 나서는 청년 농민 화화의 형상 창조는 비교적 심후한 사회 역사 내용과 전형 의의를 갖고 있다. 작품은 개혁자로서의 그가 사업 중에 부딪히게 되는 몇 차례의 중대한 좌절, 참혹한 고통과 개혁의 첫 승리의 환희를 집중적으로 그렸다. 문문에 비하면 화화는 자각적인 개혁자이다. 그는 제대 군인으로서 문문보다 더 견식이 많고 사상·의지와 품위에서 모두 엄격한 훈련을 받았다. 새로운 사물에 대한 반응과 접수 능력이 문문보다 강하고 당의 정책도 빨리 접수하는 능력이 있다. 개혁의 물결 속에서 강한 사업심이 있기 때문에 현실에 만족하지 않고 현실을 개변하기 위해 노력을 아끼지 않는다. 여우 사냥, 두부 제조, 누에치기, 뽕나무 심기 등의 거듭되는 좌절과 실패 때문에 가정이 파괴되고 거리를 떠돌아다니며 사람들의 조소도 받게 되지만, 그러나 그의 굳센 의지는 압살되지 않고 무너지지 않으며 용감히 전진하여 끝내 성공을 얻게 된다. 이러한 현대화의 시작, 견인불발의 정신 및 새로운 생산 경영자의 두뇌가 곧 화화가 구식 농민을 초월한 표징이다.

　작품의 나머지 세 사람도 모두 상당히 뛰어나게 묘사되었다. 상쾌하고 발랄하며 시원시원한 연봉, 온순하고 선량하며 부지런한 맥웅(麥絨), 소박하고 근검 절약하는 회회, 이들은 모두 소박하고 선량하고 성실한 농민이다. 수천 년간 그들은 이 땅을 지키며 거두는 만큼 먹고 낡은 것을 지킬 뿐 변혁 의식을 결핍했고 현상에 순응할 뿐 모험 정신이 없었다. 사회에 일단 중대한 변혁이 발생하자 화화와 같이 본분을 지키지 않는 사람이 나타나기 시작하였다. 불규칙적인 진탕이 표면의 조화를 파괴하였고, 정감의 동요는 마침내 배열 조합의 재구성에까지 이르렀다. 연봉과 화화가 결합하고 맥웅과 회회도 가정을 이룬다. 작품은 이 두 부부의 이혼과 재혼을 통하여 윤리·도덕 방면으로부터 농촌 경제 변혁의 거대하고 심각한 역량을 표현하였다.

Ⅱ.「섣달 정월」

「섣달 정월」은 사상 심도와 표현 각도에서「소월전본」「계와와 사람들」보다 더 심각하고 참신했다. 그것은 일반적인 윤리 도덕의 각도로부터 생활을 반영하는 데 국한되지 않고 묘사의 중심을 모든 낡은 관념, 낡은 세력을 위한 만가를 부르는 데 두고 보수 세력의 불가피한 실패에 대한 묘사를 통해 농촌의 새로운 변화를 열정적으로 찬미하였다.

작품은 어느 한 지방에서 아주 위망이 높은, 한현자(韓玄子)의 형상을 성공적으로 창조하였다. 환갑이 넘은 그는 제자가 많고 당정 부문의 일부 사람들과도 내왕이 있는 퇴직 노인이다. 사리가 밝다고 자부하는 그는 개혁자 왕재와 아무런 원한도 없고 왕재의 치부를 탐내는 것도 아니며 그에게 좌적 사상이 있다고 개괄할 수도 없지만, 그러나 이 사람은 가는 곳마다 왕재와 충돌한다. 왕재의 인품이나 사회적 지위를 경멸하며 입만 열면 "왕재가 대체 어떤 놈이야"라 할 뿐만 아니라 자신의 위망을 이용하여 사람들로 하여금 왕재를 곤경에 빠뜨리게 한다. 그가 이렇게 하는 것은 완전히 일종의 완고한 전통 관념과 습관 세력에서 나오는 것이다. 그는 자신의 존귀(尊貴)를 믿으며 '중농경상(重農輕商)'을 주장한다. "용(龍)이 아직 하늘에 있는 한, 벌레는 여전히 땅에서 기어야 한다"고 생각하고 왕재가 상업 경영으로 치부의 길을 걷는 것은 바른 길이 아니라고 생각한다. 이러한 사람이 필경 사람들의 눈에 영웅으로 비치고 심지어 지위도 그를 넘어서게 되는데 그는 이 사실을 받아들이지도 못하고 한사코 인정하지도 않으려 한다. 그러나 생활은 결코 그의 소망대로 되지 않는다. 왕재의 사업은 갈수록 흥성하고 새로운 경제 정책은 이미 그 분명한 우월성을 나타내며 결정적인 승리를 획득한다. 그러나 한현자는 여전히 각성하지 못하고 고통과 절망에 빠져 외친다. "그놈은 아직 아무것도 아니야. 그놈의 본을 따르라구. 어림두 없어. 두고 봐, 그놈 절대 좋은 뒤끝 없을 걸." 당시 농촌의 각종 낡은 사상, 낡은 관념, 낡은 의식의 대표인 그는 완고한 보수 세력의 대표이기도 하다. 작품은 그의 실패를 가지고 농촌 개혁을 저해하는 모든 보수 세력에게 한 수의 만가(輓歌)를 불러주고, 반면으로부터 개혁의 승리를 찬미하였다. 작가는 농촌 생활과 각양각색의 인물에 모두 너무나 익숙했기 때문에, 한현자의 형상을 그토록 생동하게 묘사함으로써 이 형상으로 하여금 풍만한 성격과 두드러진 풍격으로 당시 농촌 개혁 제재의 소설 창작 중에 독특한 풍채와 전형적인 의의가 있는 예술 형상으로 되게끔 하였다. 농촌 개혁을 반영하고 가송하는 작품에서 개혁자 형상의 부각을 주요 임무로 하지 않고 최대의 편폭으로 개혁을 반대하는 보수 인물의 형상을 정성 들여 빚어내는 이러한 구상 역시 아주 독특한 것이 아닐 수 없다.

Ⅲ. 가평요의 세 소설의 예술 특색

이 3편의 소설은 예술 표현상에서도 극히 특색이 있다. 이 3편의 작품은 모두 이야기 줄거리의 큰 기복과 곡절, 파란을 추구하지 않고(「계와와 사람들」은 약간 예외로 희극화의 흔적이 있다) 농촌 개혁이라는 중대한 제재를 아주 자연스럽고 유연하게 서서히 풀어나감으로써 독자로 하여금 부지불식간에 강렬한 예술 감염을 받게 하고 소박하고 충실한 예술 매력을 느끼게 하였다. 그러나 사람들에게 가장 칭찬을 많이 받은 것은 작품 중의 자연적인 아름다움과 시적 의미로 충만한 풍속화적 묘사이다. 가평요는 진(秦) 지방 산지의 다채로운 풍속화를 잘 그려내는 단청(丹靑)의 대가로서 손색이 없었다. 단강하가 아로새겨진 유연한 정취와 위험한 장면, 조용한 설야 속에 잠긴 마을의 시적 운치와 개고기 삶는 구수한 향기, 물 속에 뛰노는 물고기, 산속의 상지(商芝), 흙 속의 연채(蓮菜), 우우(牛牛)가 양아버지를 모시는 예식, 사서(史書)에 오른 '사호묘(四皓墓),' 시집가는 여자의 여러 가지 절차, 음력 설날 아이들의 세배와 세뱃돈, 다양한 양식의 사자놀이, 죽마(竹馬), 마녀(魔女)…… 등등, 바로 이 모든 것이 가평요의 풍속화 작가로서의 심후한 공력을 말해준다. 보다 중요한 것은 가평요가 풍속화 묘사와 심각한 사회 생활 내용의 개괄의 통일, 풍속화와 시대 정신의 통일을 비교적 잘 해결하였다는 것이다. 예를 들면 '불무지 던지기'는 원래 농민들이 귀신을 쫓는 데 쓴 미신 행위이지만, 그러나 「계와 와 사람들」에서는 이혼한 화화가 맥융 모자를 그리워하던 끝에 맥융을 찾아갔다가 맥융이 던지는 불무지에 맞는다. 여기서 '불무지 던지기'는 일종의 미신일 뿐만 아니라 농촌 개혁에 대한 이해와 태도의 차이로 인해 생긴 화화와 맥융 사이의 갈등을 설명해주기도 한다. 「섣달 정월」에서는 사자놀이를 묘사하면서 이 단순한 오락으로 행운을 바라는 민간 풍속 활동에 강렬한 시대 맥락을 투입시키고 개혁자에 대한 보수 세력의 배척과 타격을 교차시킴으로써 이 민간 오락에 복잡하고 심각한 사회 내용을 부여하였다. 풍속화 묘사는 오직 사회 생활 및 시대 정신과 결합되었을 때만 보다 심각하고 보다 높은 차원의 미학적 의의를 얻을 수 있다.

5. 산동 작가군의 농촌 개혁 현실에 대한 독특한 심미적 관조
──「노반의 자손」「노인창」「가을의 분노」 등

산동 작가군은 주로 신시기 이후 출현한, 왕윤자·교건·장위 및 이관통·용봉위·윤세림 등을 대표로 하는 젊은 세대의 작가들을 가리킨다. 그들은 모두 황하 하류 지역이나 교동반도에서 태어나고 성장하여 그 지역의 문화 소양을 받아들였고 사상 관넘으로부터 예술 관념에 이르기까지 모두 아주 많은 동일하고 근사한 점들을 갖고 있었다. 80년대 '개혁 문학'의 큰 조류, 특히 농촌 변혁을 반영하는 작품 중에서 산동 작가군의 창작상에서 나타난 모종의 공통적 특징은 그들로 하여금 기타 지역의 작가나 작품과 뚜렷이 구별되게 하였다. 그들은 지역 색채나 풍속화 묘사에 의거한 것이 아니라 생활과 예술에 대한 독특한 발견과 독특한 사고, 그리고 독특한 예술 표현에 의거했다.

산동 작가군의 관념과 심미상의 이러한 공통된 특징은 아래의 몇 가지로 귀결시킬 수 있다. 첫째, 공자·맹자의 '민본 사상'과 '범애중(泛愛衆)'의 주장을 서구의 '인도주의'와 결합시켜 일체를 인민으로부터 출발하고 민중의 질고를 관심하며 인민은 곧 하늘이라는 현대적 높이에까지 승화시킨 것이다. 둘째, 도덕 원칙과 역사 원칙이 충돌을 일으킬 때 그들은 늘 전통 도덕(미덕)의 입장에서 역사의 발전과 후퇴를 판단하였다. 그들은 진보적인 사회 변혁과 역사 운동은 필연적으로 도덕·문명의 진일보한 완성과 제고도 동시에 추진한다고 생각하였다. 셋째, 예술상에서 그들은 현실주의의 우량한 전통에 집착하면서 새롭고 이상한 것을 추구하지 않았다. 다른 지역의 작가들이 다종다양한 문학 주장과 새로운 관념을 제출하고 의식의 흐름, 부조리, 환상적 소설을 분분히 쓰고 있을 때 그들은 여전히 현실주의를 견지하였고, 소설은 인민의 고통을 접촉해야 하고 인민들의 마음속 말들을 전해야 한다는 것을 견지했으며, 오직 "진정으로 인민성을 가진 작품이라야만 현실을 심각하게 반영할 수 있다"고 생각하였다. 설사, 후에 일부 모더니즘의 표현 방법을 흡수하였다 하더라도 근본적으로 말하면 그들의 작품은 여전히 현실주의, 혹은 개방된 현실주의였다.

왕윤자의 「노반의 자손」, 교건의 「노인창」과 장위의 「가을의 분노」 등의 작품은 비교적 전형적으로 산동 작가군의 관념과 심미상의 이러한 독특성을 반영하고 있다.

I. 왕윤자와 「노반의 자손」

왕윤자는 「게를 팔다」「주부」를 써서 연속 상을 받고 일시 이름을 날렸지만, 그러나 그 자신은 이에 만족하지 않고, 이 작품들이 너무 단순하고 너무 맑고 깨끗하며 사상 경향도 너무 명확하다고 느꼈다. 이리하여 그는 보다 심각하고 보다 복잡하며 보다 내재적이고도 힘있는 작품을 추구하기 시작하였다.

중편소설 「노반의 자손」이 바로 새로운 의미가 있고 깊이가 있으며 당시의 사회 생활의 새로운 과제, 새로운 모순을 대담하게 접촉하고 게시하는 동시에 복잡한 영혼과 성격을 가진 인물 형상을 창조해낸 작품이다. 이 소설은 많은 '개혁소설'들이 정면으로 개혁의 거대한 위력을 가송하고 개혁자의 영웅 형상을 부각하는 것에 반대하면서, 개혁중에서 부딪치는 곤란과 좌절을 간단하게 반영하지 않고, 생활의 실제로부터 출발하여 개혁 과정 속에서, 거대한 역사적 진보 속에서 사람들의 도덕 수준의 하강을 민첩하고 심각하게 발견해내고 당면 개혁의 역사 발전에 처음으로 비판적 태도로 개입, 개혁을 위해 송가를 부르는 것이 아니라 '수심가'를 불렀으며, 시대의 물질 생활 발전과 정신 생활 발전 사이의 불균형, 그리고 경제의 활약과 팽창 뒤에 나타난 도덕 역량의 빈약·궁핍에 대한 작가의 깊은 우려를 표현하였고, 이로부터 작가의 이상과 희망을 나타내주었다. 이른바 이상과 희망이란 보다 높은 차원에서 역사 원칙과 도덕 원칙, 사회 진보와 인간성 완성 사이의 새로운 협조와 평형을 찾는 것이었다. 작가 자신이 말한 것과 같이, "개혁은 마땅히 우리 인민들을 보다 선량하고 문명적으로 변화시켜야 하는 것이지 그 반대가 아니다."

「노반의 자손」은 아버지와 아들 두 세대의 목공들의 개혁 과정중에서의 심령의 역사적인 변화를 통하여, 그리고 이로 인해 생겨난 정감과 도덕의 모순 충돌을 통하여 진실하고 세심하게,

심각하고 감동적으로 작가의 사상을 표현하였다. 선량하고 성실한 노목공 황지량은 자신의 손재주와 양심에 따라 20년간 대대의 목공소를 어렵게 경영해왔는데 '큰 가마밥'을 먹는 농촌 경제 체제에서 더는 유지해나갈 수가 없어 마침내 문을 닫게 된다. 그가 그토록 애를 쓰며 만회하려 하여도, 사람들을 위하여 경영을 잘하지 못했다고 그토록 자신을 질책하여도, 여전히 농민들을 위해 농기구를 수리해주고 싶어해도, 목공소의 폐업을 만회할 길이 없다. 이것은 낡은 경제 체제의 필연적인 결과로써 그의 의지에 따라 바뀔 수 있는 것이 아니었다. 노목공과 반대로 그의 양아들 황수천은 당전 농촌의 개혁 형세에 적응하고 그것을 이용, 우선 밖으로 나가 목공일을 하다가 나중에는 개인 명의로 목공소를 차린다. 그러나 그도 필경은 개인적 치부를 목적으로 하는 소생산자로서 소용돌이와도 같은 개혁의 물결 속에서 노동 인민의 양호한 미덕을 점점 잃게 된다. 노반의 훈시를 잊고 심지어는 배반까지 하여 이기적이고 탐욕스러우며 허위적이고 냉혹하게 변하는데, 돈벌이를 위해 투기도 하고 뇌물도 바치고 마을 사람들을 착취하기까지 한다. 근로·선량하고 정직한 노반의 자손으로서 노목공은 이 사회에 출현한 여러 가지 열악한 풍기를 용납하지 못하며, 마을 사람들에 대한 아들의 잔혹과 냉막을 용납하지 못하고, 그가 선동하는 이른바 항상 '부자가 옳다'는 이기주의를 용납하지 못한다. 그리하여 그는 의혹에 빠지고 고민하고 고독에 사로잡힌다. 서로 용납하지 못하는 두 영혼과 성격은 맹렬한 충돌을 일으켜 젊은 목공 황수천의 두번째 가출을 초래한다. 작품은 바로 이렇게 당전의 농촌 변혁중에 출현한 도덕의 역전 현상을 에워싸고 인물의 심령과 감정의 심층 구조 위에서 특정 시대의 특정한 사회 심리와 정서를 펼쳐보였다.

어떤 사람들은 「노반의 자손」이 도덕 원칙으로 역사 과정을 평가함으로써 '역사를 도덕화'하는 착오 경향을 나타냈다고 비판했다. 심지어는 작자가 "도덕 방면의 주관적 의분을 토로하기 위하여 사회적 갈등에 내포된 역사적 내용을 희생"하였다거나 "정치상으로 부정확하다"고 말하기도 하였다. 우리는 이러한 비판은 좀 지나치다고 본다. 왜 모든 예술 작품이 표현하는 사상이 반드시 당전의 정치경제 형세 및 정책과 일치할 것을 요구하는가? 왜 원래 '시'에 속하는 것을 억지로 정치·경제학 강의의 자리로 끌고 가야 하는가? 「노반의 자손」이 반영한 것이 특정한 시대의 특정한 정서로서 아주 진실하고 감동적인 것이 아니란 말인가? 당전의 개혁을 반영하는 데 있어서 하나의 모델만 있고 가송만 할 수 있으며 그 광명과 아름다움, 그리고 필연적인 성공이나 승리만 써야 하는 것인가? 왜 현실 생활 속에 진실로 존재하는 문제와 암흑을 반영하기만 하면 그 작가를 개혁 옹호의 대립면으로 밀어넣는 것인가? 그 어떤 비판도 작품의 실제를 떠나서는 안 된다. 사실상 「노반의 자손」은 개혁에 초점을 맞춘 것이 아니었다. 노목공은 아들이 개인 목공소를 차리는 것에 대해서 반대하지 않았고 새로운 노동 방식과 노동 치부의 길에 대해서도 반대하지 않았다. 노인이 반대한 것은 다만, 개혁의 흐름 속에 나타나는, 개혁을 저해하고 심지어는 개혁을 매몰시킬 수도 있는 부정한 기운과 역류일 뿐이다. 작품의 실제로부터 보면 작품이 반영한 것은 역사 원칙과 도덕 원칙의 모순이 아니라 개혁의 물결 속의 두 가지 도덕 원칙(선과 악)의 모순이었다. 또 어떤 사람은 산동 작가군의 사상 관념상의 보수와 낙후(마치 산동에서 공자와 맹자가 나왔기 때문에 그의 자손들도 필연적으로 낙후적이고 보수적이듯이)로부터 그들의 예술 관념도 보수적이고 낙후적인 것으로 유추하였다. "다른 지역의 작가들이 문화의 뿌리 찾기, 블랙 유머, 의식의 흐름, 상징주의와 환상적 리얼리즘 등 각종 모더니즘" 창작 방법을 분분히 시험하고 있을 때 "그들은 오히려 기본상 현실주의 원칙을 견지하면서 전원시적 맥락을 추가하였는데" "이는 그들의 인물 성

격·구조 유형·서술 언어를 모두 진부하게 만들었다.” 이러한
질책도 일종의 사이비 비판이다. 창작 방법에는 신·구의 구분
이 있지, 선진과 낙후, 우수한 것과 저열한 것의 구분은 없는
것이다. 현실주의와 모더니즘은 두 가지 서로 다른 미학 범주에
속하는 것이기에 횡적인 우열 비교를 진행하기에는 적합하지
않다. 산동 작가군이 기본상에서 현실주의 창작 방법을 견지하
였다 하지만(후에는 약간의 변화가 있었다) 문단을 진동시키는
우수한 작품을 마찬가지로 써냈다. 「노반의 자손」이 바로 정채
롭고 심각한 현실주의 작품이다. 노목공 황지량의 형상이든지,
아니면 황수천의 형상이든지를 막론하고 진부한 느낌은 전혀
없다. 그들은 모두 현대 문학의 인물 화랑에 전례가 없는 참신
한 인물 형상이다. 소설은 시작 부분에 노목공이 아주 낡은 자
전거의 앞자리에 외동딸을 앉히고 뒷자리에 양아들을 앉히고서
북을 흔들며 마을을 지나는 정경을 담고 있는데 우리는 금세 이
감동적인 정경에 흡인되며 노목공의 선량한 마음씨와 고생스러
운 유랑 생활에 감동받는다. 이야기의 시작에서부터 우리는 작
자가 현실주의 수법으로 인물의 예술 매력을 창조했음을 알아
볼 수 있다. 이어서 작자는 한폭 한폭의 생활의 장면에 대한 묘
사와 한단락 한단락의 진실한 이야기에 대한 묘사를 통하여 인
물의 심령에 깊이 파고들어 노목공의 내면을 게시해준다. 작자
는 정감으로 가득한 필치로 노목공의 선량한 성격을 집중적으
로 그려내었다. 목공소의 동료들과의 감정, 양아들에 대한 사랑
의 마음, 그를 따라 20년간 배웠으나 별로 발전이 없는 오랜
제자 관복에 대한 관심 등 곳곳마다에서 그의 그 광명으로 충만
된 심령을 투시할 수 있다. 한 노동자의 고상한 품격을 감동적
으로 펼쳐보이는 것이다. 특히 아들의 가출과 아들의 귀가를 간
절히 바라는 대목의 묘사는 5천 자나 되는 분량의 농도 짙은
필치로 아들을 그리워하는 간절한 심리 활동, 초조한 정서를 독
자들의 눈앞에 아주 실감 있게 펼쳐보이고 있다. 이러한 정치하

고 세밀한 묘사로부터도 현실주의 예술의 매력을 발견할 수가 있다. 작자가 이토록 정감 깊고 세밀한 필치로 부자지간의 모순을 묘사할 때에 다양한 세부가 추가되고 풍부한 희극성이 부가되는데, 부자지간의 감정이 엉킨 사회·윤리·도덕의 모순은 보다 복잡하고 심각하며 감동적이고, 보다 깊고 보다 넓은 사회생활 내용을 내포한다. 현실주의는 오직 앞을 향해 발전할 수 있는 것일 뿐, 결코 철 지난 것이 될 수 없고 더욱이 종결될 수는 없는 것이다.

Ⅱ. 교건의 중편소설 「노인창」

개혁중에 나타난 새로운 문제, 새로운 모순을 반영하는 것이 산동 작가군의 공통적 특징이다. 청년 작가 교건의 「노인창(老人倉)」은 바로 당전 농촌의 정치·경제 체제 개혁 생활 속에서 나타난 새로운 문제, 새로운 모순을 폭로한 작품이다. 엄격하게 말하면 이 작품은 예술상으로 정밀함과 성숙함이 부족하다. 그러나 작품이 대담하고 첨예하게 당전 농촌의 기층 간부가 당의 기율과 국법을 무시하고 제멋대로 행패를 부리는 악풍을 폭로하고 그들을 비호해주는 관방의 '관계망'을 게시한 것은 인민의 원망과 의지에 진정으로 부합되었고 사회적으로 경각심을 불러일으키는 현실적 의의를 갖고 있었다. 때문에 이 작품은 여전히 비교적 큰 영향을 일으켰으며 독자들의 깊은 환영을 받았다.

「노인창」은 서봉 현위의 신·구 교체의 기구 개혁중에 발생한 일련의 사건들을 에워싸고 줄거리를 전개하였다. 노현위 서기 정강동은 이미 퇴직하여 이선으로 물러났지만, 그가 오랫동안 경영해온 현위의 '조직'은 아무런 변동이 없다. 이 '조직'은 이제 이미 권력으로 사리를 도모하고 민중을 해치는 관계망으로 발전하였으며 왕득오·전종정과 같은 공사 서기· 대대 서기들이 마음대로 행패를 부린다. 그들이 이토록 횡포를 부릴 수 있는 것은 전적으로 정강동의 보호가 있기 때문이다. 정강동을 중심으로 하여 기층에는 방대한 관계망이 설립되어 있다. 새로 온 현위 서기가 새로운 국면을 열려면 반드시 '조직'과 '관계망'을 제거해야 한다. 이렇게 하려면 또 반드시 정강동과 싸워야 하고 한차례의 격렬한 모순 충돌이 폭발하여야 한다. 그러나 작자는 이 투쟁을 폭발시키지 않고 정강동을 모순의 중심에 두지 않는다. 그 자신의 내면적 반성을 통하여 자신의 일생의 공과를 객관적으로 평가한 다음, '결자해지'의 방식으로, 두 차례의 당원회의를 열고 전중정 및 그 비호인 왕득오를 폭로함으로써 신속하고 쉽게 문제를 해결하게 한다. 이렇게 복잡한 생활을 간단하게 처리하는 방식은 작품의 현실주의적 역량을 약화시킨다는 것이 명백하다.

「노인창」에는 두 갈래의 줄거리가 있다. 위에서 말한, 현실생활 속의 모순 충돌을 위주로 한 줄거리('외선' 묘사라고 할 수 있다) 외에도 하나의 '내선,' 즉 정강동의 내면 세계를 드러내고 주인공의 정신 역정을 탐색하는 선이 있는 것이다. 이 정신의 선이 잘 표현된다면, 작품은 보다 심각한 주제 함의를 갖게 될 것이라고 말해야 한다. 정강동의 정신 세계를 표현할 때에 작품은 상징 수법을 부분적으로 운용하였다. 「노인창」은 댐의 이름이다. 이 댐은 정강동의 반평생 사업과 연계되어 있다. 댐은 정강동이 1958년 대약진중에 지도하고 독촉하여 군중의 이익을 돌보지 않고 민중의 주택을 강제로 철거하며 거대한 피의 대가를 지불하고 이룬 것이었다. 그러나 댐의 건설은 또 확실히 북반현 농토의 물 결핍 상황과 백 리 밖 도시의 물 공급 문제를 해결하였으며, 인민을 위해 복을 마련해주었다. 그러나 오늘의 복을 누리게 한 이 댐은 과학적인 논증을 결핍하여 백년 후의 대홍수를 이겨낼 수가 없고 장래에 이 서봉현이 멸망의 재앙에 부딪히게 될 것임이 분명하다. 작자는 '노인창' 댐의 이익과 피해, 화와 복으로 정강동의 공과를 상징하고 그의 곡절 많은 전진의 일생을 개괄하며, 아울러 이로부터 혁명 역사 발전중의 보편적이고 규칙적인 것을 개괄하고자 하였다. 이러한 의도는 상당히 높은 것이었다. 아쉽게도 작자는 이 '내선'을 충분히 전개하지 못했다. 만일 이 선을 좀더 개척하고 정강동 형상의 조형을 강화하여 역사와 현실, 내면과 행동, 철리와 형상을 고도로 통일시켰더라면 이 작품은 보다 높은 미학 차원으로 올라갈 수 있었을 것이다.

보아하니 이처럼 소설에 보고 문학의 임무까지 담당하도록 하는 창작 경향은 변화되어야 할 것 같다. 현실주의 소설은 생활의 중대한 문제와 모순을 게시하는 데 만족해서는 안 된다. 전형 환경 속의 전형 성격의 창조를 반드시 추구해야 하는 것이다. 교건 자신도 역사의 전진을 추동하는 비장하고 영원한 주제를 써내기를 희망하였다. 1984년에 출판된 장편소설 『강의 혼』은 그의 예술상의 장족의 진보를 표지해준다. 현실을 역사의 긴 강 속에서 표현하고 개인의 운명을 지역과 민족의 전통 속에 융합시켜 묘사하면서 하녀(河女)라는, 미래를 상징하는 새로운 인물의 광채로운 형상을 창조해내었다. 그뒤에 출판된 『소설 8제』는 그의 예술상의 전면적이고 개방적인 발전을 잘 보여준다. 교건은 의심할 바 없이 전도 유망한 청년 소설가이다.

Ⅲ. 장위의 「가을의 사색」과 「가을의 분노」

장위는 산동 작가군 중에서도 보다 영기(英氣)가 있고 예기(銳氣)가 있는 청년 작가이다. 다른 산동 작가들과 마찬가지로 그의 작품도 당시의 개혁 현실에서 나타난 문제와 모순을 폭로하는 데 치중하였다. 일찍이 「맑은 물」 등의 단편소설에서 그는 이미 현실의 개혁 조류에 대한 자신의 독특한 사고를 펼쳐보였다. 농촌 개혁의 묘사는 반드시 '가난에서 치부로의 변화'이어야 한다는 도식을 타파하고 경제 체제의 변혁으로 야기된 도덕과 인정의 몰락을 냉정하게 직시하였다. 중편소설 「가을의 사색」과 「가을의 분노」는 보다 심각하고 넓은 현실 생활의 배경에서 개혁의 전진을 저해하는 '어두운 것들'을 폭로·규탄, 보다 선명하고 보다 짙은 정치 색채를 띠었다. 왕윤자·교건과 다른 점은 장위가 이 두 작품에서 두 가지 정치 세력의 직접적인 대립과 투쟁에 대한 정면에서의 묘사를 비교적 적게 하고 낭만주의의 서정과 상징 수법을 채용하였다는 데 있다. 예를 들면 「사색」에서는 생활 지위가 낮지만 정신 경계는 극히 높은 주인공 노득이 비교적 높은 차원에서 '사색'하는 것을 주로 그렸는데, 그의 사색을 통하여 역사와 현실 발전의 '원리'를 찾고자 하였다. 서정과 상징 수법의 운용은 독자를 조용하고 엄숙한 사색 속으로 빠져들게 하였다. 「가을의 분노」도 그러하다. 다만 사색으로부터 행동에로 옮겨졌을 뿐이다. 「가을의 분노」가 그린 것은 "한 정직한 청년의, 패도를 부리는 촌지부 서기에 대한 분노이고, 압박받는 가난한 사람들의, 법을 어기고 기율을 혼란시키는 지도자에 대한 분노이며, 개혁을 찬성하는 모든 인민들의, 개혁을 파괴하는 세력에 대한 분노이다."

이러한 분노는 소설에서 이망과 그의 장인 소만창의 몸에 집중적으로 표현된다. 소만창과 이망은 장인과 사위의 관계일 뿐만 아니라 지도와 피지도의 관계이며 고용 관계이기도 하다. 노당원이며 노지부 서기인 소만창은 과거에 '계급 투쟁을 장악'한 모범이었다. 지금은 또 "치부의 길에 나선 선구자"이며 "신시기의 선진 인물"이다. 그는 풍향을 잘 파악하여 정치 투쟁의 넓은 바다에서 자신의 항로를 아주 잘 조정하였다. 자신의 권력과 지위를 이용하여 노동자를 착취하고 군중을 억압하였다. 재물을 탐내고 자신을 미화하며 타인에게 손실을 많이 주었다. 작품은 진실하고 생동하는 일련의 세부 묘사를 통하여 붉은색 허울을 쓰고 "이미 변질했으면서도 언제나 도리가 있는 것처럼" 행세하는 새로운 권력자의 형상을 그려내었다.

「가을의 분노」에서는 보다 많은 필묵과 보다 큰 격정으로 이상 색채가 충만된 이망의 형상을 부각하였다. 소만창의 대립면으로서의 이망은 이른바 "잘 교육할 수 있는 자녀"의 행렬 속에서 장기간의 시련을 겪어온, 사상이 있고 시각이 있는 청년이다. 비정상적인 정치의 시대에 여러 가지 멸시와 학대를 받았었고 '혈통'의 쓴맛을 맛볼 대로 보았다. 그러나 간난신고는 그를 사회주의적 각오가 있는 청년으로 성장시켜주었고, 그로 하여금 보다 높은 이성적 차원에서부터 소만창이라는 사람을 인식하게 하였다. 작품은 그와 소만창의 다섯 차례의 담화, 다섯 차례의 얼굴을 맞댄 힘겨루기, 투쟁을 선후로 배치하고 있다. 이 투쟁의 결과는 일종의 신흥 역량의 대표로서의 이망이 그 기세상, 책략상, 투쟁의 결과상에서 '토황제(土皇帝)' 소만창을 완전히 압도한다. 작품은 결코 하나의 문제를 게시하고 하나의 현상을 비판하며 하나의 정책을 천명하는 데 국한되지 않고 시종 '사람'에 착안점을 두었다. 두 개의 시대를 대표하고 두 가지 가치 관념을 대표하는 소만창과 이망 두 사람 사이의 충돌은 역사의 곡절과 시대의 발전을 체현하고 있다. 장위가 이처럼 전혀 다른 두 가지 소질을 가진 인물을 그려낸 것은 사실상 그의, 낡은 시대에 대한 총결과 새로운 시대에 대한 외침을 기탁한 것이라고 할 수 있다.

「가을의 사색」과 마찬가지로 「분노」에서도 현실주의의 기초 위에서 낭만주의 수법을 운용하여 이 작품을 철리가 있고 낭만주의 정서가 있는 작품이 되게 하였다. 작품은 극대한 편폭으로 이망의 그 무거운 사색과 해소할 수 없는 분노를 묘사하였다. 정치 투쟁, 친연 관계와 적대 정서, 인정미를 함께 융합시킴으로써 작품으로 하여금 예술적 전체의 층위에서 때로는 부드럽고 조용하고, 때로는 맑고 우아하며 때로는 거침없이 내달리는 정서의 흐름을 형성하게 한바, 그 흐름은 독자의 마음속에 감정의 파문을 일으킨다. 그렇기 때문에 한 평론가는 「가을의 분노」는 시화되고 심화된 분노라고 말했다.

1986년에 장위는 또 장편소설 『옛날의 배』를 썼는데, 「사

색」과「분노」를 한층 더 시화(詩化)·심화시켜 전반 봉건 종법
문화 전통의 배경으로부터 목전의 개혁을 관조하면서 보다 깊
고 넓은 역사 내용을 포괄하고 있다. 특히 넷째할아버지 조병의
형상은 소만창 형상이 한층 문화화되고 기호화된 산물이다. 이
로부터 장위 자신의 예술은 하나의 고봉에 도달했을 뿐만 아니
라 우리나라 장편소설 창작의 한 고봉에도 도달하였다.

6. 농촌 변혁 현실에 대한 높은 차원의 투시
──가평요의『부조』와 장위의『옛날의 배』

만일 '반사 문학'의 심화가 한소공 등의 '뿌리찾기소설'의 출
현에 이르러 사회정치의 층위에 머물러 있던 반사 문학을 전체
민족 문화 전통에 대한 반성으로 이행시켰다고 말한다면, '개혁
문학'의 개방적인 발전은 작가들에게 현실 변혁을 일정한 문화
적 배경 속에 두고 그것을 반영함과 동시에 복잡한 민족 문화
전통이나 문화 심리 및 인간의 심층 문화적 성격에 대해 높은
차원의 심미적 관조를 진행하고 이로부터 보다 넓고 보다 깊게
이 사회 변혁의 심층적 본질을 반영하고 '개혁 문학'을 사회 층
위·역사 층위·심리 층위에서부터 문화 층위에로 끌어올림으로
써 보다 높은 미학 가치를 획득하도록 촉구하였다. 가평요의 장
편소설『부조』와 장위의 장편소설『옛날의 배』는 '개혁소설'의
이러한 심미적 추세를 표지하였다.

I. 가평요의 장편소설『부조』
『부조』는 상주 지역을 두루 살피는 광활한 시야를 가지고 상
주를 관통하는 주하(州河)를 유대로 하여, 중국 농민이 신시기
에 들어선 이래 빈곤과 봉건 잔재, 그리고 자신들의 낡은 의식
의 속박에서 벗어나기 위하여 겪은 경제·정치·문화·도덕·심

리의 복잡하고 곡절 많은 모순과 투쟁을 묘사하였다. 현실 변혁의 이러한 모순과 투쟁을 묘사할 때에 작자는 사건과 과정의 서술에 치중하지 않고 전체 시대에 미만해 있으며 사회 변혁 시기에 특유의 복잡한 정서와 심리 상태에 초점을 맞추었다. 시대의 급격한 변동 속에서 사람들은 흥분하고 격동하며 또 미혹되는 바 생활중의 곳곳마다에 사람을 미혹시키는 유혹이 충만하고, 명확하고 구체적인 목표는 결핍되며, 격동하고 흥분하다가 또 불안에 빠지기도 하고, 안정하지 못하며 시름을 놓지 못한다. 이리하여 각종 정서가 융합되어 전체 시대와 사회의 정서인 부조(浮躁)를 이룬다. 작품은 성공적으로, 상징 수법을 통하여, 상주 주하라는, "전중국에서 가장 부조하고 불안한 강"으로써 장강·황하를 상징하고, 이 강이 육성해낸 화하(華夏)의 자손과 몇천 년간 형성된 너무도 풍부하고 또 너무도 심중한 문화적 퇴적을 상징하고, 이러한 문화 분위기와 배경에서 변혁의 고조 시기에 처한 우리나라 농촌 사회와 농민의 독특한 심리 상태와 정서를 상징하고 있다.

작품의 이러한 문화적 의미는 문화적 의의와 색채가 극히 풍부한 인물 형상, 김구(金拘)와 뇌대공의 묘사를 통해 실현된다.

김구의 부조는 양성(良性)적이어서, 무겁고 견실하며 완미한 방향으로의 발전을 대표하고, 뇌대공은 부조가 악성(惡性)적이어서 천박하고 맹목적이며 낙후한 방향으로의 발전을 대표한다. 뇌대공은 지조가 굳은 사람으로서 불인 줄 알면서도 기어코 그 곳으로 가고야 마는 성격이다. 그리하여 필경은 시대의 순장품이 되고 만다. 특정한 문화적 분위기 속에서의 뇌대공이라는 특정 형상의 묘사는 주체 의식의 각성이 아직 부족한 주하의 자손들의, 생활의 이상과 인간성의 진선미에 대한 성급한 욕구 및 이로부터 나타나는 천박과 협애를 그 본질로부터 개괄하였다. 그러나 개혁에 뜻을 둔 주하 자손으로서의 김구는 뇌대공보다 높은 사회 생활의 이상과 역사 사명감을 지녔다. 처음에는 그도 뇌대공과 마찬가지로 유치했다. 그러나 "주·현에 갔다 온" 경력과 강대한 적수와의 한차례의 겨룸에서 실패한 것이 그를 더욱 강인하게 만들어준다.

이리하여 자각적으로 문화 심도로부터 문제를 고려할 수 있게 되고 끝내 개혁중의 가장 중요한 문제는 '인간의 개혁'이라는 것을 인식하게 된다. 이는 고통스러운 부조를 겪은 뒤에 얻은 귀중한 사상적 승화였다. 김구의 형상은 독자에게 문화의 층위로부터 현대의 개혁자, 개혁자인 동시에 또 피개혁자인 문학 형상을 관찰할 기회를 제공해주었다. 김구의 몸에서 우리는 전통의 부담을 지고 있는 개혁자가 어떻게 간난하게 자신의 국한성과 속박을 극복하고 한걸음 한걸음 완미에로 발전하였는가를 본다.

『부조』가 전체적으로 표현한 것은 전형적인 중국의 농업 문화 분위기 속에서의 농촌의 현실이다. 낙후되고 폐쇄되었으며 경직된 종법제(宗法制) 농업 문화는 현금의 농촌 경제 정책 및 체제의 외부 변혁과 함께 변화되지 않았으며 또 변화될 수도 없었다. 왜냐하면 그것은 민족의 문화 심리와 성격 구조 중에 깊이 퇴적되어 있고 사회 의식의 각 영역에 깊이 침투되어 있기 때문이다. 개혁자로서 자신의 속박 및 국한성과 투쟁하는 외에, 폭력 혁명의 수단으로 낡은 사회 구조를 해체하고 새로운 사회 구조를 건립하는 것은 가능하지만 뿌리깊은 문화 전통을 없애버리거나 자신의 의지에 따라 새로운 문화를 건립하는 것은 대단히 어렵거나 사실상 불가능하다는 것을 분명히 인식하여야 한다. 작품은 대량의 편폭으로 김구와 종법제의 대표 인물인 전유선·전중정 등과의 투쟁, 그리고 그의, 부친·한문거·대장장이·칠노한 등 선량하고 순박한 농민에 대한 교육과 인도를 묘사, 김구가 시대의 개혁자로서 자신의 어깨 위에 맡겨진 중임을 충분히 인식하였음을 설명해준다.

『부조』는 진정으로 시대·문화·역사의 높이에 서서 정확하게 당금의 농촌 사회 변혁과 농민의 심리 변화를 파악하고 반영

한 우수한 현실주의 작품이다. 총체 상징의 예술 수법 외에도
심리 묘사, 심리 분석과 환상적 수법을 대량으로 채용하였고,
불교·도교·선종의 철학 사상을 광범하게 흡수하고 현실주의와
모더니즘을 유기적으로 결합시켜 개방적인 현실주의의 참신한
풍모를 보여주었다.

Ⅱ. 장위의 장편소설 『옛날의 배』

　장위의 장편소설 『옛날의 배』는 역사·문화적 종합의 각도에
서 현대 농촌 변혁의 현실을 투시한 또 하나의 작품이다. 역사,
문화와 사회, 인생의 반성을 결합하고 예술 표현상에서 전통적
현실주의와 외래의 모더니즘을 결합하였다. 그리하여 비교적 큰
생활 용량과 심각한 사상 함의, 그리고 독특한 예술 표현으로써
오늘의 개혁소설과 우리나라 현대 장편소설 창작의 참신한 미
학 풍모의 우수한 문학 작품을 현시하고 또 표지하였다.
　『옛날의 배』는 우리나라 농촌 현실의 변혁을 표현하고자 한
작품이다. 그러나 이 작품은 전단계의 '개혁 문학'이 사회 변혁
의 거대한 성세를 정면으로 가송하고 거룩한 개혁자나 개척자
의 형상을 창조하던 작법에서 벗어나 현실 변혁을 역사의 발전
과 특정한 문화 배경 속에 두고 표현하였다. 신시기 이래의 와
리진 인민들의 현실 운명을 그렸을 뿐만 아니라 40년간의 인민
들의 고난의 역사 운명도 그렸다. 그리고 이 모든 것은 농후하
고 심후한 특정 문화 분위기에 융화되고 있다.
　『옛날의 배』가 인심을 격동시킨 것은 우선, 추호의 장식도
없이 투철하게, 또 도덕적 의분에 충만되게, 40년간 중국 농민
이 걸어온 고난의 역사를 그려낸 데 있었다. 이치대로 하면, 새
중국의 성립이 중국 농민에게 가져다준 것은 응당 천지가 개변
되고 주인이 뒤바뀐 환희이어야 했다. 그러나 와리진이라는 특
정한 지역에서는 전형적인 봉건 농업의 종법 사회가 이 빈곤하
고 낙후하며 우매하고 폐쇄된 땅에 완강하게 둥지를 틀고 있다.

해방 후에 이 봉건 종법 세력은 새로운 시대의 특징을 가진 극
좌의 정치와 결합하여 보다 엄혹한 수단으로 농민들을 상대하
였다. 그들은 40년간의 비참하고 전율스러운 인생 비극을 창조
한 장본인들이었다. 여기에는 '토지 개혁' 운동중의 극좌적 비
상 행위가 있었고, '자연 재해' 시기에는 멀쩡한 사람이 정신병
자로 몰리고 성실한 사람이 굶어 죽는 참극이 있었으며, '문화
혁명'중의 수성(獸性)의 인성(人性)에 대한 유린이 있었고, 신
시기의 와리진 권세자들이 모습을 바꾸어 나타나 계속해서 사
람들에게 가하는 고통과 재난도 있었다. 작품은 바로 이런 묘사
들을 통하여, 와리진이라는 전형적인 농업 종법 사회 중의 가족
들의 흥망사로써 우리 공화국이 탄생된 이래 몇십 년의 역사와
그것의 본질적인 측면을 함축성 있게 개괄하고, 와리진 사람들
의 폐쇄와 낙후, 건망(健忘)과 자기 기만의 보편적 심리를 통하
여 이 특수한 문화 심리 환경 속에서 세워진 당금의 개혁 운동
의 간고성을 표현하였다. 한편으로 인간의 기형적인 반문명·반
문화가 유례없이 팽창하고 사람이 사람을 해치고 사람이 사람
을 밟는 새로운 형식이 부단히 출현하며, 다른 한편으로 인간의
정당한 창조 정신이 극도로 억압되고 위축되고 왜곡되고 있다.
작품의 주인공인 수포박이 말하는 것처럼, "우리는 모두 병자"
이고 "병의 뿌리는 너무너무 깊다."
　『옛날의 배』의 다른 한 창조적인 예술 공헌은 소설이 중대한
전형 의의와 높은 차원의 문화 심미 가치가 있는 예술 형상을
성공적으로 창조한 것이다. 작가는 생활의 진실로부터 출발해야
한다는 원칙을 엄격히 견지하면서 현실주의의 사실(寫實) 수법
을 위주로 하였을 뿐만 아니라 모더니즘의 여러 가지 표현 수법
도 사용하였다. 조병·조다다·수건소·수포박 등의 예술 형상을
성공적으로 창조하였으며, 중국의 몇천 년간의 봉건 농업 종법
사회가 당금의 현실 생활에 드리고 있는 음침한 그림자를 상당
히 심도 있게 폭로하였고, 우리나라 농민의 심층 심리 구조에

깊이 응고되어 있는 전통 문화의 퇴적을 게시하였다.

　수포박은 작가의 사랑이 얽힌 인물로서 작가가 전력을 다하여 창조한 인물 형상이다. 작가와 그 동세대인의 사색이 이 인물의 몸에 응집되어 있고 작가의 인도주의적인 선량한 심성도 체현하고 있다. 수포박은 '소심증'이 있지만 마비되지 않고 자기 기만적이지 않은 농민 지식분자의 형상이다. 작자는 이 각성한 약자의 역사·사회와 인생에 대한 사색을 통하여 민족과 함께 반성하고 참회하는 역사 임무를 완성하였다. 수씨 가족과 와리진의 고난의 역사의 증인이자 피해자로서의 그는 오랫동안 허리도 펴지 못할 정도로 억압받았고 인생의 모든 기본적인 수요를 거의 포기하다시피 하였다. 자신과 가족 성원들을 보호하기 위하여 그는 생활에 대해 순종하고 시종 회피와 후회의 태도를 취하였다. 그러나 이 모든 것으로는 고난의 도래와 연속을 저지할 수가 없다. 심지어 그의 동생 수견소는 새로운 역사 시기에 가족 갈등의 늪에 다시금 맹목적으로 빠져들어간다. 엄혹한 생활 현실 앞에서 그의 사색은 자신과 가족을 초월하여 역사와 생활의 심층으로 심입하기 시작, 역사가 각성자를 요구하고 새로운 사람을 수요한다는 것을 인식하고, 만일 아직도 작은 방앗간에 틀어앉아 명철보신하면서, 개인의 해탈이나 도덕적 자아 완성을 추구한다면 그것은 일종의 범죄라는 것을 인식한다. 이리하여 침묵·참회·고통·초조에서부터 마침내 벗어난 수포박은 한 공장이 경제적 붕괴의 큰 위기에 부딪혔을 때 자신이 서야 할 위치에 서서 힘껏 열성을 다한다. 이 형상의 발전과 전변으로부터 우리는, 심후한 전통 문화의 제약하에서 인간의 각성과 인간의 해방이 얼마나 길고, 고통스럽고, 간난한 역정을 거쳐야 하는가를 그러나 아무리 간난하고, 고통스럽고, 완만하더라도 인간의 각성과 해방이 현대 사상 관념과 현대 과학 기술 문화의 맹렬한 충격하에서는 회피할 수 없는 역사적 필연이라는 것을 엿볼 수 있다. 어떤 측면에서 보더라도 넷째할아버지 조병의 형상은 전체 소설에서 가장 중요하고 가장 성공적인 예술 형상이다. 이는 이미 일반 사실적 의의를 초월하여 문화적·기호학적 의의에로 상승한 상징적인 형상이고, 정치·경제·문화·정신이 그 한 몸에 집중된 인물이다. 그는 와리진을 몇백 년간 통치해온 종법 가장제의 족권의 대표이며 현 시대 농촌 기층당의 지도자의 화신이기도 하다. 역사의 찌꺼기와 현실의 폐단이 그의 몸에 대량으로 퇴적되어 있다. 뛰어난 총명, 국학의 뿌리와 기초, 최고의 배분, 귀인의 용모, 장중한 풍모와 시세를 잘 파악하는 재능, 돌변 사태에 대처하는 침착한 자세, 인심을 수매하는 교활함, 사람을 핍박하여 자살하게 하는 음험함, 죄를 짓고도 자기 스스로를 구해내는 평정함 등을 한 몸에 지니고 있는 그는, 와리진 사람들이 신처럼 공경하는 인물이다.

조병 형상의 창조에서, 작가는 한편으로 현실주의의 사실(寫實) 수법을 채용하고 대량의 진실한 사건과 세부로써 전형 환경 속의 전형 성격을 재현하면서, 다른 한편으로, 또 모더니즘의 표현 수법을 흡수, 전체적으로는 현실주의의 틀 속에서 부분적으로 모더니즘의 상징 수법과 환상적 수법을 운용함으로써 형상을 강화했을 뿐만 아니라 자신의 경향성에 보다 선명한 표현을 부여하였다. 예를 들면 세의 곽운이 조병에게 '괴질'이 있다고 진단하는 것과 무당 왕씨가 조병의 뱃속에 뱀이 숨어 있다고 하는 것들이 그러하다. 이렇게 사람과 뱀이 결합되어 사람을 그 모습으로 하고 독을 그 질로 하는 환상적 색채의 상징적 이미지는 어떤 형식의 사실(寫實)보다도 심각하게, 형상적으로, 인류를 해치고 사회를 해치는 조병의 본질을 게시한다. 넷째할 아버지 조병의 형상은 상징 의미가 있고 기호학적 의의가 있는 예술 전형이다. 그는 봉건 종법 가장의 한 전형이면서 또 새로운 시대 색채의, 극좌 정치 사상과 봉건 전통 문화가 한 몸에 융합된 현대 통치자의 전형이기도 하다. 그의 몸에는 조나으리(「아Q정전」), 고나으리(『집』), 오나으리(『한밤중』)의 혈맥이 있을 뿐만 아니라 또 새로운 시대의 특징도 있는 것이니, 바로 봉건 종법 가장의 오늘의 새로운 시대에서의 변종(變種)이며 발전인 것이다.

『옛날의 배』가 비록 중국 농민의 40년간의 고난의 역사를 쓴 것이지만, 작품의 최종 귀결을 보면, 목전의 농촌의 개혁을 펼쳐보인다. 장위는 거대한 매력과 열정으로, 날로 심화되며 전체 농촌과 도시를 석권해가는 경제 체계 개혁 운동을 피와 눈물을 섞어가며 묘사해냈다. 바로 이 성세호대한 개혁 운동이 조나으리들의 종법 통치의 조종을 울렸고 수포박의 나약하고 순응적인 마비된 영혼을 일깨웠으며, 그들을 개혁 투쟁의 소용돌이 속으로 밀어넣었다. 작품은 중국 농민들이 당의 지도하에서 진행하고 있는 이 파란만장한 농촌 변혁 운동을 진실하고 설득력 있게 그려내었다. 다른 개혁소설과 비교해보면, 『옛날의 배』의 심각한 점들은 그것이 역사 발전 법칙에 부합되는 경제 운동의 변혁적 위력을 충분히 보여줄 수 있었을 뿐만 아니라 전통 문화의 제약하에서의 역사의 타성(惰性)의 힘을 충분히 표현할 수 있었고 낡은 질서 속에서 이익을 얻었던 자들의 현실 변혁에 대한 완강한 반항을 묘사함과 동시에 일찍이 역사의 학대에 견뎌내지 못하던 사람들이 권력과 이익의 재분배의 기회 속에서 교묘하게 목적을 달성하는 열광과 격정도 묘사하였고 또한 역사 변동과 정치적 각축에 대한 사람들의 마비와 공포, 그리고 방관도 묘사하였다는 데 있다. 이러한 모든 요소들이 구성해내는 역사의 장면들이 모두 작가의 일종의 방대한 기백과 다채로운 필치에 의해 이 작품에 수록되고 있다. 『옛날의 배』는 목전의 농촌 개혁 운동의 대형 유화이며, 농촌 생활과 농민 성격의 심령 변화의 중후한 사시이기도 하다.

『옛날의 배』는 중국 소설의 우수한 전통을 계승하는 한편, 또 외래의 현대적 표현 수법도 비교적 잘 흡수하고 운용하며 그 것들을 익숙하게 융합시켜, 이토록 만장하고 복잡한 역사 생활을 추호의 양보도 없이 반영할 수 있었고, 빈번한 사건과 줄거리의 배치를 정연하게 할 수 있었다. 작품 중의 두 가닥 구조선(역사와 현실)이 서로 교차되고, 인물과 배경의 전환이 자연스럽게 이루어지며, 역사감과 현실감이 유기적으로 융합된다. 특히 상징 수법의 운용은 작품의 사상 함의와 용량을 최대한도로 확충시켰을 뿐만 아니라 작품의 미학 가치와 품격을 크게 제고시켰다. 『옛날의 배』라는 제목이 바로 뚜렷한 상징 의의를 갖는 이미지이다. 이는 우리의 신주(神州) 대지를 상징하고, 우리 중화민족을 상징한다. 거기에는 수천 년간의 휘황한 역사가 있으며 새로운 시대의 풍랑 속에서 겪는 새로운 파도와 시험의 운명도 있다. 『옛날의 배』는 민족의 고난의 역사와 투쟁의 역사의 상징이다. '옛날의 배'라는 상징적 이미지의 창조적 운용이 전체 작품으로 하여금 단순히 사회정치학 충위에서 생활을 반영하던 것을 벗어나 역사철학과 문화철학의 높이에서 우리 민족의 역사와 현실을 표현하는 데로 승화되게끔 하였다. '옛날의 배'라는 전체적 상징 이미지 외에도 작품 중에는 대량의 집합적인 상징 이미지와 상징 의미가 아주 분명하고 심지어는 환상적 색채까지 띠는 신비한 인물 형상들도 있다. 예를 들면 넷째할아버지의 괴질과 인사동체(人蛇同体), 점점 말라가는 함장(舍章), 조다다의 칼, 파사(跛四)의 피리 소리, 수불소의 어정쩡한 성격, 장왕씨의 신도 아니고 귀신도 아닌 행실, 사적신의 신비함과 괴이함, 소루루의 키가 자라지 못하는 병, 벼락맞은 절, 지진으로 파괴되는 도시, 방앗간의 영원불변의 리듬, 고선이 핏물이 흐르고 페인트칠로 새롭게 단장함으로써 숭배의 대상이 되고, 노청하는 말라버리고 지하수를 발견하는 등등. 이러한 상징 수법과 환상 수법의 운용은 현실주의의 표현력을 극도로 강화시켰다. 어려움이 크기는 하지만 그 미학 가치는 아주 높다. 『옛날의 배』의 성공은 개방적 현실주의의 거대한 미학 의의를 다시금 입증하였다.

제11장

군사 제재 소설 창작에서의
현실주의의 복귀 · 심화와 개방적 발전
── 신시기 군사소설의 돌파와 발전

혁명 투쟁 역사 제재의 한 부분으로서의 군사 제재 소설은 일찍이 건국초 30년의 문학 창작에서 경시할 수 없는 지위를 차지하였다. 『여명의 강변』에서부터 『성냥 일곱 개』에 이르기까지, 『철도 유격대』로부터 『임해설원』에 이르기까지, 『연안 보위』로부터 『붉은 해』에 이르기까지, 그리고 '4인방' 이후의 『동방』에 이르기까지는 30년 군사 문학의 실적을 보여준다. 이 작품들 속에 용해된 거대한 역사 사건이나 영웅주의적 기개로 충만한 영웅 인물, 그리고 전쟁의 포화와 강렬한 모순·갈등으로 이루어진 전형적인 줄거리 및 인민 전쟁과 인민 영웅에 대한 작가의 숭고하고 신성한 정감과 어깨에 짊어진 시대적·역사적 사명이 이 작품들의 공통적인 사상적·미학적 특징을 구성하였다. 이에 대해 우리는 그 어떤 의심도 할 수 없다. 왜냐하면 위대한 역사를 여실히 기록하고 인민 영웅을 열정적으로 구가하는 것, 이것은 역사와 시대의 선택일 뿐만 아니라 동시에 문학의 선택이기도 하기 때문이다. 20세기 전반의 중국 문학사에 기본상 군사 전쟁소설의 현상이 없었던 점에 비추어보면, 30년의 군사 전쟁소설 창작은 개척적 의의가 있을 뿐만 아니라 중국 전쟁소설의 이후의 활발한 발전을 위해 기초를 마련해주었다.

　물론, 현실주의의 완전한 의미로부터 본다면 건국초 30년의 군사 전쟁소설에는 일정한 시대적·역사적 한계가 있다. 모든 작품들이 혁명 승리의 거대한 희열과 이상주의의 격정에 잠겨 있었으며, 이런 시대 정서와 심미 경향에 조금이라도 부합되지 않은 작품의 출현과 존재는 용납될 수 없었다.「와지에서의 전역」「친인」「유보의 이야기」「백합화」「영웅의 악장」등, 마찬가지로 현실주의에 속하는 작품들은 집단 영웅주의 정신 이외에 개인 심령의 오묘함을 탐색하고자 하고 승리의 기쁨의 틈으로부터 약간의 감상을 내비쳤다는 이유로 불공정한 비판과 질책을 호되게 받았다. 이리하여 30년 군사 전쟁소설에 생활 반영의 일면성과 현실주의의 폐쇄성이 조성되었고 표준화되고 정형화된 유형이 점차 형성되었으며, 마침내는 양판화(樣板化)되면서 극좌 문예 사조의 늪으로 함몰해버렸다.

　'4인방' 분쇄 이후 처음 몇 년간 군사 전쟁소설은 적막해졌고, 기타 제재의 소설 창작이 이미 시대의 부름에 호응하여 4인방과 건국 30년래의 문예 질곡에서 분분히 벗어나 많은 우수한 작품을 써내고 있을 때에도 군사소설은 여전히 배회하고 관망할 뿐 전진하지 못했다. 당시에 출현한 비교적 좋은 작품으로는 위외의『동방』, 막응풍의『장군음』, 등우매의『우리들의 군단장』『대오를 뒤쫓아온 병사』, 주립파의『상강의 하룻밤』등이 있는데, 창작 방법·문학 관념·미학 추구·사상 경향·인물 묘사·문체 형식 등 각 방면으로 보면 모두 17년 군사 문학의 길을 답습한 것이었고, 다만 군대 내부의 모순을 대담하게 폭로하는 방면에서 약간의 진보가 있을 뿐이었다.

　현대 군사 문학의 중대한 돌파를 진정으로 나타낸 작품은 서회중의「서부 전선의 일화」, 이존보의『높은 산 아래 놓인 화환』『산속의 열아홉 무덤』, 주소진의『시리우스를 쏘다』『응시』『제3의 눈』, 유아주의『두 세대의 풍류』, 해파의『쇠침대』등의 작품이 출현한 이후의 일이었다.

1. 서회중과 그의 「서부 전선의 일화」

서회중(徐懷中)은 1929년에 하북성 봉봉 광산 구역의 한 농가에서 태어났다. 12세에 국민학교에 들어가고 14세에는 태항 중학교에 입학하였다. 1945년에 중학을 졸업하고 군대에 나가 선전 사업을 맡았다. 1946년에 입당한 그는 1950년부터 1954년까지 서남 군구 정치부 문예공작단에서 연구원으로 있었다. 운남·귀주·서장의 변강 민족의 생활에 접촉하고 이민족의 문화 풍속을 이해할 기회가 되었던바 이는 그의 이후의 문학 창작에 생활 소재를 제공해주었다.

I. 서회중의 50년대 소설 창작

서회중은 비록 군인이었지만 엄격한 의미에서의 군사소설가는 아니었다. 작품의 숫자가 많지 않은데 그 중 대부분, 즉 50년대에 씌어진 작품들은 대부분 군사소설이 아니고 변강 지역의 각 민족 인민의 생활을 반영한 작품이었다. 1954년에 처녀작 「지상의 긴 무지개」를 발표하고서부터 계속해서 「15송이의 해바라기」 「설송(雪松)」 「두이석(杜耳石)」 「퇴색하지 않는 깃발」 「술 파는 여자」와 장편소설 『우리는 사랑을 심는다』 및 영화 시나리오 「무정한 애인」 등을 써냈다. 50년대는 서회중 창작의 왕성 시기라고 말할 수 있다. 이 시기의 가장 중요한 작품은 장편소설 『우리는 사랑을 심는다』였다. 이 작품들의 창작 과정에서 그는 이미 자신의 스타일의 골격을 완성하였다. 이 작품들로부터 그가 정감적이고 표현적이며 서정을 중시하는 소설 예술가임을 알 수 있다. 그의 작품은 청신하고 우아한 유화(柔和)의 미가 있을 뿐 아니라 원시적이고 거친 야성의 미도 있었다. 인성·인정·인도주의에 대한 그의 집요한 추구는 집단적인 공성을 강조하고 계급 감정을 강조하는 시대 속에서 특히 눈길을 끌었고 예술상의 독특한 추구는 도식화·관형화·유형화된 예술 환경 속에서 그를 군계일학으로 만들어주었다. 그의 첫 소설 「지하의 무지개」는 비판을 받았고 『우리는 사랑을 심는다』 「무정한 애인」에 와서는 그 비판이 정치 입장의 높이에까지 올라가 '계급 조화'를 산포하고 '인성론'을 선양했다는 죄목까지 쓰게 된다. 그 결과 60년대부터 70년대까지 그의 창작의 길에 공백이 생겨났다.

장편소설 『우리는 사랑을 심는다』는 서회중의 가장 우수한 대표작임에 의심의 여지가 없다. 작품은 평화 해방 후의 서장에서 한 농업 기술 보급소를 설치하기 위해 진행한 투쟁을 에워싸고 서장의 해방 초기의 생산 건설과 투쟁의 면모를 넓은 범위에서 묘사했다. 한(漢)족·장족의 생동하는 인물 형상들을 많이 창조하였다. 특히 작품은 서장 지구 특유의 의니(旖旎: 구름이 피어오르는 모양) 풍경과 장족의 독특한 민족 풍속을 뛰어나게 묘사하고 지역 특색과 이민족의 정취가 담긴 풍경 및 풍속 화면을 구성하였다. 이러한 것들이 모두 작품으로 하여금 일종의 황홀한 예술 매력을 산생하게 하였다. 선배 작가 엽성도는 이 작품을 대단히 높이 평가하였다. 새로운 세계를 창조하는 솜씨와 자유자재한 필치에 대하여 아주 탄복하면서 "줄거리가 그토록 복잡하고 인물도 적지 않은데, 그것을 300여 면밖에 안 되는 한 편 속에 조직하여 충실감과 긴장감을 느끼게 하며 사람들로 하여금 생동하는 새로운 세계로 진입하게 하였다"고 말했다. 군사 제재 소설가로서의 서회중은 1979년부터 시작되었다. 이 기간에 그는 한편으로 대별산 진출을 다루는 장편을 재시도하면서 다른 한편으로 10년 동란을 겪은 후의 새로운 역사 시기에 부대에 나타난 새롭고 보다 심각한 변화에 아주 열정적으로 관심을 기울였다. 그는 새로운 성분의 많은 침투로 인해 부대에 발생된 아주 큰 변화를 분명히 파악했다. 문화 교양으로부터 사상 정신 면모에 이르기까지 많은 방면에서 해방 전쟁 시기 및 5, 60년대와 아주 다른 새로운 특점이 출현하였다. 동시에 그는 또 사람들의 사회 인식 능력의 제고와 사고의 심화에 따라, 특히 심미 감상 능력의 제고에 따라, 과거의 군사 문학 중의, 전쟁 과정과 전투 이야기를 흥미진진하게 묘사하며 정해진 도식에 따라 영웅 인물을 축조하는 작법이 독자의 요구를 더 이상 만족시킬 수 없다는 것을 알아차렸다. 신시기의 부대 문학가로서 시대의 이러한 진보와 요구를 무시해서는 안 되고 반드시 그에 적응해야 하며 자신의 창작 수준을 부단히 제고시켜 "시대의 전진과 박자를 같이해야 하였다." 서회중의 최근 몇 년간의 창작은 줄곧 이 창작 과제를 에워싸고 깊이 사색하면서 용감하고 착실하게 추구와 개척을 하였다고 말할 수 있다. 1979년 2월에, 대 베트남 자위 반격전이 시작된 후, 그는 부대를 따라 전선에 가서 생활을 체험하고 풍부한 생활 소재를 축적하였으며, 아울러 일촉즉발의 창작 감정도 축적하였다. 먼저 보고 문학을 몇 편 써낸 뒤, 1979년말에는 끝내 저명한 단편소설 「서부 전선의 일화」의 창작을 완성하였다. 이는 건국 초기 30년간의 전쟁소설과 완전히 다른 작품이었다. 소설은 30년대 군사소설 창작의 여러 가지 금기를 솔선 돌파했을 뿐만 아니라 이후의 군사 전쟁소설의 창작을 위해 길을 개척해주었다.

Ⅱ. 「서부 전선의 일화」 및 기타 작품

「서부 전선의 일화」는 발표되자마자 군내·군외·전사회에 큰 반향을 일으켰다. 그 원인은 무엇인가?

우선 작품의 창작법에서 이전의 군사 문학 창작과 뚜렷하게 달랐다. 과거의 작품들은 대부분 정면으로 전쟁을 그리고 적·아의 태세를 분석하며 역량 대비, 작전 경과, 승리의 소식, 꽃다발의 낭보라는 식으로 구성하였다. 서회중은 이렇게 하지 않았다. 그는 의식적으로 전쟁에 대한 정면 묘사를 피하고(여지견의 「백합화」와 아주 유사하다) 초연과 포화를 뚫고 나가 필촉을 전장 밖으로 향했다. 사회 생활의 각 방면에 심입하여 이 전쟁이 발생된 특정 시대를 게시함으로써 사람들에게 강렬한 시대감과 역사감을 주었다. 그는 이렇게 말했다. "내가 보기에 포화와 초연은 전쟁이란 나무의 가지일 뿐이고 한눈에 알아볼 수 있는 것이다. 한 그루 나무의 땅속의 뿌리는 가지의 크기와 같고 그것의 그림자와도 같다고 한다. 그 보이지 않는 가는 뿌리들을 이어놓으면 지구를 몇 바퀴 회전할 수 있는 길이가 된다고 한다."때문에 그는 가지를 피하고 나무 뿌리를 그림으로써 보다 넓은 사회 생활과 예술 세계를 개척할 수 있었다. 이는 그의 군사소설을 이왕의 작품과 완전히 달라지게 하였다. 이것은 신시기 군사 전쟁소설의 사회화 경향의 시작이었으며 개척성을 띤 첫 발자국이었다.

그 다음으로, 전쟁 장면과 전쟁 과정의 묘사를 피하고, 주요 역량을 인물, 말하자면 새 시대의 신세대 군인을 그리고 신세대 군인들의 복잡한 성격 특징을 그리며 이 새로운 인물들의 다변화되고 입체화된 모습을 충분히 나타내는 데 기울였다. 이는 「서부 전선의 일화」가 이왕의 작품에 비해 인물 묘사상에서 갖는 하나의 중요한 특징이고 중대한 변화였다. "나는 나의 전사들로 하여금 이 전쟁을 연출하도록 하지 않았다. 나는 이 전쟁 속에서 단련·성장되는 청년을 그렸다"고 서회중은 말했다. 이 군인들은 아직 전쟁에 참가한 적이 없는 군인이었다. 문화혁명의 세례와 상처를 입은 군인으로서 그들은 높고 완미한 인물이 아니라 아주 평범한 보통 청년들이었다. 평범하고 순진한 그들은 현대의 청년들과 똑같은 희노애락을 가졌고 심지어는 10년 동란의 상흔을 지녔으며 치기와 성격상의 약점도 가지고 있었다. 전쟁의 시험을 용감히 접수한 그들에게서 두려움 없는 용기와 불바다에 달갑게 뛰어드는, 그리고 자각 헌신하는 영웅주의 정신이 표현되었다. 이 인물들의 몸에서는 일종의 본색미(本色美)의 빛이 발산되었다. 작품의 주요 인물 유모매(劉毛妹)는 중국 현대 군사 문학의 인물 화랑에서 하나의 완전히 새로운 유형으로서 비교적 성공적으로 묘사된바, 중요한 전형 의의를 갖고 있다. 겉으로 냉막하고 대화 속에 흔히 풍자의 의미를 띠는 그의 몸에는 10년 동란의 상흔이 뚜렷이 나타난다. 그러나 그는 결코 이로 인하여 침체되거나 고통에 빠지지 않는다. 그는 현실을 정시하고 용감하게 사색하며 사색중에서 혁명 전사의 충성을 불태우고 예민한 사상의 칼끝을 빛낸다. 서회중은 현대 청년들의 가장 귀중한 정신 품질을 정확하고 깊이 있게 파악하였다. 이 형상을 그려낼 때에 그는 인물의 냉막한 겉모습을 투과하여 그의 내적으로 불타는 암장을 발굴하였다. 이렇게 함으로써 유모매가 전투중에서 견정하고 침착하게, 영용 과단하게 최후에는 목숨까지 바치며 위대한 영웅으로 될 수 있었던 심후한 사상 기초와 성격 기초를 게시하였다. 서회중은 10년 동란을 거치며 완강하게 성장한 새 세대의 가장 사랑스러운 형상과 청년 세대의 새로운 예술 전형을 창조해냈다. 이 형상의 출현은 앞에서 지적한바 전장을 쓰지 않고 사회를 쓰며, 나뭇가지를 쓰지 않고 나무뿌리를 쓰는 데 비하여 보다 큰 미학적 개척 의의가 있다. 이는 중국 현대 소설의 인물 형상의 창조가 단일한 성격으로부터 복잡한 성격에로, '편형(扁形)' 인물로부터 '원형(圓形)' 인물로 변화되는 시작을, 또한 완미한 영웅 인물의 묘사로부터 보통 인물의 묘사로, '신격화'된 영웅으로부터 '인간화'된 영웅으로 변화되는 시작을 표지해주었다. 이러한 인물 형상은 보다 진실화·생활화되고 감촉이 있으며, 보다 강렬한 현실주의적 감염력이 있었다. 이 유형의 형상은 이후의 작품에 많이 나타났다. 어떤 것은 더 풍만하고 생동하게 창조되었다(예를 들면 장자룡의 「빨주노초파남보」 중의 유사가). 그러나 개척자는 여전히 서회중이었다.

　10년 동란이 종결된 후에 다른 제재의 소설 창작은 각성하여 날마다 번영해가고 군사소설은 상대적으로 낙후하고 침체한 국면에 처해 있을 때 이 소설은 군사 제재의 소설 창작의 전환기와 번영을 가져왔다. 이는 「서부 전선의 일화」가 중국 현대 소설사상에서 갖는 의의를 표현해준다. 많은 청년들이 군사 제재 소설 창작에 분분히 나섰다. 「서부 전선의 일화」의 영향하에 하나하나의 금기를 돌파하고 군사 제재 소설 창작의 새로운 고조를 일으켰다.

　「서부 전선의 일화」 후에 서회중은 또 「완씨 정향」을 써서 또 다른 측면에서 이 전쟁을 그려냈다. 이 작품의 영향이 「서부 전선의 일화」보다는 떨어졌지만 그것의 심각한 사상적 우의(寓意)는 또 다른 맛을 느끼게 해주었다. 작품은 서부 전선의 전쟁 포로들의 생활을 썼다. 베트남 여자 포로인 완씨 정향의 생활 조우와 성격 변이를 통하여 베트남 당국의 잔혹한 군사 파쇼하에서의 인민들의 고통스러운 생활과 아름다운 인간성에 대한 유린과 독해를 진실하고 심각하게 폭로하고, 우리 군의 혁명적 휴머니즘 정신을 고양하였다.

　일부 다산(多産) 작가에 비하면 서회중은 과작에 속했다. 위에서 말한 두 작품 위에 그는 「날개 없는 천사」와 「전투에 공훈이 없는 늙은 군인」이 있을 뿐이었다. 전자는 열정으로 충만한 필촉과 세부 대비의 방법으로 외면과 내면이 모두 아름다운 여자 간호원을 그리며 형상미와 심령미의 조화로운 통일을 추구하였다. 후자는 군대에서 충성스럽고 근검하게 반평생을 지낸 늙은 군인의 만년의 생활과 심리 세계를 그렸다. 작품은 발표된 후 몇 년간, 독자와 평론계의 주의를 끌지 못하였다. 그러나 평론가 뢰달은 도리어 이렇게 말했다. "사상의 심각성에서 이 작품은 아마도 이 작가의 오늘에 이르기까지 가장 주목할 만한 작품일 것이다." 소설은 작가의 "인간의 가치 관념에 대한 심각한 반성"을 포괄하였다.

서회중은 작품이 많지 않았지만 창작의 길도 평탄하지 않았다. 그러나 예술에 대한 그의 아낌없는 추구 정신과 신시기 군사 문학에 대한 개척성 공적은 사책(史冊)에 영원히 기재될 것이다.

2. 「높은 산 아래 놓인 화환」 등의 중국 현대 군사소설 발전에 대한 새로운 공헌

1982년말에 발표된 이존보의 「높은 산 아래 놓인 화환」은 대 베트남 자위 반격전을 반영한 군사 전쟁소설로 전반 중국 사회에 영향을 일으킨 작품이었다. 작자는 진정한 현실주의의 필촉으로 이 전쟁중의 형형색색의 인물에 대하여, 이 전쟁이 발생된 시대와 전반 중국 사회에 대하여 진실하고 심각한 묘사를 진행하였으며, 많은 중요한 방면에서 30년의 중국·군사 문학에 대해 자신의 새로운 예술적 공헌을 하였다.

I. 「높은 산 아래 놓인 화환」의 예술 성취 및 군사소설에 대한 새로운 예술적 공헌

「높은 산 아래 놓인 화환」의 첫째 방면의 성취는 바로 군사소설이 사회화로 발전하는 과정에 자신의 새로운 공헌을 바친 것이다.

군사소설의 사회화라는 것은 군사소설의 사회 생활 용량을 확대하고 군사 생활과 전쟁 생활을 전반 시대의 사회 배경에 두고 펼쳐나가는 것이다. 이는 군사소설의 예술적 질을 제고하는 하나의 좋은 길이며 방법이다. 군사소설의 사회화가 「높은 산 아래 놓인 화환」에서부터 시작된 것은 아니다. 일찍이 「동방」에서 작가는 이미 유효한 시험을 했었다. 조선 전선의 전쟁 생활을 묘사하는 동시에 교차·환위의 방식을 채용하여 근 절반에

달하는 필묵으로 국내 후방 농촌의 생기발랄한 생활을 충분하
게 그려내었다. 두 가지를 서로서로 대조하면서 그 특정 시대의
완정한 전쟁 생활을 펼쳐주었다. 전쟁소설로서의「서부 전선의
일화」는 전쟁의 나뭇가지를 피하여 전쟁의 '나무뿌리'를 쓴 것
이었다. 인물의 심리와 의식의 흐름을 통하여 보다 넓은 사회
역사 화면을 펼쳐나감으로써 냉정한 외모와 불타는 내심을 가
진 독특한 성격의 사회역사적 유래를 성공적으로 써냈다.「높
은 산 아래 놓인 화환」은 다른 사람을 답습하지 않고 전쟁소설
의 사회화를 실현하는 자신의 길을 개척하였다. 소설은 전쟁 생
활과 사회 생활의 교차식의 단락 묘사에 만족하지 않고 군사 생
활에서 군인 성격 중의 내적으로 고유한 사회 요소를 장악하고
여러 가지 사회 요소가 있는 인물들을 모두 전장과 전선에 집중
시켰다. 예를 들면 양삼희의 한 장의 거래명세표로써 극좌 사조
와 큰 가마밥이 농촌에 가져다준 극단적 가난을 끄집어내었다.
문화혁명중에 제조된 '더러운 탄알'로 군사 공업에 대한 문화혁
명의 엄중한 파괴와 그로부터 빚어진 엄중한 결과를 폭로하였
다. 전선 지휘부의 직통 전화로 당시 사회의 불량한 작풍이 스
며들지 않는 곳이 없는 엄중한 정도를 폭로하였다……「화환」
의 주요 줄거리는 모두 전장과 부대에서 발생된 것이지만 그 전
개는 도리어 전장과 부대를 멀리 벗어나 넓은 사회 생활의 영역
에서 진행되었다. 이는 작품이 응집력이 있게끔 했을 뿐만 아니
라 강대한 복사력(輻射力)도 있게 하였다. 79년 전후의 전반
사회 생활, 경제 상황, 사회 풍기, 사회 정서를 함께 조합시켜
집중 표현하였다. 한차례의 소소한 전투에 지나지 않지만 상상
외로 한 시대의 전반 사회를 끄집어내어 표현함으로써 사람들
에게 이 소설의 침중한 분량을 느끼게 하였다. 전쟁소설에 이처
럼 복잡한 사회 요소를 투입시키는 이러한 창작법은 복잡한 환
경 속의 복잡한 성격의 창조도 촉진하였고 인물을 보다 입체화
되고 질감화되게 하였다.

「높은 산 아래 놓인 화환」의 둘째 방면의 성취는 소설이 혈육이 풍만한 많은 인물들을 생동하게 그려낸 것이다. 특히, 신시기의 특징을 가진, "계급이 낮아도 우국(憂國)은 잊지 않는" 군인의 형상을 창조한 것이다. 한 편의 작품이 한두 사람의 형상을 잘 그려낼 수만 있으면 그것은 아주 훌륭한 일이지만 「높은 산 아래 놓인 화환」에서처럼 거의 매인물이 모두 그처럼 성공적인 것은 아주 쉽지 않은 일이다. 양삼희·근개래·설개화·조몽생·뇌군장·양할머니·한옥수·오상…… 8만 자 소설에 8명의 인물을 살렸다. 이는 어떤 경우에도 극히 쉽지 않은 것이다. 이 작품이 그처럼 인심을 격동시키고 그처럼 강렬한 예술 감염력과 충격력을 가질 수 있었던 가장 주요하고 가장 근본적인 이유는 소설이 생활 맥락으로 충만된 진실한 필촉으로 우리에게 피와 살이 있고 나름대로의 성격 특점과 풍부하고 복잡한 인간의 감정도 있는 영웅 형상을 성공적으로 창조해주었다는 데 있다.

양삼희, 노근거지에서 온 이 산동 사나이는 자신의 중대를 그처럼 사랑하였으며 자신의 직위에 그처럼 충성했다. 그는 벌써 집에 돌아가 헤어진 지 오래된 아내와 만났어야 했다. 그러나 자기 직위를 지키지 않고 마음이 들떠 있는 중대 지도원을 두고 그는 휴가에 대한 일을 다시 엄두도 내지 않았다. 전우에 대해서 너그럽고 관심이 대단했으며 그들의 사소한 일에도 큰 배려를 주었다.

그러나 지도원 조몽생이 '곡선 전근'으로 임전 전야에 전근 명령을 받은 것을 알게 된 후, 그의 너그러운 마음은 더는 내심의 분노를 참을 수 없어 마침내 비할 바 없는 노기를 터뜨린다. 그는 백발이 되신 어머니를 열렬히 그리워하고 만삭이 된 아내에 대한 깊은 감정에 사로잡힌다. 그러나 조국과 인민의 중한 기대와, 전쟁의 부름에 그는 잡념을 버리고 전후에 뛰어들어 엄호하다가 강개하게 자신의 생명을 바친다. 생전에 말없이 침묵을 지키고 그 어떤 호언장담도 없었던 그였지만 임종시에 피로 붉게 물든 그 '거래명세표'를 잊지 않고 교부한다. 이 얼마나 고상하고 아름다운 영혼의 죽음인가! 이 침묵의 영혼은 생전에 그 얼마나 침중한 생활과 감정의 무거운 부담을 받았던 것인가!

성격이 솔직담백하고 말에 숨김이 없는 근개래(靳開來)는 심지어 '잔소리 대왕'이라 불리기까지 하였다. 그러나 그의 거리낌없는 직언과 호방한 개성을 투과하여 우리가 느끼는 것은 시비가 분명하며 정직하고 신랄한 영혼과 감정이다. 바로 이러한 예리하고 엄격하며 고상한 감정은 그로 하여금 생사가 걸린 전투의 고비 곳곳에서 가장 험악한 임무를 감당하게 해준다. 최후로 전우들의 갈증을 풀어주기 위해 참외 몇 개를 구해오다가 자신의 생명을 바친다. 바로 이 때문에 이 추호의 사리도 없는 영웅은 도리어 '3등 공'도 세우지 못한다. 근개래의 '공 없는' 희생은 우리에게 심사숙고할 만한 문제를 남겨준다!

'북경 꼬마'라고 불리는 젊은 전사 설개화는 필묵을 많이 들이지 않았지만 도리어 전쟁의 상공에 빛나는 하나의 맑은 별처럼 나타난다. 뛰어난 재간, 놀라운 과단성, 적들을 이겨내는 담략, 인심을 격동시키는 포부는 '장수의 후손'으로서 손색이 없다. 그러나 그는 오히려 문화혁명중에 제조된 두 발의 '더러운 탄알'에 맞아서 희생된다. 그의 죽음은 아쉬운 죽음일 뿐 아니라 바로 '4인방'에 대한 분노의 고발이기도 하다.

작품에 가장 많이 취급된 것은 조몽생이다. 그도 장수의 후손으로서 고급 간부의 가정 출신이다. '곡선 전근'을 위하여 그는 자발적으로 중대에 내려가 지도원이 된다. 작품은 대량의 진실한 세부를 가지고 그가 중대의 간고한 생활에 적응하지 못하는 괴로운 상태를 묘사하고 일선 부대를 떠나기 위해 취한 여러 가지 떳떳하지 못한 행동을 무정하게 펼쳐보인다. 심지어는 전쟁 전야에 이르기까지 마음의 안정을 이루지 못하고 거의 탈영할 뻔한 사실까지 그린다. 그러나 그는 필경 장수의 후손이었으며 전쟁 연대의 근거지에서 태어나 인민의 젖을 먹으며 자랐고 신중국의 붉은 깃발 아래에서 성장하였고 오랜 시험을 거치며 심후한 혁명 전통을 쌓은 이 부대에서 생활해온 사람이었다. 그의 일체의 불량한 사상과 추악한 표현은 반드시 정의적인 역량의 반대를 불러일으킬 뿐만 아니라 그의 내면 깊은 곳에도 거대한 파문을 불러일으킬 것이다. 작품은 바로 이 두 가지 측면으로부터 조몽생의 전변을 묘사했다. 한편으로는 양삼희·근개래의 분개를, 특히는 뇌군장(雷軍長)의 폭풍우와도 같은 분노와 엄혹한 비판을 그림으로써 혁명 군대의 우뚝한 기개를 체현하였다. 다른 한편으로는 두 가지 사상 경계와 두 가지 정조의 첨예한 모순 충돌과 선명한 대비 속에서 조몽생의 고통과 각성을, 그가 자신의 비열함을 인식하고 영혼 깊은 곳으로부터 인격의 내재적 자존과 수치심을 격발하는 것을 묘사하였다. 근개래, '북경꼬마,' 양삼희 등 전우들이 하나하나 자신의 앞에서 쓰러지는 것을 보았을 때 그는 마침내 정신적 질곡에서 벗어나 전투에 돌진해 들어간다. 희생된 전우를 위하여, 자신의 치욕을 씻기 위하여, 불길 속에서 재생한 피닉스처럼 조몽생은 정화된 영혼의 새로운 삶을 획득한다.

「높은 산 아래 놓인 화환」의 영웅 인물 창조가 이왕의 군사소설과 다른 점은 소설이 완전히 생활 속의 인간의 본래 면모에 따라 피와 살이 있고 풍부하고 복잡한 인간의 성격과 감정이 있는 영웅을 그려냈다는 데 있다. 어떤 원칙이나 유형에 따라 만들어낸 관념적이고 창백하며 도식적인 인물들이 아니었다. 「높은 산 아래 놓인 화환」은 인물 형상 창조에서 '신격화된 인간'으로부터 '인간화된 인간'으로의 과도와 전변을 기본상 실현하였고 완성하였다. 고급 장령 뇌군장의 형상에서 이 점이 특히 뚜렷하게 표현되었다. 이왕의 군사소설에서 고급 장령은 흔히 모종의 고정된 격식에 함몰되어, 언어로부터 자태에 이르기까지, 복장으로부터 감정에 이르기까지 그토록 교조적이고, 경직되었으며 허세를 부린다. 그들의 개성 특징을 그려낸 것은 아주 적었고(물론 완전히 없었던 것은 아니다) 독자와의 감정 교류가 심각한 인상을 남길 정도에 이른 것은 아주 적었다. 그러나 「높은 산 아래 놓인 화환」에서의 뇌군장은 두 번밖에 등장하지 않았고 필묵도 가장 적게 들였지만, 그 등장은 범상치 않았다. 그가 오상의 불량한 작품에 대해 조금의 양보도 없는 투쟁을 진행할 때, 사단 간부회의에서 바르지 못한 기풍에 대해 통렬히 비판할 때 악을 보기를 원수같이 하는 애증이 분명한 노장군의 형상이 지면 위에서 살아 숨쉰다. 작자는 또 이 방면의 묘사에만 그치지 않았다. 그가 두번째로 전장에 나타나 열사 묘지 앞에 섰을 때 사람들은 그제야 그가 '북경 꼬마'의 부친임을 알게 된다. 여기에서 작자는 극히 감동적이고 세밀한 필묵으로 이 노장군의 가슴에 떨어지는 방울방울의 눈물을 묘사하고, 그의 전신의 전율과 억제할 수 없는 비감을 묘사하였다. 여기에서 우리가 보는 것은 위엄이 있고 장한 포부가 격렬한, 건강하면서도 정의와 감정을 중히 여기는 장군의 형상이다. 소설 중의 두 농촌 부녀 양할머니와 한옥수의 형상은 전편에서 가장 감동적으로, 애절하게 그려진 인물이다. 바로 이들처럼 공헌만 하고 바라는 것이 없는 어머니들이 자신의 무사와 희생으로 이 전쟁과 전체 국가·민족의 생존과 발전을 지탱해주었던 것이다. 작가는 그들을 통해, 양삼희·조몽생 두 가정의 희극적 관계를 통해 하나의 보다 장중하고 신성한, '인민이 하느님'이라는 숭고한 주제를 승화시켰다.

「높은 산 아래 놓인 화환」의 군사소설 창작에 대한 세번째 측면의 돌파와 공헌은 현실주의의 창작 원칙을 진정으로 견지하며 솔직하게 무조건적으로 군대 생활의 본래 면모에 따라 생활을 반영하였으며, 군대 내부에 존재하는 문제에 대해 추호도 은폐하거나 미화하지 않고 진실하고 대담하게, 타당하게, 또한 극히 심각하게 우리 군대 내부에 존재한 여러 가지 모순을 폭로하였다는 데에 있다. 군대 내부의 모순을 반영한 작품은 건국 17년의 군사소설 중에는 기본상 없었다. 설사 있었다 하더라도 그것은 전쟁 방안에 대한 논쟁에 불과했다. 『동방』은 군내의 모순에 접촉했다고 해야겠지만 심각한 것이었다고 할 수는 없다. 「높은 산 아래 놓인 화환」은 군대 생활의 장막을 열어제치고 양보 없는 엄준한 정신으로써 전쟁 전후의 군인들의 정신상의 모순과 군대 생활 내부에 존재한 첨예한 충돌과 모순을 게시하였다. 이 방면의 함의는 작품에서 주로 오상이라는 인물의 조형을 통해 나타난다. 군구 위생부의 부부장으로 있는 오상은 자신과 남편의 지위와 세력을 이용하여 평화 시기에 자녀들을 입대시켰다. 그러나 전쟁이 닥쳐들자 급급히 전쟁 부대를 떠나게 해준다. 이를 위해 오상은 '외교 재능'을 펼친다. 우선 '곡선 전근'의 방식으로 아들을 기관에서 나가 기층의 중대로 가게 한다. 전쟁이 더욱 임박해지자 그녀는 또 아들을 북경으로 전근시키려 한다. 심지어 전쟁 시기의 일각이 천금과도 같은 전선 지휘부의 전화를 점용하여 해방 전쟁 때 자신과 남편의 구원으로 생명을 건진 뇌군장에게 자신의 아들을 전선에서 전근하게 해달라고 한다. 뇌군장의 반대에 부딪힌 그녀는 다른 선을 통하여 한 장의 전근 명령서를 얻는다. 이러한 모든 묘사는 혁명 전쟁의 시험을 받아온 이 노군인이 30년의 평화 생활 속에서 완전히 변하였고 조금도 군인다운 맛이 없는 군인으로 변하여 인민 군대를 하나의 이익을 도모하는 장소로 삼는다는 것을 설명해준다. 작자는 오상의 이러한 퇴화된 사상 의식과 양삼회의 어머니 양대낭의, 평생토록 혁명을 위하여 친인들을 바치며 헌신할 줄만 알고 사리를 꾀하지 않는 고상한 정조를 대조하여 묘사함으로써 문제의 엄중성과 비감을 보다 두드러지게 나타냈으며 독자에게 보다 심각한 게시를 주었다.

작자는 소설의 '프롤로그'에서 작중 인물 조몽생의 입을 빌려 자신의 창작 추구를 밝혔다. "화려한 언어로 이 소박한 이야기를 분장하려 하지 말아야 합니다. 부대의 실제 생활에 아주 가깝게, 더욱 가깝게 접근해야 합니다." 이는 이존보가 창작중에 일종의 현실주의 창작 방법을 견지했다는 것을 설명해준다. 「높은 산 아래 놓인 화환」의 성공은 현실주의의 승리라고 말할 수 있다. 「높은 산 아래 놓인 화환」은 비극이지만 감상적이지는 않아서, 장렬한 격정을 투사하면서 비장함으로부터 일종의 숭고함을 승화시킨다. 전반 작품은 처음부터 끝까지 영웅주의적 기개를 앙양시키고 있다. 그의 영웅 인물들은 모두 아주 숭고한 사상 정신 세계에 도달하였기 때문에 독자의 영혼을 정화(淨化)시킬 수 있었다. 특히, 작품의 역사적 심도와 철학적 함의를 제고하기 위하여 작자는 일부 줄거리를 연극화하여 처리하였다. 이 모든 것들은 「높은 산 아래 놓인 화환」이 현실주의적인 동시에 혁명적 이상주의의 격정으로 충만한 작품이라고 느끼게 해준다. 때문에, 현 사회의 일부 사람들이 이른바 '양 결합'의 창작 방법을 철저히 부정하고 타기하였음에도 불구하고, 나는 「높은 산 아래 놓인 화환」이 상당히 성공적인, '혁명적 현실주의와 혁명적 낭만주의가 서로 결합'된 우수한 작품이라고 말하고자 한다. '양결합'이 작가 개인의 나름대로의 미학 추구라면 타인은 간섭할 권리가 없는 것이다. 그것은 각종 창작 방법 중의 하나의 방법으로서 그 존재와 발전의 권리를 갖는다. 작가가 정확하게 장악하고 합당하게 운용하기만 하면 여전히 높은 수준의 예술 작품을 써낼 수 있는 것이다. 「높은 산 아래 놓인 화환」의 성공이 그 일례가 된다. 소설의 이야기 줄거리에 나타나는 연극화 경향 또한 변증법적으로 보아야 할 것이다. 연극화 줄거리가 너무 많으면 허구감이 조성되는 것은 당연한 일이다. 그러나 적당한 정도의 연극화는 때로 작품의 사상적 깊이와 예술적 감염력을 증강시켜준다. 「높은 산 아래 놓인 화환」에는 두 개의 주요한 연극적 줄거리가 있다. 하나는 뇌군장과 오상의

역사적 관계이고 다른 하나는 양삼희와 조몽생 양가의 역사적
관계이다. 심각한 역사 내용과 장엄한 사상 관념이 이 두 개의
연극화 줄거리에 포함되어 있다. 그것은 인물의 소조에 대해서
나 작품 사상 경계의 승화에 대해서나 상당히 중요한 작용을 하
고 있다. 예술은 결코 생활에 대한 복사나 모방이 아니다.

　요컨대「높은 산 아래 놓인 화환」은 숭고하고 엄숙한 주제
와, 영용하고 비장한 장면, 그리고 불타는 애국주의적 격정과
고상하고 아름다운 영혼으로 독자들을 깊이 감동시켰으며 독자
의 영혼을 진동시켰다.「높은 산 아래 놓인 화환」의 출현은 우
리나라 군사 제재 창작에 대한 하나의 돌파일 뿐만 아니라 신시
기 문학에 대한 돌파이기도 하였다. 이 소설의 출현은 또한 사
회주의 문학이 하나의 새로운 수준에로 발전되었음을 표지하
였다.

Ⅱ. 우리나라 군사 문학의 비극 예술의 새로운
세계를 개척한「산속의 열아홉 개 무덤」

　만일 건국초 30년의 문학 창작에 이러저러한 계율이 있었다
고 한다면 군사 문학상의 계율은 더 많고 더 엄격하였으며 보다
돌파하기 어려웠다. '4인방'이 분쇄된 이후의 최초 몇 년 사이
에 다른 제재의 소설 창작이 '상흔 문학'의 흥기를 따라 분분히
하나하나의 금구를 돌파하면서 올라가고 있을 때 다만 군사 문
학만은 아직도 옛길에서 머물며 관망하고 배회하였다.「서부
전선의 일화」와「높은 산 아래 놓인 화환」등의 작품의 출현이
일부 금구를 돌파하고 신시기 군사 문학으로 하여금 기지개를
켜게 하였다.「높은 산 아래 놓인 화환」이후에 이존보는 또
중편소설「산속의 열아홉 개 무덤」을 썼다. 이 작품은 더 직접
적이고 넓은 의의에서 군대 내부의 모순 충돌을 게시하고 임표
가 부대를 통치하던 시기의 검은 장막을 폭로하였다. 이 작품은
군사 문학으로서는 최초의 진정한 '상흔'소설이었으며 거대한

역사 용량과 사회 의의가 있는 비극 문학 작품이었다. 이 소설의 출현으로써 군사 문학의 무(無)비극의 역사는 종말을 고하였고 군사 문학의 비극 예술이 새로운 세계를 열게 되었다.

「무덤」이 묘사한 것은, 한 영웅적 부대가 10년 동란 기간에 임표에게 잘 보이고 '충심을 나타내기' 위해 애쓰는 한 상관에 의해 용산에 파견되어 근본적으로 국방 공정을 할 수 없는 엉뚱한 산속으로 들어가 거대한 규모의 국방 공정을 시작하고 그 결과 예상했던 바와 같이 공정의 엄중한 사고로 인하여 당년에 탁월한 공훈을 세웠던 '도강 제1중대'의 우수한 간부와 전사들이 파괴적인 타격을 입고 큰 산에 묻히지 않으면 안 됨으로써 극좌 노선의 희생이 되고 마는 이야기이다. 이는 투쟁의 열화 속에서의 희생이 아니고 조국 보위의 신성한 변방 전장에서의 희생도 아니다. 몇몇 야심가들의 농간에 아무런 가치도 없이 매장되어 버린 것이다. 이 얼마나 소름 끼치는 일인가. 작자는 전사들에 대한 강렬한 사랑을 지니고 비할 수 없이 진실한 필촉으로 아무런 숨김도 없이 그 황당한 시대에 발생했던 이 황당한 사고를 에워싸고, 서로 다른 경력과 성격을 갖고 있는 이 영웅적 중대의 몇 명의 인물들의 운명과 조난을 에워싸고, 그들의 영혼과 짙은 선혈을 우리 앞에 펼쳐보였으며, 또한 이로부터 혁명의 허울을 잡고 나타난 문화혁명과 극좌 사상이 우리들의 사업과 군대에 얼마나 엄청난 재난과 영향을 가져다주었는가 하는, 큰 울림을 가진 비극적인 주제를 끄집어냈다.

이는 공정의 사고로 19명의 충실하고 용감한 전사들이 희생된 일장의 비극일 뿐만 아니라, 헌신 정신이 풍부하며 원래는 성과를 거둘 수 있었던 사랑스러운 전사들이 흑백이 전도된 그 세월에 그들의 일편단심의 충성과 사심 없는 영용을 이렇게 우롱당하고 모욕당하고 이용당하고 왜곡당했다는 데에 더 큰 비극이 있다. 두 번이나 큰 공을 세운 대대장 곽금태는 혁명 전쟁 속에서 단련을 받은 억센 사나이로서 첨예하고 복잡한 투쟁 속에서 맑은 두뇌를 가지고 있는 힘껏 최선을 다하여 좌경 노선과 완강한 투쟁을 진행하지만, 그는 실패한다. 5, 60년대로부터 오늘에 이르기까지 그는 진리를 견지하고 좌경 노선에 저항하였다는 이유로 세 번이나 해직되었다. 그는 '정치 돌출'과 '혁명화'의 명의로 세상을 뒤덮은 좌적 세력의 무거운 압력에 더는 견딜 수가 없었다. 최후에 그는 용산 공정의 사고에서 전우를 구하다가 자신의 생명을 바친다. 작품이 가장 풍만하고 가장 성공적으로 빚어낸 형상은 모범반장 팽수규이다. 시골의 가난한 농사꾼의 아들로 태어난 그는 오직 부대에서 자신의 귀속과 희망을 찾았다. 근로하고 정직하며 참을성 있고 개인적 득실을 따지지 않는 그는 전심전력으로 인민을 위해 복무하는 전형이다. 그러나 첨예하고 복잡한 모순 투쟁 속에서 '좌'적인 언어에 기만당해 자제를 잃고 자신이 줄곧 존경하고 숭배하던 대대장을 어리석게도 '검거'하고 '적발'한다. 이로부터 그의 마음은 무거운 것에 짓눌린 것만 같아지고, 그는 자책하고 자괴하며 자신의 기만당한 오류를 용납하지 못한다. 작품은 대량의 세목과 내면 묘사로써 기만당하고 왜곡당한 이 정직한 영혼의 심각한 고통을 충분히 표현하였다. 최후에 그와 운명을 같이했던 영웅적 집단은 파괴적인 전멸을 하게 된 반면에 자신은 도리어 이 대비극의 행운의 생존자로 남았을 때, 그는 각성한다. 자신이 자신의 운명을 장악할 것을 결심하여 9년이나 오매불망 바랐던 간부 서류를 찢어버리고 부대를 떠나 북대황으로 자신의 새로운 삶을 찾아 떠난다. 작품 중의 기타 인물, 이를테면 과로로 죽은 '5호표병' 손대장, '충'(忠)자 활동에서 희생된 순진하고 아름다운 선전 대원 유금금, 전도되고 왜곡된 현실 생활에 대해 분명한 인식을 가진 탓에 '현행 반혁명'으로 몰린 학생병 진욱 등의 인물들도 비교적 성공적으로 묘사되었다. 작품은 바로 이러한 가치 있는 생명의 무의미한 파멸을 통하여 피비린내 나는 대 비극을 펼쳐보였다.

앞에서 이야기한 것과 마찬가지로 '상흔 문학'의 고조 시기에, 주관적 및 객관적 원인들로 말미암아 중대한 사회 의의를 가지고 거대한 역사 내용을 포용하는 심후한 비극적인 작품이 시종 나오지 못하고 있었다. 「산속의 열아홉 개 무덤」의 출현은 이러한 비극 문학의 탄생을 표지한다고 말할 수 있다. 이는 혁명 군사 문학의 무(無)비극의 역사를 종말지었을 뿐만 아니라 전체 사회주의 비극 문학의 발전을 위해 길을 열어주었다.

「무덤」 중의 비극적 인물의 비극은 고립적인 성격 비극이 아니고 일반적인 운명 비극도 아니다. 작자가 이토록 진실하고 개성 있는 인물들의 생활 체험, 사상 감정, 심리 활동 및 그들이 처한 첨예한 모순 충돌을 통하여 펼쳐준 것은 하나의 광활한 역사 배경이고, 우리들로 하여금 보게 한 것은 부조리한 시대의 참혹하고 엄준한 역사적 진실의 면모이다. 작자가 높은 곳에서 역사를 조감하고 고립적이 아니라 총체적으로 생활을 관찰하고 파악하였기 때문에 작품은 강렬한 역사 의식을 투사하고 사회 생활의 거대한 변천을 기록할 수 있었다. 이것이 바로 「무덤」이 일반적인 '상흔 문학'보다 우월한 점이다.

3. 군사소설의 사회화로부터 심리화로의 발전
—— 중편소설 「시리우스를 쏘다」 「제3의 눈동자」
「응시」와 장편소설 『두 세대의 풍류』 『쇠침대』 등

「서부 전선의 일화」 「높은 산 아래 놓인 화환」은 군사 문학의 사회화의 길을 열었다. 그것들은 군내에 존재한 첨예하고 복잡하며 심각한 모순 충돌을 정면으로 대담하게 폭로하였을 뿐만 아니라 복잡한 환경 속에서 형성된 복잡한 성격을 가진 영웅 인물을 솔선하여 그려냈고, 완미한 신화적 영웅으로부터 평범한 인간적 영웅으로의 전변 과정에서 개척적인 공헌을 하였다.

「일사」와 「화환」 이후, 군사 문학은 어디로 발전할 것인가? 이에 대해서는 부대의 청년 작가 주소진이 자신의 3편의 중편 소설 「시리우스를 쏘다」「응시」「제 3 의 눈동자」로, 유아주가 장편소설 『두 세대의 풍류』로, 해파가 장편소설 『쇠침대』로 설득력 있는 대답을 하였다.

이 작품들은 전쟁과 전장을 쓰던 데로부터 평화 시기의 군영(軍營) 생활을 쓰는 데에로, 전쟁 영웅을 쓰던 데로부터 보통의 평범한 군인을 쓰는 데에로, 부대 생활의 첨예하고 복잡한 모순 충돌을 폭로하던 데로부터 군인의 자아의 내면의 감정적 파동과 격렬한 충돌을 게시하는 데로, 전쟁·전장과 군영 생활에 대한 일반적인 현실주의적 재현으로부터 군인의 인본(人本)과 심리 세계에 대한 깊은 발굴과 표현으로 옮겨갔다. 그것들은 단일한 현실주의 창작 방법에 국한되지 않고 각종 문학 유파, 특히 모더니즘 유파의 장점을 널리 흡수하였으며, 작품 속에 무겁고 침착한 철학적 사고와 시공(時空)의 투시력이 풍부한 역사 의식을 담고 있다. 이 작품들 하나하나가 그 예술 성취에 있어서 「일사」나 「높은 산 아래 놓인 화환」을 넘어섰다고 할 수는 없겠으나 이 작가들의 예술상의 주관 창조 정신은 전체적으로 군사 문학의 심미적 품격을 풍부히하고 제고하였다.

I. 주소진의 중편소설 「시리우스를 쏘다」 「응시」와 「제 3 의 눈동자」

군인 가문에서 태어난 부대 청년 작가 주소진은 70년대에 창작을 시작하였는데 몇 편의 단편(「우리 반장의 이야기」「철류」「진해석과 조준점」 등)과 두 편의 장편(『징벌』『피서』)이 있었다. 이 작품들은 청신한 생활 맥락이 있고 부대와 군인에 대한 그의 초보적인 이해가 있지만, 필경 그 시대의 한계가 있다. 주소진의, 군인의 세계에 대한 각별한 인식과 심후한 감정, 그리고 시대와 사회의 발전에 따라 변화된 군영 생활과 군인의 운명에 대한 관심은, 평화 시기의 군인들의 헌신 정신에 대한 일종의 심각한 사색에로 점점 응집되었다.

평화 시기의 군영 생활을 그리는 것이 상당히 어려운 일이라는 점을 인정해야 할 것이다. 통일된 호령(號令), 근엄한 규율, 정확하고 기계적인 생활 리듬, 건조하고 단조로운 색채, 그리고 군인의 감정·사상·의념·심리 등 모든 것들이 그 녹색의 군복 속에 감추어져 있다. 전쟁 시기의 맹렬한 돌격이나 격렬한 전투처럼 사람의 마음을 놀라게 하고 손에 땀을 쥐게 하는 것이 아니며 군영 밖의 사회 생활처럼 다양하고 다채로운 것도 아니다. 어려서부터 군영에서 자란 주소진은 군영 생활에 익숙했고 군인에 대한 감정이 심후했다. 그는 군영 생활의 표면적인 평온과 권태의 영역에서 군인의 내면 세계를 깊이 발굴하고 보통 사람과 똑같은, 혹은 보통 사람을 훨씬 넘어서는 비할 수 없이 풍부하고 복잡한 감정 세계를 게시하는 데 초점을 맞추고 천착했다. 그리하여 신시기의 군사 문학의 발전에 자신의 독특한 공헌을 이룩했다.

「시리우스를 쏘다」(1982년, 『곤륜』 창간호에 발표)는 포병 부대의 생활을 그린 것이다. 그러나 전문 기술의 추상적 묘사에 빠지지 않고 사람과 무기, 사람과 기술의 모순의 울타리에 얽매이지도 않았다. 그 모든 일상적 군영 생활을 사람과 사람 사이의 관계, 갈등, 상호 영향과 충돌 속에 융화시킴으로써 작품이 군인의 기질과 정서, 의지와 희망으로 충만하게 하였고 또 작품의 생기와 활력을 증강시켰다.

이 작품의 가장 중요한 공헌은 작자가 평화 시기의 군영 생활의 하나의 중요한 문제, 군인의 직책 및 사업심과 개인의 생활 고뇌 및 곤혹과의 엄준한 대립과 충돌을 파악하고, 이 엄준하고 첨예한 대립과 충돌 속에서 중대장 원한(袁翰)이라는 형상의 성공적인 창조를 통하여 혁명 군인의 고도의 자기 희생 정신을 마음껏 그려내었다는 데 있다.

지휘관이 꼭 갖추어야 할 우량한 군사 소양과 업무 수준을 갖춘 원한은 우수한 군인으로서의 귀중한 기질, 담력과 식견, 패기도 갖추었다. 그는 중대를 엄하게 다스렸고 자신의 직책과 사업을 사랑했으며 심지어는 훈련장에서의 하나하나의 기계적인 동작에 대해서도 '매혹'되었다. 그러나 "훌륭한 군인은 훌륭한 남편이 되기 어려운 것"이다. 그는 장기간 집안을 돌보지 않고 중대를 지키느라 아내의 무거운 가정 부담을 덜어줄 수 없었을 뿐만 아니라 연약한 아내에게 남편으로서의 사랑을 주지 못했다. 한편으로 아내와 딸에 대한 벗어날 수 없는 의무가 있고 다른 한편으로는 중대에 대한 회피할 수 없는 책임이 있다. 이 두 가지 감정의 모순은 항상 그를 선택의 고뇌에 빠지게 한다. 물론, 나중에 그는 군대 건설의 수요에의 복종을 선택하고 개인의 감정을 희생시킴으로써 이 감정의 전투에서 승리를 얻는다. 작품은 군인 생활중의 이러한 흔히 볼 수 있는 모순을 파악하고 원한과 같은 수천만 군인들의 생활을 개괄함으로써 고상한 정조와 아름다운 품격을 보여주었다.

이 작품의 예술상의 최대의 특색은 군인의 풍부한 감정을 대담하게 펼쳐보이고 군인의 은밀한 감정 세계를 탐색하면서 군인의 복잡한 감정을 표현하는 것을 예술적 묘사의 초점으로 하여 농도 짙은 묘사를 부가하였다는 데 있다.

작품은 원한이 휴가를 마치고 부대로 돌아오는 것으로부터 쓰기 시작하여 그의 내면의 모순 충돌을 긴밀히 포착, 그의 중대에 대한 미련과 사업에 대한 애착, 그리고 처자식의 어려운 처지에 대한 안타까운 심정 등 여러 가지 감정의 중첩과 충돌을 그려냈다. 일단 긴장된 중대 생활에 뛰어들어 자신이 좋아하는 사업에 몰두하면 잠시나마 그러한 번뇌가 잊혀진다. 그러나 두 딸의 병이 위급해지고 큰 딸이 죽었다는 전보를 받게 되자 안정되었던 마음은 또다시 격렬하게 흔들린다. 그는 고통을 억지로 참으며 내색하지 않고 사업에 착수한다. 전체 소설은 심령과 감정의 세찬 물결 속에서 진행된다고 말할 수 있다. 인물의 심령 깊은 곳으로 파고드는 이러한 필치는 읽을수록 독자들의 눈물을 자아낸다.

군인의 내면 생활과 감정 세계를 위주로 묘사한 이 작품이 기본적으로 채용한 것은 진실한 세부 묘사에 의거한 현실주의 방법이다. 심리 분석과 같은 수단은 비교적 적게 사용되었지만 결코 진부하다거나 상투적이라는 느낌은 주지 않는다. 사실(寫實) 수법의 운용은 오히려 간결하고 소박하며 침착한 특색을 생성하고 있다.

군인의 심리 세계를 반영한 다른 한 편의 작품인 「응시」는 일반 군영 생활을 반영한 것이 아니고 군인의 어떤 우수한 품질에 대한 묘사에 국한된 것도 아니다. 하나의 독특한 시각을 통하여 보다 넓은 시대적 배경과 역사적 배경 속에서 신세대 군인의 보다 넓은 흉금과 보다 현대적인 의식 및 그들의 역사와 민족의 전도에 대한 새로운 사고를 충분히 보여주었다. 작품은 해협 전선의 지척에 가까운 두 섬에서 적아(敵我) 쌍방의 군인들이 전투 없이 대치하고 있는 것을 썼다. 쌍방은 피차간에 망원경을 통하여 상대를 관찰할 수밖에 없다. 관찰경내에서 상대의 일체는 모두 있는 듯 없는 듯 몽롱하게 변해버리고 "하나하나의 사람, 하나하나의 사건이 모두 해체된다." 반드시 추측과 연상, 상상을 빌려야만 이러한 해체된 조각들을 연결시켜 단속적인 이야기를 재구성할 수 있다. 작자가 극히 새롭고 특수한 시각을 선택함으로써 소설로 하여금 일종의 신기하고 신비한 유혹력을 산생시켰음을 응당 승인해야 한다. 바로 추측과 연상의 도움을 받아 작자가 쌍방 군인의 내면 깊은 곳에서 발굴을 행하여 그들의 심리 세계의 감정의 파란을 충분히 펼쳐보였기 때문이다.

작품은 주로 아군의 전사 고침성(古沈星)이 관찰경으로 본 일체의 것들과 그의 추측·연상·회상·상상을 통해 줄거리를 펼쳐나갔다. 고침성이 소속되어 있는 사미서 맞은편의 동병도는 부친 고박 장군이 일찍이 패전했던 곳이었다. 깊은 밤 상대의 방송에서 부드러운 어조로 그 패전의 역사를 거듭 이야기할 때마다 그는 부친의 30년간의 침통과 그것이 오늘의 그의 마음속에 이식된 상처를 아프게 느낀다. 본능적으로 그는, 성난 사자처럼, 일찍이 부친을 패배시킨 적 앞에 서서, 정신상·의지상 한차례 또 한차례 상대의 옛 상위와 겨루며 그들을 압도하고 패배시키려고 한다. 그러나 그는 필경 80년대의 신세대 군인이고, 역사는 이미 30년 전진하였다. 그는 후세인의 시각과 흉금으로 그 침통한 역사를 바라보는데, 당년의 아버지 세대들보다 훨씬 각성하였고 명철하며 보다 활달하다. 상대에게서 날아온 농구공을, 자신의 찬탄과 체온을 실어 다시 돌려보내고, 상대의 섬에서 한 병사가 바다에 뛰어들어 기뢰를 터뜨려 자결하자 자기 쪽의 오성 홍기를 절반 내리고 애도를 표시하며, 상대의 ‘33호’에 대한 깊은 동정으로 차가운 시멘트 바닥에 얼굴을 대고 바다 저쪽에서 전해져오는 소리에 귀를 기울이고…… 이 모든 것들이 신세대 군인 고침성을 구성한다. 여기에는 그의 군인으로서의 기질이 있으면서도 그의 민족적 기도와 역사에 대한 현대 의식을 갖춘 사고가 있다. 그가 보기에 대치중에 있는 장개석 군대의 사병들은 우리 전쟁의 적수일 뿐만 아니라 동시에 한 민족의 핏줄을 타고난 동포이기도 하다. 작품은 그들 사이의 행위와 모순에 대한 묘사를 통하여 독자로 하여금 역사적 원인으로 인해 발생된 해협 양안의 혈육 동포들 사이의 대치와 분열, 또 이것이 중화 민족에 안겨준 정신적 고통과 대치 쌍방의 조국 통일에 대한 열렬한 갈망을 강렬하게 감수하도록 하였다. 작품이 여러 가지 인물 및 심리의 모순 관계의 묘사를 통하여 그러한 사상을 체현시켰기 때문에 비교적 광대한 사회 생활이 작품에 포함되었을 뿐만 아니라 심원한 함의가 있는 주제도 게시하게 되었다.

인간의 심리 활동 묘사를 위주로 한 이 소설은 예술 표현과 미학 추구상에서도 새로운 시험이 있었다. 「시리우스를 쏘다」의 사실 수법을 그대로 답습하지 않았을 뿐만 아니라 의식적으로 일부 현대적 기교들을 사용했다. 전체 작품은 일종의 방사식 구성 수법을 채용하여 몽롱하고 모호하며, 신비스러움을 띤 분위기 속에서 많은 '수수께끼'를 독자에게 남겨줌으로써 그들이 스스로 추측하고 판단하며 또 보충하게 하였다. 작품은 줄거리 발전상의 선조적 인과 관계의 묘사에 뜻을 두지 않고 일종의 정서와 분위기의 흐름을 전경화하였으며 강렬한 현대 의식에 심후한 역사적 깊이가 있는 작품이다. 어조는 이왕과 마찬가지로 냉정하고 엄격하며 무거운 동시에 주관 감각의 색채가 증대되었다.

주소진은 진실하고 엄준하다. 진실이 엄준한 정도에까지 이르렀고 엄준이 무정한 지경에까지 이르렀다. 우리의 군영 생활을 보아내고 군인의 내면을 투시하기에는 두 눈만으로는 부족하다고 느낀 그는 1986년에 또 「제3의 눈동자」를 써서 이 '제3의 눈동자'로 우리 군인들의 심층 심리와 의념을 해부하고자 했다.

「제3의 눈동자」는 여전히 해협 양안의 적아 쌍방의 지척에 대치된 군영 생활에서 취재하였고, 여전히 군인의 복잡한 내면 세계에 대한 분석을 수행하고 있지만 이미 '응시'가 아니고 '제3의 눈동자'의 도움을 받고 있다. 1반에 있던 병사 사마술이 바다를 건너 적에게 투항하고, 그가 평소에 관찰했던 우리 군 장병들의 생활과 내면 상황, 더욱이 평소에는 감추어져 있는 비밀까지도 적의 확성기를 통해 모든 사람들에게 공포하여 아군에 대해 가슴을 파고드는 심리전을 펼친다. 지도원으로부터 반장, 전사 개인에 이르기까지 놓치지 않을 뿐만 아니라 정치 사업에 대한 지도원의 불만이나 심지어는 중대의 어느 전사는 자위하는 습관이 있고 또 어느 전사는 멍청하다는 것까지 죄다 폭로한다. 전체 중대의 인심이 교란된다. 모두들 넋이 빠지고 얼굴을 들고 다닐 체면이 없어한다. 게다가 상급에서도 이를 이유로 이 중대를 해산하기로 결정하고 전사들을 다른 중대에 각기 배치한다……

이 작품이 발표된 후, 독자들의 반향은 강렬했지만, 평론계에서는 침묵을 지켰다. 이 작품은 확실히 적지 않은 비밀을 폭로하였고, 부대 생활과 군인 내면의 일부 어두운 것들을 게시하였다. 그러나 이것은 비밀 폭로를 목적으로 하는 작품은 절대 아니다. 작품은 인간의 본질적인 속성에 대한 전면적이고 심각한 인식으로부터 출발하여 인간은 모두 본능적으로 악한 일면이 있다는 것을 승인하였을 뿐이다. 사마술이 이 점을 보아낸 것은 심각했지만 또한 일면적이었다. 그는 사람들이 인류 자신에 대한 전면적이고 심각한 인식을 결핍한 점을 이용하여 대단한 글을 지었지만, 그의 이러한 행위는 비열한 것이었다.

그렇다면 인류 자체의 본질적 속성에 대한 전면적이고 심각한 인식이란 어떠한 것이어야 하는가? 위대한 계몽주의자 디드로는 이렇게 말했다.

"인간은 역량과 연약, 광명과 맹목, 미소한 것과 위대한 것의 복합물이라고 말하는 것은 인간을 힐난하는 것이 아니고 인간을 위해 정의를 내리는 것이다."「제3의 눈동자」가 예술 형상을 통하여 표현하고자 한 것은 바로 이 사상이다. 작품은 다른 한 진정한 주인공 남호박(南琥珀)의 묘사와 그의 내면 세계에 대한 심각한 게시를 통하여 작품의 진정한 창작 의도를 나타냈다. 남호박에게도 제3의 눈동자가 있다. 다른 사람과 자신의 인간성의 악한 일면을 보아낸 그는 나아가서는 인간의 여러 가지 결함과 결점 중의 우수한 품격의 일면을 보아냈고, 복잡한 사회와 굴절된 생활의 길에서 형성된 인간 자신의 성격의 복잡성·다중성을 발견하였다. 때문에 그는 인간성의 악을 과감히 정시하였다. 인간의 어두움은 무서운 것이 아니다. 진짜 무서운 것은 이런 어두움에 대한 공포와 이를 이용하여 인간을 억압하는 것이다. 어두움을 감춘 인간성은 허위적이고 타락한 것이며 비열하고 잔인한 것이다. 이것이야말로 진정한 인간성의 악이다. 작품 속의 한마디 말로 이른다면, 이 모두가 "우리들 자신이 자신을 삵는 격"이다. "일어서야 한다. 다른 방법은 없다. 단지 과거에 감히 하지 못하던 말들을 할 수 있을 뿐이다." 이것은 '악' 앞에서 비열한 의식을 극복하는 가장 좋은 방법이다. 그의 설득과 고무하에 반 전체가 마침내 비열하고 나약한 의식을 극복하고 인성미의 부활을 깨우치고 몸을 일으켜 새로운 생활로 뛰어든다.

「제3의 눈동자」의 사상적 함의는 군영 생활의 범주를 이미 크게 벗어나 철학적 의미를 갖는 일종의 영원한 의미를 획득했다. 군사 문학이 전장·전쟁을 쓰는 데로부터 사회 생활을 쓰고 인간과 인간의 심령을 쓰는 데까지, 더 나아가 문화적·철학적·인본적 의의에서의 인간을 쓰기까지의 발전 과정을 뚜렷이 나타낸 작품이다.

주소진은 진실하고 엄준하며 보다 심각하다.

II. 장편소설 『두 세대의 풍류』와 『쇠침대』

군사소설이 사회화로부터 심리화로 발전한 것은 1984년부터였다. 신시대 군인의 내면 생활의 개발을 중시하고 예술 묘사의 초점과 중점을 인간의 심령 세계의 풍부성과 변동성에 두는 것이 갈수록 현대 군사소설의 하나의 중요한 특징으로 되었다. 위에서 이야기한 주소진의 중편소설이 증명할 수 있고, 유아주의 장편소설 『두 세대의 풍류』와 해파의 장편소설 『쇠침대』 또한 증명할 수 있다.

『두 세대의 풍류』는 우리 군의 한 고급 장령의 심령 세계의 여러 가지 비밀들을 아주 솔직하게 탐색하였다.

시종 군대와 생명을 같이한 군구 사령관 이진(李辰)은 전쟁 연대에 수차 공훈을 세웠었다. 회갑이 지났어도 웅심은 사라지지 않아 경쟁심이 높았다. 그러나 신진대사의 생명 규칙은 역전이 불가능한 것이다. 젊고 재능 있는 정검(程劍) 앞에서 그는 질투하기도 하고 부러워하기도 하고 칭찬하기도 한다. 감정상으로는 정검의 도전을 받아들일 수 없지만 이성적으로는 정검이 자신을 대체하는 현실을 접수하지 않을 수가 없다. 작품은 신·구 변혁 속에서 인생과 사업 무대로부터 곧 사라져갈 인물의 내면의 파란을 이렇게 펼쳐보였다. 이와 동시에, 작품은 상당히 많은 필묵을 들여 이진의 가정 생활의 불행, 아내와의 감정적 격리, 딸과 상통하지 못하는 심령을 묘사했다. 작품은 또 떨쳐버리기 힘든 그의 고독감과 개인 감정상의 약점을 세밀하게 펼쳐보였다. 일생을 전쟁 속에서 지내온 이진이 필경 생활의 약자인 것은 자연스러운 일이다. 그는 자신의 내면 깊은 곳으로부터 결코 순결하지 못한 자신의 영혼을 과감히 성찰하고 인생의 황혼기에 자신과 싸워 이기고 자신을 초월하는 영혼의 혁신을 진행한다.

『두 세대의 풍류』는 고급 장령의 영상을 진실하게 묘사하는 면에서, 인물의 심층 심리와 정신 상태를 게시하는 면에서 모두 개척적 의의를 갖는 성공을 이루었다고 응당 말해야 한다. 이진은 이왕의 작품에서 아주 보기 드문 성공적인 고급 지휘관 형상이다. 그에게는 군사 지휘관으로서 멀리 내다보며 언제나 높은 차원에서 생활을 관찰할 수 있는 넓은 마음과 성격이 있을 뿐만 아니라, 또 어떠한 보통 사람에게도 모두 존재할 수 있는, 평범하고, 벗어나기 어려우며, 비극적 요소를 지닌 성격과 약점도 있다. 『두 세대의 풍류』가 우리에게 창조해준 것은 바로 이처럼 풍부하고 복잡한 정신 생활이 있는 고급 지휘관의 형상이다.

『쇠침대』는 군대 생활의 가장 기층에서부터 그 영혼의 개발을 시작하였다. 소설이 선택하고 묘사한 것은 극히 눈에 띄지 않는 세 평범한 군인이다. 그들은 날마다 끊임없는 무전 신호상의 대화로 평범하고 단조로우며 건조한 생활을 채워나간다. 전혀 쓸 만한 제재가 아닌 것으로 보인다. 그러나 이 몇몇 군인의 심령의 문을 열어제친 작자는 이 평범한 군인들의 내면 속에서 솟구치는 세찬 소용돌이와 밝은 빛을 뿜어내는 광점(光點)을 볼 수 있었다. 세 군인은 심령에 생활의 음영과 상흔이 남아 있지만 나름대로의 액운과 곤경·방황의 간난한 행진 속에서 군인의 도덕과 생활 가치에 대한 추구를 견정히 하였다. 그들의 생활의 운명적 변천의 역정은 바로 그들의 불완전한 심령이 아름다운 것을 추구하고 선한 것을 추구하며 부단히 건전하게 발전되는 역정이다.

이 소설은 기괴한 서술로 세 군인의 생활과 내면의 발전을 동일한 화폭 속에서 교직하고, 그들 상호간의 영향과 각자의 독립적인 심령 발전의 궤적을 그려내고, 군인의 내면 생활에 대한 작가의 정밀한 통찰과 세심한 감수, 자유자재한 서사를 보여주고, 인간 심령의 변증법적 발전 과정을 잘 파악하는 작가의 재능을 체현하였다.

『쇠침대』는 예술상으로 또 하나의 뚜렷한 특징을 갖고 있다. 현실주의의 전통적 수법의 기초 위에서 모더니즘 수법을 뚜렷하게 채용하였다는 것이다. 이는 주로 전체적인 상징 수법과 인물 창조의 변형 수법의 운용에서 잘 나타난다. 작품 속에 반복적으로 출현하는 세 개의 쇠침대는 젊은 군인의 청춘과 헌신을 상징할 뿐만 아니라 군대 생활의 엄준과 간난을 상징한다. 이는 구상(具象)적 분위기의 상징일 뿐만 아니라 의상(意象)적 정신의 상징이기도 하다. 변형 수법은 주로 인물 창조에 사용되고 있다. 그들의 변형 심리를 묘사하고 또 변태 행위를 묘사했다. 언어의 운용에서도 『쇠침대』의 모더니즘에 대한 차감을 발견할 수 있다.

전통적인 서사 모델은 완전히 타파되고, 객관적이고 세밀한 사실(寫實)적 묘사가 있으면서 농후한 주관적 서정도 있고, 추상적 의론이 있는가 하면 또 조각 같은 각획(刻劃)의 묘사도 있다. 요컨대 현대적 표현법의 운용은 작품의 사회 생활 용량을 극도로 풍부히하였으며, 기껏해야 세 보통 군인의 평범한 생활을 묘사한 이 작품으로 하여금 역사와 현실이, 과거와 현재가 종횡으로 뒤얽히는 사회 생활의 화폭을 펼칠 수 있게 해주었다.

『쇠침대』의 성공은 개방적 현실주의, 혹은 현대적 현실주의의 성공이다.

Ⅲ. 기타 작가의 군대소설

군대소설은 「서부 전선의 일화」「높은 산 아래 놓인 화환」의 뒤를 이어 장족의, 거대한 발전을 이룸으로써 다른 제재의 소설들과 비교하여 조금도 손색이 없게 되었다. 위에서 제기한 영향이 비교적 큰 작품 이외에 기타 군인 작가의 군대소설로는, 이빈규의「천산 깊은 곳의 '대형〔大兵〕'」, 유조림의「설국 열뇨진」「색륜하곡의 총소리」, 당동의「병거행」, 왕중재의「3각매(三角梅)」, 주춘우의「사해의 녹음」, 해파의「저 새는 어디에서 날아오는가?」 등, 그리고「여성 취사 반장」「한밤중의 개선」「남군사령」「이 국토에서」 등이 있는데, 모두 사상상, 예술상으로 일정한 특색이 있고 비교적 큰 영향을 낳은 작품들이다.

「천산 깊은 곳의 '대병'」은 천산 깊은 곳의 한 공정 부대의 부중대장 정지동과 여자 친구 이천의 애정 갈등을 묘사하였는데, 신시기의 특징을 갖고 있는 청년 군인의 형상을 창조하였다. 정지동은 유모매와 마찬가지로 10년 동란과 동란이 남긴 상흔이 있고 잠시의 미혹도 있지만, 그러나 시종 생활에 대한 신념을 잃지 않고 시종 현대인의 역사적 사명감을 잊지 않는다. 소설은 개인 생활과 사업의 충돌을 통하여 평화 환경 속의 군인의 희생 정신을 중점적으로 표현하였다.

유조림의 군인소설은 시대와 사회 개혁의 각도에 착안하여 군영의 생활과 군인의 관계를 깊이 관찰하고 표현하였다. 작품에는 작자의 새로운 생활 관념과 개혁 이상도 기탁되어 있다.

예술상으로 보면 그의 소설은 '인정미' '풍미(風味)' '기미(氣味)' '병미(兵味)'를 추구하였고, 동북 변방 지역의 숨결과 기이한 색채로 충만되었다.

　주춘우의 「사해의 녹음」 「깊은 우물」 등의 중·단편소설은 군사 제재 소설에 도덕 주제를 용해시킬 것을 의식적으로 추구하였다. 「사해의 녹음」은 한 실험 기지의 군사 전문가들의 생활을 투시하고 표현하며 그들의 애정과 사업에 대한 서로 다른 태도를 반영하였다. 작가는 그가 의식적으로 군영 생활을 하나의 '도덕의 천칭'으로 삼아 썼으며 인물은 바로 이 천칭의 추라고 말하였다. 이것도 그의 예술 추구라고 볼 수 있다.

　신시기 10년간에 군사 문학은 확실히 비교적 큰 발전과 진보가 있었다. 그러나 시대와 사회의 심미 수요에 비하면 여전히 일정한 거리가 존재하였다. 이를테면 군사소설이 전장을 쓰던 데로부터 사회를 쓰고 인간의 마음을 쓰는 데로 옮겨간 그 발전과 심화의 한 방면을 나타내고 있음은 분명하지만, 그러나 군사 문학의 정종으로서의 전쟁 문학은 도리어 일정한 정도로 경시되고 쇠퇴되었다. 특히, 웅장한 기백과 거대한 역사 내용을 담은 전쟁 사시(史詩)가 결핍되었고, 오직 생사박투, 피와 불의 격투에서만 전면적으로 나타날 수 있는 인간성에 대한 묘사가 결핍되었으며, 당연한 일이지만 전쟁중의 민족 영웅에 대한 창조는 더구나 결핍되었다. 독자 사회의 이러한 심리 기대는 앞으로 여기에 뜻을 둔 군사 문학 작가가 노력하여 추구할 예술 목표가 되었다.

제12장

역사적 진실과
예술적 진실의 사이에서
──신시기 역사소설의 발흥

건국초 30년간, 혁명 투쟁 역사 제재의 소설이 융성한 것 외에 일반 역사 제재의 소설 창작은 줄곧 한적하고 쓸쓸한 상태에 처해 있었다. 60년대초에는 진상학의 「광릉산」 「도연명이 만가를 쓰다」, 황추운의 「두자미의 귀가」 등 고대 문인의 형상을 재현하고자 하는 작품이 나타났었다. 그러나 이것들은 즉시 엄중한 비판을 받았다. 이는 당시의 정치와 문예에 있어서의 좌경 사상의 엄중함과 역사소설 창작의 시작이 어려웠음을 설명해준다. 하지만 1963년에 출판된 유일한 장편 역사소설 『이자성』(제1권)은 농민 봉기의 영웅을 가송하였기 때문에 모택동의 지지를 얻음으로써 출판이 가능하였고 마침내 이 제재 영역의 공백을 지웠다.

역사는 항상 현실 생활의 거울이다. 10년 동란 기간, 작가들은 마음속의 말을 직접 토로하지 못하게 되자 시선을 역사로 돌리고 몰래 역사소설을 씀으로써 이것으로 자신의 마음속의 한을 씻으려 했다. '4인방' 분쇄 이후 최초 2년간 출현한 몇 부의 장편 역사소설은 대부분 10년 동란 기간에 창작된 것이었다. 예를 들면 능력의 『성성초(猩猩草)』, 풍기재·이정흥의 『의화권』 등이 그렇다. 청년 여류 작가 능력은 10년 동란 속에서 임표·강청의 잔혹한 박해를 받는 부모들을 직접 목격하였다. "극심한 고통과 모순과 울분 속에 잠긴" 그는 "역사 발전의 변증법"을 찾아내려 하였다. 그는 염군 봉기의 역사 제재를 선택하여 "염군 장사(將士)의 영용한 영혼과 염군의 고투하는 역사를 빌려 땅에 묻힌 고인들과 여전히 인간 세상에서 전투하고 있는 인민 영웅들을 가송하였다."

1979년 이래의 사상 해방 운동은 문학 창작의 여러 가지 금기를 돌파하였다. 역사 제재의 소설 창작도 전에 없던 발전을 가져왔다. 불완전한 통계에 의하면, 최근 10년간 전국에서 장편 역사소설이 대략 10여 부, 중편이 70부, 단편이 300여 편 발표되었다. 이는 중국 문학사상의 공전의 장거라고 할 수 있다. 현란한 색채의 이 역사 화폭들은 종으로 수천 년, 횡으로 수만 리에 달하는 역사적 생활을 묘사하였다. 고대의 대우치수(大禹治水)로부터 만청 말년의 농민 봉기에 이르기까지, 궁정의 장수와 재상으로부터 변경의 서민에 이르기까지, 정치·경제·문화로부터 윤리·도덕·민정에 이르기까지 모두 광범한 통찰을 진행하였다. 이 작품들이 묘사한 각양각색의 역사 인물들의 운명·사업·조우·투쟁을 통하여 사람들은 그 특정한 시대의 사회 생활을 알게 되고 동시에 작자들도 이를 빌려 그들 나름대로의 역사에 대한 이해, 세태에 대한 비평, 현실에 대한 감촉, 인사(人事)에 대한 칭찬과 폄론(貶論)을 표시하였으며, 그들의 심리적 추구와 이상을 기탁하기도 하였다.

제재상으로 보면, 신시기 역사소설은 대체로 두 부류로 나눌 수 있다. 첫째는 농민 봉기 혹은 항양항폭(抗洋抗暴) 투쟁을 묘사한 것이다. 이 부류의 작품은 숫자도 많았고 성취도 높았다. 예를 들면 당말 농민 봉기를 쓴 『쓸쓸한 바람 소리』(장화삼), 『9월의 국화』(양서안), 송·금·요 사이의 투쟁을 쓴 『금구결』(서홍업), 명말 농민 봉기를 쓴 『이자성』(요설은), 대평천국의 흥망성쇠를 쓴『천국의 한』『대도혼』(고문광·고박광), 청말 농민 전쟁을 쓴『의화권』『신등』(풍기재),『경자풍운』(포창),『망수재의 반항』(파인) 및『성성초』(능력) 등이 이에 속한다.

둘째는 고대 지식분자의 운명을 쓴 장편소설『장안에서 취해 눕다』(마소),『무술첩혈기』(임광춘),『백문류』(유사분)와 약간의 중·단편소설들이 있다.

역사소설을 쓰는 작자들은 모두 당시 시대의 역사적 전환의 고비에서, 현대 문명의 높이에 서서, 새로운 심미적 시각으로, 우리 민족의 역사와 현상과 발전에 대해 보다 깊은 이해와 통찰을 하고자 하였고, 그리하여 유구한 역사의 민족 문화 속에서 사람을 각성시키고 심사숙고하게 하는 문제들을 발굴하고자 하였다.

신시기 10년 역사소설 창작은 거대한 성취를 이루었지만, 약간의 문제도 존재하고 있었다. 아래에서 우리는 영향이 비교적 컸던 몇몇 작품을 가지고 약간의 총화와 비평을 할 것이다.

1. 요설은과『이자성』

대하소설『이자성』은 이미 세 권이 출판되었고 제4, 제5권은 제작중에 있다. 이 거대한 규모의 장편 역사소설은 마치 규모가 웅대한 건축물과 같이 비록 아직 준공은 안 되었지만 이미 그 위엄 있고 웅위로운 자태를 나타냈다. 이 대하소설의 출현은 신문학의 장편 역사소설의 공백을 지워버렸을 뿐만 아니라 금후의 역사소설의 창작과 번영에 예술상의 경험과 차감을 제공해주었다.

I. 요설은과 5권본『이자성』에 대한 간단한 소개

1900년, 하남성 등현에서 태어난 요설은은 중국 현대 문학사

상의 저명한 작가이다. 건국 전의 주요 작품으로는 단편소설
「맥갈(麥秸)」과 장편소설 『우덕전과 홍당무』 『따스한 봄날에』
『기나긴 밤』 등이 있었다.

그는 40년대초부터 장편 역사소설 『이자성』을 쓸 준비를 하
고 대량의 역사 자료를 수집, 축적하였다. 1957년에 정식으로
쓰기 시작하여 6년 만인 1963년에 『이자성』의 제1권을 출판
하였고, 1973년에는 제2권의 초고를 완성하였다. 그러나 '4인
방'의 간섭과 파괴로 인하여 수정, 출판할 수가 없었다. 할 수
없어서 요설은은 직접 모택동에게 서신으로 정황을 알렸다. 모
택동의 허락과 지지를 받은 그는 무한에서부터 북경으로 옮겨
와 제2권의 원고 수정에 전념했다. 그리하여 제2권이 1977년
에 출판되었다. 이 책은 출판된 후 제1기 모순문학상을 수상했
다. 제3권은 1981년에 출판되었고, 나머지 제4, 제5권은 지
금 제작중에 있다. 전5권으로 된 『이자성』은 모두 3백 만 자
에 달할 것으로 예상되는바, 세계 문학사상의 장편 거작 중의
하나로 남을 것이다.

『이자성』은 명말 청초의 농민 봉기군과 명 왕조 사이의 계급
적 대박투를 중심으로 하여 규모가 방대한 역사 사건을 치밀하
게 제시하였다. 복잡한 이야기 줄거리를 배치하고, 명·청 사이
의 민족 전쟁, 최고 통치자들 사이의 내부 모순, 농민 봉기군
사이의 모순과 투쟁을 여러 측면에서 묘사하고 한편으로는 종
교의 어두운 내막과 예교의 인간 억압을 폭로하기도 하였다. 황
제로부터 빈민 백성에 이르기까지, 자금성 내외로부터 상락(商
洛)의 군봉에 이르기까지, 궁정의 대책에서 시정의 의론에 이르
기까지, 『이자성』의 필촉은 그 모든 것을 망라하고 있다. 이 뒤
엉킨 모순 관계와 첨예하고 복잡한 투쟁을 꿰뚫고 우리에게 명
나라 왕조의 멸망 직전의 사회 면모를 그려주었다. 이는 명·청
사이의 계급 투쟁, 민족 모순과 사회 생활의 다채로운 역사 화
폭들이었다.

동시에 『이자성』은 농민 봉기의 영웅 찬가이기도 하다. 작자
는 역사 유물주의의 관점으로써 농민 봉기가 봉기·좌절로부터
발전·성장, 그리고 마침내 실패하게 되기까지의 간난곡절의 길
을 형상적으로, 세심하게 묘사했다. 제 1 권은 동관·남원 전투
를 중심 사건으로 하여 이자성 봉기군이 전쟁에서 패한 후, 투
항을 거절하고 다시 부대를 구성하여 새로운 국면을 열어나가
는 정경을 썼다. 제 2 권에서는 이자성 봉기군이 관병들의 공격
과 핍박하에서 내부로는 반란을 막고 외부로는 명나라 군대를
섬멸하여 상락산 보위전의 승리를 획득함으로써 투쟁이 고조에
로 발전하는 새로운 형세를 맞이하게 될 정경을 묘사하였다. 제
3 권은 이자성이 낙양을 점령한 후의 강대한 기세와 3 차에 걸친
개봉 공격 및 주선진 대전투를 썼다. 전체 『이자성』은 하나의
대 비극으로서 제 3 권에서는 이미 비극적 분위기가 실마리를
나타내고 있다. 제 5 권에 가서는 숭정황제가 망하고 이자성이
산해관 전투에서 참패하여 청나라 군대가 북경을 점령한다. 작
자는 농민 봉기군의 역사적 공훈을 힘껏 가송하면서 또 그들의
한계와 약점도 씀으로써 역사 유물주의에서 출발하여 봉건 사
회의 농민 혁명이 필연적으로 비극으로 나가게 되는 근원을 총결
하였다.

　　　　　　Ⅱ. 『이자성』 전 3 권의 예술 성취와 한계
　『이자성』의 예술상의 중대한 성취는 피와 살이 있고 살아 숨
쉬는 예술 전형을 창조했다는 데 있다. 『이자성』은 견강하고
완강한 정신과 백절불굴의 신념을 집중적으로 표현하였다. '곡
성회'에서는 그의 전체 시국을 돌보고 담략과 견식이 있는 전략
적 시각을 집중적으로 묘사하였고, 상락산 보위전에서는 이자성
의 정기가 넘치는 탁월한 응변 능력을 생동적으로 표현하였다.
그리고 크나큰 은공을 눈물로 삼키고 학요기를 보내 왕길원을
형벌하게 하는 줄거리는 한걸음 더 나아가 사상·도덕·정신상

으로 이자성의 영웅 형상을 부각시키고 그것을 선명하고 풍만하게 독자 앞에 내세웠다.

그러나 믿을 만한 근거 사료를 결핍하고 작자가 주로 허구에 의거하였기 때문에, 이자성이라는 예술 형상은 그 조형 과정에서 영웅 인물에 대한 과분한 사랑으로 인해 작자가 스스로 짙은 이상 성분에 빠지게 되었고, 그 결과, 누군가의 비판처럼 일부 줄거리에서는 인위적인 과장 현상이 나타났다. 기타 의군 장령인 유종민·장헌충 등도 아주 성공적으로 묘사되었다.

특히 지적할 만한 것은 명말 황제 숭정의 형상이다. 작자는 인간을 사회 관념·계급 관념의 확성기로 삼는 속류 사회학 식의 사유 습관을 버리고 숭정황제에게 사회적 복잡성과 독특한 개성을 갖춘 인간의 본래 면모를 회복시켜주었다. 숭정황제를 "부패하고 몰락하며 황음에 빠진 어리석은 통치자"로 묘사하지 않고 "살아 있는 인간, 다른 사람이 아닌, 일반 사람도 아니고 또 일반적인 망국의 군주도 아닌 숭정 이 사람"으로 묘사했다. 작자는 진실한 전형적 세부로써 독단 전횡하는 일면을 정확하고 핍진하게 그려냄과 동시에 의심 많고 비관적인 일면도 그렸다. 그는 스스로 총명한 체하지만 늘 기만당하고, 흉포하고 잔인하면서도 내심으로는 허약하기만 한데, 이러한 복잡하고 모순된 심리와 성격이 완전하고 통일된 체현을 이루고 있다. 숭정의 형상은 현대 문학사에서 최초로 성공적으로 묘사된, 생동하는 예술 생명력을 지닌 제왕 형상이다.

중국 현대 소설사상 최초의 웅대한 규모의 장편 역사소설로서의 『이자성』은 예술상으로 대담하게 새로운 것을 창조하고 다방면의 걸출한 공헌을 이루었다.

우선, 작자는 역사 연구와 예술 창조를 유기적으로 결합시켰다. 한편으로 작품의 하나하나의 사건과 인물에 대해 역사적 근거를 확보하기 위해 진력하고, 다른 한편으로 '역사에 심입'하면서도 '역사를 뛰어넘어' 대담한 예술적 허구를 진행함으로써 역사적 진실과 예술적 진실을 정확하고 적절하게 처리하였다. 예를 들면 이자성 등 농민 영웅의 첫 등장에서부터 독자들에게 그들의 뛰어난 기질을 보여주기 위하여 역사상에 없는 동관·남원 전투를 구상하여 대담한 예술적 허구를 진행하였다. 또 홍낭자는 본래 전설상의 인물인데, 봉기군 부녀의 영용함을 표현하기 위해 아름다운 문필로 홍낭자라는 영기 발랄한 '여성 영웅'의 형상을 창조하였다. 요설은이 역사 유물주의로부터 출발하여 역사 연구와 예술 창작의 결합이라는 방면에서 진행한 이러한 탐색은 역사소설의 새로운 발전에 귀중한 경험을 제공하였다.

어떤 사람들은 『이자성』의 예술 처리에 방만하고 느슨한 결점이 존재한다고(특히 제3권) 지적하기도 하지만, 총체적으로 보면, 소설이 반영하는 모순·갈등은 복잡하고 다양하며, 소설이 펼쳐보이는 생활 화면은 광활하고 풍부하며 시간적·공간적으로 거대한 폭을 갖고 있고 하나의 작품에서 그 많은 계급·계층·직업의 인물 형상을 창조하고 있고, 그 구조는 웅위로울 뿐만 아니라 기본적으로 근엄하고, 더욱이 그 독창적인 다선적 복합식 발전의 줄거리 구조 수법과 단원 집중 묘사의 방법은 기본적으로 주요한 것과 부차적인 것을 분명히 구분하고 허와 실을 적당히 나누며 번다하되 혼란스럽지 않은 경지를 이루었고, 전체를 몇 개의 장으로 나누고 그 몇 개의 장으로 한 개의 단원을 구성하였는데, 그 단원들은 중심을 둘러싸고 혹은 주선을, 혹은 부차적인 선을 교차시켜 씀으로써 소설 구조로 하여금 활발하고 다채로우며, 변화가 풍부하면서도 혼연일체를 이루게 하였다.

『이자성』의 또 하나의 예술 성취는 선명한 민족 풍격이다. 소설은 수려하고 민족 색채가 농후한 역사 생활 화폭을 묘사하였고, 각 지방의 향토 민심, 풍속 습관, 사회 풍모와 규범·제도를 진실하게 반영하였다. 풍부하고 대채로운 풍속 화면들을 조성하여 중국 봉건 사회의 독특한 색채를 표현하였다. 인물 조형에서는 '백묘(白描)' 수법을 많이 사용하여 인물들 스스로가 자신의 언어와 행동으로써 성격을 표현하게 하였다. 언어상으로는 시·사(詞)·대련·수수께끼 등 우리 민족의 전통 형식을 많이, 널리 채용하여, 활발하고 정련된 형상으로서 생동하는 예술 효과를 얻었다.

전체적으로, 『이자성』은 중국 현대 문학 장편 역사소설의 개척작이자 기초작이다. 비록 예술상에서 아직도 일부 약점과 한계가 있기는 하여도(위에서 말한, 이자성 형상의 인위적인 과장과 구조상의 산만함이라는 단점 이외에도 전반 소설의 예술적 질에 보다 중대하게 영향을 끼친 문제는 제2권 이후로 예술상의 피로 현상이 나타난다는 점이다. 이는 특히 제3권에서 잘 나타난다. 제4, 제5권이 아직 출판되지 않았으므로 이 문제가 더욱 심각해질지 아니면 만회될 수 있을지는 아직 알 수 없는 것이다), 그 중요한 역사적 지위는 여전하다. 『이자성』 이후에 일련의 장편 역사소설이 출현하였다. 이를테면 서홍업의 『금구결』, 임광춘의 『무술첩혈기』, 주희의 『103일』, 풍기재의 『의화권』 『신등(神燈)』, 능력의 『성성초』, 포창의 『경자풍운』, 장화삼의 『쓸쓸한 바람 소리』, 양서안의 『구월의 국화』, 고문광·고박광의 『천국의 한』 『대도혼』 등이 신중국 문학사상의 역사소설의 진흥의 첫 국면을 형성하였다.

2. 『금구결』 『성성초』 등의 장편 역사소설

I. 『금구결』과 『성성초』

모두 4권으로 된 서홍업의 『금구결(金甌缺)』은 아직까지 2권밖에 출판하지 못했다. 이 책은 구상에서부터 전반부의 완성까지 40년이라는 시간의 작가의 심혈이 담긴 작품이다. 소설이 쓴 것은 송·금·요 사이의 투쟁이다. 북송이 금과 연합하여 요(遼)를 치는 데서부터 쓰기 시작하여 금이 요를 점령하고 위풍 있게 남하하여 조구(趙構)가 동남을 평정하는 데까지를 썼다. 송·금·요, 세 조정의 전방과 후방, 궁정 내외의 변화 등, 전후 20여 년의 역사를 써낸 소설로서 구조가 웅대하고 이채를 돋운 신시기의 장편 대작이었다.

이 작품의 가장 큰 특징은, 작가가 역사 유물주의의 높이에 서서 국가와 민족의 관계를 비교적 잘 처리할 수 있었다는 것이다. 일체가 역사 진실에 충실하며, 송나라 조정의 부패와 무능을 견책하면서도 항전 장령들의 용감한 정신을 가송하고, 한(漢)족 항전 영웅을 가송하면서도 또 거란 민족의 영웅인 야율 아보기의 지모와 용감을 가송하였다.

예술상, 『금구결』의 가장 두드러지는 성취는 상당히 성공적인 몇몇 형상을 창조한 것이다. 그 중에서 북송의 청년 장령 마곽과 요나라 군사 총수인 야율, 이 두 형상이 가장 풍채가 있다.

작자는 마곽이라는 주요 인물을 정력을 모아 그려냈다. 역사상의 정치 파벌의 원인으로 그의 이름은 『송사(宋史)』에 오르지 못했다. 이 인물은 주로 작가가 해박한 고증을 기초로 하고 자신의 예술 상상의 재능을 발휘하여 창조해낸 것으로, 역사적 번안성(翻案性)이 있을 뿐만 아니라 예술상의 독창성도 갖고 있다. 작가는 강포에 반항하며 죽음도 불사하는 마곽의 영웅적 성격을 공들여 그려냈다. 전체 작품은 마곽이 요에 투항한 것처럼 가장하여 적후의 의용군 수령과 접촉하고 단신으로 적과 맞서며 투쟁 실천 속에서 사상이 부단히 변화되는 등의 줄거리를 에워싸고, 그가 담량과 견식이 있는, 더운 피가 끓는 애국지사일 뿐만 아니라 날로 인민과 가까워지면서 점차적으로 민족 정신의 화신이 되어가는 이상적인 민족 영웅 형상이기도 하다는 것을 돌출하게 표현하였다.

야율은 작자의 하나의 새로운 창조였다. 요의 사령관이며 마곽의 적수이지만, 작자는 그를 간단히 부정하지 않고 전체 중화 민족의 입장에서 현대적 민족 의식으로 그의 용감하고 지모 있고 웅위로운 기백을 충분하게 묘사했다. 민족의 생존을 수호하기 위하여 일체의 희생을 아끼지 않는 고귀한 품성을 특별히 강조했다(특히 자신의 생명으로써 위기에 빠진 요나라의 존엄을 수호하고자 하는 데에서 집중적으로 표현되고 있다). 야율아보기는 거란족의 걸출한 민족 영웅으로서 손색이 없다. 신시기 역사소설 중에서 『금구결』처럼 소수 민족 영웅의 형상을 열정적인 찬송의 필조로, 대담하게, 정확하게, 또한 성공적으로 부각해낸 것은 처음이다. 이는 현대 문학의 인물 화랑에 대한 참신한 공헌일 뿐만 아니라 동시에 일종의 새로운 역사관과 민족관을 체현한 것이기도 하다.

여류 작가 능력의 『성성초』는 태평천국 혁명의 흐름이 쇠퇴에 빠진 역경 속에서 염군(捻軍)이 "생사를 같이하고 만고를 불사할 것을 맹세"하며 항전을 끝까지 견지하는 영웅적 역사 사실을 쓴 것이다. 상·하 2권으로 나누어진 이 책은 모두 90여만 자에 달한다.

이 작품의 최대의 특징은 전체 작품이 기본적으로 전쟁을 그렸다는 것이다. 이를테면 태평교 전역, 노산(魯山) 전역, 십리파 전역, 영릉하 전역, 수광미하 전역 등이다. 하지만 작자의 치중점은 전역 자체인 것이 아니라 전역에 대한 묘사를 통하여 두 가지 목적에 도달하기 위한 것이었다. 첫째, 전쟁 묘사를 통하여 농민 운동의 발전의 내재적 법칙을 탐구하였다. 혁명 초기에는 그들이 군중과 한마음이 되어 단결을 유지하였기 때문에 적아의 역량에 현저한 차이가 있었음에도 계속 승리를 얻을 수 있었다. 그러나 혁명 후기에 와서 많은 유민(流民)들로 인해 조직이 느슨해지고 모순이 나타나고 유적주의가 성행하고 소생산자적 협애성이 나타나자 기의군은 역사적 전환의 고비에서 자꾸 실패를 거듭하게 된다. 전쟁 승패의 이러한 역전(逆轉)의 묘사를 빌려 농민 봉기의 비극의 근원을 탐구하는 작법은 작품의 주제 사상을 심화시키는 데 도움을 주었다. 둘째로, 전쟁 묘사를 통하여 전형 환경 중의 전형 성격을 그려냈다. 작품은 전체 염군의 투쟁을 태평천국 혁명이 이미 퇴조한 국면 속에 두고 묘사를 진행하였다. 때문에 작가가 주로 표현한 것은 실패한 영웅과 영웅의 실패였다. 이는 작품으로 하여금 호방하고 비장한 강렬한 예술 감염력을 갖게 하였다. 이는 몇몇 봉기군 영웅 장령에 대한 묘사에 주로 체현되었다. 작자는 전쟁을 위해 전쟁을 묘사하지 않았고 전쟁 과정의 위태로움을 묘사하는 데 흥미를 가지게 되었으며 인물을 묘사하는 데 필력을 모았다. 염군의 수령 한문광·장종우·임화방으로부터 반파 인물 증국번·이홍장·좌종당에 이르기까지 모두 이 점에서 노력을 기울였다. 이로부터 이 전쟁소설은 성공적인 사인(寫人)소설이 되었다. 물론 예술상의 완성도를 따진다면 『성성초』의 최대의 성공은 증국번이라는 예술 전형의 창조이다. 작자는 본질상의 흉악함·잔인함과 외관상의 위선·권변(權變)이라는 증국번 성격의 양면을 파악하고, 한편으로는 그의 '유교풍류'와 '도량의 넓고 침착함'을 여실하게 반영하면서 다른 한편으로는 대량의 세부로써 그의 반동적인 정치적 본질과 극히 복잡한 사상 성격 특징을 깊이 있고 힘있게 게시하였다. 인물로 하여금 정치 개념의 도식화가 아닌, 다중적 성격으로부터 조성된 살아 있는 예술 전형이 되게 해주었다. 장편 역사소설로서 역사 사건의 이야기를 지양하고 필력을 인물 묘사에 두는 것은 역사소설의 미학 관념의 일대 진보라고 하지 않을 수 없다.

Ⅱ. 『무술첩혈기』와 『103일』

임광춘의 『무술첩혈기』는 구상에서 부터 작품으로 완성되기까지 20여 년의 심혈을 쏟았다. 작품은 열강의 침입과 만청 정부의 부패와 무능, 그리고 계급 모순과 민족 모순이 극히 첨예하고 복잡한 배경하에서의 무술 변법 운동의 시작과 종말을 예술적으로 재현하고, 혁신과 수구 세력의 생사박투의 역사 풍운을 펼쳐주었다. 이 제재와 우리가 오늘 직면한 현실이 상통점이 있고, 작자가 오늘의 시대 사상의 높이에서 이 역사를 다시금 인식하고 처리하면서 역사적 진실과 정치적 경향을 통일시키고, 매글자마다, 매행간마다 과학과 민주에 대한 열정적인 가송과 외침, 봉건주의와 관료주의에 대한 분노와 공격, 개혁의 여러 가지 난관에 대한 힘있는 드러냄을 분출하는바, 그리하여 이 역사소설은 곳곳에서 빛나는 사상과 강렬한 시대 정신을 반짝이고 있다.

뿐만 아니라 작품은 인물 묘사에서도 귀중한 성취를 얻었다. 특히 유신파 수령 담사동의 형상은 우리나라의 제1세대 부르주아 지식분자의, 담략과 견식이 있고, 정의와 용기가 강렬한 초기 부르주아 혁명가의 예술 형상으로서 극히 성공적으로 묘사되었다. 작자는 주로 담사동을 당시 정치 투쟁의 중심에 두고, 그의 뜨거운 애국 열정과 참신한 민주 사상, 그리고 어려움을 각오하고 투쟁을 진행하는 희생 정신과 늠연한 민족 기개를 돌출하게 표현하였다. 동시에 그를 또 주변의 인간 관계 속에 두고, 군신(君臣)·부자(父子)·부부·전우·친구·주종 등의 복잡한 관계와 감정의 갈등을 통해 살아 있는 인간으로서의 그의 복잡한 성격을 펼쳐보였다. 많은 역사소설의 인물 화랑 중에서 담사동은 상당한 예술 광채가 있는 감동적인 형상이다.

주희의 『103일』도 '백일유신'을 그린 작품이다. 이 작품은 이야기의 기폭이 크고 구조가 근엄하며 짜임새가 정교하다. 하지만 인물 형상의 묘사에서는 비교적 단순하고 박약한 편이다. 이 작품은 23만 자밖에 안 된다. 장편 역사소설이 갈수록 길어져가는 추세에서, 이 소설은 짧기는 하지만, 이야기성이 강하고 흡인력이 강하여 역시 칭찬할 만한 작품이다.

<h3 style="text-align:center">Ⅲ. 『쓸쓸한 바람 소리』와 『9월의 국화』</h3>

이것들은 제재는 같지만 풍격은 전혀 다른 작품들이다.

장화삼의 『쓸쓸한 바람 소리』는 그의 『충천기(冲天記)』 3부곡 중의 제1부이다. 나머지 두 부는(『황매우〔黃梅雨〕』『자금혼〔紫金魂〕』) 아직 출판되지 않았다.

『쓸쓸한 바람 소리』는 당대(唐代)의 왕선지·황소가 영도한 농민 봉기를 썼다. 역사소설로서의 그것의 최대의 특점은 작자가 고전 문학 연구 전문가의 장점을 충분히 발휘하여 역사적 사실의 엄숙성과 과학성을 십분 중요시했다는 데 있다. 역사 배경이나 당나라 사회 생활의 풍모, 혹은 인물 형상이나 줄거리의 사건 등등을 막론하고 역사적 사실에 어긋나는 것이 한 곳도 없고 역사적 근거가 없는 곳이 없다. 이로부터 이 소설은 다른 역사소설과 비교할 수 없는 역사적 진실감을 산생하였다. 물론, 이것은 역사소설의 한 가지 창작법일 뿐이고, 다만 이 역사적 진실감만 가지고 소설 예술을 구성할 수는 없는 것이다. 이 점에서 장화삼은 또 자신의 고전 문학 연구자로서의 장점을 충분히 발휘하고 고전 문학의 우수한 전통을 흡수하였다. 이를테면 인물을 쓰는 데 아주 신경을 썼다. 특히 인물의 성격의 다양성과 복잡성을 묘사하고, 감화력 있는 선동과 표현을 강구하며, 이야기 줄거리를 잘 엮어나가는 등등에 주의하였다. 특히 언어 문자의 운용에서 작자의 독특한 공력과 조예가 가장 돌출하게 나타난다. 그는 서로 다른 인물과 환경에 근거하여, 고상한 곳에는 고상하게, 질박한 곳에는 질박하게 하고, 그리고 서민 백성을 그릴 때에는 시골 사투리를 빈번하게 사용하였다. 작자 자신의 서술 언어는 숙달되었고 깨끗하며 열정과 철리가 풍부하다. 『쓸쓸한 바람 소리』는 학자화된 역사소설, 즉 이른바 '교수 소설'로 여겨진다.

양서안의 『9월의 국화』는 장화삼의 『쓸쓸한 바람 소리』와 제재는 같지만 풍격이 전혀 다르다. 그는 역사적 사실을 중시하지 않고 허구를 편애하였다. 예술상으로는 일종의 선명한 낭만주의 정조가 있다. 『9월의 국화』는 정사(正史)에 구애되지 않고 야사(野史)나 전설에서 소재를 취하고, 상상과 과장의 수법을 운용하여 의식적으로 역사를 기이하고 변화막측하게 그렸다.

이야기 줄거리는 기복이 심하고 강한 흡인력이 있으며 전기(傳奇)적 색채가 극히 풍부하다. 전체 작품에는 기이한 인물과 괴상한 사건들이 수두룩하여 독자들로 하여금 눈을 떼지 못하게 한다. 이 밖에 이 작품은 농후한 서정 색채를 갖고 있다. 이는 풍경화적이고 풍속화적인 묘사에 주로 나타난다. 필조가 청신하고 아름다우며 우아하고 고상하다. 전체 소설의 아름다운 문장과 활달한 문채(文彩)는 작품의 색채미와 정서미를 증강시킨다. 작품의 부족한 점이라면 너무 번잡하고 구성이 비교적 산만하다는 것이다.

Ⅳ. 『신등전 전기』와 『경자풍운』

『신등전(神燈前) 전기』는 풍기재가 다른 사람과 합작하여 쓴 『의화권』 후의, 의화단 운동을 쓴 또 하나의 장편소설이다. 『의화권』은 작자의 최초의 시험작이었기 때문에 예술적인 역사 소설로서 이 작품을 요구한다면 그것은 우수한 작품이 아님이 명백하다. 하지만 『신등전 전기』는 그렇지 않다. 작품은 많은 의화단 영웅들 중에서 성격과 경험이 같지 않은 12명의 부녀들의 형상을 주로 부각시켰다. 그들은 나름대로의 비참한 경험이 있지만 길은 달라도 목표는 같아서 함께 봉기의 길을 간다. 작품은 그들의 강렬한 의협심과 죽음을 조금도 두려워하지 않는 영웅 행위를 가송하는 동시에 서로 다른 비극을 빚어내는 여러 가지 원인을 밝히기도 하고, 또한 생활의 정서로 충만된 그들의 자식에 대한 감정을 충분히 그려내었다. 이 모든 것을 예술적으로 재현할 수 있었다는 데서 작가의 재능은 충분히 현시된다.

포창의 『경자풍운』은 의화단 운동을 쓴 또 하나의 소설이다. 모두 4권으로 계획된 대작으로서 완성되면 대략 2백 만 자가 될 것이다. 여기서 이야기하는 것은 이미 출판된 제1, 2부일 뿐이다.

　의화단 운동의 정면에서의 반영은 풍기재의『의화권』에서 이미 시험되었던 것이지만 그러나 포창의『경자풍운』은 또 다른 새로운 예술적 개척이 있다. 그는 창작 열정을 단순히 농민 봉기를 가송하고 애국주의 정신을 찬양하는 데에서부터 심미 가치에 대한 파악에로 전이하여 역사 서술의 일체를 심미에서부터 출발하고 심미적 요구에 따라 예술적 처리를 진행하였고, 그 결과 이 작품은 비교적 높은 예술 매력과 심미 품격을 나타내게 되었다. 두 권의『경자풍운』은 청신하고 소탈하며 세밀한 필치로 의화단 운동이 온양 축적으로부터 전면 폭발로 나아가는 역사를, 시적 정서와 생활의 숨결로 충만하게, 한폭 한폭의 파란만장하고 실감있는 예술 화폭으로 전화시키고, 전체 작품으로 하여금 선명한 사시적 미학 특징을 갖게 하였다. 작자는 현실주의의 창작 원칙을 엄격히 지키면서 ‘반(半)진실, 반(半)허구’의 작법을 채용하였다. 한편으로 작품 중의 많은 인물이나 사건은 모두 역사적 증거가 있는 것이지만 다른 한편으로 이대해 일가의 애환과 이합의 줄거리는 허구인 것인데, 이 허구를 가지고 책 전체의 시종을 관통시켰다. 그 목적은 절반의 허구를 통하여 절반의 진실을 쓰려는 것이었다. 이 밖에『경자풍운』은 전서의 구상과 구성에 있어서는 극히 특색이 있다. 전서는 의화단의 역사를 쓴 것이지만, 더욱 많은 필묵을 들여 의화단 이외의 각 계급·계층의 복잡한 사회 관계, 경진(북경·천진) 일대의 풍토 인정, 생활 습관과 정치 풍속 및 청말 시기의 농촌·도시·궁정·조계지의 생활 화폭을 그렸다. 이렇게 역사를 ‘생활화’시키는 창작법은 의화단이라는 자발적 구양 반청 운동을 표현하는 데 아주 적합하였다.

V.『대도혼』과『망수재의 반항기』

　일찍이『천국의 한』을 쓴 고문광·고박광 형제는 1983년에 또 20여 만 자의 장편소설『대도혼』을 썼다. 작품이 나타낸 사상 함의나 역사 게시의 심도 그리고 예술상, 어느 면을 막론하고 이 작품은『천국의 한』을 뛰어넘었다.『대도혼』도 여전히 태평천국을 쓴 것이지만 초점을 석달개 한 사람의 몸에 집중시켜 그가 천경을 떠난 후, 대도하를 건너다 실패하는 비극을 썼다. 농민 봉기의 실패 원인을 총결하는 데서 작자의 독특하고 심각한 견해가 나타난다. 그는 주로 봉건 도덕 관념과 소농 사상의 내재적 한계로부터 농민 혁명의 비극의 근원을 투시하였다. 작품은 천경에서의 내부 분쟁 이후, 부대를 인솔하고 서정(西征)하여 사천으로 들어가는 길에 청군의 포위로 대도하 강변에서 전멸을 당하는 석달개와 그의 병사에 대한 묘사를 통하여 석달개의 '어리석은 충신'을 특징으로 하는 봉건 도덕 관념이 농민 혁명 실패의 중요한 근원이라는 것을 심각하게 게시하였다.

『대도혼』은 예술상으로도 상당히 뛰어난데 그것은 특히 석달개 형상의 창조에서 잘 나타난다. 작자는 우리들을 격렬한 포부와 감동적인 분위기 속으로 끌고 간다. 오열하는 산바람, 무겁게 깔린 저녁 구름, 용솟음치는 놀라운 파도, 연속되는 이별의 한들이 함께, 주인공 석달개의 마음을 찢어놓는다. 작자는 한편으로 정의와 절개를 중히하고 생사를 아랑곳하지 않는 석달개의 성격 특징을 쓰고 다른 한편으로는 아내와의 안타까운 이별, 그리고 세상 모르는 어린 자식들을 썼다. 작품은 인물을 생활과 세속을 뛰어넘은 영웅으로 그리지 않고 깊고 짙은 필묵으로 그의 부자 사이의 정, 부부 사이의 사랑을 부각시켰는데, 인간의 심층적 감정에 대한 이러한 묘사는 인물의 부각과 주제의 돌출한 표현에 유리하였다.

이미 작고한 작가 파인의『망수재 반항기』도 역시 아주 특색 있는 역사소설이다. 이 작품이 쓴 것은 절강성 동부 농촌의 치열한 '반교평양(反敎平洋)'의 항폭 투쟁이다. 이 소설은 근대 농민 투쟁의 역사 이야기일 뿐만 아니라 20세기초 중국 강남 농촌의 생활 풍속화이기도 하다.

농민 혁명의 실패의 비극적 근원을 총화할 때에 이 작품에도 새로운 발견이 있었다. 주로 농민들의 뿌리깊은 낙후 의식의 각도에서부터, 말하자면 열악한 국민성의 각도로부터 농민 혁명 운동의 실패의 원인을 밝혔다. 작품은 상당한 편폭으로 절강성 동부의 평양당(平洋黨) 수령 왕석동(王錫彤)을 묘사했다. 그는 선량하고 정직하며 호방하고 협의로운 한편 안락한 생활을 추구하고 분열되기 쉽고 혁명 열정이 끓었다 식었다 하며 소탐대실하는 단점도 있다. 작자는 무겁고 침착한 필촉으로 주인공의 참혹하고 비통하며 신비한 영혼을 탐구하였다. 인물의 복잡한 심리 구조의 해부에 주력하여 인물의 내면적 모순의 격렬한 충돌을 그리고 인물의 운명으로 하여금 넓고 깊은 역사 내용을 담게 하였다.

그 밖에, 『망수재의 반항기』는 향토 풍물, 민족 습속의 묘사에 능란하여 선명한 지방 색채와 생활 실감을 갖고 있다. 절강 동부의 특색을 띤 풍토 인정의 묘사와 연해 일대의 강하고 사나운 인물이 교직되면서 20세기초의 강남 농촌 생활의 풍속화를 조성하여 작품의 심미 가치를 극히 크게 제고시켰다.

3. 혁명 역사소설의 새로운 발전과 새로운 돌파
——『환남사변』 및 기타 혁명 역사제재소설

혁명 역사 제재의 소설 창작은 일찍이 건국초 30년간 경시할 수 없는 지위를 차지했었다. 작품의 수량뿐만 아니라 일부 우수한 작품의 예술적 질도 건국초 30년 소설 창작의 최고 수준을 대표하였다. 『연안 보위』 『붉은 해』 『붉은 바위』 『청춘의 노래』 등의 작품은 우리 신중국 문학의 영광과 자부가 되다시피

하였다.

그러나 신시기에 들어서서는 혁명 역사소설은 도리어 장기적인 침체 상태에서 맴돌고 있었다. 비록 작품의 수량이 적다고 말할 수는 없어도(대략 매년 출판되는 장편의 절반을 차지했다) 그 총체적 성취나 뛰어난 작품의 예술적 질이 도달한 높이, 혹은 그것이 일으킨 사회 영향을 막론하고 모두 현실 생활을 반영한 작품과는 거리가 너무 멀었다. 또한 전30년의 우수한 혁명 역사소설이 이미 도달했던 높이를 초월하지도 못했다.

1985년 이후에 가서야 비로소 『붉은 수수밭 가족』(막언), 『영기(靈旗)』(교량), 『지구의 붉은 띠』(위외), 『검은 태양』(장정죽) 등과 같은 우수한 작품들이 계속 나타났다. 오랜 기간 배회하던 혁명 역사 제재의 소설 창작에 변화가 생겨나고 새로운 생기와 개척이 나타난 것이다.

여여청의 장편 신작 『환남사변』이 바로 개척과 돌파의 의의를 갖고 있는 작품이다.

I. 여여청의 장편 신작 『환남사변』

여여청은 혁명 역사 제재소설을 쓰는 데 익숙한 부대의 노작가이다. 이미 7권의 장편소설을 세상에 내놓았다. 그러나 소설예술가로서의 그의 진정한 담략과 견식, 그리고 재질을 나타낸 것은 최근의 신작 『환남사변』이다. 작가는 "간난을 겪지 않고는 신기함을 보기 어렵다"는 예술적 용기를 가지고 사학자들에 의해 '역사의 바닷속 버뮤다 삼각 지대'라고 일컬어지는 '환남사변'의 제재 속으로 뛰어들어 몇 년간에 걸친 개작을 거쳐 마침내 근 60만 자나 되는, 구성이 웅대하고 기세가 방대한 장편 역작을 완성하였다. 『환남사변』의 출현은 여여청 창작의 전환과 초월일 뿐만 아니라 장편 혁명 역사소설의 중대한 돌파이기도 하였다.

『환남사변』의 돌파적 의의는 적어도 다음 두 가지 방면에서

440

표현되었다.

첫째로, 한 역사 사건에 대한 평가에서 과거의 고정적인 사유 모델을 돌파하였다. 어떤 기성의 역사 결론을 고집하지 않고 예술가의 용기로 진실하게, 역사적으로 '환남사변'의 역사 면모를 재현하였다. 역사를 관조할 때 예술가가 응당 갖추어야 할 강렬한 주체 의식과 시대적 현실감을 표현하였다. 이를 실현하기 위하여 작가는 두 방면의 노력을 하였다. 하나는 실사구시하여 역사를 존중하는 것이고, 다른 하나는 주체 의식의 작용을 발휘하여 독립적으로 사고하고 생활의 고유한 논리로부터 자신의 결론을 얻는 것이다.

역사소설이라면 역사적 사실의 제약을 받아야 하는 것이다. 여여청은 일찍이 이렇게 말했다. "역사는 엄숙하고 객관적인 것이다. 일찍이 발생한 사실은 억지로 감출 수 없으며 발생하지 않은 사실을 억지로 첨가할 수도 없다. 문학 예술이 비록 허구를 허용한다 할지라도 내가 창조한 것은 역사 인물이고 내가 준수한 원칙은 실사구시와 역사에 대한 존중이다." 이를 위해 작자는 극대한 정력과 공력으로 '환남사변'의 역사에 대해 성실한 조사와 연구·분석을 진행하였다. 조사 연구로서 대량의 사실을 장악한 기초 위에서 독립적으로 사고하여 심지어는 어떤 사학자들과도 같지 않은 자기 나름대로의 결론을 얻어내었다.

하나는 예술품으로서 중요한 것은 역사에 대한 독특한 견해가 아니고 어떻게 역사적 사고에 대해 충분한 예술적 전화를 진행하는가 하는 것이다. 바로 이 점에서 여여청은 자신의 예술가로서의 담략과 견식, 그리고 재간을 나타냈다. '환남사변'에 대해 심미적 관조를 진행할 때에 그는 역사적 사건의 단편들과 개별 역사 인물의 '행장'을 취하지 않고, 사건에 대해 전반적인 관조를 진행하였으며, 이 사건의 각종 관계, 이를테면 국제·국내, 적·아, 당내·당외, 상급과 하급, 중앙·지방, 역사적·현실적, 정치적·군사적, 그리고 외교적·문화적, 인물 자신의 사상

적인 것과 성격적인 것 등등의 각양각색의 모순, 관계 및 그 상
호 작용을 위요하여 전체적으로 고려하면서 정밀한 예술적 구
성을 통하여 그것들을 하나의 큰 예술적 윤곽 속에 포함되게 하
고, 이 '천고의 원통함'으로 하여금 각종 사회 모순의 초점이
되게 함으로써 이로부터 우리나라 40년대 사회 생활의 광활한
역사 화폭을 펼쳐나갔다. 역사를 존중하고 사실을 존중하며 일
체를 생활에서부터 출발하고 생활의 본래 면목에 따라 생활을
반영하였다. 오직 이렇게 해야만 예술가의 진정한 창조가 있을
수 있는 것이다.

둘째로, 『환남사변』은 역사 인물의 묘사에 대한 이왕의 혁명
역사소설의 단일화된 성격의 사유 모델을 돌파하고 인물 성격
의 풍부성·복잡성을 표현하는 데 주력하였다. 인물의 외관 묘
사뿐만 아니라 인물의 심령 세계, 특히 인물의 문화 심리 구조
와 심층 의식의 발굴에 공을 들였으며, 역사 비극과 인물의 성
격·심리 비극을 함께 교직함으로써 인물 형상으로 하여금 다면
적이고 입체적인 '원정(圓整)'적 특징을 나타내게 하였다.

작가는 『환남사변』에서 자신의 온 정력을 인물 창조에 쏟았
고 인물 성격의 창조를 예술 창작의 중심으로 하였다. 작품 속
에는 이름있는 역사 인물과 허구 인물이 수십 명 등장한다. 그
중에는 신4군 군장 엽정, 정치부 주임 원국평, 부참모장 주자
곤, 참모처장 조령파, 작전과장 임지초, 수행부관 유후충 및 정
방설·임지란·연아가씨·백사·왕자중·육소량·경심법사 등이
있는데 이들은 모두 개성 있는 인물 형상이다. 일부 반파 인물,
이를테면 장개석·진포뢰·고축동·상관운상·도희성 등은 필묵
을 많이 들이지는 않았지만 상투화되지는 않아서 사람들에게
깊은 인상을 남겼다.

전서에서 가장 성공적으로 그려진 것은 신4군 부군장 항영의
형상이다. 비극적 영웅 인물로서의 그의 형상은 현대 문학에서
돌파적 의의가 있다. 항영이라는 이 진실한 역시 인물을 어떻게

성공적인 예술 전형으로 만들 것인가, 바로 이, 역사 인물로부터 예술 전형으로의 전화 과정에서 작가의 예술 창조상의 역량과 깊이가 나타난다. 작가는 과거의 역사 인물 묘사의 유형을 벗어나, 그를 관념화된 기회주의자나 도식화된 음모가로 그리지 않았다. '인간'이라는 구체적 존재로부터 출발하여 그의 성격의 복잡성과 풍부성을 게시하는 데 주의하고, 그의 성격 심층의 문화 심리와 역사적 퇴적을 게시하는 데 특히 주의하면서 그를 생동하며 성격이 복잡하고 발전·유동하며 위엄이 있는, 비극 색채로 충만된 실패한 영웅으로 그려내었다.

작자는 항영 형상의 창조에서 "그와 같아야 하고 또 세속을 벗어나야 한다"는 것을 견지하였다. 역사적 사실에 충실하면서도 그 기초 위에서 예술적 허구를 진행하고 예술 형상으로서의 항영을 창조해야 했다. 이를 위하여, 작자는 정(靜)적이고 고립적으로 항영의 어떤 개성적 특징을 그리지 않고 급격히 변화하는 사건의 발전 속에 그를 두고 그 성격의 발전과 변화를 게시하였다. 그가 사변 전의 존엄한 최고 정책 결정자로부터 사변중의 도망병으로, 다시 사변 후 동굴 속에 몸을 숨기고 권력과 일체를 잃어버린 실패자가 되어 최후에는 자신의 가장 충실한 부하의 총에 맞아 죽어가기까지를 그렸다. 이러한 대조적인 운명의 변화, 이러한 운명과 환경의 변화로 야기된 성격의 발전과 변화가 항영 성격의 묘사로 하여금 보다 많은 시대 내용과 사회 내용을 포괄하게 하였고, 일종의 운명감으로 충만되게 하였다. 동시에, 작가는 항영의 묘사에서 그의 성격의 다측면에 대한 묘사에 주의하였다. 이는 또한 그의 형상을 보다 복잡하고 보다 풍만하게 하였다. 예를 들면, 그의 엄중한 가부장적인 열악한 작풍과 유능한 자를 시기하고 아첨자를 중용하는 용인의 부당함을 쓰는 동시에 간고하고 소박한 생활 작풍과 근로하고 부지런한 사업 정신, 그리고 평이하고 친근한 사업 작풍도 썼다. 성격 특징으로 말하면, 경계심이 비교적 강하고 고집이 강한 것을 씀과 동시에 또 지하 연락원인 시골 처녀의 권고를 경청하는 모습도 썼다. 사상으로는 그의 사변 전의 실수를 쓰는 한편 또 그의 사변 후기의 각성과 정확한 건의도 썼다.

요컨대, 항영 형상의 묘사에서 우리는 작자가 정면과 반면 양면으로부터 항영의 성격을 표현하는 데 주의하여 그의 성격 중의 모순되는 정면·반면의 양극적 요소를 부각시키고 문화 심리와 전통이 퇴적된 심층으로부터 항영의 비극적 성격을 발굴하는 데 치중하여 이 예술 형상으로 하여금 혈육이 풍만한 예술 전형이 되게 하였다는 것을 읽어낼 수 있다. 혁명 역사소설사에서 이 형상의 출현은 인물 창조상의 일대 진보였다. 즉 이왕의 단일한 성격의 인물이 복잡한 성격으로 발전한 것이다. 이 변화는 예술상으로 인물을 보다 진실하고 보다 믿을 만하게 변화시킬 수 있고, 그리하여 보다 큰 힘과 예술적 매력을 갖게 되는 것이다.

Ⅱ. 혁명 역사소설은 보다 새롭고 보다 큰 돌파를 기대한다

신시기의 혁명 역사소설은 비록 『환남사변』과 같이 돌파적 의의가 있는 작품을 출현시키기는 했지만, 현실 생활의 반영을 제재로 하는 소설 창작에 비하면 여전히 그 발전이 느리고 낙후된 것이었다. 더욱이 80년대의 예술적 창신의 치열한 흐름 속에서 혁명 역사소설은 예술 수법상으로 지나치게 근엄하고, 보수적이며 이른바 '오로봉(五老峰)'(옛 제재, 옛이야기, 옛 인물, 옛 주제, 옛 수법) 앞에서 배회하며 주저하고 있다. 1985년 이후에 가서 이런 현상은 비로소 호전되기 시작하였다. 우선 막언(莫言)의 『붉은 수수밭 가족』이 역사적 사건과 이야기를 빌려 인간성의 새로운 세계를 펼쳐보였고, 행간에는 강렬한 생명 의식이 꿈틀거리며, 현실주의의 기초 위에서 대담하고 광범하게 독창적으로 모더니즘의 표현 수법을 운용하였고, 그리하여 혁명 역사소설의 예술 표현의 자유를 크게 확대시켰으며, 사람들에 의해 "오로봉 아래 뜬 가벼운 배"라고 일컬어졌다. 그 밖에 교량의 『영기(靈旗)』, 강기도의 『요란한 말발굽 소리』, 정동의 『저녁 노을』은 마치 전통 창작의 울타리에 던져진 수류탄과도 같았다. 이 작품들은 서사 관념상으로 전통적인 선조적 서술 방식을 돌파하고, 인물·사건의 구체적 형식에 만족하지 않으며, 제재에 대한 추상과 초월을 추구하고, 이른바 제재·인물·사건은 기껏해야 일종의 배경으로 삼고 주관적 체험이나 인물의 심령을 주로 표현하였다. 이 작품들은 역사적 사실에 구속받지 않고 사료의 정리를 하지 않으며 인물을 역사 속에 매몰시키지 않는다. 이는 혁명 역사소설 창작의 길을 극히 크게 개척하였다. 그들의 참신한 탐색의 성공은 혁명 역사 경험이 없는 사람도 혁명 역사 작품을 쓸 수 있거나 잘 쓸 수 있게 하였다. 이는 그야말로 혁명 역사소설 창작의 흥분할 만한 새로운 동향이 아닐 수 없다.

제13장

현실주의 소설의 별다른 풍미

── 향토·풍속화소설의 부흥

우리나라 문학의 긴 역사에서 향토·풍속화소설은 전통이 있다. 일찍이 명·청 시기의 소설에 이미 향토·풍습·민정(民情)에 대한 의식적인 예술 묘사가 있었다. '5·4' 운동 이후 노신·모순·노사·허흠문문·건선애·사정·애무 등 작가들의 많은 작품도 향토·풍속화 묘사에 주의를 기울임으로써 작품의 민족 색채와 지방 색채를 증대시켰다. 그리고 심종문 등의 작가들은 전형적인 풍속화소설의 창작을 일종의 예술적·미학적 추구로 삼아 이로부터 자신들의 독특한 풍격을 형성하였다. 건국 후 30년의 소설 창작에서도 향토 풍속을 중시하는 작가와 작품들이 있었다. 심지어 초보적이지만 유파도 형성되었었다. 이를테면 '산약단파' '하화전파' 중의 여러 작가들의 작품이 그러하다. 주립파의 장편소설 『산향거변』, 단편소설집 『탈곡장에서』가 그토록 큰 성공을 거두게 된 것은 호남의 향토 풍미와 풍속 화면이 인물 성격과 유기적으로 융합되었다는 데에 상당히 힘입었다. 이밖에 『창업사』 『홍기보』 『삼가항』 등과 같은 작품도 이 방면에 대한 추구에 모두 신경을 썼다. 이러한 것들이 설명해주는 것은, 바로 이 방면에 원래 비교적 좋은 기초와 우량한 전통이 있었다는 것이다. 하지만 60년대 이후로는 정치상·문화상의 좌경 사조의 대두에 따라 사상성·경향성이 강조되면서 풍속과 민정(民情)은 낙후한 의식으로 취급되고, 풍속화 묘사의 예술 작용이 경시됨으로써 이 예술 경험과 전통은 계속되고 발양될 수 없게 되었다.

1979년 이후, 사상 해방이 예술 해방을 추동하고, 문예 정책에도 조정이 진행되고 '쌍백' 방침이 점차적으로 관철되며 창작의 자유도 상대적인 존중을 받게 되자 소설 창작에도 백화제방의 국면이 나타났다. 풍속화 묘사가 풍부하고 복잡한 인물의 사상 감정과 민족적 성격 특징을 깊이 있게 드러내는 데 아주 큰 의의가 있으며 민족 풍격의 형성에도 지극히 중요하게 작용한다는 인식이 갈수록 깊어짐에 따라 적지 않은 작가들이 이 영역에서 여러 가지 유익한 탐색을 하게 되었다. 원로 작가 왕증기의 「수계(受戒)」「대뇨기사(大淖紀事)」를 대표로 하는 소북(蘇北) 시진(市鎭)의 풍속소설, 유소당의 「포류인가」를 대표로 하는 경동 북운하의 전원 목가식 향토소설, 등우매의 「나오(那五.)」「곰방대」를 대표로 하는 북경 시정의 풍속소설, 육문부의 「가게 주인」「미식가」를 대표로 하는 소주(蘇州)의 도시 풍속화소설, 고화·엽울림림의 『부용진』「등대 없는 강에서」를 대표로 하는 소상(瀟湘)의 풍정(風情)소설, 엽문령의 「푸른 등」「마음의 향기」「구도만(九道灣)」을 대표로 하는 절강 남부 장당진의 풍정소설 등은 모두 신시기 소설 창작의 다양한 지방 특색과 민족 특색을 충분히 나타내고 있다.

1. 유소당의 북경식 향토소설과
등우매 등의 북경식 풍속화소설

북경의 작가들 중에서 상당수의 작가들이 향토·풍속화소설 창작에 힘을 기울였다. 노사의 유풍을 계승하여(등우매·소숙양·이용운 등) 전문적으로 북경 시민의 풍정만 쓰는 작가들이 있었는가 하면, 손리의 영향을 받아(유소당) 향토 문학에 열중한 작가들도 있었다. 이들의 공통된 특징은 북경의 도시 풍속 화면을 충분히 펼쳐보인다는 전제하에, 북경 인민의 역사 생활과 현실 생활을 그려내고 북경의 멋과 북경의 맛 그리고 수도의 문화를 촉구한다는 데 있다. 그 중 영향이 비교적 큰 작가는 유소당과 등우매이다.

I. 유소당의 향토 문학과 「포류인가」

일찍이 50년대 초기에 쓴 유소당의 일부 소설은 이미 향토 특색을 많이 띠고 있었다. 「푸른 가지 푸른 잎」「산사촌의 노랫소리」「운하의 노 젓는 소리」 등의 작품은 모두 작가의 고향인 운하탄에서 일어나는 일들을 묘사하였다. 이 작품들은 사상·예술상으로는 아직 성숙하지 않았지만, 작품 속에 흘러 넘치는 그 청신한 생활의 숨결과 향토 전원 풍미는 오히려 잘 드러난다.

핍박에 의해 20여 년간 침묵에 빠져 있었던 그는 1979년에 문단에 복귀한 뒤, 단숨에 『땅불〔地火〕』『바람 세찬 여라강』『낭연(狼煙)』 등 3부의 장편소설 및 「지모(地母)」「함수초」「장진루(藏珍樓)」「기래행(起來行)」「제비 울음 속에서」「방초(芳草)」 등 단편소설들을 잇달아 발표했다. 이 작품들은 전기 작품의 목가 정서를 보존하고 있지만 70년대말의 우리나라 문학 창작의 전체적 배경에 비추어보면, 생활에 대한 심각한 해부와 예술상의 독창적 정신이 결핍되어 있다.

1980년 6월 『시월』 잡지에 중편소설 「포류인가(蒲柳人家)」를 발표하면서부터 그는 ‘향토 문학’을 의식적으로 추구하였다. 작품은 항일 전쟁이 일어난 30년대를 배경으로, 북운하 강변의 작은 인가의 풍속화를 그려내면서 보통 농민의 마음속의 희노애락을 진실하게 반영하고 그들의 사랑과 증오, 원한, 그의 생활, 운명과 투쟁을 묘사하고 독특한 예술 각도에서 시적 의미가 풍부한 예술 필법을 사용하여 짙은 향토 숨결을 지닌 '미문학(美文學)'으로서 고향의 풍토 인정미를 찬양하였다. 이어서 그는 1981년 1월, 『북경문학』에 「북경의 향토 문학을 건립하자」는 글을 발표하여 그의 문학 사업상에서의 지향과 포부를 이론적으로 표명하였다. 이후, 2년도 안 되는 시간 동안 그는 잇달아 13편의 중편소설을 썼다. 「어화(漁火)」「과붕유항(瓜棚柳巷)」「꽃거리」「풀숲」「포검(浦劍)」「연꽃」「어룽 풍경」 등의 향토 문학 작품이 그것들이다.

이른바 '향토 문학'의 주요 특징과 내포는 무엇인가? 개괄적으로 말하자면 현실주의 창작 전통을 견지하고 중국 문학의 민족 풍격을 계승하고 발양하며 문학의 중국적 특색과 짙은 지방 특색을 계승하고 발양하여 농촌(일반적으로 작가의 고향이다)을 묘사하는 것이다. 이것이 이른바 '향토 문학'의 공통된 특징이다.

그렇다면 유소당의 '향토 문학'에는 어떠한 자기 나름대로의 독특한 특색이 있는가?

경동 운하평원에서 '토착민'의 아들로 태어난 유소당은 50년 일생에 30여 년간을 고향땅에서 생활하였다. 그의 모든 작품은 거의 다 그의 고향에서 취재하여, 고향의 일을 기록하고 고향 사람들을 그리고 고향의 풍정을 펼쳤다.

초기의 작품을 '고향에 대한 유아적 위안'이라고 본다면 1980년 이후의 작품은 충성스러운 아들로서의 고향에 대한 사랑과 감격의 정으로 가득하다. 장편소설 『땅불』『낭연(狼煙)』, 중편소설 「어화」, 단편소설 「고향」 등 작품들은 민주 혁명 시기 고향 인민의 각성과 투쟁을 그린 것이었다. 「포류인가」「과붕유항」이 그린 것은 고향 친척들의 다정하고 정의를 중히 여기는 미덕이다. 「어룽 풍경」「아미(娥眉)」 등은 신시기의 고향과 인민의 생기와 희망으로 충만한 새로운 기상을 그렸다.

유소당의 향토소설의 가장 뚜렷한 특징은 그의 고향 경동 운하탄의 자연 풍경에 대한 묘사이다. 그의 채필 아래 북운하는 소녀처럼 아리따우며 엷게 일렁이는 햇빛을 반사하고, 양쪽 기슭의 푸른 숲은 진흙의 사람을 취하게 하는 향기가 흘러 넘친다. 갈색 진흙, 녹색의 곡식, 푸르른 하늘, 하얀 구름, 비취빛 참외, 금빛 해바라기꽃, 마노빛 포도, 홍옥 같은 산딸기…… 그의 작품에서 가장 사람을 감동시키는 것은 바로 이처럼 아름다운 전원에서 노동하고 생활하며 투쟁하고 있는 고향 인민에 대한 찬미와 가송이다. 그 역사 혹은 현실의 향토 풍속화에는 노동 인민의 소박하고 순후하며 순진하고 열성적인 감정과 성실과 신뢰 속에서 상부상조하며 운명을 함께하는 아름다운 품격과 고상한 정조가 곳곳마다 스며 있다.

유소당은 일찍이 "나를 낳아주고 키워준 노동 인민에 대한 노래에 나의 일생을 바치겠다"고 말했었다. 「포류인가」의 원수처럼 미워하면서 여러모로 망일련을 사랑해주고 도와주는 일장청 할머니, 재주가 많고 담이 큰 길로평, 친척들을 돕기 위해 평생 장가들지 않으면서도 풍류 여자 운차월과 옛날이야기 식으로 사귀는 유관두, 망일련과 주금의 결혼을 위해 강개하게 대대로 물려받은 땅을 떼어주는 하대학문(何大學問) 등은 모두가 세세로 압박과 착취를 받고 물질 생활과 사회 위치가 극히 빈곤한 처지에서도 정신 세계는 부유하고 숭고한 사람들이다. 그의 고향 인민들의 순박하고 두터운 미덕과 고상한 정조를 열심히 발굴하고 열정적으로 찬미하는 것이 유소당 향토소설의 미학 추구였다. 보다 중요한 것은 그의 향토소설에 북운하라는 특수한 풍토 인정에 대한 묘사 외에도 "보편적인, 그리고 우리와 공통의 운명에 대한 투쟁"이 있다는 점이다. 그의 작품 속의 인물과 그들의 생활 및 투쟁에는 모두 우리 전체 민족의 사랑과 증오가 담겨 있다. 「포류인가」는 독특한 각도에서 치기와 기민함과 영리함으로 충만한 하만자의 눈을 통하여 대대로 북운하에서 살아온 농민의 성격과 운명을 포착해냈다. 그들의 의로운 혈성(血性), 강개하고 호탕하며 넓고 두터운 영혼과 흉금은 진실

하고 유창하게, 열정적이고 소박하며 향토 특색으로 풍부하며
독특한 풍채를 갖춘 모습으로 그려지고 있다.

향토소설 작가로서의 유소당은 언어의 향토 색채에 아주 주
의하였다. 그는 이렇게 말했다. "20년 동안 마을 사람들과 함
께 노동하고 생활하면서 나눈 이야기와 대화 속에서 나의 언어
에도 변화가 생겼다." 확실히 그러하다. 그의 소설 언어는 청신
하고 활발하며 세련된 기초 위에 보다 자연스럽고 간략하며 통
속적인 인물 대화와 서술 언어, 그리고 중국적 작풍과 중국적
분위기를 강구하였다. 그가 추구한 것은 전통 설서(說書)의 분
위기와 지방 구어의 분위기가 짙은 민족 언어였다.

당연히 유소당의 작품에도 결함은 존재한다. 줄거리와 인물의
부화(附和) 현상이 비교적 많을 뿐만 아니라 대다수의 작품에
강렬하고 선명한 시대 정신이 결핍되어 있는 것이다.

Ⅱ. 등우매의 경미(京味) 도시 풍속화소설

등우매의 소설에는 지식분자를 쓴 것(「벼랑 위에서」)도 있고
군인 생활을 쓴 것(「우리의 군장」)도 있다. 하지만 그에게 진정
으로 명성을 가져다주고 그의 독특한 예술 개성을 나타내주었
으며 신시기 소설 창작 중에서의 그의 지위를 결정해준 작품은
「도연정 설화」 이후에 쓴, 북경 풍미가 짙고 신·구 북경의 도
시 생활을 반영한 일련의 소설들이다. 이 작품들에는 「도연정
설화」 외에 「꼬마 화가를 찾아서」「나오」「지음에게 사의를
표한다」「곰방대」「색칠의 후손」 등이 있다. 등우매 자신에
의하면 이 소설들은 "모두 민속학 풍미의 소설을 탐구한 약간
의 시험이었다. 나는 「청명상하도(淸明上河圖)」 식의 소설 작
품을 줄곧 희망했다. 이 희망을 이루기는 쉽지 않지만, 나는 계
속 노력하려고 준비하고 있다." 본 민족의 생활, 심리와 지방의
풍물, 인정, 세속의 반영을 특징으로 하는 풍미 문학은 우리나
라의 전통적인 현실주의 문학의 중요한 조성 부분이다.

등우매의 이 유형의 소설은 왕증기의 풍속화소설이나 유소당의 향토소설과 또 다르다. 자연 환경의 묘사를 강조하지 않는 그는 인물 형상에 대한 묘사를 특별히 주의하였고, 짙은 풍속화 색채가 있는 초상·복장·행동·언어의 세부적인 묘사를 아주 중시하였다. 이런 유형의 소설은 흔히 중대한 제재를 쓰지 않고 도시 풍속으로 충만된 생활 화폭으로써 전편을 구성하였고, 그 속에서 시대의 교체와 역사의 발전을 게시하였다. 등우매의 작품은 곳곳에서 일종의 민속미를 드러내고 있다.

등우매 소설의 민속미는 어디에 체현되는가? 우선, 작자는 자기 나름대로의 농후한 민속미가 있는 인물 형상을 창조하였다. 등우매의 인물들, 즉 청나라 귀족, 팔기의 자제, 3교 9류, 도시 영세민들은 모두 역사의 연기와 세속의 색채를 띤 채 문학작품에 들어온다. 「나오(那五)」 중의 나오는 가소롭고 가련한, 몰락한 팔기의 자제이다. 작자는 이 귀족 자제의 외피를 한겹 한겹 벗겨냄으로써 청실(淸室) 귀족의 마지막 자손의 연약과 비겁, 몰락과 허위를 드러내었다. 그는 먹고 마시며, 놀 줄도 알고 남을 헐뜯고 속일 줄도 알지만 또 아무것도 할 줄 모른다. 하나의 올바른 재간도 없고 한 가지 올바른 일도 해내지 못하는 인간이다. 그의 연약은 의지와 기백을 상실할 정도에까지 달했고 독립된 인격과 최소한의 노동 능력마저 잃었다. 이는 민속 풍미가 가득한 인물일 뿐만 아니라 이 인물을 통해 작가의 심각한 사상이 기탁되고 있다. 노동을 떠나고 사회를 위하여 물질적 및 정신적 화를 계속 창조해나갈 수 없는 귀족 자제는 행동상의 폐물일 뿐만 아니라 정신상에서도 메말라 껍데기만 남아 있는 인간이라는 것이다. 여기에는 극히 침통한 역사 교훈이 포함되어 있다. 「곰방대」 중의 오세보와 섭소헌도 민속미를 갖춘 아주 성공적으로 조형된 전형 인물이다. 나오와 마찬가지로 오세보도 팔기의 자제이지만 크게 다르다. 그는 나라를 사랑하는 마음을 잃지 않고 있다. 줄곧 본분을 지켜오던 그는 한차례의 우연한 기회에 귀족들의 모임에서 의화단을 칭송하는 가사의,노래를 불렀다가 모함을 받고 1년 8개월간 투옥된다. 이로 인해 가산을 탕진하고 가족들과 헤어져 곰방대의 무늬를 그리는 일로 생계를 유지하는 수밖에 없게 된다. 작품은 청나라 내부의 몰락과 기울어가는 국세를 그의 곡절 많은 운명을 통하여 반영하였다. 작품 중의 다른 한 인물인 섭소헌은 극히 광채 있고 개성이 선명한 인물 형상이다. 오세보는 그를 옥중에서 알게 되어 그에게서 기술을 배우고 그를 장인으로 모신다. 섭소헌은 절묘한 기술을 가지고 있어 곰방대의 그림을 그리고 '고월헌(古月軒)'이라는 이름있는 도자기를 굽는 기이한 손재간이 있다. 하지만 그의 기술은 그 자신에게 복을 가져다주지 못했을 뿐만 아니라 오히려 수차례 재난을 가져다준다. 한 양무파(洋務派) 관료가 일본 황실에 아첨하기 위해 그더러 8국 연합군 행락도를 새긴 곰방대를 만들어내라고 핍박한다. 나라에 대한 증오와 가문의 원한을 품은 섭소헌은 민족의 양심을 팔아먹는 이 간계를 단호히 거절하였다. 이 일로 살길이 막힌 그는 스스로 손을 자르는 것으로 반항을 표시했다. 사람을 감동시키는 이 장엄한 거동은 일대의 우수한 장인의 격앙된 애국주의 정신과 의젓한 민족 절개를 체현하였고, 하층 노동 인민의 마음속에 쌓여진 심후하고 치열한 애국주의 정서와 반드시 폭발할 혁명의 잠재력을 표현하였다. 인물 형상 창조에서 작자는 전통 소설의 정밀한 뜻을 깊이 인식하고 인물의 정신과 민속 특징을 잘 파악하였다. 농후한 민속 풍미를 갖고 있는 이런 인물들은 등우매 특유의 인물들로서 중국 현대 소설의 인물 화랑에 일찍이 없었던 형상들이었다.

그 다음으로, 민속 문학은 민족 풍미와 풍속의 정서를 써내야 한다. 등우매의 소설은 다채로운 색조로 북경이라는 문명 도시에 특유한 풍습과 풍모를 그려내었고, 이로부터 민속 풍미로 가득찬 인물 활동의 역사 무대를 구성하였다. 「곰방대」 중에서 동서의 곰방대 역사에 관한 정밀하고 정확한 서술, 찻집·서점·극장·문물점에 대한 묘사는 모두 정확한 방위(方位)로, 공간감과 입체감, 그리고 역사감이 있는 옛 북경의 풍모를 우리의 눈앞에 재현해준다. 작자는 풍물학·역사학·경제학 등의 지식과 풍토 인정을 하나의 통일체로 융합하여 일반 풍속화소설에 비해 보다 다채롭고 보다 심도와 역도가 있게 창작을 추진했다.

또 하나, 특색 있는 언어는 등우매 소설의 민속미를 구성하는 다른 하나의 중요한 요소이다. 등우매의 언어 공력은 비록 원로 언어 대가들과 비할 수는 없지만 동세대의 중·청년 작가들에 비하면 훨씬 돋보인다. 그는 역사성·직업성과 지방성의 언어를 하나로 융합시킴으로써 그의 소설의 '북경'미를 구성하였다. 서로 다른 시대와 서로 다른 업종, 서로 다른 개성의 인물의 언어에 대해 아주 익숙한 그는 추호의 부착(斧鑿)이나 생경한 흔적 없이 자유자재로 썼다. 동시에 청말 시기의 역사 특점과 북경 옛 성의 지방 풍미, 서로 다른 개성, 서로 다른 업종의 전문 용어와 성격 언어를 부드럽게 조합시켜 혼연일체를 이룸으로써 등우매 민속소설의 특수한 풍미를 형성하였는바 마치 오래 묵은 술처럼 자극이 없고 도리어 담담한 가운데 사람을 취하게 하는 짙은 향기를 발산한다.

민속을 위한 민속의 반영이 아니라 민속미 속에 강렬한 시대정신을 침투시킨 것이 등우매의 귀중한 점이다. 시대 색채가 없는 풍속화는 빈혈적이고 창백한 것이다. 「곰방대」가 풍속화에 생명을 부여할 수 있었던 것은 바로 그 곰방대의 갈등으로부터 애국주의의 빛나는 광채를 투사시켰다는 데에 있다.

유소당·등우매 이외에도 북경 작가군 중에서 경미(京味) 풍속화소설의 개발에 힘을 기울인 작가로는 소숙양, 진건공, 이용운 등이 있다. 유심무도 나중에는 이 행렬에 가입하였다. 소숙양의 「이웃 사람들」「석양이 비치는 거리」와 장편소설 『고향의 땅』의 북경 각 계층의 시민 생활에 대한 묘사와 진건공의

「천지를 논하여」 연작소설, 이용운의 「작은 골목」 「오래된 남성모(南城帽)」, 그리고 유심무의 「소원」 「입체 교차로」 특히 장편소설 『종고루』 등은 모두 북경 시민의 중생상을 발굴해냄으로써 이미 북경미의 민속 소설가군을 기본상 형성하였고, 신시기 소설 창작의 번영을 표시하였을 뿐만 아니라 또 추동하였다.

2. 왕증기·육문부 등의
강소(江蘇) 시진(市鎭) 문화 풍정소설

강소성에도 향토 풍속화소설 작가군이 있다. 원로 작가 왕증기, 중년 작가 육문부 등을 대표로 하는 작가군이 북경파 작가군과 대치의 자세로 일어섰다. 제재가 같지 않고 풍격이 각이한 그들의 작품에는 모두 강남 수향(水鄕)의 아리따운 색채가 비쳐지고 있다. 장강 하류 남북 양안의 시(市)·진(鎭)의 민속 풍정을 반영한 그들은 국내의 많은 지역성 소설 작가군 중에서 가히 일파로 꼽힐 만하다.

I. 왕증기의 소북(蘇北) 소진의 풍정소설

원로 작가 왕증기는 지금 북경에 거주하고 있어 북경 작가에 속한다. 그러나 그는 강소 곡우 사람이고, 그가 쓴 작품은 대부분이 해방 전 소북 중소 도시의 서민 생활을 반영한 것으로서 소북 지구의 사회 풍속화와 아주 유사하다. 때문에 그를 강남 풍속화소설의 작가군에 귀속시켜 소개를 하는 것이다.

왕증기는 체계적인 정규 교육을 받은 사람으로서 중국 전통 문화의 영향을 깊이 받은 작가이다. 그는 제자백가(諸子百家), 경사자집(經史子集), 시사소설(詩詞小說)에 익숙했을 뿐만 아니라 오랜 역사를 지닌 중국 민간 문학과 희곡 예술을 전공하기도 했다. 때문에 기질과 조예상, 모두 일반 작가를 초과하여 자신의 독특한 미학 추구와 특수한 예술 풍격을 갖고 있었다.

원로 작가로서의 왕증기는 이미 근 반세기에 달하는 창작 역사가 있다. 대체로 40년대—50년대—80년대의 3개 창작 단계로 나눌 수 있다. 40년대의 작품으로 남아 있는 것은 오직 『해후집(邂逅集)』하나뿐인데, 그것은 한 청년 지식분자의 고통과 적막, 그리고 세속에 빠져 허무한 인생을 보내는 영혼을 진실하게 반영한 작품이었다. 60년대에는 자신의 순결한, 심지어 동정의 눈으로 인생을 헤아려보려고 노력했다. 「양우리에서의 하루 저녁」을 대표로 하는 이 시기에 발표된 작품은 사람들에게 일종의 청신하고 명쾌하며 따뜻한 향기의 감각을 주었고, 밝게 혹은 어둡게 인간 사이의 감정을 노출시켰는데, 작품에는 일종의 인정미가 함축되었고 작가의 하방 노동 기간의 생활에 대한 감수가 반영되었다. 80년대는 그의 일생 중에서 가장 성과가 큰 시기였다. 「수계(受戒)」「대뇨기사」를 대표로 하는 많은 작품의 성공은 그에게 큰 명성을 가져다주었으며 그는 이미 독특한 풍격을 갖춘 성숙한 작가가 되어 있었다.

왕증기의 독특한 미학 추구는 무엇인가? 이는 우선 예술 형상 중에 숨겨진 사상 주제에서 표현되었다. 그의 작품은 거의 모두가 우리 민족성 중의 동정, 인애(仁愛), 상부상조 같은 소박한 인도주의 사상을 선양하고 있다. 왕증기는 자신을 중국식의 서정적인 인도주의자로 자칭했다. 이러한 사상은 서로 다른 유형의 인물과 생활을 부각하고 묘사하는 데서 체현되었다. 그는 자신의 작중 인물들에게 전통적 미덕을 부여하고 인물의 상호 관계 중에서 그들의 상부상조하는 인도주의 정신을 두드러지게 찬미하였다. 예를 들면 「세한삼우」의 근이보, 「이사」의 고북명, 「감상가」의 시민 엽삼 등이다. 그들은 남의 어려움을 돕거나 품성이 고상하거나 의리를 중히 여기는 등 그 모두 다 작자의 미학 이상을 체현할 수 있는 인물들이다.

작자의 미학 추구는 또한 인간의 천성적인 인성과 순결하고

소박한 우정을 긍정하고 찬미한 데서 표현되고 있다. 「수계」의
나이 어린 중 명해와 마을 처녀 영자와의 애정은 인성을 말살하
는 불문(佛門) 계율의 허위와 파산 및 인성의 승리를 선언한다.
「대뇨기사」의 젊은 석장(錫匠) 십일자와 교운과의 곡절 많은
애정에도 놀라운 도덕적 역량이 있다.

　왕증기의 미학 추구는 또한 창작 방법과 예술 수법상에도 표
현되고 있다. 그는 엄숙한 현실주의 작가인 동시에 또 민족 전
통을 아주 중시하였다. 그는 일찍이 "현실주의로 돌아가고 민
족 전통으로 돌아가자"라는 예술 주장을 제출하였으며 창작 실
천중에서 현실 생활에 보다 충실하였다. 그는 문학 작품이라면
우선은 생활을 묘사하고 생활을 반영해야만 예술의 진실에 도
달할 수 있다고 생각하였다. 그의 작품을 읽노라면 진실한 생활
화면이 앞에 선연히 떠오르고 저도 모르는 사이에 작자의 의도
를 금방 알아낼 수 있다. 그처럼 자연스럽고 진실하였다. 인물
을 형상화함에 있어서는 신사(神似)를 추구하고 인간의 영혼
세계에 주의를 기울였다. 그는 일반적으로 인물을 직접 등장시
켜 인간 관계를 게시하지 않고 비교적 충분하고 느슨한 환경과
풍속, 민족 감정의 서술 속에 자연스럽게 인물을 끌어들였다.
「대뇨기사」는 앞부분의 제 4 절까지 거의 모두가 대뇨의 내력,
향토 풍속을 쓰고 있다. 이러한 일면 한가로운 듯한 풍속화는
작자가 그리는 생활에 입체감을 더해줄 뿐만 아니라 생활로 하
여금 살아 있는 혈맥으로 충만되게 해주고, 인물의 등장 및 활
동과 성격 창조에 아주 훌륭한 뒷받침이 되어준다.

　왕증기의 소설은 심종문을 스승으로 하고, 이탁오의 '위문무
법(爲文無法)'을 숭상한다. 산만하고 표일하여 아주 산문적인
바, 정경교융(情景交融)과 물아쌍회(物我雙會)를 이루고 있다.
「수계」는 한 편의 아름다운 산문체 소설이다.

　왕증기의 소설은 아름답기는 하지만 시대감이 강렬하지 못한
결함도 남겼다. 그의 소설은 흔히 특정한 풍속 환경 중의 자연

과 인간 세상에 대한 정태적 묘사에만 국한되어 시대와 역사감
이 있는 동태적 묘사가 적었고 역사감이 결핍되었을 뿐만 아니
라 시대감도 없었다.

Ⅱ. 육문부의 소주 시민 풍정소설

　육문부의 문학 창작은 50년대의 「골목 깊은 곳」으로부터 시
작되었다. 작품은 강남 소주(蘇州)라는 특정한 문화 풍속 환경
중에서 구사회의 한 기생의 신사회에서의 새로운 삶을 썼다. 역
사는 이 소설과 그 작가를 불공정하게 대우했었다. 그러나 그는
신시기에 들어 오랫동안 쌓인 먼지를 털어내고 창작 격정이 다
시금 솟구쳤다. 「헌신」「작은 가게 주인」「담장」이 각기 1978,
1980, 1983년에 전국 우수단편소설상을 받았으며 「미식가」는
1983~1984년 우수중편소설상을 받았다. 「만원호」「우물」
「청고(淸高)」 등의 작품은 발표되자 한결같이 찬양을 받았다.
　「골목 깊은 곳」에서부터 육문부는 소주 도시에 애착을 가졌
다. 소주의 풍경은 그를 도취시켰다. "밤시장에서 마름과 연뿌
리를 팔고 봄의 배가 비단을 가득 실어 나르는" 경치는 그의
마음을 깊이 움직였다. 소주의 시민 생활을 제재로 한 그의 작
품 중의 인물들은 대부분이 행상과 심부름꾼, 선남선녀들, 여행
객들이었다. 때문에 그의 작품은 지방 색채가 극히 농후하여 읽
으면 읽을수록 구수한 향기를 느낄 수 있다. 어떤 사람은 그의
작품이 '소주 분경(蘇州盆景)'과 같다고 말했다. 육문부는 이를
자랑스럽게 여겼다. 소주 분경이란 "산림죽석(山林竹石)을 하
나의 분(盆)에 거두어들이는 것"인데 예술상에서 그러한 경지
에 도달하는 것은 극히 어려운 일이라는 것이다. '분경' '소품'
은 육문부의 창작상의 주요 특색이 청담하고 심원하며 유머러
스하고 의미심장한 데 있음을 잘 밝혀주며 그다지 크지 않은 국
면에 아주 큰 세계를 포괄한다.
　육문부는 단순히 작품의 풍속화 효과만을 추구한 것이 아니

고, 풍속화 배경 위에서 인간의 운명과 성격을 쓰는 데 치중하
며 운명에 대한 묘사를 통하여 상당히 깊고 넓은 정도로 시대의
풍운 변천을 반영하였다. 이렇게 아주 넓고 풍부한 시대적·사
회적 생활 내용을 개괄하고 또한 상당히 심후한 역사감을 지닌
작품이 바로 「미식가」였다. 전체 작품이 한 식사 손님의 모습
만 그린 것같이 보이지만 실은 소주의 '식생활'을 일종의 전통
문화로 묘사한 한 편의 전형적인 음식 문화에 관한 풍속화소설
이다. 하지만 작자는 식사 손님 주자치의 반생의 경력에 대한
묘사로써 상당히 풍부한 사회 내용을 개괄하였다. 그 목적은 좌
경 교조주의 사상 방법이 조성한 엄중한 악과와 반드시 혼란을
바로잡아야 할 절박성과 그 어려움을 제시하려는 데 있었다. 기
본상 아무런 가치도 없는 인물의 몸에서 중대한 사회 의의가 있
는 주제를 발굴해내었다. 작자는 평면적으로 단순하게 생활을
반영하는 데 만족하지 않고 다측면적으로, 입체적으로 생활을
그려내면서 사상의 예리한 빛을 보다 많은 생활의 구석에까지
비추고자 했다. 오늘의 높이에 서서 과거의 생활을 반영하고 역
사의 높이에 서서 오늘의 현실을 그려냄으로써 작품이 강렬한
시대감과 침중한 역사감을 얻게 하였다.

「미식가」는 전형적인 소주 시민의 풍속화소설이었으며 또한
미학상에서 이미 문화소설의 높은 차원에 도달한 작품이었다.
주자치라는 인물을 에워싸고 작자는 대량의 소주 민풍에 대한
묘사를 삽입시켰다. 소주 특유의 돌로 포장한 골목, 특히는 소
주 특유의 음식 문화에 대한 묘사는 더욱더 인상적이어서 전체
소설에 농후한 소주 풍미를 부여해수었다. 물론 육문부 소설의
소주 풍미는 다만 풍속화 묘사에만 의거한 것이 아니라 여러 가
지 요소의 통일에 의거하였다.

육문부는 평범한 인물, 평범한 사건 속에서 평범하지 않은 것
들을 개괄해내고, 어디서나 볼 수 있는 현상에서 심각한 사회
역사 내용을 개괄해내는 데 능란했다. 「작은 가게 주인」은 주

원달의 조우를 줄거리로 하여 몇십 년간의 개체 상인들의 운명을 쓰면서 심각한 역사 내용을 포함시켰다. 그 중에서 소주의 세속과 민족 감정 그리고 환경에 대한 묘사는 인물을 돌출시키는 작용을 하였다. 그리고「우물」의 도시 풍속, 풍정은 이미 일반적인 환경 묘사가 아니라 일종의 상당히 완강하게 응결된 민족 문화의 심층 구조인바 바로 이러한 천백 년의 역사적·문화적 퇴적이 서려사(徐麗沙)의 생명을 빼앗아간 것이다.

장기간 소주에서 생활한 육문부는 그곳의 사회 풍모, 인정 세태에 익숙했으며 3교 9류를 포함한 각종 인물들과 모두 접촉이 있었다. 거기에다 그의 냉정하면서도 해학적인 생활 관찰의 태도와 유머가 풍부한 재능 등, 이 모든 것들이 그의 창작 개성과 예술 특색의 중요한 요소를 구성하였다.

육문부 이외의, 적지 않은 강소 작가(이를테면 강전, 조본부, 범소청 등)의 작품은 모두 많게, 적게 풍속화 미학 풍격에 대한 추구에 주의를 하였다. 그 중에서 청년 작가 강전은 보다 의식적으로 풍속화 풍격을 추구하여 비교적 큰 성취를 얻은 사람의 하나였다.

Ⅲ. 강전의 수향 풍속화소설

강전은 이미 몇십 편의 중·단편소설을 써낸 청년 작가였다. 강남에서 태어나 수향(水鄕)에서 자란 그는 창작을 배우기 시작하면서부터 스스로 하나의 미학 추구 목표를 세웠다. "수향의 맛을 써내자"는 것이다. 그의 작품은 대체로 두 부류로 나눌 수 있다. 하나는 강남 수향을 배경으로 이야기를 전개하고 인물을 부각한「동매」「아합과 배」「비파우(枇杷雨)」「목숙원(苜蓿園)」「어묘를 메고 호만을 가다」「파근초(巴根草)」「밤에 부는 남쪽의 바람」「게등(蟹燈)」등이다. 이 작품들의 창작법은 서로 다르지만, 풍격은 비교적 통일되어 수향미·강남미를 추구하고 있다. 다른 한 부류의 소설은「반디」「자정향(紫丁香)」

「내일의 상봉」「청수만, 담수만」「생활을 사랑하자」 등이다. 이들은 도시 생활을 쓴 것으로서 강남의 도시 풍정과 생활미를 추구하였다.

강전의 풍속화소설도 자기 나름대로의 특색이 있다. 첫째로, 그는 늘 풍속 묘사 속에 개인의 주관 정감을 추가했다. 수향의 풍경과 인정에 대한 묘사 속에 고향에 대한 심후한 감정을 기탁했다. 둘째로, 산문적 의경을 의식적으로 소설에 끌어들여 수향과 도시의, 일종의 담박한 의경을 조성하였는바, 이는 그의 소설로 하여금 시와 산문의 미학 풍격을 띠게 하였다. 이는 강전의 풍속화소설의 또 하나의 특징이었다. 셋째로, 아름답고 담박하며 시적인 의경 속에서 인간과 인간 사이의 우정을 쓰고 인간의 희생 정신을 씀으로써 인간의 심령의 아름다움을 표현한 것은 강전 소설의 또 하나의 특징이었다. 그의 작품에서 우리가 볼 수 있는 것은 작가의 순진하고 아름다우며 광명으로 충만된 마음이다. 「청수만, 담수만」 중의 고사사가 그토록 조용하게 평온한 마음으로 10만 원의 거금을 한푼도 남기지 않고 국가에 바치는 장면은 사람들의 심령을 순결하고 고상하게 변화시키지 않을 수 없다. 넷째로, 소설의 리듬과 운율로 보면 그가 추구한 것은 일종의 부드러움과 안정, 조화와 침착의 격조였다. 이는 한편으로 사람들에게 미적인 향수를 줄 수는 있었지만 다른 한편으로 보면 총체적으로 어느 정도 단조롭고 변화가 적으며 시대의 큰 조류가 수향에 준 충격을 반영함으로써 작품으로 하여금 보다 풍부한 내용과 생활 용량을 갖게 하기에는 아직 부족했다.

3. 고화·엽울림·하립위 등의 소상 풍정소설

신시기 풍속화소설 창작의 조류에서 호남 작가군은 큰 역량을 갖고 있었다. 북경 풍속화소설군에 노사(老舍)의 전통이 있

는 것과 마찬가지로 호남 작가군에게도 심종문·주립파의 우량
한 전통이 있었다. 특히 신시기에 출현한 호남의 중·청년 작가
들에게 비교적 큰 영향을 준 것은 주립파의 예술 풍격이었다.
주립파의 영향을 받는 한편, 그들은 또 그에 국한되지 않고 새
로운 창조와 발전을 이루었다. 마찬가지로 소상의 산수와 풍정
을 그려낸 것이면서도 의미가 깊고 아름답다는 기초 위에서 새
세대 작가들은 늘 강건하고 웅장하며 호방한 기운을 나타냈다.
고화, 엽울림림, 한소공, 담담, 엽지진, 사박, 하립위, 손건충,
주건명, 팽견명, 유함평……, 하나의 작가군으로서의 호남 작가
군은 기본상에서 향토 문학 작가군이라고 말할 수 있다. 그들은
호남 농촌의 생활과 투쟁에 대한 묘사에 가장 능란하였고 그들
의 작품은 모두 짙은 향토 맥박과 지방 특색으로 충만하였다.
상당한 정도에서 바로 이러한 선명하고 농후한 향토 특색이 호
남 작가군의 작품으로 하여금 전국 소설 창작에서 하나의 독자
적인 탁월한 풍격으로 나설 수 있게 해주었다.

I. 엽울림의 「등대 없는 강에서」

　향토소설이라면 우선, 작가가 고향의 산수·전원의 아름다운
풍경화와 매혹적인 풍속화를 뛰어나게 그려낼 수 있어야 한다.
산이 푸르고 물이 아름다운 호남의 경물은 눈부시게 아름답다.
호남의 작가들은 모두 풍경화를 그리는 데 솜씨가 있는 것 같
다. 고화의 펜 아래에서 오령의 풍광은 아름답고 신기하다. 손
건충이 묘사해낸 상서(湘西) 산수(山水)는 아리땁고 황홀하다.
사박·담담의 펜 아래 상중 풍경은 온화하고 부드럽다. 주건명
의 작품에서 동정호수는 넓고도 아득하다…… 하지만 향토 경
물 묘사 중에서도 가장 뛰어난 사람을 추천한다면 그는 바로 엽
울림림이다. 그는 호남 작가군 중에서 가장 걸출한 풍경 화가로
불린다.
　「등대 없는 강에서」가 사람들에게 그려준 70년대의 소수도

(瀟水圖)는 중외 문학 기법의 장점을 모았고 또 작가의 세밀한 창조를 거쳐 정밀하고 세심한 가운데 사람을 유혹하는 정감이 흘러넘친다. 작자는 경물의 소리·빛·색깔·기(氣)를 장악하고 독자의 시각·청각·후각을 자극하여 온몸으로 감수를 받게 하였다. 작자는 자신의 사상 정서와 작품 인물의 사상 정서를 경물에 침투시켜 경물로 하여금 인물의 정서의 변화에 따라 변화하게 하고, 단순하고 소박한 자연미를 감정과 경물이 융화된 예술미로 승화시켰는바, 색채, 정취(情趣), 운미(韻味)가 모두 지극하다 할 수 있다. 어느 평론가는 현대 문학 작품에서 자연 풍경의 미를 그려내는 데「등대 없는 강에서」와 비길 수 있는 작품은 거의 없다고 말했다.

  문학 작품의 향토 특색은 어쨌든 지역적 향토 특색이 있는 인물 형상과 성격을 창조해야 하는 것이다. 작가가 묘사하는 향토 경물, 향토 풍속은 첫째 인물 형상의 소조에 환경과 배경을 제공하기 위한 것이고, 둘째 이 향토적 요소들을 인물의 성격과 심층의 심리 구조 속으로 침투시키는 데까지 나아갈 수 있다면 이 인물 형상은 하나의 새로운 미학 차원에 도달하게 된다. 호남 작가군은 모두 이러한, 향토 특징을 갖고 있는 인물 형상의 창조를 아주 중시하였다. 조금도 의심할 바 없이「등대 없는 강에서」중의 반노오(盤老五)는 이 방면에서 가장 걸출하고 가장 성공적인 예술 전형이다. 현대 문학의 인물 화랑에서도 반노오는 하나의 독특한 창조였다. 이 형상이 보다 성공적으로 되고 보다 예술 광채를 갖게 된 것은 상당한 정도에서 작자가 자연 풍광과 사회 생활이 서로 융합된 환경 무대에서 반노오의 사회 속성과 자연 속성을 충분히 펼쳐주었기 때문이다. 작자는 소수 양안의 자연 풍경과 풍속 인정을 뛰어나게 그려냈을 뿐만 아니라 이러한 자연 풍토의 반노오의 성격에 대한 영향, 그리고 대자연의 넓고 웅장하며 야성적인 소질을 인물에 침투시키고 인간과 대자연의 대립 및 대결 속에서 인간과 대자연의 동화와 통일을 표현하였다. 반노오 예술 형상의 보다 성공적이고 보다 예술 매력이 있는 오묘한 점은 바로 여기에 있었다.

「등대 없는 강에서」의 예술 성취는 아직 더 언급할 것이 있지만, 대자연 풍광에 대한 뛰어난 묘사와 반노오 예술 형상의 성공적인 창조는 가장 주요한 성취이다.

Ⅱ. 고화의 풍속화소설

고화는 호남 작가군 중 또 하나의 풍속화 대가이다. 그의 풍속화 소설은 호남의 기타 작가들과 또 다른 특색을 나타냈다.

풍속화소설이 지역 특색을 갖는 풍경화를 그려내는 데만 국한될 수는 없다. 반드시 지역 특점이 있는 풍속과 민정을 그려낼 수 있고 향토 경물과 향토 풍속을 하나의 통일체로 융합하여야만 그 풍미가 순후해질 수 있는 것이다. 고화가 바로 향토 풍경을 잘 그려내는 한편 향토 풍속도 중시하면서 풍경과 풍속을 일체로 융합하여 수려하고 아름다운 예술 화폭을 그려낸 작가였다. 『부용진』의 4시 8절의 식사 풍속, 보통 사람들의 신혼예식은 아름답기 짝이 없다. 『부도령(浮屠嶺)』 중의 산민(山民)들이 모여서 계혈주(鷄血酒)를 마시는 것으로 맹세를 표시하는 의식과 ‘반역자’를 징벌하는 그 야만적이면서도 정의로운 독특한 행위와 방식, 『금엽목련』 중의 요가산채(瑤家山寨)의 격식이 독특한 ‘신랑 보내기’와 ‘양산을 쓴 아가씨’의 꽃수건 춤…… 고화의 작품은 거의 모두 그 지역이나 민족 색채를 나타내는 이러한 풍속화적 묘사로 이루어진다.

하지만 고화에게 있어서 그의 풍속화소설의 가장 중요한 특색은 민속 풍정의 묘사와 정치 풍운의 변화에 대한 묘사를 결합시킨 것이다. 때문에 그의 풍속화소설은 언제나 그 농후한 향토 풍속 중에 엄준한 정치 투쟁 내용이 침투되어 있어 강렬한 시대 색채를 갖고 있다. 그는 고박(古樸)한 풍속과 민심에서 인생을 관찰하고 역사의 발전을 관찰하였으며 “역사적인 위대한 전환기의 농촌을 위해 진실하고 다채로우며 아름다운 풍속화를 그려내고자 노력했다.” 그는 가까운 거리에서 취재했을 뿐만 아니라 중대한 제재와 엄준한 제재를 선택하였다. 희극을 쓰고 시정화의(詩情畫意)를 썼을 뿐만 아니라 비극을 쓰고 장렬하고 강개한 것도 썼다. 고화 자신이 말한 것처럼 “정치 풍운을 풍속과 민심에 기탁하고 인물의 운명을 빌려 향진(鄕鎭) 생활의 변천을 표현한 것”이다. 그의 작품은 향촌 목가이기도 하지만, 이미 “한 수의 엄준한 향촌 목가”였다.

호남의 향토 풍속화 작가군은 상당한 실력을 가진 작가군으로서 작가의 숫자로 보아 북경의 향토 풍속화 작가군에 뒤지지 않았고 심지어는 초과하기까지 하였다. 위에서 언급한 엽울림림이나 고화는 그들 중 비교적 걸출한 대표일 뿐이다. 그들 이외에도 한소공·엽지진·담담·사박·주건명·팽견명·유함평·손건충·하립위 등은 모두 풍속화소설 창작에서 성취가 있었다. 다음에는 마찬가지로 풍속화소설이지만 보다 시적 정서에 주의를 기울이고 소설과 시·산문의 경계를 타파하여 소설의 시화(詩化)를 추구하였으며 문체(文體) 의의를 보다 많이 갖춘 하립위를 중점적으로 소개하고자 한다.

Ⅲ. 하립위의 시화(詩化) 소설

하립위는 80년대 이후에 나타난 청년 작가이다. 그의 작품으로는 단편소설 수상작인 「하얀 새」 외에도 「석공이 남긴 노래」 「연평(硯平) 그곳」 「도시에 이야기가 없다」 「도금인」 「작은 정거장」과 중편소설 「꽃이 아닌 꽃」 「늙은 개」 등이 있다. 그의 소설이 사람들의 중시와 감상을 받게 된 것은 주로 그가 창조한 일종의 새로운 소설 문체 때문이었다. 작가는 자신의 개성 특점, 심리 기질과 독특한 심리 방식에 근거하여 중국 고전 시가 중의 ‘절구(絶句)’의 수법으로 소설을 쓰고 또 이로써 자아 개성을 표현하고 생활을 반영하며, 오직 시가에서만 출현하는 의상미(意象美)를 소설을 체재로 하여 실현하였다. 그의 소설의 구조는 흔히 산문화된, 줄거리가 거의 없다시피 하거나 있다 하여도 그 줄거리를 단순화한 것으로서 이야기 줄거리를 꾸미는 것으로 독자들을 흡인하려 하지 않고 다중 성격을 가진 인물 형상을 창조하는 데 뜻을 두지 않았으며 인물에 대해 장황한 심리 묘사를 진행하지 않았다. 그의 어떤 소설은 일종의 정서적 흐름으로 전문을 일관하기도 하고, 또 어떤 소설은 농후한 분위기로 전편을 감싸 사람들에게 거리감을 주고 또 신비하고 몽롱한 감각을 주었으며, 공백 예술을 강구하여 독자에게 무한한 상상의 공간을 남겨주기도 하였다.

작자는 예술 창작에서 시가·회화·음악 등의 여러 가지 예술 수단을 동원하여 감정·경물·의상(意象) 세 가지를 하나로 융합시킴으로써 심원한 의경의 예술 화폭을 구성하였다. 이것이 바로 하립위 소설의 시화(詩化), 혹은 시화된 소설이다.

『인민문학』에 발표한 그의 첫 소설 「석공이 남긴 노래」는 시적 의미가 충만하며 절구(絕句)의 감정·경물·의상이 모두 용해되어 있다. 이후 이러한 시화소설은 계속 나타났다. 단편소설 「하얀 새」는 더욱 전형적이고 더욱 정교한 작품이었다. 이 작품에서 우리는 그 의상을 구성하는 3개 요소를 분명히 보아낼 수 있다. 첫째는 '경(景)'이다. 작품은 처음부터 끝까지 형상 묘사를 빌려 망망한 하늘, 찬란한 햇빛, 매미의 울음 소리 및 들풀, 꽃, 물결, 하얀 새와 즐거운 두 소년 등의 형상을 펼쳐보이며 소리와 색깔이 모두 아름답고 동적인 것과 정적인 것이 서로 어울리며 원근(遠近)이 휘황하고 허실(虛實)이 상생(相生)하는 예술 화면을 조성하였다. 둘째는 '정(情)'이다. 대자연의 품속에 완전히 융합된 소년의 구속 없는 환희의 감정과 이 환희가 한차례 징소리(문혁 때에 투쟁대회의 시작을 알리는 신호)에 의해 갑자기 파괴되는 정서를 주로 그렸다. 셋째는 '의(意)'이다. 두 소년의 환희의 정서의 갑작스런 좌절을 통하여 사람들로 하여금 미적 파괴와 훼멸을 깊이 느끼게 하였으며, 사람들에게 미를 영원히 추구하고 옹호하며 미를 파괴하고 말살하는 일체의 행위에 대해 영원히 혐오하고 반대한다는 일종의 철학적 계시를 주었다.

하립위의 소설이 확실히 독특한 심미 가치가 있고 소설 문체학의 각도에서 보아 독창적임은 승인되어야 한다. 하지만 그것은 필경 국면과 함의가 너무 협소하였다. 예술상의 이러한 순수한 미, 정교로운 미를 추구하기 위하여 의식적으로 생활을 단순화·순화·정화하고 응고시키고 폐쇄시켰다. 하립위의 이러한 작품과 실제 생활의 거리는 비교적 크다. 그의 후기의 일부 작품, 이를테면「작은 정거장」「꽃이 아닌 꽃」등은 이러한 현상을 변화시켰다.「작은 정거장」은 여전히 정치상의 큰 투쟁, 경제상의 대변혁, 도덕상의 선과 악을 표현한 것이 아니었지만 인간의 화약 냄새를 뚜렷이 가미하여 극히 사소한 사실을 통해 두 세대 사람들의 문화 심리의 차이로 인한 모순 충돌을 써냈다. 중편소설「꽃이 아닌 꽃」은 하립위의 지금까지의 작품에서 가장 무게 있고 심도 있는 작품이다. 소설은 성격 묘사를 중시하지 않고 줄거리의 조직도 중시하지 않으며 '의념 정서'의 유동에만 신경을 쓰는 작자의 특색을 여전히 보존하고 있고, 생활의 표면을 꿰뚫고 심령의 파동을 게시하는 작자의 특색과 인물의 심리 소질과 문화 심리 구조를 중시하는 특색을 보존하고 있지만, 그러나 인물의 '의념 정서'가 시종 현실 모순의 분위기 속에서 존재·유동하며, 현대적 생활 방식과 가치 관념 및 사회 변혁의 조류가, 비록 '정치화'된 방식으로 출현하지는 않았지만, 사람들의 평온한 마음속 깊은 곳에 큰 파문을 일으킨다. 이 작품이 독자에게 보여주는 생활은 평범하고 단조로우며 지루한 것이지만 웃을 만하고 탄식할 만한 줄거리가 있다. 그 생활은 또한 엄준하고 복잡하며 긴장된 것이지만 노래할 만하고 울음 울 만한 장면들이 있다. 작자가 설교하지도 않고 분개하지도 않으며 흥분하지도 않고 시종 평온하고 객관적이며 냉정한 태도를 유지하지만 소설은 예술 형상을 통하여 생활의 현상에 대한 철저한 개변을 부르짖고 있다. 하립위 자신의 초기 작품과 비교해보면「꽃이 아닌 꽃」은 생활 자체의 고유한 복잡성을 반영하고, 순수하고 투명하며 단일하지 않게, 그것의 다원성을 충분히 나타냈기 때문에 보다 거대하고 지속적인, 높은 차원의 미적 감수 효과를 낳을 수 있었다.

하립위는 호남 향토 풍속화 작가군 중에서 뛰어난 작가였고 전국적으로도 뛰어난 작가였다.

4. 하사광·이관정의 검귀 향토소설

독특한 지리 환경과 편벽한 위치, 그리고 다민족의 풍부하고 다채로운 생활과 풍토 인정을 갖고 있는 귀주(貴州)는 향토 풍속화 작가를 탄생시킬 만한 지방인데, 일찍이 30년대에 건선애의 향토소설이 노신 선생의 추천을 받은 바 있다. 신시기에 출현한 하사광·이관정 등 두 작가의 작품은 농후한 검귀(黔貴) 지구의 향토 풍미가 가득하다. 특히 이관정은 향토소설을 자신의 미학 추구로 삼고 진정한 귀주 풍미의 작품들을 써냈다. 심지어 상해의 지식 청년 작가 엽신의 작품도 의식적으로 이러한 귀주 풍미를 추구하고 체현하였다.

I. 하사광의 '이화둔' 세계

하사광은 시골 사람이 아니다. 그는 대도시에서 태어나고 성장한 대학생 지식분자였다. 하지만 운명이 그를 편벽한 귀주 봉강현 야천에서 17년간 살게 함으로써 귀주는 그의 제 2 의 고향이 되었다. 장기적인 생활 축적과 예술 축적에 의해 그는 봉강 야천을 원형으로 삼아 '이화둔'이라는 하나의 예술 세계를 침착한 화필로 그려냈다. 향토 풍속화소설이므로 작자가 자신의 색채감 있는 화필로써 이화둔의 자연 풍경을 그려내는 데 주의하게 되는 것은 당연하다. 소설 「고향 이야기」에서 묘사하고 있는 것처럼 횡단산 아래 여기저기 널려져 있는 작은 이화둔(梨花屯)은 "아지랑이 산속에 쓸쓸히 자리잡은 하나의 좁고 긴 골짜기이다. 흙언덕, 밭두렁, 빽빽한 숲, 그리고 작은 골목, 기와에 쌓인 먼지는 마치 깊은 물 속에 잠겨버린 듯 모두가 옴짝하지 않고 조용한 것이 하나의 옛날의 꿈과도 같다." 이화둔은 조용하고 깊숙했으며 폐쇄되고 세상과 격리되었다. 그는 검귀 산구의 풍속 민심에 대한 묘사에도 주의를 기울였다.

그는 산민들의 원시적인 혼례 풍속(「산림련〔山林戀〕」)에 대해서도 썼다. 그러나 총체적으로 보면 하사광이 향토풍속화를 추구한 작가라고 말하기는 아주 어렵다. 왜냐하면 작자의 착안점과 치중점이 향토 민심을 반영하는 데 있지 않고 다만 이화둔이라는 제재 내지 무대를 통하여 강렬한 시대감이 있는 생활 변동의 정보를 전달하고 하나하나의 현대적 생활극을 연출하려 했을 뿐이기 때문이다. 그가 치중해서 기록한 것은 눈앞에서 발생한 고향 이야기였고 그가 그린 것은 80년대의 고향 사람이었고 그가 토로한 것은 현대의 향수였다. 하사광의 소설은 강렬한 시대 색채가 있었다. 가장 전형적인 것은 그의 대표작 「시골 마당에서」이다. 작자는 이 편벽하고 낙후되었으며 폐쇄된 산구의 마을에서 가장 지위가 낮고 사람들에게 멸시당하며 생활의 압박에 허리도 펴지 못하는 보통 농민 막내숙부가 마침내 허리를 펴고 감히 조 지부 서기 빛 나이랑과 맞서게 되는 장면을 그림으로써 농촌 생산 책임제가 실시된 후 보통 농민들에게 정치상·경제상·정신 심리상으로 발생된 희극적이고 역사적인 변화를 극히 심도 있게, 힘있게 게시하였다. 하사광은 산구의 경치와 향토 민심에 대한 묘사에 전력을 다하지 않았을 뿐만 아니라 농촌 경제 개혁의 전반 국면에 대해서도 아주 적게 표현하였고,

대신 개혁이 인민 생활 속에 일으킨 영향과 사람들의 심리상에 일으킨 변화를 포착하는 데 주의함으로써 이로부터 이 사회 개혁의 심도와 힘을 가장 잘 표현할 수 있는 예술 방법 즉 개혁 속의 생동하는 인물을 그려내는 방법을 찾아냈다. 이러한 노력의 성공이 그의 단편소설로 하여금 사회적 의의의 깊이와 넓이 그리고 심리 분석의 절실함으로 문단을 뒤흔들게 하였는데, 그것은 또 사람들로 하여금 그의 향토 풍속화의 색채를 경시하게끔 하기도 한 것이다.

이 방면에서 「푸른 기와의 이층집」과 「원행(遠行)」은 보다 전형적이다. 전자는 쓸쓸한 소도시의 한 구석에서 발생된 풍운 변화 속에 보다 많은 시대와 현실의 복잡한 내용과 심미 색소를 주입시켰다. 작가는 이 소도시의 한 구석에 위치한 학교의 여교사 섭옥령이 부정 입학에 반대하다가 구타당하고 모욕당하는 사건에 의거하여 학교 안팎, 상하좌우의 형형색색의 인물들을 끌어내고 이로부터 전반 국면을 움직이는 복잡한 생활을 반영하였다. 작가는 역사적·문화적 원인으로 형성된 각종 사회 병태와 마비되고 혼란스러운 시정 습속에 대해 투철한 묘사와 냉엄한 풍자를 수행하였다. 더욱 귀중한 것은 소설이 신시기 지식 분자의 정신 면모를 진실하게 펼쳐주었다는 점이다. 전반 소설은 세태 풍정의 묘사 속에 시대 정신의 광휘를 반영하고 있으며 시대의 맥박이 뛰는 인정 세태의 풍속화가 되고 있다. 「원행」은 여전히 이화둔의 생활을 그린 것이지만, 작가는 웅장한 시각으로 개방·개방의 물결의 충격 아래 변화된 이화둔이라는 작은 세계 속의 사람과 사람 사이의 관계, 역사와 현실의 관계 및 그 정서의 변화를 투시했다. 작품은 상징과 사실(寫實)을 소설 전편에 관통시키며 이화둔의 사람과 현실 관계 및 시대 정서의 전개를 통하여 가까운 데서부터 먼 곳에 이르고 작은 것으로부터 큰 것을 보아내는 방식으로 우리 공화국의 과거와 현재, 미래를 반영하였나. 「원행」은 힘과 두께가 풍부한 우수한 소설이다.

요약하면 하사광의 소설은 시대감과 역사감이 강렬하고 향토 감정과 산야의 미가 짙으며, 언어가 단정하고 전아함과 아울러 색채가 선명하고 아름답다. 변동된 중국 농촌을 위하여 한 폭의 80년대의 사회 풍정도를 그려냈다. 그가 그려낸 이화둔은 작가가 의식적으로 창조한, 나름대로의 향토 풍미를 갖춘 데다 시대 색채로 충만된, 하나의 완정한 예술 세계이다.

Ⅱ. 이관정의 검북 지역 향토소설

이관정(李寬定)은 전형적인 향토 풍속화 작가라고 말할 수 있다. 그의 중·단편소설은 거의 모두가 농후한 향토 맛이 나는 검북의 산촌 생활에서 취재했다. 미묘하고 황홀한 자연 경치, 순박하고 사랑스러운 시골 사람들, 소박하고 순후한 풍속 인정은 작가의 펜 아래 예술 형상으로 화한다. 그의 작품을 읽으면 풍요한 향토 맛을 만끽하게 된다.

첫째로, 그는 검북의 자연 풍광 묘사에 아주 주의하였다. 그의 펜 아래의 향촌·장진(場鎭)·현성은 모두 충분한 검북 풍미가 있다. "4개의 산으로 둘러싸인 채 작은 제방 위에 자리잡은" 산간 소도시; 밤이면 "물밑에 가라앉은 배처럼 조용한 회룡진; "머리 큰 사나이 같은 역가산"에 둘러싸인 채 논과 맞닿은 역가의 사당; 또한 "맑고 깨끗하여 물밑의 모래까지 볼 수 있고 그 모래 위에서 헤엄치는 고기들을 볼 수 있는" 정수하; "양안이 절벽을 끼고 있어 여울이 많고 물살이 급한" 야양하 등등 검북의 산수의 특징과 풍모를 갖고 있지 않는 것이 없다.

둘째로, 검북 특색의 자연 풍광에 대한 묘사에 주의하는 동시에 이관정은 검북의 풍속과 민심에 대한 묘사에도 십분 주의를 기울였다. 「양가부녀(良家婦女)」「규수」「산월아(山月牙)」등 몇 편의 소설에서 작가의 결혼 예식의 여러 가지 풍속에 대한 묘사는 비교적 전형적이고 돋보이는 것이었다. 풍속을 묘사하는 외에도 그는 산속 사람들의 시원스럽고 정직하며 어리숙하고 사랑스러운 인정을 표현하였다. 이러한 것들은 아주 비범하게 묘사되어 사람들에게 잊을 수 없는 인상을 남긴다.

셋째로, 이관정 소설의 향토 특색은 주로 향토 특징과 향토 기질을 소유한 향토 인물의 창조를 통하여 체현된다. 작자는 이러한 향토 인물의 몸에 자신의 향토에 대한 진지한 사랑의 감정을 쏟았다.

「향민」중의 병가(炳哥)는 고생을 겪을 대로 겪은 중년 농민이다. 몇십 년간을 하루같이 그를 낳고 길러준 이 땅에서 노동하였다. 성격이 활달하고 낙천적인 그는 생활의 빈곤에 압도되지 않았다. 하지만 그와 그의 아내는 연속 아홉 번이나 딸아이를 낳게 된다. 평생의 최대 유감이 아들이 없는 것이었다. 열번째에도 딸이라는 것을 알게 되었을 때 "바로 그 순간 그의 근육이나 주름살, 그리고 눈길마저 굳어져버렸다." 작자는 산구 농민의 봉건적이고 낙후한 의식을 게시하는 동시에 대대손손 그 향토에 뿌리박으려는 열정적인 소원을 긍정하였으며 그의 향토에 대한 깊은 사모도 표현하였다. 병가는 그 심리·성격 및 행위 방식에 이르기까지 모두 선명한 향토의 각인이 새겨진 형상이다.

「산요(山妖)」의 산매는 생활의 시달림을 받을 대로 받아온 농촌 부녀이다. 책임제가 실시되자 그녀는 산속으로 들어가려 한다. 하지만 그녀의 딸 장영은 산 아래의 생활을 동경하면서 말한다. "산속에는 몇 알의 양곡을 더 거둘 수 있는 것밖에는 아무 좋은 것이 없어요. 모두 다 죽은 귀신같이 생활하면서 영화 하나 보려 해도 엄청나게 어려운 일이에요!" 작자는 불안정한 묘사와 서술 속에서 시대 변혁의 정보도 아주 미약하게나마 드러내고 있다.

넷째로, 이관정 소설의 가장 두드러진 특색은 여성에 대한 묘사에 뛰어나다는 것이다. 그의 작품에서 가장 성공적인 인물도 흔히 농촌 부녀이다. 그의 7편의 중편소설 가운데서 6편이 여성을 주인공으로 한 것이었는데, 그 인물들은 모두 나름대로 개성이 선명하고 혈육이 풍만하다. 「소가벽옥」의 백소이든, 「양가부녀」의 행선이든, 또 「규수」의 혜만추이든 「산월아」의 산월아이든 모두 진실로 감동적으로 그려진다. 작자는 그들의 성격과 심령을 표현하였을 뿐만 아니라 그들의 성격과 심령 속의 아름다움을 발굴해냈다. 우리나라 노동 부녀의 전통적 미덕을 그들의 몸에 집중적으로 체현시켰다. 이는 태어나고 석 달 만에 아버지를 잃고 어머니를 따라 많은 누나, 누이동생, 아주머니들과 고락을 함께하며 자란 작자 자신의 경력과 관계된다. 주변에 여성들이 많았던 그는 그들을 이해하고 사랑했으며 존경했다. 그는 일찍이 이렇게 말했었다. "우리 중국에서 가장 존경할 만한 사람은 여자이고 또 가장 비참한 사람도 역시 여자이다."

작자의 이상적 인물인 산월아는 전통적 미덕을 한몸에 지닌 노동 부녀의 형상이다. 그녀의 성격 중의 가장 두드러진 특징은 바로 강직과 의리(義理)이다. 부농으로 처분받은 아버지 때문에 그녀는 장기적으로 멸시와 억울을 면치 못했다. 하지만 참고 견디는 그녀는 곳곳에서 강직함을 나타낸다. 만일 어느 누가 그녀를 평등하게 대해주면 그 몇 배 되는 정성으로 보답하며 그녀는 각별히 의리를 지킨다. 「산월아」는 '혈통론'을 비판하는 작품이 아니라 인간의 존엄을 부르짖고 쟁취하는 작품이다.

「규수」의 혜만추는 새로운 부녀 형상이다. 그녀의 성격 중 가장 두드러지는 특징은 독립 정신에 집착하는 것이다. 이는 세속 환경과의 격렬한 충돌과 영혼의 자아 박투를 통하여 체현된다. 혜만추는 혼인·연애 문제에 세속의 용납을 받지 못할 만큼 독특한 견해를 가진 탓에 여러 가지 유언비어를 초래하고 나중에는 버림을 받게 된다. 비록 외부 환경이 부단히 압력을 가하지만 그녀는 시종 자신의 생활 원칙, 말하자면 "사람이란 물 위에 떠 있는 낙엽처럼 파도에 따라 떠밀려가기보다, 돌처럼 부딪쳐 부딪치는 소리를 내며 몇 점의 물보라를 일으키는 편이 훨씬 나을 것이야, 영원히 가라앉을지라도 말이야"라는 원칙에 집착한다. 이것이 바로 혜만추의 집요한 성격이고 독립 정신이며 그녀의 인격 존엄의 체현이다.

마음속의 부녀 인물 형상을 그려냄에 있어서 이관정은 인물의 풍부하고 세밀한 감정을 잘 표현하였고 인물의 심령의 모순 운동을 잘 보여주었다. 「양가부녀」는 상당히 특수한 각도로부터 풍부하고 복잡한 인물의 감정을 표현하였으며 인물의 심령 변화의 역정을 보여주었다. 이 점은 주인공 행선과 나이 어린 남편 소위, 그리고 애인 병가와의 복잡하고 미묘한 관계의 묘사 중에서 각별히 충분하게 표현되었다. 한편으로 그녀와 소위 사이에 어릴 적부터 맺어진 '남매'의 감정을 옅게 물들이면서 다른 한편으로는 또 그녀와 병가 사이의 남녀 연정을 충분히 표현하였다. 바로 이러한 복잡하고 풍부한 감정 속에서 인물의 심령미와 인정미가 충분한 표현을 얻었다.

이관정은 기발하고 곡절 많은 이야기를 꾸미는 것으로 독자들을 이끌어낸 것이 아니라 단지 수수하고 소박한 보통 시골 인민들의 생활을 그려냄으로써 향토 풍속화 영역에서 자신의 공헌을 하였으며 자신의 독특한 풍격을 나타내었다. 하지만 그의 소설은 대부분 과거의 생활을 그린 것이었다. 현실 사회 생활에 적게 접촉하였으며 특히 생활 속의 중대한 모순과 충돌을 비교적 적게 게시하였다. 때문에 비록 사람들에게 일정한 미적 감수를 줄 수는 있었지만 하사광의 작품처럼 비교적 강한 힘과 깊이는 없었다.

근간에 이관정의 창작에는 또 새로운 변화와 심화가 발생했다. 중편 신작 「산작(山雀)」은 문화적·도덕적 각도에서 사회 생활을 투시하고 인물의 내면을 투시하였다. 전통적인 인격 심리로부터 현대적인 인격 심리에로 전변되는 주인공 산작과 철두 등 사람들과의 심리 충돌을 통하여 전통 의식에 대한 현대 의식의 도전을 그려냈고, 낡은 문화 유적으로부터 인간성의 어

려운 소생을 그려냈으며 사람들의 '의식권'에 대한 충격과 심리
적, 관념적인 변화를 그려냈다. 작품에 아직도 일부 결함이 존
재하지만 사상 관념과 예술 표현력, 특히는 시대감 방면에서 모
두「산월아」를 초월하였으며「양가부녀」도 초월하였다.

　목전의 향토 풍속화소설은 이미 보다 많은 작가의 사랑을 받
았을 뿐만 아니라 더욱 많은 작가들이 이미 향토 풍속화의 기초
위에서 문화소설에로 힘써 나아가고 있다. 이를테면 섬서의 가
평요, 산서의 정의·이예, 호남의 한소공, 절강의 이항육 등이
다. 향토 풍속화를 민족 문화의 긴 역사에 융합시켜 문화적 결
정으로서의 인간의 심층 문화 심리 구조와 성격을 그려내는 것
은 보다 높은 차원의 소설 예술인 것이다.

제14장

서구 모더니즘 문예 사조의 수용 (상)
──모더니즘 창작 방법에 대한 중년 작가의 초보적인 차감

1979년, 사상 해방 운동의 심화된 전개와 당의 정치·경제·문화 정책의 개방에 따라 장기적인 폐쇄 상태에 있던 우리나라 문학 창작이 마침내 서구의 일부 현대 문예 사상을 수용하기 시작했다. 예술 사상이 비교적 살아 움직이는 왕몽·종박·심용·장결·이타·고행건 등의 중년 작가들이 일부 서양의 현대적인 문학 관념과 표현 수법을 솔선하여 수용했다. 그들은 중국 현대 소설사상 처음으로 모더니즘의 색채를 가진 참신한 소설 혹은 이론 저작을 써냈다. 이 저작들은 일부 수법과 기교를 피상적으로 소개 혹은 차감했을 뿐이고 그 심층의 본질은 여전히 전통적 현실주의이기는 하지만, 그렇더라도 그것은 중국 현대 소설사에서 미증유의 것이었다. 이 저작들은 전통적인 소설 관념을 동요시켰을 뿐만 아니라 후에 있게 될 진정한 모더니즘 소설(즉 선봉파 청년 작가군의 작품)의 출현에 길을 개척해주었다. 어느 의미에서는 중국 현대 소설에서 다원 미학 원칙이 병립하는 국면의 출현을 조성하고 초래한 최초의 선구자는 바로 현실주의 소설을 줄곧 써왔던 중년 작가들이었다.

1. 왕몽 등의 의식의 흐름 소설

신중국의 모더니즘 소설의 탄생과 발전사에서 왕몽은 필로남
루(筆路藍縷)의 개척 작용을 한 작가이다.

I. 왕몽의 「봄의 소리」 「볼셰비키의 경례」 등
초기 모더니즘 소설

50년대초부터 문학 창작을 시작하여 1979년의 「들풀의 마
음」에 이르기까지 왕몽의 작품은 기본적으로 순전한·현실주의
소설이었다. 1979년, 『현대(當代)』 제 3 기에 발표한 중편소설
「볼셰비키의 경례」부터 시작하여 왕몽은 계속해서 6편의 중·
단편소설(「밤의 눈」 「나비」 「봄의 소리」 「연날리기」 「바다의
꿈」) 등을 쓰면서 의식의 흐름을 포함한 모더니즘 수법에 대해
집중적으로 실험을 진행하였다.

모더니즘의 흔적이 보이는 왕몽의 이 초기의 작품들은 뒤에
출현한 선봉파 청년 작가군의 모더니즘 소설과 크게 다른 점이
있었다. 우선, 왕몽은 방법과 기교의 각도에서만 모더니즘을 이
해하고 접수했을 뿐이었다. 그는 내용이 형식을 선택하고 결정
하며 형식은 내용을 위해 복무한다는 관점을 견지했다. 예를 들
면 의식의 흐름 수법을 채용한 그의 첫 소설 「볼셰비키의 경
례」는 시간과 공간상에 모두 아주 큰 진폭이 있었다. 시간으로
말하면 전후로 30여 년이고 공간으로 말하면 도시·농촌에서부
터 당위 기관, 학교와 가정에 이르기까지를 그렸다. 만일 전통
적 창작 방법으로 시간 순서와 줄거리의 순서에 따라 이야기를
구성한다면 아주 쉽게 장부(帳簿) 식으로 씌어질 것이다. 그리
하여 그는 작품 내용의 필요에 근거하여 시간 순서와 줄거리의
순서에 따라 이야기를 구성하는 전통 현실주의 소설의 방법을
대담하게 돌파하여 시간 순서와 줄거리 순서를 타파하고, 인물

의 내면 활동과 의식의 흐름을 가지고 소설을 구성하면서 주인공의 심리 활동의 역정을 집중적으로 표현하였다. 이는 큰 시공의 진폭과 광활한 사회 배경 및 30년간의 인간의 심리 변화의 역정을 표현해야 한다는 요구에 일정한 정도로 적응하였다. 인간의 의식의 흐름의 궤적에 따라 시간과 공간에 대해 분할과 재조합을 진행하는 이러한 방법은 「볼셰비키의 경례」로 하여금 의식의 흐름 소설의 특징을 뚜렷이 띠게 하였다. 「볼셰비키의 경례」뿐만 아니라 그 밖의 몇 편의 작품들, 이를테면 「밤의 눈」 「연날리기」 「봄의 소리」 「바다의 꿈」 「나비」 「어려운 만남」 「잡색」 등도 의식의 흐름 수법을 뚜렷하게 운용하였다.

왕몽의 이런 의식의 흐름 소설은 그가 전통 현실주의 소설의 '3요소'설을 타파하고, 소설이 꼭 전형 환경을 그려내야 하는 것은 아니고 전형 환경 중의 전형 성격을 위주로 해야 하는 것도 아니고 꼭 완정한 이야기 줄거리가 있어야 하는 것도 아니며, 그것은 다만 작가나 작중 인물의 감수나 정서, 혹은 연상을 쓰기만 해도 된다고 생각하는, 서구의 새로운 소설 관념을 솔선하여 인정하였음을 말해준다.

「봄의 소리」는 연상의 묘사를 위주로 한 비교적 전형적인 의식의 흐름 소설이다. 작품에는 성명과 신분만 알려진 한 인물과, 분할되어서 전문을 다 읽은 후에야 꿰어맞출 수 있는 극히 간단한 스토리(이야기가 아니다)가 있을 뿐이다. 학문을 하는 지식분자 악지봉은 3개월의 해외 여행을 마치고 돌아와 부친의 편지를 받고, 떠난 지 20년이나 되는 고향에 가보기로 결정한다. 구정 휴가에 그는 X시에서 N지방으로 가는 기차에 몸을 싣는다. 이 소설이 쓰고 있는 것은 바로 그가 이 기차에서 보고 들은 것과 그로부터 산생된 일련의 연상들이다.

「바다의 꿈」은 완전히 일종의 정서를 썼다. 소설은 대해를 중심으로 바다를 생각—관찰—유람—감상—작별하는 등의 과정을 통하여 생활의 밑바닥에서 단숨에 정상으로 뛰어오른 주인공의 감정 심리와 의념을 점충적으로 게시하였다. 이 작품은 작가가 몽환적인 선율로 적어낸, 독자의 마음을 격동시키는 교향곡이라고 할 수 있다.

「나비」는 각종 모더니즘 수법을 종합적으로 운용한 작품이다. 여기에는 상징적인 것, 감각적인 것, 자유 연상적인 것, 의식의 흐름적인 것이 있고 중국식의 잡문과 연극식의 것도 있으며 심지어는 순전히 추상적인 개괄도 있다. 결코 의식의 흐름만을 단일하게 채용한 것이 아니다. 한마디로, 이 소설은 복잡한 구조를 사용하여 복잡한 생활을 반영한 것이다. 「나비」는 기본적으로, 왕몽이 제한된 편폭으로 우리의 역사와 현실, 그리고 도시와 농촌을 폭넓게 개방적으로 고찰하려는 목적을 실현한 작품이다.

「어려운 만남」을 창작할 때에 왕몽의 모더니즘 수법에 대한 운용은 또 새로운 발전이 있었다. 단지 의식의 흐름 수법, 혹은 인간의 심리 변화를 집중적으로 묘사하는 수법은 필경 인물을 부각하는 일종의 수법일 뿐이었다. 진정한 예술 전형을 창조하려면 반드시 보다 많은 예술 수법을 동원해야 했다. 아울러 전통적 현실주의 수법을 계승하고 발양하는 것까지 포함하여야 했다. 「어려운 만남」의 창작 및 그 성공은 소설의 사상 내용상의 새로운 개척 외에도 아주 중요한 원인이 있었다. 전통적 현실주의 수법과 모더니즘 수법을 성공적으로 결합하여 종합 운용함으로써 양자로 하여금 합류하여 '일체의 편곡 및 화성의 운용'을 진정으로 실현하게 하였고 심리 변화의 역정의 추종에 주의할 뿐만 아니라 또한 풍부하고 생동하는 세부를 통하여 전형 환경 중의 전형 성격을 부각하는 데에도 주의를 기울였다는 것이다.

왕몽은 모더니즘 작가가 아니었지만 모더니즘의 창작 방법의 사용을 거부하지 않았다. 그는 현실주의를 위주로 하는 예술상의 다원론자였다. 모더니즘 색채가 있는 일련의 소설을 쓴 후

「이리에서」라는 연작소설을 쓸 때에는 다시 순수한 현실주의, 심지어는 기록성을 띤 작법으로까지 되돌아갔다. 왕몽이 '반박 귀진'한 것이라고 말하는 사람도 있지만 그것은 부정확한 견해이다. 왕몽은 소설 예술상에서 시종 탐구자이고 개척자였다. 그는 하나의 표현 형식에 만족하지 않았다. 하지만 그의 전작품 중에서 주도적 지위를 점하고 지배적 작용을 하는 것은 현실주의였다. 의식의 흐름 수법에 대한 그의 모든 실험은 모더니즘의 다양한 예술 및 마술 표현으로부터 나와 이를 현실주의의 큰 조류에 끌어들임으로써 현실주의의 표현력을 크게 증강하고 풍부히 하려는 것에 지나지 않았다.

Ⅱ. 기타 중년 작가의 의식의 흐름 소설

왕몽 이외에도 의식의 흐름 수법을 포함하는 모더니즘의 표현 수법을 의식적으로 채용하는 많은 중년 작가들이 왕몽과 동시에 혹은 좀 늦게 나타났다. 이를테면 이국문의 단편소설 「월식」, 장편소설 『겨울 속의 봄』, 여지견의 「초원의 오솔길」 「잘못 편집된 이야기」, 심용의 「중년이 되어」 등등이다. 이들은 모두 의식의 흐름, 시공의 비약, 장면들의 조합과 연결 등 모더니즘 수법을 대량으로 채용하였다.

이국문의 『겨울 속의 봄』은 장편소설로서는 처음으로 의식의 흐름 수법을 채용한 것이다. 의식의 흐름에 따라 시간과 공간의 순서를 타파하고 재구성을 진행하면서 이로부터 근 40년의 역사를 반성했다. 바로 이러한 예술상의 창조가 이 소설로 하여금 제1기 장편소설 모순문학상을 받게 했다고 나는 믿는다.

영향이 비교적 큰 다른 한 작품은 여지견의 「잘못 편집된 이야기」이다. 이 작품은 마치 보이지 않는 칼로 40년대 해방 전쟁 시기와 1958년 대약진 시기 전후의 몇십 년의 역사로부터 몇 개의 삶의 단면을 끊어낸 듯한데, 우리 당이 간부와 군중의 관계에서 서로 다른 역사 시기에 겪은 현저한 변화를 파악하고 서로서로를 대조하여 강렬한 역사적 대비를 형성하며 그 속에서 심각한 역사 교훈을 끌어내었다. 작품이 채용한 것은 일종의 영화 몽타주 구성의 수법이다.

심용의 「중년이 되어」의 표현 수법은 전통적 현실주의의 기초 위에 의식의 흐름 운용을 삽입시킨 것이다. 작품은 육문정의 위태로운 투병을 중심 사건으로 하고 환각과 회상이 상호 교차되는 '방사성' 심리 구조 방법으로써 전반 작품을 구성하여 극히 훌륭한 예술 효과를 얻었다.

요컨대, 이 중년 작가들이 쓴 모더니즘 작품은 중국 현대 문학에서 최초의 모더니즘 소설들이었다. 이들이 불완전하고 성숙하지 못했다고 말할 수는 있어도 중국 현대 소설의 예술 발전사에 있어서의 이들의 작용과 지위는 낮게 평가할 수 없다.

2. 종박 등의 부조리소설

I. 종박의 초현실주의 부조리소설

종박도 현실주의 작가였다. 50년대의 「붉은 콩」 「가라앉지 않는 호수」 「지음(知音)」으로부터 70년대의 「현 위의 꿈」 「3생석(三生石)」에 이르기까지 모두 현실주의의 궤적에 따라 전진했었다. 그녀의 독특한 인생과 환경·수양으로부터 형성된 독특한 풍격, 즉 소박하고 진실하며 부드럽고 정밀한 풍격은 그녀의 몇십 년간의 창작에 일관되게 나타난다. 다만 초기에는 단순하고 투명했는데 근간에는 침중하고 엄준하게 변했다.

그러나 현실주의는 종박 창작의 한 부분에 지나지 않았다. 다른 한편 그녀도 예술 사상이 비교적 개방적이고 활달한 중년 작가들과 마찬가지로 현실주의 이외의 다방면의 예술 탐색을 진행하여 이미 형성된 예술 풍격을 발전시키고 풍부히하였다.

작가 자신은 일찍이 이렇게 말했다. "나는 78년에 다시금 붓을 잡게 된 이후로 의식적으로 두 가지 수법을 사용하여 창작했다. 하나는 현실주의이고 다른 하나는 잠시 초현실주의라고 이름한 수법이다. 즉 현실의 외피를 꿰뚫고 그 본질을 쓰는 것이다. 비록 부조리하여 선례는 되지 않지만 누구보다도 그럴듯하기를 바랐다." 종박의 이른바 초현실주의 작품은 주로 「나는 누구인가?」「달팽이집」「곰발바닥」「복숭아나무의 비극」「노노(魯魯)」「진흙탕 속의 머리」 등이다.

「나는 누구인가?」는 현실 속의 사람을 파충류로 변화시켰고 「달팽이집」은 자연을 초월한 신비한 귀신의 영역을 인간 세상에 나타나게 했다. 부조리와 패러디의 형식이지만 생활의 본질적인 진실을 반영한다. 순식간에 사람을 소귀신, 뱀귀신으로 변화시킬 수 있었던 그 기형적이고 부조리한 시대에 대해 기억이 남아 있는 사람이라면 비교적 쉽게 이러한, 부조리와 패러디의 소설을 이해할 수 있을 것이다. 예술 변형은 바로 생활 변형의 특수한 반영이다. 예술상의 부조리도 역시 부조리한 생활의 재현인 것이다.

종박은 중국 고전 문학에 대한 심후한 소양과 외국 문학에 대한 연박한 소양에 의거하여 항상 창작 중에서 서방 현대 소설의 일부 표현 방법과 기교를 융통하게 인용하였으며, 아울러 서방의 모더니즘과 중국의 전통 예술을 결합시켰다. 예를 들면 「마음의 제사」에서의 내용의 전개는 주로 주인공의 심리 회상의 사색의 흐름에 의거하여 회상과 현실을 서로 교차시키고 침투시키면서 진행하였다. 분명한 서방 모더니즘의 심리구조소설이지만 종박은 이를 중국의 전통 예술과 결합시키고자 애썼고, 서방의 소설 형식으로써 중국 고전 시가의, 말이 다해도 의미는 무궁한 심층적 의취(意趣)에 도달하고자 노력하였다. 「마음의 제사」의 제사에는 이상은의 시 「금슬(錦瑟)」 중의 한 구절이 있다. "이 정을 추억으로 남겼을 것을/그때는 왜 망연하기만 했나(此情可得成追憶, 只是常時己惘然)." 「마음의 제사」도 「금슬」과 마찬가지로 애정을 그린 작품이다. 많은 서정시적인 이미지 언어를 채용하여 깊은 감정이 요원하고 또 유장하면서도 표연한 시적 정서를 조성함으로써 그 방황하는 정감을 아주 적절히 추구하고 탐색해냈다. 그리하여 이 소설도 시와 마찬가지로 사람으로 하여금 추억에 빠져들고 망연함에 빠지게 하는 여러 가지 정감과 사념을 가지게 되었다.

「복숭아나무의 비극」과 「노노」는 농후한 상징 의미를 갖고 있는 작품이다. 특히 「노노」는 작가가 자신의 티없이 깨끗한 정감을 한 마리의 작은 개 노노의 몸에 기탁한 작품이다. 노노의 감정이 곧 작가의 감정이고 노노의 비애가 곧 작가가 기탁한 인간의 비애이다. 바로 이 기탁의 심각함으로 인하여 이 작품은 늘 볼 수 있는 우언(寓言)체를 뛰어넘는다. 아울러 독자에게 끝없는 사색과 연상의 여지를 남겨줌으로써 작품으로 하여금 강렬한 상징 의미를 띠게 한다. 상징은 서방 모더니즘의 상용 수법의 하나이다.

「진흙탕 속의 머리」는 더욱더 부조리하다. 소설은 한 지식인이 진리의 열쇠를 찾기 위하여 진흙탕에 몸이 빠지는 것을 불사하는 모습을 그린다. 먼저 두 발이 빠지고 또 두 다리와 몸통이 모두 빠져버려 나중에는 머리만 남게 된다. 그러나 그는 여전히 한 사람의 '살아 있는 머리'이며 하나의 '쉼없이 돌아가는 비범한 머리'이다! 굴복하지 않는 머리. 그는 주변의 두터운 진흙을 충격하며 진흙탕의 깊숙한 곳에서부터 위로 이동하고 "진정한 하늘과 깨끗한 물, 공기 모두 들어오라"고 큰 소리로 부르짖는다. 마침내 그는 진흙탕을 헤치고 나와서 "난 하늘을 보았다! 난 또다시 하늘을 보았다!"라고 큰 소리로 외친다. 작품은 이 허구적이고 부조리 줄거리로써 진리를 찾는 진정한 용사의 불행한 운명에 대한 작가의 심심한 비애를 표현하였으며 생명의 마지막 순간까지도 투쟁을 멎지 아니하는 영용하고 완강한 정신에 대해서도 열정적으로 찬양하였다. 형식은 부조리하지만 주제는 도리어 극히 큰 현실 의의가 있다.

Ⅱ. 심용의 부조리소설

심용도 역시 현실주의 작가이다. 하지만 그녀도 현대 예술의 자양을 흡수하는 것을 거부하지 않았다. 「중년이 되어」 등의 작품을 쓸 때에 대량의 현대적 수법을 현실주의에 삼투시켜 심리와 환각을 묘사하고 의식의 흐름을 묘사했다. 「장미빛 만찬」은 전편이 모두 심리 묘사로서, 인물의 '내면 독백'을 통하여 심리 해부와 분석을 진행하였다. 「태자촌의 비밀」은 더 나아가 서방 추리소설의 창작법을 채용하였다. 「10살을 줄이다」「수탉의 희비극」은 전형적인 부조리소설이다.

「10살을 줄이다」는 한 직장에서 갑자기 받게 된 하나의 문건에 대해 쓴 것이다. 10년간의 문화혁명이 각각의 사람을 10년간이나 지체시켰으므로 지금 각각의 사람의 연령을 10살 줄인다는 문건이다. 직장은 삽시간에 들끓는다. 모두가 환호하고 박수를 치면서 기뻐한다. 64세로 벌써 자리에서 물러나야 했을 국장 계문요는 10살을 줄여 54세로 변해버렸다. 그가 물러나지 않게 되자 이미 정해져 있던 후계자 장명명도 계승할 자리가 없어졌다. 비록 지도 직위에 흥미가 없기는 했지만 어쩐지 실망감이 들었다. 이미 40세에 가까웠던 정진해, 월견 부부는 10살 줄이는 것 때문에 이혼을 할 뻔하게 된다. 젊은 임소분은 10살이 줄어든 후 "세계가 갑자기 이름할 수 없이 아름다운 것으로 변했음을 느꼈다." 하지만 일단 진짜로 10살이 줄게 되자 세계는 갑자기 혼란해지기도 한다. 이미 퇴직 휴양한 사람들은 "기회 균등" "사람마다 자기 몫이 있다"고 떠들어대며 18, 9세의 사람들이 항의를 제출한다. 유치원의 아이들은 "열 살을 줄이면 우린 어디로 가야 하나!" 하며 고개를 갸우뚱거린다.

이 소설은 당전 사회의 가장 민감한 연령 문제를 포착하여 가상의 부조리한 줄거리로 모종의 변태적인 사회 심리를 반영하

였다. 부조리 수법을 채용함으로써 작품의 희극적인 풍자 효과
를 크게 증강시켰다.

「수탉의 희비극」도 부조리 의미가 적지 않은 우언체 소설이
다. 작품은 한 마리의 수탉의 내면 독백을 빌려 자신에 대한,
생활에 대한, 현실에 대한 체험, 쓸쓸한 마음, 기대, 불만과 평
가 등을 토로했다. 수탉의 감수가 바로 인간의 감수이며 작품은
오직 수탉의 시선과 입을 빌려 농촌의 근래의 변동을 바라본다.
현신설법(現身說法)으로 큰 가마솥밥의 폐단과 모첨호(冒尖戶)
에 대한 부정확한 태도를 비판한다. 이 작품은 한편으로 현대
물질 문명 중의 모종의 폐단에 대한 수탉의 저항을 표현하고,
다른 한편으로는 그녀의 이왕의 세월, 즉 보다 자연에 접근하고
보다 개성적 색채가 풍부한 생활에 대한 그리움을 표현하였다.
마지막에는 이 사상적인 수탉이 죽은 후에 어떻게 묻히게 되는
가에 대해 괴롭고 슬프면서 자조적인 상상을 펼침으로써 독자
들의 무한한 감개를 자아낸다.

80년대 이래 부조리와 패러디의 수법은 이미 적지 않은 작가
들에 의해 채용되었다. 예를 들면 인간의 전체 심리 활동을 엿
볼 수 있는 「마음에 영서(靈犀)가 있는 사내아이」(조위), 양복
점의 창문에서 「잃어버린 모델」(오약증), 인간의 지시 없이도
자동으로 운전하고 정지하는 「007337」(심용)호 버스, 환락의
얼굴을 매매할 수 있는 「미장원」(임희), 현묘한 목욕학 논쟁
(왕몽의 「겨울날의 화제」), 치정이 꿈틀거리는 시체(간명의 「윤
화·치정」), 강철 같은 마음을 가진 총각(장현량의 「길가의 창
문」), 철면피한 '가면을 쓴 사람'(오약증의 「얼굴 확인 광고」……).
이 유형의 작품은 작가가 자신의 극대한 상상력을 작품에 투입
시킴으로써 유치한 논리나 혹은 반(反)논리적인 방식으로 진실
세계의 재료를 기이하고 교묘하게 재구성하였다. 이는 사람들로
하여금 복잡하고 부조리하며 신기하다는 느낌을 갖게 하였으며
비록 과장되고 변형된 것이고 초현실적 요소가 있지만 그 파악

이 적절하였기 때문에 진실을 잃지 않았다. 이러한 작품들은 허황에 진실을 기탁하고 괴상함 속에 현실을 감추어, 허와 실이 서로 교체되고 진짜와 가짜가 병존하는 가운데 작가의 심령 중의 이성 세계의 각성과 승화를 응집시키고 있다.

제15장

서구 모더니즘 문예 사조의 수용 (하)
──선봉파 청년 작가군

1. 개술

신시기 중국 문학의 변화와 발전은 시종 서방의 모더니즘 문예 사조의 참조와 수용 속에서 진행되었다. 처음에는 왕몽·종박을 대표로 하는 중년 작가들이 새로운 시대에 산생된 현대 중국인의 사회 정서를 표현해야 할 필요성으로부터, 우선 서방 모더니즘 소설 중의 ‘의식의 흐름’ 예술 수법을 채용하였으며, 중국 현대 문학 중에서 최초로 비(非)전통 현실주의 성질을 갖춘 중국의 ‘모더니즘 소설’을 창작하였다. 하지만 이러한 ‘의식의 흐름 소설’의 현대적 특징은 주로 작품의 예술 형식의 비전통성에서 체현되었다. 작품들이 흔히 비이성적 정감 색채와 ‘인간 소외’의 주제 지향을 갖고 있기는 했지만, 소설가의 세계관과 예술관 상에서는 금세기 전후에 시작된 모더니즘 문학의 ‘세계의 부조리’와 ‘존재의 소외’라는 현대 의식의 핵심을 아직 갖고 있지 못했다. 이런 ‘의식의 흐름 소설’은 서방 모더니즘 문예 사조의 수용에 있어서 중심을 아직 구체적인 ‘방법의 차감’에 집중하였다. 때문에 이들을 완전한 모더니스트 혹은 진정한 모더니즘 문학이라고 말할 수 없다. 이런 ‘진정한 모더니스트’는

왕몽 세대보다 더 젊은 청년 작가들에게서 출현하였다. 이들이
바로 80년대 중기에 나타난 '선봉파 청년 작가군'이다.

1985년 유삭랍의 「너에게 다른 선택은 없다」와 서성(徐星)
의 「무주제 변주」 두 소설이 중국 문단에 나타났다. 이 두 작
품은 중국 현대 소설을 대번에 하나의 새로운 단계로 진입하게
하였다. 이 단계에서 중국의 현대 소설은 더 이상 '전통 현실주
의'의 천하가 아니었다. 모더니즘 소설의 궐기 속에서 현실주의
소설은 그 일가가 독존(獨尊)했던 지위를 점점 잃고 있었고, 모
더니즘 소설 조류와의 상호 투쟁 속에서 병존하고 있었다.

19세기말과 20세기초의 모더니즘 문학은 그 총체적인 현대
의식과 현대 예술 정신상에서 이왕의 모든 전통적인 문학과 구
별된다. 이는 우선, 그리고 주로, 모더니즘 문학이 이왕의 전통
문학과는 다른 '현대 주제'를 갖고 있는 데서 나타난다. 전통
문학의 주제는 그 이데올로기적 성질상으로 흔히는 정치화·사
회화·역사화·미학화된 것이었다. 그러나 모더니즘은 사회·정
치 및 역사화의 심미 특징을 띠고 있을 뿐만 아니라 보다 주요
하게는 현대 철학화의 심미 특징을 갖고 있다. 또 이로부터 본
체론적 의의에서의 현대 철학적 주제를 나타냈다. 그것은 바로
두 차례의 대전쟁 이래의, 반(反)이성을 주요 특징으로 하는
현대 철학의 주제이다. 즉, 인간과 사회, 인간과 인간, 인간과
자아, 인간과 자연 등등의 본체 철학 범주에서의 모순성과 소외
라는 주제이다. 유삭랍의 「너에게 다른 선택은 없다」와 서성의
「무주제 변주」 등의 소설은 중국 현대 소설 중에서 제일 먼저
현대화된 소설 형식으로 이 범주의 주제를 표현하였다. 이 소설
들은 더 이상 대상을 선과 악을 대표하는 구체적인 사회 집단으
로 나누지 않았고, 전통적 미학의 표준으로 대상을 미와 추의
대표로 나누거나 혹은 역사적인 가치 척도로써 진보 세력과 낙
후 세력을 구분하지 않았다. 이들은 철학적 본체론에서 출발하
여 대상을 인간과 환경, 주체와 객체로 나누고 현대화된 심미

방식으로 그들 사이의 본체적 철학 관계를 해명하고 표현하였으며, ‘나는 무엇인가’ ‘인간은 무엇인가’ ‘자연과 환경은 무엇인가’ 등에 대한 현대 본체 철학의 대답을 주제로 하여 모더니즘 문학의 특질을 충분히 체현하였다.

신시기 중국의 선봉파 청년 작가군 중의 이 두 ‘선봉’이 서방 모더니즘 문학의 영향을 받은 것이 뚜렷함을 우리는 발견할 수 있다. 이런 영향은 주로 금세기초의 서방의 부조리파·실존주의·표현주의 및 미국의 ‘비트 제너레이션’ 등의 모더니즘 문예 사조로부터 받은 것이었다.

이와 동시에 중국 현대 소설에는 우리 민족의 전통 문화에 집착하는 다른 한 청년 소설가군이 나타났다. 이들이 바로 ‘청년 뿌리 찾기파’이다. 뿌리 찾기파 소설은 전체적으로 하나의 모더니즘 소설 유파라 하기는 어렵다. 오히려 전체적 예술 풍모에서 일종의 문화화된 현실주의 특색을 보다 많이 체현하고 있다. 하지만 그 대표 인물의 대표 작품——한소공의 「아버지」와 왕안억의 「소포장」을 보면, 이 청년 선봉파의 중국 전통 문화에 대한 반성이 현대 의식의 범주로부터 진행되었다는 것을 알 수 있다. 이는 그들이 민족 문화에 대한 고찰과 표현 중에 현대화된 가치 관념과 척도를, 그들 자신의 말대로 한다면 현대인의, 자신의 역사와 문화에 대한 일종의 ‘심부(審父)’식의 고문을 채용했다는 데에서 나타날 뿐만 아니라, 그 표현의 예술 방식에서도 초기의 모더니즘 예술 모델을 채용하였다는 데에서도 나타난다. 예를 들면 왕안억·한소공의 뿌리 찾기파 대표작은 바로 지난 세기말, 금세기초의 상징주의 예술 모델을 운용하였으며 ‘총체 상징’의 방식으로 하나하나의 ‘현대 신화’를 구상하였다. 이것은 현대 중국 소설 중의 상징주의 작품이라고 할 수 있다. 장승지의 초기 작품과 등강의 「사람을 유혹하는 바다」 등의 작품도 예술 모델상에서 위의 경우와 같았다. 이런 소설들은 표현한 구체적 대상이 민족화된, 특히는 지역화된 문화 내용이었기 때문

에 소설의 내용상에서 유삭랍·서성의 '현대 도시 청년소설'보
다 더 풍부하고 침중하다. 당연한 일이지만, 소설의 민족화·전
통화와 지역화로 인하여 소설이 갖고 있는 현대적 특징이 잠재
상태에 처하게 되어 전자, 즉 유삭랍·서성 등의 작가들에게서
처럼 뚜렷이 나타나지는 않는다.

　뿌리 찾기파와 비슷한 '신필기(新筆記)' 소설이 조금 뒤에 출
현하였다. 이 유파는 왕증기, 임근란 등 중년 작가들을 대표로
하였다. 그러나 추종자의 다수는 청년 선봉 작가들(이경서·가평
요·아성 등)이었다. 표현 형식에서 이들은 뿌리 찾기파와 다르
다. 이들의 소설은 예술 방식상에서 의식적으로 중국 전통의
'필기소설'을 계승하였는데 이는 분명히 일종의 종적인 계승이
다. 하지만 이러한 '필기체'가 기록한 것은 더 이상 전통 문인
의 '한정일치(閑情逸致)'가 아니고 대부분 현대인의 세속 인간
에서의 여러 가지 답답한 심리와 난감한 처경이다.

　우리 민족의 전통 문화, 특히 이 농업국의 농경 문화에 대한
반성에서 가장 현대적 색채가 짙고 가장 반역적 의의가 풍부한
작가는 막언이다. 1985년부터 1986년 사이에 번개나 폭풍처럼
나타난 이 청년 선봉파 작가는 상술한 여러 유파 중 어디에도
귀속시킬 수가 없다. 독특한 기치를 들고 나선 그의 초기의 작
품은 '신감각주의'의 특징을 갖고 있다. 마치 베를렌이나 말라
르메 식의 미를 표현하는 데 열중하는 것같이 상징주의의 예술
풍채를 뚜렷이 갖고 있다. 또한 환각과 부조리에 있어서도 신시
기 중국 소설의 독창적인 경지를 이루었다. 가장 빛나는 것은
물론 그의 「붉은 수수밭」 연작이다. 이는 중국의 현대 소설로
하여금 하나의 예술적 기봉(奇峰)을 출현하게 하였다. 이는 하
나의 '중국식의 모더니즘 작품'이다. 우선 이 작품은 비(非)사
회 정치 공리적 가치 태도로 중국 현대의 '사회 생활'에 대해
심미적 표현을 진행하였다. 다음으로 이 소설은 철저한 반(反)
전통적인 태도와 정서로 민족성의 내용을 표현하였으며, 또한

일종의 현대 예술의 심리 관념으로써 비(非)전통적인 심미 대상, 즉 심추(審醜)를 표현하였다. 신시기 소설에 의식적인 '심추'가 있게 된 것은 막언으로부터 시작되었다고 말할 수 있다. 여기에는 보들레르를 창시자로 하여 '블랙 유머'에 이르는 서방 모더니즘에 체현된 반전통적인 현대 예술의 심미 특징이 응결되어 있다. 막언의 이러한 소설 중에는 또 원시주의 식의 인본 정신과 민족화된 신비주의의 분위기도 충만되어 있다. 이런 것들은 금세기 라틴 아메리카의 '폭발 문학' 중의 환상적 현실주의 소설과 아주 비슷하다. 이 점에서 막언의 작품과 나란히 놓을 수 있는 것은 아마도 그의 고향 산동의 장위의 장편소설 『옛날의 배』일 것이다. 이는 신시기 중국 문학의 『백 년 동안의 고독』이다. 이 작품은 민족 전통 문화의 신비감과 현대인의 우매한 신앙을, 중화 민족이라는 봉건 전통을 가진 종족의 사회 배경과 현대 중국 사회 동란을 '환상화'하여 함께 결합시킴으로써 이 오랜 전통을 가진 민족의 과거 역사, 현실 생활과 미래의 운명을 표현하였다. 기세가 웅장하고 규모가 거대한 이 소설은 신시기 중국 장편소설 중의 대표작이다.

여기까지는, 중국 현대 소설 중의 청년 선봉파들의 서방 모더니즘 문예 사조에 대한 수용이 기본상, 금세기 중엽 이전의 여러 유파, 말하자면 '전기 모더니즘'에 착안하였다. 때문에 아주 뚜렷한 이념화의 경향을 갖고 있다. 상징주의·의식의 흐름·표현주의·초현실주의는 물론이고 실존주의·부조리파·비트 제너레이션 등도 예술 형식의 반전통성을 충분히 중시한 외에, 보다 중요하게는 현대인의 반(反)이성과 부조리한 삶이라는 주상적 관념을 표현하였다. 때문에 중국 청년 선봉파의 소설들도 이러한 전체적 경향을 아주 똑같이 체현하고 있다. 우리는 이 작가들을 중국의 '전기 모더니즘'이라고 불러도 될 것이다. 물론, 현대 소설 중에서 '전기 모더니즘' 경향을 집대성한 작가는 조금 후에 나타난 젊은 여류 작가 잔설이다.

잔설의 소설은 모든 점에서 현대 중국 소설 중 모더니즘의 정도가 가장 깊다. 마찬가지로 그녀의 예술 성취도 가장 특수하다. 이 젊은 여류 작가의 소설은 우선 아주 강렬한 비현실성을 가지고 있다. 전체적으로 그것은 하나의 초현실적인 상징의 세계이다. 그러나 그것은 단지 상징주의적이고 초현실주의적일 뿐만 아니라 실존주의화되고 부조리화된 작품이기도 하다. 서성·유삭랍과 마찬가지로 그녀는 현대인의 반역 주제와 휴머니즘과 소외라는 주제를 표현해냈다. 그러나 그녀는 비현실적 대상으로써 고도의 이성적 추상을 진행하였다. 그녀의 의도는 구체화된 사회 현실을 겨냥하지 않았다. 막언과 마찬가지로 그녀의 소설은 '추(醜)'를 충분히 표현하였다. 하지만 그녀는 세속 습관 중의 추악한 구체적 사물을 드러내는 데 국한하지 않고 이 세계의 추의 본질, 말하자면 존재 자체 혹은 세계 자체의 여러 가지 관계 그리고 추악한 현실을 조성하는 초현실적 본질을 표현하였다. 때문에 그녀의 고도로 비현실주의적이고 또 고도로 이념화된 소설은 현대 중국 문단에서 지나치게 앞서나가 대부분의 독자를 포기해버렸다. 그러나 그녀의 소설은 확실히 '전기 모더니즘'의 문학 정신상의, 그리고 형식상의 예술 품질을 최대한 체현하고 있다.

만일, 중국 현대 소설 중에 포스트모더니즘 경향의 작품이 있다면 그것은 우선 마원·자시다와를 대표로 하는 다른 한 갈래의 청년 선봉파의 작품일 것이다. 모더니즘의 전후 구분을 절대화하기는 어렵지만 모더니즘 문학 사조의 발전 과정 중에서 하나의 변화는 아주 명확했다. 바로 금세기 5,60년대부터 시작하여 서방 현대주의 문학에, 보들레르, 엘리엇, 조이스, 포크너 등의 모더니즘 대가들과 다른 예술 경향이 출현했다. 보다 신비화되고 보다 추상화·인격화·형식주의화된 반예술 정신을 갖춘 문예 창작이었다. 소설에서, 비교적 대표성이 있는 프랑스의 '누보 로망,' 미국의 '블랙 유머' 및 라틴 아메리카의 보르헤스

를 대표로 하는 신비소설 등은 프로이트주의와 실존주의 등의
철학 사상을 더 이상 세계관과 예술관으로 하지 않았으며 신비
주의 특히 언어철학·현상철학을 사상 기초로 하여 절대적인 반
예술(반전통 예술)의 형식으로 현실주의와도 다르고 전시기의
모더니즘과도 상이한 여러 가지 주제를 표현하였다. 이를테면
누보 로망 '비인격' 주제, 보르헤스의 '미궁' 주제, '블랙 유머'
의 '자기 풍자' 주제 등등이다. 80년대 중·후기에 나타난 마원
과 찰서달와의 소설은 바로 이러한 후기 모더니즘의 경향을 갖
고 있다. 비록 이들의 작품이 상당 정도 구체적인 지역 문화 형
태(서장)와 전통 종교(불교·라마교) 색채로써 그 신비성과 마
술성을 체현하였지만 이런 작품이 프랑스의 누보 로망파와 라
틴 아메리카의 환상소설의 영향을 받았다는 것은 부인할 수 없
는 일이다. 홍봉의 소설은 프로이트주의의 의미가 있지만 보다
많이는 '블랙 유머'의 '자기 풍자'의 계시를 받았다.

80년대말에 들어서서는 격비·여화·소동 등 보다 젊은 청년
선봉파의 포스트 모더니즘 경향을 띤 '신소설'이 출현하였다.
이 작품들은 마원 등의 소설보다 더욱더 '프랑스 누보 로망'의
'현상 서술' 식의 예술 특징을 충분하게 체현하였다. 중국 현대
소설의 오늘에 이르기까지 그들은 선봉파 청년 작가군의 맨 앞
자리를 차지했다.

2. 유삭랍 등의 '전(前)선봉파' 소설

만일 우리가 중국 현대 소설의 예술 발전이 1985년부터 새로
운 한 페이지를 펼쳤다는 것을 승인한다면 유삭랍·서성 등은
의심할 바 없이 이 한 페이지의 적지 않은 이름 가운데서 맨 앞
에 놓여야 할 것이다. 유삭랍의 「너에게 다른 선택은 없다」와
서성의 「무주제 변주」 등 소설의 출현은 관념과 형식이 상대적

으로 평온하고 조화로운 신시기 문단에 거대한 충격을 주었다. 80년대초부터 널리 전파되기 시작한 서구 모더니즘 사상 의식은 우선 예술 사유의 방식으로 소설 세계에 진입하였다. 왕몽·종박 등 작가들은 관념상에서 전통 문화·전통 문학과 밀접한 혈연 관계가 있었기 때문에 서방 현대 문학 기교의 흡수는 그들로 말하면 주로 전통의 기초 위에서 '개량'을 실시하는 것이었다. 하지만 유삭랍·서성 등은 기본상에서 전통의 반역자였다. 그러나 그들을 또 '전(前)선봉파'라고 명명하는 것은 후계자들에 대해 말하자면 이미 과거로 되었기 때문만이 아니라 보다 중요하게는 그들이 너무 표현을 서두른 탓에 서구 모더니즘 작품에 대해 비교적 선명한 모방 흔적이 있기 때문이다.

I. 유삭랍의 「너에게 다른 선택은 없다」

중앙음악학원 작곡과를 졸업한 유삭랍은 처녀작 「너에게 다른 선택은 없다」(1985년에 전국 우수중편소설상을 받았다)로 신시기 우수 작가의 대열에 뛰어오르면서 그녀의 전업인 작곡에서보다도 더 높은 영예를 얻게 되었다. 소설은 한 음악대학을 배경으로 방탕하고 광기 서린 학생들의 학습과 생활을 묘사하였다. 이 음악대학 학생들은 사람들이 보기에 모두 천부적 재능이 있는 학생들이었다. 오직 그들이 학습에 노력하고 스승의 학설을 잘 받들며 규칙을 잘 지킨다면 전도는 아주 찬란할 것이었다. 하지만 그들은 현실 상태에 불안을 느끼며, 고통과 소동으로 충만하다. 맹야(孟野)·삼삼(森森) 들은 작곡할 줄은 모르면서 교조적 이론에 맞출 줄만 아는 가교수가 규범으로 내세운 음악가의 교훈에 불만을 품는다. 그들은 원시 생명과 개성 생명으로 충만된 세계에서 '어머니의 힘'과 음악 생명의 기원, 그리고 현대 인생의 감각을 찾고 있다. 이명(李鳴)은 전통적으로 유행해온 예술 교육의 격식을 싫어하며 처음에는 퇴학을 시도하다가 나중에는 날마다 이불을 뒤집어쓰고 잠을 자버림으로써 소극적으로 도피한다. 동기생들 중에서 난쟁이라 불린 학생은 외국에 가서 새로운 세계를 찾으려 한다. 전도를 예측하기 어려워도 여전히 "나가서 뭐든지 찾아보겠다"고 생각한다. 대제(戴齊)·동객(董客)·멍청이·시간…… 모두가 나름대로의 방식으로 자신에게 속하는 가치를 찾고 있다. 전통 문화 규범에 대한 도전과 경멸 및 이들 예술 탕아들의 대담하게 새로운 것을 창조하려는 정신이 소설의 가장 의의 있는 부분을 구성하였다. 그들에게는 자신의 사색과 행동으로써 자아 존재의 방식과 가치를 찾으려는 일종의 신념이 흘러 넘친다.

그러나 전통을 기초로 하는 사회 국면과 사상 국면 속에서 그들에게는 "다른 선택은 없는 것" 같다. 세속이 준 방식에 의거하여 작곡하고 생존하는 수밖에 없다. 이는 또 소설에서 두 가지 관념 형태의 모순을 구성한다. 즉 현대와 전통의 모순과 개성 생명 가치에 대한 발양과 말살의 모순이다. 의심할 것 없이 작가는 자신의 음악 사유를 충분히 운용하여 여러 종류의 모순을 주제 선율 형식으로 이 현대 교향악 속으로 끌어들였으며 일련의 불협화음부의 반복을 채용하여 주제의 충돌을 제시하고 전개했다. 최후에는 우렁차고 명랑한 음부로써 하나의 현대적 주제를 돌출시켰다. 삼삼의 곡은 마침내 국제 콩쿠르에서 수상하게 된다. 이명은 그의 이부자리를 떠난다…… 소설은 맑은 아침의 햇빛과 모차르트의 휘황한 교향악 속에서 마무리된다. 이 예술 탕아들은 분명히, 서구 문학에서 여러 번 출현했던 '잉여 인간' '아웃사이더' 혹은 '방황하는 세대' '비트 제너레이션'이 아니다. 이런 의미에서 말하면 「너에게 다른 선택은 없다」는 또 서구 모더니즘의 '블랙 유머'와 부조리파의 관념을 벗어나서 비교적 낙천적인 이상주의 색채를 보다 많이 띠고 있다.

누군가가 지적한 것처럼 「너에게 다른 선택은 없다」는 미국의 현대 작가 조셉 하일러의 『제22조 군규(軍規)』와 부조리파 문학에 대해 비교적 짙은 모방적 관계가 있다. 바로 그 무형의 규처럼 음악학원의 예술 탕아들도 그 무소부재한 '공능단(功能團)'을 벗어날 수 없다. 이전에, 종박 등의 작가들은 부조리한 형식을 채용했지만 부조리한 형식으로 부조리하지 않은 세계를 표현했었다. 하지만 「너에게 다른 선택은 없다」는 부조리한 형식으로 부조리한 세계를 표현한다. 이는 서구 모더니즘에 대한 직접적인 차감이며 또한 신시기 소설 중의 최초의 부조리파 소설이기도 하였다. 그러나 소설이 한 가지 정서, 한 가지 심리로써 구성하고 전통적인 이야기 구조를 타파하여 음악적 유동감으로 충만된 수법을 사용한 것은 모두 유삭랍 자신에게 속하는 것이다.

유삭랍은 「너에게 다른 선택은 없다」의 주제 의식을 계승하여 후에 또 「푸른 하늘과 바다」 「가곡의 왕을 찾아서」 등의 소설을 발표했다. 하지만 후의 두 편의 소설에서는 '탐색' 의식이 더욱 침중해져서 원래의 명랑하고 낙천적인 이상주의 색채가 소실되었다.

Ⅱ. 서성의 「무주제 변주」

"나는 지금 내가 소유하고 있는 일체 이외에 또 응당 무엇을 요구해야 하는가를 분명히하지 못하겠다. 나는 무엇인가? 더욱 한심한 것은 내가 아무것도 기다리지 않는다는 것이다." 서성의 「무주제 변주」는 현대 음악의 그러한 방황의 정서를 표현함에 있어서 유삭랍보다 훨씬 더 멀리 나아간 것 같다. 소설의 주인공인 '나'는 대학을 떠나서 홀로 사회에 진출한다. '나'에게는 자아 가치를 실현하는 것이 그 무엇보다도 더 의의가 있다. 여자 친구인 Q가 거듭 '나'의 귀교를 권고했을 때 '나'와 그녀는 갈라진다. "Q! 난 그저 한 보통 인간이 되고 싶을 뿐이야. 학자가 되고픈 생각은 조금도 없었고, 지금은 더욱더 그래. 어쨌든 나에게는 자신의 삶의 길을 선택하고 자신의 개성을 보존할 수 있는 권리가 있어야 하지 않을까!" 이 세계는, 영원히 시각이 맞지 않는 '현재시(現在時),' 예속적이고 룸펜적인 '위정권(僞政權),' 정직을 가장하는 G …… 등등의 세속에 빠진 인간들로 가득하다. 소설은 우리에게 세상 사람들이 다 취했는데 '나'만 홀로 깨어 있는 그림을 보여준다. '나'가 '잉여 인간'도 아니고 '아웃사이더'도 아니며 '방황하는 세대' '비트 제너레이션'이 아닌 것은 의심의 여지가 없다. 비록 소설이 시작하자마자 "나는 무엇인가?" 등의 언술을 통해 일종의 인생에 대한 곤혹을 표현하지만 전편을 통해 '나'의 언행은 "나는 무엇인가?"를 분명히 알고 있으며 나가 무엇을 기대하고 있는지를 더욱 잘 알고 있다.

소설 전체의 주제·이야기 구조·인물 형상, 심지어는 인물의 언어 모두가 현대 미국의 저명한 작가 샐린저의 『호밀밭의 파수꾼』의 영향을 받았다. '나'의 몸에는 틀림없이 고든 콜페이터의 그림자가 있다. 그들은 똑같이 학교를 떠나 사회에 진출하며, 방황의 시선으로 일체를 가늠한다. 심지어 그 끊임없는 '제 길할'이라는 욕설조차도 이 사실을 증명할 수 있다.

1985년에 역시 '선봉파'라 불리는 다른 한 편의 소설, 즉 진촌의 「7명의 학생」은 같은 수법으로 허망하고 무의미한 정서로 충만된 중학생들을 그려냈는데, 모방의 정도로 보면 「7명의 학생」은 『호밀밭의 파수꾼』의 영향을 더 중하게 받았다. 심지어 소설의 일부 세목까지도 흡사할 정도이다.

비록 맹야·이명 등과 '나'는 모두 콜페이터의 그림자를 지니고 있지만 본질상 여전히 중국 현대 청년에 속한다. 비록 소설의 관념은 '블랙 유머'와 부조리파의 영향을 받았지만 그것이 펼쳐 보여주는 것은 여전히 중국 현대의 삶이다. 만일 우리가 관용적 시선으로 이 전환 시기, 즉 낡은 가치 관념은 무너져가고 새로운 가치 관념은 아직 확립되지 않은 시대 속의 모방 행위를 살펴본다면 우리의 평론은 훨씬 공정해질 것이다.

중국 현대 소설 예술의 발전 각도로부터 보면 '전선봉파' 소설은 적어도 몇 가지 중시될 만하고 긍정될 만한 것이 있다. 중국 현대 소설 중의 전통적 영웅 인물이 사라지고 여기에는 극히 일반적인 젊은이들만 있을 뿐이다. 그들은 더 이상 『청춘의 노래』『청춘 만세』『공개된 연애 편지』『오늘밤에 폭풍설이 있다』 등에서의 강렬한 사회 책임감으로 충만된 열혈 청년이 아니다. 그들은 소란스럽고 불안한 추구로 자신의 독특한 생존 방식을 증명하고 있다. 그들 자신은 80년대 청년의 정서 심리에 많이 속해 있고, 서구 모더니즘 문학의 '아웃사이더'가 아니다. 생활에 대해서는 단절적인 태도를 취하고 전통에 대해서는 전면적이고 '어두운' 반역의 태도를 취한다.

선의적이고, 명랑하고 온순하며, 뼛속은 여전히 '문화'적인 아들딸들인 맹야·삼삼·이명·'나'의 몸에는 전통 세속에 대한 반역 행위가 확실히 더 많이 나타난다. 때문에 소설이 우리에게 남겨주는 것은 '기다림'이 아니고 '찾기'라는 주제이다.

「너에게 다른 선택은 없다」「무주제 변주」 등 작품이 시작에서부터 전통적 사실 수법을 떠나 부조리하고 변형된 현대 수법으로 현대 정서를 전달한 것은 소설 문체에 거대한 변혁을 일으켰다. 부조리 의미가 충만된 소설 세계와 정서 심리를 서술 수법으로 운용한 것은 이야기를 지주로 하거나 인물 성격을 맥락으로 하는 전통 소설의 원칙을 타파하였다. 모더니즘 소설의 인물은 미래도 없고 과거도 없으며 오직 현재밖에 없다. 인물 묘사에서는 구상화(具象化)와 개성화의 특징을 중시하지 않고 필묵을 그들의 보편화의 징후에 많이 두고 추상화 혹은 기호화의 수법을 사용하여 그들의 우울과 고통, 방황과 고독을 표현하였으며, 마침내는 새로운 창조를 추구하는 현대 정서를 마음껏 확대하고 과장하였다.

관념의 변혁 시기에 처한 문학에는 모방 현상이 나타나게 마련이다. 성공적인 것을 예로 들면 단테의 『신곡』, 세르반테스의 『동 키호테』, 노신의 「광인 일기」 등이 있다. 하나의 새로운 관념이 점차 산생될 때, 기성의 문체 형식을 채용하여 표현하는 것은 가장 좋은 방법이다. 하지만 성공적인 모방은 창조적 계승이기도 하다. 그렇지 않았다면 『신곡』 『동 키호테』 「광인 일기」 등은 거대한 문학의 세계 속에 일찌감치 침몰하고 말았을 것이다. 창조적 계승은 관념 형태상에서 표현되는 한편 문체 형식상에서도 표현된다. 유삭랍·서성은 이 점에서 너무 서두른 탓에 미처 하일러, 샐린저의 관념을 소화하여 자신의 것으로 전화시키지 못했다. 그리하여 후배들에게 '의사-모더니즘'이라는 비판의 여지를 남겨주게 되었다. 어쨌든간에 그들의 창작은 이후의 선봉파 작가들에게 충분한 자료를 바탕으로 한 차감의 기회를 가져다주었다. 아울러 관념으로부터 형식에 이르기까지 신시기 소설의 서구 현대 문학에 대한 전체적 차감의 길을 열어주었다.

3. 한소공 등의 '뿌리 찾기' 소설

소설 창작에 문화 의식이 침투되는 현실은 80년대초 일부 작가의 작품에 이미 분명히, 혹은 은밀히 존재했었다. 예를 들면 왕증기가 소북(蘇北) 문화를 대상으로 창작한 「수계(受戒)」 「대뇨기사(大淖記事)」, 가평요의 '상주 문화(商州文化)'에 대한 발굴, 정의의 진(晉) 문화에 대한 묘사, 이항육의 월(越) 문화에 대한 반성…… 그러나 의식이 있고 이론 주장이 있는 집단적 사조는 1985년에 출현하였다. 이 해에 '뿌리 찾기' 소설의 주요 작가들은 한편으로 평론을 써서 '뿌리 찾기' 기치를 발양하였다. 예를 들면 한소공의 「문학의 뿌리」, 아성의 「문화는 인류를 제약한다」, 이항육의 「우리들의 '뿌리'를 찾자」 「문화의 난점」, 정만융의 「나의 뿌리」 등등이다. 다른 한편으로는 창작의 실제 업적으로 문학 주장을 실천하였으며 일시에 거대한 조류를 이루어 신시기의 문단을 맹렬하게 충격하였다. 1985년 이후의 2, 3년간은 문화를 모르고서는 현대 소설을 논의할 수 없는 분위기가 형성되었다.

'뿌리 찾기' 소설 사조의 출현을 추동한 요소는 대체로 아래의 몇 가지였다. 신시기에 국가의 문이 다시금 열리게 되자 중·서문화는 대충돌과 대융합을 이루었고 사상 예술계에도 다시금 문화 대토론의 열기가 일어났다. 이것이 '뿌리 찾기'의 시대 배경이었다. 문학 자체의 발전으로 보면 이는 문학의 자아 찾기 사조였다. 하나는 민족 문화와 민족 문학의 독특한 품격을 찾는 것이다. 작가들은 5·4 신문화 운동 이후에 중국 문학이 민족 문화 모체와의 혈연 관계를 상실한바 반드시 그 '뿌리'를 이어 나가야 한다고 생각하였다. 이러한 의식은 간접적으로는 라틴 아메리카의 현대 문학의 영향에서 온 것이기도 하다. 마르케스, 보르헤스 등이 세계적인 명망을 얻은 사실은 중국의 현대 작가들에게 소설은 반드시 민족 문화의 토양 위에 건축되어야만 세계 문학의 숲속으로 진입할 수 있다는 것을 인식하도록 계시해 주었다. 둘째는 작가의 개성 자아를 찾는 것이고 새로운 예술 형식을 찾는 것이다. 우리는 여기에서, 작가들이 '뿌리 찾기' 중에서 결코 낡은 문화 속에 가라앉아 자아를 매몰시키지 않았음을 발견한다. 그들은 각자 나름대로의 독특한 예술 시각으로 예술 문화 세계를 발견하고 재구성하였다. 이는 본질상, 고정된 사회 정치 모델로 세계를 파악하는 데 대한 불만이고 반동이었으며 사실(寫實)을 정종(正宗)으로 하는 전통 소설에 대한 배반이었다. 바로 이 점에서 '뿌리 찾기파'와 동시에 흥기한 '모더니즘' 소설은 가는 길이 서로 달랐으나 그 귀속은 같은 것이었다.

때문에 '뿌리 찾기'는 아주 큰 정도에서 일종의 예술 사유 방식이었고 작가가 자아를 찾는 일종의 수단이었다. 물론 '뿌리 찾기'로 분류되는 작가들의 문화 태도와 예술 태도는 서로 일치하지 않았다. 어떤 작가는 민족 문화에 대해 찬성했고 어떤 작

가는 비판했으며, 혹은 민족 문화 중의 어느 층위에 대해 찬성
하거나 비판했다. 서술 모델과 언어상에서 어떤 작가는 전통으
로 돌아갔고 어떤 작가는 보다 많이, 모더니즘 수법으로 문화에
대한 태도를 표현하였다. 이것은 내포와 외연이 상당히 모호한
소설 사조였다. 후에 사람들이 그 특징을 확인하고자 했을 때,
작가의 펜에 침윤된 문화 의식에 의거하는 수밖에 없었다. '뿌
리 찾기' 소설가들의 문화 의식 및 서술 방식은 나름대로 달랐
다. 예를 들면 아성의 노장·도가 문화에 대한 집착, 장위, 교건
의 유가 문화에 대한 발굴 등이다. 하지만 많은 작가들은 자기
주변의 지역 민속 문화의 표현에 대해 큰 관심을 보였다. 예를
들면 왕증기의 소북 곡우의 문화 풍속, 가평요의 상주 지방의
풍속, 정의의 진(晉)·서북 문화, 이항육의 월(越) 문화 및 민
간 예술, 장승지의 중앙아시아 초원 문화, 우러얼투의 악온극
(鄂溫克)의 수렵 문화, 자시다와의 장족 종교 문화 등등이다.

I. 한소공의 「아, 아, 아빠」

　한소공의 초기 대표작으로는 「월란(月蘭)」「날라리를 불다」
등이 있다. 기본상, 사실 수법을 채용하여 중국의 현대 농촌 생
활을 묘사한 작품이었다. 1985년 이후에 스타일이 돌변하여
「아, 아, 아빠」「여자, 여자, 여자」「귀거래(歸去來)」「화택
(火宅)」 등을 발표했다. 특히 「아, 아, 아빠」의 발표는 그의
'뿌리 찾기' 작가 중에서의 지위를 정해주었으며 동시에 전반
신시기 문학 창작 중에서의 위치도 확립해주었다.
　「아, 아, 아빠」는 오(烏)라 불리는 한 부락의 계두채(鷄斗寨)
의 역사적 변천을 그렸다. 여기는 현대 문명과 절대적으로 단절
된 '미개발 지역'이다. 산채의 촌민들은 극도로 자기 폐쇄적인
환경 속에서 구차하게 살아가면서 일종의 원시적이고 병태적인
사유에 얽매여 외계의 문명을 배척하고 그리하여 조상의 규례
를 우매하게 수호한다. 작자는 이 산채에 대한 상징적 묘사를

통하여 전통적인 기형적이고 병적인 사유 방식과 문화 의식에 대해 격렬한 반성과 비판을 진행하였다. 이러한 반성과 비판은 주로 병재(丙崽)라는 형상의 창조를 통하여 이루어졌다. 이 산채에는 병재라고 하는 난쟁이가 있다. 그는 태어나서부터 두 마디 '아, 아, 아빠'와 '어, 엄마'라는 말을 반복할 줄밖에 몰랐다. 이 기형아는 외계에 대한 모든 인식과 판단을 이 두 마디 말로써 표현한다. 이리하여 병재에게는 사람들이 간단하게 두 개의 유형, 즉 선과 악으로 나누어진다. 병태적이고 기형인 병재는 정상인의 사유 방식을 떠난 사람이다. 그리하여 소설은 강렬한 아이러니의 색채를 나타냈다. 계두채에는 시비가 전도되고 흑백을 가리지 못하는 일들이 많다. 병재를 비롯한 촌민들의 몸에는 우매하고 병태적인 정신 의식과 사유 방식이 가득하다. 그들은 현대 문명을 받아들일 수 없으며 협애하고 비천할 수밖에 없다.

상징 의의를 갖고 있는 병재는 우리에게 민족 문화의 근본적인 저열성을 분명히 암시해주었다. 그리고 계두채에서 발생된 이야기도 현실적 의의가 있는 현대의 신화임에 틀림이 없다. 소설은 기본상, 작자가 이전에 익숙히 운용했던 사실 수법을 버리고 상징 은유의 수법으로 서술했다. 이후에 쓴 「여자, 여자, 여자」「화택(火宅)」 등은 모두 「아, 아, 아빠」를 넘어서지 못했다. 사상 심도나 예술 공력을 막론하고 모두 상당한 차이가 있었다.

비록 어떤 사람이 한소공을 초소(楚騷) 문화의 후계자로 귀속시켰지만, 사실 그는 초소 문화 중의 자유분방하고 기발한 낭만 색채를 뚜렷이 갖고 있다. 이 점은 심종문과 비교해보면 명백해질 것이다. 한소공의 소설에는 환상도 없지 않지만, 그러나 그것은 현대인의 강렬한 이성 의식에 기초한 것이었다. 예를 들면 병재, 운처녀(云姑), 또는 계두채 등은 모두 작자의 짙은 이성 의식으로 충만되었다. 그는 주로 문화 이성을 사용하여 세계를 파악하였고 예술 오성은 상대적으로 좀 적게 사용하였다.

Ⅱ. 아성의 「기왕(棋王)」

훌륭한 가정 교양과 풍부한 사회 경력 및 노장도가(老莊道家)의 문화, 민속 문화, 회화(繪畵) 예술 등에 광범한 애호가 있는 종아성(鍾阿城)은 소설 창작 영역에 진입하자 곧 빼어난 자태를 나타냈다. 「기왕」(1986～1988년 전국 우수중편소설상 수여)「나무왕」「어린이왕」및 필기체 연작소설「풍류」를 잇달아 발표하였다. 이 중에서「기왕」이 가장 영향이 컸다.

「기왕」은 문화혁명 시대에 살면서 장기의 도를 닦기 위해 일체를 버리는 왕일생의 이야기를 썼다. 중국 장기에는 중국 도가 문화와 인생의 초연한 태도가 응결되어 있는바, 이것이 주인공 왕일생으로 하여금 어지럽고 광포한 세월 속에서 노장의 초연한 풍모와 규범을 찾게 하였다. 작가에게 중국 도가 문화에 대한 동경의 정이 쌓여 있음은 의심의 여지가 없다. 이런 연고로 어떤 사람은 아성의 소설이 "그 내재적 정신 형태와 가치는 이야기 자체에 대한 초월에 거의 도달했으며" "'사물로 인해 기뻐하지 않고 자신으로 인해 슬퍼하지 않는' 심미 경지에 도달했고, 스스로 즐거움을 획득하며 인간의 곤경 속에서의 자아 완정성을 보존하였다"고 인정했다. 아성 소설의 문화 철학 의식은 비교적 복잡하다. 한편으로는 '음양지도(陰陽之道)'와 '천인합일(天人合一)'의 의식으로 복귀하고자 하며 다른 한편으로는 노장의 고답적인 출세 의식에 대한 선망을 무의식중에 노출한다. 이리하여 사람들에게 '약자의 철학'이라고 비난을 받기도 했다.

그러나 아성의 의의는 그가 어떠한 문화 철학을 선양했는가에 있는 것이 아니라 신시기의 소설에 일종의 새로운 서사 언어를 제공해준 데 있다. 중국 예술의 진정한 이치를 자못 얻은 아성이「기왕」에서 서두와 결말이 있고 발전과 고조가 있는 이야기를 썼지만, 전체 소설은 도리어 작자의 공령표일한 서사 풍격으로 충만되어 있으며 극히 사실적인 언어 속에서 그 허공적인 은유적 이야기를 분명히 서술했다. 마치 『장자』의, 물처럼 평담하면서도 오히려 깊은 철리를 품은 이야기처럼, 아성의 소설 언어가 비교적 높은 예술 오성을 갖고 있음은 의심할 바가 아니다.

중국 문화에 대한 한소공과 아성의 선택 취향과 가치 판단은 일치한다. 노장과 민족·민간 문화에 대한 찬성에서 한소공은 "아름다운 초문화(楚文化)는 어디로 흘러갔을까?" "언제 어디에서 중단되고 고갈되었는가?"라고 늘 생각했다. 아성의 『역경(易經)』 문화에 대한 숭배는 5·4 이래의 중국 전통 문화에 대한 새로운 인식을 조정하였다. 이와 유사한 의식이 이항육·가평요 등의 작품에도 표현되었다. 이를테면 이항육의 「갈천강」 연작에서 민간 문화 중의 낭만주의 정신에 대한 숭배 및 노장 철학 중의 '천인합일(天人合一)'의 우주관에 대한 찬성; 가평요의 상주 지방의 풍속 인정에 대한 미련과 사랑, 그리고 산야 문화에 대한 현대 도시의 보충과 노장의 사유 방식에 의한 '부박하고 조포한' 민족 심리의 조정의 시도; 그 밖의 많은 작가, 이를테면 정만융·정의·왕안억·우러얼투·장승지·자시다와…… 등은 모두 '뿌리 찾기' 과정에서 본 민족의 민간 문화에 대한 찬성을 이루었다. 하지만 그들의 서사 방식은 저마다 달랐다. 한소공·왕안억·장위는 전통 현실주의와 서방 모더니즘 소설의 기교를 비교적 많이 종합, 채용하였다. 예를 들면 한소공·왕안억(「작은 포장」), 장위의 작품이 그러했다. 한편, 아성·가평요 등은 중국의 전통적 서사 수법을 보다 많이 계승했다. 그들은 중국 필기소설과 중국 고대 예술의 의경에 대한 추구에서 상당히 높은 성취를 얻었다. 한편 정의의 「먼 곳의 산촌」과 「옛 우물」은 기본상에서, 사실(寫實)에 속하는 작품이었다.

'뿌리 찾기' 소설 사조는 1987년 이후에 점차 퇴조하였다. 그 원인은 다양했다. 이 유파의 소설이 나타낸 문화 의식과 시대적 수용 사이의 편차, '뿌리 찾기' 조류 중에 뒤섞인 혼잡한 현상…… 이러한 것들이 '뿌리 찾기' 소실의 퇴조에 저마다 나름대로 영향을 주었다. 그러나 관건적인 것은 그 '뿌리 찾기'의 결과가 문화의 출로를 찾아주지 못했고 소설의 출로도 찾아주지 못한 것이다. 전자는 소설에 침중한 이성의 올가미를 씌워줌으로써 대다수의 '뿌리 찾기' 작품의 이성이 감성보다 강해졌다. 후자는 작가들이 일종의 문화 의식을 얻으려는 데 급급했기 때문에, 무의식중에 소설 자체의 의미를 망각하여 신작이 있다 해도 중복에 속했다(예를 들면 아성의 「기왕」으로부터 「풍류」에 이르기까지).

하지만 신시기의 소설 발전에 '뿌리 찾기' 소설은 필경 새로운 생기를 가져다주었으며 많은 창조적인 것을 제공해주었다. 현대 소설가들로 하여금 단일한 사회 정치에 대한 관심에서 벗어나 보다 웅대한 문화 심리의 배경 속으로 뛰어들게끔 하였다. 뒤이어 출현한 소설들이 그 영향을 받지 않은 것이란 거의 없었다. 그 강렬한 문화 의식, 새로운 예술 사유 방식은 이미 1985년 이후의 소설 발전 속에 침투되었다.

4. 막언의 소설

신시기 중국 소설 중에서 가장 광범한 독자를 얻은 작품은 막언의 「붉은 수수밭」이었다. 하지만 그것이 대중화된 통속 작품은 절대 아니었다. 현대 소설 예술의 발전사에서 「붉은 수수밭」은 창조 정신이 가장 풍부한 선봉작이었다. 마찬가지로, 막언의 중국 현대 문학에 대한 가치도 일반적인 청년 선봉 작품의 실험적 의의와 좀 달랐다. 그는 청년 선봉파의 소설가였다. 동시에 그는 중국의 문학 대중을 획득하였다. 그는 모더니즘 경향을 갖춘 현대 작가였다. 하지만 그는 아주 풍부한 민족적 전통의 내용과 함의도 갖고 있었다. 재능 있는 작가라는 영예를 한 몸에 지닌 그였지만 일정한 정도에서 또 신시기 중국 문학의 총체적 성취를 대표하였다. 막언과 그의 소설은 전체적으로 하나의 모순화된 유기적 복합체였다.

막언은 중국 정통 문화인 규범 유교의 발상지 산동에서 출생하였다. 이곳은 황권 통치가 엄밀하고 혈연형 가족상의 전통 봉건 윤리 관계가 대대로 전해내려오면서 봉건 유교의 장기적인 영향이 민중에 심입되어 있었으며 중국의 농경화된 봉건 사회가 상당히 전형적인 지역이었다. 그러나 다른 한편으로 내륙화된 농경 지구로서는 토지가 메마르고 경영이 낙후하며 민중 생활이 빈궁했다. 게다가 자고로 계속되어온 제후축록(諸侯逐鹿), 계속되는 전쟁은 이 지역을 민심이 사납고 도둑이 판치는 지역으로 만들었다. 이 모든 것들은 일종의 독특한 문화 형태를 구성하였다. 즉 "예교 규범의 엄밀한 속박과 야성적인 생명 본능의 충돌과 항쟁"이었다. 막언의 서술대로 하면 이는 하나의 "가장 아름답고 가장 추악하며, 가장 초탈하고 가장 세속적이며, 가장 성결하고 가장 더러우며, 가장 영웅 호걸이면서도 가장 망나니이며, 가장 술을 잘 마실 수 있고 가장 사랑할 수 있는" 지방이었다. 막언의 거의 모든 소설은 바로 이처럼 신비와 모순으로 충만된 '고향' 및 고향의 부모·형제·친척 들에 대해 진행된 현대화된 예술 성찰이었다.

막언의 지금까지의 작품은 대체로 세 단계와 그에 상응하는 세 가지 형태로 나눌 수 있다. 전기는 중편소설 「투명한 당근」을 대표로 하고 「솜 파는 거리」 「축로(築路)」 「메마른 강」 「큰 바람(大風)」 「흰 개의 그네들」 「동그란 번개」 「금발의 아기」 「폭발」 등이 있었다. 이런 소설들이 대면한 것은 고향의 현실 생활이었지만 작자는 이 현실 세계를 감각화시켰다. 「솜 파는 거리」 「축로」 등이 전체적으로 현실적이면서 부분적으로 환각화된 이외에, 그 대표 작품 「투명한 당근」 「동그란 번개」 등의 작품은 전체적으로 감각화·환각화된 것이었다. 때문에 역시 서술자가 세계를 주체화시킨 것이다. 이는 성질상에서 전통적 현실주의의 소설 세계와 구별되었다. 예술 대상으로 하여금 최대한으로 세계의 현실성과 객관성을 나타내게 하는 것이 현실주의 소설의 예술 종지이다. "생활의 본래 모양대로 생활을 반영"하든지 아니면 "현실 생활을 본질화"하든지 모두 주체에서 객관에로 접근하는 것이다. 그러나 감각주의의 소설은 객체를 주체로 환각화시키는데 이러한 환각화는 자연히 변형을 의미한다. 예를 들면 막언의 「금발 아기」「동그란 번개」와 「투명한 당근」 등의 작품 중의 이야기와 인물의 심리는 모두 비정상적이다. 당연히, 구체적 소설 중에서 변형의 정도와 형태는 구체적 서술자와 서술 시각에 의해 결정된다. 이 방면에서 가장 두드러진 작품은 바로 「투명한 당근」이다.

　「투명한 당근」은 막언의 전기 소설의 대표작이다. 소설은 기본적으로 한 독특한 극중 서술자인 검은 아이의 감각 체계를 관점으로 서술하였다. 검은 아이는 계모의 학대를 받은 시골 남자 아이이다. 그는 그 비정상적 시대에(현실에서는 문화 대혁명 시기이다) 일종의 거의 신경질적인 변태 심리를 형성하였다. 작품은 그의 공사장에서의 경력을 그렸다. 젊은 석공과 철공은 동시에 국자(菊子) 처녀를 사랑한다. 국자 처녀는 석공을 사랑했지만, 검은 아이에 대해서도 어머니처럼 정을 쏟았다. 원래 이 이야기는 아주 평상적인 것이다. 그러나 작자는 이 검은 아이의 감각 체계로부터 서술하였기 때문에 이 모든 것을 유년 감각화 하였다. 이 유년의 감각은 환상적일 뿐만 아니라 변태적이다. 석공과 철공이 애정을 위해 결투하고 있을 때 그는 달려들어 그를 데리고 욕하던 철공이 아니라 자신을 보호해준 석공을 깨문다. 왜냐하면 그가 석공과 국자 처녀의 야합(野合)을 보았기 때문이다. 가장 환상적인 것은 소설 중의 주제 참조물인 '투명한 당근'이다. 어린 아이의 감각 체계에서 이 참조물은 소설 이야기의 기복 발전에 따라 무궁하게 변화, 오색이 교차하면서 완전히 비현실적인 정신 상징물로 변한다. 이 소설은 잠재 의식상으로는 외디푸스 콤플렉스와 유사한 문화인류학의 가르침이 있고, 예술 표현상으로는 상징주의와 초현실주의의 경향이 있다.

두번째 시기는 막언 소설의 성숙기였으며 가장 성취가 많은 창작 단계였다. 이 시기의 대표작은 물론 「붉은 수수밭」 연작이다. 「붉은 수수밭」 「고량주」 「구도(狗道)」 「고량빈」 「구피(狗皮)」(「이상한 죽음」) 등인데, 이것들은 나중에 한 부의 장편 『붉은 수수밭 가족』으로 모여졌다. 그 밖에 또 「단수(斷手)」 「환락」 및 장편 『천당의 노래』 등이 있다. 이 시기에 막언 소설의 전체적인 예술 경향은 그의 반(反)전통 정신을 충분하게 체현하였다.

우선, 『붉은 수수밭 가족』은 현대 의식을 갖추었지만 동시에 심각한 민족적 특징도 갖고 있는 모더니즘 소설이다. 이 작품은 민족의 반침략 전쟁 시기에 중원의 한 토비 가족의 역사 이야기를 서술한 것이다. 제로(齊魯) 지역에 위치한 산동 '고밀 동북향'은 소설에서 현실적이면서도 또 상징화된 이야기 무대이다. 작품의 주인공은 서술자의 '할아버지'와 '할머니'이다. 그들은 한(漢)민족 정신의 특징을 갖고 있는데다 현대 사회의 이성과 어긋나는 참신한 예술 형상이다. '할아버지' 여점오는 원래 가마꾼이었는데 야만적으로, 그러나 또 생명 본능과 부합된 방식으로 할머니의 본 남편인 한 문둥병자를 죽인다. 대신에 자기가 이 절세 미인의 '남편'이 된다. 후에 할아버지의 사나이다운 본질은 그를 고밀 동북향 일대의 토비 사령이 되게 한다. 토비 부대간에 서로 싸웠을 뿐만 아니라 일본 침략자들과도 전설적인 전투를 전개하였다. 세상에 둘도 없는 '할머니'를 깊이 사랑하면서도 또 할머니의 계집종과 눈이 맞아 만나곤 한다. 야심이 많고 살인에 익숙한 그는 또 어린 생명을 대단히 아낀다. 그는 온갖 악행을 저지르면서도 강호의 의리를 특히 중시한다……그는 현대화된 '녹림 영웅'이다. 그가 충분한 비도의 분위기를 갖고 있는 동시에 숭고한 민족 의기와 절개를 갖고 있으며, 전통적 농민 영웅이 소유한 그러한 '호한(好漢)' 정신을 가진 동시에 모종의 비전통적인 인격 품질을 갖고 있기 때문에(물론, 후자는 이 형상에 대한 서술자의 비세속적인 찬성 속에서 체현된다), '할아버지'라는 이 형상은 현대 의식을 갖고 있는 한 예술가의 '심미 이상'이며, 결코 나관중의 붓끝에서의 그러한 녹림배가 아니고 막언의 마음속의 녹림 영웅이다.

만일 '할아버지'를 전통과 현대가 일체(一體)로 된 하나의 소설 인물의 심미 이상이라 말한다면 '할머니'는 동방과 서방이 일체가 된 '중서합벽(中西合璧)' 식의 심미 이상일 것이다. 우선 할머니에게는 중국 전통 부녀의 미덕이 있다. 근로하고 능력이 있으며 순박하고 아름다웠다. 부친에 의해 당나귀 한 마리 값으로 문둥병자에게 억지 시집을 가게 될 때 비록 반항하면서 가슴에 가위를 품기도 하지만 그래도 붉은 머리수건을 쓰고 꽃가마에 실려 시집으로 가게 된다. 남편이 죽은 후, 술집을 경영할 때에 그녀의 근로와 능력은 충분히 체현된다. 할아버지에 대한 감정에서, 비록 여점오가 그녀의 '합법적인 남편'은 아니었지만 이 아들의 '양부'에 대해서는 완전히 현모양처가 된다. 특히 그녀의 죽음은 중국 여인의 천성적인 희생 정신을 생각나게 한다. 작자는 혈연 관계가 있는 서술자('손자')를 선택하여 '할머니'의 이야기를 서술하게 하였다. 이 자체가 이 여성 형상으로 하여금 동방 부녀의 전통화된 심미 경향을 독자에게 남겨주게 했다. 하지만 절대로 전통적인 '동방 여성' 식의 심미 이상은 아니다. 왜냐하면 '할머니'에게서 보다 두드러지게 나타나는 성격은 후자이기 때문이다. 말하자면 서방화된 여성의 미이다. 젊었을 때의 할머니는 아주 풍류를 즐긴 아름다운 여자였다. 또한 그녀의 아름다움은 전통 중국 여자의 함축된 내재적 미가 아니라 외부로 드러나는 성감화된 미였다. 그것은 보다 많은 사회성을 포함하지 않은 여성 생명의 본원적 미이다. 동시에 할머니의 성격에는 일종의 반역적인, 대담한 개성 특징이 있다. 꽃가마를 막아선 '강도' 앞에서 그녀는 태연자약하며, 무서워 땅에 엎드린 가마꾼들을 경멸한다! 바로 그녀의 이와 같은 행동과 눈빛이 가마꾼 여점오를 진정한 사나이가 되게 한다. 세속의 낡은 규례를 무시하고 대담하게 성애(性愛)를 추구하는 그녀의 탁월성은 또 남성들 자신의 존엄과 민족의 자존을 격발시킨다. 이 점에서 보면 그녀는 '성 해방의 선구'와 '민족 영웅'이 일체로 된 서방 여성의 정화를 집중한 빛나는 형상이다. 이 형상과 전통 여성 형상의 서로 다른 점은 바로 그녀의 동방성과 서방성, 영웅성과 세속성의 모순·통일에 있다. 이러한 통일은 바로 작자의 '현대 의식'으로부터 선결된 것이다.

그 다음으로, 『붉은 수수밭 가족』은 신시기 중국 소설의 새로운 서사 모델을 창조해낸 선봉작이다. 이 작품이 알려지기 전에는 마원 등의 '신소설'은 아직 체계적으로 나타나지 않았다. 당시의 기타 뿌리 찾기파와 일부 모더니즘 경향이 있는 작품은 사상 관념상의 현대성에는 신경을 썼지만 소설의 서사 방식상으로는 미처 고려하지 못했다. 하지만 막언의 이 소설은 모더니즘의 서사 방식으로써 사람들의 이목을 일신하게 했다. 우선, 작품은 한 '혈연 서술자'를 설치하여 일인칭으로 서술했지만 그것은 전통소설의 일인칭 관점의 범위가 아니었다. 작품 중의 '나'는 이야기를 서술하지만 더 많이는 '이야기 밖의 이야기'를 서술한다. 이야기 자체도 흔히는 서술자의 부친, 즉 극중의 서술자 두관(豆官)의 시각으로 서술하였다. 또 어떤 때에는 아예 전지적 관점으로 서술하기도 했다. 이는 이론상으로 혼란을 조성한 것 같았지만 실제 효과로는 도리어 일종의 '다성부' 식의 서술 형식을 체현하였다. 아울러 성부와 성부 사이에 왕왕 차별을 특징으로 모순을 구성함으로써 이로부터 작품의 의의를 증폭시켰다. 예를 들면 '내'가 서술한 것은 할아버지·할머니의 이야기였지만 이 극외의 서술자('나')의 서술과 극중의 서술자('나'의 부친 두관)의 시각에서의 서술이 흔히는 모순을 발생시

컸다. 또한 서술자의 현실에서 세속 관계(손자, 아들과 할아버지, 할머니, 양부, 엄마와의 혈연 관계)와 작품 중의 예술 관계에도 모순이 발생했다. 예를 들면 "나의 할머니는 개성 해방의 선구자"였고 "나의 할아버지는 목걸이를 단 개"였으며 "아버지는 토비의 종자"였다. 이러한 의식적인 '불효'는 소설의 무궁한 풍자 의미를 낳았다.

이와 동반된 것은 다과정 서술이다. 포크너의 『음향과 분노』에서는 하나의 이야기를 다섯 번이나 서술하였다(서로 다른 인물의 시각과 서로 다른 심리 상태로부터). 막언의 『붉은 수수밭 가족』도 이 이야기를 모두 다섯 차례(처음 발표할 때에는 각기 다섯 편의 중편이라는 형식으로 나타났었다)에 걸쳐 서술하였다. 비록 매번의 서술에서 각기 강조점이 달랐지만 합쳐서 한 부의 장편의 5장으로 되자, 바로 하나의 입체화된 이야기를 구성하였다. 이는 역사화된 '가족소설'로 하여금 일관된 객관적 순서의 제한을 돌파하고 다가치면의 입체화된 예술적 실체를 조성하게 하였다. 전통 소설에 비하면 이는 하나의 절대적인 창조가 아닐 수 없었다.

이 시기에 막언의 소설은 전기의 주관화된 감각적 색채가 점점 옅어지고 더 이상 감성으로 이성을 반대하지 않았다. 더 많이는 새로운 이성으로 전통 이성을 반대하고 현대 의식으로 전통 의식을 반대하였으며 현대화된 예술 방식으로 전통적인 예술 규범을 반대하였다. 때문에 이 소설들은 전체적으로 더 이상 하나의 '감각화된 상징 세계,'를 체현하지 않고 하나의 '민족화된 상징 세계' 즉 '고밀(高密) 동북향 및 그 위의 붉은 수수밭 가족'을 체현하였다.

『붉은 수수밭 가족』 이후의 소설은 막언 창작의 제3단계라고 할 수 있겠다. 이 시기의 대표작은 「붉은 누에」이다. 막언은 『붉은 수수밭 가족』에서 새로운 이성으로 전통 이성의 낡은 규례를 반대하여 큰 성공을 얻었기 때문이었는지 3단계의 소설에서는 주요 정력을 이 방향에 모았다. 「붉은 누에」에서는 '풀을 먹는 종족'의 이야기를 묘사하였다. 이 가족의 원시적 생명력은 진부하고 허위적인 이성의 속박 속에서 퇴화되었다. 이것은 '종족의 퇴화'였다. 여기서 작자가 보아낸 것은 인류의 자아 학대의 죄악이 봉건화된 사회 이성에 그 뿌리가 있다는 것이다. 때문에 그는 아무런 거리낌 없이 성교·음식·배설 등 인간의 원시적 행위를 묘사했다. 전기의 주관 감각이 이 시기에도 충분한 발전을 하여 일종의 '욕망 자유'의 경지에 도달하였다. 그는 아이러니의 필치로 이성 습관 중의 추악한 사물을 묘사하면서 극도의 '심추(審醜)' 경향을 표현하였다. 이러한 아이러니의 표현은 전통 문화를 겨냥할 뿐만 아니라 현재의 세속 사회를 겨냥하기도 한다. 모든 것은 현재의 사회 및 중국의 현대 독자의 일반적인 이성 범위와 심미적 수용력을 초월했다. 때문에 일부 독자와 비평가의 반대를 받게 되었다. 하지만 이러한 반대가 소설 예술의 성공과 실패를 완전히 체현하는 것은 아니다. 왜냐하면 모든 반전통은 과거를 반대하는 것이 아니고 흔히 현재를 반대하는 것으로 체현되기 때문이다. 어떤 전위파도 당대의 모든 독자들의 일치된 옹호를 받은 적은 없다. 하지만 막언으로 말하면 그것은 일종의 '실패감'이었다. 왜냐하면 그의 『붉은 수수밭 가족』도 모더니즘의 전위적 작품이었지만 일시에 중국 현대의 거의 모든 소설 독자를 획득했기 때문이다. 그러나 「붉은 누에」와 이후의 작품에서의 이러한 현대성은 오히려 점점 독자를 실망케 하였다. 중국 현대 소설 예술의 발전으로부터 말하면 독자를 실망케 한 것은 막언의 후기 작품의 이러한 '악마식 표현'의 과분한 팽창이 일반적인 심미 수용자들을 난감한 경지에 빠뜨렸기 때문만이 아니라 이 작품들이 예술상으로 아무런 새로운 내용과 방식을 제공하지 못했기 때문이다.

5. 잔설의 소설

1986년, 중국 문단에는 모든 독자로 하여금 독서의 곤혹을 느끼게 한 한 소설가가 나타났다. 그것은 하나의 괴걸(怪杰), 그것도 여괴걸이었다. 그녀가 바로 신시기 중국 선봉파 청년 작가군 중의 대표 작가인 잔설이다.

잔설, 원명이 등소화(鄧小華)이고 등택매(鄧擇梅)라는 또 하나의 이름을 가진 그녀는 1953년에 호남에서 출생했다. 처음 소설을 발표할 당시 그녀는 재봉사였다. 잔설이 사회에서 맡은 역할과 문학에서 맡은 역할은 정반대였다. 하나는 평민, 다른 하나는 귀족이었고, 하나는 평범한 여자, 다른 하나는 '천당에서의 대화'를 진행할 수 있는 여신이었다. 잔설은 국내에서 출판한 첫 소설집을 『천당에서의 대화』로 명명했다.

지금까지의 잔설의 작품은 대체로 아래와 같다. 「산 위의 작은 집」 「숫소」 「먼 곳에 뜬 구름」 「광야에서」 「어느 맑은 날의 아매의 애수」 「기와 틈새의 핏방울」 「아름다운 남방의 여름」 「황니 거리」 「두 개의 소설」 「복도에 심은 사과나무」 「천당에서의 대화」 등이다.

이 소설들을 모아놓으면 사람들 앞에 나타나는 것은 '인생의 구석'이다. 이 구석은 이왕의 소설가들이 보여주었던 현실 세계가 아니고 적의로 충만하고 추악으로 충만한 비정상적인 세계이다. 잔설이 이야기하는 것은 '그 세계의 사건들'이다. 아득히 지옥 같으면서도 또 아주 가깝고 바로 눈앞에 있는 것 같기도 하다. 그곳은 아주 어둡고 추우며 항상 검은 색깔의 비가 내리고 있다. 습도가 높고 곳곳마다 파리·모기·뱀·쥐·구더기·지네와 거미들이 득실거려 마치 하나의 신기한 함을 열어놓은 듯하다. 고통·질투와 재난으로 충만한 대신 유독 일반 사람들이 기대하는 '아름다움' '광명' '희망' 등이 없다. 예를 들면 「황니

거리」의 사람들은 하루종일 누각에서 생활할 수밖에 없다. 왜
냐하면 방안은 전부 검고 더러운 물에 잠겨버렸기 때문이다. 물
에는 뱀·쥐 들이 있고 벽의 갈라진 틈새에는 괄태충들이 꽉차
있어 조금만 주의하지 않으면 금방 사람의 목덜미로 떨어져내
릴 듯하다. 또한 흰개미, 박쥐 및 크고 작은 벌레들도 많다. 어
쩌다 태양이 떠오르면 이 모든 것들은 햇빛에 쪼여 구더기가 되
고, 사람이 앉으면 찍찍 소리를 내며 두 마리 구더기를 깔아죽
이게 된다. 쥐가 돼지를 물어죽이고 사람의 귀를 물어뜯는다.
찬장에서는 뱀의 알이 무더기로 발견된다……
　이 추하고 더러운 환경 속의 사람들은 더더욱 불가사의할 정
도로 괴상망측하다. 이곳의 사람은 사람 같지가 않은데, 결혼식
장의 신랑·신부조차도 비천하기 짝이 없다. "우리가 결혼하는
날 그의 얼굴의 헐었던 자국은 검은 색으로 부어올랐고 붉은 코
끝은 마치 양초처럼 단단하고 반들반들했다. 그의 작고 짧은 신
체는 의복에 꼭 싸여져 있어 사람들에게 슬픈 생각을 불러일으
켰다. 나는 오이 빛깔의 옷을 입고 있었는데 아주 이상했다"
(「어느 맑은 날의 아매의 애수」). 또 「산 위의 작은 집」의 '나'는
매일 집에서 서랍을 정리하지만 영원히 다 정리하지 못한다.
「멀리 뜬 구름」의 사람들은 더욱 말이 아니다. 그들은 참새를
넣은 봉투를 다른 사람 집에 던져버리며, 다른 사람의 바짓가랑
이 사이로 사타구니의 털을 훔쳐보고, 거울로 옆집의 모든 것을
훔쳐보고, 행인들의 타액을 모으기도 한다. 그들은 한 하늘 아
래에서 살며 똑같은 일을 하고 똑같은 꿈을 꾸며 그들의 콩팥에
는 온통 자갈이 가득하다. 그들 사이는 서로 친하면서도 또 미
워하고, 서로 시기하고 서로 감시한다. 남편과 아내(남편이 아
내의 양말에 소변을 본다), 장인과 사위, 또 동료와 친구, 친척과
이웃, 그리고 심지어는 모녀·부자지간에도 역시 그러하다!
　잔설 소설의 화면들과 기형적인 추한 인간들은 부조리를 특
징으로 하는 세계와 인격을 구성한다. 로댕은 이렇게 말한 적이

있다. "자연 중에 추로 알려진 것은 미로 알려진 것보다 그 성격을 더 잘 나타내게 된다. 왜냐하면 내재적 진실은 수심에 잠긴 병든 얼굴에서, 고생에 시달려 여윈 얼굴에서, 그리고 각종 기형과 불구에서, 정상적이고 건전한 얼굴 형상에서 보다 더 분명히 나타나기 때문이다"(『로댕 예술론』). 잔설 소설 중의 추에 이러한 '성격'이 있는 것이 아닐까? 잔설의 이러한 표현은 사람들로 하여금 갈피를 잡을 수 없게 하였고 이러한 추의 의의를 파악하기 어렵게 만들었다. 풍자도 아니고 폭로도 아니었다. 그녀가 기이하고 조용하며, 명확한 주관적 포폄을 띠지 않은 필치로 서술해낸 것이 기껏해야 이러한 기이하고 특수한 조합을 위해서였을까? 이러한 추는 사람들이 현실 생활에서 늘 부딪치는 그런 추와는 그다지 같지 않았기 때문에 자연주의의 추악의 표현이라고 말하기 어렵다. 그것은 또한 어두운 사회에 대한 비판적 현실주의의 폭로와도 다르다. 이러한 추악은 일종의 사회적 추로써 표현되지 않았다. 그렇다면 상징주의적인 것이다. 왜냐하면 그 사물들, 그 인간과 사건들은 그토록 추하고 또 그토록 변형되었으며——부조리하기 때문이다.

여기서 우리는 잔설이 자신의 유일한 '지기(知己)'로 여긴 일본의 근등직자(近藤直子)가 「멀리 뜬 구름」을 평한 대목을 인용하는 수밖에 없다. "잔설의 작품은 이채롭다. 이는 그녀의 작품이 한두 개의 특별히 이상한 일을 그렸기 때문이 아니라 거기에서 평범한 일이라곤 조금도 그리지 않았기 때문이다. 물론, 본질상 '평범한 일'이란 본래 존재하지 않는 것이고, 존재하는 것은 오직 '평범한 해석'일 따름이다. 〔……〕그것은 사람을 놀라게 하는 일목요연한 세계이고 한 갈래의 갈림길도 없는 적나라한 세계이다. 그곳에서, 인간이 죽게 되는 것은 아주 분명하다. 비록 죽음에 절대 동의하지 않고 벌벌 떨며 죽음을 두려워하지만 생명은 확실히 박탈당하게 되어 있는 것이다. 다른 모든 생명체들과 마찬가지로 인간도 그곳에서 죽음을 당하기 위해 살고 있다. 설사 이 모든 것이 수수께끼에 지나지 않고 웃음거리와 꿈에 불과하다 하더라도 이 유일하게 절대적인 사실은 지구상에 남아 있을 것이다. 잔설이 쓰고자 한 것은 바로 그것이었다. 그것을 끝까지 쓰고자 했다.”

기실, 잔설의 소설은 쓴 대상이 특이했을 뿐만 아니라 그 창작법도 특이했다. 이토록 정감적인 내용이 그녀의 펜 아래에서는 ‘아무것도 아닌 것’으로 나타난다. 이러한 냉정하고, 어떻게 보면 서술자와 아무런 관계도 없는 것 같은 필법은 모더니즘 문학 중에 흔히 있는 아이러니 수법이다. 그러나 잔설의 작품에서의 그것의 응용은 또 그 특색이 있다. 그것은 바로 보고서도 못본 척하여 대수롭지 않게 여기는 서술 풍격이다. 이는 ‘나’를 서술자로 할 때에 보다 뚜렷하다. 「어느 맑은 날의 아매의 애수」에서 ‘나’는 남편이 날마다 몰래 주방에 들어가 문을 닫고 어머니와 수군거리는 것을 본다. 여기서의 ‘나’는 이치로 보아 그녀와 관계 있음이 분명한 이러한 일을 서술하면서도 일반 소설의 서술자의 경향성을 나타내지 않는다. 이것은 아마 잔설이라는 작가(작품의 숨겨진 서술자)의 자신이 대면하는 세계에 대한 일종의 태도이며 일종의 철학일 것이다.

또 하나 의미있게 느껴지는 것은 잔설의 모든 소설이 거의 다 추악하며 비천하고 무서운 인간과 사건을 그리고 지옥과도 같은 세계를 나타내고 있으면서도 그녀의 첫 소설집은 『천당에서의 대화』로 명명되었다는 점이다. 이는 이 여류 작가와 그녀의 창작의 ‘괴이한 수법’이다. 이 ‘괴이한 수법’은 사람들에게 모순으로 가득하고 이치에 어긋나는 무한정의 연상을 일으켜준다. 하지만 유감스럽게도 작자는 산문 「아름다운 남방의 여름날」에서 그녀의 창작을 불러일으킨 것이 아름다운 남방의 교만한 태양이었다고 말했다. “바로 마음속에 광명이 있기 때문에 어둠이 그 어둠을 이루고, 바로 천당이 있기 때문에 지옥 같은 뼈아픈 체험이 있을 수 있으며, 바로 박애로 충만하였기에 인간은

예술의 경계에서 초탈·승화할 수 있다.” 이것은 자신의 ‘지옥’
과 ‘천당’에 대한 그녀 자신의 해석이다. 이는 사람을 실망케
한다. 일본의 근등직자가 확실히 고명한 것 같다. “본질상, 평
범한 일이란 본래 존재하지 않는 것이고, 존재하는 것은 오직
평범한 해석일 따름이다.” 이 말은 잔설 본인에게도 하나의 충
고가 되지 않을까!

잔설은 신시기 선봉파 청년 작가군 중에서 유삭랍 이후의 또
하나의 탁월한 모더니즘 여성 작가이다. 하지만 그녀의 중국 문
단에 대한 의의와 가치는 그 정도를 훨씬 넘어선다. 그녀는 신
시기 중국 모더니즘 소설의 한 집대성자였다. 그녀의 비정상적
정신병 환자 식의 서술 방식과 서술된 초현실적 부조리 세계,
독특한 아이러니 문체와 이로부터 표현된 신비한 분위기, 그리
고 비이성적 잠재 의식 내용과 인류, 특히는 현대 인류에 대한
비극성을 갖추었으면서도 비장감은 없는 철학적 주제는 그녀의
소설에서 혼연일체가 되어 성숙한 모더니즘 문학 작품의 예술
품질을 체현하였다. 우리는 그녀의 소설에서 상징주의·표현주
의·초현실주의·부조리파와 실존주의 등 서방 모더니즘의 각종
문예 요소와 성분을 찾아볼 수 있다. 하지만 잔설의 작품에서
이 모든 것들은 분리되지 않고 유기적 생명체, 즉 초시대적이고
초민족적인 각종의 문학적인 것과 인류 정신의 영원성을 갖춘
예술품을 탄생시켰다.

6. ‘신소설파’

중국 현대 소설은 80년대말에 이르러 포스트모더니즘 경향의
청년 소설가들을 출현시켰다. 그들은 마원·자시다와·홍봉과
조금 뒤에 따라나선 여화·소동·격비 등이다. 이들의 작품은
중국 현대 소설의 독자들의 이목을 일신하게 했다. 신시기 중국

의 기타 청년 선봉파 소설들과 비교해서 말한다면 그들은 더욱 반전통적 성질을 갖는다. 더욱이 소설의 자체 범주에서 그들은 완전히 새로운 형식으로 출현하였다. 현상학과 불가지론의 영향을 받은 그들은 세계를 현상화하고 현상을 형식화하며 또 형식을 소설 창작의 근본으로 보았다. 이리하여 이 유파의 소설가들 모두가 소설의 서술 방식과 언어 형식을 강구하고 아울러 이를 예술 창작 활동의 모든 의의의 소재라고 보았다. 이러한 것들이 그들의 창작으로 하여금 관점과 형식상에서 프랑스의 '누보 로망'파와 공통되거나 근사한 경향을 갖게 하였다. 또한 바로 그렇기 때문에 우리는 중국 현대 소설 중의 이런 청년 선봉파들을 다른 한편으로 '신소설파'라고도 부르는 것이다. 이 유파의 진정한 대표는 당연히 마원이다.

I. 마원의 소설

마원은 아성과 막언 이후에, 그리고 잔설 이전에 신시기 중국 청년 선봉파 중 독특한 풍격으로 이름을 얻은 소설가이다. 그는 한족(漢族)이지만 대학을 졸업한 후 서장으로 갔고 그리하여 서장을 문화적·현실적인 배경으로 삼아 일련의 소설을 썼다. 바로 그 작품들이 마원을 중국의 현대 '신소설파' 소설의 대표 작가로 만들어주었다.

마원은 1982년에 첫 장편소설 『바닷가도 하나의 세계』를 발표한 뒤 1985년 전후에 「바다의 인상」 「신참회록」 등 자신의 유년에서 대학에 이르기까지의 생활 경력을 묘사·서술하는 작품을 발표했다. 이를 마원 소설 창작의 초기 시험 단계라 할 수 있다. 1985년 이후, 그는 「서장 연작」을 발표하기 시작했다. 이 작품들로는 「라사하(河)의 여신」 「갠지스의 유혹」 「종이 매를 접는 세 가지 방법」 「히말라야의 옛 노래」 「라사 생활의 세 가지 시간」 「허구」 「강파인의 영지」 「신유(神遊)」 「착오」 「대가」 등이 있다. 이외에 또 「서해의 돛 없는 배」 「대원과 그

의 우언」「풍류척당」「산의 인상」「전쟁 이야기」 등의 중·단
편소설과 장편소설『평탄한 아래 위』가 있다. 이 작품들이 마
원 소설 창작의 제2단계를 이루는데, 그의 소설 예술의 성숙
단계이다.

1) 마원 소설의 두 가지 인물

전통 소설에서 두드러진 위치를 점하는 인물 형상은 극중 인
물, 즉 이야기 줄거리를 구성하는 행동자이다. 이는 또 소설가
가 서술하는 대상이며 흔히는 소설 속의 '세계'의 핵심이다. 마
치 현실 사회 속의 인간처럼. 그러나 마원 소설에서 이러한 서
술 대상 식의 인물의 주도적 지위는 다른 종류의 인물 형상으로
대체된다. 이것이 바로 작품 속에 출현하는 서술자의 형상이다.
이 서술자 형상에는 '배역 서술자,' 즉 극중에서 이야기의 참여
자인 동시에 이야기를 서술하는 서술자도 있고, 순수 서술자,
즉 이야기 속에서 배역을 맡지는 않지만 시종 소설 속에 나타나
는 일인칭의 인물 형상도 있다. 비록 전통 소설에도 여러 가지
극중 서술자가 있었지만 소설의 목적적 형상은 아니었고 기껏
해야 목적적 형상(극중 인물)을 창조하기 위한 수단이나 작자의
간단한 대변인에 불과했다. 하지만 마원 소설에서의 서술자의
형상은 그렇지 않다. 그것은 진정한 목적적 형상으로 상승하여
일정한 정도에서, 심지어는 작자가 창작한 서술자 형상의 가치
가 피서술자의 형상보다 중요하다는 것을 보여주었다. 이것이
바로 마원 소설의 독특성의 하나이다.

마원 소설 중의 첫번째 인물 형상, 즉 이야기 속의 인물과 전
통소설의 인물은 흔히 일종의 역사화(이야기화)된 성격을 체현
하였으며, 특히 일종의 전후 인과 관계를 가지며 모종의 상대적
통일성을 갖는 성격이다. 하지만 마원 소설의 인물 형상은 그와
는 상이하다. 그들은 전후 통일된 이성 핵심을 갖지 않을 뿐만
아니라 흔히 필연적 관계가 없는, 순수하게 현상적인 인물이다.

예를 들어 「갠지스의 유혹」의 궁포·돈주·돈월, 「종이 매를 접는 세 가지 방법」의 노파, 「허구」의 '여자 문둥이,' 「신유」의 계미 등이 그러하다. 이 인물들은 일반적 이성 인식의 방식으로는 파악하기 어렵다. 왜냐하면 이 형상들은 소설에서 하나의 이름으로 출현하는 것이 아니라, 또 다른 기타의 이름 혹은 형상으로 나타나기도 하기 때문이다. 말하자면 몇 개 현상의 형상이 상호 교체되며 잠재적으로 하나의 동일한 형상으로 합성된다. 다시 말해 하나의 형상이 몇 개의 현상이나 형상으로 분열되어 작품에 나타난다는 것이다. 예를 들어 「종이 매를 접는 세 가지 방법」의 노파의 형상은 세 개의 서로 다른 서술자의 서술에 의해 세 개의 서로 다른 노파로 나타난다. 하나는 나(마원)의 서술 속의 팔각 거리에서 술을 만드는 노파이고, 다른 하나는 상격(桑格)의 조사 속의, 살인 혐의가 있는 보석상 노파이고, 또 다른 하나는 유우정의 소설 속의, 포달랍궁 아래에서 흙 부처를 만들어 생계하는 이미 죽은 노파이다. 소설 중의 이러한 인물 형상은 불확정적(혹은 가정적) 인물 형상이라 불린다. 완전히 새로운 이러한 인물 형상은 세계에 대한 소설가의 새로운 철학 관념을 체현하고 있다. 그것은 바로 보르헤스 식 포스트모더니스트의 '미궁(迷宮)'의 세계관이다. 이런 예술가들의 시각으로는 이 세계는 더 이상 이성에 의해 인식되고 파악되던 이왕의 현실 사회가 아니라 인식하기 어렵고 그 법칙을 찾기 어려운 미궁이며, 꿈이며, '현상 세계'이다.

마원 소설의 두번째 유형의 인물 형상, 즉 서술자 형상은 바로 이러한 기초 위에서 창조된 독특한 예술 형상이다. 이 유형에서 대부분의 형상은 서술자이면서 동시에 피서술자인 이중적 형상이다. 어떤 서술자는 작자의 서술에 의해 은폐되어 이야기에 참여하지는 않고 그가 성격이 있는 서술자——'종이 위의 생명체'——라는 것만 겨우 드러낼 따름이다. 이 형상의 대표가 바로 '마원 소설 속의 마원' 형상이다.

마원의 연작소설에는 '마원'이라 불리는 인물이 항상 출현한
다. 이 인물은 때로 이야기에 참여하기도 하지만 많은 경우 서
술자 혹은 소설가의 신분으로 작품에 나타난다. 그러므로 '마
원'은 마원의 서술 대상이 된다. 뿐만 아니라 소설은 항상 다른
극중 배역의 입을 통하여 '마원 본인'을 서술한다. 예를 들어
「서해의 돛 없는 배」의 '마원'은 바로 요량(姚亮)의 입을 빌려
자신을 드러내고 자신을 대체한다. 그리하여 "마원과 마원 소
설의 마원은 자기 꼬리를 문 용을 이루며, 누군가의 말처럼 뫼
비우스의 띠를 이룬다." 이러한 서술자의 인물 형상은 사람들에
게 '자아 표현'이라 일컬어진다. 작자는 그 자신의 형상을 시종
여일하게 분석하고 건립하려고 시도하지만 이 형상은 현실 생
활 중의 마원의 형상이 아니고 하나의 독특한 예술 형상, 말하
자면 "마원이라는 이름을 가진 한 한인(漢人)의 형상"이다.

그러나 마원 소설에서 이 형상은 또 다른 이름의 형상들과 조
응하고 복합된다. 마원 소설에 늘 출현하는 '육고' '요량' '대
원' 등의 서술자 형상은 "마원이라는 형상과 마찬가지로 이중
성을 가지고 있을 뿐만 아니라 어느 의미에서는 그들이 바로
'마원'이라고 할 수 있다." 즉 "요량이 바로 육고이고 대원이고
마원인 것"이다. 이 형상들은 '마원'의 '분신'(分身)이며 '마원'
성격의 여러 측면들이다. 항상 어린아이인 대원은 '마원'의 과
거이고, 지혜로움과 건장함의 화신인 육고는 '마원'의 이지적
상태이며, 요량은 욕망적인 '마원'으로서 '마원'의 잠재 의식적
인 존재이다. 때문에 이 인물 형상들은 '자유자재하고 정신적이
고 물질적인 마원'의 형상을 복합적으로 구성한다.

2) 이와 관련된 마원의 복잡한 서술 방식

"많은 작가들과는 다르게, 마원은 먼저 구상을 해놓고 쓰는
것이 아니라 써나가면서 구상을 한다. 그는 때로는 구상과 창작
과정을 소설에 써넣기도 한다." 때문에 마원의 소설에서 시간의

순서는 동일한 평면 위에 밀려들고 이야기의 시간적 순서와 이
야기 발생의 공간(지점)이 마구 뒤섞여버린다. 그리하여 마원
소설의 이야기는 흔히 '삶의 단편들의 복잡한 조합'으로 구성된
다. 예를 들어 「갠지스의 유혹」은 세 개의 사냥 이야기와 천장
(天葬: 죽은 사람의 시체를 독수리에게 먹이는 장족의 장례 풍
속——역주)을 구경하는 이야기로 이루어진다. 그러나 이것은
아마도 동일한 사건을 세 개의 서로 다른 서술자와 서술 시각으
로 서술함으로써 이루어진 것일 터이다. 「종이 매를 접는 세 가
지 방법」과 「라사 생활의 세 가지 시간」에서는 이와 같은 복합
서술과 '입체 서술'이 더욱 뚜렷하다. 이러한 서술은 사람들에
게 '올가미'라 불리기도 한다. 이는 창작자가 전통적인 이야기
의 자연스러운 과정에 인위적인 왜곡을 가하여 이루어진다. 이
는 이왕의 소설보다 훨씬 큰 정도의 '허구'성을 체현한다. 그것
은 물론 마원의 '현상주의' 및 '범신론' '불가지론'의 세계관과
예술관의 구체적 실천이다.

3) 마원 소설의 예술관

그러나 우리는 마원의 이와 같은 괴이한 서술 인물과 서술 방
식을 기껏해야 모종의 현실을 표현하려는 수단이나 방식으로만
보아서는 안 된다. 그렇지 않다면 마원 소설의 가치는 그저 괴
이함뿐일 것이다. 사실, 마원 소설의 진정한 포스트모더니즘적
성질은 이러한 서술자와 서술 방식의 괴이함에서 나타날 뿐만
아니라, 이러한 서술 자체의 '자체 가치'에서 더욱 잘 나타난다.
마원은 서술을 겨우 내용에 복무하기 위한 하나의 수단으로 보
지 않고 오히려 서술을 소설의 목적으로 본다. 이를 두고 사람
들은 '서술 숭배'라고 한다. 마원은 오로지 이야기를 엮어나갈
뿐이다. 그가 중시하는 것은 어떻게 엮어나가느냐 하는 것이지
이야기가 아니다. 또 이야기 자체를 중시하는 것이지 그 이야기
의 어떤 의의를 중시하는 것이 아니다. 그는 자신이 써낸 이야

기에 필경 어느 정도의 사회적·논리적 혹은 철학적 가치가 있
느냐 하는 데 대해서는 전혀 관심을 두지 않는다. 그는 서술과
기술 조작에 대해 모든 심미적 관심을 기울이고 또 그 속에서
진정한 예술적 즐거움을 향수하는, 현대 중국 소설가 중 보기
드문 작가이다. 이는 전통 이론이 질책한 '형식주의'가 아니다.
왜냐하면 포스트모더니즘 이론에서 보면 '서술과 조작'은 그 자
체가 이야기를 창조할 수 있고 서술 행위는 서술 대상을 창조할
수 있기 때문이다. 다시 말하면 '의의'는 형식 자체에서 산생된
다는 것이다. 마원의 이러한 포스트모더니즘 소설에서 모든 관
념과 내용과 의의는 그의 경험의 방식과 서술 습관 속에 융합되
고 그의 서술 본능과 하나하나의 구체적 이야기 서술의 과정 속
에 융합된다. 그렇기 때문에 이야기를 서술하는 것은 마원이 신
에 접근하고자 하여 마침내 신을 체현하는 유일하게 유효한 활
동이다. 이것은 바로 마원의 '인간'으로서의, 혹은 한 소설가로
서의 진정한 가치이기도 하다. 이는 마원과 그의 소설의 '가장
핵심적인 관념'이다.

Ⅱ. 자시다와·홍봉·여화·격비 등의 소설

마원과 같은 시기에, 마찬가지로 서장을 표현한 소설로 문단
의 주목을 받은 다른 한 청년 소설가가 있다. 하지만 그는 마원
처럼 '한인'이 아니고 진짜 서장인인 자시다와이다.

80년대초부터 소설을 발표하기 시작한 자시다와는 초기에
「침묵」「예불」「귀로 소야곡」「한적한 정오」「한가한 사람」
「강 저편」 등의 소설을 썼다. 이 작품들은 한민족 문학을 위주
로 한 중국 현대 문학과 보조를 같이했다. 선명한 자신의 민족
적 특색과 개성적 내함이 없었으며 대부분의 작품이 전통적인
사회학적 모델에 속했다. 방관자의 입장에서 한 청년 작자가 민
족 생활에 대해 사회학적 사색을 진행한 것이었다. 「한적한 정
오」「한가한 사람」「강 저편」 등의 일부 작품은 영감으로 충

만하고, 장족의 젊은 세대가 신·구 생활의 선명한 대립·충돌 속에서 부정·추구·선택할 때에 나타낸 혼란한 정서와 모순된 심리를 표현하였으며, 작자 자신 및 장족 청년의 시대적 심리를 표현하였다. 하지만 전체적으로 보면, 위에서 말한 모델을 돌파하지 못했고, 더욱이 서장 민족과 이 민족의 역사와 문화의 내핵에 접근하지 못했다.

아마도, 바로 그러했기 때문에, 자시다와는 80년대 중기에 와서 일단 이러한 모델을 돌파하자, 서장의 민족성과 문화 특색을 갖고 있고 또 모더니즘 예술 풍격도 갖고 있는 우수한 작품들을 일약 써냈다. 그 대표작으로는 「서장, 가죽끈에 묶인 영혼」「은밀한 세월」「라사로 가는 길에서」 등이 있다. 이 소설들은 자시다와의 지금까지의 작품 중 가장 좋은 작품일 뿐만 아니라 신시기 중국 청년 선봉파 소설의 또 하나의 새로운 예술적 전범이기도 하다. 왜냐하면 그것은 일종의 '현대 신화 모델' 소설이기 때문이다.

자시다와의 이 작품들에는 일종의 총체적이고 상징적인 신화형 예술 모델이 있다. 이 모델에서는 흔히 두 가지 서로 다른 역사 형태의 신화식 전기(傳奇) 이야기가 서로 결합되어 하나의 '현대 신화'를 구성한다. 예를 들어 「서장, 가죽끈에 묶인 영혼」에서 묘사된 것은 바로 이러한 신화였다. 어디에서 왔는지 모를 염주를 건 탑패가 작은 목조 가옥에 와서 소녀 경(瓊)을 데려간다. 그들은 '인간 정토(淨土)'의 이상국인 향파랍으로 간다. 하루를 걸으면 가죽끈에 매듭을 하나 짓는다. 무수하게 많은 신비한 곳을 경과하고 나서 이 가죽끈에 무수하게 많은 매듭이 지어졌을 때, 트랙터가 있는 한 마을에 도착한다. 소녀 경은 남고 탑패는 계속 전진하지만 그는 트랙터에 치여 그만 죽게 된다. 이때에, 경의 허리춤의 가죽끈에는 이미 108개의 매듭이 지어져 있다. 이는 바로 탑패의 손목에 걸린 염주의 갯수와 꼭 같다…… 여기에서 두 이야기가 서로 맞물린다. 하나는 신불을 추구하는 이야기이고 또 하나는 인간의 이야기이다. 길은 두 갈래로 나 있는데 하나는 천국으로 통하는 길이고 다른 하나는 인간으로 향하는 길이다. 그것들은 서로 맞물려 분리되기 어렵다. 소설은 마지막에 가서 서술자인 '나'가 소설 속으로 들어가 탑패를 대신해 경을 데리고 되돌아감으로써 "시간을 다시 처음부터 계산하게 된다."

서장의 역사와 현실, 종교 문화와 세속 생활을 상징적 방법으로 조화시켜 함께 묘사한 이러한 이야기는 일종의 환상적 색채를 띤 예술 세계, 즉 현대 신화를 구성한다. 때문에 어떤 사람은 자시다와의 이러한 소설을 '환상적 현실주의 소설'이라고 명명했다.

이에 상응하는 것은 그의 '환상적' 서술 방법이다. 서장「가죽끈에 묶인 영혼」에서 서술자인 '나'는 작품의 시작에서는 이야기에 끼여들지 않고, 이야기를 평론하는 비(非)배역 식의 서술자로 나타난다. '나'는 상제다푸 활불(活佛)의 임종 전의 담화에서 두 캉바인이 천국을 찾는다는 이야기를 듣게 된다. 이 이야기는 '내'가 이전에 쓴, 아직 발표하지 않은 소설과 꼭 같다. 이리하여 '나'는 '나'의 주인공 탑패와 경으로 하여금 내가 배치한 순서에 따라 마분지 주머니 속에서 걸어나오게 한다……그 다음은 바로 '나'의 소설 본문이다. 그러나 소설이 끝날 때에 이 '나'는 자신의 소설에 등장하여 자신의 소설의 주인공 경과 함께 새로운 노정을 시작한다! 이러한 서술 방식과 서술자의 형상은 전통과 전혀 반대로서, 환상적이며 완전히 상징적인 포스트모더니즘 형식의 특징을 체현하였다. 이는 마원의 서술과 유사하면서도 또 나름대로 신시기 중국 소설의 예술 발전에 일종의 참신한 형식을 제공하였다.

홍봉, 동북 사람인 그는 80년대 중기에 모더니즘 색채를 띤 소설로 문단에 나왔다. 주요 작품으로는 전기의 「생명의 물결」 「발지금 황야의 목가」 「생명을 찾아서」와 조금 뒤의 「분상(奔

喪)」 「인물」 「고비 사막」 「흰 안개」 「극지의 옆」 등이 있다.

　홍봉의 전기 소설은 주로 '타인'의 일을 쓴 것들이다. 이 방면으로 말하면, 그의 전기 소설의 대상은 대부분 다른 사람과 다른 사람의 심리였고 자아의 개입은 비교적 적었다. 전기의 작품에는 사냥꾼 주제와 생명 주제가 항상 출현한다. 전자에는 인간과 동물, 인간과 자연 등등의 관계가 포함된다. 이러한 관계를 표현할 때 작자는 흔히 자연·야만 등등의 신비하고 또 원시적인 이상주의에 대한 열정과 동경을 나타냈다. 후자에는 생명 본능, 성애, 종족 보존 등이 포함된다. 작자는 이러한 주제를 표현할 때 그 '생명 의식'을 합리화·시화·신비화시켰다. 이리하여 전기의 작품들은 상대적으로 일치되게 일종의 원시주의 경향을 체현하였다. 말하자면 현대 문명, 특히는 현대인의 사회 이성에 대한 반역 심리를 표현함으로써 작품으로 하여금 자연 회귀의 이야기와 인물 속에 일종의 원시 생명 형태의 시적 이미지를 체현하게 한 것이다. 그에 상응하여, 이 전기 소설들의 예술 풍격 역시 시화되었다. 우선, 작품들은 대부분 3인칭 서술을 채용하여 '타인의 행동'으로 구성된 이야기를 서술하였다. 이 이야기들은 대부분 모종의 전기성(傳奇性) 혹은 상상성을 가진 것들이었다. 처음부터 끝까지 이러한 낭만주의 형의 이야기 속에 작자의 진정한 태도가 숨겨져 있었다. 마찬가지로 이 시기 소설의 언어에도 전통적 성질이 있었다. 비록 홍봉 나름대로의 서술 문체가 있기는 했지만 전체적으로 말의 뜻이 명확하고 구절이 규범적이며 문장이 유창하였다. 그러나 이 모든 것은 그의 조금 뒤의 작품에서 완전히 달라진다.

　「분상」 「인물」 「고비 사막」과 「극지의 옆」은 지금까지의 홍봉 예술의 성과를 대표하는 작품들이다. 왜냐하면 그것들은 홍봉의 성숙을 체현했을 뿐만 아니라 동시에 신시기 중국 소설의 발전에 또 하나의 모더니즘 특징이 있는 선봉 작품을 제공해 주었기 때문이다.

우선, 이 작품들은 모더니즘의 주제를 표현하였다.

「인물」이 표현한 것은 현대인의 존재 상태에 대한 자아 진단
이다. 현실 생활중의 한 국외자가 자신의 존재의 무의미함을 느
끼고 죽음의 자극을 찾아 헤맨다. 그리하여 미혼처를 미친 듯이
물 속에 밀어넣고서 다시 물에 뛰어들어 그녀를 구출해낸다. 이
부조리한 행동은 현실적 목적을 결핍하고 있지만 그 의의는 '나'
도 한번 '주동'이 되어보고, 이로부터 내가 아직도 자주적으로
행동할 수 있음을 증명하며 내가 아직도 '존재'하고 있음을 표
명한다는 데 있다. 분명한 실존주의 색채를 띤 이 소설은 중국
의 '부조리파' 작품이다. 「분상」과 「고비 사막」에서의 부조리
한 존재의 표현은 더욱더 모더니즘 특색을 갖고 있다. 「분상」
은 현대인의 일종의 '불감증'을 썼는데, 또한 '외디푸스 콤플렉
스'와 유관한 현대 신화이기도 하다. 서술자인 '나'는 부친 사망
의 소식을 듣고 분상(奔喪)한다. 하지만 '나'의 심정은 "돌아가
신 부모에 대한 슬픔"이 아니라 오직 독한 풍자와 차가운 아이
러니일 뿐이다. '나'는 분상 길의 풍경이 아주 아름답다고 느낀
다. "누나가 죽기로 슬퍼하는 것을 보고 웃음을 참지 못하"며,
부친의 얼굴 화장이 아주 재미있게 되었다고 생각한다. 이것은
현대인의 윤리적·혈연적 이상(異常)이며 일종의 소외의 결과
이다. 한편, 「고비 사막」의 '나'는 자신의 사생활을 끊임없이
드러내고 타인의 추악한 생활을 폭로한다. 모든 사람의 겉과 속
이 다르고 지식과 행위가 같지 아니함을 서술함으로써, 이로부
터 개인과 세계의 분열, 자아의 무귀속감 등 현대인의 생존 상
태를 표현하였다. 「극지의 옆」은 죽음에 관한 이야기를 묘사하
고 있다.

이러한 현대 주제를 표현하는 예술 방식도 그에 상응하여 모
더니즘 예술의 특징을 갖고 있다. 이 시기의 소설들은 기본상
1인칭 서술을 채용하였다. 이러한 서술은 자아 분석에 편리하
고 자신에 대한 무자비한 폭로에 편리하다. 특히는, 서술자의

잠재 의식 영역을 솔직하게 고백하고, 자전식·독백식의 참회 방식을 통해 존재와 자아에 대한 반성이라는 목적에 도달할 수 있다. 이런 내향적인 서술은 그의 전기의 외향적인 서술과는 다르다. 그것은 작품의 서술 태도, 즉 회의주의적이고 부조리하며 자아 상실과 자아 폄하의 모더니스트적인 태도를 기능적으로 체현한다. 이에 상응하여 이 시기의 언어 방식은 대체로 아이러니형이었다. 「분상」이 그 대표 작품이다. 이 시기의 소설 언어는 그 전체적 풍격에서 전기의 전통적 격조를 뒤집고 갑자기 번쇄·반복·침울·음울·냉혹·잔혹하게 변하여 포스트모더니즘의 표현 방식으로 나아가기 시작했다.

때문에 홍봉의 소설은 주제의 성질로 말하면 대부분 모더니즘 범주의 것이지만 그 표현 방식으로 보면 포스트모더니즘 예술 특징을 갖는다. 이 점은 아마도 홍봉의 소설에 대해 여러 이견들이 분분해질 대목일 것이다.

마원·자시다와·홍봉 이후에 포스트모더니즘 경향이 있는 보다 젊은 소설가들이 나타났다. 그들 중에서 비교적 영향력이 있는 작가는 격비·여화·소동 등이다. 예를 들어 격비의 「갈색 새떼」「대년(大年)」, 여화의 「강가의 착오」「세상 일은 연기와 같다」, 소동의 「1934년의 도망(逃亡)」 등의 소설은 모두 프랑스 누보 로망과 라틴아메리카의 환상소설 등 포스트모더니즘 소설의 경향을 갖고 있다. 비록 여러 가지 모방의 흔적이 존재하지만, 중국 현대 소설 예술의 발전에 없어서는 안 될 역사적 의의를 갖는다.

7. 유심무·장신흔 등의 실화소설

실화소설은 또 보고소설·보고체소설·신문소설·신(新)신문체소설 등등으로 불린다(서방의 어떤 사람은 이를 또 '4 W'소설이라 불렀다. '4 W'란 즉 Where, When, What, Why 이다). 실화소설은 서방에서는 이미 수십 년의 역사가 있지만 중국 문학으로 말하면 새로운 문체이다. 실화소설은 기록 문체와 허구 문체 사이에서 생존하는 양서 문체이다(어떤 사람은 이를 '문학의 괴태〔怪胎〕'라 했다). 이 문체의 출현은 소설 문체 자체의 발전 법칙과 상관없이 기본적으로 사회 발전의 수요에 속했다. 그러나 우리에게는 이미 순 실화 문체, 즉 보고 문학과 순 허구 문체, 즉 소설이 있는데 어찌하여 또 이러한 분명치 못한 양서(兩棲) 문체가 나타나는 것인가? 실화소설은 한편으로 그것이 인생에 직면하고 시대적 삶을 직접 묘사할 수 있기 때문에 참여 의식이 강한 작가들의 편애를 받는다. 동시에 이 문체는 또 적당한 허구를 허용하며, 이는 보고 문학이 허구를 거절하고 작가의 풍부한 상상력과 창조력을 억압하는 한계를 보완해준다. 생활이 급속히 변화되고 개성을 중시하는 시대에 대해 실화소설이 이 시대의 부분적 수요를 만족시킬 수 있음은 의심할 바가 아니다.

1983년에 두 개의 작품이 나타났다. 「여인의 이름은 약자인가?」와 「중국심(中國心)」이 그것들이다. 작자 유아주는 그것을 '보고소설'이라 했지만, 이는 아마도 신시기에 출현한 최초의 실화소설일 것이다. 하지만 작자는 그뒤로 실천을 계속하지 않았다. 1985년에 이르러 유심무·장신흔 등의 노력으로 실화소설은 차츰 붐을 이루었다. 그 중에서 사람들에게 널리 알려진 것은 유심무의 「5·19 줌 렌즈」「버스 아리아」「왕푸징 만화경」등과 장신흔·상엽의 「북경인」 및 장신흔의 「죽음의 배역을 찾아서」, 양효성의 「경화 풍문록」, 풍기재의 「100사람의 10년」「속 100사람의 10년」, 그리고 「기일(忌日)」「루이스 여사의 중국 기행」「피안(彼岸)에서 온 편지」…… 등이 있다. 1988년에 '실화소설 붐'은 계속 상승했고 많은 문학 잡지들이 실화소설을 분분히 실었다. 이리하여 노귀의 「핏빛 황혼」과 같이 문단을 일시에 뒤흔든 실화소설이 출현하게 된다.

I. 유심무의 실화소설

유심무는 줄곧 사회와 인생에 관심을 기울이고 시대를 비판하는 문학으로 유명했다. 이는 그의 초기의 '상흔'소설과 휴머니즘 소설에서부터 실증할 수 있다. 이 때문에 1985년에 그가 돌연히 실화소설의 영역에 뛰어든 것은 사람들에게 조금도 갑작스럽다는 느낌을 주지 않았다.

「5·19 줌 렌즈」는 중국 축구팀의 실수가 북경 축구 팬들의 난동을 야기한 것을 배경으로 하여 '활지명'이라는 한 축구광을 만들어내고, 그를 통하여 축구 팬들의 의식의 심층에서 활약하는 것들과 우리 민족의 문화 심리를 정확하게 분석하였다. 작가는 진실한 사건·인물에 구애받지 않고 인물의 외재적 진실을 버리는 대신 영혼의 내재적 진실감을 획득하였고, 기록과 허구 사이의 협소한 틈에서 일정한 자유도가 있는 예술 공간을 찾아냈다. 만일 유심무가 생활의 원래 모습을 있는 그대로 반영한다면 문학이 영혼에 스며드는 역량을 잃게 될 것이다. 「5·19 줌 렌즈」와 함께 『인민문학』 같은 호에 발표된 보고 문학 「경사진 축구장」은 재미있는 대조를 이룬다. 후자는 사실을 엄격히 준수했다. 그러나 단지 그뿐, 전자의 영혼 깊은 곳에 파고드는 역량을 결핍했다. 「5·19 줌 렌즈」의 출현은 신시기 실화소설에 하나의 성공적인 범례를 제공하였다.

「버스 아리아」는 보다 현실적으로, 북경의 대중 교통 문제에 대해 민감한 사회적 사색을 제출하였다. 하지만 소설은 「5·19 줌 렌즈」에서의 인물의 심리에 대한 세밀한 분석을 상실했으며 작가의 초기 소설에서 일관되게 사용되었던 도덕적 의론이 많고 실화성의 특점이 미약하며, 비교적 조화되고 모순을 회피하는 경향이 있다.

Ⅱ. 장신흔 등의 「북경인」

소설가 장신흔은 1985년에 상엽과 합작하여 대형의 구술(口述) 실록 문학 「북경인」을 발표했다. 100명의 보통 중국인 각자의 생활과 이상을 서술한 이 소설은 발표된 후, 대번에 문단을 놀라게 했다. 그것은 현대 문학이 사회 생활에 투입되는 가장 간단하고 민첩한 방식에 대한 시험의 성공을 뜻한다. 보통 사람의 신앙 추구·생활 이상·인생 태도에 대한 이해를 채집하고 기록한 「북경인」은 작가의 예민한 사회적 통찰력과 시대의 정신 심리를 종합·처리하는 능력에 힘입어 중화 민족의 현대 의식을 표현하였다. 표면적으로는 추호도 허구 성분이 없는 이런 구술 실록 문체는 완전히 사회학 범주에 속하는 것같이 보이지만, 모더니즘 예술의 단순화 방법과 내재적으로 상응하여, 독자로 하여금 독서 과정에서 작가가 설치한 올가미를 신속히 타파하고 이야기와 인물에 진입하게 한다. 장신흔의 말대로, "이러한 소설 문체는 진실에 보다 접근하여 문자와 독자 사이의, 즉 문자가 표현하는 내용과 현실 사이의 공간을 축소시킬 수 있다."

「북경인」은 「5·19 줌 렌즈」에 비해 실화성이 더 풍부하며, 강렬한 실황 중계 방송 식의 문체 실험도 더욱 의의가 크다. 비록 구술 실록 문학이 서방에서는 벌써부터 있었던 것이지만, 장신흔은 1986년에 계속해서 「홍콩 유람 10일」「길에서」「재난」(상엽과 합작), 「죽음의 배역을 찾아서」 등을 발표하였다. 그러나 대다수 작품이 이 작가의 자질구레하고 질질 끄는 서술 작풍을 보였으며 「북경인」에서의 그러한 강렬한 참여 의식이 결핍되었고 성취와 영향이 모두 「북경인」보다 못했다.

근년에 와서는 손꼽을 만한 저명한 실화소설들이 있다. 이를테면 풍기재의 「100명의 10년」과 「속 100명의 10년」, 대정의 「현대 중국 여성 연작」(락락과 합작) 및 역사의 진상을 재현한 '역사 실록' 등등이다.

신시기의 실화소설은 1985년 이후 줄곧 지속적인 발전을 하였지만 동시에 위기도 잠복되어 있었다. 이 위기는 우선 실화소설 문체 자체의 제한에서 온다. 실화소설 중의 실록과 허구의 경계와 비율은 어떻게 확정되는가? 이는 아주 분명하다. 실화소설의 문체 특징은 묘사·서술은 할 수 있지만 확실한 정의는 내리기 어려우며, 독립된 문체 가치론을 구축하지 못한다. 이리하여 작자는 한쪽 발은 실록에 신고, 다른 한쪽 발은 허구에 실어 마치 좌우 양쪽을 다 제어하며 신축을 마음대로 하는 것 같지만 사실은 난감한 입장에 처한 채 발에 사슬을 차고 춤을 추는 격이다. 때문에 이 유형의 문체는 독자의 오해와 비판을 가장 쉽게 초래한다. 「황관 없는 황제」「영예의 십자가」 등이 받은 격렬한 비판은 이러한 문체의 불확정성과 관계가 있다.

다른 한 위기는 날로 심각해지는 비속화 경향에서 비롯된다. 상품 경제의 충격은 실화소설을 중대하고 엄숙한 사회 문제에 대한 관심과 민족·역사에 대한 관심으로부터 유명 인사의 사생활, 살인 사건, 연애 이야기 등등의 자극적인 문제에 대한 관심으로 돌아서게 하였다. 오늘날의 통속 잡지들이 실화소설을 간판으로 독자들을 모으는 것은 이미 아주 보편화되었다. 격조가 높지 않고 또 문체의 창조적 의의도 없는 저열한 작품들이 몇 년간에 형성된 실화소설의 가치 역량을 충격하고 있다. 실화소설의 전체적 추세를 보면, 그 전위적 의의를 잃어가면서 대중소설로 바뀌고 있다.

8. 이경서 등의 신필기소설

필기소설을 '선봉파'의 대열에 배치하는 것을 어떤 사람들은 이상하게 여길 것이다. 우리나라에는 고대로부터 대량의 필기소설이 존재해왔는데, 이를 '국수(國粹) 문체'라 할 수 있다. 그러나 고대 문체에 대한 어느 정도의 복귀가 결코 복고를 의미하는 것은 아니다. 정신 현상으로서의 문체는 결코 문학 역사의 강물 속에 침전되고 마는 것이 아니라 시시로 역사 발전의 물길을 따르며 새로운 물결을 일으킨다. 우리 소설은 5·4 이래로 이야기를 쓰고 인물을 그리는 것을 정종으로 삼았던바 줄곧 80년대초까지 큰 변화가 없었다. 이는 한편으로는 우리나라 소설의 세계에 대한 파악을 더욱 조리 있게, 명석하게 해주었으나 다른 한편으로는 오히려 한(漢)의 언어 문자의 풍부하고 독특한 서술 풍격을 점점 소실시켰다. 일부 작가들이 "사물과 나를 잊고 주체와 객체가 하나로 합해진 태도"를 표현할 수 있고, 우아하고 잔잔한 의경을 표현할 수 있으며 간단하고 소박한 언어를 갖춘 필기소설을 발굴하고 거기에 현대 철학 의식과 현대 소설의 기교를 침투시키자 신필기소설은 이야기를 쓰고 인물을 그리던 이왕의 전통 소설과 전혀 다른 전위적 의의를 갖게 되었으며 고대의 필기소설은 여기에서 갱신되고 재생되었다. 한편으로는 현대인의 옛 문화에 대한 향수를 만족시켜주었고 다른 한편으로는 또 새로운 조류의 작가들의 정종(正宗) 전통 소설 문체에 대한 도전의 원망을 만족시켜주었다. 신필기소설의 주요 작가인 이경서의 단언에 따르면 필기소설은 "뿌리 찾기파이면서 동시에 선봉파"이다.

신시기에 최초로 필기소설을 쓴 작가는 아마 왕증기·손리 등일 것이다. 소북 풍속화소설이라고 불리는 왕증기의 「대뇨기사」 「수계」 등은 문체의 각도로 보아 필기소설의 의미를 많이 갖고 있다. "어떤 것들은 그저 인물 소묘뿐이었고" "어떤 때에는 오직 약간의 분위기뿐이었다." 그는 창작 이론상으로 명백히 밝혔다. "나는 엄숙한 소설을 좋아하지 않는다. 내가 주장하는 것은 말을 함에 고삐가 필요없고 문장을 씀에 법이 없는 것이다." 왜냐하면 "나는 너무 소설 같은 소설을 좋아하지 않기" 때문이다(『왕증기 단편소설선』, 「머리말」). 1988년부터 그는 포송령의 『요재지이』를 『신편 요재』로 개편하는 데 착수하여 문체 실험·언어 갱신의 작업을 계속했다. 1989년에는 또 신필기 소설「소학 동창」등을 펴냈다. 많은 사람들은 왕증기를 뿌리 찾기 소설의 선구자로 보았다. 이는 형상의 일면에 지나지 않는다. 뿌리 찾기 소설의 관념은 비교적 일치했지만 문체는 다양했다. 신시기 소설 창작 중에서 왕증기의 주요 공헌은 소설 문체에 대한 개척에 있는바 그 자신도 "나는 아마도 하나의 스타일리스트일 것"이라고 자인하였다. 그리고 이는 주로 그의 '필기체 소설'의 실천에서 표현되었다.

손리는 '손운부(孫芸夫)'라는 필명으로 80년대초부터 시작하여 계속 일련의 필기소설, 즉「운재 소설 연작」을 썼다.

신시기에 비교적 영향이 있는 신필기소설으로는 임근란의「왜등교소품(矮凳橋小品)」과「10년 10 히스테리」, 가평요의「상주필기 연작」, 이경서의「인간필기」, 정만응의「타향의 기이한 이야기」, 아성의「풍류」, 하립위의「일석삼서(一夕三逝)」……등이 있다. 그 중 이경서는 창작상에서 반복적으로 실천하였을 뿐만 아니라 이론상에서도 신필기소설을 위해 적극적으로 외침으로써 신시기 신필기소설의 으뜸가는 작가가 되었다.

I. 이경서의「인간필기」

이경서는 1982년에 대학을 졸업한 후, 문학비평가와 작가라는 이중 신분으로 문단에 나왔다. 1985년부터「인간필기」를 총제목으로 한 신실기체 연작소설을 창작하기 시작하였는데 지금까지 수십 편에 달한다.

「인간필기」는 사회의 여러 가지 인정·세태를 썼으며 인간의 여러 가지 삶을 간단하고 소박한 필치로 하나하나 그려냈다.「장삼, 이사, 왕이 곰보」는 담배를 피우는 세 사람의 이야기를 쓴 것이다. 장삼(張三)은 야밤에 담배를 빌림으로써 주변의 미묘한 인간 관계를 이끌어낸다. 이사(李四)는 담배를 태우기 위해 가스불을 지피고 불씨를 남겼다가 계속 가스불로 물을 끓여 목욕을 한다. 왕이 곰보(王二麻子)는 하루의 흡연 숫자를 조절하기 위해 매일 한 갑씩만 사다가 뜻밖에 아내를 '사오게' 된다. 또 「식당을 차리다」「목요일」「아신(阿鑫)」 등은 하찮은 일상사를 극히 절제된 서술로 쓰면서 취미가 앙연한 인생 의미와 심미 정서를 점화(點化)시킨다. 예를 들어 이사가 불씨를 남기는 것은 담배를 태우기 위한 것이었는데 나중에는 그것을 가지고 목욕을 하니 목적이 과정으로 변화된 것이다. 왕이 곰보는 원래 자신을 억제하려는 것이었는데, 도리어 보답을 받게 된다. 이경서는 생활 속에서 인간 혹은 사건 뒤에 숨겨진 우연의 요소를 교묘하게 일상적 이치 속으로 용해시켜 사람들로 하여금 이 모든 부조리한 이야기들을 오히려 극히 합리적으로 느끼게 한다. 이러한 매력은 모두 작자의 심후한 예술 공력에서 얻어지는 것이다. 중국 고전 문학의 정화(精華)를 잘 알고 있은 이경서는 고대의 '물아양망(物我兩忘)' '천인합일(天人合一)'의 철학 사상과 심미 태도를 소설의 서사 속에 용해시킴으로써 「인간필기」의 곳곳에서 고대 문화의 맑고 드높은 세계를 현시하고 있다. 이경서는 이처럼 '담화(淡化)'된 서사 태도를 '사물 자체로 돌아가기'라고 불렀다. 이것은 서사가 없는 서사이며 이야기의 발생과 발전이 마치 완전히 자연의 소리와 같아서 작가의 외재적 태도의 간섭이 추호도 없다. 「인간필기」에서도 여전히 서방 모더니즘 문학의 기교를 차용한 것이 보이지만 그 대부분은 이미 작가의 자연스럽고 평담한 서사 속에 용해되어 있다.

「인간필기」의 언어는 명·청 필기소설의 영향을 비교적 뚜렷이 받았다. 하지만 작자는 또 현대 생활중의 백화(白話)를 삽입시켜 또 다른 풍미가 있는 언어 풍격을 만들어냈다.

이경서는 신필기소설의 '수의성의 형식'을 상당히 중시했다. '수의성'이란 소설 문체 형식을 가리킬 뿐만 아니라 작가의 생활에 대한 처리 방식을 가리키기도 한다. 형식은 수의적이고 내용은 손 닿는 대로 집어온다는 것이다. 이경서가 보기에 양자는 구별이 없다. 예술에 대한 체험이 바로 인생의 체험이고, 그 역도 마찬가지이다. 이는 고대 노장(노자·장자)의 초연한 인생 태도와 예술 태도를 생각나게 한다.

신시기의 신필기소설가 중에서 이경서처럼 마음을 굳게 먹고 문체 실험을 견지할 수 있는 작가는 아주 적었다. 그를 신필기소설가라고 부르는 것은 결코 과분한 것이 아니다. 하지만 오늘에 이르기까지 신필기소설은 다른 문체와 평형을 이룰 만한 세력을 형성하지 못했고, 아직도 실험실의 시험 단계에 처해 있는 것 같다. 이는 신필기소설 문체에 일종의 정치화(精致化) 추세가 잠재되어 있기 때문이다. 짧은 편폭은 예술 감각의 상대적인 단조로움을 초래하였고 다른 유형의 문체가 갖고 있는 강도와 역도를 결핍했다. 목전의 형세로 말하면, 신필기소설의 신시기 소설에 대한 공헌은 문체 실험에 있었지만 거기에는 보급적 의의가 결핍되었다.

왕증기·임근란·하립위·이경서 등의 노력으로 인하여 중국 현대 소설이 갈수록 문체의 의의와 언어의 가치를 중시하게 되었다는 점은 인정되어야 한다. "뿌리 찾기파이면서 동시에 선봉파이기도 한" 신필기소설은 한편으로 문체 실험의 길을 열었으며 다른 한편으로는 또 자신의 문체에 제약을 받아 문체의 구속을 나타냈다. 이는 아마도 신필기소설이 직면한 가장 큰 문제일 것이다.

9. 유항 등의 신사실소설

1988년 이후, '선봉파'는 날이 갈수록 쇠퇴하는 현상을 보였다. 이때에, 중국 문단에는 다시 익숙한 듯하면서도 낯선 소설이 갑자기 나타났다. 대표 작가로는 유항·유진운·방방·지리·

엽조언…… 등이 있다. 이 소설들은 분명히 전통적인 사실적 (寫實的) 성분을 가지면서도 모든 모더니즘 수법을 거절하지 않는다. 그리하여 현실주의로 해석하기도 어렵고 모더니즘의 변종으로 규정할 수도 없다. 전체적으로 말하면 현실주의적이지만 결코 전형 환경 속의 전형 성격 추구에 뜻을 두지 않았고, 환경·사건과 인물의 전형성에 그다지 신경을 쓰지 않았으며, 생활의 제련·가공·집중에 그다지 유의하지 않고 생활의 본래 색깔과 인간의 원초적 상태를 재현하고자 노력했다. 전통 현실주의와 약간 다르므로 편의상 '신사실(新寫實)'이라 부른다.

위에 나열한 신사실 작가 중에서 유항·방방은 유진운·지리·엽조언과 다르다. 전자는 정신분석법 등 서방 현대 예술의 여러 가지 기교를 항상 사용하였지만, 후자는 '비인간적'이고 어떤 감정 색채도 없는 언어를 사용하여 각각 나름대로의 예술 세계를 표현하였다. 그러므로 이 소설들에 대한 칭호는 그 내함으로부터 보면 광범하고 상대적인 것이다. 하지만 그들에게는 여전히 공통된 특징이 있다. 우선, 생활의 원초적 상태에 고도로 충실하다. 서로 다른 서술들은 모두 그 상태에 가급적 접근하기 위한 것이다. 변형이나 비이성적인 현대적 서술 기교를 채용했든지, 아니면 '비인간적'이고 '비감정적'인 서술을 채용했든지를 막론하고 목적은 모두 일치했다. 이 세계는 복잡하면서도 간단하고 진실하면서도 부조리하다. 작가의 의도는 바로 이 일체의 원초적 상태 및 숨어 있는 존재의 밑바닥을 복사해내려는 데 있다. 때문에, 신사실 작가들은 기본적으로 객관적 서술 태도를 채용하여(어떤 사람은 '감정의 영도〔零度〕'라 불렀다) 조용히 인생을 그려내고 생명을 그려낸다. 작가는 전지전능한 하나님이 아니며 주관적인 선악의 윤리적 판단, 혹은 진가의 역사적 판단을 내리지도 않는다. 오직 독자들에게 진솔하게 이야기해줄 따름이다. 이것이 바로 생활이고 인생이며 이 속에는 분명히 알 수 있는 것도 있고, 신비 막측한 것도 있으며 어떤 일은 작자도 알지 못한다고 한다. 결코 이야기 위에 군림하지 않는 작가의 서술 태도는 이 세계에 대한 그의 태도를 나타내준다.

I. 유항의 소설

유항은 단편소설 「개 같은 날의 양식」으로 이름을 얻었고 (1986에 전국 우수단편소설상을 수여받았다), 그뒤로 「무」(1987), 「힘」(1987), 「흰 소용돌이」(1988), 「복희 복희」(1988), 「네 사나이」(1988), 「허증(虛證)」(1988), 「연환」(1989) 등을 썼다. 그 중 「흰 소용돌이」와 「복희 복희」는 유항의 대표작 이다.

「흰 소용돌이」는 지식분자 주조로의 생활과 사업, 애정과 명예 사이의 갈등의 사상적 역정을 그렸다. 전체 소설에서 가장 의의가 있는 것은 주조로의 심리 행위와 인격적 갈등의 변화 과정을 통하여 중국 지식분자의 독특한 이중 인격성을 드러낸 것이다. 아내 이외의 이성과의 애정을 갈망한 주조로는 화내천(華乃倩)과 정을 나누지만, 일단 이 연애가 가정의 화목, 사업의 성공, 명예의 수호에 영향을 미치게 되자 선택의 여지 없이 조용해진다. 소설은 인간의 원시적 본능의 갈등을 그리고 인간의 몸에 씌워진 '인격 가면'의 침중함을 그림으로써 전자의 충동을 억압해야만 생존할 수 있는 비극을 이루었다. 작가는 초정치적이고 초윤리적인 시각으로 지식분자의 의식 깊숙한 곳의 치명적인 인간성의 약점을 그려냈다.

「흰 소용돌이」와 「허증」을 제외한 유항의 다른 작품들은 모두 농촌 생활을 그렸다. 「개 같은 날의 양식」은 사람이 밥을 먹기 위해 구차하게 살아가는 이야기를 썼다. 양천관은 200근의 곡식으로 아내 영대를 바꾸어오는데, 이후의 나날은 전부 양식을 둘러싸고 전개된다. 공공 기관이나 주변 인가의 양식·야채·과일을 훔쳐오는 영대에 대해 남편 양천관은 크게 칭찬해준다. 하지만 끝에 가서 영대는 일가 여덟 식구의 양식 구입증을 잃어버리는데, 여기서 그는 나름대로의 소견을 찾게 된다. 이것은 양식에 관한, 인간의 최저 생존 요구도 충족시켜주지 못하는 비극성에 관한 이야기이다. 유항의 소설들은 기본상, 모두 인간의 본능적 욕망을 주제로 내세웠다. 그 중 가장 뛰어난 것은 중편소설 「복희 복희」이다. 양금산은 30묘의 땅으로 왕국두를 바꾸어 아내로 맞는다. 하지만 두 사람은 성 생활에서 쾌락을 얻지 못한다. "양기가 약한" 양금산은 생육 불능을 왕국두(王菊豆)에 대한 성 학대로 돌린다. 이는 오히려 일찍부터 숙모를 사랑하고 있던 조카 양천청과 왕국두의 성애를 야기한다. 이리하여 양금산의 복수가 있게 된다. 양·왕의 왜곡된 성 쾌락 추구의 일막 일막은 모두가 성의 비장한 장면들이며 '성'으로부터 비롯된 자학·복수·공포·살부 등등의 변태적인 본능 욕망이다.

이야기의 외부 형태의 발전을 중시하던 전통적 현실주의와는 달리, 유항은 정신 심리 분석의 방법을 가장 많이 사용하여 외부 이야기의 발전과 인물의 내면적 갈등을 결합시켰다. 「흰 소용돌이」와 「복희 복희」 등의 작품에서 작자가 프로이트의 정신 분석이론과 융의 집단 무의식 사상의 영향을 받았음을 발견할 수 있다. 작가는 정신분석에 공을 들였지만 이야기와 등장 인물의 갈등에는 개입하지 않았으며 심리 분석의 서술 언어는 냉정하고 객관적 서술 태도를 채용하였다. 이야기의 갈등이 고조될수록 서술자는 도리어 더욱 냉정해지고 더욱 절제하였다. 절제된 정서 속에서 생활의 원초적 상태와 인류 본능의 의식 세계를 파악하려고 노력한 것이다.

유항 소설의 구조적 특징은 그의 소설 「연환」을 통해 개괄할 수 있다. 그의 소설 구조는 둥근 쇠사슬처럼 서로 얽혀 있어 하나만 움직이면 모두 함께 진동하는 효과가 발생한다. 이야기는 환상 구조처럼 리듬감 있게 펼쳐진다. 「복희 복희」에서 양금산은 아내가 있음에도 전유하지 못하고 조카 양천청으로 하여금 '씨'를 뿌리게 하고 마는데, 양천청으로 말하면 이 '씨'는 그의 극성인바 그는 바랐던 대로 획득한 '욕망'으로 인해 심한 고통을 받는다. 「흰 소용돌이」에서 주조로와 화내천은 직접적인 위협은 아니지만 시종 사회의 풍속과 인간성의 약점으로부터 제약을 받는다. 「연환」의 진금표는 스스로 총명하다고 여기지만 도리어 그 총명으로 인해 착오를 범한다…… ‘연환’ 식의 구조와 그 속에 가득한 몽롱하고 신비스러운 숙명적 색채는 유항의 소설에 모더니즘의 도장을 찍어주었다. 유항은 “소설은 보다 대중적이고 보다 직접적인 정신 영역으로서 심오함과 신비함은 그 본성에 위배되는 것”이라고 생각하였다. 억지 심오와 작위적 신비는 당연히 예술의 본성에 위배되는 것이다. 하지만 예술이 자연스러운 방식으로 세계를 그려낼 때에, 천박과 심오, 분명한 것과 신비한 것은 모두 극히 자연스럽게 예술 세계 속에 나타날 것이다. 왜냐하면 세계가 바로 그러하기 때문이다. 만일 무조건 심오·신비를 배척하고 세계를 투명하게만 다룬다면 오히려 억지와 작위를 초래할 것이다.

Ⅱ. 유진운의 소설

1987년부터 소설을 쓰기 시작한 유진운은 단편 「탑포(塔鋪)」(1987년 전국 우수단편소설상 수여)로 등단한 뒤 「신병련(新兵連)」(1988), 「직장」(1989), 「첫 사람」(1989), 「법정」 등을 썼다. 「신병련」이 우리에게 펼쳐보여준 놀라운 이야기, 「직장」이 현한 단조롭고 무미건조하며 생명의 충동이 없는 장면들…… 이 모든 것은 작가의 주관 감정이나 지향이 추호도 개입되지 않은 원색적인 것인바, 생활은 그 자체의 법칙에 따라 발전해나가는데, 그 중에는 필연적인 것도 있고 우연적인 것도 있다. 유진운은 생명을 하나의 무생명의 공간에 두고 시련을 받게 하는 것을 좋아했다. 예컨대 「신병련」「직장」「법정」 등은 소외된 생명의 비극을 한막 한막 연출한다. 입당함으로써 여자 친구의 환심을 얻으려고 갈망하는 이상진은 나중에 보복 살인을 하여 재판정에 서게 되고, 오로지 군장(軍長)의 차를 몰고자 한 ‘뚱보’

는 도리어 병으로 귀가 조치를 받는데 결국 자살하고, 왕적은 뜻대로 군부에 배치되지만 군장의 병든 부친을 시중들기 위해 파견된다(「신병련」). 소림은 입당함으로써 좋은 집을 배당받고자 하지만 몇 차례나 희망과 실망이 교차되고, 손씨는 처장 승진을 확신하지만 끝내 승진하지 못한다(「직장」). 추호의 신비함도 추호의 오묘함도 없다. 사람들마다 자기 밖의 사물을 추구하지만 도리어 그 '사물'에 희롱당하는 것이다.

Ⅲ. 방방과 지리의 소설

이 두 작가를 함께 평가하고 분석하는 것은, 적어도, 그들이 모두 호북 청년 여류 작가이고 게다가 창작에 공통적 추구가 있다는 점에서 아주 흥미롭다.

방방은 일찍이 「포장마차 위에서」 「안수와 그의 시동인」 등을 썼고 나중에 「흰 안개」(1987), 「풍경」(1987)을 썼다. 주로 「풍경」이 그녀에게 명성을 가져다주었다. 「풍경」이 사실(寫實)적인 것은 의심할 바 아니지만, 그러나 환상적 수법의 도입도 분명한 사실이다. 소설은 이미 다른 세계에로 진입한 '소팔자(小八子)'의 시각으로 한 시민 가정의 고통과 비애의 운명을 관찰하고 역사·인생의 복잡한 혼란과 충돌을 발굴해낸다. 전체 소설은 땅속에 매장된 '소팔자'를 서술자로 했기 때문에 음침하고 암담한 정서가 가득하다. 냉정하고 엄준한 서술 어조는 사람으로 하여금 블랙 유머를 연상케 한다. "나는 그저 냉정하게, 저 산 아래의 변화 무궁하고, 가장 아름다운 풍경을 영원히 바라볼 뿐이다"(소팔자). 바로 이것이 「풍경」에서부터 사용되기 시작한 방방의 서사 수법이다.

지리의 가장 영향이 있는 작품은 중편소설 「인생 번뇌」와 「애정을 논하지 말자」이다. 만일 냉정하고 엄준한 방방의 서사 태도가 일종의 정서 토로라고 한다면, 지리는 도리어 조용하게, 극히 객관적으로 우리들에게 인생의 번뇌에 관한 이야기, 애정은 없고 번거로운 일만 있는 가정에 관한 이야기를 들려준다. 그 서술 풍격은 유진운과 아주 가깝다. 하지만 하나는 '직장'에 초점을 맞추었고 하나는 '가정'에 초점을 맞추었다. 모두 인간 외부의 사물이 인간에게 초래하는 번뇌이다. 가장 시적 의의가 풍부한 인류의 애정을 지리는 적나라하게 해부한다. 이 두 편의 소설을 읽고 나면 그녀의 강렬하고 첨예한 필치에 탄복하지 않을 수 없게 된다. 하지만 또 탄식하고 안타까워하게 되기도 할 것이다. 이러한 생활, 이러한 인생이 너무도 서글프다고. 사실, 작가의 마음속 깊게 숨어 있는 것은 분명히 생활에 대한 열망과 인생에 대한 갈망일 것이다.

엽조언의 일부 소설도 신사실소설에 귀속시킬 수 있다. 예를 들면 「연가」(1989), 「붉은 술집」(1989) 등이 그렇다. 문체 특징의 각도에서 고려한다면 사우은의 「요곡」 「말 울음 소리」 「가을의 하소연」 등도 이 유형의 소설에 속한다. 편폭의 제한으로 일일이 논평하지는 않겠다. 1988년부터 신사실소설은 상승의 추세를 나타내 모더니즘 소설의 쇠퇴 현상과 좋은 대조를 이루었다. 미래의 소설은 현실주의와 모더니즘이 더욱 융합되고 절대 서로 배척하지 않을 것이다. 지금의 신사실소설가들은 전통 현실주의 작가들처럼 생활에 충실하고 문학에 충실할 뿐만 아니라 또한 모더니즘 작가들처럼 대담하게 새로운 것을 창조하고 전통에 구속되지 않는다. 그들의 작품은 감상할 만한 보편적 의의가 있는 동시에 비교적 높은 예술 가치가 있다.

현재의 신사실소설의 발전에 따라, 앞으로 더욱 높은 봉우리가 신시기 문단에 우뚝 솟아오르리라고 예견할 수 있다.

다

담　담（譚談）
당극신（唐克新）
당　동（唐棟）
대　청（戴晴）
두붕정（杜鵬程）
등우매（鄧友梅）
등　강（鄧剛）

마

마　가（馬加）
마　봉（馬烽）
마　소（馬昭）
마　원（馬原）
만국유（萬國儒）
막　언（莫言）
막응풍（莫應豊）
모　순（茅盾）

바

방　방（方方）
방수민（房樹民）
방　지（方之）
백　위（白危）
백　인（白刃）
벽　야（碧野）
범소청（范小靑）
비례문（費禮文）

빙　심（冰心）

사

사　박（謝璞）
사　정（沙汀）
사철생（史鐵生）
상　엽（桑曄）
사우은（謝友鄞）
서　융（西戎）
서광요（徐光耀）
서　성（徐星）
서회중（徐懷中）
서흥업（徐興業）
성　일（成一）
소　군（蕭軍）
소　동（蘇童）
소부흥（蕭復興）
소숙양（蘇叔陽）
소야목（蕭也牧）
소진국（邵振國）
소　평（蕭平）
속　위（束爲）
손건충（孫健忠）
손　겸（孫謙）
손　리（孫犁）
수운헌（水雲憲）
시칩존（施蟄存）
심종문（沈從文）

심 용(諶容)

아

아 성(阿城)

아 장(阿章)

애 무(艾蕪)

애 청(艾青)

양 말(楊沫)

양 빈(梁斌)

양 삭(楊朔)

양서안(楊書案)

양익언(楊益言)

양효성(梁曉聲)

여여청(黎汝淸)

여지견(茹志鵑)

여 청(荔青)

여 화(余華)

엽문령(葉文玲)

엽성도(葉聖陶)

엽 신(葉辛)

엽울림(葉蔚林)

엽조언(葉兆言)

엽지진(葉之蓁)

예 평(禮平)

오 강(吳強)

오약증(吳若增)

온소옥(溫小鈺)

왕 몽(王蒙)

왕문석(王汶石)

왕 삭(王朔)

왕선지(王仙芝)

왕아평(王亞平)

왕안억(王安憶)

왕원견(王願堅)

왕윤자(王潤滋)

왕절성(汪浙成)

왕중재(王中才)

왕증기(汪曾祺)

요설은(姚雪垠)

우러얼투(＝오열이도烏熱爾圖)

욱달부(郁達夫)

원 정(袁靜)

위강염(魏鋼焰)

위 외(魏巍)

유건안(劉建安)

유 림(兪林)

유백우(劉白羽)

유빈안(劉賓雁)

유사분(劉斯奮)

유삭랍(劉索拉)

유소당(劉紹棠)

유심무(劉心武)

유아주(劉亞洲)

유의연(劉毅然)

유조림(劉兆林)

유 진(劉眞)

유진운(劉震雲)
유 청(柳靑)
유함평(劉艦平)
유 항(劉恒)
육문부(陸文夫)
육성아(陸星兒)
육주국(陸柱國)
육준초(陸俊超)
육천명(陸天明)
이건동(李健彤)
이경서(李慶西)
이관정(李寬定)
이국문(李國文)
이빈규(李斌奎)
이속위(李束爲)
이심전(李心田)
이약빙(李若氷)
이 역(李易)
이영유(李英儒)
이 예(李銳)
이용운(李龍雲)
이운덕(李雲德)
이위륜(李威侖)
이정흥(李定興)
이존보(李存葆)
이 준(李准)
이 타(李陀)
이탁오(李卓吾)

이항육(李杭育)
임광춘(任光椿)
임근란(林斤瀾)
임빈무(任斌武)
임 표(林彪)
임 희(林希)
입 하(立夏)

자　　　　　

자시다와＝찰서달왜(扎西達娃)
잔 설(殘雪)
잠 상(岑桑)
장 결(張潔)
장광자(蔣光慈)
장석산(張石山)
장승지(張承志)
장신흔(張辛欣)
장 양(張揚)
장 위(張煒)
장일궁(張一弓)
장자룡(蔣子龍)
장정죽(張廷竹)
장춘교(張春橋)
장항항(張抗抗)
장 현(張弦)
장현량(張賢亮)
장화삼(蔣和森)
정 동(程東)

황　소(黃巢)　　　　　호　연(浩然)
황추운(黃秋耘)　　　호　채(胡采)
후금경(候金鏡)　　　호　풍(胡風)
　　　　　　　　　　호　봉(洪峰)